当代中国的民政

CONTEMPORARY CHINA: THE CIVIL ADMINISTRATION I

（上）

当代中国出版社
Contemporary China Publishing House
2021年·北京

图书在版编目(CIP)数据

当代中国的民政 / 《当代中国》丛书编辑委员会编
. -- 北京 : 当代中国出版社 , 2021.4
(《当代中国》丛书)
ISBN 978-7-5154-0963-4

Ⅰ. ①当…　Ⅱ. ①当…　Ⅲ. ①民政工作—概况—中国—现代　Ⅳ. ① D632

中国版本图书馆 CIP 数据核字（2019）第 173391 号

出 版 人　曹宏举
责任编辑　宗　边
特约编辑　陈立旭
责任校对　康　莹
印刷监制　刘艳平
装帧设计　创世禧图文
出版发行　当代中国出版社
地　　址　北京市地安门西大街旌勇里 8 号
网　　址　http: //www. ddzg. net　邮箱：ddzgcbs@sina. com
邮政编码　100009
编 辑 部　（010）66572264　66572154　66572132　66572180
市 场 部　（010）66572281　66572161　66572157　83221785
印　　刷　北京润田金辉印刷有限公司
开　　本　787 毫米 × 1092 毫米　1/16
印　　张　53.75 印张　736 千字
版　　次　2021 年 4 月第 1 版
印　　次　2021 年 4 月第 1 次印刷
定　　价　390.00 元（上下册）

ISBN 978-7-5154-0963-4

9 787515 409634 >

《当代中国的民政》
编辑委员会

《当代中国的民政》
编　辑　部

《当代中国的民政》

作　者

（按姓氏笔画排列）

王川禾	王克俭	王际桐	王绍忠	王振耀	方志勇
宁立华	史国山	田国华	白益华	刘志泉	许启大
汤建军	杨　岳	吴占平	吴玉韶	陈伟开	陈越良
金　钊	罗平飞	赵有长	柳永法	祖玉琴	徐卫东
高维普	常志海	阎典恒	韩全永	韩京津	樊璧田
戴均良					

《当代中国》丛书再版说明

《当代中国》丛书作为新中国成立以来第一套大型当代中国国史和国情丛书，是新中国国史研究领域的标识性作品。该丛书以无可辩驳的史实客观呈现了新中国成立以后近40年我们党带领全国人民所取得的社会主义建设的伟大成就，是改革开放前后两个时期有机衔接的忠实记录。

《当代中国》丛书是20世纪80年代初胡乔木同志提议，经中共中央书记处批准，由中宣部向全国部署，交由中国社会科学院规划和编辑出版，是新中国成立后由中央组织的首次大规模编写中华人民共和国历史的工程。《当代中国》丛书共150卷，208册，约1亿字，3万幅珍贵历史图片。丛书内容广泛，几乎涵盖新中国成立以来各条战线、各个地区社会主义革命和社会主义建设事业的发展过程、辉煌成就。按内容区分，有部门（行业）卷、地方卷、专题卷，还有不限于某个部门或某个方面的综合卷。

1999年6月30日，《当代中国》丛书完成总结大会在北京人民大会堂召开，时任中共中央总书记、国家主席江泽民，国务院总理朱镕基，副总理李岚清等党和国家主要领导同志亲切会见了与会代表。江泽民总书记对丛书的完成表示热烈祝贺和高度评价，同时发表重要讲话。他指出：《当代中国》丛书为研究有中国特色社会主义的伟大事业的发展进程、经验和规律，为在广大干部和群众中开展爱国主义、集体主义、社会主义思想教育，提供了丰富的史料和生动的教材。大家应该充分运用这部丛书的科研成果，为资政育人服务，为推进改革开放和现代化建设服务。同年，《当代中国》丛书荣获第四届中国国家图书奖荣誉奖。

由于本丛书第一版时间久远，版本陈旧，且至今市面无存，为服务广大读者，我们推出了该丛书的新版本。目前再版这套丛书，既是向2019年新中国成立70周年奉献的一份厚礼，也是向2020年全面建成小康社会和2021年中国共产党成立100周年敬献的贺礼。

本次再版的总体原则是在尊重史实和时代语境的前提下，保持丛书既有框架和内容，个别调整体例、订正错讹。本次再版，我们邀请专业人员对各卷英文目录做了全面修订，使之更加准确、简洁。我们还提升了用材、装帧质量，务使该丛书以更好的面貌呈现给广大读者。

本次再版得到了中国社会科学院哲学社会科学创新工程和当代中国研究所的鼎力支持与帮助，在此谨表诚谢。

2019年，习近平总书记对在“不忘初心、牢记使命”主题教育中学习党史、新中国史作出重要指示。我们真诚希望，通过本丛书再版，能为全国广大读者增添一套新的、更为全面系统的学习教材，起到进一步传承红色基因、坚定理想信念的作用，做到知史爱党、知史爱国。

当代中国出版社

2019年12月

总　　序

中华人民共和国，作为一个伟大的社会主义国家，屹立于世，已经整整35个春秋。

当此之际，我们决定把30多年来的历史经验，分门别类，加以总结，编纂成书，陆续付梓，以献给这一伟大事业的创业者和建设者，献给行将参加到这一事业中来的一代又一代新的建设者，献给全国各族同胞和世界上一切关心我们事业的朋友们。

在中华民族5000多年的文明史上，我们当代的历史——中华人民共和国的历史，是最辉煌的篇章。这个时期，中国大地上社会的发展，历史的进步，各项事业的兴旺，人民的团结，都是空前的。我们并不满足于既有的初步成就，并不想以此矜夸于人，但是我国人民通过30多年的实践，确实重新建立了充分的民族自信。实践本身向全世界宣告，有着古老文明的中华民族，在中国共产党领导下，恢复了和勃发着青春的活力，她完全有能力在比较短的时间内，扎扎实实，以比较高的速度，迎头赶上，跻身于世界先进民族之林。

中华人民共和国的历史，是一部艰苦卓绝的社会主义创业史。其所以艰苦卓绝，一则是由于我们的基础太差，起点太低；二则是由于我们没有经验。如何把一个贫困落后的半殖民地半封建的旧中国改造和建设成为一个富强先进的社会主义新中国，不仅在我国的历史发展中是前无古人的创新之举，而且在世界范围内也无成例可援。我们固然可以参考和借鉴别人的经验，但从根本上来说，却只有靠我们自己运用马克思列宁主义的普遍真理，独立地认识和分析中国的特殊国情，以无畏的革命创造精神和严格的科学态度，找出一条中国化的建设社会主义的道路。只有这样，振兴中华的大业才会事半功倍，卓有成效。在革命战争年代，我们把马克思列宁主义普遍真理和中国革命具体实践相结合，形成了适合中国情况的科学的指导思想，即毛泽东思想。是否坚持马克思列宁主义普遍真理和中国革命具体实践相结合，是决定新民主主义革命成败的关键。新中国成立以来的历史实践表明，这同样是决定我国社会主义事业成败的关键。30多年来，中国人民为此贡献了智慧，付出了劳动，备尝了失误的苦痛和成功的欢欣。党的十一届三中全会以后，我们总结过去正反两方面的丰富经验，坚持和发展马克思列宁主义、毛泽东思想，逐步制定和完善各方面的方针政策，在探索建设有中国特色的社会主义的道路上，有许多新的创造，取得了重大的成就。在1982年党的第十二次全国代表大会上，邓小平同志提出："把马克思主义的普遍真理同我国的具体实际结合起来，走自己的道路，建设有中国特色的社会主义，这就是我们总结长期历史经验得出的基本结论。"建设有中国特色的社会主义，这是一个实践的过程，又是我们的认识不断提高和深化的过程，这是我们的出发点，又是我们的奋斗目标。我们完全可以自豪地说，沿着这条道路前进，通过全体共产党人和各族人民脚踏实地的艰苦奋斗，把我们的祖国建设成为一个高度文明、高度民主的社会主义的现代化强国，是指日可待的。

社会主义中国的历史还在发展。我们有责任把我国走过的道路和取得的经验，介绍给全国各族人民，介绍给世界人民。我国人民必能从中吸取到爱国主义和社会主义的可贵教益，国外一切关心中国的人也能够由此增进对社会主义新中国的了解。这就是我们编撰出版这套《当代中国》丛书的主要目的。

《当代中国》丛书，将遵循实事求是的科学的态度，不虚美，不掩过，用可靠的事实资料，如实地写出新中国30多年的建设史，为世人为后代留下一部科学的信史。我们深信，只要把30多年建设的成功和挫折的经验，运用马克思列宁主义、毛泽东思想一一加以科学的总结，那就会使之成为传诸后世的国宝。

当然，任何珍贵的历史经验，都不应变成妨碍人们继续前进的沉重负担。我们不仅不能重复过去的错误，也不能为成功的经验所束缚，而故步自封。历史经验的可贵，在于提供给人们继续前进的力量，在于给人们研究和解决新问题以智慧。现在，为了实现社会主义现代化，全面进行经济改革和技术革命的历史任务，已经提上了议事日程。这些在新的历史条件下面临的重大的新课题，显然是不可能从既往的历史经验中找到现成答案的。我们的任务在于，正确运用历史经验，从中得出规律性的认识，以便用科学性和革命性紧密结合的革新精神，去迎接我国社会主义现代化建设的新高潮。

《当代中国》丛书编辑委员会

1984年5月3日

目录

Contents

绪　论

民政工作是国家对社会事务行政管理的一个重要内容；承担着解决社会问题，调整社会关系，稳定社会秩序的部分任务。当代中国的民政，继承了中国革命的光荣传统和长期的历史经验，本着组织人民群众的生活与正确处理人民内部矛盾的精神，在彻底完成民主革命，进行社会主义革命和社会主义建设中，创造性地开展了一系列社会服务、社会改造、社会管理相结合的工作。

一

中华人民共和国成立以后的40年中，民政工作的任务随着客观形势的变化，有过多次的调整。新中国成立初期，民政工作的业务范围主要是：干部人事、地方政权建设、行政区划、户政、国籍、社会福利、游民改造、禁烟禁毒、社会救济、移民安置、婚姻登记、社团登记、礼俗改革、民工动员、农村土地改革、土地征用、城市房地产管理、城市营建规划考核、阶级成分处理、优待抚恤、退伍安置、烈士褒扬等等。其中有些工作因全部解决了旧社会遗留下来的相关问题，而完成了它的历史任务；有些工作由于政府职能部门分工趋于专业化和科学化，而交给了有关部门；有些工作适应社会主义事业不断前进的需要，而有增加发展。现阶段民政工作的主要业务是：城乡基层政权建设、村民委员会和居民委员会建设、优待抚恤和烈士褒扬、退伍军人和军人离退休干部接收安置、农村救灾、社会救济、社会福利生产、社会福利事业、社区服务、农村基层社会保障探索、行政区划、边界争议调处、社会团体登记管理、婚姻登记管理、殡葬改革管理、地名管理、印支难民接收安置、假肢科研与生产、流浪乞讨人员收容遣送。尽管40年民政工作的业务范围发生了很大的变化，但它所承担的任务始终是以有关社会行政事务的管理为主。

具有社会行政性质的当代中国民政工作，涉及社会主义社会生活的许多方面，与人民大众的切身利益有密切关系。不同人群的生、老、病、残、死、衣、食、住、行、乐，都在不同的方面离不开民政工作。一部分民政工作，如基层政权建设、村民委员会和居民委员会建设、行政区划、地名管理、婚姻登记管理、殡葬改革等，与全体人民有关；一部分民政工作，如优待抚恤、救灾救济、社会福利等，有专门的工作对象。人们通常把当代中国民政经常性的基本服务对象概括为两大类：一类是最可爱的人，包括现役军人、革命烈士家属、革命军人家属、革命伤残军人、复员退伍军人；一类是最困难的人，包括灾民和社会上的孤老、孤儿、残疾人、困难户。这两类服务对象的总数共计2亿多人，占全国总人数的1/5以上。

当代中国的民政工作通过对11亿人口和2亿多专门对象的不同方式的社会服务，使人民的物质生活和精神生活得到必要的保障，从社会行政方面推动和保证国家的各项建设，促进生产力发展。同时在基层社会实行民主管理，完善人民群众社会行为与社会生活的规范，使社会得以稳定发展。

二

中国民政就其内容而言，历史悠久，源远流长。西周时代就有诸如领土疆域、行政区划、救灾救济、移民、礼俗、调节民事纠纷、基层行政组织设置等社会行政管理事务，古称“民事”。在漫长的历史长河中，伴随政治、经济、文化的变化发展，民事的内容也常有演变。但变中有恒，一些基本的事务始终相承，不曾间断。“民政”一词源于唐代“安民立政”之说。宋代的官方、学者开始使用“民政”概念。北宋司马光提出“修治民政”的主张。这个“民政”概念和“民事”一样，都是包括一切行政事务的广泛概念。南宋徐天麟编撰《两汉会要》，把“民政”当作一项行政制度立为一大门类，与国家制度的其他门类相并列后，初步确立了“民政”概念特定的含义，并为后人所袭用。但是，在很长时间内，诸多民政工作仍由国家的各个不同部门所分管。直至1906年（光绪三十二年）清政府改革统治机构，首次设立民政部，才有专管各项民政工作的机构。清末的民政部主管的工作，主要是地方行政、地方自治、编审户口、整饰风俗礼教、荒政、移民、侨民、警政、地方区划、丈量土地、审定图志、管理文物、官办土木工程以及医药卫生等等。在资本主义已经产生，民主、民权思想开始传播，人民的力量越来越被统治阶级所认识的历史背景下，清政府民政部打出“预备仿行宪法”的旗号，目的是为了维护清朝统治，镇压人民的反抗斗争。同时利用民政机构推行立宪，笼络人心，以起“安民”的作用。

辛亥革命后，中华民国临时政府曾经设置主管民政工作的内务部，因临时政府迅速垮台，来不及开展工作。北洋军阀统治时期，民政工作处于杂乱无章的状态。1927年南京国民政府成立以后，民政机构逐步建立。国民政府设立内政部，管理全国内务行政。内政部设民政司、统计司、土地司、警政司、礼俗司，掌管地方行政、行政区划、地方官吏任免、户籍、选举、赈灾、救济、慈善事业、警察制度厘定、警察官吏任免、土地征收、水灾防御、厘定礼制、改良风俗、纪念典礼、褒扬及其他事项。1930年国民政府成立社会部，其职掌大致分为社会救济、社会福利、社会组织（人民团体组织）、社会运动、社会服务（包括职业介绍）、劳工行政及合作行政等。1949年社会部裁并，其职掌划归内政部。国民党地区在省、市、县均设有民政、社会厅、局、处、科。这些民政机构的社会职能，主要为维护半殖民地半封建社会的秩序，为帝国主义、封建主义、官僚资本主义对人民的统治服务。1934年至1949年在全国推行的保甲制度，就是强化国民政府统治的基层组织。在灾荒救济中，灾民难民得益甚少，而欺人耳目的点缀甚多，乘有灾之机鱼肉百姓的现象司空见惯。每遇大灾，赤地千里，饿殍遍野。1920 年至 1936 年，死于灾荒的人口达 1835 万余人。社会救济工作，或仅为杯水车薪，或流于装点门面。虽然有数以千计的救济团体和慈善机构，社会上却有数以百万、千万计的劳苦大众挣扎在饥饿死亡线上。一些进步组织、开明人士举办的社会事业，曾经收到良好的效果，使部分贫困不幸者获得救济与福利，但在业务上也受到种种的限制。

与国民党地区的民政工作形成鲜明对照的，是在中国共产党领导下的根据地和解放区的民政工作。1931 年在江西瑞金建立的中华苏维埃共和国中央工农民主政府中央执行委员会设立了内务部。嗣后，各个革命根据地和解放区的边区政府、行署、专署和县都设立了民政厅、处、科。这些革命的民政机构管理的事务，包括行政人员任免、土地行政、选举、户籍、卫生行政、赈灾、褒恤、优待、妇女、保育、保险、婚姻登记、民族、礼俗宗教、劳资及佃业争议、战争动员、军事支差、人民团体登记、禁烟禁毒和取缔娼妓、赌博、盗窃、缠足以及其他事务。根据地和解放区的民政工作，为在物质条件艰苦的情况下保障人民生活供给，在巩固革命根据地和解放区、支援革命战争和反侵略战争方面做出了不可磨灭的贡献。第二次世界大战以后，联合国救济总署（简称“联总”）组织国际合作协助受战争灾害各国从事善后救济工作。国民党政府成立了行政院善后救济总署（简称“行总”），共产党领导的人民政府成立了解放区救济总会（简称“解总”）。由“行总”向“联总”申请获得的救济物资有很多为私人吞没，故 1947 年前后国民党地区的市场一时充塞着各种被变卖的救济物品，而“解总”争取到的支援物资则全部用于对解放区人民群众的救济，或直接发放到人民群众手中。

三

从主要方面说，当代中国的民政工作相当于国际上的社会工作，并在内容、形式与功能上有新的开拓发展。它在本质上不同于半殖民半封建社会的民政工作，也不同于资本主义的社会工作。具有中国社会工作特色的民政工作，其目的不是为了维护剥削制度，缓和阶级矛盾，麻痹人民斗志，而是以全心全意为人民服务为宗旨，从属于社会主义革命和社会主义建设的伟大目标。它的基本功能在于体现人民应有的权利和国家应尽的责任，致力于开展保证和改善人民生活的社会服务与社会管理，激发广大人民主人翁的积极性，发挥其促进社会稳定进步和协调发展的作用。

中华人民共和国成立时，面临半殖民地半封建社会遗留下来的破烂摊子。城市充塞散兵游勇、灾民难民、大量失业人口和流浪乞讨人员，小偷、流氓、妓女等游民遍布街头，妓院、烟馆和赌窟四处林立，鸦片烟毒到处弥漫，呈现出满目疮痍的景象。帝国主义分子曾预言中国共产党和人民政府管理不了城市。新中国成立前夕的农村经济凋敝，天灾、人祸交互为患，亿万农民食不果腹，衣不蔽体。在一些新解放尚未实行土地改革的地区，大批农民外出逃荒流亡，呈现一片荒芜凄凉景象。在这种历史背景下，民政工作在新中国成立后的一个时期内，纳入各级政府医疗战争创伤、恢复国民经济、巩固新生政权的中心任务之内，积极地为中心工作的整体服务，解决了一系列半殖民地半封建社会和资本主义社会所没有解决过的社会问题，拯救出亿万贫困人民于饥寒交迫、水深火热之中。这就从一个侧面显示出共产党和人民政府是完全能够管理好中国的城市和农村的。进入有计划的经济建设时期以后，民政工作围绕党和国家的中心任务，积极配合社会主义革命和社会主义建设，开展各项业务。其间虽经几度干扰破坏，广大民政干部始终以“上为中央分忧，下为百姓解愁”的精神，坚守优抚、安置、救灾、救济等工作岗位，帮助人民群众解决生产生活困难。特别是在中共中央十一届三中全会以后，民政工作以经济建设为中心，坚持四项基本原则和改革开放的方针，在改善提高人民群众的社会生活素质，实现社会主义制度的自我完善，为社会主义现代化建设创造团结、安定、协调和谐的社会环境等方面，有创造性的发展，迭创新的局面。从1949年以来40年民政工作的历史发展，表明当代中国的民政工作在实践中突破了国际传统社会工作的范围，不仅具有社会救济、社会福利、社会保障、社会保险、社会服务等方面的内容，并且有基层社会民主管理、社会群众自治管理、社会文明教育、社会风俗改造等方面的内容，形成了社会主义社会工作的内容结构体系，因而发挥出如下几方面独特而又普遍的作用：

（一）促进社会保持稳定，在稳定中发展。民政工作40年从整体上发挥了革命性和建设性相统一、稳定性和发展性相结合的作用。在彻底完成民主革命时期，它既是社会改造的一部分，又在恢复国民经济中起到恢复和保护劳动力的作用。在社会主义革命和社会主义建设时期，它一方面解决相关的社会问题，安定社会秩序；一方面调整人民群众的社会主义社会关系，直接间接地为经济建设增添了力量。

（二）发扬人民民主，巩固人民民主专政。民政工作在这方面主要是通过地方政权建设、选举、基层政权建设、村民委员会和居民委员会建设发挥它的作用。新中国成立初期，进行的禁烟禁毒和游民、妓女的改造工作，以及长期进行的流浪乞讨人员的收容遣送工作，对人民民主专政的巩固具有不可缺少的作用。

（三）加强军政、军民团结，促进部队建设和国防巩固。早自革命根据地和解放区的年代起，民政工作就通过各项拥军优属活动和优抚安置措施，鼓舞部队士气，增强部队建设，形成了革命战争年代的一种光荣传统。新中国成立以后，这一传统在全国范围内得到了普遍的发扬，各项工作得到全面的加强，使军人安心服役，无后顾之忧，优抚对象的物质生活得到了更好的保障，社会地位有了明显的提高；复员退伍军人和军队离休干部都分别得到了妥善的安置，从而激发了人民解放军全体官兵为捍卫社会主义建设、实现国防现代化而英勇献身的革命积极性。

（四）创造良好的社会条件与环境，促进经济建设和人民生活的协调增长与发展。民政工作通过救灾、救济、扶贫和其他各项社会福利工作，使灾民、贫民、困难户、不幸者的生活得到保障，为其中有劳动能力者参加生产创造有利条件，实现了千百年来人们所追求的“老有所终，壮有所用，幼有所长，鳏寡孤独废疾者皆有所养”的理想，使人民安居乐业，各有所依，各有所归，充分调动了他们的积极性，使他们的智慧才能得到更好的发挥与发展。社会保障、社会福利促进了经济建设事业的增长与发展，而经济的增长和建设的发展又促进了社会保障与社会福利的提高，形成互相促进提高的良性循环发展，成为发挥和显示社会主义优越性的一个重要方面。

（五）促进精神文明建设，加强社会风俗改造。民政工作通过建设褒扬革命烈士的纪念设施和采取有效措施，以革命烈士的光辉事迹和形象，普遍地开展革命光荣传统、爱国主义、社会主义和共产主义的社会教育，大力倡导为人民利益而无私奉献和忘我牺牲的精神；拥军优属和优抚安置工作中所表现出的军民鱼水关系和军政、军民互相关心、互相爱护的精神；社会福利保障事业中所表现出的尊老爱幼、扶贫助残、援救不幸者的精神；对社会主义精神文明建设发挥了重要的作用。在婚姻改革管理和殡葬改革管理等项业务中，破除封建主义、资本主义的婚姻家庭观念与丧葬习俗，树立和倡导社会主义的婚姻家庭观念与殡葬风尚，这对促使每一个社会成员的生活方式和消费方式向良性转化、促进社会主义精神文明建设发挥了直接的破旧立新的作用。

第一章
当代中国民政的历史发展

中华人民共和国的成立，揭开了民政历史的新篇章。改造旧社会和建立新社会的繁重任务，迫切地需要新的民政工作，同时也为民政工作的发展开辟了广阔的前景。当代中国的民政肩负重任，开始了为彻底完成民主革命任务和为进行社会主义革命、社会主义建设服务的历程。

第一节　当代中国民政的创建时期

一、建立集中统一的民政管理体系

当代中国民政的开创，始于中央民政机构的建立。1949 年 9 月 27 日，中国人民政治协商会议第一次会议通过的《中华人民共和国中央人民政府组织法》中第十八条规定，设立内务部，主管民政工作。同年 10 月 19 日，中央人民政府委员会第三次会议任命谢觉哉为内务部长，武新宇、陈其瑗为副部长。同年 11 月 7 日，中央人民政府内务部正式成立，下设办公厅和干部司、民政司、社会司、地政司和优抚司等单位。内务部受中央人民政府政务院领导和政务院政治法律委员会指导，负责管理全国民政工作。

继中华人民共和国内务部成立之后，地方各级人民政府相应地设立了管理民政工作的职能机构。这些地方的民政部门受同级人民政府统一领导，并受内务部的业务指导。由于中国是一个大国，人口众多，各地的经济、政治发展不平衡，因而在民政工作的管理上实行了中央和地方分级管理的体制。新中国成立初期，全国设立了东北、华北、华东、中南、西南、西北6个大行政区，作为一级政权机构，在大区人民政府（或军政委员会）内，均设有民政部。1952年11月，中央人民政府为加强集中统一领导，精简政权层次，决定将大区人民政府（军政委员会）一律改为行政委员会，作为中央人民政府的代表机构，大区民政部相应地改为民政局。1958年6月，中央人民政府决定撤销大区行政委员会，各大区的民政局也随之撤销。在设立大区民政部的同时，各省、自治区和行署均设有民政厅，城市设立民政局，专署设有民政处，县设立民政科，区、乡设有民政助理员。这样，从中央到地方各级政府形成了完整的民政管理组织体系。

二、创建时期的救灾和建政两项中心工作

（一）开展生产救灾工作。新生的人民共和国是在举国庆祝人民解放的欢呼声中诞生的，同时也是在严重的自然灾害中诞生的。从1949年到1952年接连发生了全国性的水、旱、风暴等灾害，尤其是1949年，长江、淮河、汉水和海河流域都发生了严重的决堤与漫溢，灾情遍及16个省、区，情况十分危急。因此，内务部一成立便面临着严重的救灾任务。当谢觉哉部长及时向毛泽东主席反映灾情时，毛泽东很重视救灾工作，指示内务部“好好抓一下”，说：“困难是有的，但我们也总归是有办法的，要发动群众，生产自救，节约度荒，调剂有无，互相帮助，财政上要拿出点力量来，搞点以工代赈和必要的救济，堤坝要赶快修复，召集各有关部门开会。”根据毛泽东的指示，内务部除迅速抽派干部去灾区查灾，慰问灾民，同时立即召开各重灾省、区救灾汇报会，强调贯彻“节约防灾、生产自救、群众互助、以工代赈”的救灾方针，并提出“不许饿死人”的口号，要求各灾区政府把救灾工作当成一项政治任务。全国所有的灾区都把救灾工作作为一项中心工作来抓，在底子非常薄弱，条件十分艰苦的情况下，领导人民群众向各种自然灾害作斗争。国家在财政十分困难的状况下，从1949年至1952年拨出20余亿元（旧币）巨款，救济灾民生活，帮助灾民恢复生产，重建家园，从此，结束了旧社会每遇灾害灾民四处逃荒，“赤

地千里、饿殍载道”的悲惨历史。广大群众对中国共产党和人民政府拯救人民于水深火热之中的信赖之心油然而生。影响波及香港地区，1953年九龙城砦遭受火灾的灾民联合给毛泽东主席写信，希望救济，毛泽东批示谢觉哉处理后，由中国人民救济总会广东省分会先后拨款4.87亿元（旧币）给予救济，并转达毛泽东的关怀之意。

中国的救灾救济工作从一开始就强调生产自救，而不是单纯的救济。由于生产救灾工作涉及面广，需要众多有关部门配合协作，中央人民政府政法委员会根据政务院的命令于1950年2月召集内务、财政、水利、农业、铁道、交通、卫生、贸易等部和中央合作事业管理局9个单位开会，组成中央救灾委员会。董必武为主任，薄一波、谢觉哉、傅作义、李书城为副主任。具体组织工作由内务部负责。政务院副总理董必武在成立会议上作了《深入开展生产救灾的报告》。受灾地区各级政府逐级建立了生产救灾委员会，为今后组织大批干部深入灾区、组织群众开展生产自救工作奠定了基础。

（二）承办地方政权建设工作。中国人民在中国共产党的领导下夺取政权之后，首要的任务在于巩固政权，民政部门在新中国成立之初的年代里，在各级政府的领导下把承担地方政权建设中的具体事务作为一项中心工作来抓。各级民政部门在人民政府的领导下，参加了召开各界人民代表会议并使其逐步代行人民代表大会职权的组织工作；参加了第一届全国普选的筹备和试点的工作；参加了新区接管和改造基层政权、调查研究基层政权建设的工作，以及起草有关政权建设方面的法律、条例等法规草案的工作。内务部成立之初，立即着手起草了省、市、县各级各界人民代表会议组织通则草案，经1949年12月2日中央人民政府第四次会议通过公布实施。各地在民政部门的协助下，按照组织通则的规定和内务部为贯彻这一规定所发的通知，迅速召开了省、市、县的各级人民代表大会或各界人民代表会议。截至1951年10月底，全国36个省（行署）、156个市、2184个县（除46个外）都召开了各界人民代表会议，其中有270个单位代行了人民代表大会职权。为了使人民政权得到进一步的巩固，民政部门从1951年起协同各地贯彻实施了《乡（行政村）人民政府组织通则》，彻底废除保甲制度，建立起新的基层政权。到1954年年底，全国共建立81.8739万个乡（行政村）政权，5400个建制镇。在开展农村政权建设的同时，各个城市贯彻实行了内务部提出并经全国人大常委会第四次会议通过，于1954年12月30日公布实施的《城市街道办事处组织通则》。这个通则的贯彻，进一步巩固了城市的基层政权和基层组织。总之，政权建设工作的深入开展，有效地发扬了人民民主，加强了各级政府同人民群众的联系，促进了全国各族人民的团结，对依靠各阶层人民推动各项工作，开展各项社会改革和进行生产建设，都起到了积极的作用。

1950年7月，内务部在北京召开了第一次全国民政会议。会议以加强人民民主专政为主要议题，肯定了民政部门开展建政和救灾两项中心工作，并且讨论了优抚、城市社会救济、复员等其他工作。中央人民政府副主席朱德在会议上讲了话，谢觉哉部长作了《关于人民民主建政工作和统一战线问题的报告》，陈其瑗副部长作了《关于生产救灾工作的报告》。朱德在讲话中指出："政府的民政部门，就如党的组织部门一样，党的组织部是党在组织工作上的助手，而政府的民政部门即是政府在组织人民群众工作上的助手，在民政部门工作的同志，应把组织群众作为最大的任务，而召开各级各界人民代表会议，是组织群众的最大工作。……要组织群众去进行恢复和发展生产的工作，还要做好救灾和救济失业工人的工作。"谢觉哉在会议上的讲话中说："凡属人民的政事，如没设专业部门管的，就都归民政部门管，另一方面，没有专管机关的事，又常常和其他部门有着较广泛的联系（尤其是与财经部门）。这个联系是切不断的，切断就不好办事，只能作某些调整。同样，所谓配合中心工作，在一切为了战争时期，调动民政部门或其他部门的人员去做，是应该的。现在此种现象已经或正在成为过去，今后将有不少的中心工作落在民政部门（如建政、救灾等等），而需要别的部门来配合。"并且指出："民政部门的工作多，我们要抓住重要环节，多用力量。一件工作搞好了，其他工作也就容易搞好。因此，我们这次会议的主要议题是讨论建政工作。因为革命就要解决政权问题，政权建设没搞好，其他工作会费力多而收效少。”

这次会议以后，各级民政部门认真努力地抓了建政工作，特别是1951年2月，中央人民政府副主席刘少奇在北京市第三届人民代表会议上说：“为了保证各级人民代表会议的经常召开，各级人民政府应责成民政部门对下级政府加以督促，并规定日期要下级政府向自己作关于人民代表会议的报告。”同年9月董必武在给周恩来总理的《关于进一步加强各地政权建设及民政工作的一些问题》的报告中说：“各级人民政府的民政部门在加强政权建设的同时，必须明确民政部门的方针任务，当前主要工作是建政、优抚及社会救济三项。其中一般应以建政为中心。”根据这些讲话精神，各地民政部门以建政为中心，做了大量的地方政权建设的具体工作。

在1952年胜利地完成恢复国民经济任务的大好形势下，为了尽快地健全地方各级政权建设，完善国家体制、建立法制、发扬民主，以保障人民群众行使管理国家的权利，使广大人民群众积极投入各项建设事业，中央人民政府委员会根据中共中央的提议，决定从1953年起，通过普选的方式召开地方各级人民代表大会，为召开全国人民代表大会作准备。同时决定，选举与人口普查一起进行。民政部门参加并负责有关选举和人口普查的具体事务工作。普选工作从1953年5月开始在全国逐步展开，到1954年6月全部结束。其间人口调查结果，全国共有6.01913371亿人，登记的选民共有3.2亿多人，占18岁以上人口总数的98.17%，参加投票的选民占登记选民总数的85.88%，共选举出基层人民代表566.9144万名。在全国普选的基础上，1954年9月15日到28日，中华人民共和国第一届全国人民代表大会第一次会议在北京举行。这次普选，是中国历史上空前的、规模巨大的民主选举。通过选举，组成了从地方到中央的各级国家机关。以工人阶级（经过共产党）领导的，工农联盟为基础的人民民主专政的政治制度，在全国范围内全面、系统地建立起来。它对深入贯彻过渡时期总路线，加强国民经济的发展，顺利进行社会主义改造起到了根本的保证和推动的作用。

三、为荡涤旧社会的污泥浊水，建立新社会的秩序而斗争

内务部成立伊始，面临着由于帝国主义、封建主义和官僚资本主义的长期统治和多年战争、连年灾荒所遗留下来的大量社会问题与社会病态痼疾。在改造旧中国、建设新中国的伟大事业和医治战争创伤，建立和稳定社会秩序的中心任务中，民政部门积极发挥职能作用，主动与有关部门配合，为荡涤旧社会的污泥浊水进行了大量工作。

（一）资遣国民党军散兵游勇。中华人民共和国成立前夕，国民党军队节节败退，溃不成军，数百万人成了人民解放军的俘虏，还有数百万人成为散兵游勇，流落在各个城市，严重影响社会治安，需要资遣处理。各地民政部门迅速承担起这项艰巨任务。除将一小部分安排到厂矿企业外，大多数发给路费和钱粮资遣回乡参加生产或作其他妥善安置。到 1950 年年底，全国共处理 400 多万人，维护了社会治安，巩固了新生政权。

（二）取缔妓女。旧中国的娼妓制度，严重摧残妇女的精神和肉体，并且传播性病，影响人民群众的身心健康，是为新社会所不容的。全部彻底地取缔妓院的社会改造和治理工作，首先在中华人民共和国首都开始，北京市于 1949 年 11 月根据人民代表会议和人民政府的决定，在民政、公安、卫生、妇联、中国人民救济总会等有关部门的通力合作下，一举封闭了全市 224 家妓院。在这以后，各地人民政府根据人民代表会议的决议，纷纷采取了封闭妓院、取缔娼妓的断然措施。经过 3 年多的努力，到 1952 年年底在全国范围内完成了取缔娼妓工作。各个城市封闭妓院以后，民政部门成立了妇女教养院，负担起收容改造妓女的任务，帮助他们治好性病、学会生产技能，走上新的生活道路。这项史无前例的改造社会、改造人的工作，深得广大人民群众的拥护和赞誉。

（三）禁烟禁毒。帝国主义用以掠夺和危害中国人民的鸦片烟毒，在

军阀、官僚、地主的勾结支持下蔓延、泛滥于中国达100余年。中国共产党和人民政府在新中国刚成立不久，便采取强有力的措施彻底肃清危害中华民族和广大人民群众的鸦片烟毒。政务院于1950年2月和1952年5月，两次发布《关于严禁鸦片烟毒的通令》。各级民政部门与公安、卫生部门合作组成禁烟禁毒办公室，指导禁烟禁毒运动的开展，在全国范围内进行了大规模的群众性的禁烟禁毒运动。民政部门拨出专款制造戒烟药品，对有生活困难的戒烟者给予救济，促进禁烟禁毒运动的开展。到1953年，各地400万吸食鸦片烟毒者陆续戒绝。鸦片烟毒在全国范围内基本禁绝，完成了100余年前民族英雄林则徐虎门销烟的未竟事业。中国人民由此而产生洗雪国耻的自豪感，同时，环顾国际烟毒流行，而深感人民政府禁绝烟毒经验的可贵。

（四）改造游民。帝国主义、封建主义和官僚资本主义在中国的剥削统治，使旧社会产生了大量游民。他们没有正当职业，以乞讨、偷窃、诈骗、赌博、凶杀及其他不正当的手段维生。新中国成立以后，这些游民不仅扰乱社会秩序，损害人民的生命财产，而且危及人民政权的巩固，因此人民政府在肃清反革命势力、剿匪反霸、镇压反革命的同时，采取坚决措施扫除各种游民活动。除了分散安置那些只有轻微游民活动并有安置条件的游民以外，各地民政部门分别设立生产教养院，对大量不够判刑的游民进行收容改造。这项工作和妓女改造一起，统称为生产教养工作，由内务部领导下的中国人民救济总会承担具体的指导管理工作。因为游民中的绝大多数人开始都是由于在旧社会遭受剥削、压迫没有正当的生活出路而沦为游民的。对他们首先是从救济的角度出发，安排好日常的生活，然后帮助他们参加生产劳动，对他们进行教育改造。据统计，全国各地民政部门共设立了920所生产教养院和妇女生产教养院，集中收容了各类游民、妓女共44.6万余人。教养院的工作人员对他们进行了大量艰苦细致的工作，帮助他们改变游民习气，培养劳动观念，学会生产技能，使他们由社会的消极破坏因素转化为创造社会财富的积极力量，成为社会主义新人，实现人的真正价值。

四、建立全国统一的优抚安置和社会救济福利工作

（一）建立优抚制度。中国人民在中国共产党领导的长期武装斗争中，具有拥军优属的光荣传统。当广大人民欢庆人民共和国诞生之际，人民群众和人民政府忘记不了为创建人民共和国流血牺牲、做出卓越贡献的革命先烈、革命军人及其家属，并十分关心他们当中一些人的生活困难。内务部根据新中国成立前夕制定的《中国人民政治协商会议共同纲领》中有关优抚安置的规定，制订出优抚条例草案，经政务院批准于 1950 年颁布施行。这个条例的贯彻，改变了原来各地在开展优抚工作中，执行制度规定不统一的状况，使优抚工作在全国范围内得到深入普遍的开展。抗美援朝期间，中国人民抗美援朝总会把做好优抚工作列为三大号召之一。各级民政部门把拥军支前、做好优抚工作当作政治任务去完成。出色的优抚工作，极大地鼓舞了中国人民志愿军的士气，支援了抗美援朝战争。在第一次全国民政会议上，优抚工作的重要性受到与会人员的一致重视，优抚工作与建政、救灾并列为民政工作的重点，并得到有效的落实。

（二）开展安置工作。与优抚工作有密切关连的安置复员军人工作，在中华人民共和国成立以后成为民政部门的一项重要任务。1950 年，全国解放战争已基本结束，人民解放军将从战争状态转入正规建军的新时期。同年 6 月，人民革命军事委员会和政务院决定人民解放军必须复员一部分人员，参加国家经济建设工作。同年 7 月 5 日成立了中央复员委员会（1951 年改为中央转业建设委员会），由周恩来总理任主任。地方各级政府也成立了相应的组织机构，复员军人安置的具体事宜由民政部门负责。此后，安置工作成为各地民政部门的经常工作，他们认真贯彻毛泽东主席提出的“妥善安置，各得其所”“只许做好，不许做坏”的指示，努力执行国务院和中央军委制定的方针政策，做了大量深入细致的工作，不仅为以后安置退伍的义务兵和完成全部志愿兵的复员安置工作积累了经验，同

时帮助已安置的复员军人在革命工作和建设事业中，做出了应有的贡献。

（三）革命根据地建设。以优抚对象多、对革命贡献大为特征的革命根据地，在新中国成立以后受到中共中央和中央人民政府的关怀，民政部门承担了革命老根据地建设的具体工作。1951 年 8 月中共中央和中央人民政府组织了南方和北方老根据地访问团访问了革命老根据地的人民。访问团带去了毛泽东主席为革命老根据地的题词“发扬革命传统，争取更大光荣”，使老根据地的优抚对象和广大人民群众受到极大鼓舞，从此揭开了建设革命老根据地工作的序幕。1952 年成立了全国老根据地建设委员会，由谢觉哉任主任，办公室设在内务部。随后，全国有 20 个省（行署）相继成立了老根据地建设委员会。为了加强革命老根据地的建设，中央拨出专款，仅 1952 年便先后拨付 670 亿元（旧币）解决老根据地优抚对象的困难和建设资金问题，帮助老区逐步改变贫穷面貌。

（四）建立社会救济制度。新中国成立之后，旧社会遗留下来的大量失业人口和贫苦人民亟待救济。1950 年 4 月，在内务部的领导下，于北京召开了中国人民救济代表会议。这次会议讨论了建立救济制度，确立救济工作方针和救济措施。董必武在会议上提出，建立“在人民政府的领导下，以人民自救自助为基础进行的人民大众的救济福利事业”。会后以解放区救济总会为基础成立了中国人民救济总会，推选宋庆龄为执行委员会主席，董必武、谢觉哉、李德全、吴耀宗为副主席。各地民政部门和救济分会，根据政务院发布的《关于救济失业工人的指示》和《救济失业工人暂行办法》以及内务部发出的《关于注意防止夏荒的指示》《关于防止克服春荒的指示》《关于切实做好冬令救济工作的通知》等一系列文件，进行了大量的生产自救和社会救济工作。帮助数以百万计的失业人口解决就业和生活中的困难问题，救济了千百万城乡贫民、难民和灾民。仅 1950 年全国就有近 80 万失业工人和知识分子，通过介绍就业、以工代赈和实物救济等办法，解决了生活出路问题。1952 年，仅上海、武汉、广州等 8 个城市，就遣送了 120 多万灾民、难民回乡生产。1953 年城市中受到救济的近150万人，在96个城市中组织起来进行生产自救的达22万多人。各地普遍对暂时生活发生困难的给予临时救济，长期生活困难的给予定期救济，实现了救济工作的经常化和制度化。对于无家可归、无依无靠、无生活来源的老人、儿童和残疾人（包括精神病患者），各地都设立了综合性或专门性的教养院，全部予以收容，使他们得到妥善的安置。与此同时，内务部和中国人民救济总会以及各地民政部门、救济分会调整改造了旧社会的救济福利团体，接收了接受外国津贴的救济机关，先后改造了旧的“慈善”机关419所，调整旧的救济福利团体1600多个。对一些为反革命分子所操纵，或假冒伪善、名存实亡的团体予以接管或代管。对有基础，但有部分缺陷而有改造条件的团体，督促他们进行必要的改革。对隐藏在团体中的帝国主义分子、封建恶霸分子一律予以清洗。通过调整改造处理，使保留下来的团体成为新中国救济福利事业的一个组成部分，扩大了救济福利事业中的反帝爱国统一战线。1951年陈其瑗副部长在全国救济福利工作会议上所作的《关于旧有社会救济福利团体改造问题》的报告中指出：“全国解放以后，帝国主义分子曾断言，如果没有他们的救济，新中国将无法克服这种灾难。又说，我们只会搞农村工作，不会管理城市，更谈不到城市救济福利事业。但仅仅过了一年，帝国主义分子的断言就完全破产了。我们不仅胜利地克服了农村的严重灾荒，而且在城市救济福利事业方面也做出了值得自豪的成绩。”

民政工作的创建除实现上述任务外，并开始进行了其他一系列重要的社会行政管理方面的工作，主要是：先后发出《关于统一行政区划变更权限的通令》和《关于处理行政区划变更事项的规定》，开展了与政权建设相适应的行政区划工作；在中央人民政府公布施行《中华人民共和国婚姻法》前后，参与草拟制定和宣传贯彻婚姻法并负责婚姻登记管理工作；召开专门会议，交流研究北京、天津郊区的土地改革经验，在土改中负责研究处理土地方面的一些问题；根据政务院通过的《社会团体登记暂行办法》，发布了《社会团体登记暂行办法施行细则》，开始进行整顿社团和社团登记的工作；与公安、法制、外交等部、委就“归侨人”国籍问题召开会议，主管国籍问题的审查处理工作。

1953年10月内务部在北京召开第二次全国民政会议，中央领导人朱德、董必武、彭真到会讲话，详细阐述了中国共产党和中华人民共和国在过渡时期的总路线与总任务，对今后民政工作作了重要指示。会议依据过渡时期的总路线和总任务，检查了过去四年的民政工作，肯定了成绩，批评了缺点，确定了今后民政工作的方针任务。会议确定民政部门主管的业务为政权建设、优抚、救济、地政、户政、国籍、行政区划、民工动员、婚姻登记、社团登记等工作，并强调了做好优抚、救济工作的重要性。同时，指出要肃清资产阶级的旧民主观点和形式主义在民政工作中的影响。这次会议标志着民政工作创建时期的基本结束，孕育着民政工作重点的转变。

第二节　民政工作重点的调整时期

过渡时期的总路线总任务公布以后，国家根据总路线、总任务的要求制定发展国民经济的第一个五年计划，进入了有计划的经济建设时期。在这期间，经过1953年和1954年的普选，全国和各级人民代表大会已经召开。在全国人民代表大会上制定了宪法，各级人民政府已经建立起来。政权建设的创建任务已经基本完成。1956年中国在生产资料所有制方面的社会主义改造取得了决定性胜利，基本上消灭了几千年来的阶级剥削制度，建成了中国工业化的初步基础。许多旧社会遗留下来的污泥浊水得到清洗，社会上出现了前所未有的良好风气。中国开始进入一个大规模地全面建设社会主义的时期。民政工作的任务和重点，在此期间随之发生变化。

一、调整业务范围

进入全面建设社会主义时期以后，国家机关对行政管理的分工逐渐向专业化、科学化和正规化的方向发展。新中国成立初期，由于当时百废待兴，百业待举的形势而形成的“凡属没有专业部门管的人民政事部属民政部门的业务范围”的分工，随着国家形势的发展而需要重新划定。

1953年9月，中共内务部党组在《关于四年来工作的检查总结和今后工作意见的报告》中指出：“目前民政部门掌管的业务中，有些已有了主管部门，那些和其他部门关系更密切，或工作性质更相近，以及民政部门无力兼管的工作，均应移交其他部门去管。”根据这个报告，中央人民政府政务院于1954年2月23日发出《关于民政部门与各有关部门的业务范围的划分问题的通知》确定：将麻风病、精神病、盲哑学校、文化古迹、儿童保育、房屋管理、民事调解、民族、华侨等业务，分别移交给卫生、文教、司法、交通、房管、民族、侨务等专业管理部门或由政府的秘书部门管理。在此前后，内务部主管的干部工作已于1950年移交中央人民政府人事部，以后虽经交回、交出几次反复，最后仍归人事部管理。1952年将城市营建规划与考核工作移交政务院财经委员会；1956年将户口、国籍移交给公安部门，将城市房地产工作移交给城市服务部；1958年将移民工作移交给农垦部。经过部门分工的多次调整，民政部门的主要业务是：政权建设、优抚安置、农村救灾、社会救济、老根据地建设、土地遗留问题的处理、战勤动员、游民改造、戒烟戒毒、婚姻登记、行政区划、公墓管理等。

二、调整改变工作重点

第二次全国民政会议以后，各地民政工作又取得了新的进展。在政权建设方面，各地民政部门在全国普选运动中，继续积极地参加普选的组织工作；对城市、农村、工矿地区和少数民族地区的基层政权建设工作进行了调查研究，提出了一些有益的建议；承办了政府交办的有关政权建设中的一些具体工作。内务部于1954年1月发布了《关于健全乡政权组织的指示》，并草拟了《城市街道办事处组织通则》和《城市居民委员会组织通则》两个草案，经全国人大常委会第四次会议通过公布实施。这一时期，政权建设工作仍然是民政部门的一项中心工作。

为了加强优抚救济工作，内务部于1953年11月和中国人民救济总会联合召开了城市救济工作会议，会后各地整顿了生产教养院，进一步加强了城市救济工作，这对改善贫民生活、维护社会秩序、配合社会主义改造起到一定的作用。内务部又于12月总结了1953年全年的优抚工作，经政务院批准，将这个总结报告发给各地，并于1954年6月召开优抚工作座谈会。这次座谈会，推动了各地民政部门改进工作，加强了农村烈属、军属、革命伤残军人和复员军人参加生产的组织工作，帮助大批农村烈属、军属参加互助合作，整顿了代耕，调整了代耕负担。同时帮助大批城市烈属、军属、革命伤残军人和复员军人找到了职业，并对其中生活贫苦的对象进行了必要的实物补助。1954年发生了百年未有的大水灾。谢觉哉部长于11月29日给7个重灾省的领导干部写信，要求灾区一切工作必须以救灾为中心，建立工作机构，搞好生产自救。12月3日，陈云副总理批发了中央给华东局和各个重灾省省委的《关于加强救灾工作的指示》，指出对重灾区要给予特殊帮助，救济粮款要较为优厚，并责成政府财经部门负责做好灾区物资供应和经济周转工作，即使赔钱也要大力收购灾区农副产品。民政部门积极参与生产救灾运动，领导群众对自然灾害进行顽强的斗争，在安置和救济灾民方面做了大量的工作。灾区群众反映："百年未有的大水灾，千年未有的好政府。"与此同时，各地民政部门在人口调查登记、婚姻登记、民工动员、地政管理等方面也都做了不少工作。这一系列工作，充分表明民政工作作为"人民的政事"所固有的社会性和群众性，并在工作实践中有客观的反映。

1954年11月，内务部在北京召开了第三次全国民政会议。这次会议将第二次全国民政会议提出的"肃清资产阶级旧民主观点和形式主义在民政工作中的影响"问题明朗化。否定了内务部提出的"1954年民政工作总结和1955年工作任务的报告"中，把政权建设工作作为1955年民政工作的中心，批评了在建政工作上没有把领导政权建设工作、主管全部建政工作同在政府领导下，承担交办的一些具体业务工作区分清楚的错误。陈毅副总理到会传达了毛泽东主席和周恩来总理的指示：民政部门应以优抚、复员、救灾和社会救济等项工作作为主要业务。至于政权建设工作，民政部门只能够在党委和政府的领导之下承担一部分具体的组织工作和技术工作。陈毅在报告中指出，这是一个极大的转变，是工作方针的转变，为了保证这个转变，必须首先从思想上统一起来。优抚、复员、救灾和社会救济这几项工作，关系到亿万人的切身利益。做好这些工作，可以密切党和政府的联系，有利于国家的经济建设和国防建设；做不好，就会造成很大的危害。这是一项重大的政治任务，是一件光荣的事业，也是设立民政部门的主要根据。民政部门只有把自己的工作重点认清了，才能开始眼睛向下，到亟待优抚和救济的人群中去，很好地为他们服务，才能胜任地担当起党和政府交给民政部门的光荣任务。政权建设工作是全国人民代表大会和地方各级人民代表大会的事，是中央人民政府和地方各级人民政府的事。关于政权建设中的部分具体工作，今后民政部门仍然要在政府领导下负责掌管，不能放弃不管。但管的范围要限制在了解情况，研究基层政权建设问题，提出建议，办理选举事务的筹备工作，承担政府交办的有关政权建设的具体工作等方面。至于某些地区情况不同，在一定时期民政部门需要多做一些基层政权建设工作，自应根据当地政府的决定进行工作，但也不能因此而包揽自己不该包揽的事，也不能因此妨碍优抚、复员、救灾和社会救济等根本业务。根据陈毅的报告，中共内务部党组作了《关于第三次全国民政会议向中央的报告》和《一九五五年全国民政工作计划》；谢觉哉部长向国务院第六次全体会议作了《第三次全国民政会议的报告》。这两个报告和陈毅在第三次全国民政会议上的报告，分别经中共中央和国务院批准转发各地执行。

从 1955 年起，随着第三次全国民政会议精神的贯彻实施，内务部和各级民政部门把工作重点转移到优抚、复员、救灾和社会救济上来，相应地做好其他各项民政工作。内务部为了加强救灾和社会救济工作，于 1955

年10月调整了内部机构。将救济司改为农村救济司；在社会司的基础上成立城市救济司，撤销社会司，将其主管的一部分业务交民政司管理。省、市民政厅、局的机构也适当地作了相应调整，以加强民政工作重点业务。

第三次全国民政会议结束以后，适逢长江下游和淮河流域继1954年大水灾之后，又遭寒潮大雪袭击，断粮的达7000万人，是新中国成立以来春荒最严重的一年。谢觉哉主持召开安徽、湖北等13个受灾省省长、省委书记座谈会，研究救灾工作。内务部接连发出了加强春荒救济工作和妥善处理灾民、农民外流的指示。各地对重灾区的救济工作普遍都很重视，派出工作组分赴灾区慰问视察，及时发放救济粮款，大力开展生产自救。但是，很多地区对轻灾区、非灾区的救济工作注意不够。为此，内务部发出《关于加强轻灾区、非灾区和城市的救济工作的通知》，使这些地区注意和重视社会救济工作。在这以后，每遇大灾和春夏荒，各地民政部门根据国务院和中务部的紧急通知或部署，加强救灾救济工作。许多灾区，还实行了干部层层包干负责的办法。鉴于中国年年有灾荒，内务部在1955年5月发出《关于防止连灾的指示》，指出“灾荒威胁着我们，我们年年要防灾，尤其要防连灾，要继续和灾荒作斗争。如有新灾，即全力向新灾搏斗”。各地民政部门根据这一指示的要求，在容易发生灾害的地区，储备了补种、改种的粮食种子、蔬菜种子。并且总结好管理与发放救济款的经验，改进和加强工作。在1956年内务部、监察部发出《关于加强对新灾和夏荒救济工作监督检查的联合通知》后，各地监察部门配合民政部门和其他有关部门对救灾工作进行了监督检查，促使救灾救济工作得到改进提高。

优抚安置工作在第三次全国民政会议以后，得到了普遍的提高和深入的发展。各地民政部门对烈属、军属普遍进行登记，建立卡片制度，继续发动和帮助烈属、军属、革命伤残军人和复员建设军人参加生产和参加互助合作组织，安置尚未安置好的复员建设军人，帮助烈属、军属解决生产、生活困难，做好贫苦烈属、军属（特别是烈属）定期定量补助工作，使烈属、军属的生活不低于当地一般群众的生活水平。1955 年提高了革命军人牺牲、病故的一次抚恤标准及伤残人员残废金和在乡残废抚恤金的标准。由于烈属、军属在农业合作化运动中参加了农业生产合作社，全国各地农村根据内务部 1956 年 10 月的通知，对缺乏劳动力的贫困烈属、军属和伤残军人改变过去代耕的办法，实行由合作社优待劳动日的办法，保证他们的生活达到一般社员的生活水平。与此同时，各地民政部门根据内务部 1955 年 8 月召开的《全国革命残废军人学校和革命残废军人教养院工作会议》的精神，改进和加强革命伤残军人学校和教养院的工作。1955 年 11 月内务部召开全国优抚复员安置工作会议以后，许多县（市）和市辖区纷纷召开了烈属、军属、革命伤残军人、复员建设军人代表会议或座谈会，有些地区还吸收部分优抚工作模范参加。通过会议加强对他们的政治思想教育，检查总结优抚工作，听取他们的批评和意见，同他们一起讨论如何改进优抚工作的问题，并且培养、评选、奖励烈属、军属、革命伤残军人、复员建设军人和优抚工作模范，树立旗帜，推动工作。各省、自治区、直辖市和较大的市民政厅、局也召开了这样的会议。1956 年 11 月内务部在北京召开了全国烈属、军属、伤残军人、复员军人社会主义积极分子大会。谢觉哉在会上作了题为《发扬革命传统，争取更大光荣，在社会主义建设事业中作出更大的贡献》的报告。董必武、彭德怀到会讲了话，毛泽东和中央其他领导人接见了全体代表。会议在全国范围内对优抚安置工作产生了很大的推动力量。

自从第二次全国民政会议上提出，对城市有劳动力而不能就业的烈属、军属、革命伤残军人、复员建设军人，应协同有关部门组织他们从事各种可能的合作社性质的小型生产或家庭手工业；对城市有劳动能力的贫民，应设法使其在城市或去农村参加生产以后，各城市民政部门即开始了组织烈军属、贫民参加生产。第三次全国民政会议以后，由于会议进一步明确了城市社会救济工作的方针，对生产自救作了具体的部署，各城市的烈军属、贫民生产有了很大的发展。1955 年全国组织城市贫民参加生产的人数达 58 万余人，长期生产单位有 7900 个。谢觉哉于 1955 年 1 月就城市烈军属、贫民生产问题致函国务院李富春副总理，要求各地承认民政部门领导的烈军属、贫民生产单位，并纳入当地的经济计划。国家计委同意这一意见，从而促进了烈军属、贫民生产进一步的发展。同年 12 月，内务部在北京召开城市残老教养、烈军属贫民生产工作座谈会。根据群众在实践中的创造，这次会议首次提出了“社会福利生产”这个新概念，使烈军属、贫民生产和民政部门领导的其他生产逐步得到社会和国家的承认。

除以上几项重点业务外，民政部门的其他一系列业务，如加强基层政权建设的具体工作、行政区划市镇建设工作、救济福利、残老教养、游民改造的工作等等，在第三次全国民政会议后也都有良好的发展。

三、在“左”倾思想的影响下发展

在国民经济发展第一个五年计划提前胜利完成后，全国人民意气风发、干劲十足，民政工作战线也呈现出蓬勃发展的景象。但是，在社会主义革命和社会主义建设事业的巨大成就面前，由于骄傲情绪的滋长，对整个形势作出了不切实际的估计。从 1957 年开始，急于求成，急于过渡的“左”倾思想逐步发展成为占主导地位的指导思想。民政工作在这种形势下，不可避免地受到了影响，它集中地反映在内务部于 1958 年、1959 年、1960 年先后召开的第四次、第五次、第六次全国民政会议的精神及其在各地的贯彻之中，突出地表现在以下 3 个方面：

（一）提出了一系列超越现实可能的民政工作的方针政策。在“左”的思想指导下，当时在民政工作方面，提出了许多不切实际的要求，诸如：普遍号召动员和组织烈属、军属、伤残军人、复员军人、灾民、贫民等民政工作对象“全部投入到工农业生产大跃进”；要求“城镇在 1958 年内，把有一部分劳动能力的救济补助对象和社会残疾者全部组织起来，1959 年达到优待补助费和社会救济费自给有余，实现城镇无贫民”；说什么"在全国大跃进中，灾区农业生产已经不是灾后如何恢复的问题，而是要把产量比灾前翻上几番的问题"；"救灾工作必须为农业生产大跃进和消灭自然灾害服务，必须把灾区人民全部调动起来消灭自然灾害"。在这种思想指导下，不少人盲目乐观，放松了优抚救济工作。有些人认为，"救济工作已完成了历史使命，农村人民公社化后，吃饭不要钱，不救济不会饿死人"；"城镇消灭了贫困户，也不需要再给救济了"，从而造成一些地方不再关心救济对象的生活困难，普遍压缩了救济款指标，压低了救济标准等不正常现象，使部分人民群众的生活问题一度得不到很好的解决。

（二）脱离经济基础，大搞福利生产和福利事业。在城乡人民公社化运动中，内务部于1958年11月召开11省民政厅、局长座谈会，讨论人民公社化后民政工作的新情况、新问题。会议在"大跃进"运动中，提出民政部门的主要任务是"搞福利，要为全体人民的福利发展、为了给共产主义的实现创造条件"。全国一时掀起脱离实际的大办社会福利生产，大办社会福利事业的巨大浪潮。各地把组织社会福利生产作为全民办工业的一部分，一些地区从大办福利生产发展为全民办工业，企图建立一个独立的生产系统。有些地区甚至以烈军属工厂的招牌，掩护地下工厂的活动。20多个省和自治区把兴办托儿所、敬老院和公共食堂等工作交由民政部门办理；一些地区广泛地举办了伤残军人职业学校，盲聋儿童学校，聋人扫盲夜校，残疾人习艺所，顽劣儿童工读学校，精神病患者疗养院，麻风病、烈属、军属、复员军人、贫民疗养所，盲人俱乐部、聋人俱乐部，贫民托儿所、贫民福利食堂，退休人员公寓，火葬场等等，其中有些符合民政工作对象的需要，而有些是不符合民政部门的业务范围的。这样，势必放松对其他民政工作的管理。

（三）对政权建设工作中的错误思想的批判扩大化。第三次全国民政会议实行工作重点的转变以后，在各地民政部门的业务工作中得到普遍的贯彻，但是第六次全国民政会议在全国"反右倾"的背景下，继续了第三次全国民政会议在工作重点问题上的批评。对一些干部、群众进行了过头的、不应有的批判，伤害了一部分人。虽然这次错误的批判到20世纪80年代得到纠正，但是当时会议的影响遍及全国各地民政部门，曾经使一些民政干部产生“伸手怕越权，缩手怕失职”的矛盾心理和“不求有功，但求无过”的消极思想，从而在不同程度上影响了他们在承担政府交办有关政权建设工作的具体任务时的积极性。

这一时期的民政工作虽然在“左”的思想的影响下，出现了一系列的偏差和错误，但是由于国家和人民的需要，由于社会的需要，民政工作仍然是有发展的，民政工作在这一时期做出的成就，更为深刻地表明其本身具有的社会性所赋予的旺盛生命力。

民政工作作为具有社会性群众性的行政工作的这一特征，在第三次全国民政会议以后得到了渐趋明显的表露：第四次全国民政会议提出“要使民政工作切实体现正确处理人民内部矛盾的方针，促进社会主义所有制和生产力的发展”，“根据正确处理人民内部矛盾的精神，兼顾国家、集体和个人的利益”的要求；1958年6月毛泽东在接见河南省封丘县应举社社长崔希彦时，对陪同的民政干部说：“民政工作就是做人的工作，不要怕麻烦”；第六次全国民政会议提出，民政工作中心工作是“生产救灾、社会优抚、社会工作”、“是社会性群众工作、群众福利”，“要能替党中央分忧解愁，替国家分忧”，“要接近受苦受难的群众”，“要走群众路线，要耐心，挨门挨户去访问，去座谈，去研究，去解决问题”。以上这些精神，都历史地表现出民政工作在业务上和政治上的不断发展。各地民政部门在这些精神的指导下，为帮助困难的人和解决社会问题，做了许多深入细致的工作。以自力更生、奋发图强的精神，办了不少实事、好事：

在优抚工作方面，各地人民公社普遍成立了拥军优属和复员安置工作委员会，关心烈军属和伤残、复员军人，为他们排忧解难，促使他们成为社会主义建设的一支骨干力量。许多复员军人突击队喊出“前方杀敌是英雄，后方生产打先锋，哪里困难到哪里，向大自然猛攻”，以坚强的意志在生产上做出卓越的贡献。四川省革命伤残军人教养院课余演出队来京汇报演出，表达了全国革命伤残军人的革命乐观主义精神和崇高的共产主义风格，得到社会各方面的赞扬。

在救灾方面，这一时期的特点是除了继续开展生产自救外，同时更广泛地开展了互助互济，一方有困难，八方来支援，使受灾地区迅速恢复生产、重建家园。1958 年 4 月国务院批转了内务部《关于春荒和新灾及今后意见的报告》，通知各地要密切注意在生产“大跃进”的形势下所容易疏忽的有关群众生活的一些重大问题，从而进一步引起了各级民政部门对救灾救济工作的重视。

在社会福利事业方面，各地民政部门根据内务部于 1959 年 4 月在湖北省召开的全国残老及儿童教养、精神病患者收容疗养工作现场会议的精神，将全国 370 余所残老教养院、90 余所儿童教养院、120 余所精神病收容疗养机构，分别改为综合性的社会福利院、专门性的养老院（敬老院）、儿童福利院和精神病患者疗养院，针对不同的对象实行不同的具体工作方针，改进了各方面的工作，使社会上无家可归、无依无靠、无生活来源的老人、儿童、残疾人（包括精神病患者）在生活、教育、医疗、劳动、文娱等方面都得到妥善的安排。除了管理这些福利工作外，许多地方的党政干部把人民公社化后的集体福利工作交由民政部门管理。这项工作的开展，消除了人民群众的后顾之忧，鼓舞了他们建设社会主义的积极性。

在社会福利生产方面，各地民政部门的工作虽然大都超出了应有的范围，但是组织城镇中有劳动能力的优抚、救济对象参加生产，仍然是有很大成就的。不少地方在农村也开展了社会福利生产。这些工作，不仅使需要国家救济的人大为减少，而且起到很好的变消极因素为积极因素的作用。1958 年在北京北海公园举办的全国优抚救济社会福利生产展览会，具体生动地展现出各地举办社会福利生产的白手起家、艰苦奋斗的精神和对社会主义经济建设的有益贡献。在第五次全国民政会议上，钱瑛部长作总结报告时，提出社会福利生产的分类定型工作，明确民政工作部门组织的生产是保障性的生产、为福利事业服务的生产，生产自救性的生产、改造性的生产。在这以后，社会福利生产逐步得到更为健康的发展。

此外，在婚丧礼俗方面，这一时期的工作也有一些很好的发展，如广大农村女青年，破除陋习，结婚不要彩礼；结合农田水利基本建设，平毁了大量坟墓，扩大了耕地面积，支援了工农业生产建设等等。

这一时期的民政工作，是在一种不平凡的曲折中发展的，它从正反两个方面提供了十分深刻、丰富的历史经验。民政工作中一切受“左”的思想影响的偏差与错误，都是脱离社会经济发展的基础，脱离现实需要和可能条件所产生的；而一切工作中的成就与发展，则是从实际出发，按照中国的国情和工作对象的实际需要来开展工作的结果。

四、为度过暂时困难时期做出贡献

在“大跃进”和人民公社化运动对国民经济产生某些消极影响的情况下，1959 年到 1961 年期间中国遭遇了连续三年的特大自然灾害，全国发生了严重的困难。在这期间，民政工作显得十分重要。各地民政部门在全国人民同心同德、艰苦奋斗、努力克服困难的过程中，紧密地依靠中国共产党和各级人民政府的领导，积极地作出加强业务工作的部署，为度过暂时困难时期尽心尽责地贡献力量，主要做了以下几方面的工作：

（一）开展救灾救荒斗争。在 3 年暂时困难时期，全国受灾面积达 25. 6376 亿亩，成灾面积 10. 0932 亿亩，灾民达 1. 6236 亿人。1960 年的粮食产量，仅相当于 1951 年的生产水平；工业生产也急剧下降。市场的商品供应严重不足，人民群众的生活遭到严重困难。许多地方发生了浮肿病，甚至出现饿死人的现象。在严重的困难面前，中国共产党和人民政府以最大的努力，开展救灾救济工作。内务部和地方各级民政部门，作为政府的职能部门，把救灾救济作为当时的首要任务。1959 年 4 月春荒严重，内务部及时召开了河南、山东、河北等 19 个省、自治区民政厅负责人参加的电话会议，研究制止春荒发展问题；中共内务部党组向中共中央报告春荒情况，毛泽东在批转这个报告时指出：“此件发各省委、市委、自治区党委。请你们对这个问题，务必要采取措施，妥善安排，度过春荒，安全地接上麦收的早稻，多种瓜菜，注意有吃而又省吃，闲时少吃，忙时多吃。千万不要大意。”这些指示受到了各地普遍的重视，得到深入的贯彻。同年7月，中共内务部党组又向中共中央报告了新灾和夏荒的情况。1960年5月至10月，中共内务部党组先后向中共中央报送《关于灾情和请求增拨救济款的报告》《关于一九六〇年上半年各地灾情和救灾工作的报告》《关于全国自然灾害情况和救灾工作意见的报告》。内务部先后召开了14省民政厅长交流夏季救灾工作经验的电话会议和18个省、市民政厅长总结上半年救灾工作经验、讨论1960年冬季至1961年春季救灾工作具体任务的座谈会。周恩来总理对中共内务部党组在5月和10月的报告两次批示：“可由内务部将这个报告稿经内务部送各省、区民政厅照办。”这些都十分有力地推动了救灾工作的开展。灾区的民政部门都把救灾工作当作中心任务，大力开展生产自救、节约度荒的群众运动。到1961年1月，根据内务部的调查和山东、河南、河北等13个省的报告，灾区各级党政领导都很重视对群众生活的安排，把这一工作列为农村一切工作的中心，因此，党群关系更加密切了，群众生产自救，节约度荒，自力更生，奋发图强的积极性有了很大提高。但是灾区群众生活还存在一定困难，要进一步深入实际，把生产自救和救济工作做好。同年10月，内务部和财政部在京联合召开6个重灾省的座谈会，着重研究冬春救灾工作和这些省要求增拨救灾款问题。国家历年都通过民政部门发放大批资金用于救灾。在三年暂时困难期间共发放救灾款12.428亿元，发放救济费5.1258亿元，并调集大量木材、棉布、食品和医药等物资，有效地支援了灾区人民开展生产自救，度过艰苦的暂时困难时期。

1962年中国人民已经胜利地度过了三年暂时困难时期，但是荒情余波犹存，新的灾荒时有发生。各地民政部门积极不懈地安排灾区群众的生活，帮助群众搞好生产，努力克服困难，继续度过灾荒。这年12月，内务部曾山部长在国务院第一二五次全体会议上做了《关于一九六一年灾情和救灾工作的报告》。曾山说："1962年农村形势比1961年好，群众生产情绪一年比一年高，自然灾害比去年轻，由于各级政府重视，认真贯彻了中央关于农村工作的各项政策，国家在财力、物力上给以大力支持，绝大部分灾区群众情绪是稳定的。"

（二）搞好收容遣送工作。在三年暂时困难时期，由于严重自然灾害造成的农村生计困难和城市、工厂区大批招工的吸引，曾经引起农村人口的大量外流。中共内务部党组于1959年2月向中共中央写了《关于农村人口外流问题的报告》，提出解决人口外流问题的意见。中共中央批转了这个报告后，各地普遍按照内务部的意见分别进行遣送安置工作。为了贯彻中共中央关于全党全民动手，大办农业，大办粮食，压缩城市人口，加强农业第一线的指示，内务部又于1960年11月进一步通知各地，要求民政部门抓紧做好收容遣送站的工作，城市民政部门在11月、12月两月把收容遣送工作列为中心工作，并当做政治任务来完成。同时，制定了《城市收容遣送站工作方案》，规定了收容遣送的政策界限，明确了省与省之间采取对口遣送的办法。在这期间，各地民政部门都把收容遣送工作列为一项经常工作，加强了对收容遣送站的领导和检查，多方面地改进和加强这项工作。

为了更加有效地克服人口大量自由流动的现象，1961年10月，根据中共中央书记处的指示，民政部、公安部联合召开会议，研究制止人口自由流动问题。会议确定把好三关：（1）从各方面做好工作，堵住人口外流；（2）以铁路交通为中心，从各个环节上限制人口自由流动；（3）坚决收容，妥善处理。各地民政部门根据这个精神，加强了外流人员的收容工作并进行了妥善安置。到1962年，随着全国经济形势日益好转和灾区群众生活绝大部分稳定，大量外流现象已不再出现，部分农民的外流也基本制止。这对稳定社会秩序，加强农业生产，起到了积极作用。

（三）解决退职老弱残职工的生活困难。1961年9月，中共中央提出对国民经济实行"调整、巩固、充实、提高"的八字方针以后，各机关、企业、事业单位进行了精简职工工作。当时确定，对精简还乡生活上有困难的又不符合退休条件的老职工，由民政部门按月发给本人原标准工资30%的救济费，其家属生活有困难的，另按社会救济标准给予救济（1965年，国务院将这项救济费标准提高为本人原标准工资的40%），保证他们的生活不低于当地一般群众的生活水平。许多地区的民政部门对家庭生活无依靠，不够退休条件的老、弱、残职工，都按照中央的规定，进行了救济，并且逐步解决了救济工作中的问题。

在进行上述主要工作的同时，各地民政部门还加强了优抚工作，主要是加强烈属、军属、伤残军人、复员军人的优待补助工作，调整复员退伍军人的工资待遇。加强了城市社会救济工作，对工作中出现的新情况、新问题及时调查研究，加以解决，强调救济标准应以保证救济户的基本生活为原则。支援城乡人民公社举办敬老院等集体福利事业，尤其是帮助那些已经办起来并且有条件办下去的敬老院坚持办下去。所有这些工作，对帮助广大民政工作对象胜利度过3年暂时困难，都起到不同程度的作用。

五、在国民经济调整时期的发展

经过1961年至1965年对国民经济实行“调整、巩固充实、提高”的方针，中国的国民经济全面好转，逐步地重新出现了欣欣向荣的景象。民政部门在这期间也有不少的发展，工作中取得不少成就。

首先是整顿了社会福利事业单位、优抚事业单位和社会福利生产单位。各地社会福利事业单位的整顿，着重解决了违法乱纪等方面的问题。优抚事业单位在整顿中，着重解决了铺张浪费等方面的问题。社会福利生产单位通过整顿，着重解决了资本主义经营思想作风等一系列问题。并于1963年提出了民政部门举办社会福利生产主要是安置盲聋哑残人员的生产单位。

与此同时，各地民政部门坚持不懈地做好灾区的生产救灾和大力防止灾民外流工作；广泛地开展了拥军优属活动和经常性优抚工作；在经济形势好转的情况下，继续加强了农村社会救济工作和城市社会救济工作；其中包括假肢工厂和收容长期流浪人员的安置农场的工作。婚姻登记，殡葬改革等方面的工作，也有不同程度地改进和加强，并且承办了1963年全国选举工作的具体事务。

民政工作的这些成就，在内务部1963年在北京召开的全国民政人事厅、局长会议和1965年在北京召开的全国各省、市、自治区民政厅长、人事局长会议上得到了肯定，并认为是贯彻中央精神的结果。这两次会议一方面肯定了民政工作贯彻调整、巩固、充实、提高的方针取得了不少的成就；另一方面也反映出民政工作受“左”的思想影响，把阶级斗争扩大化，使一些事业单位和生产单位的干部在整顿中或在“四清”“五反”运动中受到不应有的打击。同时，由于把力量较多地集中于搞政治运动、阶级斗争，因而失去了开拓业务的可能，民政工作的发展受到一定程度的障碍。

第三节　民政工作遭受严重挫折时期

1966年5月到1976年10月的“文化大革命”，使党、国家和人民遭到新中国成立以来最严重的挫折和损失。同时也使民政工作遭到最严重的挫折和损失。其中有最深刻的教训，也有另一方面值得思考的经验。

一、民政机构组织体系的瘫痪和瓦解

1966年中共中央的“五一六通知”下达以后，内务部开始卷入“文化大革命”运动；随着《关于无产阶级文化大革命的决定》的公布，进一步形成了大搞运动的场面。在运动初期，由于运动的矛头主要是对着各级党政领导机构，揪斗主管部门的领导，对基层触动不大。内务部在曾山部长的主持下，坚持日常工作，对各地民政部门还有一定的指导能力。1967年“一月风暴”席卷全国，形成上下大乱、全面内战的局面。在这以后，全国民政部门组织体系从上到下遭到严重的破坏，工作秩序被打乱，民政

工作逐步处于无政府、半无政府状态。

1968年12月11日，最高人民检察院、最高人民法院、内务部的军代表和公安部领导小组联合向中共中央和文革领导小组写了《关于撤销最高人民检察院、内务部、内务办3个单位，公安部、高法院留下少数人的请示报告》。内务部的撤销波及全国。从省、市、自治区民政厅、局到基层民政组织，都受到冲击，有的被撤销，有的与其他部门合并。各级民政部门的领导干部，大多数挨揪斗，有些被打成“走资派”。随着机构的撤销、合并，民政工作的业务陷入停滞和削弱，长期积累的业务资料，或者散失，或者销毁，造成了巨大的损失。

二、民政工作方针、政策的混乱

中华人民共和国成立以后的民政工作，在中国共产党和人民政府的领导下，制定和实行了一系列正确的方针和政策。在“文化大革命”中，这些方针政策有不少被诬蔑为修正主义路线的产物，遭到了错误的批判和否定。

在极“左”思潮泛滥时，把必须进行的救灾，说成是“以救灾压革命”；把灾区人民开展副业、生产自救，说成是“搞资本主义”；把公益金用于五保户和困难户补助，说成是对社员的剥削。

在极“左”思潮泛滥时，还把举办福利事业和福利生产，说成是“福利主义”和“唯生产力论”，许多福利事业和福利生产单位因此被迫合并或撤销。“文化大革命”前夕，全国县以上民政部门领导的社会福利生产单位有1371个，1977年仅存766个，社会上有大批残疾人得不到安置。

极“左”思潮并把一些老烈属、退伍红军老战士、老伤残军人、复员军人诬蔑为“走资派的红人”“修正主义的社会基础”。有些优抚对象无故被取消荣誉称号，没收或销毁其荣誉证件，备受打击和迫害，造成多起冤假错案。而另有一些人却在优抚政策被歪曲破坏的情况下，骗取了优抚对象的荣誉，或错授烈士称号。安置工作中，则兴起“走后门”之风，而将一大批军队转业干部当做复员处理。

其他民政工作也同样遭到破坏。如行政区划工作基本瘫痪，随意调整行政区域；婚姻登记取消了收费制度；收容遣送站名存实亡，不少安置农场被撤销，盲流人员到处游荡，影响了社会的安定。

“文化大革命”对民政工作的破坏和干扰，使这一时期民政工作的发展遭到严重的挫折，民政工作的实际效能受到严重损害，并为以后的工作留下后遗症。

三、在运动中坚持进行民政工作

各级民政部门的领导和干部在“文化大革命”中，同“左”倾错误和林彪、江青反革命集团是有斗争的。当他们受到运动的冲击时，不少领导干部一面挨批斗，一面坚持工作；许多干部在艰苦的环境条件下，坚守工作岗位，基层工作人员和人民群众采取各种形式抵制运动对民政工作的干扰破坏。因为民政工作是一项“保国安民”的工作，与人民群众的切身利益息息相关，是直接为人民服务的，所以在“文化大革命”的十年期间，民政工作虽然受到严重的挫折和损害，却并没有完全中断，而是一直在不同程度地坚持进行。

就在“一月风暴”后的4月，内务部曾山部长在2月召开假肢工厂座谈会的基础上，主持召开了部长办公会议，决定成立假肢研究所，并讨论了赴越帮助建设假肢工厂的考察组、专家组以及实习生教学组的人选问题。这一年，国家通过民政部门拨款5.3亿元，用于自然灾害救济和社会救济，并推动和帮助地方民政部门解决了安置老弱残干部和特等、一等革命伤残军人病故后其遗属生活困难等优抚工作中的问题。

1967年2月至4月，内务部两次对解决受灾地区春荒期间群众生活困难问题的救灾救济工作作出具体安排，向中央报告，并召集春荒较重的省开会，派出工作组到各灾区检查督促生产自救工作。同年3月，河北、天津发生地震，内务部长曾山率领慰问团到灾区进行了慰问。这年共拨发救济款2.629亿元。同年11月，还同越南就援助总值86万元的假肢工厂设备材料签订合同，并进行了一系列的实施工作。

1968年4月，内务部研究了当年安置退伍军人的情况和意见，并向中央写了报告。同年10月，又会同财政部向国务院报送了《全国受灾情况及核发自然灾害救济费的报告》，提出安排灾区生活的拨款数额。各地民政部门切实地帮助灾区解决了群众的生活困难问题。

1969年内务部撤销后，原主管的各项民政工作业务分别移交有关部门。其中，救灾、救济、优抚等工作，由财政部管理；行政区划、盲流人员的收容遣送等工作，由公安部管理；盲聋哑人、麻风患者、精神病患者的安置、管理和教育，由卫生部管理；政府机关工作人员的工资待遇、退职退休和复员转业军人的安置等，由国家计委管理；政府机关人事工作，由国务院政工小组办公室代管。当时统计，全国优抚对象4000多万人，残疾人700多万人，五保户300多万，困难户和受灾人口每年都在1亿人左右。对于这样众多人口的生产、生活问题，缺乏一个专门的主管部门，自然在业务上就失去了统一集中指导的效能。各有关部门在管理这些民政工作期间，都解决了一些问题，做出一定成绩，地方从事民政工作者和广大基层干部仍然以满腔热情为民政工作对象排忧解难，使他们感受到中国共产党和人民政府的关怀和温暖。尤其是在优抚方面，广大人民群众不断发扬拥军优属的光荣传统，对优抚对象的优待抚恤，春节和“八一”等节日期间的拥军优属活动，都是一直在坚持进行的。所有这些，为民政工作全面恢复和发展奠定了一定的基础。

1973年12月至1974年8月，国务院派出调查组（由国务院科教组、公安部、财政部、卫生部、出版局各派1人组成）就盲人、聋哑人工作问题进行调查研究，征求地方对恢复民政工作机构的意见，调查组到北京、辽宁、吉林、安徽、江苏、上海、云南等省、市，进行调查研究，地方领导和干部一致反映：“从事民政工作的同志，到北京联系请示工作要跑好多机关，主管的部门多，地方没有设立专门机构，很多事情不好办。”工作组建议在召开第四届全国人民代表大会时，提出恢复内务部，后来没有实现。

第四节　民政工作的恢复与重建时期

1976 年 10 月，江青反革命集团被粉碎以后，十年动乱宣告结束。在群情激昂欢庆胜利之余，一些从事民政工作的干部以及人民群众希望尽快恢复民政机构，以便全面恢复和开展民政工作。1978 年 12 月召开的中共中央十一届三中全会，开始全面地认真地纠正“文化大革命”中及其以前的“左”倾错误，确定了“解放思想，开动脑筋，实事求是，团结一致向前看”的指导方针，作出了把工作重点转移到社会主义现代化建设上来的战略决策，它标志着中国进入了一个新的历史时期。在这个历史背景下，社会性、群众性的民政工作所起的促进社会安定团结的作用，在保证现代化建设的意义上被重新认识。因而全面恢复民政机构和民政工作就成为现实的需要。

一、重建民政工作机构

1978 年 2 月召开的第五届全国人民代表大会第一次会议通过了新宪法。在 3 月 5 日的会议上，决定设置中华人民共和国民政部，作为国务院的一个职能部门，指导全国的民政工作。同时，任命程子华为民政部长。

同年 5 月 18 日，中共中央通知成立中共民政部党组，任命程子华为党组书记，王国权、陈光为党组副书记，张凯、张邦英、刘景范、史怀璧、黄庆熙、卓雄、李金德、袁血卒、吴绩、熊天荆为党组成员；任命王国权、陈光、张凯、张邦英、刘景范、史怀璧、黄庆熙、卓雄、李金德、袁血卒为民政部副部长，熊天荆、王子宜为民政部顾问。全国民政工作的管理机构开始重建。

民政部重建时，设立政治部、办公厅、优抚局、政府机关人事局、农村社会救济司、城市社会福利司、民政司等 7 个司局级单位。不久又增设信访局，并负责指导中国盲人聋哑人协会的工作。（政府机关人事局于1980年7月从民政部分出，单独设立国家人事局）。

在这以后，根据1980年9月24日《中共中央关于妥善安排军队退出现役干部的通知》，和中共中央书记处关于“各级民政部门设立办事机构”的指示，民政部经国务院批准，于1981年4月设立退伍军人和军队退休干部安置局。1983年7月，因军队离休干部移交由地方管理，安置局相应改为退伍军人和军队离休退休干部安置局。1983年2月，国务院、中共中央军委发出《中国人民解放军志愿兵退出现役安置暂行办法》后，民政部门又加强了志愿兵退伍后的安置工作。

随着民政机构的重新建立和完善，地方各级民政机构也随之得到恢复和进一步的健全，开始建立起一个全国民政工作的运行体系。

二、恢复与发展民政工作业务

民政部在1978年重建时主管的业务，除了没有政权建设、征用土地等工作外，基本上恢复了“文化大革命”前内务部时期的业务内容和范围，即：优抚安置、救灾救济、社会福利、行政区划、婚姻登记、殡葬改革和政府机关人事工作。

随着形势的发展需要，民政部门根据中共中央和国务院的指示，又陆续承担了一些新的工作任务，主要有：基层政权建设，军队离休退休干部的安置，印支难民的救济安置，地名管理，社团管理等等。其中有的业务是50年代承担过的，后来受“左”的思潮影响而中断，在改革开放的新形势下又以新的面貌出现。有些业务在新的历史条件下，有了新的内容，范围也逐步拓宽。有些业务则是在新的历史条件下提出来的。

三、明确方针政策，开展业务工作

机构建立任务明确以后，面临的首要任务是，摸清情况，开展工作。为此，1978年五六月间，由部领导带领6个工作组分赴华北、东北、华东、中南、西南、西北，主持召开各省、自治区和直辖市民政局长会议，了解民政工作情况，为全面开展民政工作做准备。

1978年9月，第七次全国民政会议在北京召开。程子华部长在会议上作了题为《以揭批“四人帮”为纲，努力做好民政工作，为实现新时期的总任务而奋斗》的报告，会议明确了民政工作的业务范围和指导思想，确定了各项民政工作的具体方针政策，要求各级民政部门“上为中央分忧，下为群众解愁”，关心人民疾苦，全心全意为人民服务。10月21日，中共中央批转了《全国民政工作会议纪要》，并指出：民政工作历来是中国共产党的一项重要工作。做好民政工作，对促进安定团结，调动一切积极因素，加速实现社会主义四个现代化关系很大。中央要求各级党委切实加强对民政工作的领导，把民政工作列入党委议事日程。这次会议对全国民政工作的恢复与振兴，起了全面推动和指导的作用。

第七次全国民政会议后，各级民政部门根据中共十一届三中全会和第七次民政会议的精神，集中精力消除林彪、江青反革命集团的流毒，医治十年动乱造成的创伤，清理“左”倾错误的影响，贯彻落实各项民政工作的方针政策。同时贯彻执行原中共内务部党组《关于民政部门工作重点转移的意见》，及时把工作重点转移到为四化建设服务的轨道上来，在拨乱反正中前进，在实践中创造。

优抚工作方面，首先是在全国范围内对5000万优抚对象进行了普查登记；在中共各级地方党委的领导下，平反了9000多起优抚对象的冤假错案，改进了定期定量补助工作，调整和提高了各项优抚标准，适应农业生产责任制的普遍推行和征兵、安置工作的新情况，优待工作有许多创新，全国大多数地区对农村义务兵家属实行了普遍优待，较好地落实了群众优待的政策，与此同时，颁发了《革命烈士褒扬条例》，改进和加强了烈士褒扬工作。在对越自卫还击战中，有关省市的民政部门做了大量的支前和战后的抚慰工作，对伤残军人作了妥善安排并及时装配了假肢，拥军优属的传统得到了恢复与发扬。

在安置工作中，各地坚持执行了“从哪里来回哪里去”的原则，安置重点放在农村，采取思想教育和解决实际问题相结合的方针，使退伍军人安心在农村，日益成为社会主义建设的骨干力量，有些地区积极扶助退伍军人发展农副业生产，走劳动致富的道路，收到良好的效果。在城镇，普遍采取“按系统分配任务，包干安置的办法”，使退伍军人的安置基本得到保证。从1979年到1982年，共接受安置680多万退伍军人和8万多名伤残病战士。各地民政部门还为接收安置军队退休干部做了大量准备工作，一些地区开始接收安置军队退休干部。

救灾工作在农村各项政策深入人心和农村经济较快发展的情况下，增添了更为有力的条件，增强了群众抗灾、自救的力量。各地民政部门大力组织群众广泛开展生产自救和互助互济活动，及时发放款物，使灾区群众情绪稳定，促进了生产的恢复和发展。这一期间，每年约有1亿人口以上的地区遭受严重自然灾害。不少重灾区做到了当年受灾，当年恢复；有灾不荒，有灾不减产。灾区人民在生产自救、节约度荒的过程中，发扬了自力更生、艰苦奋斗的精神。

在这期间，一些地区的民政部门开始发展农村扶贫的工作。从1980年到1982年，全国共约扶助贫困户327万户，3年中有109万户摆脱了贫困。这些地区为发动社会力量扶持贫困户脱贫致富，找出了一条道路。一些地区的民政部门进行了农村五保户的普查登记。在登记过程中，逐人逐户分别不同情况，进行妥善安排。这些做法逐步向全国推广。

各地社会福利生产和优抚、社会福利事业单位在这期间进行了适合新时期要求的整顿。依靠社会力量，举办街道社会福利生产，福利事业有新的发展。这一时期，抓紧进行了对60年代精简退职老弱残职工生活困难的救济工作；配合城市社会治安综合治理，安置了一批经过教育有了转变的长期流浪乞讨人员，以及进行假肢行业改组、婚姻登记、殡葬改革等其他方面的工作。

四、承担县、社两级直接选举任务

中共中央第十一届三中全会提出全国工作重点转移到社会主义现代化建设上来以后，为了实现这一战略任务，必须保障人民行使当家作主、管理国家大事的权力，增强人民当家作主的责任感，提高广大群众参加社会主义现代化建设的积极性。因此，由人民群众直接选举自己的代表，推进社会主义民主政治，便被提到了议事日程。

1978 年 10 月，中共中央和国务院决定，有关选举的“具体事务由民政部门负责”。中共中央政法小组决定，由民政部承担主持修改《中华人民共和国选举法》的任务。

民政部门从 1978 年年底开始，进行了基层选举的准备工作。1979 年 4 月，在中共民政部党组的直接领导下，邀请中共中央和国务院有关部门以及北京各大专院校的有关人员参加。组成修改《中华人民共和国选举法》办公室，负责修改《选举法》工作。《选举法修改草案》经中共中央审定后，于 1979 年 7 月 1 日由第五届全国人民代表大会第二次会议通过发布。

新的《中华人民共和国选举法》对 1953 年《中华人民共和国选举法》作了重要的修改和补充。主要内容有：（1）确定县级直接选举制；（2）确立差额选举制；（3）选区改为按生产、事业、工作单位和居住状况相结合划分；（4）各少数民族都应有代表参加全国人民代表大会；（5）候选人提名，一律实行无记名投票。

《中华人民共和国选举法》和《中华人民共和国地方组织法》经五届人大二次会议发布以后，各省、自治区、直辖市于 1979 年下半年在 66 个县、自治县、不设区的市和市辖区进行了直接选举的试点工作。民政部为总结经验，指导即将开始的全国选举工作，由程子华部长，王国权、张凯、卓雄、史怀璧副部长和熊天荆顾问率领 6 个工作组分赴浙江、辽宁、北京、贵州、湖南、陕西参加县级直接选举试点工作，并于同年 12 月召开全国县级直接选举试点工作会议，交流经验，研究了选举中的具体政策。

1980 年 2 月，第五届人大常委会第十三次会议通过了《关于县级直接选举问题的决议》。“确定今年上半年全国各地应继续做好各项准备工作，下半年分期分批地全面开展，争取在今冬明春基本完成县级直接选举的任务。”

1980 年 10 月，县级选举在全国普遍展开。到 1981 年年底，县、社两级直接选举工作圆满完成。全国共有 2755 个县级单位和 5.6 万多个社、镇实行了直接选举，进一步保障了人民民主权利，人民群众对选举的政治热情高，出现了前所未有的积极参加选举的景象。根据 1981 年 12 月 31 日 2712 个县级单位的统计，18 周岁以上人口 5.42075295 亿，登记选民为 5.39394623 亿，占 18 周岁以上人口的 99.51%，参加投票人数为 5.16829021 亿人，占选民人数的 95.82%。通过选举，选出了广大人民群众满意的县级人民代表大会代表 78.4458 万人，选出了群众信任的县级人民代表大会常务委员会和人民政府。这届选举，对于健全中国社会主义民主和社会主义法制，加强政权建设，调动广大人民群众参加社会主义现代化建设的积极性，起到了很大的促进作用。

第五节　开创民政工作新局面的时期

1982 年 9 月，中国共产党召开了第十二次全国代表大会。胡耀邦作了《全面开创社会主义现代化建设的新局面》的报告，总结了粉碎江青反革命集团以来的历史性胜利，提出了全面开创新局面的各项任务，确定了中国社会主义建设的战略目标、战略重点、战略步骤和一系列正确方针。中国的民政工作沿着中共十一届三中全会和十二大指引的方向，积极地迈出改革的步伐。

一、全面部署开创民政工作的新局面

为了部署开创民政工作新局面的各项工作，民政部于 1983 年 4 月召开了第八次全国民政会议。崔乃夫部长在会上作了《在党的十二大精神指引

下，为开创民政工作新局面而奋斗》的报告。会后，中共中央办公厅、国务院办公厅发出关于《第八次全国民政会议纪要的通知》指出：中央书记处、国务院认为，第八次全国民政会议是开得好的，解决了民政工作中一些带根本性的问题，各级党和政府要加强对民政工作的领导，使这个《纪要》中提出的各项任务和措施落实到基层，努力开创民政工作的新局面。

这次会议进一步明确了在新的历史时期民政工作的性质、任务和作用，提出了民政工作改革和开创新局面的方向和途径。

早在1983年1月，为准备第八次全国民政会议而召开的第一次全国民政理论研讨会上，崔乃夫就提出：根据民政部目前担任的任务看，可以说基本上是社会行政工作。这样规定，属于社会保障这一部分工作也可以包括进来，基层政权建设也应该属于社会行政工作范畴。在第八次全国民政会议上，崔乃夫指出：民政部门在新的历史时期，承担着基层政权建设、优抚安置、救灾救济、社会福利、行政区划、殡葬改革、婚姻登记等工作。这些工作，有的属于政权建设的一部分，有的属于社会保障的一部分，有的属于行政管理的一部分。民政部门要通过做好主管的工作，发展社会主义民主，维护社会主义法制，改善优抚、救济对象的生活，促进社会福利事业的发展，加强军政军民的团结，建设新型的人与人之间的关系，调动一切积极因素，为实现党和国家在新时期的总任务服务。

崔乃夫并指出：各级民政部门当前的中心任务是，在党的十二大精神指引下，进一步解放思想，振奋精神，实事求是地研究新情况，解决新问题，努力开创民政工作的新局面。民政工作的新局面的标志是：（1）认真贯彻了党的十二大精神，调整了不适应新时期要求的方针、政策和规章制度；（2）调动民政干部和民政工作对象的积极性，使各项工作都走出了适合新时期要求的新路子；（3）建立起符合革命化、年轻化、知识化、专业化要求的领导班子，和一支政治上、业务上能够胜任的，热心为民政工作对象服务的干部队伍。

崔乃夫还指出：为了开创新局面，民政工作必须加强，必须改革，使之更加适应经济基础和社会专业发展的需要，充分发挥民政部门在“两个文明”建设中的职能作用。整个改革要有领导、有步骤、坚定而有秩序地进行。就当前来说，基层政权建设和行政区划工作要贯彻中共中央已确定的改革方针，为行政管理体制和经济体制的改革服务；优抚安置工作要进一步完善优待抚恤办法，积极扶持优抚对象勤劳致富；救济工作要改变单纯救济的观点，大力开展扶贫工作；举办社会福利事业，要广泛动员社会力量，开辟新的路子；社会福利工厂，要改变吃“大锅饭”的做法，逐步推行各种形式的经济责任制，改善经营管理，提高社会效益和经济效益；民政事业单位要实行岗位责任制，改善服务态度，提高服务质量。

第八次民政会议以后，各地民政部门积极认真地传达贯彻会议的精神，迅速掀起开创民政工作新局面的热潮。

二、民政工作在改革和开创新局面中取得巨大成就

从1983年开始，全国各级民政部门经过五年的不懈努力，通过一系列重要改革，各项工作取得显著成绩，特别是从走出工作的新路子、开拓工作内容和业务范围三方面，表现出民政工作新局面的不断开创。

（一）基层政权建设工作有重要进展。在农村经济体制改革和政治体制改革中，各级民政部门积极参加了改革人民公社政社合一和生产大队管理体制的工作，协助地方政府领导在全国建立起乡（镇）政府6.9842万个，村民委员会84.5025万个。与此同时，整顿和加强了城市居民委员会；并陆续开展了乡（镇）和村民委员会干部的培训、先进乡（镇）和先进村（居）民委员会的评比表彰工作，促进了乡（镇）政权的巩固和各项社会事业的发展。

（二）农村救灾救济工作取得重大成绩。各级民政部门积极改革救灾款的使用管理办法，在保障灾民基本生活的前提下，实行有偿和无偿相结合，并对6个省、区实行救灾款包干使用，对209个多灾贫困县予以重点扶持，突破了传统的救灾格局，增强了救灾工作的活力和群众的防灾抗灾

能力。五年中，共发放救灾款43.4亿元，救济款11.9亿元，救济扶持灾民3.4亿多人次，在帮助灾民开展生产自救，克服生活困难方面获得了更多的效益，更好地促进了灾区生产的恢复和发展。与此同时，各地民政部门还把救灾同扶持紧密地结合起来，用多种方法扶持贫困户和优抚对象发展生产经济，帮助他们摆脱贫困，走共同富裕的道路。“双扶”工作产生了重大影响，扶贫工作已发展成为全党的一项重要工作。

（三）社会福利蓬勃发展。5年间，社会福利事业进一步向多种形式、多种类型以及供养与康复结合的方向发展；在巩固家庭自我保障的基础上，拓展了社区服务的工作，初步形成以国家办的福利事业为骨干，以社会办的集体福利和社区服务事业为主体的新格局。全国城乡各种社会福利院（包括敬老院）达到36万所，床位总数649万张，分别比五年前增长2.3倍和1.6倍。有617个县实现了乡乡有敬老院。社会福利工厂明确为特殊性质的企业，并确立了以集体、小型、分散为主的发展方向。5年间，福利工厂总数由5000个发展到2.8万个，增长4.6倍。残疾人就业由10.4万人增加到50.4万人。大中城市有劳动能力的残疾人已基本就业，由民政部会同有关部委于1987年对424个县、市、市辖区进行了残疾人抽样调查。从抽查结果推算，全国约有各类残疾人5164万人，约占全国人口5%。这次抽样调查，纠正了新中国成立以来对全国残疾人长期估算不确实的状况，为全面开展残疾人工作提供了基本数据。

（四）优抚工作在改革中取得明显成效。突出表现为：适应国民经济发展和军队现代化建设需要，改革了国家抚恤制度，调整了各项优待抚恤标准，对部分在乡的老复员军人扩大了定期定量补助，落实了群众优待，初步形成国家、社会、群众相结合的优待抚恤制度。这几年，还解决了一些历史遗留问题，先后认定了西路军红军战士3000多名，红军失散人员15万名；对第二次国内革命战争时期被错杀人员进行了平反昭雪。同时，采取多种形式开展了对越作战的拥军支前、伤亡抚慰工作和城乡拥军优属活动，进一步密切了军政军民关系。

（五）退伍军人和军队离退休干部安置工作迈出了新的步伐。主要是接受安置工作加快了进度，住房建设由单一渠道变为多种渠道进行，全国在这一期间建筑住房 4. 8 万余套，累计接收 4. 2 万多人，服务管理工作逐步走上正规。城镇退伍安置工作普遍实行了退伍安置和服役期间的表现挂钩，区别对待，起到了鼓励先进，鞭策后进的作用；农村退伍安置工作由救济抚慰转向扶持生产、开发使用退伍军地两用人才。截至 1987 年，全国已建立 2052 个两用人才服务机构。5 年来，已有 152 万多退伍军人得到开发使用，成为建设社会主义新农村的一支生力军。安置工作的这些改革，大大提高了工作效率和效益，并且支持了军队改革和精简整编。

（六）社会事务、行政管理工作有所改进，有所发展。行政区划改变了过去的城乡分割设置市、镇的方式，制定了新的标准，推动了中小城市和建制镇的发展。全国的建制镇由 1982 年的 2968 个，增加到 1988 年的 1. 1481 万个，中小城市由 278 个增加到 431 个。行政区划的改革，对于促进商品经济发展，加强城乡交流，建立合理的经济体系，起到了很好的作用。为了适应改革开放后中国公民结社的需要，国务院于 1987 年交由民政部起草结社法规，并于 1989 年 10 月以国务院第 43 号令发布实行了《社团登记管理条例》。1988 年国务院批准民政部成立社团管理机构，开始承办全国性社会团体的审批工作，进行在全国范围清理整顿社会团体的准备。《社团登记管理条例》发布以后，民政部会同人事部下发了《关于贯彻执行社会团体登记管理条例的通知》，对各级民政部门设立社团管理机构、人员编制、培训业务骨干等事项作了规定，促进各地民政部门在清理整顿的基础上，开展社会团体的复查登记和依法管理的工作。而在这以前，北京、广东、深圳等省、市已先于民政部开展了制定地方性社团管理法规、规章和社团登记管理方面的工作。殡葬改革的内容拓展到殡葬事业单位的管理。在总结改革经验的基础上。对改革划定了火葬区和土葬改革区；规定了共产党员和干部应简办丧事、带头实行火葬。这对推行火葬，严格管理土葬，起到了积极作用。殡葬事业单位推行承包经营责任，开展优质服务，社会效益和经济效益明显提高。婚姻登记工作适应经济发展和对外开放的形势，加强了法制建设。修订了《婚姻登记办法》和涉外、涉港澳台和华侨婚姻登记的一系列规定，使这项工作纳入了法制轨道。在工作内容范围上，由婚姻登记发展为婚姻管理，为了发动广大人民群众改变传统的婚丧陋习，各地民政部门推广了办理婚丧实行自我管理、自我教育、自我服务的红白事理事会的经验，到1988年，全国城乡红白事理事会一类群众自治组织已达40多万个。一个婚事新办，丧事简办的新风尚正在全国兴起。

（七）民政事业计划财务工作得到加强。从执行发展国民经济的第六个五年计划开始，民政事业逐步纳入国家和地方计划。“七五”计划增加和扩大了民政事业的内容与项目，尤其是提出建立社会保障制度雏形，使民政工作得到了丰富与发展。40年来，国家财政用于民政事业费的支出500多亿元，年平均增长8%—9%，基本上保障了民政工作方针政策的落实。“七五”期间开辟了多渠道筹集资金，促进了民政事业的发展。

（八）理论研究、教育科技、法制建设方面取得重要进展。第八次全国民政会议以后，在崔乃夫的倡导下，各级民政部门和民政干部结合实际，研究了大量民政工作中的理论问题，运用理论指导实践，总结实践经验，上升到理论。民政理论研究蔚然成风，已初步形成一支民政工作理论研究的队伍。民政教育从无到有，初步形成了多层次多渠道的办学体系，促进了干部素质的提高，培养了一大批人才。民政领域中的科学技术也取得了一批成果、民政工作的法制建设在这期间不断加强，5年中起草了3件法律和40件行政法规草案以及230多件部门规章，各地结合当地实际还制定了许多地方性的民政工作法规，民政工作在逐步走上法制化的轨道。

（九）适应对外开放的形势，开创了民政系统的对外交往、国际合作的局面。为了完善中国社会主义制度下民政工作的管理，民政部的部长、副部长有计划、有针对性地选择不同的国家，分期分批带领部内司、局长、地方民政厅、局长和其他有关干部，出国进行考察。一些司、局也开展了有关业务的对外交往活动。为此，民政部组建和加强了外事机构，5年间共派出出访团组60批近300人；接待来访团组80批，500多人；与30多个国家对口政府部门和一批国际组织建立了友好联系；共争取外援5500多万美元；加入了国际特殊奥运会，国际假肢矫形器协会、国际殡葬协会、国际SOS儿童村协会等组织。此外，部分省、布的民政部门也开展了外事工作。国际合作的扩大，开阔了民政工作新的视野，有助于从国外的经验教训中得到有益的借鉴。

早在70年代末，由于越南推行扩张侵略、反华排华政策，致使大批难民外逃。中国政府一贯坚持国际主义原则和人道主义精神，对被迫来华的印支难民进行了热情接待和妥善安置。为了做好这一工作，经中共中央和国务院批准，在民政部设立了接待安置印支难民办公室，并在负责接待安置的广东、广西、云南、福建、海南、江西6个省、区设立了相应机构。截至1989年年底，中国共安置印支难民28.5586万人，其中大多数安置在农场或农村从事农业生产，少数有专长的被安置在厂矿、企业或机关工作。在中国的印支难民完全改变了无家可归、贫病交加的状况，并且建立起新的家园，他们的生产、生活都有了可靠的保障，中国政府先后为此付出安置费7.14多亿美元，每年还提供2600多万元人民币的救济费。

三、适应客观形势的变化，开拓新的工作领域

各级民政部门在贯彻中共十二大和第八次全国民政会议的精神的过程中，适应客观形势变化的需要，在积极做好各项民政工作的基础上，进一步开拓了一些新的工作领域。主要有：

第一，探索建立农村基层社会保障制度。根据“七五”计划关于建立社会保障制度雏形的规划和国务院的指示，民政部从1986年开始，积极探索建立农村基层社会保障制度。经过数年的试点，不少地区已由点到面，逐渐推开，基本形成了项目不同、标准有别的基层社会保障框架：扶贫地区以扶贫为主，搞好救灾救济、优抚安置；中等地区在上述工作基础

上，发展福利生产，兴办福利事业，开展群众性互助储金活动；富裕地区，在上述基础上开展以社区为单位的养老社会保险，这对于促进农村经济和社会发展，包括推动计划生育，都是有十分重要意义的。

第二，开展城市社区服务工作。为了适应城市生产社会化和生活日趋现代化的需要，为了解决人民生活福利的社会需求和国家财政经济力量有限之间的矛盾，各级民政部门在政府的统一领导下，指导街道、居委会等基层社区组织，充分依靠社会力量，兴办小型灵活、形式多样的福利设施和服务机构，初步形成以老年人、残疾人、烈军属、困难户为重点，并面向社区居民的服务网络，做好具有中国特色的社区服务。许多城市把社区服务纳入城市综合体制改革和社会发展规划。不仅加深了社区服务的中国特色，并且使社区服务获得协调均衡和长足的发展。开展社区服务的工作，促进了城市基层的服务保障，也促进了社会福利事业的发展。

第三，探索农村救灾合作保险初见成效。民政部于1987年首先在9个县（市）进行了农村救灾合作保险的试点，把救灾与保险相结合，改变传统救灾工作的体系，到1988年年底试点的县扩大到100多个。试点的实践表明，探索救灾合作保险，开辟了救灾资金的新来源，培养了农民自我保障意识，提高了救灾水平，促进了生产的发展。

第四，开创了社会福利有奖募捐活动。为了改变过去社会福利资金渠道单一的状况，广泛打通向社会筹集资金的渠道，民政部经中共中央和国务院批准，从1987年开始，组织和开展了社会福利有奖募捐活动，成为一项取之于民、用之于民、一举多得的好事。3年共销售7亿元，部分福利资金已开始投放于发展福利事业，资助福利生产，取得了良好的效益。

民政工作改革创新和开拓的成果反映在1988年的机构改革中，有效地促进了这次改革。在1988年国务院的机构改革中，民政部所承担的社会行政管理职能，成为需要加强的政府职能。根据中共中央、国务院的部署，民政部以转变职能为核心，以加强宏观管理、提高工作效率为重点，进行了机构改革，确定设立办公厅、基层政权建设司、优抚司、安置司、救灾救济司、社会福利司、行政区划和地名管理司、社团管理司、社会事务司、婚姻管理司、政策法规司、人事教育司、综合计划司、国际合作司等14个职能司（厅），比改革前增加了7个机构。此外，负责指导中国残疾人联合会等十几个协会、研究会的工作。这次改革，不仅使机构的设置更加合理，力量得到一定的加强，并且为进一步发挥民政工作的作用，创造了有利条件。

四、深化改革，把民政工作推向新的阶段

中国共产党第十三次全国代表大会总结了历史性的成就，阐明了社会主义初级阶段的理论和党的基本路线，确定了经济发展战略和经济体制、政治体制改革，以及加强党的建设，争取马克思主义在中国的新胜利。为了贯彻党的十三大精神，落实七届全国人大制定的五年建设和改革的宏伟规划，民政部于1988年12月召开了第九次全国民政会议，崔乃夫部长在会上作了题为《认清形势，深化改革，发挥稳定机制作用，为社会主义现代化建设贡献力量》的报告。会议总结了过去五年民政工作的成就和经验，部署了把民政工作推向新的发展阶段的任务。

会议要求各级民政干部必须认识到：适应经济建设和社会发展的需要，充分发挥稳定机制的作用，是时代赋予民政部门的任务。这就要通过基层政权建设和村（居）民委员会的巩固，推进基层民主政治建设；通过社会保障，调节社会收入的再分配，促进社会的安定团结；通过优抚安置工作，保障烈军属的生活，妥善安置退伍军人的工作和离退休干部的生活，促进国防现代化建设；通过社会行政管理，移风易俗，促进精神文明建设。

会议确定今后五年民政工作的战略目标是：（1）加强基层政权建设，使乡（镇）政权普遍得到加强，村（居）民委员会依法走上正轨，初步建立起适应改革和商品经济发展的有活力、有权威、职能完

备的基层行政和社会管理体制。（2）初步建立起不同类型、不同层次、具有中国特色的农村基层社会保障制度雏形，优抚对象的生活能够随着当地生产发展和群众生活水平的提高相应改善，城乡救济对象的温饱基本得到解决，五保户的生活得到妥善安排，城市福利事业初步实现社会化。（3）初步实现社会行政事务管理的规范化、法制化，促进社会环境和道德风尚的好转。

会议确定1989年以后五年民政工作的方针是：

第一，以改革总揽全局，保护和促进生产力的发展。生产力是社会发展的决定力量，民政工作只有继续解放思想，转变观念，勇于探索，开拓前进，保护和促进生产力的发展，才能跟上时代的步伐，才能适应经济体制和政治体制改革的要求。民政工作的改革，要在巩固成果的基础上继续深化，要抓住这个中心环节，带动整个民政工作。

第二，坚持两条腿走路，发展社会保障事业。现在国家的经济情况并不富裕，随着国民经济的不断发展，国家和地方用于社会保障的费用会有所增加，但是必须坚持两条腿走路：一是靠国家、靠各级地方政府来支持；一是发展社会保险，发动社会力量来扩大社会保障。

第三，艰苦创业，发展壮大民政经济。发展民政事业必须有国家和社会的支持，同时，必须树立自力更生、艰苦奋斗、勤俭办一切事业的思想，发动群众，依靠社会力量，努力发展民政经济。民政经济是在民政部门管理下，运用国家、社会和群众各方面的力量，为特定对象谋福利的社会福利经济。发展民政经济，必须坚持“两个效益”，保护民政工作对象的利益。

第四，强化宏观管理，提高整体效益。民政工作内容复杂，具有多元性特点。但是，从工作性质上看，均属社会工作，从不同方面发挥社会稳定机制作用，有着内在的有机联系；从工作管理上看，民政部门又是对社会行政事务进行综合管理的部门，又具有综合性。因此，必须坚持协调一致的原则，统筹兼顾，科学分工，相互配合，和谐而有序地开展工作，从而发挥行政组织的整体效能，提高民政工作的整体效益。

第九次全国民政会议以后，各地民政部门和民政干部认真贯彻落实会议的精神，努力在工作中做出新的成就。中华人民共和国成立40周年之际，全国民政事业处于一个稳步发展的形势，在工作中积极加强社会行政管理的职能，为提高社会生活素质，促进社会稳定发展，做出新的贡献。

第二章
民政工作在社会改造中完成的历史任务

中华人民共和国成立初期，在恢复国民经济，医治战争创伤，巩固新生政权，安定社会秩序，彻底完成民主革命任务的过程中，面临取缔旧社会一系列罪恶制度的严重斗争，禁烟禁毒、封闭妓院、改造游民是其中十分迫切的任务。年轻的人民共和国，采取了果断的革命措施和稳妥的步骤，在短短的数年内荡涤了这些旧社会的污泥浊水，创造了历史前所未有的改造旧社会和改造人的业绩，民政工作为此努力做出了贡献。

第一节 禁烟禁毒

一、鸦片烟毒在中国的流行和危害

（一）帝国主义利用鸦片烟毒对中国进行侵略。早在鸦片战争前的70年间，英、美、葡萄牙等国商人，特别是英国商人向中国贩运鸦片一年比一年增加。1773年（乾隆三十八年）有1000箱鸦片输入中国；到了19世纪初期每年输入量增加到4000多箱；鸦片战争前几年每年输入量增加到4万箱。英帝国主义为了向中国输入鸦片，采取了狡诈、野蛮的手段，勾结贿赂满清腐败的统治阶级，甚至使用武力，于1840年发动了对中国的第一次侵略战争，即鸦片战争。从此，鸦片烟毒在中国土地上蔓延更为迅速。1937年以后，日本帝国主义侵占了中国大部分国土，更加恶毒地、有计划地实行“毒化”中国的政策，强迫广大农民将良田改为烟田，公开地制造和贩卖毒品，到处开设工膏店和白面房，鸦片烟毒加剧泛滥。帝国主义不择手段地向中国大量输入鸦片的目的，不仅为了大量搜刮中国人民辛勤劳动创造的财富，而且为了毒化中国人民，损害中国人民的健康，腐蚀中国人民的意志，瓦解和消耗中国人民反侵略的力量，变中国为他们的殖民地。

（二）鸦片烟毒给中国人民造成的灾难和危害。从18世纪70年代起，到1949年中华人民共和国成立前，鸦片烟毒在中国蔓延、泛滥100余年，给中国人民造成了极其严重的灾难，千万亩良田变成了烟田。大量种植鸦片的地区，经常发生严重缺粮现象，民不聊生；成千上万吸食鸦片烟毒的人，精神萎靡不振，健康严重损害，丧失了劳动能力，有的甚至丧生于鸦片烟毒之中，致使中国生产力急剧下降。由于成千上万人吸食鸦片烟毒，中国人民辛勤劳动创造的物质财富，被帝国主义者大量掠夺，鸦片战争前几年，因为鸦片烟毒大量输入，中国的白银每年流出量都在1000万两以上。吸食鸦片烟毒，造成许多家庭倾家荡产，妻离子散，遭受着饥饿和死亡的威胁，许多人被迫铤而走险，沦为强盗、土匪、流氓或小偷、妓女和乞丐。

（三）历史上禁烟毒的斗争与失败的根源。中国人民对帝国主义列强用鸦片侵略中国，奴役中国人民的罪恶行径深恶痛绝，进行了不屈不挠的斗争。1838年12月12日，广州人民自发地举行要求禁止鸦片烟毒的大示威，愤怒声讨帝国主义者的罪恶行径。特别在1839年，林则徐领导的“虎门销烟”斗争，共计销毁烟土237万多斤，可称振奋国人之壮举。但是，腐败无能的清皇朝慑于英帝国的大炮而投降，签订了丧权辱国的中英《南京条约》。民族英雄林则徐因“禁烟”被贬到新疆。从此，鸦片输入中国的大门更大地敞开了，英、德、法、日本、荷兰等帝国主义国家变本加厉，肆无忌惮地向中国输入鸦片烟毒。国民党统治时期，表面上也禁烟禁毒，但因其本身腐败没落，非但不能禁除，反而保护、制造贩毒活动，并供给飞机、轮船，派遣武装为贩毒犯走私运毒。鸦片烟毒泛滥成灾的根源，就在于腐朽的半殖民地半封建的社会制度。这一制度的统治阶级为了满足自己奢侈腐化的生活，与帝国主义勾结，从鸦片烟毒中掠夺榨取人民的财富。因而是越“禁”越泛滥，到国民党反动统治崩溃的前夕，鸦片烟毒的泛滥已达到无以复加的地步。中国人民切身感受到，造成鸦片烟毒深重危害的罪魁祸首是帝国主义和中国的反动派，只有消灭这些危害人民的“毒虫”，才能彻底肃清鸦片烟毒。

二、新中国禁绝鸦片烟毒的成就及其历史意义

（一）禁烟禁毒任务的提出和在全国展开。新中国的成立，结束了帝国主义和国民党反动派的黑暗统治，但是，旧中国遗留的社会毒素之一鸦片烟毒，还在毒害人民，腐蚀新生政权的肌体。当时，全国吸食鸦片烟毒的人数达400万人，种植鸦片的土地以千万亩计。鸦片烟毒危害最严重的云南省，全省种烟面积占全省耕地的五分之一，每年产烟多达3000—5000万两；烟民占全省总人口的1/4。为了彻底肃清百余年来帝国主义和国内反动统治阶级强加在中国人民身上的鸦片烟毒的毒害，保护人民的健康，改变社会风气，解放生产力，恢复和发展生产，中央人民政府政务院于1950年2月发布了《严禁鸦片烟毒的通令》，要求在全国范围内进行大规模的群众性的禁烟禁毒运动，明确了禁烟禁毒的政策，对禁烟禁毒工作作了部署。人民政府这一英明决策，获得了全国人民的衷心拥护和热烈响应。各地积极贯彻落实《通令》中的各项要求，广泛地宣传禁烟禁毒的意义和作用；人民代表大会专门讨论禁烟禁毒工作，制定具体实施办法；民政、公安部门会同人民团体组成了禁烟禁毒委员会，具体领导本地区的禁烟禁毒工作；卫生部门积极地负责配制戒烟药品；从1950年春起，就全面开展禁绝种植、禁绝制造、禁绝贩运、禁绝吸食的工作；少数民族地区和解放战争即将完全结束的地区，也有步骤地开展了起来，迅速形成了全国范围内的大规模的群众性的禁烟禁毒运动。

（二）禁烟禁毒的方针政策及实施过程。

1. 禁烟禁毒的方针政策。禁烟禁毒是一件非常艰巨的工作。虽然制造鸦片烟毒的帝国主义和反动统治阶级被推翻了，但是，他们的残余势力还

未彻底肃清，仍继续利用鸦片烟毒毒害人民，甚至进行反革命活动。特别是鸦片烟毒在中国已流行100余年，根深蒂固，涉及面很广，彻底禁止的工作难度很大。为了保证禁烟禁毒工作的胜利完成，中央人民政府政务院于1952年5月又发布了《关于严禁鸦片烟毒的通令》。民政、公安部门也多次发文指导禁烟禁毒运动的开展。其方针政策是：做好宣传教育工作，发动和依靠广大人民群众开展禁烟禁毒运动；强制禁绝与自觉禁绝相结合；严厉惩办与宽大处理相结合；禁绝种植、禁绝贩运和制造、禁绝吸食同时并举；根据不同地区不同情况，有步骤、有重点地开展工作。

2. 禁烟禁毒方针政策的实施。首先是做好宣传教育工作，发动和依靠广大人民群众。为保证禁烟禁毒运动的顺利开展，各地党政部门积极开展宣传工作，利用标语、漫画、有线广播、戏剧等形式，向人民群众进行广泛、生动、形象的宣传。不少地方除了一般的宣传外，还通过妇女会、农民协会进行宣传，大造禁烟禁毒的声势，表明党和政府的决心和态度。使人民群众认识到：鸦片烟毒是帝国主义侵略中国的重要手段，是反动统治阶级奴役人民的工具，是祸国殃民的毒素；热烈开展禁烟禁毒运动是关心和爱护人民，是为振兴中华而肃清旧中国的遗毒，从而使人民政府的禁烟禁毒政策得到人民群众的热烈拥护。在此基础上，依靠人民群众的力量开展规劝运动，动员鸦片烟毒吸食者自觉登记，并限期戒除；动员种植鸦片的农民自觉不种；动员知情人检举揭发贩运、销售鸦片烟毒的犯罪分子；号召和鼓励贩运、制造与销售鸦片烟毒的犯罪分子主动向政府坦白交代。宣传教育，发动群众的工作，贯穿了整个禁烟禁毒运动过程，取得了显著成效。昆明市原天成玻璃厂资方，经过教育自动砸碎制作的价值500万元（人民币旧币，折合新人民币500元）的烟灯罩；原杨炜玻璃厂也将7100个烟灯罩砸碎，以表示拥护人民政府的禁烟禁毒政策；一大批鸦片烟毒吸食者主动到政府去登记，并要求政府帮助戒除；一大批知情人检举了贩运、制造和销售鸦片烟毒的犯罪分子。这就促进了禁烟禁毒运动的顺利开展。

其次是禁绝种植、禁绝贩运和制造、禁绝吸食3个环节同时并举：

（1）禁绝种植。各地在禁止种植时，都从农民的长远利益出发，尽量减少农民的经济损失。结合春耕生产，在春播季节大量宣传动员群众自觉不种鸦片；在烟苗出土时期，组织和派出“查禁队”深入到各地的原鸦片种植地区察看，发现有鸦片种植，立即教育和动员种植者自觉铲除；对少数不听教育规劝的种植者，强行铲除其烟苗，对组织种烟、反抗禁令的首要分子，则予以行政处罚或法律制裁；对不种鸦片改种粮食和其他农作物的农民，帮助他们解决粮种，其中购买粮种有困难的，有关部门贷给或免费供给粮种；对原种植者中生活困难的，民政部门及时给他们发放救济粮，保障其基本生活。一些地方还结合减租退押，清匪反霸工作来进行禁止种植鸦片的工作。这样，使禁种工作在很短时间就取得了较大成绩，到1950年年底，东北大部分地区已基本没有种植鸦片的了，绥、青、甘、宁等省种烟面积减少60%，中南、西南地区烟地也大量减少。

为了将禁种工作向前推进，取得更大成绩，1951年2月22日，内务部发出《指示各地抓紧禁种大烟工作》急电，要求各地在春播前继续广泛深入地宣传人民政府的禁烟政策，抓好禁种工作。各级政府根据内务部的要求，重申了政务院发布的《关于严禁鸦片烟毒的通令》，并通过农民代表会议作出禁种决议，发动群众制定禁种公约，互相规劝监督，协助政府作好禁种工作。烟毒流行地区没有设立禁烟禁毒委员会的，由民政部门会同公安、司法、农林、文教部门及人民团体负责建立，抓紧禁烟禁毒工作。经过全国各地的努力，到1952年年底，除少数民族地区和个别地区还存在少量偷种的现象外，其他地区基本上禁绝了种植鸦片。

为了巩固已取得的成绩，彻底根除少数地区的偷种现象。1953年2月内务、公安两部联合发出《贯彻严禁种植鸦片的指示》，要求各地结合爱国增产、农村建政、土改复查、镇压反革命的运动，尤其是结合开展戒烟和收缴存毒工作，继续抓紧抓好禁种工作。《指示》下发后，全国各地积极贯彻落实。已禁种的地区抓紧复查，防止出现复种现象。没有禁绝种植的地区，乡政府根据当地的实际情况，领导分片负责，组织专门力量做好禁种工作，发现继续偷种的，强制铲除，改种其他农作物，对偷种的劳动人民，只要交出烟种、烟膏，保证不再种植，一律既往不咎；对其中生活有困难的，由民政部门给予救济；对武装种烟者和个别屡教不改而又有罪行的，依据惩治毒犯条例，严厉惩处。由于各地禁种工作措施得力，态度坚决，工作细致，到1953年年底，全国彻底禁绝了种植鸦片的现象。

（2）禁绝贩运和制造。1950年2月政务院《关于严禁鸦片烟毒的通令》发布后，全国绝大部分地区积极地开展了禁绝贩运和制造的工作，与烟毒贩运分子及土匪、特务作了坚决的斗争。为了堵截贩运，一般都在交通要道设立检查站。同时，发动群众检举贩运和制造烟毒的犯罪分子，号召鼓励贩运和制造毒品者到公安机关登记，交出全部毒品、毒具。一般的烟毒贩子，慑于国家的法令，多数洗手不干。但是，也有一些烟毒贩子无视国家法令，与地主、土匪和特务勾结，抵抗禁烟禁毒运动，继续贩运。对这些顽固分子，各级人民政府采取了坚决果断的措施，该判刑的就判刑，该枪毙的就枪毙。经过10个月的努力，到1950年年底，全国大部分地区基本上制止了贩运和制造毒品的现象。据西南地区民政部门不完全统计，全区共破获烟毒案1万余起；查获贩运制造烟毒罪犯1万余人，其中37名罪大恶极的首犯被判处死刑，1000余人被判处有期徒刑；缴获烟毒9.48万余两，制毒原料1700余两，烟具22万余件，查封烟馆5400余家，没收运毒汽车13辆、制毒机器1台。

但是，禁绝贩运和制造烟毒的工作进展不平衡，有些地方的领导还不重视这一工作；有些大中城市，尤其是交通口岸或边防地区，查缉不严，致使一些制毒、贩毒的犯罪分子以及反革命分子得以继续运进和贩卖毒品；有些贩毒罪犯勾结国家机关工作人员或钻入国家机关中，进行罪恶活动。为了巩固已取得的成绩，继续打击烟毒贩子的猖狂活动，彻底禁绝贩毒和制毒现象。中央人民政府政务院在1952年5月发布的《严禁鸦片烟毒的通令》中，对禁绝贩运和制造烟毒工作再次作了明确的要求。各级人民政府积极贯彻落实政务院的《通令》精神，认真总结经验教训，找出存在的问题，加强了对禁绝贩毒、制毒工作的领导，有计划地改进和推进这一工作。同时把这项工作同“三反”、“五反”运动紧密结合，依靠群众的觉悟和积极性，大力开展群众性的规劝和检举揭发运动，并号召鼓励犯罪分子向人民政府坦白自首。同时，加强对海关、公安、司法、交通、铁路等部门的工作人员的教育，提高他们与贩毒、制毒犯罪分子作斗争的警惕性和自觉性，使犯罪分子无机可乘，无处隐藏逃避。实行严厉惩办与宽大处理相结合的方针，不论是贩毒、制毒犯罪分子，还是包庇他们的犯罪分子，凡能彻底坦白交代自己的罪行，真诚悔过、坚决洗手不干、检举立功者，处理时酌情予以从轻或免予治罪；对那些罪大恶极又拒不坦白、悔过的烟毒贩子，严惩不贷；对以反革命为目的制毒、贩毒者，以反革命罪论处。各地运用典型案例，召开公开审判大会，上海、北京、西安、重庆、成都、昆明、贵阳等地，都召开了数千人乃至上万人的群众公审大会，揭露贩毒、制毒者的罪行，焚毁烟土、烟具，惩治毒犯，教育广大群众，震慑不法分子。由于全国各地积极努力地贯彻中央人民政府政务院和民政、公安等部门关于禁烟禁毒的一系列指示，保证了工作的顺利开展，到 1953 年年底制毒、贩毒已在全国范围禁绝。

（3）禁绝吸食。旧中国鸦片烟毒吸食者的范围十分广泛，其中有工人、农民、反动官僚、资本家、地主、土匪、流氓、娼妓和乞丐，成分非常复杂，禁绝吸食工作的任务繁重、难度很大。在戒烟工作过程中，中央人民政府政务院和内务部、公安部、卫生部、财政部曾多次发文，指示各地做好戒烟工作。为了抓好这项工作，中央和各省、市的民政、公安、卫生部门分别组成了戒烟办公室，鸦片吸食者多的县、区也成立了戒烟小组。在戒烟工作过程中，各地积极贯彻中央关于戒烟工作的历次指示，坚持“教育改造，治病救人”的方针，采取群众动员规劝，自戒为主，政府适当督促帮助的原则。具体的做法是：

首先，做好调查登记工作，摸清烟民的情况。各戒烟工作小组深入街道、居民委员会、农村的乡和村，召开群众大会或走访群众家庭，摸清烟民情况。在此基础上，召开烟民家属和群众积极分子座谈会，发动他们对烟民进行规劝和监督，解除烟民的思想顾虑，启发烟民戒烟的决心，促使他们自觉向戒烟小组登记。对不自觉的烟民，责令其登记并限期戒除。

其次，根据当地的实际情况，采取多种戒烟形式：第一种在家自戒。烟民在登记后，定出戒烟计划，交出毒品、毒具，自行戒烟。由其家属、街道积极分子负责监督检查，定期向戒烟工作小组汇报戒烟情况。这种形式对一般烟民效果较好。第二种成立群众互助性的小型戒烟小组。根据条件与需要，以派出所或居民委员会为单位集中戒烟。烟民在戒烟期间自带口粮，房屋和设备问题发动群众自行解决。这种群众互助性的戒烟组，对督促烟民戒烟比较有利，也使烟民容易接受。第三种政府成立戒烟所，集中戒烟，起示范作用。戒烟所主要吸收少数贫困或烟瘾重或自戒不能奏效的烟民。烟民进入戒烟所后，编组编队，除每天按时服戒烟药外，还组织他们适当的学习和轻微的劳动，让烟民生活得充实，消除想吸烟的念头。这样做收效很好，一些烟瘾重或自戒不奏效的烟民都戒绝了烟毒。

再次，做好已戒烟者的监督教育工作。为巩固戒烟成果，防止已经戒除者出现反复，重新吸食鸦片烟毒，各地在禁绝吸食后的很长一段时间内都有重点的进行复查。城市的复查工作由公立医院负责，农村由乡（村）干部负责。一旦发现重新吸食者，强制戒除。

此外，在戒烟工作中，针对烟民的不同情况，实行区别对待：对年老身患疾病及怀孕妇女，经市、县人民政府审查批准，可以缓戒，待病愈及分娩后的适当时期监督戒除；对逃避或抗拒戒绝的一律强制戒除。在戒烟过程中，民政部门对贫困烟民在戒烟期间生活有困难的，结合城市贫民救济与农村救济，酌情给予必要的救济。为了做好戒烟工作，中央内务部拨出100亿元（旧人民币，折合新人民币100万元）作为对贫困烟民的特殊救济费，拨出290亿元（旧人民币，折合新人民币290万元）作为制造戒烟药品的专款。

由于各地对戒烟工作抓得紧，措施得力，烟民数量逐年减少。据中央戒烟办公室1953年2月的调查统计，河南省的烟民从新中国成立初的8万人减少到不足2万人，原绥远省的烟民从25万人减少到4000人，大同市的烟民从4500人减少到146人。到1953年年底，全国400万吸食鸦片烟毒者已陆续戒绝，很多人戒除烟瘾后感激地说："旧社会把我们推进了吸食鸦片烟毒的火坑，新社会把我们救出了火坑，给了我们第二次生命。"广大人民群众见到在中国泛滥100余年的鸦片烟毒被彻底禁绝，都称赞地说："这是中国人民在共产党领导下创造的奇迹。"有的群众编个顺口溜："共产党像太阳，照到那儿那儿亮，害人的鸦片一扫光，国富民强乐无疆。"

（三）禁绝鸦片烟毒的历史意义。中国人民的禁烟禁毒运动，在中国共产党和中央人民政府领导下，只用3年的时间，就在全国范围内取得了彻底的胜利，肃清了帝国主义和反动统治阶级百余年来强加于人民身上的严重毒害，无论在政治上和经济上都有着深远的历史意义。

这一伟大运动彻底粉碎了帝国主义的罪恶目的。帝国主义100余年来，大量地向中国输出鸦片烟毒，强迫中国人民种植鸦片，开设大量烟馆，利用鸦片烟毒搜刮中国人民创造的大量财富，企图通过毒化政策，变中国为殖民地，达到亡我中华民族的罪恶目的。这个罪恶目的再也不能达到了。

这一伟大运动打退了反动统治阶级残余势力的猖狂反扑。自从中央人民政府政务院《关于严禁鸦片烟毒的通令》发布后，农村中有不少不法地主、恶霸、土匪、特务等反动统治阶级的残余势力，制造谣言、蛊惑群众抵抗禁烟禁毒运动的开展，把抵抗禁烟禁毒运动作为向中国共产党反扑、推翻新生政权的一次机会。这伙敌对分子无视国家法令，有的继续贩运毒品，有的甚至组织武装力量贩运毒品，把贩毒所获的不法收入，作为进行反革命活动的经费。禁烟禁毒的胜利挫败了这些反动势力的猖狂反扑，促进了新生的人民民主专政政权的巩固。

这一伟大运动起到了恢复和解放生产力的作用。它把千百万个身体衰弱、精神不振、面黄肌瘦、蓬头垢面的鸦片吸食者从烟毒的火坑里拯救出来，使他们逐步成为身体健康、精神焕发、自食其力的劳动者，增强了建设新中国的力量，并且把千万亩烟田改为粮田，为国家增产粮食，促进了国民经济的恢复和发展。

这一伟大运动大大振奋了民族精神，改变了社会面貌，表明站起来的中国人民在共产党的领导下，不仅能打破一个旧世界，而且善于建设一个新世界。在新社会里因吸食鸦片烟毒沦为强盗、流氓、小偷、妓女和乞丐的人没有了，因吸食鸦片烟毒倾家荡产、卖儿鬻女的现象也没有了。禁烟禁毒的胜利，有力地促进了整个社会风气的好转。

第二节　妓女改造

一、旧中国娼妓制度的产生及其危害

（一）娼妓制度是私有制的必然产物。中国的娼妓制度产生于私有制的剥削阶级统治的社会，已有几千年的历史。新中国成立以前，由于帝国主义、封建主义、官僚资本主义对中国人民进行残酷的压迫与剥削，许多劳动人民的妻子、女儿被迫沦为妓女。据上海市对解放前1591名妓女的调查，出身于贫困破产的劳动人民家庭的占93%。北京市有一个名叫姚××的妓女，原来是河南省一个贫农的女儿，家中每年打下的粮食大部被地主拿去，国民党政府又要加捐加税抽壮丁，穷苦的日子本身就已无法度过。1943年偏偏又遇上灾荒，全家无吃无穿，父亲还得着重病。她受人口贩子的欺骗，说卖身赚来的钱可以给父亲治病。可是到了城市，她一个钱没有得到，反而被迫为娼妓。武汉市有个妓女叫王××，是一个矿工的女儿。当父亲死后，由于生活无着，被迫沦为妓女。一年后她不堪忍受这种非人的生活，从妓院中被赎了出来并结了婚。可是不久祸从天降，她的丈夫又被日本帝国主义侵略军的飞机炸死了，她失去了亲人无法生活，万般无奈又重新沦为妓女。绝大多数的妓女，都是像姚××、王××那样为社

会所迫而陷入火坑的。

娼妓制度是适应旧社会统治阶级的需要而形成的。旧社会的官僚、地主、军阀、豪绅和资本家为了寻欢作乐，需要实行娼妓制度，旧社会反动政权为了榨取更多的财政收入，也需要实行娼妓制度。据1916年《汉口警察捐一览表》中记载，所收乐户、妓女的苛捐杂税占该表所列24项捐费中的第二位。又据上海“工部局”年报的记载，1940年的“花捐”收入（即妓院捐税收入）合粳米3200石，面粉1.2124万包之多。反动统治阶级的政府有时迫于舆论，在某些地方也曾表示禁娼。但实际上口是心非，娼妓人数有增无减，越来越多。据有关材料记载，1935年的北平市每445人中有1人是妓女，而到1941年已增加到250人中就有1个妓女。至于上海，妓女人数更多。1940年全市有妓院3900余家，137人中就有1个妓女。根据有关资料推算，国民党统治时期全国妓女人数达数十万之多。

（二）娼妓制度助长犯罪活动，严重危害人们的身体健康。妓院不仅是进行淫乱的罪恶场所，而且是偷盗抢劫、投机走私、吸毒贩毒等一切犯罪活动的媒介。地痞、流氓和偷摸拐骗分子，成日在这里进行各式各样的犯罪活动，因争风吃醋、分赃不均而拼死殴斗的事件屡屡发生，拐卖人口坑骗钱财屡见不鲜。还有一些做工或做生意的人，挣了钱后不去养家糊口，而去嫖妓，把辛辛苦苦挣来的钱丢进了烟花柳巷，等到手中无钱，为了嫖妓又铤而走险，沦为偷窃、抢劫、贩毒分子等等。

在妓院聚集的地方，流氓恶霸、无业游民、二流子、懒汉成日在那里进行敲诈勒索活动，吵得鸡犬不宁，使当地的居民深受其害。特别是一些青少年经常耳濡目染，渐渐陷入这罪恶的陷阱之中而无法自拔，成了可怜的牺牲品。

妓院还是性病的传染场所，妓女、嫖客之间相互传染性病。长期接客，使得妓女一般都患有性病。据沈阳市解放前的调查，在12所妓院的57名妓女中，患有严重性病（梅毒、淋病）的有35人，占61.4%，其余也都有不同程度的性病。新中国成立后，北京市收容的1259名妓女中，患有各种性病的占96.6%；武汉、西安、青岛、苏州等地的调查统计，收容的妓女患各种性病的达87.9%。嫖客与妓女发生性关系后，大都染上性病，并因而传染给自己的妻子与后代。由于娼妓制度的普遍推行，旧中国患性病者人数众多，在大街上，在电台、报纸上，在铁路沿线的墙壁上到处可见“专治花柳病”“专治淋病”的广告。性病的流行，严重危害人们的身体健康，使得许多人不能很好地从事生产劳动，甚至因而失去了生命。

（三）妓院暗无天日，妓女过着非人的悲惨生活。妓院是有钱有势的人寻欢作乐的地方，而对遭受欺辱的妓女们来说则是人间地狱。妓女遭受妓院老板、领家残酷的剥削与压迫。她们出卖肉体得来的钱几乎全部都要奉献给老板、领家，来了月经、怀了孕或者得了疾病仍被迫接客。挣钱不多或者稍有一点不顺老板、领家、嫖客的心，就要受到打骂，甚至被处以各种刑罚，如头顶茶盅、跪洗衣板、锥子穿、剪子刺、铁条打、开水烫、熨斗烙等等。得了性病，往往得不到医治，只好任其恶化，眼睁睁地等死。

旧中国北平的华清馆妓院，老板兼领家黄树卿及其妻黄宛氏是臭名远扬的恶霸。在他们开妓院的7年中，先后买进13名少女。这些少女被买来后都被黄树卿强奸。他们在家中设置“刑室”，豢养着流氓打手，用令人发指的酷刑来折磨妓女。妓女们有的被打断了胳膊，有的被打瞎了眼睛，先后有5名妓女被他们活活打死。妓女张秀兰因欲从良，黄宛氏知道后，把她弄到“刑室”先用绳子将四肢捆在板凳上，吊到房梁，用直径一寸多的棍子毒打，一连打折了6根棍子，又用水沾麻绳夹上铁丝打，打得她一个多月不能动弹。

在旧社会，反动军警、宪兵、特务的大小头目也常来妓院。妓院的老板、领家为了倚仗反动势力，往往把最红的妓女让他们玩弄。他们对妓女任意侮辱玩弄，分文不给，为所欲为。妓女们不敢得罪他们，强作笑脸相迎，稍不随意，便遭一顿毒打。有1个特务看上1个妓女，要这个妓女陪他睡觉，发泄完兽欲后，竟然往痰盂里撒尿，逼着妓女喝。妓女忍泪哀求，特务大怒，打得这个妓女鲜血顺着脖子往下流。最后特务掏手枪顶着妓女的胸口威胁说："你再不喝，老子枪崩了你！"妓女被逼无奈，含恨喝了，而特务仰面大笑。

万恶的娼妓制度使妓女们饱尝了人间地狱的苦难，他们所受到非人待遇是罄竹难书的。

二、新中国成立后取缔罪恶的娼妓制度

中华人民共和国成立以后，罪恶的娼妓制度不容许也不可能继续存在下去。中国共产党和人民政府对劳动人民包括对妇女的解放，立即广泛地形成一种崭新的社会规范和社会风尚。其中包括造成了一个瓦解娼妓制度的强大舆论力量的社会环境，农村的土地改革和城市的经济恢复以及各种紧急的救援救济措施，为各种从事不正当职业的人创造了从事正当职业的条件。在这种历史的条件下，新中国成立后很短时间内，就有许多妓女自动回乡参加生产，或者在城市劳动就业，或者与人结婚，建立幸福的家庭。上海市一年中就有65%的妓女主动回乡参加生产。青岛市在一年多的时间里妓女数量减少了80%。天津市在1年多的时间中妓女减少了90%。

但是，娼妓制度在旧中国存在了几千年，绝不会随着社会制度的改革而自行绝迹。一些妓院老板仍然坚持反动的剥削立场，对人民政府要求自行关闭妓院转营正当行业的劝告置若罔闻，把开设妓院作为发财致富之道，继续剥削压迫妓女。他们不认识自己的罪恶，敌视新中国，千方百计地阻挠妓女新生。一小部分妓女特别是一些生活比较舒适的"一等妓女"，由于沾染游惰习气太深，对取缔娼妓制度的认识不够，甚至有抵触情绪。还有一部分妓女，因为缺乏寻找正当职业的技能，无法自己脱离火坑。因此，人民政府经过一段时间的准备，毅然作出封闭妓院、收容改造妓女的决策，以彻底取缔娼妓制度。

（一）中国的首都北京率先封闭妓院，取缔娼妓，为全国作出了榜样。

北平（新中国成立后改称北京）解放以后，中共北平市委和北平市军事管制委员会在安定革命秩序、消灭社会混乱现象的同时，首先对妓院采取了一些必要的限制措施，作出了“不得虐待妓女，不准诱迫良家妇女为娼、阻拦妓女从良，有传染病的妓女不得接客，幼女不得为娼妓”等规定。对妓女进行了登记，只准减少，不准增加。在作出这些限制规定的同时，对残存的妓院老板、领家和妓女进行宣传教育，明确地向他们指出：现在解放了，人民当家作主，妓院是压迫剥削劳动人民妇女的场所，不允许长期存在下去。对妓女们主要是启发她们的觉悟，劝她们从事正当劳动，实现自我解放。

1949 年 5 月，根据人民群众强烈呼吁封闭妓院的要求，北平市市长叶剑英作出指示：“先派人了解情况，然后决定处理方针。”5 月 23 日，根据中共中央和中共北平市委的指示，北平市民政局、公安局和妇联等单位举行联合会议，讨论组成联合工作组着手进行调查工作，了解妓院情况，研究讨论处理办法。8 月 9 日，北京市第一届各届人民代表会议提出了改造妓女，参加生产，以减少寄生人口的议案，要求政府制定处理方案，组织妓女习艺所，分批改造妓女，加以教育，并授以适当技术，使之能够谋生。经过代表们的热烈讨论，大会原则通过了这个议案。尔后由市民政局、公安局、卫生局、妇联、人民法院等单位组成“处理妓女委员会”，并在市民政局设立办公室，领导和推动改造妓女的工作。

10 月 15 日，根据中共北京（此时北平已改称北京）市委的指示，由公安局、民政局、妇联等单位共同组织封闭妓院行动总指挥部，由公安部部长兼北京市公安局局长罗瑞卿负责统一领导封闭妓院的工作。11 月 16 日，北京市民政局、公安局、妇联等部门召开了联合会议，具体研究拟定了封闭妓院与处理妓院老板、领家和妓女的方案，并作出了分工：封闭妓院后对妓院老板、领家和妓女的集中、警戒工作由公安局负责；妓女收容后对她们的管教、供给、生活等方面由民政局负责。11 月 20 日，中共北京市委书记彭真在听取联合行动指挥部的工作汇报后，于当晚十点到次日清晨三四点率领市委和市政府的有关负责人深入妓院了解情况。彭真同一位 15 岁的小姑娘进行了交谈，小姑娘痛哭流涕地讲了她们如何被卖到妓院来的经过。彭真关切地询问道：“你一天能挣多少钱?”她哭着回答：“四个窝窝头。”

1949 年 11 月 21 日下午 5 时，在北京中山公园内的中山堂召开了北京市第二届各届人民代表会议。会议一致通过了封闭全市妓院的决议和告全市各界人民书。告人民书说：“查妓院乃旧统治者摧残妇女精神与肉体、侮辱妇女人格的野蛮制度的残余，传染梅毒淋病，危害国民健康极大。而妓院老板、领家和高利贷者乃极端野蛮狠毒之封建余孽。兹特根据全市人民意志，决定立即封闭一切妓院，集中所有妓院老板、领家、鸨儿等加以审查处理。并集中妓女加以训练、改造其思想，医治其性病，有家可归者送其回家，有结婚对象者助其结婚，无家可归者，无偶可配者，组织学艺，从事生产，并没收妓院财产，作为救济妓女之用。”告人民书号召各界人民一致协助政府执行这一有关妇女解放、国民健康之重要措施。

当天下午 5 时 30 分，总指挥部在接到聂荣臻市长下达的立即执行北京市第二届各界人民代表会议关于封闭妓院决议的命令后，北京市公安局在民政局、妇联、卫生局等有关单位的大力协助下，组织动员了 2400 余名干部、民警分成 27 个行动小组，于晚上 8 时开始了封闭全市妓院的行动。在开始行动之前，各分指挥部通知妓院老板、领家到公安局开会，指出他们的罪恶，限制他们的活动，让他们老老实实地交代自己的罪行。行动小组进入妓院以后，首先集中了嫖客、妓女，然后把妓院的伙计、茶房、跟妈也集中了起来。对嫖客经过检查、登记、教育后予以释放。对茶房、伙计、跟妈等令其登记，次日也取保释放。妓女集中后，行动小组的干部向妓女们进行了宣传和解释，扼要地把新中国取缔娼妓制度的方针、政策及封闭妓院、解放妓女的道理讲给了她们听，并告诉她们的财产全部归她们自己。当妓女们知道了这是自己跳出火坑的时刻时，立刻转忧为喜，渐渐地平静下来收拾自己的东西，听候指挥。除了个别过惯了纸醉金迷生活的上等妓女，对封闭妓院一时还不理解，哭哭啼啼以外，绝大多数的妓女们都表现出兴奋的心情。她们坐上汽车在去教养院的途中，高声唱起了“没有共产党，就没有新中国”的歌曲。

11 月 22 日清晨，北京市 224 家的妓院全部被封闭，受尽人间苦难的 1200 多名妓女跳出火坑，脱离苦海，开始了新的生活。

封闭妓院第二天，《人民日报》全文登载了北京市第二届各界人民代表会议关于封闭妓院的决议，并以《迅速执行各界代表会议决议，北京市政府封闭全市妓院，千余妓女摆脱摧残剥削》为题报道了封闭妓院的经过。同时，还以《解放妓女》为题发表短评。11 月 23 日，《人民日报》又在显著的位置上登载了《罗瑞卿兼局长向代表会议报告北京封闭妓院工作完成》《千余妓女开始新生活，正组织学习改造思想》《欣闻千余姐妹跳出火坑，首都各界妇女万分兴奋》等文章。首都人民得知这一消息后，无不拍手称快。北京市被服厂的妇女们听到封闭妓院后高兴地说：这太好了，这种罪恶制度被消灭，使多少不见天日的妇女见到了青天。服装二厂有的女工听到这一消息后感动地哭了。她们说：“要不是共产党来了，被关禁在妓院里的妇女一辈子也跳不出火坑。”当封闭妓院的消息传到首都各大专院校时，一些教授和学生都为这些被侮辱与被损害的姊妹们得到解放感到高兴。北京大学的女生感动地说：“这是我们女同学很早就关切的事情，共产党真是说到做到。”一些市民也给人民政府写信，表达他们的拥护之情。

（二）各地迅速采取措施，封闭妓院，解放妓女，在全国范围内取缔娼妓制度。北京封闭妓院、取缔妓女的行动，在全国引起了很大反响。许多地方的人民政府根据人民的要求，采取积极的措施着手准备封闭妓院。一些地区的人民政府根据本地区的工作条件，首先采取了通过说服教育、严格限制管理的办法，来促使妓院老板自动关闭妓院，教育妓女自动转业。这种限制措施，在一些刚刚解放还来不及立即全面封闭妓院的地区起了一定的作用。例如，武汉市 1950 年先后颁布了三项调查管制妓院的法规，1951年7月又提出了“严格限制，逐步缩小，准备条件，最后消灭”娼妓制度的方针和“斩断来源，管制老板，教育妓女，麻烦嫖客”的具体措施，至1951年年底，全市妓院自动撤销或转业的共达377家。但是，封闭妓院，取缔娼妓制度是一场紧急的复杂的斗争。在这期间，大部分地区，特别是大、中城市出现了由明娼转为暗娼，由一个城市向另一城市转移的现象。如武汉市据调查有妓女1800余名，而在登记时只有686名，其中大部分已转为以清唱、舞女等职业为掩护暗中卖淫。

针对这一情况，各地人民政府迅速着手进行封闭妓院前的调查了解工作，并结合镇压反革命运动，惩办、逮捕了一批罪恶昭著的妓院恶霸。这样一方面使那些罪恶不太大的妓院老板、领家不敢再继续虐待妓女和阻止妓女从良，另一方面也促使他们转业或歇业。据当时上海市的调查，解放后还有妓院518家，经过限制发展和镇反运动，妓院仅残存72家，为全面取缔娼妓制度，封闭妓院打下了基础。

1950年至1953年，各地根据同级人民代表会议的决议，先后宣布娼妓制度为非法制度，并封闭了所有妓院。例如，西安市1951年6月25日，在市取缔妓女委员会领导下，组织干部、战士900人，分别进行封闭妓院的工作，共封闭妓院361家，收审妓院老板444人，收容妓女642人；青岛市于1951年12月22日采取行动，将该市妓院全部封闭，收容处理妓院老板、领家239人，收容教养妓女314人。各地特别是各大城市都普遍地、毫不例外地采取了封闭所有妓院的措施。经过三年多持续的努力，旧中国存在了几千年的娼妓制度终于彻底覆灭了，千千万万遭受侮辱和苦难的妇女得到了解放，看到了光明和希望。

（三）收容改造妓女，使他们成为社会主义新人。封闭妓院，取缔娼妓制度后，各地民政部门在当地人民政府的直接领导和卫生、公安、妇联等部门的配合下，成立了妇女生产教养院，担负收容改造和培养训练被解放的妓女。据不完全的统计，全国共有32万余名妓女，在妇女生产教养院里获得真正的新生。她们一般都经过以下几个历程：

1. 安定情绪，改造思想。

妓女们怀着各种各样的心情，踏进妇女生产教养院的大门，大部分人为自己得到解放而由衷的高兴，对自己将要走向新的生活充满信心。但是，也有一些妓女还怀着种种疑虑。由于她们沾有或轻或重的游惰习气，或者轻信一些坏人的宣传，有的害怕参加劳动生产，有的害怕被“剃掉头发、送去劳改”，有的害怕分配给“瞎子”“瘸子”“伤兵”做老婆。还有个别原来的“上等妓女”，因为过惯了享乐生活，思想觉悟很低，对取缔娼妓制度，封闭妓院心怀不满，时常带头并鼓动一些不明真相的妓女群哭齐笑，大吵大闹，故意起哄、捣乱，有的甚至绝食、逃跑。

面对这些情况，妇女生产教养院的工作人员认识到，参加学习的妓女从旧生活到新生活有一个转变的过程。要用实际行动来教育她们，感动她们，用事实来转变她们的思想。使她们真正认识到，收容改造是为了她们的切身利益，是彻底帮助她们脱离火坑，成为新人的一条途径。工作人员首先在生活上处处以同情的态度关心、照顾她们，为她们安排床铺，生起炉灶，搞好伙食，帮助她们把留在妓院的衣物取来，把她们的孩子和无人照料的亲人接来。通过生活上的悉心照料，她们的情绪渐渐地安定下来。同时通过各种方式，结合妓女的悲惨经历，向她们反复讲解人民政府取缔娼妓制度、封闭妓院及收容改造妓女的方针、政策，组织她们进行讨论。对一些思想上不通的进行诚恳的个别交谈。

在此基础上，工作人员鼓励她们诉苦，揭发妓院老板、领家剥削压榨和凌辱她们的罪行。妓女们长期遭受精神和肉体的蹂躏，自卑感很重，一般不愿意诉说自己的悲惨遭遇，认为那是“命中注定”的。她们对妓院的老板、领家虽然十分仇恨，但由于思想觉悟低，怕将来“变天”还得靠他们，所以不敢大胆揭发控诉他们的罪行。工作人员耐心细致地帮助她们、启发她们，给她们讲述《白毛女》《一个下贱的女人》等故事，组织她们观看《烟花儿女翻身记》《姊姊妹妹站起来》等电影。许多妓女深受感动，悲伤地哭了。这些教育提高了她们的思想觉悟，使她们勇敢地起来揭发妓院老板、领家的罪恶，并且对自己在长期腐化堕落的生活中沾染上的不良习气开始有了认识。

武汉市将妓女收容后，为了照顾妓女的自尊心，宣布摘掉她们的妓女帽子，改称“学员”。同时，在生活上给予关怀：日吃三餐，八人一桌，午餐、晚餐、四菜一汤，两荤两素；蚊帐、被褥、四季服装，都由国家供给；她们生病，给做病号饭，患重病的及时送往医院，患者需要输血，干部争着献血。1952 年 9 月的一天，因下暴雨，长江水淹进了教养院。干部们脱下鞋袜，卷起裤脚，将病重的学员背出来，帮她们把衣物抢出来。干部的行动，感动和教育了她们，使她们的思想情绪更加安定，认识觉悟更为提高。在学员中很快涌现出 16% 的开展各项活动的核心分子和 20% 的积极分子。许多学员主动揭发、检举妓院老板的阴谋诡计，为彻底改造妓女创造了良好的条件。

北京市妇女生产教养院在组织妓女揭发妓院老板、领家罪行、诉说悲惨遭遇的同时，还组织她们观看了话剧《日出》。看完后，她们说：“要不是解放了，咱们还不是落得像陈白露、翠喜和小东西的下场！”学员们根据自己的经历先后编出《苦尽甘来》《跳出火坑》《再生》等剧本。这些剧本深刻地反映了妓院中暗无天日的生活与妓院老板、领家的罪恶，以及反动军警、宪兵、特务、地痞、流氓的无耻暴行，表现了这些解放了的妇女在生产教养院中努力改造自己走向新生活的决心。她们的剧团为首都各界人民公演了这些戏剧，受到了人民群众的热烈欢迎。

青岛市妇女生产教养院在教育改造妓女中，通过开大会和个别交谈，向妓女们宣传改造妓女的方针、政策，取得了很好的效果。一个叫王 × × 的学员说：“当我看了《姊姊妹妹站起来》的影片时，心里有说不出的辛酸，不知流了多少泪。现在人民政府把我从火坑中解放了出来，我要写信给毛主席，感谢他老人家救了我。”学员赵 × × 说：“我是旧社会的一个被压迫者，旧社会逼我走上了绝路。我感谢毛主席和人民政府，把我们这些可怜的、无娘的、被人瞧不起的孩子，从火坑里救了出来。没有毛主席和人民政府，我们哪有今天。现在我有了学习的机会，一定好好学习，提高思想，做一个新时代的妇女。”

在她们走向新生活的改造过程中，社会上各界人士非常关心她们。一些团体和个人经常用各种方式鼓励、慰问她们，使她们深为感动。特别是当举行一些大的活动时，她们和工人、学生、各行各业的人一起参加，使她们在精神上得到极大的安慰和鼓舞，深切地体会到自己是真的解放了。很多学员流着热泪激动地说：“过去谁把我们当人看，现在有这么多的人关心我们。我们一定不辜负他们期望，好好改造学习，做一个对社会有用的人。”她们纷纷写信答谢各界的同情和关怀。妇女生产教养院组织不识字的学员学习文化，有些人刚进教养院时目不识丁，通过识字学习，能认1000多个常用字。有的学会写信、写文章。

2. 根除性病，为妓女们医治创伤。

旧中国的娼妓制度给妓女们带来了心灵的创伤，还有各种性病的折磨。当这些解放了的妇女走进生产教养院时，教养院中的医务人员立即着手为他们医治性病。

当时新中国成立不久，百废待兴，国家的经济十分困难，一些治疗性病的药物还需要进口。但是，为了彻底挽救这些被压迫的妇女，人民政府拨出巨款来购买药品，为她们医治性病。在民政部门和卫生部门的积极配合下，全国各地都把医治性病做为改造妓女工作中的一项重要任务，并为此组织有经验的医护人员对她们进行全面彻底的治疗。北京市请了北大医学院和性病防治所等处的医生，来生产教养院为学员治疗。北大医学院院长胡传揆、性病防治所所长林子扬都亲自为学员们诊视、治病，并和其他医务人员一道研究讨论和制订治疗计划。上海市为这些妇女医治性病花费了17亿元（旧人民币，折合新人民币17万元），共分五批进行了周密的检查治疗工作，为1336名妇女治愈了各种性病。西安市在经济十分困难的情况下，筹集了性病药品4000针，并在妇女生产教养院里设立了专门机构，组织动员了公、私医院的40多名医生、护士组成医疗组，协同参加性病治疗工作。武汉市由市属各医疗单位调来有经验的大夫组成新生妇女教养院医务室。在这些妇女入院后，即全部进行了仔细的体检，发现患有各种性病的占93.9%，还有87.8%的人患有肠胃、心脏、风湿、结核、贫血和妇科等各种疾病，经过医生们的精心治疗，绝大多数人的疾病完全或者基本治愈。

为妓女医治性病的过程，并不是一帆风顺的。国家花了大量的财力、物力、人力来为她们治疗，而她们由于旧社会的悲惨经历，却不相信人际之间还有什么同情与帮助，对共产党和人民政府还缺乏信任感。再加上一些坏人从中造谣，使她们一开始就产生抵触情绪。在为一些妓女做抽血检查时，她们大哭大闹，说政府抽她们的血，是“为了抢救朝鲜战场的伤员”。教养院的工作人员耐心、细致地一次次向她们讲解人民政府挽救苦难人的道理和为她们医治性病的重要性以及性病对身体对社会的危害，逐步解除了她们存在的各种疑虑，从而使她们能积极地配合治疗。上海市有1个妓女，一进教养院的门，见人就骂。经抽血检查，确诊她得了子宫癌，要住医院开刀。经过医务人员两个多月的精心治疗，她痊愈出院了，又喜又愁地问医生：“我花了多少钱?”“790万元（旧人民币，折合新人民币790元），政府都给你付清了。”听了医生的话她非常感动，从内心说出了：“共产党要真心救我出火坑，这是做梦也没有想到的。”她出医院后，教养院安排她到医务室写病历卡，她总是用自己的亲身经历，现身说法，帮助其他的姐妹配合治疗。武汉市的妓女刚入院时测量体重，平均每人49.3公斤。2个月后，经过治疗性病恢复健康，平均每人增加了2.6公斤。这些妇女在初进教养院时，脸色苍白，身体瘦弱，心情沉重。通过几个月的学习、治疗后，个个变得脸色红润，身体健康，心情愉快。她们感叹道：“旧中国把人变成鬼，新中国把鬼变成人。衷心感谢共产党救了我们，使我们重新做了人”。

医治性病，不但挽救了这些妇女的生命，也挽救了她们的灵魂，使她们再一次深深感到共产党和新中国是人民大救星的真理。一开始，她们不相信人民政府会拿出那么多钱来为她们治病，然而当她们的性病和其他疾病得以痊愈的时候，不禁从心底里产生“人民政府比自己的亲爹娘还亲”的感激之情。医治性病对妓女的改造工作以及参加劳动生产、帮助就业、解决配偶等问题，都起了积极的推动作用。

3. 用劳动洗去昔日的耻辱，学会走上新生活道路的技能。

经过一段时间的教育、学习和医治性病后，妓女有了一定的觉悟和认识，便开始对她们进行劳动教育，以初步树立劳动观点，学习各种劳动技能，为她们走上新的生活道路打下基础。

贪吃懒做，好逸恶劳，是这些妇女的致命伤。由于她们长期在腐化堕落的环境中生活，对劳动是厌恶的，只喜欢享乐的寄生生活。对她们进行劳动习惯的培养，使她们能够自食其力地生活，是改造妓女过程中的一个重要内容。

这些妇女虽然大多数出身于劳动人民家庭，但由于生活环境的影响，她们的劳动技能极低，生活自理的能力很差。教养院的工作人员首先组织她们从事一些简单、轻松的体力劳动，并对她们进行劳动光荣的教育。使她们懂得，新中国劳动人民当家作主，劳动是新社会中最光荣的事，每个人都必须通过劳动获得幸福生活，而绝不允许过寄生的生活。新中国的妇女只有参加劳动，和男人们一样为社会创造价值，才能真正解放自己。

为了帮助妓女树立劳动观点，学习劳动技能，妇女生产教养院设立了各种工厂，如织布厂、纺纱厂、缝纫厂、织袜厂等。她们参加劳动后，不仅体会到劳动创造世界、劳动光荣的道理，也真正认识到生活的意义，逐步地恢复了劳动人民的本质，并学会了生产技能，为生产就业创造了条件。西安市生产教养院组织这些妇女参加各种劳动生产，为国家创造利润3649 万元（旧人民币，折合新人民币 3649 元），有 42 名妇女被评为劳动模范。上海市生产教养院的妇女在第一次拿到劳动报酬时，有的捧着用劳动换来的钞票兴奋地哭了，有的用发抖的手填写汇款单寄给自己的亲人，有的用这第一次工资买了自己认为最好的纪念品珍藏起来，作为永久的纪念。在这种种的由衷喜悦中，她们看到了新生活的希望。

一批批被改造好的新人在妇女生产教养院出现了，她们一改昔日烟花女的旧貌，成为社会主义新中国劳动妇女的一部分。她们改掉了旧社会留给她们的种种恶习，学会了在新社会从事劳动的技能，向往着光明的前途和美好的未来。

4. 昔日的妓女走上了新的生活道路，成为建设新中国的主人。

新中国取缔娼妓制度，解放妓女，把妓女改造成新人的工作，由于方针政策的英明正确，广大人民群众的拥护支持，只经过3年多的时间，就于1953年在全国范围内基本完成。

对已经改造好的妇女如何进行安置，是一件严肃而又细致的工作，安置不好会使她们在社会上遇到很大的困难，个别人甚至有暗中重操旧业的可能。为了做好此项工作，人民政府制定了如下的安置原则：对于志愿回家而确有生活资料和生产条件的，遣送回家参加生产；对已有结婚对象而其对象又有正当职业的，帮助她安家立业；对于无家可归的，根据其条件介绍就业，组织参加生产，或留教养院参加生产转成工人。

根据这几条安置原则，已经改造好的妇女都得到了妥善的安置。许多人回到了农村参加生产劳动，同翻身的农民结了婚，在自己的土地上耕耘和操作家务，过着幸福美满的生活；有的担任了医院的护士、配药员，有的担任了托儿所的保育员、剧团的演员或者从事其他职业；还有一批人响应人民政府的号召，奔赴边疆、内地、到艰苦的地方去，为祖国建设贡献力量。她们在自己的工作岗位上勤勤恳恳、踏踏实实地克服各种困难，热情忘我地为人民工作，成为新中国的建设者。西安市对收容的642名妓女经过教育、改造和性病治疗后，安排到印染厂工作的5人，参加拖拉机训练班的6人，从事文艺工作的50人，从事医务工作的80人，从事妇女工作的2人，结婚的14人，其余485名回乡参加生产劳动。青岛市安置回乡的冷××和李××，回到家乡第二天就下地帮助丈夫锄地、推粪。不到一个月，李××光荣地加入了青年团，冷××则被村民们选为妇女组长。村民们高兴地说："我们的人民政府真有办法，能把过去从来不参加劳动的妇女，改造得比我们还能干！"上海妇女生产教养院有一个从小就失去了父母以后沦落烟花的妇女，被介绍到一个单位当保育员。由于她切身体会到失去亲人的痛苦，所以在工作中像亲娘一般地看护、照料孩子。一次，一个病孩被痰噎住，两眼发直，浑身抽搐，怎么也咳不出来。她毅然决然地把孩子抱在怀里，嘴对嘴，一口一口地把痰吸出来。出色的工作使她多次被评为先进工作者，两次被评为全市三八红旗手。市长亲自为她戴大红花，请她上主席台。这个当年被踏在最底下的人，如今受到了尊重，她结了婚，加入了中国共产党，还担任过居委会的中共党支部书记。老人已子孙满堂，过着幸福的晚年。在北京市某印染厂1个车间里，有63名女工是从妇女生产教养院来的。在这63人中，有20多人被评为先进生产者，十几人成为共青团员。其中一人由于劳动态度好，勤勤恳恳，工作认真负责，3年中没有缺勤，没有迟到早退，她生产的棉布质量好、产量高，并提前超额完成国家计划，1955年被评为北京市的劳动模范和全国纺织工人先进生产者。武汉市的新生妇女教养院收容了妓女540人，经过教育改造，其中择偶结婚的212人，安置就业或返乡生产的214人。在择偶结婚的妇女中，不少人勤俭持家，体贴丈夫，敬老爱幼，成为贤妻良母，许多家庭被评为"五好家庭"。安置就业或返乡生产的妇女，一般都能努力学习，积极参加劳动，不少人成了生产能手，有的加入了共青团或共产党，有的被评为先进生产者或劳动模范，有的担任了基层领导工作。王××改造后，在武汉市一家医院门诊部工作，曾连续评为全市卫生系统的先进工作者。毛××改造后，因工作出色，担任一个幼儿园的中共党支部书记。

过去生活在魔窟中的妓女，今天成了社会主义的光荣劳动者。成千上万获得新生的妇女写信给毛主席、人民政府和各地报社，反映她们的新生情况，歌颂她们的幸福生活。

中国三年多规模宏大而又艰苦细致的改造妓女的工作，不但使千千万万的妓女得到了解放，由寄生消费者变成生产劳动者，而且消灭了社会上流行的性病，维护了人民的健康，改变了社会面貌，树立起新的道德风尚。

第三节 游民改造

一、游民的产生及其危害

在旧中国，由于帝国主义、封建主义、官僚资本主义的压迫与剥削，许多人以不正当的手段维持生活。这就是产生流氓、小偷、乞丐等游民的社会根源。

旧中国游民人数众多，根据当时的有关资料统计，上海市流氓、小偷、乞丐共达12万人，占全市人口的2%以上；国民党中央政府所在地的南京，流氓、小偷、乞丐有5万人，占全市人口的2.4%。

游民具有较大的破坏性，尤以流氓为甚。国内外反动派经常利用流氓充当刺客、打手，进行恐怖活动。成立于清代，原为民间秘密团体，以后发展为流氓组织的“青帮”，长期为反动统治阶级利用。辛亥革命时，袁世凯利用他们刺杀了民主人士宋教仁。1927年，蒋介石操纵他们参与了“四一二”反革命大屠杀。抗日战争时期及抗日战争胜利以后，“青帮”又先后为日本特务机关和国民党政府所利用，充当汉奸，进行特务活动。天津市国民党警备司令部勾结流氓头子张逊之等人成立的以流氓为主的组织“共济社”，专门搜集革命情报，镇压工人和学生的革命活动。1946年，天津市电信和码头工人举行罢工，就是因为这个流氓组织配合国民党军警进行镇压而遭到失败的。

流氓除了对革命具有很大的破坏性以外，他们还骑在人民头上称王称霸，作威作福，杀人放火，强奸妇女，敲诈勒索，拐卖人口，抢劫霸占，无恶不作。旧中国的北京，流氓为非作歹，鱼肉人民，他们的头子被称为“东霸天”“南霸天”“西霸天”“北霸天”。天桥地区有个叫林文华的流氓头子，经常拿活人当他练拳的靶子，不是被打死就是被打残。东郊的流氓头子关华亭强奸了几十名妇女，有户姓马的人家，一家3个女儿，一个被他霸占，两个被他强奸，父亲被他毒死。西郊的流氓头子经常将妇女绑在树上强奸轮奸。在旧中国，人民提起流氓就咬牙切齿，恨之入骨。

在旧中国，偷窃活动甚为猖獗。据上海市当时的不完全统计，从1945年9月至12月的4个月中，发生偷窃、诈骗案件7392起，平均每小时发生1.3起。许多小偷有着极严密的组织，内部有各种行规和暗语，他们同反动军警与反动势力互相勾结，十分猖狂。小偷的偷窃活动极其狡猾，有的打扮成富人到商店偷窃，有的带着干粮在别人屋里暗藏伺机偷窃，有的用金钱、色相引诱或用器具进行偷窃。各种诡诈活动，数不胜数，黎民百姓深受其害。

旧中国由于天灾人祸，许多人走投无路而被迫以乞讨为生。这些人是社会的弱者。他们之中有白发苍苍的老人，有嗷嗷待哺的小孩，有双目失明、断臂缺腿的残疾人。这些人走上乞讨的道路是值得同情的。但是，也有一部分尚有劳动能力的乞丐，习惯于不劳而食的寄生生活，而不愿参加劳动生产，在他们中流传着"文到尚书武到侯，人到讨米不再愁"的口头语。许多地方的乞丐形成严密的组织，有大、小丐头，成群结伙讨要，在乞讨中强讨恶要，许多乞丐当人家有红白喜事时，便群聚在人家门前吵闹吃白食，搅得百姓生活不得安宁。

二、游民改造的方针、方法与经验

新中国成立初期，大批游民充斥在社会上，他们的种种活动，妨碍社会秩序，危害社会治安，干扰新中国的经济建设和人民生活。为了解决这一社会问题，从1950年开始，人民政府就开展了游民改造的工作。

中国对那些不够判刑的游民的改造，采取了集中与分散相结合的办法。因为旧社会遗留下来的游民人数很多，情况各不相同，不必要也不可能采取单一的办法。对于城镇中的游民，凡家在农村的都遣送他们回乡，交由群众监督改造。小城镇的游民，经农村合作组织同意，也分别插入农村合作组织，由群众监督改造。对于家在城市，游惰习气较重，而又无条件实行群众监督的游民，由人民政府建立生产教养院或类似的生产单位，集中进行改造。

对于集中改造的游民，实行“政治思想教育与组织劳动生产相结合，改造与安置相结合”的方针，把他们改造成社会主义的劳动者。组织劳动生产，是为了用劳动的汗水洗刷掉他们心灵中的污垢，克服游手好闲，不劳而食的寄生思想和游惰习气，树立劳动观念，掌握劳动技能。进行政治思想教育，是为了让他们懂得收容改造的政策与目的，使他们自觉地接受改造，加深对旧中国的痛恨与对新中国的热爱，更清楚地看到国家和个人的光明前景。开始有的单位，偏重抓劳动生产，忽视进行政治思想教育，或片面强调政治思想教育，忽视组织劳动生产，都使游民的改造工作受到一定的影响。以后各地普遍地全面贯彻上述方针，游民改造工作因而收到应有的成效。

改造游民的劳动生产，根据因人因地制宜的原则，采取了多种多样的形式，主要有生产教养院、垦荒队，工程队、工厂、农场、习艺场等。开始，游民对收容改造大都存在着抵触情绪，他们游荡成性，厌恶劳动，把从事劳动看成痛苦的事，千方百计逃避劳动。有的大吵大闹，有的装疯卖傻，有的装病装残……经过耐心教育，他们逐渐懂得新中国绝不允许有不劳而食的寄生虫，每一个人都应成为自食其力的劳动者。当他们明白了这个道理以后，才自觉地通过劳动生产努力学习劳动技能，争取早日成为一个创造财富的劳动者。

游民改造单位在组织游民从事劳动生产时，根据他们的身体条件和有无专长，分别安排适当的劳动。考虑到游民缺乏劳动的锻炼与习惯，初期劳动强度要轻一些，时间要短一些，逐步使其适应。这些单位还逐步实行企业管理，贯彻勤俭办企业的方针，精简行政机构，建立生产责任制，逐步达到生产自给。

在游民改造单位中严格执行按劳付酬的制度，多劳多得，奖勤罚懒，提高劳动生产积极性。广东省沙公堡农场最初实行固定工资制，评定工资时单纯强调思想表现，挫伤了一些人的生产积极性。后来他们实行按件记工和定额管理制度，大大提高了游民的劳动热情，普遍提前上工推迟下工，生产效率提高近一倍，劳动收入也增加了将近70%。收入增加后，解决了游民长期存在的自己是为别人劳动的认识问题，看到了前途，增强了上进心。许多人订阅报刊，积极要求学习，也有一些人把富余的钱存入银行，准备成家立业。

游民改造单位进行政治思想教育的内容，以劳动生产教育和现实生活教育为主，结合进行政策、前途、法纪、时事等方面的教育。在工作过程中，首先端正工作人员对游民的认识。因为这是一项历史上从来没有过的大规模的工作，而有些工作人员又往往认为好吃懒做是游民的天性，“江山易改，本性难移”，因而对他们采取歧视态度，以粗暴方式甚至以违法手段对待他们，致使游民产生对抗情绪。为了达到教育改造的目的，需要使从事这项工作的人员认识到，游民虽然是社会的渣滓，但他们同时也是旧社会制度下的受害者，是人民当中的落后部分，而不是阶级敌人。对他们进行改造，属于处理人民内部矛盾的问题。因此，除对触犯刑律者应送司法机关依法惩处外，对其余绝大部分人应当采取关怀体贴的态度，切实解决他们生活中的衣、食、住、医等方面的困难，耐心地启发他们自觉进行改造。这样，才使他们感到温暖，消除他们对工作人员的隔阂，从而增强通过劳动生产彻底改造自己的决心与信心。

政治思想教育以正面教育为主，采取适当的方式，注意游民微小的进步，多表扬少批评，多作个别谈话，少作大会批评。广西壮族自治区洛维农场收容的游民陈国材，过去屡收屡跑，曾在大会上多次受到批评，都没有起到教育的作用。当他最后一次逃跑被找回来时，工作人员耐心地对他进行个别谈话，帮助他提高认识。认识提高后，就召开一次欢迎会，首先由他表态，然后由群众代表致欢迎词，农场领导讲话加以鼓励。从此以后，陈国材不再逃跑了，积极劳动，被评为乙等劳动积极分子。

培养与运用积极分子，“以群管群，以群教群”，是进行政治思想教育的好办法。可以选择比较愿意接受改造或经过一定时期改造表现较好的游民担任组长。在小组中定期进行评议，评劳动、评思想、评纪律。个别游民有了错误，经领导个别谈话不解决问题时，也由小组进行帮助，然后再由领导进行教育。可以经过民主讨论，制定共同遵守的公约，定期检查执行情况。还可以收集游民的思想动态，有典型思想问题时，发动全体人员讨论。采取这些方法进行自我教育，对游民的思想改造，有着明显的作用。做好家属工作，让家属了解有关政策和参观收容场所，也有助于游民更好地接受改造。政治思想工作还可结合中心工作和社会活动来进行。如：通过普选、兵役登记进行教育，解决了游民中存在的“是否真有公民权利”“是否真能当家作主”等思想问题；通过组织参观国营农场，与附近农业社联欢，使他们看到了农业生产和自己的前途，提高了政治热情与劳动积极性。建立必要的管理制度，如作息制度、爱护公物制度、奖励惩罚制度等，集体进行劳动、学习，适当开展文娱活动，都有助于对游民进行政治思想教育，从而使他们更好地得到改造。

游民改造是一项复杂艰巨的工作。在进行这项工作的过程中，一些地方出现过一些偏差：有的时候在收容的对象上界限不清，发生过错收现象，把一些偶有不正当行为的人或由农村流入城市的灾民也收容进来；在管理教育方面，发生过捆、绑、吊打、禁闭游民的违法乱纪行为；在安排劳动生产方面，只考虑当前的生产问题，而没有顾及长远安置的需要；对以农业为主的安置改造方向，执行得过于机械，把一些不适宜参加农业生产的游民，也安置到农场中来。内务部很重视这些问题，曾经专门发出指示，纠正各种偏差，并经常派调查组督促检查，从而使问题得到了较好的解决。

三、新人习艺场——游民改造的一个典型

据1956年统计，全国游民改造单位共有200多处。在这些游民改造单位中，上海市的新人习艺场具有一定的典型性。

旧中国的上海是“冒险家的乐园”，成为游民特别是流氓最集中的地方。作为改造游民单位之一的新人习艺场，是在上海的哈尔滨大楼的旧址上建立起来的。这所大楼原来是美国商人经营的汇芳锯木公司。“八一三”日本炮火炸毁了这座大楼，只剩下几根钢骨水泥和一楼一底的躯壳。从此以后，这座残破的大楼逐渐成为流氓的聚集地。数以千计的流氓，在这里策划行动，进行种种有组织的罪恶活动：行乞、拐骗、偷窃，抢劫、绑架、贩毒、聚赌等等。在哈尔滨大楼里面，一片恐怖悲惨的景象：被拐骗来的良家妇女被流氓轮奸致死；被绑架来的无辜平民在这里受到残酷的毒刑；谁敢违抗这批流氓，就会在他们的密室“公堂”里受到毒打，有的打死后竟被砍成数段，埋在大楼里的垃圾之中。

哈尔滨大楼，这是旧上海流氓世界的一个缩影。1951 年 2 月，这所破旧的大楼开始了它新的历史。大楼中罪行累累的流氓头子被人民政府依法惩办，其余不够判刑的则集中进行教育改造。民政部门把大楼中的流氓组织起来，清除了积聚十余年的 500 吨拌有无数白骨的垃圾，拆除了曾是流氓巢穴的数百个席棚，并从他们之中挑选有技术或有劳力的人组成一个工程队，重建这座大楼，把它变成改造流氓的生产教养机关——新人习艺场。

在新人习艺场，经过教育改造，许多流氓逐渐改变过去的寄生思想和恶劣习气，树立了劳动观点，学到了劳动技能。一年以后，他们之中就有 670 多人掌握了生产技术，100 多人成为甲、乙等技术工人，200 多人被转为正式职工。

思想上初步得到改造的流氓，比较深刻地认识到过去的罪恶，以及这些罪恶对人民的危害，决心洗心革面在劳动中做出应有的贡献。原来绰号叫“上海阿康”的流氓头目康阿根，过去手下有二三百名徒弟，专门包打群架，敲诈勒索，并且霸占妓院，贩运毒品。经过几年来的改造，他已学会挖阴沟、埋水管的技术，成为五级工。他收了 20 个学徒，大家都叫他康师傅。他谈起自己的感想时，总是说：“人民政府使我变成了一个人，如果像过去那样生活下去，我不是在打架中被打死，就是吃‘白面’被毒死了。”

一个具有较高的修理机械技术的流氓王财来，在旧社会里十多年中曾经6次失业，由流浪街头、吸毒、贩毒堕落为流氓。解放后，新人习艺场使他逐渐懂得真理，在一系列的教育下，他觉悟了过来。于是积极劳动，埋头苦干，在工作中创造出新的工作方法，并且想尽办法传授技术，使许多学徒变为技术工人，不久便被提升为修理部机工组组长。他常常说：“过去技术无用处，现在技术交给了人民。”

曾有七八年工龄的铜匠薛棋新，抗日战争时期因长期失业被迫以偷窃为生。在新人习艺场经过学习和劳动锻炼，进步很快，1年当中生产效率提高了4倍。在承修上海市搬运公司的汽车时创造打眼机，提前完成了生产任务，后来被评为劳动模范。

荒废了18年木匠手艺的流氓朱宝山，他的技术解放后才得到真正的用处，这使他大为感动。由于他带头推动，使一个营建小组的工作效率提高了5倍，他也因此获得一级劳动模范称号。

新人习艺场最初的生产门类很多，有营建、汽车修理、印刷、缝纫、制鞋等许多种。这是适合当时流氓中不同类别的技术建立起来的。经过调整，后来分为两个主要部分。一部分是土木营建，为上海市的工人和市民修建了许多住宅、电影院、俱乐部、医院和厂房。在修建工程中开展增产节约运动，收到了良好的效益。例如在承建规模宏大的长宁电影院时，便节约了钢材25吨。另一部分是机械工程，不仅废物利用，把旧机器中的有用部件组装成新的有用机器，而且还修理汽车、拖拉机，生产马达和车床。参加这些生产的劳动者含意深刻地说，每一部机器都象征着他们每一个人。

昔日蓬头垢面、野蛮凶恶的流氓，今日变成了精神焕发、勤劳智慧的人，在社会主义制度下，他们才真正实现了人的价值。

四、游民改造的成效

中国游民改造工作取得的成效是具有历史意义的。主要有以下几个方面：

（一）转变了社会风气，安定了社会秩序。新中国成立初期，旧社会遗留下来的游民继续为非作歹，严重影响社会的安宁。人民政府采取多种方式对他们进行教育改造，从新中国成立到1953年，先后收容改造游民44万多人。通过对游民的改造，社会风气有了很大变化，各种破坏社会秩序的案件急剧下降。1950年上半年上海发生抢劫案737件，而到1956年上半年仅发生4件。这和游民改造取得巨大成就是有密切关系的。上海市民高兴地说："能把上海的小偷、流氓消灭掉，真是一件了不起的大事，历史上空前的大事，只有新中国才能做到。"

（二）变消极因素为积极因素，增添了社会主义的建设力量。经过教育改造，过去依靠敲诈勒索、诈骗、盗窃、乞讨为生的寄生虫，成了具有一定觉悟和劳动技能的社会主义建设者。到1959年，全国已有39万名改造好的游民，分别走上各种不同的岗位，为建设新中国发挥积极的作用。上海市在新中国成立后共收容旧社会遗留下来的游民5.6747万人，经过教育改造，其中安置在工厂、企业、机关、学校等工作岗位的有1.0916万人，回乡参加农业生产的有6054人，随同企业改造转变为国营企业工人的有1648人，参加边疆建设的有3295人，参加垦荒和国营农场生产的有1.8182万人，参加人民解放军的有97人，因年老体弱由人民政府包养起来的2723人，其余在生产教养单位继续劳动就业。许多人在工作、生产中勤勤恳恳，忘我工作，有的成为劳动模范、先进工作者，有的还光荣地加入了共产主义青年团。

（三）辛勤劳动结硕果，为社会创造了大量财富。游民工作不仅有改造人的积极意义，而且有改造社会、改造自然的积极意义。那些过去四处游荡、不劳而食的游民在获得了新生以后，他们的辛勤劳动在新中国的大地上也结出硕果，为国家创造了大量财富。许多游民改造生产单位在人民政府帮助下，从无到有，从小到大，由低级到高级，发展了许多工矿企业，把许多荒地变成了沃土，把许多不毛的山岗变成了果园。据统计，仅1957年，全国213个改造生产单位生产总值就达2855万元。有的游民改造生产单位从用两把老虎钳子修理汽车开始，逐渐发展到制造小型机器，架设钢梁钢架，设计和修建楼房，制造精密车床的大型工厂，为国家累计创造财富1000余万元。浙江省杭州市的游民改造农场，建场前是一片丘陵荒地，通过几年的开垦，成了树木成荫、风景优美的果园，生产达到自给。河北省邢台市北小区农场1957年水稻亩产平均达494斤，超过当地平均产量的64%。广东省杨村农场推行柑橘上山，使产量创全省最高纪录。四川省重庆市九锅青农场在山区试种花生，亩产200斤，超过当地常年平均产量的一倍。

至1961年，旧社会遗留下来的游民已基本绝迹。这项巨大的社会改造工作的完成，为新中国的民政事业写下了光辉的一页。

第三章
基层政权建设

中华人民共和国成立以后，民政部门始终承担着政权建设的一部分任务，但在不同的历史时期，民政部门参与政权建设工作的范围和程度有所不同。在新中国成立初期，各地着手创建地方人民民主政权的年代里，民政部门把承担地方政权建设的具体工作作为中心工作之一。地方各级人民代表大会和人民政府建立以后，承担城乡基层政权建设方面的具体工作，成为民政部门的一项重要职能。

基层政权是设在最低一级行政区域内的国家机关。依据《中华人民共和国宪法》的规定，中国的基层政权组织，在城市是不设区的市、市辖区人民代表大会和人民政府；在农村是乡、民族乡、镇人民代表大会和人民政府。为了便于行政管理，中国城市基层政权组织设有派出机构——街道办事处。截至1989年年底，全国共有不设区的市262个，市辖区648个，乡镇5.6497万个（其中乡4.2869万个，民族乡1755个，镇1.1878万个）。另外，设立街道办事处5420个。人民的基层政权组织从革命根据地诞生到现在，已有60多年的历史，分为新中国成立前和成立后两个阶段，其间经历了曲折的发展过程。

第一节　中国基层革命政权的创立和巩固

一、革命根据地时期的基层政权

由中国共产党领导的中国基层政权组织是在大革命时期诞生的。最早的基层政权组织是党领导下的农民协会。1922年六七月间，彭湃在广东省海丰县建立了农民协会，以后又在陆丰、惠阳等地建立了农民协会。此后，毛泽东在湖南等地建立了农民协会。这些农民协会实质上就是基层政权的雏形。农民协会的建立，开始把农村中的政治权力“由绅士土豪之手，移至农会”。农会会长由农民群众民主选举产生。几千年来受压迫受剥削的农民成了农会的主人，掌握了自己的命运。

土地革命时期，在中国共产党的领导下，建立了红色革命根据地。各个革命根据地都建立了基层政权组织。这个时期的基层政权组织是乡苏维埃。1933 年 12 月公布的《中华苏维埃共和国地方苏维埃暂行组织法（草案）》规定，乡苏维埃设代表会议，是全乡最高权力机关。在代表会议闭会期间，代表会议选出的主席团主持全乡政府的日常工作。主席团设正、副主席各 1 人（相当于正、副乡长），下设扩大红军委员会，优待红军委员会，慰劳红军委员会，赤色戒严委员会，防空防毒委员会，没收征发委员会，查田委员会等经常的或临时的专门委员会。另外，还可设文书 1 人，协助主席团做乡苏维埃的工作。乡苏维埃的各个委员会按照各地工作需要设立，并须经上级苏维埃同意。也有的乡苏维埃（如闽西苏区），按人口多少划分为甲、乙、丙、丁四等乡政府。乡政府办事人员最少的 1 至 3 人，最多的 7 至 9 人。那时，乡苏维埃对扩大红军、保卫革命根据地、支援红军作战等方面，发挥了重要的作用，是中国共产党领导的根据地基层政权的形成时期。

抗日战争时期，中国共产党领导的抗日根据地的基层政权为乡政权。根据 1942 年 1 月公布的《陕甘宁边区各乡、市政府组织条例》的规定，乡设参议会和政府委员会。乡参议会为本乡最高权力机关，由各抗日阶层的代表组成。乡参议会闭会期间，由乡政府委员会管理本乡的各项行政工作。乡参议会每年改选一次，乡长及政府委员会同时改选，但连选可连任。乡长向乡参议会负责并报告工作。乡政府委员会每半月开会 1 次。乡政府除乡长 1 人、文书 1 人外，其他均不脱产。乡政府根据工作需要设立优待、救济、文化促进、经济建设、锄奸、卫生保育、人民仲裁等委员会，各委员会由 3 至 5 人组成，成员由政府聘任。同时，乡政府认为必要时，还可设立其他各种性质的临时委员会。陕甘宁边区的乡政府根据面积、管辖人口分为甲、乙、丙三个等次。纵横不超过 10 里，人口不超过 1500 人的为甲等乡；纵横不超过 20 里，人口不超过 1000 人的为乙等乡；纵横不超过 30 里，人口不超过 1000 人的为丙等乡。除陕甘宁边区外，晋西北、晋察冀抗日根据地也都建立了基层政权。它们不同于陕甘宁边区的是：有的以行政村为规模设立基层政权，行政村设村民代表会议和村公所，村民代表会议为本村的权力机关，村公所为本村的行政机关。这一时期是中国共产党领导下的基层政权建设的发展时期。这一时期的基层政权，在支前、锄奸、发展抗日根据地经济、文化等方面，都发挥了巨大的作用。

解放战争时期，解放区建立起来的基层政权组织，多具地方特点。根据 1946 年《苏皖边区乡镇选举条例》的规定，乡镇为地方自治的最基层的一级组织，乡镇以下不设立另一级政权组织或者类似一级政权的组织。乡镇自治政权组织划分为甲、乙、丙 3 个等次，甲等乡的管辖范围，是在乡村人口稠密地区以 1500 人至 2500 人为一乡，人口特别稠密的地区，至多不超过 3000 人；乙等乡为乡村人口稀少的地区，以 1000 人至 2000 人为一乡；丙等是指集镇和城市人口集中的地方，以 3000 人至 5000 人为一镇。乡镇最高政权组织为乡镇公民大会。在乡镇公民大会上，选出乡镇长、副乡镇长各 1 人以及行政委员会委员 5 至 9 人，组成乡镇行政委员会，为乡镇公民大会闭会期间的最高权力机关。在行政委员会下设乡政府处理日常工作，乡镇公民大会每半年举行一次，必要时经乡镇行政委员会决定或者本乡镇 5% 的公民要求者，可召开临时公民大会。乡镇行政委员会每月举行一次会议，必要时正、副乡镇长或委员 3 人以上要求也可召开临时会议。乡镇政府乡镇长的职权是：执行本乡镇行政委员会的决议，处理行政委员会的日常工作。在东北解放区，农村基层政权组织为村政权。村设村人民代表会议和村政府。村人民代表会议为本村最高权力机关，村政府为村行政机关。在内蒙古解放区，基层政权组织为努图克、苏木、街、村，努图克、苏木、街、村长由各旗县政府加委。在华北地区，解放区的基层政权为村政权。村人民代表大会为村最高权力机关，村政府为村行政机关。1949年10月中共中央华北局发布的《建立村、区、县三级人民代表大会或各界人民代表会议的决定》规定，凡土地改革已经彻底完成，各界人民亦已有了充分组织的老解放区，均应普遍召开普选的村、区、县三级人民代表大会，选举村、区、县三级人民政府。新选出来的下级人民政府须呈报上级人民政府加委。新解放区或条件尚不成熟的老解放区，则应召开各界人民代表会议以为过渡，逐步地代行人民代表大会的职权，并为普选的人民代表大会准备条件。村人民政府必须执行村人民代表大会的决议并定期负责向它报告工作。这一时期，是中国共产党领导下的基层政权的巩固发展和基本定型的时期。这时广大解放区普遍建立了包括工人、农民、独立劳动者、知识分子、民族工商业者及开明绅士等一切民主阶层的乡村人民代表大会，作为乡镇基层政权的权力机关，并由它产生政府委员会或人民政府，从而使解放区的基层政权组织普遍建立起来。解放区的基层政权组织在领导广大人民进行土地改革，恢复和发展生产，支援解放战争等方面发挥了巨大作用。

新中国成立前的革命根据地基层政权组织，同国民党反人民的乡镇政权组织具有根本不同的性质。国民党的乡镇政权组织是压迫人民，剥削人民的工具，是为地主阶级和国民党服务的机器。而革命根据地的基层政权是中国共产党领导下的人民政权，是全心全意为人民服务的政权组织，是为推翻旧政权，解放广大劳苦大众的新生政权组织。它为新中国基层政权组织的建立发展与健全奠定了初步基础，因而在中国基层政权建设史上具有十分重要的地位和作用。

二、农村基层政权体制的确立

中国整个大陆的解放，为在全国范围内确立农村新的基层政权体制提供了根本的政治保障。新中国成立初期政权结构的基本大法，是1949年9月中国人民政治协商会议第一届全体会议通过的《中国人民政治协商会议共同纲领》。依据这一法律，新的国家性质为人民民主专政的共和国，它是工人阶级、农民阶级、小资产阶级、民族资产阶级及其他爱国民主分子所组成的统一战线政权，而以工农联盟为基础，以工人阶级为领导。国家政权机关具有人民性，其组织形式为各级人民代表大会和各级人民政府，后者由前者选举，前者为人民普选出的代表直接或间接选举产生。政权结构具有严密的一体性，各级政权机关一律实行民主集中制，各下级人民政府均由上级人民政府加委并服从上级人民政府。这样，国民党政权的以权制权，议员专职，地方自治等项原则就被全部摧毁，农村基层政权成为新政治制度的有机组成部分。

农村基层政权的建立过程，是与土地改革密切相关的。一个地区获得解放，迅速由解放军派工作队到农村帮助建立农民协会，使农协成为土地改革队伍的主要组织形式和执行机关。在乡一级，农民代表会选出乡人民政府委员会。在这种体制下推进土地改革，最终确立起新的基层政权体制，从根本上取代了国民党政权的乡村保甲制度。土地改革奠定了农村基层政权的政治、经济和社会基础。在土改过程中，依据土地及其他财产状况，把农民划分为地主、富农、中农、下中农、贫农等阶级成分，无偿地把地主、反动富农的财产加以没收供贫下中农分配，这就彻底地改变了农村的政治关系、经济关系和社会关系。这种经济性的阶级成分制度不久就变成了纯政治性的阶级成分制度，贫下中农成为农村的主导阶级，占农村人口10%的地主和富农成了专政对象。农村基层政权就是建立在这样一种政治结构之中，1952年年底新老解放区土地改革基本完成，农村基层政权体制也就基本确立。

新中国成立初期所确立的农村基层政权体制，尽管属于政制初创时期，许多方面还不够完善，但是由于建政工作从中国实际出发并自觉地继承了革命年代的建政经验，所以有不少符合国情的创造。这一体制具有以下几方面的特征：

（一）法律规范比较明确。1950 年 12 月，政务院颁发了《区各界人民代表会议组织通则》《区人民政府及区公所组织通则》《乡（行政村）人民代表会议组织通则》和《乡（行政村）人民政府组织通则》。1951 年 4 月，政务院发布了《关于人民民主政权建设工作的指示》。1954 年 1 月，内务部又颁发了《关于健全乡政权组织的指示》。这些法律和法令，对于农村基层政权组织体制进行了比较具体细致的规定。而且，各种组织通则一律不加“试行”。“草案”之类的字样，使建政律令相当严肃、规范。这样，地方上自然能够顺利地依法建政，基层政权体制本身也受到了约束。

（二）县以下的政府层级设置有两种类型。一类是区、村两级政府体制。如华北地区当时所辖河北、山西、平原、察哈尔、绥远等省实行的就是这种体制。东北区和内蒙实行的也是行政村体制。设立村政府、区政府，但村以上的区不全设置为一级政府，有的是县政府的派出机构。另一类便是除上述地区及西藏、台湾之外的全国大多数地区，这些地区实行区乡建制，区一级建立区公所，是县人民政府的派出机构；乡设政府，不设村政府。村为一级行政组织，叫行政村。起初，华东、中南、西南各省实行的是民国时代的大乡制。如广东省 1951 年共设置 4725 个乡，其中就有 900 多个乡的人口为 1 万至 3 万，还有一些超过 4 万人。为了方便土地改革的进行，必须打破这种区划格局，实行小乡制。湖南 1949 年共有县辖区 263 个。乡 1681 个，镇 104 个，保 1.5657 万个，甲 18.6789 万个。到了 1952 年，湖南农村区划就变成了县辖区 965 个，乡 1.9485 万个，镇 209 个，办事处 56 个，村 5.4919 万个，村民小组 23.5944 万个。据内务部 1952 年 9 月统计，当时全国除西藏、台湾外共有县辖区 1.833 万个，乡（行政村）28.4026 万个，其中华北有区 2059 个，行政村 8.4732 万个。新中国成立初期的农村行政建制，主要强调的是严密性。这样便于使新政权一下子直接插入乡村，把农民全面有效地动员起来，凝聚在新政权的周围。

（三）基本的政治制度是人民代表会议制度。新中国成立初期，强调民主建政的方针。所谓民主建政，就是采取民主方式组建地方各级政府，在农村具体表现为召开区、乡（行政村）的人民代表会议以选举产生区、乡（行政村）政府。这种民主建政既妥善地解决了革命政权的合法性问题，又在政治上广泛地动员了农民的参与热情，使基层政权产生了很强的凝聚力。在1949年之后，召开人民代表会议成为全国性热潮。东北区到1950年7月，就有1212个区开过区人民代表会议，377个区开过区人民代表大会，8393个村开过村人民代表会议，1.7153万个村开过村人民代表大会。

根据《区各界人民代表会议组织通则》，凡须作为一级政权的区，设区各界人民代表会议，由区人民政府召开之。代表会议的代表名额，视区人口多寡而定，最多不超过120人。其代表的组成和产生方式是：区域代表以乡为单位选举产生，区人民政府代表由区长、副区长等充任，区人民团体的代表由团体选派，其他方面代表由区人民政府邀请之，民族杂居地区少数民族的居民人数较多者得单独选举其代表。区各界人民代表会议职权有四：听取区人民政府的工作报告，提出批评与建议；向区人民政府反映人民的意见和要求，讨论并建议本区兴革事宜；向人民传达并解释区各界人民代表会议议决事项，并协助区人民政府动员人民推行之；协助区人民政府贯彻人民政府的施政方针和计划，推行各项工作。如经县人民政府批准，还可代行区人民代表大会的如下职权：听取与审查区人民政府的工作报告；建议与决议本区兴革事宜；选举区人民政府区长、副区长和委员，并得决议撤换之。代表会议若未代行区人大职权，可每次推选代表。从代行区人大职权时起，每届代表任期为1年，可以连选连任。区各界人民代表会议设主席1人，副主席若干人，由代表会议选举之，负责主持会议，联系代表，并协助区人民政府进行下届区各界人民代表会议的筹备工作。主席、副主席当选为区长、副区长时得兼任。代表会议一般每3个月召开1次，不设常驻机关。

根据《乡（行政村）人民代表会议组织通则》，乡（行政村——下同）人民代表会议，由乡人民政府召开之，一般代行乡人民代表大会职权。其代表名额是：500户以上的乡50至80人，100户至500户的乡30至50人，100户以下的乡20至30人。代表的比例如此之高，数量如此之大，说明代表会议带有浓厚的直接民主色彩。代表要按居民居住的自然情况划分选区，由选民选举之，必要时可特邀代表若干。乡代表每年改选一次，于春节前后举行，连选得连任。乡人民代表会议职权有五：听取与审查乡人民政府的工作报告；向人民政府反映人民的意见和要求；建议与决议本乡兴革事宜；审议本乡人民负担及财粮收支事项；向人民传达并解释乡人民代表会议议决事项，并协助乡政府动员人民推行之；如经县人民政府批准，得选举乡长、副乡长及委员，或决议撤换之。乡人民代表会议设主席1人、副主席若干人，由乡人民代表会议选举之，负责主持会议，联系代表，并协助乡人民政府进行下届会议的准备工作。主席、副主席当选为乡长、副乡长时得兼任。代表会议下设常驻机关，一般每月开会1次。各选区的代表得互推代表主任1人，在乡人民政府领导下，联系代表，推行各项工作。这种制度，使代表会议有名有实，工作正规，十分便于在农村基层发扬民主精神。

（四）基层政府实行民主集中制。下级政府首先要对上级政府负责，政府组成在经过同级代表会议选举后要由上级政府批准任命。各级政府实行委员会制度。

根据《区人民政府及区公所组织通则》，区人民行使政权的机关为区人民代表大会（或代行其职权的区各界人民代表会议）和区人民政府。在区人民代表大会闭会期间，区人民政府即为区的行使政权的机关，它受县人民政府的领导。区人民政府委员会由区人民代表大会选举区长1人、副区长及委员各若干人组成，并由县人民政府报请省人民政府批准任命。区长、副区长及委员的任期为1年，连选得连任。

区人民政府委员会在县人民政府的领导下行使下列职权：执行上级人民政府的决议和命令；执行区人民代表大会通过并经上级人民政府批准的决议事项；领导、检查区人民政府各部门及其所辖各乡的工作；提请县人民政府任免所辖各乡人民政府的乡长、副乡长及委员；废除、修改或提请县人民政府废除、修改所辖各乡人民代表大会或代表会议与上级人民政府政策法令相抵触的决议。

区长主持区人民政府委员会会议及行政会议，并领导区人民政府的工作，副区长协助之。政府中设秘书1人及助理员若干人，分工办理各项工作。政府委员会会议每月举行1次，由区长召集之，必要时得提前或延期召开。委员会会议须有委员过半数的出席始得开会，须有出席委员过半数的同意始得通过决议。区各界人民代表会议的主席、副主席，区人民政府的秘书、助理员等均得列席区人民政府委员会会议。

在设置区公所的地方，设区长、秘书及助理员若干人，由县人民政府委派之。区公所是县人民政府的派出机关，区公所执行县人民政府的交办事项，并承县人民政府之命，指导、监督与协助所辖乡政府的工作。区公所因工作需要得设各种经常的及临时的委员会。

根据《乡（行政村）人民政府组织通则》，乡人民行使政权的机关为乡人民代表大会（或乡人民代表会议）和乡人民政府。在乡人民代表大会闭会期间，乡人民政府即为乡的行使政权的机关，受区人民政府领导；在不设区人民政府的地区，受县人民政府领导及区公所的监督指导。乡人民政府委员会由乡人民代表大会选举乡长1人、副乡长及委员各若干人组成之。乡长、副乡长及委员经区报县人民政府批准任命，乡长、副乡长及委员的任期为1年，连选得连任。

乡人民政府委员会的职权是：执行上级人民政府的决议和命令；实施乡人民代表大会通过并经上级人民政府批准的决议案；领导和检查乡人民政府各部门的工作；向上级人民政府反映本乡人民的意见和要求，并提出兴革意见。

乡长主持乡人民政府委员会会议，并领导全乡工作，副乡长协助之。乡人民政府设文书1人，承乡长之命办理文书事宜；并视工作需要设各种经常的及临时的委员会。其主任委员得由乡人民政府委员兼任，并得开临时会议。委员会会议须有委员过半数的出席始得开会，须有出席委员过半数的同意始得通过决议。

（五）在干部制度方面，新中国成立初期，政权初创，自然带有一定的过渡性。基层干部的来源，主要分为两部分，在区一级，尤其是在新解放地方，外来干部占主体，他们或是随军队而来的工作队，或是直接由军队转业到地方的干部。在乡或村一级，干部主要是土地改革中的积极分子。这些人多是苦大仇深的贫雇农，房无一间，地无一垄，几乎都不识字，与地主、富农斗争最坚决。他们先是成为农协领导，后又成为乡（村）政府负责人。

乡（村）政府的干部既是土生土长，自然受村民直接监督。他们多由上级工作队或政府物色，然后为广大群众同意，在选举时获得通过。所以在建政之初，自上而下的色彩就比较明显，政治重心位于上，不管是干部任免，还是基本体制，上级政府对下级政府都有着决定性的作用。

基层干部待遇方面。在新中国成立初期，不少地方仍是供给制，沿袭战争年代的做法。1952年7月建立各级政府供给制人员工资报酬制度之后，工资仍含有很大的实物成分。主要是依据工资分配实物量。根据这个制度，正副区长在11—15级之间，区政府助理员在16—23级之间，区政府勤杂人员在26—29级之间。各级的工资分详见表1。

除东北之外，各地每一工资分所合实物的种类与数量是：0.8市斤粮食，0.2尺布，0.05市斤植物油，0.02市斤食盐，2市斤煤。这种工资报酬制度，说明当时政局初定，币值、物价均不稳定，只好完全采用自然经济时代的做法。这也是革命战争初获全胜的自然结局。

至于乡（行政村）政府的干部，并未列入1952年的津贴标准表之内。当时全国28万多个乡（行政村），干部又多是翻身农民。这些人的待遇

1952 年区政府工作人员工资分表

表 1

职　务	级　别	工资分	职　务	级　别	工资分	职　务	级　别	工资分
正副区长	11	349	区政府助理员	16	188	区政府勤杂人员	26	92
	12	314		17	145		27	91
	13	279		18	132		28	88
	14	217		19	123		29	85
	15	207		20	118			
				21	114			
				22	110			
				23	105			

自然更不规范，多是搞实物补贴。干部的专职性也不是十分强调，干部大都经常在家务农，只是公务来临时才出面办理。忙完公务，还去务农。他们具有“官民相兼”的性质。

（六）党委制与党的干部专职化的形成。基层建政模仿军队的党委制。在基层政权一级，设有中共党委或者党支部，并配有党的专职干部。区、乡党的组织分别设立党委书记或支部书记。在人们的观念中，这些人是党代表。政府首长在党内并不是一把手，他们在实际工作中要对共产党的组织负责。这种党的领导体制，党委作为政权组织的核心，是中国基层政权体制的重要特色。

（七）新中国成立初期的村组织有两种类型；一种是村设政府，为国家基层政权行政性组织，华北、内蒙、东北地区属于这种类型；另一种为行政性的村组织，在这种组织中只设村长、副村长等几个职务，直接受乡（镇）政府领导，全国大部分地区属于这种体制。村以下，一般是按村民居住状况划分村民小组，或以自然村为规模建立小组。这种村的规模，大都比民国时期的保甲制度中的保要小一些。村民小组也比甲小，如湖南省就是从 1949 年的 1. 5697 万个保和 18. 6789 万个甲变为 1952 年的 5. 4919 万个村和 23. 5944 万个村民小组。这说明新中国成立初期的农村组织体制比较严密。正是通过这种严密的基层组织，农民广泛地发动起来参加各种革命活动，从而取得了剿匪、土改、镇压反革命等项工作的重大胜利，使人民民主专政的任务真正落实到了基层。

三、农村基层政权体制的巩固

1952年以后到1956年，是农村基层政权体制的巩固时期。在这几年中，土地改革所产生的小农私有经济制度初步形成；农村中的阶级成分制度开始脱离经济内容而纯政治化；合作化运动逐渐波澜壮阔展开；1953年11月政务院颁发实行粮食的计划收购和计划供应的命令，统购统销政策强制性地使农产品的大宗贸易退出自由贸易市场；1954年9月第一届全国人民代表大会第一次会议通过颁布了《中华人民共和国宪法》，国家体制正式确立；1955年8月国务院发布了关于国家机关工作人员全部实行工资制和改行货币工资制的命令。这些对于中国后来的发展都有着重要的影响。农村基层政权，就是在这种历史背景之下巩固的。

（一）乡镇政权组织的健全。1952年12月中共中央西北局检查组就区乡工作中存在的“五多”问题向中央报告，指出区乡党政组织任务多，会议集训多，公文报告表册多，组织多，积极分子兼职多，严重脱离农民群众。该报告还指出乡村组织庞杂重叠，乡级组织多达30种，即：乡人民代表会、乡政府委员会及其领导下的生产、文教、治安、调解、优抚、防旱抗旱、评判、检查、养路、冬学、修建、卫生、保险、保畜、防堤、防治虫害、减免公粮、农业税调查征收评议、农村业务、土地证征收等20种工作委员会；还有党支部委员会、宣传委员会、团支部委员会、乡妇联委员会、抗美援朝委员会、中苏友好协会、乡农民协会、民兵中队部8种组织。陕西咸阳丰胜乡有14个自然村，每村都设有村长、农会主任、居民组长、互助组长、农会组长以及治安、卫生、优抚、防堤、保险、保畜、合作、防旱、护林、护路、评议、评判、生产检查、读报、通讯、中苏友协等组长，还有粮秣员、民兵小队长等，共计23种。乡政府的许多工作不知该交哪种组织去办，遂以党、政、民的主要干部及村长联席会代替一切。报告当时就指出区乡党的组织沿习战争年代及建政、土改经验，党政不分，包办代替，区秘书，文书的工作方法与区长、乡长毫无区别，这种状况必须改变。中共中央当时曾将该报告转发各地以解决“五多”问题。

在基本克服“五多”现象之后，1954 年 1 月内务部发出《关于健全乡政权组织的指示》，要求乡人民政府一般应按生产合作、文教卫生、治安保卫、人民武装、民政、财粮、调解等方面的工作，分设各种经常的工作委员会。各地可依据具体情况合并或调整，但最多不得超过 7 个。各工作委员会应掌管的工作是：生产合作委员会掌管农业与副业生产，促进互助合作组织的发展以及牲畜繁殖等工作；文教卫生委员会掌管小学教育，社会教育及卫生保健等工作；治安保卫委员会掌管防奸、防盗以及监督与管制地主、反革命分子等工作；人民武装委员会掌管民兵的组织、训练等工作；民政委员会掌管优抚、救济、民工动员、人口调查及贯彻与执行婚姻法等工作；财粮委员会掌管贷款发放、农业税及农村其他税收等工作；调解委员会掌管调解群众纠纷等工作。在乡以下，可以自然村或选区划分工作单位。地区辽阔，居住分散的乡，乡以下可由若干自然村分别组成行政村。行政村下按自然村划定居民组进行工作。村设代表主任，由乡人民代表互推产生。居民组设组长，由代表担任。村组织的干部，与人民代表制度完全合一。内务部的这个文件，使乡村组织更加规范化。

在 1953 年和 1954 年，乡镇政府体制逐步纳入正规，组织建设得到加强。华北地区还改村政府为乡政府，并适当扩大了乡的规模。这样，1954 年年底，全国共有 21.8739 万个乡（村）政府。

（二）区公所—乡政府体制的确立。根据 1954 年宪法规定，县以下只设乡、民族乡、镇一级政府。这样，区政府、村政府便都要改变为乡政府，从而要扩大乡的规模。另外，按照有关法律规定，县人民委员会在必要的时候，经省人民委员会批准，可以设立若干区公所，作为派出机关。于是，在东北，就进行了划乡并区。如辽宁省在 1956 年春将原有的 1.0928 万个行政村改划为 2751 个乡，并将全省 43 个县所属的 437 个区调整为 210 个。将原区一级行政编制 7701 人减少到 2000 人左右，平均每区不超过 10 人。各区一般设有区委书记 2—3 名（其中 1 名兼区长），组织、宣传委员各 1 名，团干部 1 名，秘书 1 名（兼区委文书），交通员或勤杂 1 名，有的还设妇女干部 1 名。这样，全国就大体统一，基本上实行县之下设区公所，区之下设乡政府，乡之下设村，村之下设组的层级制度。一些地方的区、村两级政府体制不复存在。

（三）乡、民族乡、镇人民代表大会制度的完善。根据第一届全国人民代表大会第一次会议通过的《地方各级人民代表大会和地方各级人民委员会组织法》的规定，乡、民族乡、镇的人民代表大会每届任期两年，其代表由选民直接选举。1953 年 5 月至 10 月间，全国乡镇普遍进行了选举人大代表的工作。按照 1953 年《选举法》规定，乡镇人大代表的名额是，人口在 2000 以下者，选代表 15—20 人，人口超过 2000 者，选代表 20—35 人。这种选举，一般是等额选举，并规定以举手代投票方法进行选举，也可以采用无记名投票办法。代表为无给职，政府只在代表开会期间根据需要给予往返的旅费和必要的物质上的便利。

乡镇人民代表大会在本行政区域内的职权是：保证法律、法令和上级人民代表大会决议的遵守和执行；在职权范围内通过和发布决议；批准农业、手工业的生产计划；决定互助合作事业和其他经济工作的具体计划；规划公共事业；决定文化、教育、卫生、优抚和救济工作的实施计划；审查财政收支；选举本级人民委员会的组成人员；选举上一级人民代表大会代表；听取和审查本级人民委员会的工作报告；改变或者撤销本级人民委员会的不适当的决议和命令；保护公共财产，维护公共秩序，保障公民权利；保障少数民族的平等权利。这些职权，大大超过了原来的乡人民代表会议的职权。

乡级人大会议每 3 个月举行 1 次，由乡人民委员会负责召集。如乡人委认为必要或有五分之一的代表提名，也可临时召集会议。会议举行时选大会主席团主持会议。乡级人大不设常设机关，其日常事务由乡镇人民委员会办理。

（四）乡级人民委员会体制的建立。根据1954年宪法，各级地方政府为各级人民委员会。它们都是国务院统一领导下的国家行政机关，都服从国务院。地方组织法规定，乡、民族乡、镇人民委员会由3至18人组成，每届任期2年。其职权是：根据法律、法令、本级人民代表大会的决议和上级国家行政机关的决议和命令，发布决议和命令；主持本级人民代表大会代表的选举；召集本级人民代表大会会议，向本级人民代表大会提出议案；管理财政；领导农业、手工业生产，领导互助合作事业和其他经济工作；管理公共事业；管理文化、教育、卫生、优抚和救济工作；管理兵役工作；保护公共财产，维护公共秩序，保障公民权利；保障少数民族的平等权利；办理上级人民委员会交办的其他事项。

乡级人民委员会一般每半月举行一次会议，乡长、镇长主持人民委员会的会议和工作，副乡长、副镇长协助正职工作。

关于乡政府办公机构，按照需要可以设立民政、治安、武装、生产合作、财粮、文化教育、调解等工作委员会，另可设文书1人。这种人民委员会制度，基本上是照搬苏联模式。同时，地方各级人大均不设常设机关。人民代表大会会议由政府召集，属于议行合一体制。

（五）民族乡制度的建立。中国作为一个多民族国家，如何在基层政权建制中照顾这种特点，是一个十分重要的问题。1955年12月，国务院根据宪法发布《关于建立民族乡若干问题的指示》，要求凡是相当于乡的少数民族居住地方，要建立民族乡。凡是通过建立的相当于乡的民族自治区，应该改建为乡。建民族乡的条件是：以一个少数民族聚居的相当于乡的地方；以两个或几个少数民族共同聚居的相当于乡的地方；以少数民族聚居地方为基础并且包括一部分汉族居民区的相当于乡的地方。民族乡的名称一般以民族名称冠以地方名称组成。乡人民代表大会中各民族均有适当代表名额，乡人民委员会以少数民族人员为主要成分组成，民族乡的国家机关在行使职权时，使用当地民族通用的语言文字。国务院的指示下发以后，民族乡在少数民族地区普遍建立起来。截至1956年年底，全国共建立民族乡1200个。

（六）区、乡干部的工资制度。1954年之后，国家政权建设步入正规，带有军事共产主义色彩的供给制以及实物工资制自然受到冲击而不便维持，于是1955年便开始实行货币工资制，制定工资标准。这种制度，要求乡政府工作人员改变半官半民性质，由半脱产改为全脱产，成为专职行政官员。1956年7月制定的《国家机关工作人员工资标准表》把所有国家干部分为30个级别，各级都依地区分为11种工资标准。第11类的在同一级别中工资标准最高。当时规定区长、副区长是18—22级之间的干部，区公所助理员和正副乡长在21—26级之间，区公所勤杂人员在27—30级之间，乡文书在24—29级之间。随着工资制度改革的完成，乡干部的专职化自然实现。如辽宁省1955年时乡干部仍不全脱产，只对主要干部给予固定补助。划乡时国家拨给他们半脱产乡干部名额为2.034万名，平均每人每月补助20元。辽宁省根据乡干部实际生活与误工等情况，采取缩减干部数量，适当提高补助标准的办法，共设1.4097万名干部，少数乡3至4人，一般乡5至6人。乡里有中共党总支书记、乡长、文书，若再加上副乡长、民政委员也才不过几个人。1954年，调整乡的规模后，中央又规定辽宁省乡干部的控制数为1.7187万名，每人每月补助20元，受固定补助的干部每乡3至5人，而到了1956年，划乡并区，乡的编制减少到1.4771万名。到了1956年4月，全省乡干部均由半脱产改为全脱产，工资制度正式实行。

在乡一级建立有给职位的制度，并实行货币工资制。这在中国历史上是一个创举。因为古代中国在很长的历史时期内实行的是地方自治制度，乡村为绅士统治。国民党也只是在区署一级设有给职。而在乡级干部专职化之后，乡级层面干部的流动性就加强了，乡人治乡（本乡人作本乡干部）的政治格局开始被打破，由此产生了很强的社会动员能力。

这一系列政治建设都是在中国共产党的领导下进行的。1954年5月中共中央农村工作部向中央作的《关于第二次全国农村工作会议的报告》中就指出，新区约有相当多的一部分乡村没有中共党的支部，这种乡及党员过少的乡，均应在社会主义改造运动中积极发展党员，建立支部。第一步发展到每乡10个党员左右，已满10人者应适当再加发展，总数以不超过该乡人口1%为宜。这样，中共组织的建立就相当普遍，居于基层政权的核心地位。

1955年8月，中共甘肃省委在给中央的一份报告中写道，要根据各县不同情况，采取合区、并乡。或取消区，加大乡，或取消部分区、保留部分区、适当合并乡三种办法，从中抽出一部分干部，加在乡上，使各乡有6至7个干部，除3个人应付日常事务外，最少有3至4人专管互助合作生产、整党建党、镇压反革命三件大事。中共中央在9月即转发了这份报告，从1955年秋开始，随着农业合作化的进行，乡的规模逐渐扩大。此时，各地采取了并乡撤区措施。同年年底，全国乡数由21.897万个减少到11.7081万个。湖南1955年尚有县辖区941个，乡1.5345万个，到1956年，即全撤掉区，乡也由1.5345万个合并为2966个，乡的规模显然有了扩大。

四、城市基层自治组织体制的形成

城市建政与农村不同。城市生活环境与农村迥然有别，中国共产党的城市政策和农村政策自然有差别。城市的剥削阶级是资产阶级，这些人经营的工厂、商店、银行、仓库等，一律加以保护，不像对待地主财产那样无偿没收。城市中旧政府的工作人员还被留用，并维持其原来工资水平。就城市的社会结构而言，许多居民日常均以工厂、商店等工作单位为基本活动场所，不像农村主要以家庭为生活本位。这些，决定了城市建政工作的独特性。

城市政权的核心制度是人民代表大会制度。城市政府层级主要有两种：在大城市，设市政府和区政府两级；在中小城市，只设市政府一级。

在市政府或市辖区政府之下如何设置组织，新中国成立初期并未有定论，当时中央只说各地依具体情况而定，这就授予了地方的创制权。有的设立了街公所（如郑州），有的设立了街政府（如武汉），有的设立了街道人民委员会（如天津），有的在街道设立了“接管专员办事处”（如上海）。所有这些，都在巩固新生的人民民主专政政权中发挥了重要作用，也基本行使了一级政权的职能。基层群众组织在解放初期也不统一，有的称冬防队，有的称居民代表委员会，有的城市则建立了一些自谋福利的群众组织，如照顾烈属委员会、清洁卫生委员会、生活福利委员会等，每个委员会下设若干群众小组。天津市在1950年3月建立了居民委员会。同期武汉在部分街道试建居民代表委员会和居民小组。后来，城市基层组织体制在总结各地经验的基础上开始逐步统一，形成了市辖区及不设区的市政府，允许按工作需要设街道办事处作为其派出机关。在城市基层设置居民委员会的体制。1954年12月，第一届全国人民代表大会常委会第四次会议通过了《城市街道办事处组织条例》和《城市居民委员会组织条例》，这之后，全国城市基层组织大体统一。

依照法律，居民委员会是群众自治性的居民组织。这种自治主要是以增进居民的公共福利为主。居委会的任务是：办理有关居民的公共福利事项；向当地人民委员会或者它的派出机关反映居民的意见和要求；动员居民响应政府号召并遵守法律。领导群众性的治安保卫工作；调解居民间的纠纷。

居委会按照居民的居住情况并且参照公安户籍段的管辖区域设立，一般以100至600户居民为范围。居委会下设居民小组，居民小组一般由15至40户为一居民小组。每个居委会所辖小组最多不超过17个。居委会设委员7至17人，由居民小组各选委员1人组成，并且由委员互推主任1人，副主任1至3人，其中1人主管妇女工作。居民小组设组长1人，一般由居委会委员兼任，有的也选举1至2名副组长。居委会每届任期1年。

居委会带有人民民主专政的特征。居民中的被管制分子和其他被剥夺政治权利的分子，虽被编入居民小组但不得担任居委会干部，必要时居民小组长有权停止他们参加居民小组的某些会议。

机关、学校和较大的企业等单位，一般不参加居委会，但派代表参加居委会所召集的与他们有关的会议，并遵守居委会有关居民公共利益的决议和公约。在企业职工集中居住的职工住宅区和较大的集体宿舍，或是设立居民委员会，或是由工会组织的职工家属委员会兼任居委会的工作。市内少数民族聚居的地区，有的单独成立了居委会，户数过少的，还单独成立了居民小组。

在城市政府与居委会的关系问题上，当时的法律规定：市、市辖区的人民委员会的工作部门和其他机关，如果必须向居民委员会或者它的工作委员会布置任务，应当经市、市辖区的人民委员会批准统一布置；市、市辖区的人民委员会的工作部门，可以对居民委员会有关的工作委员会进行业务指导。居委会的公杂费和居委会委员的生活补助费，由省、直辖市的人民委员会统一拨发，标准由中央政府内务部规定。当时，担任居委会工作的是街道妇女，她们在人民政府或者街道办事处的动员下，从事居民委员会的工作，为广大居民服务。并且多数不拿报酬，实行义务服务。

关于街道办事处，按照规定，5 万人口以下的市辖区和不设区的市，一般不能设立；10 万人口以下 5 万人口以上的市辖区和不设区的市，如工作确实需要，可以设立；10 万人口以上的市辖区和不设区的市，应当设立。这一机构的设立，只要上一级人民委员会批准即可。

街道办事处与公安派出所的管辖区域一般相同，即一所一处建制。街道办事处的任务是：办理市、市辖区的人民委员会交办有关居民工作的事项；指导居委会的工作，反映居民的意见和要求。

街道办事处设主任 1 人，按照工作的繁简和管辖区域的大小，设干事若干人，必要的地方也有设 1 名副主任的。办事处的专职干部按规定只有 3 至 7 人，内有做街道妇女工作的干部 1 人，办事处的主任、副主任、干事都由市辖区、不设区的市的人民委员会委派，办事处的经费及工作人员的工资，由省、直辖市的人民委员会统一拨发。

五、民政系统的民主建政职能

新中国成立初期，旧的地方政权刚被粉碎，新的地方政权刚刚创建，亟待巩固。民主建政工作十分迫切而繁重。中国共产党和国家把地方各级政权组织建设方面的具体工作交给民政部门承担。主要业务是：督促召开各级各界人民代表会议和了解召开人民代表大会的情况；调查研究基层政权组织；参加选举事务和承办党政领导交办的有关政权建设的具体工作。

当时正值国民经济恢复时期，百废待兴，百业待举。要在旧的基地上确立人民代表大会制度，根本改造反动军阀专制体系，工作十分艰巨。为了建立和巩固新生的革命政权，遵照中央指示，民政系统把地方各级尤其是城乡基层的民主建政列为本部门的一项中心工作。如参加新区接管和改造基层政权的工作，参加各级人民政府召开的各界人民代表会议并逐步代行人民代表大会职权的具体工作、参加全国第一次普选和调查工矿区、城镇政权组织建设问题等。在这期间，省以上民政部门还参加了有关政权建设方面法律、法规草案的起草工作。这些工作主要包括以下几个方面：

（一）在建设各级各界人民代表会议和人民代表大会制度方面。在这一阶段各级民政部门根据中央有关指示和1956年7月召开的第一次全国民政会议精神，把协助政府督促下级政府召开会议，建立经常制度并交流有关经验作为承办地方政权组织建设工作的主要任务。

内务部刚成立时，即根据中央的指示和中国人民政治协商会议共同纲领的规定，着手起草《省、市、县各界人民代表会议组织通则》，1949年12月2日，经中央人民政府委员会第四次会议通过，12日公布。《组织通则》规定：迅速召开地方各级人民代表会议，以发扬民主，加强人民政权建设，使已经成立的地方各级人民政府，更加密切地联系人民群众，并依靠各阶层人民，推动各项工作。内务部发出通知，要求各地按《组织通则》，迅速召开省、市、县、区、乡各级人民代表大会，或各界人民代表会议。1950年，又相继起草和公布了《大城市代表会议组织通则》、《大城市区人民政府组织通则》、《区、乡（行政村）各界人民代表会议组织通则》、《区、乡（行政村）人民政府组织通则》。1951年4月，政务院发布《关于10万人口以上的城市召开区人民代表会议的指示》，各级民政部门不断派出工作组，参加各级各界人民代表会议，协助建立闭会后的常务委员会、协商委员会，总结交流经验，建立了各级各界人民代表会议召开情况的上报制度。到1950年12月底止，全国2068个县、58个旗中，已有1961个县、46个旗召开了各界人民代表会议，其中90个县、5个旗的各界人民代表会议已代行了人民代表大会的职权，23个县举行了人民代表大会。县以下的区和乡村政权，在老解放区一般均已开过人民代表会议或人民代表大会，在新解放区已普遍或正在召开农民代表会议。由于民政部门在中共各级党委和政府领导下努力贯彻中央指示，地方政权建设成绩显著。到1950年10月，中央和大行政区的直辖市，以及省和行署的直辖市，全都召开了各界人民代表会议。其中中央和大行政区的7个直辖市及13个省辖市已代行了人民代表大会职权，有13个省和3个行政区召开了各界人民代表会议，其中10个省和2个行政区的人民代表会议已代行了人民代表大会的职权。随着政治、经济局势的稳定，如何逐步使各界人民代表会议代行人民代表大会的职权，使国家机构建设步入正规，已成为当时紧迫的政治任务。因各地解放的时间先后不同，工作的开展也很不平衡。北京、天津、唐山等市的各界人民代表会议在1949年就代行了人民代表大会的职权。经过几年努力，直到1954年12月，全国才基本上普遍建立了人民代表大会制度。各级民政部门在这一过程中了解情况，上传下达，引导促进，充分发挥了民主建政的职能。同级各界人民代表会议或人民代表大会举行会议的时候，民政部门一般都协同有关部门进行了会议的筹备和其他具体工作。

（二）选举事务方面。为了适时地普遍建立人民代表大会制度，中央人民政府委员会根据中共中央的提议，决定从1953年起，通过普选的方式，召开地方各级人民代表大会，为召开全国人民代表大会做准备。

1953 年 3 月 1 日，中央人民政府公布了《中华人民共和国全国人民代表大会及地方各级人民代表大会选举法》。选举法根据中国当时的社会情况确定了选举权的普遍性、平等性，直接选举与间接选举并用，举手表决和无记名投票并用等基本原则。这是全国解放后的第一部选举法。它从中国实际出发吸收了新民主主义革命时期各选举法、选举条例的优点，是切实保证人民民主权利的重要法律。

1953 年 4 月 3 日，中央选举委员会作出《关于基层选举工作的指示》。指出：基层选举是全部选举工作的基础，各级选举委员会应列为重点，并决定 5 月至 10 月为乡镇等基层单位选举时间，县（市）人民代表大会应在 11 月间或 11 月前召开。

内务部在全国第一次普选中参加了普选的准备和试办工作，对各地提出的政策性问题，随时反映给领导，汇总研究解决。内务部为中央草拟选举工作指示、决定，召开选举工作座谈会，具体贯彻国务院关于选举工作的指示，并发出了选举机构印信，选民登记表格、代表当选证书格式和制发办法。同时也进行了一些有关选举的宣传报导工作。地方民政部门也在党政领导下参加了选举工作机构，办理了有关类似的选举事务工作。

这次普选是中国空前的一次民主运动。据统计，全国进行基层选举的单位共有 21.4799 万个，进行基层选举的地区人口共 5.71434511 亿人，登记选民总数为 3.23809684 亿人，占 18 岁以上人口总数的 98.17%，参加选举投票（包括举手投票）的选民达 2.7 亿人，占登记选民总数的 85.88%，选出基层单位人民代表 566.9144 万名，并在此基础上以间接方式选举产生了县以上各级人民代表大会。

（三）关于政权组织建设方面。全国解放初期，内务部承办了中央领导临时交办的一些关于政权组织建设方面的具体工作，如内部承办了关于省级人民委员会工作机构的设立、裁并、撤销的代政务院审批工作，处理全国人民代表大会提出的有关提案，协助民族事务委员会对民族自治机关的组织条例提出审查意见，对外宾提出的有关政权组织建设方面的问题，提出书面解答或参加接待、座谈等。地方民政部门也积极承办了中国共产党和政府领导交办的有关政权组织建设的具体工作。

（四）起草有关政权建设方面的法律、法令草案。内务部在中共中央和国务院的领导下，起草制定的主要法规草案有：《省各界人民代表会议组织通则》《市各界人民代表会议组织通则》《县各界人民代表会议组织通则》《区各界人民代表会议组织通则》《乡（行政村）人民代表会议组织通则》《省人民政府组织通则》《市人民政府组织通则》《大城市区人民政府组织通则》《县人民政府组织通则》《区人民政府及区公所组织通则》《乡（行政村）人民政府组织通则》《地方各级人民代表大会和地方各乡人民委员会组织法》《城市街道办事处组织条例》《城市居民委员会组织条例》等草案。对既有法律，提出补充意见，经全国人民代表大会常务委员会通过而成为单行法规的有：《全国人大常委会关于县、市、市辖区、乡、民族乡、镇人民代表大会代表名额等问题的决定》《全国人大常委会关于省、直辖市人民代表大会会议可以每年举行一次的决定》。代国务院起草有关地方政权建设的文件草案有：《政务院关于人民民主政权建设工作的指示》《政务院关于10万人口以上的城市召开区各界人民代表大会的指示》《中央选举委员会关于基层选举工作的指示》《国务院关于一九五六年选举工作的指示》《国务院关于设置市镇建制的决定》等。此外，有关选举法代表名额部分，选民资格问题解答，全国人大常委会关于各级人民代表大会闭会期间省、自治区、市、自治州、县、区、乡、镇长和各级人民法院院长缺额补充问题的决定等，各省、自治区、直辖市民政部门也都根据中央的方针、政策和法律规定，制定了一些适合本地的法规和文件草案，经党政机关批准后执行。

综上所述，从1949年到1956年，民政系统在民主建政工作方面做出了重大贡献。1949年到1953年，民政系统强调人民代表大会的制度建设，要求地方上注意避免采用战争年代的三级干部会、一揽子会的方式贯彻工作的方法，强调人民代表大会、政府委员会都按照程序开会，这些都是符合法制精神的。

第二节　在历史曲折发展过程中基层政权的演变

一、农村基层政权从人民公社到乡镇政府体制的回归

自1956年到1989年，农村基层政权经历了一个十分曲折的发展过程。1953年开始的农业合作化运动，使农村基层政权组织逐渐经济化，直到建立人民公社，政社合一，乡政府体制被人民公社取代。1978年以后，农村实行家庭联产承包责任制，农户成为农业生产和经营的主体。为了适应农村经济体制改革的这一新形势，中央决定，改革人民公社政社合一的体制，在全国农村建立乡政府，基层政权体制又恢复到50年代的乡镇政府体制。这个时期中国经历了“大跃进”、三年自然灾害和长达十年的“文化大革命”。直到1978年12月中共十一届三中全会以后，中国共产党和国家工作的重点转移到以经济建设为中心，作为农村基层政权组织的人民公社才开始进行改革。在这个发展过程中，农村基层政权建设必然受到整个国家政治经济形势发展的影响。

（一）人民公社化运动与人民公社体制的建立。人民公社化运动是农业合作化运动的进一步发展。自1953年，全国农村实行互助组以后，逐渐地过渡到初级社和高级农业生产合作社。到1956年，全国农村全部实现了农业合作化。随着农业合作化运动的发展，乡的规模逐渐扩大。到1957年年底，全国共有97030万个乡，比1956年减少了2万多个。以后，又提出一乡一社的要求，一个乡就是一个高级农业生产合作社。乡政府与合作社的规模既然同一，它们的组织合一就成为必然趋势。

1958年8月6日，毛泽东主席视察河南省新乡县七里营乡；9日，又视察了山东省历城县北园乡北园农业社，提出“人民公社好”。于是，建立人民公社先在河南省部分地区开展起来。之后，全国许多地方都建立了人民公社。1958年8月，中共中央政治局做出了《关于在农村建立人民公

社的决议》。到 12 月，全国 74 万多个农业生产合作社就改建成了 2. 6008 万个人民公社。1958 年 12 月 10 日，中共八届六中全会作出《关于人民公社若干问题的决议》以后，人民公社在全国普遍建立起来，并且取代了乡镇人民政府，成为农村基层政权组织。以后，公社组织体制又几经变动，到 1962 年 9 月，中共中央制定了《农村人民公社工作条例修正草案》，人民公社体制开始定型。是年全国共有 7. 4771 万个人民公社。

人民公社体制的基本特征是：

1. 政社合一。人民公社既是农村经济活动的组织者，领导农村各项生产活动，又是基层政权组织。公社管理委员会等同于乡政府并受县政府及其派出机关的领导。人民公社一般分为公社、生产大队、生产队三个层级，1965 年，全国共有 7. 4755 万个公社，64. 8 万个生产大队，541. 22 万个生产队。公社一级的干部，属于国家行政干部。生产大队和生产队的干部则拿工分补贴，参与公社的实物与现金分配。国家通过公社直接组织农民生产、分配等经济事务。公社社员敲钟上工，缺工请假，实行集中的行政管理。

2. 中国共产党的各级组织在人民公社各级组织中起领导作用和核心作用。公社一级一般设党委会或党总支部委员会，大队一般设党支部，公社党委干部都是国家干部，大队党支书和支委一般都要拿工分补贴。人民公社生产大队一切重大事务，包括生产的分配计划，招工、招干和参军，救济款发放全都是由共产党的组织决定。这种领导体制，通称党的一元化领导。也就是说公社的一切活动都是在中共党委的领导下进行的，公社管理委员会的职能作用发挥不够。

3. 人民公社的各级权力机关，是公社社员代表大会，生产大队社员代表大会和生产队社员大会。公社的管理机关是各级管理委员会，公社的监察机关是各级监察委员会。规模较小的生产队，可以只设一个监察员。按照规定，以上这些成员都必须经过社员充分酝酿，采取不记名投票方式产生。但由于公社一级为政府干部，一般社员不可能轻易转换成官员，所以公社体制中实际存在着自上而下的委任制。大队干部，也是由公社选任。

根据《农村人民公社工作条例修正草案》的规定。公社社员代表大会，公社社员代表，就是乡人民代表大会的代表。全公社范围内的重大事情，都应该由社员代表大会决定。大会要定期开会，每年至少开会两次。其代表每两年改选一次。社员代表要求有广泛的代表性，从事各种业务的社员，有经验的老农，农村的专业工人，青年和妇女，少数民族的社员，烈士家属和转业军人，侨眷和归侨，都要有适当数量的代表。公社的社长和其他管理委员、监察委员，都由公社社员代表大会选举，任期两年，可以连选连任。公社的社长就是乡长。公社管委会在管理生产建设、财政、粮食、贸易、民政、文教卫生、治安、民兵和调解民事纠纷等项工作方面，行使乡人民委员会的职权。公社监察委员会，受县人民委员会领导。各级管委会干部及担任会计、出纳、保管的人员和社队企业的管理人员，都不能当监察员。

然而，人民公社的这些制度建立起来之后，接着就进行社会主义教育运动。"四清"运动直到"文化大革命"，这些持续不断的政治运动，妨碍了人民公社各项制度的正常执行。在实际工作中，基本上是公社的中共委员会决定公社范围内的重大事项。从1958年起，按照中共八届六中全会决议，人民公社事实上取代了1954年宪法规定的农村基层政权乡人民代表大会和乡人民政府委员会，一直行使着农村基层政权组织的职能。从1966年开始，中国发生了"文化大革命"，人民公社管理委员会又在1968年被公社革命委员会所取代。一直到1982年农村基层人民政府的名称一直叫人民公社革命委员会。公社的中共委员会书记或者支部书记，一般都是公社革委会主任。

人民公社作为农村基层政权组织于1975年明确地载入了第四届全国人民代表大会第一次会议通过的修改后的《中华人民共和国宪法》。这部宪法规定：农村人民公社、镇的人民代表大会和革命委员会每届任期两年。1978年第五届全国人民代表大会第一次会议通过修改后的《中华人民共和国宪法》又进一步明确规定：人民公社的人民代表大会和革命委员会是基层政权组织，又是集体经济的领导机构，人民公社、镇的人民代表大会每届任期两年。其人民代表，由选民经过民主协商，无记名投票直接选举。1978 年 12 月中共十一届三中全会根据当时形势，特别是总结了“文化大革命”的经验教训，对人民公社的若干问题进行了讨论。通过了新的《农村人民公社工作条例（试行草案）》。这个条例按照 1978 年宪法关于“人民公社的人民代表大会和革命委员会是基层政权组织，又是集体经济的领导机构”的规定，重新规定人民公社的各权力机关，是公社、生产大队社员代表大会和生产队社员大会；人民公社的各级管理机关，是公社革命委员会，生产大队和生产队管理委员会。公社革委会主任、副主任和委员，生产大队的大队长、副大队长和委员，生产队的队长、副队长和委员，分别由社员代表大会或社员大会选举产生，任期两年。当时还规定大队干部每年至少劳动 120 天。1978 年，全国共有 5. 2781 万个人民公社，69 万个生产大队，481. 6 万个生产队。

（二）家庭联产承包责任制的普遍实行与乡镇政府体制的重新确立。自 1978 年之后，中国农村土地经营制度又一次发生根本性转变，农户取代了生产队而拥有了土地的经营自主权。公社各级组织失去了对农民的生产活动控制权，农村中的阶级成分制度也被取消，阶级斗争为纲被现代化建设为中心所取代，民主和法制建设正式提上国家议事日程。这一系列大变动，对农村基层政权产生巨大变革，乡镇政府体制在新的社会基础上被重新确立。

1982 年 12 月，第五届全国人民代表大会第五次会议通过颁布了新中国成立以来的第四部《中华人民共和国宪法》。宪法中否定了人民公社具有的政社合一性质，规定农村基层政权组织为乡、民族乡、镇人民代表大会和人民政府。人民公社是农村集体经济组织。1983 年 10 月，中共中央、国务院发出《关于实行政社分开建立乡政府的通知》。“通知”精神迅即在全国进行贯彻，到 1985 年 2 月，全国建立乡政府的工作全部完成。当时全国共建立 8.245 万个乡（其中民族乡 3144 个），9140 个镇。政社合一的人民公社不复存在。

1982 年 12 月以后的农村基层政权体制有以下特征：

1. 党委包揽政府事务的现象开始有所改变。1978 年，中共中央提出了公社党委书记和大队党支部书记不兼任公社革委会主任和大队长，以后又批判一元化，提出党政职能分工以及党政分开的原则。从此，“文化大革命”以来党政职务集于一身的现象有了改变，乡人民政府设乡长、副乡长，专司全乡政府的行政管理工作，乡镇政府职能开始有所加强，党政活动的分界逐步明确。全国不少地方还制定了乡镇政府工作条例，明确了乡镇政府的工作职责，从而使乡镇党委包揽行政工作的现象有了改变，乡镇政府工作开始也得到加强。

2. 乡镇人民代表大会制度不断充实。1979 年 7 月五届全国人大二次会议通过的《地方各级人民代表大会和地方各级人民政府组织法》，经过 1982 年 12 月五届全国人大五次会议和 1986 年 12 月六届全国人大十八次会议的两次修正，不断得到完善。全国农村乡镇基层政权依法进行了 1984 年、1987 年和 1990 年的三次人民代表大会和人民政府的换届选举，农村乡镇基层政权的社会主义民主和法制建设初步走上正轨。

乡、民族乡、镇的人民代表大会每届任期 3 年，代表由选民直接选举，行使的职权包括：在本行政区域内，保证宪法、法律、行政法规和上级人民代表大会及其常务委员会决议的遵守和执行；在职权范围内通过和发布决议；根据国家计划，决定本行政区域内的经济、文化事业和公共事业的建设计划；审查和批准本行政区域内的财政预算执行情况的报告；决定本行政区域内的民政工作的实施计划；选举乡长、副乡长、镇长、副镇长；听取和审查乡、民族乡、镇的人民政府的工作报告；撤销乡、民族乡、镇的人民政府的不适当的决定和命令；保护社会主义的全民所有的财产和劳动群众集体所有的财产，保护公民私人所有的合法财产，维护社会秩序，保障公民的人身权利、民主权利和其他权利；保障农村集体经济组织应有的自主权；保障少数民族的权利；保障宪法和法律赋予妇女的男女平等、同工同酬和婚姻自由等各项权利。各地乡镇人民代表大会基本上行使了法律所规定的职权，在人民群众中的威信越来越高。

为了加强乡镇的民主政治建设，1986 年 12 月六届人大第十八次会议对地方组织法作了修正，规定乡镇人民代表大会举行会议时，选举主席团，由主席团主持会议并负责召集下一次的本届人大会议。这就改变了以前由乡镇人民政府负责召集人大会议的做法。大多数地方还在乡镇设立主席团常务主席，负责人民代表大会闭会期间的一些日常工作，加强了乡镇的民主、法制建设，收到了比较好的效果。

乡镇长选举的提名制度也发生了重大的变化。法律规定，乡长、副乡长的人选，由本级人大主席团或 10 人以上代表联合提名。这个 10 人以上联合提名制度，给人民代表行使选举权提供了重要的手段。另外还规定，乡长、镇长的候选人数一般应多 1 人，进行差额选举。如果提名的候选人只有 1 人，也可以等额选举，副乡长、副镇长的候选人数应比应选人数多 1/10 至 1/5，进行差额选举。这种差额选举制度的实行，给乡镇人民代表大会的选举注入了活力。乡镇长受到了人民群众的广泛监督，出现了普通农民被选为乡镇长，原乡镇长落选的现象。对乡、镇领导干部实际存在的委任制、终身制是个很大的冲击。

3. 乡镇政府体制的强化。乡镇政府的称谓一律是乡镇人民政府，而不再加上委员会的字样。人民政府委员会、人民委员会、革命委员会这些称谓不再使用。与此同时，实行了乡长、镇长负责制。

乡镇政府所行使的职权包括：执行本级人民代表大会的决议和上级国家行政机关的决定和命令，发布决定和命令；执行本行政区域内的经济和社会发展计划、预算，管理本行政区域内的经济、教育、科学、文化、卫生、体育事业和财政、民政、公安、司法、计划生育等行政工作；保护社会主义的全民所有的财产和劳动群众集体所有的财产，保护公民私人所有的合法财产，维护社会秩序，保障公民的人身权利、民主权利和其他权利；保障农村集体经济组织应有的自主权；保障少数民族的权利和尊重少数民族的风俗习惯；保障宪法和法律赋予妇女的男女平等、同工同酬、婚姻自由等各项权利；办理上级人民政府交办的其他事项。

1985年，全国乡镇一级比较普遍地建立了财政制度，其财政收入由国家预算内资金和自筹资金组成。国家预算内部分，包括上级政府划归乡镇财政的乡镇企业所得税、屠宰税、城市维护建设税，集市交易税、牲畜交易税、车船使用牌照税、契税和其他收入。国家预算外部分，包括上级政府划归乡镇财政的农业税附加、农村教育经费附加、行政事业单位管理的预算外收入，以及一些镇按照国家规定征收的公用事业附加。自筹资金部分，包括乡镇政府按照国家政策规定征收的自筹收入。镇财政的支出范围是：国家预算内部分，包括上级政府划归乡（镇）财政管理的行政管理费，文教科学卫生事业费，农、林、水事业费和其他支出；国家预算外部分，包括用上述各项附加收入和行政事业单位预算外收入安排的各项支出。经镇政府用自筹资金安排的各项支出，其财政管理体制基本上有三种形式：定收定支，收支挂钩，总额分成，一年一定；定收定支，收入上交，超收分成（或增长分成），支出下拨，超支不补，结余留用，一年一定；定收定支，收支包干，定额上解（或定额补助），一定几年。乡镇财政的建立，无疑大大强化了乡镇政府的地位。

4. 乡镇干部制度的改革。1982年开始在全国逐步推广干部聘用制，其主要做法是，乡镇一般干部的补充采取聘用形式。这类干部的录用首先要经过一定的考试进行淘汰，录用时与人事部门定下一般是为期两年的合同书，到期根据情况续订合同。在这两年任期中，聘用制干部除了户口不做变动（农业户口不转为商品粮户口）外，其余待遇与正式行政干部相差无几，且没有职务升迁限制。这批干部年龄大多在20岁至30岁之间，多是高中文化。保留现职的主要条件是工作实绩，使得工作充满活力。据1987年年底统计，在全国27个省、自治区、直辖市中，已聘用乡镇干部20.7595万人，占乡镇干部总数的18.4%。在这些人中，经选举担任正副乡镇长，党委正副书记或提拔同级职务的已达1.721万人。

1985年，国家干部的工资制度又进行了重大改革，取代了1956年工资制度的行政级别工资制，每个干部主要依据一定的行政级别领取薪金。每个干部的工资由三部分构成，即基本工资40元，这是各级干部一样；职务工资随级别；工龄工资以参加工作年限计算，每年为0.5元。在乡一级，正乡职干部一般是正科级，其职务工资一般是49元。副乡职为副科级，其职务工资为36元或42元。这种工资制度，把乡镇长和乡镇党委书记定为同等级别，都是正乡级。乡镇党委组织、宣传、纪检委员一般又不被定为副乡级而属一般科员，这种工资制度，在客观上也提高了乡镇政府的地位。

二、农村基层组织从生产大队到村民委员会体制的演变

（一）1978年以前的农村基层组织。农村基层组织自1956年以后，开始急剧经济化，绝大多数农民均被组织到合作社之中，土地入社，牛马车具入社，农户个体所有制、农业合作社所有制被农业合作化所有制所取代。以后又进入人民公社体制，农民被严密组织在生产大队和生产队之中，他们开始过着半军事化的生活。

当农民把生产资料无偿交给合作社以后，急风骤雨般的人民公社化运动使掌管这些生产资料的主体变得十分紊乱。一平二调，刮共产风，基层组织风雨飘摇。直到1961年，确定人民公社实行队为基础，三级所有，基层才建立了比较稳定的生产大队、生产队体制，这种体制的基本特征是：

1. 生产大队和生产队是一种行政性的经济组织。它掌握着本大队或本队的基本生产资料，同时又服从公社的生产计划，极少数实行以大队为基本核算单位，绝大多数均以生产队为基本核算单位。农民的生计，全靠生产队解决。

2. 生产大队设管理委员会。其领导人为大队长，大队管委会在公社管

委会领导下，管理本大队范围内各生产队的生产工作和行政工作。这些工作包括：帮助生产队制订生产计划；对生产队的生产工作、财务管理工作和分配工作，进行正确的指导，检查和督促，帮助它们改善经营管理；领导兴办和管理全大队范围的水利建设和其他农田基本建设；根据生产的需要，按照自愿互利和等价交换的原则，组织各生产队之间必要的协作；管好、用好大队所有的大型中型农业机具和运输工具，经营好大队所有的山林和企业，领导好生产队联营的企业，督促和帮助生产队经营好山林和企业，在全大队范围内，督促生产队完成国家规定的粮食和其他农副产品的征购、派购任务；帮助生产队安排好社员生活；管理全大队的民政、民兵、文教卫生等项工作；进行思想政治工作，贯彻执行中央的政策、法令。

在大队一级，还设有中共支部、社员代表大会、监察委员会以及妇女委员会、民兵营（连）、团支部等。按规定，生产大队的一切重大事情都要由大队社员代表大会决定，大队每年至少开会两次。代表每年改选一次。由于一切事务都由中共支部决定，代表大会并没有起到决定作用。所以农民在大队一级政治参与程度比较低。

3. 生产队是人民公社中的基本核算单位。独立核算，自负盈亏，直接组织生产，组织收益的分配，生产队范围内的土地，都归生产队所有。生产队范围内的劳动力，都由生产队支配。另外，生产队还对它所拥有的牲畜、农具、山林、水面、草原具有所有权和经营权。

由于生产队中党员极少，有的设党小组，有的队根本没有党员。在这种格局中，生产队管理委员会就成为生产队中真正的决策实体，其主要干部包括队长、会计、保管员及其他管理委员。这些人行使着生产队的经济和社会事务处决权。按照规定，生产队社员大会要定期开会，每月最少开一次；生产队的生产和分配等一切重大事情，都由生产队社员大会讨论决定，不能由干部决定，生产队管理委员会至少每月向社员大会作一次工作报告，对于全队有多少收入，有多少开支，库存有多少物资，社员得了多少工分，交售了多少肥料，分配多少粮食和现金等社员所关心的事情，必须向社员一笔一笔地交代清楚。但是，经济问题不可能通过群众大会实行有效监督，不断的政治运动也妨碍社员大会制度的完善。所以社员大会这种直接民主制度并没有得到认真实行。

4. 在干部制度方面。生产队和生产大队的干部均非国家行政人员，他们基本上全是本队成员，本乡本土，其工作待遇主要是补贴工分。规定大队干部半脱产，生产队干部不脱产。实际上大队干部很少参加生产，而生产队干部也因许多会议而无法参加生产劳动。

关于干部任期，虽规定生产大队干部每届任期两年，生产队干部每届任期 1 年。在实行中，大队干部必须经公社批准报县政府备案，所以大队一级干部一般比较稳定，他们多是土地改革的中坚分子，大都具有丰富的阶级斗争和群众运动经验。但文化程度则多是小学生或文盲。生产队干部则是频繁变动，不很稳定，有个别地方几乎每半年都变动一次，形成了年年换队长的局面。

（二）1978 年以后的农村基层组织。由于生产的经营方式和分配方式发生根本性的变化，因此生产队体制最先瓦解，随后冲击到生产大队。用什么体制来取代公社的基层组织呢？一些地方群众自发地组织起了群众自我管理、自我教育、自我服务的群众性自治组织——村民委员会。这一组织形式得到了中央的肯定。1982 年宪法第一百一十一条规定：城市和农村居民居住地区设立的居民委员会或者村民委员会是基层群众性自治组织。居民委员会，村民委员会的主任、副主任和委员由居民选举。在其组织内设人民调解、治安保卫、公共卫生等委员会，办理本居住地区的公共事务和公益事业，调解民间纠纷，协助维护社会治安，并且向人民政府反映群众的意见、要求和建议。这是在新中国成立以后的几部宪法中第一次对村组织进行了明确规定。随着人民公社分开和乡政府体制的确立，1985 年，农村基层也建立了村民委员会制度。是年，全国共有 94.8628 万个村委会，379.5958 万个村干部。以后经过调整，到 1989 年年底，全国共有

88.2564 万个村委会，366.5566 万个村干部。1987 年 11 月，六届全国人大常委会第二十八次会议通过了《村民委员会组织法（试行）》，村民委员会的建设开始纳入制度化、法律化的轨道。

村民委员会的组织主要有以下特征：

1. 突出强调自治的性质。规定村民在这一组织中自我管理、自我教育、自我服务。乡（镇）政府与村委会之间的关系是指导、支持和帮助的关系。村里关系群众切身利益的大事必须经过村民会议讨论决定，村规民约和本村公共事务、公益事业所需的费用，也必须经过村民会议讨论决定。村民自治的主体是年满 18 周岁以上的没有被剥夺政治权利的村民，村民委员会向村民会议负责并报告工作。这说明村民委员会是社会主义直接民主的组织形式，是真正由广大村民当家做主，自己的事情自己办，大家的事情大家定的组织。

2. 村委会体制除性质外，许多方面对生产大队还有很强的继承性。许多地方以原生产大队为规模建立村民委员会，村设党支部，村党支部依然领导村委会，还以原来的生产队为基础建立村民小组。当然，由于“包产到户”，村内事务大减，村干部数量也大大减少，村组织开始简化起来。

3. 村干部制度方面，与以前有很大不同。第一，村委会主任、副主任和委员一律由村民直接选举产生，有的地方出现了竞选村委会主任的情况，乡镇党政部门对村干部任免的发言权大大缩小了。第二，村干部的任期延长了，村委会每届任期三年，可以连选连任，不像以前的一年任期。第三，在待遇上，废除了工分补贴制度以后，各地大部实行货币补贴制，村级干部尤其是村主任、村支书补贴比其他人要高，村民小组长最低。这种补贴又分两种：一种是每月固定补贴，每村只有 4 名左右的负责干部享受这类待遇，其数额随各村经济状况不同而有高有低，高者每月可达二三百元，低的每月只有二三十元；另一种是误工补贴，村干部从事工作而误了自家农活按日计酬，村民小组长及一般的村委会委员大都享受这种补贴。1982 年以后，推行干部年轻化制度，村干部中解放初土改时期的多数干部被替换下来，一些有文化的中青年农民开始成为基层政治舞台的重要角色。

4. 村内民主制度加强，18 岁以上的村民组成村民会议。它要选举村干部，村委会要向它负责报告工作。村民会议由村委会召集和主持，有 1/5 以上的村民提议，应当召集村民会议。涉及全村利益的问题，村委会必须提请村民会议讨论决定。村民会议有权撤换和补选村委会的成员。在一些地区，出现了村民代表会议制度。10 户左右的农民推选一个代表，对村内重大事务进行经常性议决，有效地进行了政治参与，培养了农民的民主意识和民主习惯。

中国自 1949 年之后，新民主主义制度迅速过渡为社会主义制度，农村发展历经坎坷，农村政制几经变化，基层民主制度建立不易，健全不易。而村民委员会体制的确立，为农村基层民主政治建设开辟了十分有意义的途径。它有着旺盛的生命力，显示出农村基层发展中国社会主义民主的基本前景。

三、城市基层政权和居民委员会组织的演变

（一）城市基层政权。自 1954 年之后，一直设在不设区的市和市辖区。1957 年，全国共有 171 个市、396 个市辖区。依据地方组织法的规定，在基层政权之下，设有派出机构——街道办事处，街道办事处下设居民委员会。

随着城市数的增加，中国城市基层政权的数量有了很大增长。截至 1989 年年底，全国共有 447 个市（其中地级市 185 个，县级市 262 个）、648 个市辖区、5420 个街道办事处、9. 3692 万个居民委员会，居委会干部 36. 6242 万人。

从 1979 年 7 月，五届人大二次会议通过和颁布《中华人民共和国全国人民代表大会和地方各级人民代表大会选举法》和《中华人民共和国地方各级人民代表大会和地方各级人民政府组织法》以来，中国城市基层政

权建设发生了两个显著的变化：一是市、市辖区的人民代表大会的代表由过去的等额选举改为差额选举，使人民代表的素质有了提高，人民代表大会的权威性有了加强；再一个就是在市和市辖区设立了人民代表大会的常设机构——常务委员会。市辖区人大常委会的组成人员一般 11 至 19 人，市人大常委会的组成人员一般 13 至 35 人。市、市辖区人民代表大会常务委员会行使下列职权：1. 在本行政区域内，保证宪法、法律、行政法规和上级人民代表大会及其常务委员会决议的遵守和执行；2. 主持本级人民代表大会代表的选举；3. 召集本级人民代表大会会议；4. 讨论、决定本行政区域内的政治、经济、教育、科学、文化、卫生、民政、民族工作中的重大事项；5. 根据本级人民政府的建议，决定对本行政区域内的国民经济和社会发展计划、预算的部分变更；6. 监督本级人民政府、人民法院和人民检察院的工作，联系本级人民代表大会代表，受理人民群众对上述机关和国家工作人员的申诉和意见；7. 撤销本级人民政府的不适当的决定和命令；8. 在本级人民代表大会闭会期间，决定市长、区长和人民法院院长、人民检察院检察长因故不能担任职务的时候，从本级人民政府、人民法院、人民检察院副职领导人员中决定代理的人选；决定代理检察长，须报上一级人民检察院和人民代表大会常务委员会备案；9. 根据市长、区长提名，决定本级人民政府局长、主任、科长的任免，报上一级人民政府备案；10. 按照人民法院组织法人民检察院组织法的规定，任免人民法院副院长、庭长、副庭长、审判委员会委员、审判员，任免人民检察院副检察长、检察委员会委员、检察员；11. 在本级人民代表大会闭会期间，决定撤销个别副市长、副区长的职务；决定撤销由它任命的本级人民政府其他组成人员和人民法院副院长、庭长、副庭长，审判委员会委员、审判员，人民检察院副检察长、检察委员会委员、检察员；12. 在本级人民代表大会闭会期间，补选上一级人民代表大会出缺的代表和撤换个别代表；13. 决定授予地方的荣誉称号。市、市辖区设立人民代表大会常务委员会以后，对于健全人民代表大会制度，联系人民代表，监督人民政府的工作，加强城市基层政权建设工作，发挥了重要的作用。

全国的街道从1955年以后，按《城市街道办事处条例》统一规范为市辖区或不设区的市的派出机关——街道办事处。1958年以前，街道办事处为支援工业生产、组织居民生产自救发挥了积极的作用。农村兴起人民公社高潮以后，1959年一些城市开始以街道为单位建立城市人民公社，1960年又以市辖区作为人民公社单位，将街道改为人民公社分社，实行政社合一体制。其时，一批小型的街道工厂应运而生，街道开始有了经济活动。1962年，城市撤销公社建制，恢复街道办事处。部分街道工厂被区或市无偿上收。"文化大革命"以后，1967年开始街道又普遍建立了革命委员会，行使政权职能，统揽辖区内党政财文大权，主抓阶级斗争。这种状况一直延续到中共十一届三中全会以前。1982年新宪法颁布以后，取消了街道革命委员会，恢复街道办事处。

（二）城市居民委员会。1958年，在"大跃进"、大办人民公社的影响下，居民委员会为解放妇女劳动力做了大量工作。兴办了生产加工修配服务站、食堂、托儿所等，为群众做了不少有益的工作。但是。60年代以后，随着"左"的思想的影响，居民委员会也开始在辖区"狠抓阶级斗争"。有的将调解委员会改为调处委员会。把调解委员会的任务即调解一般民事纠纷和轻微刑事案件，改为主要处理和改造"大法不犯、小错不断"的所谓不良分子。调解委员会实际上由基层群众性自治组织改为半政权性质的自治组织。

1966年到1976年，在"文化大革命"中，社会主义民主和法制受到践踏，居民委员会组织也遭到最严重的破坏。有的城市把居委会解散，有的改名为"革命居民委员会"或"里弄革命委员会"。在所谓"群众专政"的口号下，中心任务是"搞阶级斗争。"背离了群众自治的原则，脱离了居民利益。

1978年12月，中共十一届三中全会以后，中国的社会主义民主和法制建设进入了比较正规的阶段，基层群众性自治组织又得到了恢复和发展：1. 根据第五届全国人民代表大会常务委员会第十二次会议通过的关于新中国成立以来制定的法律、法令效力问题的决议，1980 年重新颁布了《城市居民委员会组织条例》《人民调解委员会暂行通则》《治安保卫委员会暂行组织条例》。特别是 1982 年 12 月颁布的《中华人民共和国宪法》，首次以根本大法的形式明确了居民委员会的性质、任务和作用，进一步确立了它在人民政治生活中的法律地位，不仅为居民委员会的建设提供了最高法律保障，而且有力地推动了居民委员会工作的开展。2. 全面恢复、整顿、健全居民委员会。首先是恢复“文化大革命”期间被破坏的居民委员会和在新住宅区建立新的居民委员会；其次是整顿居民委员会，调整组织机构，改选居民委员会成员，合理解决居委会成员的报酬等问题。再就是健全居民委员会，严格按照宪法和《城市居民委员会组织条例》的规定健全组织机构，即健全居民委员会。居民小组、在居民委员会下设人民调解、治安保卫、公共卫生、民政福利、文化教育等委员会，民主选举居民委员会主任、副主任及其下属的各工作委员会的成员。

四、基层政权的法制建设

新中国基层政权的法制建设，自 1949 年至 1989 年的 40 年间，呈现出马鞍形的状态。1956 年以前，基层政权的法制建设相当正规，那时对区、乡、行政村组织及市政府、街道办事处、居民委员会，都有明确的法律规定，可以说，新中国成立初期基层政权的法制建设是相当健全的。然而，自 1956 年以后，基层政权的法制建设基本处于停滞状态。1978 年中共十一届三中全会以后，基层政权的法制建设又逐渐加强起来，进入了一个新的发展阶段。1956 年到 1985 年这段时间中国基层政权的法制建设有以下几个特点：

（一）中共中央对基层政权建设有明确的指示和规定。一些重大部署中央召开政治局扩大会议或者召开中央全会进行讨论，并做出相应的决定或指示。如 1958 年的人民公社化运动，1958 年 8 月中央在北戴河召开了政治局扩大会议，会上通过讨论作出了《关于在农村建立人民公社的决议》。同年12月10日，中央又召开八届六中全会，做出了《关于人民公社若干问题的决议》。1959年4月，中央政治局开会讨论人民公社问题，作出了《关于人民公社18个问题的决议》。1960年5月，中央又发出关于农村人民公社分配工作的指示。1961年3月，又制定了《农村人民公社工作条例》。1962年9月，中共八届十中全会通过了《农村人民公社工作条例修正草案》，使人民公社工作有了遵循。1978年年底，中共中央又制定了《农村人民公社工作条例（试行草案）》，进一步明确了人民公社的若干问题。1982年12月，新宪法规定中国农村基层政权组织为乡、民族乡、镇人民政府以后，为了有领导、有计划、有步骤地搞好人民公社的体制改革，在总结各地试点经验的基础上，1983年10月，中共中央、国务院发出了《关于政社分开建立乡政府的通知》，保证了这项改革健康发展、顺利进行。1986年全国建立乡政府以后，中共中央办公厅、国务院办公厅也发出了《关于全国区、乡、镇党政机关人员编制的有关规定》。应该说，凡是基层政权大的部署和改革，中央都有明确的规定。但是，由于历史原因，在1956年到1978年这一段时期，有关基层政权的法制建设，仍没有相应地得到完善。

（二）基层政权的基本组织法规，包括宪法、组织法、选举法均已制定，并经过多次修订，从而逐步充实、完善，但单行组织法规偏少。新中国先后制定的四部宪法中，均对乡镇政权或农村人民公社的地位作了规定。1982年宪法还第一次对城乡基层组织村民委员会，居民委员会的地位作了明确规定。

在组织法方面，1979年7月，五届全国人大二次会议通过了《中华人民共和国地方各级人民代表大会和地方各级人民政府组织法》。1982年12月五届人大五次会议对该法进行了第一次修正。1986年12月六届人大常委会第十八次会议又进行了第二次修正。依照这个法律，乡镇一级人大和政府已经进行了三届选举。同时，该法规定，不设区的市、市辖区建立人民代表大会常务委员会。这样，城市基层政权建设得到进一步加强。1987年11月，六届人大常委会第二十三次会议通过了《中华人民共和国村民委员会组织法（试行）》，使村民委员会的组织也做到有法可依。1989年12月26日七届全国人大常委会第十一次会议审议通过了《中华人民共和国城市居民委员会组织法》，把城市居民委员会的建设推向了一个新的历史发展阶段。

在选举法方面，1979年7月，五届全国人大二次会议通过了《中华人民共和国全国人民代表大会和地方各级人民代表大会选举法》。1982年12月的五届人大五次会议和1986年12月六届人大常委会第十八次会议分别对该法进行了修正。选举法把直接选举的范围由乡、镇、不设区的市、市辖区扩大到县、自治县一级，同时实行差额选举，完善了代表候选人的提名程序。一律实行无记名投票，并按生产单位、事业单位、工作单位和居住状况划分选区等，扩大了基层的社会主义民主，调动了人民当家作主的积极性。依据这部法律，自1979年以来，全国已进行了三次换届选举，使人民代表的素质逐渐有所提高，基层政权建设得到了进一步的加强。

（三）一些单行法规和规定陆续公布。这些法规，往往涉及一类问题或一个方面，有的时效性很强。它们也是在1978年以后才逐渐正规起来的。如1980年的五届全国人大常委会第十三次会议《关于县级直接选举工作问题的决定》；1981年民政部《关于城市居民委员会的工作由民政部门归口管理的通知》；1982年五届全国人大常委会第二十五次会议《关于延长本届人民公社、镇人民代表大会任期的决议》；1984年全国人大常委会法制工作委员会、最高人民法院、最高人民检察院、公安部、司法部、民政部《关于正在服刑的犯罪和被羁押的人选举权问题的联合通知》以及中央组织部、民政部、劳动人事部、总参谋部、总政治部《关于基层武装部的设置和专职人民武装干部的配备原则等问题的通知》。同年国务院批转民政部《关于调整建镇标准的报告的通知》；1987年国务院批转《民政部关于加强城市街道居民委员会工作报告的通知》和民政部、中央组织部

《关于认真做好乡镇干部培训工作的通知》。民政部转发劳动人事部《关于解决城乡基层政权建设工作人员人力不足的意见》的通知、民政部关于设立村公所问题的通知等。

（四）地方性法规开始制定。根据法律，省、自治区、直辖市的人民代表大会根据本行政区域的具体情况和实际需要，在不同宪法、法律、行政法规相抵触的前提下，可以制定和颁布地方性法规，报全国人大常委会和国务院备案。省、自治区人民政府所在地的市和经国务院批准的较大的市的人民代表大会根据本市的具体情况和实际需要，在不同宪法、法律、行政法规和本省、自治区的地方性法规相抵触的前提下，可以制定地方性法规。报省、自治区的人大常委会批准后实施，并由省、自治区的人大常委会报全国人大常委会和国务院备案。依据这一规定，地方人大在基层政权方面的立法工作主要是制定地方选举实施细则和乡镇人民政府工作条例，以及村民委员会组织法（试行）实施办法和《居民委员会组织法》实施办法等。在选举实施细则方面，全国大多数省、市、自治区都已制定。上海、浙江、江西、陕西、宁夏等省、自治区、直辖市人大常委会制定并颁布了本地的乡镇人民政府工作条例。上海、杭州、哈尔滨、福建、沈阳等省、市制定了《街道办事处暂行规定》或《街道办事处暂行办法》，浙江、福建、湖北、贵州、甘肃等省制定了村民委员会组织法实施办法。贵州、黑龙江、陕西等省制定了《居民委员会组织法》实施办法。福建省人大常委会还制定了《福建省村民委员会选举办法》。

上述基层政权的法制建设，对于把基层政权建设纳入制度化、法律化的轨道，对于基层的民主政治建设，对于人民群众参政、议政、监督基层政权的工作，对于促进中国城乡的两个文明建议，都产生了重要的作用。

第三节　中国基层政权的改革和发展方向

一、农村基层政权的改革

1978 年 12 月召开的中共十一届三中全会，标志着中国的社会主义革命和社会主义建设进入了一个新的历史发展时期。之后，各条战线的拨乱反正和改革工作逐步在全国城乡开始进行。1980年以后，中国农村逐步推行了以联产承包为主要形式的农业生产责任制。这是中国农村生产经营方式和分配方式的重大改革。随着联产承包制的普遍推行，1958年建立起来的人民公社体制就显得很不适应。于是，四川、安徽等联产承包责任制进行得比较早的地方就开始了改革人民公社管理体制，建立乡政府的试点。试点得到了中央和中央领导同志的充分肯定和支持。1982年4月，中共中央、国务院发出了在宪法修改草案中规定人民公社政社分开问题的文件，明确提出要改革人民公社管理体制，在全国建立乡政府。接着，第五届全国人民代表大会常务委员会第二十三次会议公布了《中华人民共和国宪法修改草案》，将改革人民公社管理体制，建立乡政府正式写入了宪法修改草案条文之中。同年12月，第五届全国人民代表大会第五次会议正式审议并通过颁布了《中华人民共和国宪法》。宪法第三十条第三款规定，县、自治县分为乡、民族乡、镇；第九十五条规定，省、直辖市、县、市、市辖区、乡、民族乡、镇设立人民代表大会和人民政府。第九十八条规定，乡、民族乡、镇的人民代表大会每届任期三年。彭真委员长在宪法修改草案的报告中指出，要改变农村人民公社政社合一的体制，设立乡政权，并说这是一件细致的工作。各地要从实际出发，因地制宜，有领导、有计划、有步骤地进行，不要草率行事。新宪法颁布以后，改革人民公社政社合一的体制，建立乡政府的试点工作，便有领导、有计划、有步骤地在全国各地开展起来。1983年10月，在总结各地试点经验的基础上，中共中央、国务院发出了《关于实行政社分开建立乡政府的通知》，明确了这一改革中的一系列问题。中央文件发出后，全国各省、自治区、直辖市都按照中央的部署，有领导、有计划、有步骤地进行了政社分开，建立乡政府的工作。到1985年2月，政社分开，建立乡政府的工作在全国全部结束。

人民公社政社分开，建立乡政府以后，遵照中央领导的指示，经过广泛深入的调查研究，民政部代中央起草了《关于加强农村基层政权建设工作的通知》草案。1986年9月，中共中央、国务院正式发布了这个通知。这是中国农村基层政权组织由人民公社改变为乡、民族乡、镇人民政府以后，全面加强和深化农村基层政权改革的纲领性文件。从此以后，中国农村基层政权开始进入全面深化改革的阶段。

中央《关于加强农村基层政权建设工作的通知》（即中央22号文件）对农村基层政权的改革提出了明确的目标。1987年10月，中共十三大提出了社会主义初级阶段建设具有中国特色的社会主义的基本路线。同时，提出了中国政治体制改革的长远目标、近期目标和改革的具体内容。根据中央22号文件的规定和中共十三大关于政治体制改革目标的精神，中国农村基层政权改革的长远目标是，把农村基层政权建设成为高度民主、法制完备、密切联系群众、全心全意为人民服务，并且能够有效地领导和管理本行政区域内政治、经济、文化和各项事务的有活力、有权威、高效能的一级政权。改革的近期目标是提高效率、增强活力、理顺关系，能够担负起领导和管理本行政区域内政治、经济、文化和各项事务的职能完备的一级政权。

改革的具体内容主要是：

（一）理顺党政关系，实行党政分开。党政分开就是党政职能分开。共产党领导人民建立了国家政权，共产党就应当保证政权组织充分发挥职能，而不是包办政权组织的工作。乡镇是一级政权组织，乡镇也必须党政分开，改变人民公社时期党委包揽行政事务的状况。

乡镇党政分开，首要的是要明确乡镇党委对乡镇政府的领导，主要是政治、思想和方针政策的领导，是对干部的选拔、考核、监督，是对经济、行政工作中重大问题的决策，而不是包办政府的工作。乡镇党委要保证乡镇政府依照宪法和法律的规定独立行使职权，支持乡镇长大胆开展工作。其次，要明确各自的工作职责，乡镇党委要按照党章的规定和实行党政分工的要求，集中精力抓好党的路线、方针、政策的贯彻执行，抓好党的思想建设和组织建设，加强对共青团、妇联和民兵工作的领导。抓好农民群众的政治思想教育，以保证党的路线、方针、政策在本行政区域内的贯彻落实。乡镇政府要按照地方组织法的规定行使职权，除经济、行政工作的大事以外，不要事事依赖党委，事事都向党委请示汇报，应该独立负责地做好自己担负的工作。再次，就是县级和县级以上党政机关，也要按照党政分开的正常工作渠道领导基层工作。属于乡镇政府的工作，就不要布置给乡镇党委。只有明确党政分工，理顺党政之间的关系，才能避免重复过去那种党政不分、乡党委包揽行政工作的倾向，才能既有利于加强党的自身建设，又能很好地发挥乡政府的职能作用。

（二）理顺政企关系，实行政企分开。政社分开以后，不少地方虽然分别建立了乡政府和乡经济组织，但实际上政企职责并没有完全分开，这是不利于集体经济的发展的。理顺政企关系，实行政企分开，首要的就是要明确乡政府管理经济的职责及其管理方式，改变原来政社合一时单纯用行政手段管理合作经济组织和企业，包揽合作经济组织和企业具体生产经营活动的老一套做法。学会用经济的、法律的和必要的行政手段管理经济，为发展农村商品生产服务，促进农村经济进一步发展。乡镇政府对企业和合作经济组织的要求是：依法经营；照章纳税；履行合同。其具体职责应当是：制定经济发展和社会发展规划并组织实施；协调各村、各经济组织之间的关系；监督各经济组织和个体户认真执行国家法律、法规和政策；保护各经济组织和个体户的合法经济权益，取缔违法经营，打击犯罪活动；管理乡财政，指导和监督合作经济组织，做好财务会计、经济统计和其他经济管理工作；管理和推广科学技术成果。

在人民公社政社分开、建乡过程中，不少地方设立了乡一级的经济组织。但这种组织不是经济实体，而是管理全乡经济工作的管理机构，取代了乡政府管理经济的职能。实行政企分开，就要调整这样的机构，或者将其撤销，或者将其变成经济实体，使乡镇政府切实担负起领导和管理全乡经济工作的职责。乡镇政府可根据需要，配备专职工作人员或精干的管理机构，履行自己的职责。同时，乡镇政府要尊重合作经济组织和企业的自主权，不要包揽或代替合作经济组织和企业的具体经营活动，并要在信息、咨询、科技指导、培训人才等方面提供服务。

（三）改革条块分割的管理体制，健全和完善乡镇政府的职能。人民公社政社分开，建立乡政府以后，乡镇虽然成为一级政府，但“牌子响，责任大，权力小，办事难”，不能担负起地方组织法赋予它管理本行政区域内政治、经济、文化和各项事务的职责。出现这种状况的根本原因是县乡条块分割的管理体制所致。具体表现就是县有关部门派驻乡镇的分支机构，虽然驻地在乡里，但乡镇政府“看得见，管不着”，不能组织协调它们为当地的经济发展和建设服务。为此，就必须改革这种条块分割的管理体制，把县级有关部门设在乡镇的分支机构，凡可以下放的，下放给乡镇，少数必须由县集中统一领导的，仍然集中统一领导，从而使乡镇政府的职能得到加强和完善，使乡镇政府朝着“有活力、有权威、高效能”的方向迈进。

加强和完善乡镇政府的职能，还应在乡镇普遍建立一级财政的基础上给乡镇财政适当让利。乡镇财政超收部分，要给乡镇多留一些，并实行一定几年不变的财政体制。划出部分税种让乡镇征收，以调动乡镇聚财理财的积极性。县以下的区公所，除边远山区，交通不便的地区以外，一般不要设立，以减少管理层次，加强乡镇政府的工作，提高乡镇政府的工作效率。

（四）加强基层的社会主义民主和社会主义法制建设，使基层政权成为有权威的权力机关。加强基层的社会主义民主和社会主义法制建设的首要问题，就是不断完善人民代表大会制度。要严格按照选举法办事，坚持差额选举，改进候选人的提名方式，让选民选出自己满意的人民代表。要逐步改革和完善选举制度，在基层政权中逐步实行人民的直接民主，把人民代表大会建设成为有权威的权力机关。要按期召开乡镇人民代表大会，乡镇人民代表大会要充分发扬民主。对代表提出的议案和建议，认真研究作出决议，督促政府贯彻执行。第二，要建立联系人民代表的制度，采取多种形式，认真听取代表对政府工作的批评和建议，充分发挥人民代表的作用，改变“代表代表开完会就了”的状况。第三，乡镇人民政府作为人民代表大会的执行机关，要依法向人民代表大会报告工作，听取人民代表的建议和批评，接受人民群众的监督。对于不称职，不能代表人民利益的乡政府乡长、副乡长，乡人民代表大会有权予以罢免。对依法选举产生的乡长，除犯有严重错误或确定不能胜任工作的以外，一般不宜在任期内调动。如确因工作需要必须作个别变动时，必须向人民代表大会报告，并依法进行补选。第四，要通过调查研究，制定《乡镇人民代表大会工作条例》、《乡镇政府工作条例》等法规，并且制定有利于乡镇干部安心乡镇工作的政策，使乡镇工作纳入法制化、制度化的轨道，以调动乡镇干部的工作积极性，做好乡镇政府的工作。

（五）加强对乡镇干部的培训，提高自身素质。近几年来，一大批青年干部进入乡镇政府领导班子。这些干部大多数没有做过乡镇工作，缺乏乡镇管理知识。因此，中共中央、国务院在《关于加强农村基层政权建设工作的通知》中规定，各地要把乡干部分期分批培训一遍。地区负责培训乡的正、副职干部，县负责培训乡的一般干部。培训的主要内容是：马克思主义基本理论，法律知识、科学技术和现代管理知识，党在农村的改革和发展经济的各项政策。通过培训，教育乡干部全心全意为人民服务，知法、懂法、守法、依法办事，掌握组织发展商品经济和科学管理的基本技能。这是新的历史时期，中共中央采取的加强农村基层政权建设的一项重大措施。

中共中央、国务院的通知发出以后，各级党委和政府都很重视，普遍加强了农村基层政权建设工作的领导，使农村基层政权的改革又向前迈进了一步。据不完全统计，河北、内蒙、辽宁、吉林、黑龙江、山东、上海、浙江、青海、新疆等10多个省、自治区、直辖市发出了贯彻落实中央文件的通知，对本地区农村基层政权建设的改革和完善进行了安排部署；西藏、上海、浙江、江苏、陕西等省、直辖市、自治区结合本地情况，制定了《乡镇政府工作条例》，进一步明确了乡镇政府的工作职责，多数县市注意按照党政分开的正常渠道领导乡镇工作，使乡镇政权的职能作用得到充分发挥；在理顺政企关系方面，多数地方整顿了建乡时设立行政性的经济组织，或者予以撤销，或者使其变为经济实体；在改革条块分割管理体制方面，自1986年以来，全国有15个省、直辖市、自治区的近400个县进行了向乡镇下放权力，健全乡镇政府职能的试点，把县级有关部门设在乡镇的分支机构下放给乡镇管理。其中，山东省这方面改革的步子较快，截至1990年年底，全省有100个县级单位向乡镇下放了权力。如该省莱芜市已将农技站、经管站、兽医站、物资供应站、煤炭供应站等16个单位的人财物三权下放给乡镇管理，将粮管所、供销社的人事管理权和工作指导权下放给乡镇管理，公安派出所由市和乡共同管理。这样，大大加强了乡镇政府的职能。1988年6月，民政部召开了全国20个省、直辖市、自治区参加的农村基层政权建设工作座谈会，向各地介绍和推广了莱芜市的经验。改革条块分割体制，健全乡镇政府职能的试点工作已在多数省、直辖市、自治区有领导、有计划、有步骤地开展。在培训乡镇干部方面，1987年、1988年两年全国共举办乡镇长培训班410期，培训乡镇长48901名。目前，一些省、市的培训工作已经完成，有力地提高了乡镇干部的政治素质和业务素质。与此同时，乡镇的社会主义民主和社会主义法制建设有了加强。

1986年12月2日，六届全国人大常委会第十八次会议对《中华人民共和国地方各级人民代表大会和地方各级人民政府组织法》进行了修正，决定乡镇人民代表大会举行会议的时候，由主席团主持会议，并负责召集下一次人民代表会议，在人民代表换届的两个月内，由上次人代会主席团召集每届第一次会议；每届人代会第一次会议通过的代表资格审查委员会，行使职权至本届人代会任期届满为止；乡镇人民代表大会代表向人代会提出的对各方面工作的建议、批评和意见，由本次人代会主席团交有关机关和组织研究处理并负责报告；乡镇人民代表大会举行会议的时候，主席团或者 1/5 以上代表联名，可以提出对乡长、副乡长、镇长、副镇长的罢免案，由主席团提请大会审议；民族乡的乡长由建立民族乡的少数民族公民担任。地方组织法的这些重大补充修订，解决了乡镇政权建设中存在的一些问题，使乡镇政权建设工作得到了加强，保证了乡镇社会主义民主建设的发展。1987 年，中国农村乡镇又进行了换届选举，并依法召开了人民代表大会，选举产生了新的政府领导班子。湖南、黑龙江、江苏等省还将乡镇人大主席团作为常设机构，负责人民代表大会闭会期间的日常工作，从而使乡镇民主法制建设收到了良好效果。总之，中共中央（1986）22 号文件发出以后，各地农村基层政权的改革工作正在逐步地深入地进行，中国农村基层政权建设在人民公社政社分开、建立乡政府的基础上，正在向着有活力、有权威的方向迈进。中国农村基层政权建设开始进入了一个新的发展阶段。

二、城市基层政权的改革

新中国的城市基层政权组织一直是不设区的市和市辖区。随着社会主义革命和社会主义建设事业的发展。城市政治、经济、文化和社会事业等方面都发生了巨大变化。中共十一届三中全会以后，各条战线开始进行改革。1984 年，城市经济体制改革开始进行。随着这一改革的深入进行，城市基层政权管理体制存在的问题也日渐暴露出来，城市基层政权管理体制的改革也提到了人们的面前。

城市基层政权存在的主要问题，一是管辖范围过大，管辖人口过多，距离群众太远。一般每个市和市辖区都管理 10 个左右街道办事处，20 至 50 万人口。上海、北京等大城市市辖区一般管辖 10 多个街道办事处，50 多万人口，有的超过 100 万人口，实际上成了一级中层政权，根子很难扎到下面去。二是街道办事处虽然是市、市辖区的派出机构，但人员、机构逐渐增加，几乎区里有什么机构，街道办事处也有什么机构。市、市辖区各项工作都离不开街道办事处。三是街道办事处已远远超过了 1954 年

《城市街道办事处组织条例》所规定的三项任务，事实上已经冲破派出机构的性质，起着基层政府的作用。鉴于此，一些城市提出了改革城市基层政权管理体制的要求。

1982 年，在讨论修改《中华人民共和国宪法修改草案》的过程中，民政部门和中央有关部门对城市基层政权管理体制改革问题进行了调查研究。一些省、市也进行了调查研究。民政部于同年 9 月组织召开了城市基层政权管理体制改革座谈会，北京、天津、上海、广州、西安、常州等 10 个大中城市和民政局的领导干部参加了会议。当时会议上对城市基层政权管理体制的改革，主要有两种意见：一是多数主张将城市基层政权设在街道，名称叫街道人民政府；二是主张维持现状，仍然将基层政权设在市和市辖区。此次会议揭开了研究、探讨城市基层政权管理体制改革的序幕。

这次座谈会以后，各地开始对城市基层政权管理体制进行了探索。1985 年北京市召开了市区工作会议，对城市街道定了三句话，即"街道办事处是派出机构的性质，基本完成一级政权的任务，给予相适应的权力。"北京市市长指出："街道办事处目前权力太小，可以考虑不是派出机构，最好定一级政权。这样才能把管区管好，治安发案才能降到最低限度，才能搞好服务。"原中共上海市委书记汪道涵在对上海市城区政权建设作了调查研究以后，多次提出要搞街道管理体制改革试点。原上海市市长芮杏文指出：街道办事处是一级直接接触居民的民政机构，街道居委会工作做好了，整个政权建设才有好的基础。其他省、市的领导也很重视这方面的改革，在党政领导干部的重视下，城市基层政权管理体制的改革工作逐渐在各地开展起来。

1985 年 10 月，上海市人民政府选择了黄浦区广东路街道、长宁区天山街道、虹口区曲阳路街道进行了街道行政管理体制改革的试点。他们总的指导思想是：放权街道，加强街道，激发街道的活力。把街道建设成为强有力的基层政府，为上海的经济繁荣，社会安定，环境整洁，文明昌盛做出贡献。改革的主要内容是：（一）明确街道一级的性质和任务。在宪法尚未明确街道作为一级政府以前，由市、区授予3个街道行使基层政权的职能，但对外不公布，不挂牌子，他们把这叫做“先予实权，先干实事，不露帽子。”（二）给街道放权。街道辖区内的派出所、房管所、粮管所、工商所、环卫所、地段医院、菜场等单位实行条块结合的双重领导体制，其涉及地区性、群众性的工作，以街道领导为主；系统性、专业性的工作以条条领导为主；街道辖区内的一切企业事业单位在安全、消防、计划生育、市容、卫生等地区性的工作方面，必须接受街道的监督和检查，凡违反规定的，街道有权责成改正以至给予应得的处罚。街道辖区内与人民生活有密切关系的商业网点和托幼等公益福利设施的撤并、关闭、转迁要事先征得街道同意；辖区内文明单位的命名，要由街道参加验收，命名后要接受街道的监督；辖区内各类违法、违章事件，街道有权责成有关部门进行检查处理。（三）召开街道居民代表会议。代表由地区代表（由各地段居民推选）、当然代表（街道办事处党政负责人和“五所一院”的负责人）、邀请代表（辖区内市属区大单位选派）3部分人组成，听取街道办事处及派出所、房管所等单位的工作报告。收集代表提案，把街道工作置于人民群众监督之下，保证人民当家作主。（四）本着精简、统一、效能的原则，从实际出发，合理设置机构，适当增加人员编制。3个街道设市政卫生科，经济管理科，社会教育科，民政福利科和办公室等4至5个科和1个室。同时给街道增加10个左右的人员编制。（五）增加街道财力。上海市3个街道的试点不仅对上海，而且对全国各地城市基层政权管理体制的改革起到了引路和有力的推动作用。在上海试点的影响下，全国不少地方城市街道的居民代表会议制度纷纷建立起来，同时也程度不同地进行了其他一些改革。

北京市在改革城市基层政权管理体制方面也做了大量工作，取得了显著成效。北京市从1986年以来，把区政府有关部门设在街道的分支机构和派驻人员，区别不同情况，先后下放给街道办事处管理，建立了适应当前城市发展和街道管理的格局。他们改革的基本方针是：积极稳妥，坚定改革，实事求是，逐步完善。改革的目标是理顺区、街的条块关系，扩大街道办事处的行政管理职权，强化街道的行政管理职能，把街道办事处建设成为有活力、有权威的一级行政机构。改革的主要内容是：（一）建立街道财政。在街道建立财政科，实行“划分税种、定收定支、分级包干”和“定收定支、节余留用、超收分成”两种财政体制。（二）设置街道税务所。由区税务分局和街道双重领导，以税务分局为主。（三）建立街道市场、个体工商行政管理所。负责辖区内个体工商户、摊群市场的管理及个体工商户领取执照的初审，取缔无照经营和各种非法交易，维护市场秩序。工商所业务上以工商局为主，人事关系、党团关系、工资及办公经营由街道管理。（四）建立街道市容监察所（站）。业务上以区环卫局为主，人事关系、党团关系、工资和经费下放给街道管理。（五）建立街道绿化班（站）。人、财、物三权下放给街道管理。（六）建立街道人事科。街道有权对科以下干部进行调动，对自然减员进行调剂补充。（七）建立物价计量检查所。人、财、物均由街道管理，业务上受区业务部门指导。（八）建立街道司法科。司法助理下放给街道管理，负责辖区内的民事调解、法律咨询服务等工作。（九）公安派出所、粮管所、房管所实行双重领导。以业务局领导为主，涉及辖区内的社会性工作，由办事处统一组织领导，列席街道办事处召开的行政会议，执行有关的决议。（十）授权街道统一组织辖区内的工商、市容、公安、财政、税务等部门协同动作，实行地区性综合治理工作的领导权。北京市向街道下放权力，健全了街道办事处的行政管理职能，增强了街道工作活力，提高了地区综合治理水平，促进了街道经济和社会事业的发展，受到了各方面的欢迎。实践证明，加强街道的行政管理权力和与之相适应的财力的改革的方向是对的，效果也是好的。

北京、上海改革基层政权管理体制试点以后，济南、南京、杭州、西安、成都、重庆、哈尔滨等城市也相继在部分街道进行了试点。一些省、市的街道也建立了横向联系，定期召开经验交流、理论研讨会议，积极探索加强城市街道政权建设的问题。城市基层政权管理体制改革的探讨正在进行之中，总的方向是遵照中共十三大提出的“凡适宜下面办的事情，应由下面决定和执行”的原则，以逐步建立便于管理，便于为群众直接服务，便于接受人民群众监督的有活力、有权威的管理机构，为城市的社会主义物质文明和精神文明建设服务。

三、城乡基层组织的改革

（一）农村村民委员会的改革。

农村的基层组织是村民委员会，村民委员会是中共十一届三中全会以后，在农村实行联产承包责任制以后出现的。村民委员会于1981年最早出现于广西壮族自治区宜山县一带。它是在生产大队管理体制解体以后，中国农民群众自发组织起来维护全村社会治安，调解民间纠纷，管理本村公共事务和公益事业的组织。村民委员会这一群众性自治组织一出现，就得到了彭真等中央领导人的赞扬和肯定。于是，在人民公社政社分开、建立乡政府的试点中，各地也同时进行了生产大队管理体制改革、建立村民委员会的试点。1982年4月《中华人民共和国宪法修改草案》正式将村民委员会写入到宪法条文之中，试点的范围逐步扩大。1983年9月，中共中央、国务院发出的《关于实行政社分开、建立乡政府的通知》，对建立村民委员会的有关问题作了明确规定。此后，进行人民公社政社分开、建立乡政府的同时，各地也有领导、有计划、有步骤地改革了生产大队管理体制，在农村建立了村民委员会。这一改革到1985年2月在全国全部结束。改革前，全国共有70万个生产大队，改革后全国共建立了94.6万多个村民委员会。村的规模，除云南、广东两省以生产队建立以外，其余省、自治区、直辖市基本都以原生产大队为规模设立。后来，云南、广东和其他一些省、自治区、直辖市也对村民委员会的规模作了一些调整。这样，截至1989年年底，全国共有93.4346万个村民委员会。

村民委员会一般由主任1人，副主任1至2人，委员3至5人组成。

下设治安保卫、人民调解、公共卫生和社会福利等委员会，各委员会由3至5人组成。村民委员会成员一般兼任所属各委员会的主任或副主任。村委会下设若干村民小组，村民小组基本以原生产队的管辖范围建立。村民小组设小组长，由村民选举或推选产生。一些规模较小的村，不设下属的工作委员会，由村民委员会成员分工负责人民调解、治安保卫、公共卫生等工作。

村民委员会主任、副主任和委员由村民直接选举产生，任期3年。本村年满18周岁以上的村民，不分民族、种族、性别、职业、家庭出身、宗教信仰、教育程度、财产状况、居住期限，都有选举权和被选举权。但是，依照法律被剥夺政治权利的人除外。在建立村民委员会的过程中，多数地方都进行了直接选举。村委会主任、副主任和委员会的候选人由群众提名、协商和确定。最后由村民采取无记名投票方式选举产生。村民们对自己的选举权利十分珍惜，许多白发苍苍的老人在选举日那天拄着拐杖，由亲人搀扶，亲自到投票站投下自己神圣的一票。例如：福建省南平市士堡乡沙舟坑村在选举中村民对选谁不选谁非常认真，候选人还在村民大会上发表自己的施“政”演说，谈自己上任后的工作设想和打算，让村民们严肃认真地投了自己的选票。直接选举产生了能充分体现民意的领导班子。

村民委员会的成员不脱产，实行补贴制。其中，村民委员会主任、副主任和文书一般实行固定补贴，村民委员会委员和其下属的工作委员会委员实行误工补贴。补贴的具体标准根据当地经济发展状况而定，一般收入相当于一个中等劳动力的收入水平。

全国各地村民委员会建立以后，普遍制定了三年任期目标和岗位责任制。建立、健全了工作制度，发动群众修订了村规民约。想群众之所想，急群众之所急，积极举办本村的公共事务和公益事业，为群众做了大量的好事、实事。初步发挥了自我管理、自我教育、自我服务的作用。例如，北京通县梨园乡大稿村村委会成立以后，积极热心为村民服务，对村庄建设进行了规划，盖起了漂亮的住宅楼，安装了煤气，并大力发展教育事业，兴办幼儿园、敬老院等为村民服务的福利设施，成为北京市文明村。

中国村民委员会建立起来以后，根据中共中央《关于实行政社分开建立乡政府的通知》，北京、天津、浙江、山西、宁夏等7个省、自治区、直辖市制定了省一级的《村民委员会工作简则》。许多地、县也制定了本地的《村民委员会工作简则》。为了使全国村民委员会建设纳入制度化、法律化的轨道，从1984年开始，民政部门就开始着手起草《中华人民共和国村民委员会组织法》草案。此法经过多次调查研究、征求意见，于1987年1月提请六届人大常委会第十九次会议审议，3月又经过第二十次会议审议，4月又提请六届人大五次会议审议。同年11月经六届人大常委会第二十三次会议审议通过，于1988年6月1日起正式试行。《村民委员会组织法》的颁布试行，把中国的村民委员会的建设提高到一个新的发展阶段。

1987年10月，中国共产党召开了十三次全国代表大会，对政治体制改革提出了具体的任务和目标，同时也对政府同群众组织的关系作了原则规定。根据中共十三大的精神以及《村民委员会组织法》的基本精神，中国的村民委员会改革的长远目标是，坚定不移地坚持民主自治的方向，经过长期努力，不断积累经验，把村民委员会真正建设成为名副其实的自我管理、自我教育、自我服务的基层自治单位。改革的近期目标是通过示范，分期分批地把多数村委会建设成为有较强凝聚力并且能够初步实行自治的单位。在今后一个时期，继续改革和完善的主要内容是：

1. 坚持依法办事，逐步将村民委员会建设纳入制度化、法律化的轨道。《村民委员会组织法》对村民委员会的性质、任务、规模、纵横关系、工作作风和工作方法等方面都做了具体明确的规定。它是加强农村基层社会主义民主和社会主义法制建设的根本法律，是做好村民委员会工作的准则。《村民委员会组织法》颁布试行以后，全国多数省、自治区、直辖市开展了贯彻落实的试点工作。浙江、福建、湖北、贵州、甘肃等省人大常委会结合本地情况制定了贯彻落实《村民委员会组织法》的实施办法，从而使村民委员会的工作开始纳入制度化、法律化的轨道。当然，这仅仅只是开始，要真正把村委会建设纳入制度化、法律化的轨道，是一项艰巨的、长期的任务，不是一下子可以完成的。它是今后改革和加强村委会建设工作的首要问题。

2. 切实加强村委会领导班子的建设。要在选举村委会领导班子中，引入竞争机制对村干部实行任期目标责任制。这样，懂经济、会管理、有知识、有文化的一批人才能脱颖而出，进入村委会领导班子。同时工作才能有一定压力，有压力，才能做好村民委员会的工作。辽宁省铁岭市，黑龙江省青冈县在选举村委会领导班子中采取这种办法，收到了很好的效果。青冈县在选举村委会主任中，乡党委、乡政府不划框子、不定调子、不推荐候选人，只向村民宣传村委会主任应具备的条件，由村民依法直接选举，坚持民主、公开、竞争、择优的原则。候选人的产生，以屯为单位，召开群众大会投票推荐（也可自荐）。候选人产生后，由乡镇工作组和村中共党支部逐个进行谈话。选举前，候选人按抽签顺序登台作“施政演说”，并当场解答村民提问。他们讲演答辩完毕后，即由村民投票选举。因此，出现了兄弟之间、亲朋好友之间、老同事之间、青年与老年干部之间激烈竞争的动人场面。通过引入竞争机制，拓宽了选人渠道，把群众信任的人选入了村委会领导班子，大大加强了村委会的组织建设。这个县选出的村委会干部，具有初中以上文化程度的占70%，具备专业知识的占10%，平均年龄为34.5岁。基本形成了一支政治素质好、工作能力强、精明强干的村干部队伍。村干部的公仆意识和村民的民主意识都有显著增强，精简了干部人数，减轻了农民负担。村里享受固定补贴的脱产干部由原来的4至5人减少到2至3人，一年减轻农民负担45万元。凡是像青冈县这样做的地方都收到了比较好的效果。

3. 大力发展和壮大集体经济，增强村委会的凝聚力。实践证明，哪个村的集体经济发展比较好，就能为群众生产生活服好务，解决群众迫切需要解决的问题，从而受到群众的欢迎和拥护。反之，村委会工作就缺乏活力，也没有凝聚力。因此，应当积极兴办村办工副业，不断发展集体经济，扩大公共积累，使村委会有雄厚的物质基础，从而使村委会的作用得到充分发挥。北京大兴县留民营村就是一个突出的例子。在中共十一届三中全会以后，这个村村委会的领导班子带领村民坚持走集体致富的社会主义道路，坚持两个文明一起抓。1988 年这个村工农业总产值达到 700 多万元，集体固定资产 1200 多万元，粮食亩产在 1500 斤以上，人均分配 1500 多元。村民家庭生活发生了巨大变化，以前的土坯房变成了一排排青砖瓦房和两层小楼房。而且家家用上了太阳能浴室、太阳灶和沼气池，户户都使上了洗衣机、电风扇、电冰箱及彩电。随着集体经济的不断巩固发展，村里兴办了综合商店、医疗室、学校、幼儿园等一系列服务设施，群众非常高兴和满意。村委会领导班子在群众中享有很高的威望。

4. 建立健全村民大会或村民代表会议制度。凡是村里的大事都要发动群众，民主讨论，共同商量，共同决定，切实做到村民自治。河北省正定县南楼乡南楼村建立了由 58 名村民组成的村民代表会议，设主任、副主任各 1 名，下设秘书组、财政监督组、农村规划组、经济发展组、民调治保组、精神文明组。它是全体村民自治权力的最高体现者，对村内大事有决策权、否决权和监督权。它年初听取村委会年度工作的计划报告，年中听取村委会执行情况的报告，年终听取村委会全年工作总结和下年度工作安排，最后由村民代表会议进行评议，并作出评价。村民代表会议每月召开一次，村民代表会议制度的实行增强了村民的民主意识，激发了村民参与村务管理的积极性，促进了村委会决策的民主化、科学化，减少了工作上的失误。同时转变了干部的作风，开创了各项工作的新局面。这个村 1985 年以来，连续几年被县命名为文明村，人均收入达到 750 元以上，成为远近闻名的一个先进村。

实行村民自治，是一项长期的任务，不可能在短期内完成。要经过长期的努力，不断的实践，逐步地把村民委员会建设成为自我管理、自我教育、自我服务的群众性自治组织。

（二）城市居民委员会的改革。

城市的基层组织是居民委员会。1954 年 12 月 31 日第一届全国人大常委会第四次会议通过发布的《城市居民委员会组织条例》，对居委会的性质、任务、规模、机构设置、纵横关系等方面部做了具体规定。中共十一届三中全会以后，居民委员会建设有了很大发展。随着各条战线改革的深入进行，城市居民委员会工作也采取了一些改革、加强和完善的措施，从而使城市居委会建设适应了改革开放的需要，适应了城市经济体制改革以后的新形势。

50 年代，城市居民委员会领导班子的成员基本上是家庭妇女。她们勤勤恳恳，兢兢业业，全心全意为居民服务，为居委会建设做出了贡献。但是，自然规律是不可抗拒的，这些居委会干部大多数年纪大了，逐渐不能适应居委会繁重工作任务的需要。因此，中共十一届三中全会以后，各地对居委会干部来源进行了一些探索，作了一些改进。一是鉴于一大批老干部、老工人特别是一些领导干部从工作岗位上退下来，回到街道。因此，各地动员了一些离、退休干部或退休工人参加居委会工作；二是动员居委会驻地的企业事业单位的职工参加居委会工作，其本人工资和福利待遇部在原单位享受，工作在居民委员会；三是动员街道一些有知识、有文化的待业青年到居民委员会工作。经过这样改进，全国多数城市居民委员会领导班子成员中，离、退休人员占的比例越来越大，有的还是县级或局级离休领导干部。他们有知识、有文化、有管理经验。到居委会任职以后，有效地提高了居委会干部的素质，使居委会工作出现了新的生机和活力。如河北省石家庄市，1986 年全市 483 个居民委员会中，就有 1186 名离退休人员担任居委会的正副主任，占居委会干部总数的 81.8%，其中离休干部 280 名，退休工人 906 名，县团以上领导干部 122 人。同时，居委会下设的治保、调解、文教卫生、社会福利、妇女 5 个工作委员会中，也有一大批离退休人员参加委员会工作，使全市居委会干部素质得到显著提高，居委会工作增添了新的活力，为基层社会生活的群众自治开创了新的局面。例如，该市新华街居民委员会主任马玉芹，是1940年的老干部，她原来担任河北省井陉矿区供销社副主任，1971年离休之后，第二年就担任居委会主任。10多年来，在她的带领下，这个居委会各项工作都很出色，受到了居民们的热情称赞。这个居委会也多次被评为省、市、区精神文明建设和居委会建设的先进单位。

办理本居住地区的公共事务和公益事业，是居民委员会的一项重要职责。1958年和1968年前后，居委会先后办起了一些便民利民的生产生活服务事业。可惜后来这些服务事业大部分被市、区或街道上收了。中共十一届三中全会以后，特别是80年代中期以后，居委会想群众之所想，急群众之所急，千方百计克服困难，积极兴办便民利民的社区服务项目，取得了显著成绩。有的居委会已在本居住区形成了有系统的社区服务网络。例如福建省漳州市芗城区解放路居委会大力兴办便民利民的服务事业，开展社区服务工作。现在，这个居委会办有纸塑厂、烟厂、皮鞋厂、塑编厂、五金厂等8个工厂。办起饮食、百货、化工建材、家用电器等12个商业服务网点。同时还建立了托儿所、幼儿园、图书馆、青年之家、老人活动中心等，共有百万元的固定资产，连续10年产值超过百万元。这些生产生活服务网点举办以后，安排了463名居民就业，其中回城知青85人，残疾人10人，待业青年174人，闲散劳力116人，使本居委会有劳动能力的居民都有了工作，同时大大方便了居民的生活。另外还用积累的资金整治了九条胡同的排水沟，铺设水泥路面643米，建花台226个，实现了户有10盆花，美化、绿化了市容和庭院，为居民创造了一个舒适、安全、文明、方便的居住环境。福建省泉州市鲤城区海滨街道11个居委会，建立了老人服务、残疾人服务、优抚对象服务、一般居民服务四个服务网络，大大方便了居民群众的生活，解除了居民的后顾之忧，受到居民们的欢迎和称赞。

随着经济体制改革的不断深入，各地居委会在党和政府的指导下，普遍开展了社会主义精神文明活动。黑龙江省牡丹江市居民委员会在城市文明建设中发挥了巨大的作用。一是整顿市容，治理脏、乱、差。对影响防火、交通和市容观瞻的违章建筑进行了认真整顿，做到了统一规划、整齐划一；二是搞好绿化、美化，创建文明环境，使居民居住区方圆成林，绿树成荫，做到春有绿、夏有花、秋有果、冬有青；三是开展争创文明市民、五好家庭、文明楼院活动。为了活跃居民的文化生活，各居委会还开展了有益的文体活动，举办乘凉晚会、马路运动会、“五一”“六一”“七一”“十一”文艺晚会、花卉展览等活动。由于居委会在城市文明建设中做了大量工作，牡丹江市的环境卫生、市政管理、文明建设等项工作，在全省 10 个城市联合检查评比中，连续多年获得第一名。河北省石家庄市居民委员会还采取军民、警民、厂民、校民、店民等共建方式，在居民区开展社会主义精神文明建设活动，使全市精神文明建设不断发展。

中共十一届三中全会以来，全国各地城市还加强了对居委会干部的培训和评比表彰先进居委会的活动，使居委会工作蓬勃发展。例如：北京市民政局会同公安局、司法局、爱国卫生委员会、计生委、妇联、团市委等单位，编制了《居委会工作职责》和居委会下属工作委员会的任务，编写了《居委会性质、任务和作用》的小册子，以及如何做好治保、调解、计划生育、社会福利等工作的宣传要点，广泛印发给各居民委员会，并采取以会代训、知识竞赛、举办培训班等形式，对全市居委会干部进行了培训，提高了他们的业务素质和工作能力。自 1980 年以来，全国各地城市普遍制定了先进居民委员会和先进居委会主任的条件，开展了评比表彰先进居委会和先进居委会主任的活动。有的城市一年一次，有的两年一次，并基本形成制度。从而提高了居民委员会干部的光荣感和责任感，促进了居委会工作的均衡发展。

1986 年 12 月，民政部在河北省石家庄市召开了新中国成立以来全国首次城市街道居委会工作座谈会，会议总结了居民委员会工作取得的成绩，分析了存在的问题，讨论了新时期居民委员会的地位、作用和主要任务，研究了在城市政治、经济体制改革和社会主义精神文明建设的新形势下，进一步加强居民委员会建设的措施。会后，国务院批转了这次会议形成的报告（即国发〔1987〕56号文件），明确了新的历史时期城市居委会建设的一系列问题，是今后一个相当长的时期内做好城市居民委员会工作的指导性文件。另外，根据30多年来，国内城市政治、经济、文化等方面的发展变化情况，民政部也对1954年颁布的《城市居民委员会组织条例》进行了修订，起草了《中华人民共和国城市居民委员会组织法》。1989年8月和10月，七届全国人大常委会第九次、第十次会议对《居委会组织法》（草案）进行了审议。1989年12月26日，七届全国人大常委会第十一次会议通过颁布了《居民委员会组织法》，并决定于1990年1月1日起在全国施行。《居民委员会组织法》的颁布和实施，将使中国城市居民委员会朝着法律化、制度化的方向大大迈进一步。同时也标志着城市居民委员会的建设和工作已经进入了一个新的发展阶段。

四、民政部门承担基层政权建设工作的确定和开展

（一）1978年以前民政部门承担基层政权建设工作的情况。基层政权建设工作的领导机关是各级党委和人民政府，民政部门是具体负责基层政权建设日常工作的职能部门。早在新中国成立前的各个革命时期，民政部门就承担了政权建设工作。当时主要任务是：地方政权组织建设事项，选举事项，干部任免、登记、考核、奖惩等事项。民政部门在根据地和解放区的政权建设方面发挥了巨大的作用。

新中国成立以后，中央人民政府内务部承担了地方政权建设的具体工作。1950年内务部确定政权建设工作的重点是，无论在新区或老区，都要着手开好各级各界人民代表会议，以加强政府与人民的联系，为尽快恢复和发展生产服务。同年7月，谢觉哉部长在第一次全国民政会议上的报告中指出："人民民主建政，是组织人民国家的基本工作。这一工作的具体事务，各级人民政府都要委托民政部门来做。"内务部试行组织条例（草

案）对政权建设工作规定了两条具体业务：一是关于地方人民政权建设的指导事项；二是关于地方行政机关的组织、编制、增置、裁并的规划事项。当时，建政工作的主要任务就是开好各级各界人民代表会议。工作重点在县级，然后逐渐深入到区乡。

1953 年 12 月，政务院对内务部承担政权建设工作作了进一步规定。其主要职责是：在各级人民政府及选举委员会的领导下，与有关机关配合完成普选工作；加强城市和工矿区的政权建设工作，研究总结和创造城市、工矿区、小城镇政权建设和召开人民代表会议或人民代表大会的经验；完成建立居民委员会与街道办事处的工作；加强和健全农村政权组织；少数民族地区的民政部门应协同民族事务委员会加强少数民族地区的建政工作；加强人民对国家机关及工作人员的监督和批评。同时，还对政权建设的具体任务作了 5 条规定：1. 督促检查下级人民政府关于召开人民代表大会或人民代表会议的工作；2. 研究改进行政区划及地方政权特别是基层政权的组织形式；3. 通过人民代表大会或人民代表会议，搜集人民群众对党和政府的政策、法令的施行以及对政府工作特别是对基层政权工作人员作风的意见，及时反映给党政领导机关，并提供改进意见；4. 协同各部门进行有关同级人民代表大会或人民代表会议的筹备及其他具体工作；5. 与各级民族事务委员会密切配合，进行少数民族地区的政权建设工作。

1953 年第三次全国民政会议以后，民政部门承担政权建设的工作作了调整。经政务院批准，在这以后，内务部承担地方政权组织建设工作的具体职责是：1. 参加关于设立和加强工矿地区小城镇和水上政权以及调整市辖区的设置和调整行政区划的调查研究工作；2. 在没有建立街道办事处和居民委员会的市，民政部门应有计划地协助政府将街道办事处和居民委员会建立起来；已经建立的，应当根据需要加以整顿；3. 参加有关乡政权组织建设方面的调查研究工作；4. 少数民族地区民政部门要协同民族事务部门，办理有关少数民族地区地方政权内部组织建设工作；5. 在进行选举的时候，参加选举事务的筹备工作。这些工作职责一直延续到 1966 年“文化大革命”为止。

“文化大革命”中，林彪、江青反革命集团推行极“左”路线，社会主义民主和社会主义法制遭到肆意践踏。内务部也被撤销，从而使人民民主政权建设工作遭到了极其严重的破坏，基层政权建设工作更处于无部门管理过问的停顿状态。

（二）1978 年以来民政部门承担基层政权建设工作的情况。民政部 1978 年重建以后，根据中央领导人的指示，民政部门承担了基层政权建设的日常工作。当时的主要任务是：承办县乡直接选举的日常工作；调查研究基层政权的现状和问题，向党委和政府提出改进、加强的意见和建议；负责村、居民委员会的组织建设和制度建设。1982 年，中共中央规定，民政部门负责基层政权建设的日常工作。从此，基层政权建设工作成为民政部门的一项重要业务。

1983 年的第八次全国民政会议对基层政权建设工作职责和任务作了明确规定。中央办公厅、国务院办公厅转发的《第八次全国民政会议纪要》，明确了民政部门在基层政权建设工作中的主要职责是以下 4 条：1. 调查了解基层政权的现状和存在的问题，向党委和政府提出改进和加强的意见和建议；2. 总结和交流基层政权建设的经验；3. 拟订、修改有关的条例和规章制度；4. 指导村民委员会和居民委员会的组织建设和制度建设。崔乃夫部长在第八次全国民政会议结束时的讲话指出，民政部门在这项工作中起参谋助手作用，领导基层政权建设工作的机关是各级党委和人民政府。

第八次全国民政工作会议以后，民政部门的一项主要工作就是办理人民公社体制改革的日常工作。民政部 1984 年工作要点中的 5 项主要工作中，首项任务是要求各级“按照中央的部署，认真完成政社分开，建立乡政府的工作”。同时指出：“政社分开，建乡工作完成以后，各级民政部门要按照《第八次全国民政会议纪要》提出的要求，积极做好基层政权建设工作。特别是对如何发挥乡政权的作用和小城镇的政权建设等问题进行调查研究，提出加强和改进的意见”。

根据中央、国务院确定的职责，各级民政部门积极承担了1979年至1982年进行的全国第一届县级直接选举的任务，承担了农村人民公社政社分开、建立乡人民政府的工作。同时对基层政权建设和村、居委会建设中的问题作了大量调查研究，向中央提出了不少建议和意见，较好地完成了中央交给的任务。1986年9月中共中央、国务院发出了《关于加强农村基层政权建设工作的通知》。这个文件根据民政部门几年来承担基层政权建设工作的情况，进一步明确了民政部门负责基层政权建设工作的具体职责。文件指出："党中央、国务院责成民政部门负责城乡基层政权建设的日常工作，其主要职责是：调查了解基层政权的现状和存在的问题，提出改进和加强基层政权建设的意见；总结交流经验，组织先进乡镇和先进村（居）民委员会的评比、表彰活动；培训乡镇长和村（居）民委员会主任；指导村（居）民委员会的组织建设和制度建设；制定和修改有关的条例和规章制度。"并且要求各级党委和政府要支持和督促民政部门做好基层政权建设工作。民政部门要把基层政权建设工作列为自己的重要任务切实抓好。

1988年，国务院进行了机构改革。为了加强基层政权建设工作，国家机构编制委员会批准民政部成立基层政权建设司，确定民政部门在基层政权建设方面的任务是：调查研究基层政权和村民委员会、居民委员会的现状和存在的问题；拟定修改基层政权、村民委员会、居民委员会的法律和法规（草案）；指导乡镇干部和村委会、居委会干部的培训；指导先进乡镇、村委会、居委会的评比表彰活动；调查研究、总结推广基层政权和村委会、居委会工作的先进经验；指导基层政权和村委会、居委会的组织建设和制度建设；研究基层政权和村委会、居委会建设的发展战略；组织实施中央关于基层政权、村委会、居委会建设方面的方针、政策和法律、法规，监督检查执行情况；了解和掌握地方基层政权和村委会、居委会工作情况；指导地方基层政权和村委会、居委会工作的开展。这几项任务的确定，使今后更好地开展和做好这项工作有所遵循。基层政权建设司成立以后，设立了农村处、城市处和培训处3个业务处，干部编制由原来的8个增加到23个。积极开展了农村村级组织建设工作，交流了城乡基层政权建设工作经验，召开了农村基层政权建设理论研讨会，编写了乡镇干部培训教学大纲，建立了中国基层政权理论研究会，确定了150多个工作联系点，和山西省社会科学院一起合办了《乡镇论坛》杂志。使基层政权建设工作蓬蓬勃勃地开展起来。与此同时，各个省、自治区、直辖市也加强了基层政权建设工作部门的力量，使基层政权建设工作较之以前有了很大起色。

基层政权建设工作是中国共产党和人民政府的一项重要工作。它始终是在党委和政府领导下进行的。民政部门只是党委和政府领导下承办这项工作的一个职能部门，主要起参谋、助手作用。基层政权建设工作同时也是一项长期的工作。在社会主义整个历史阶段，基层政权建设工作都是不可忽视的重要工作。加强基层政权建设，加强基层组织建设，使之不断适应经济基础的发展需要，是值得经常研究和重视的一个重大课题。民政部门在这方面要积极主动地认真地做好工作，完成党和政府交给的任务，为建设具有中国特色的社会主义的基层政权贡献力量。

第四章
行政区划和地名管理

行政区划和地名管理是民政部门承担的一部分行政管理工作。行政区划同政权建设具有密切的联系，而地名管理又同行政区划有相当的关系。行政区划和地名管理都具有历史继承性，同时表现出不同社会制度和时代的特征。当代中国的行政区划和地名管理，不同于为剥削阶级统治服务的国家的行政区划和地名管理，而是为广大人民群众服务，有利于人民民主政权的巩固，有利于社会主义建设，有利于人民行使民主权利，有利于各族人民大团结，有利于加强国防建设的行政区划和地名管理。

第一节　行政区划概述

一、行政区划基本概念

行政区划是国家对地方行政区域的划分。即国家为便于行政管理，按照国家的需要，将全国领土划分为若干级别层次、大小范围不同的区域，并在各个区域里分别设置相应的地方各级国家政权机关和行政机关。地方行政区域和相应的地方国家政权机关、行政机关是一个统一体，二者互相依附。

行政区划有阶级性。当代中国的行政区划不同于任何剥削阶级专政的国家为剥削阶级统治服务的行政区划，而是有利于人民民主专政政权的巩固，有利于社会主义建设，有利于人民行使民主权利，有利于各民族的大团结，有利于加强国防的行政区划。

行政区划也有继承性。当代中国的行政区划继承了历代行政区划演变中的合理部分，沿袭了历代的省、州、县制，但在省、州、县的行政地位、级别、辖区范围、单位数目、隶属关系、政府驻地、行政区域界线等则有很大的改革改变，对民国时期的市、区制也有很大的革新创造。

行政区划还有变动性。新中国成立以来的行政区划根据政治、经济形势的发展变化的需要，适时地进行了相应的调整和变动。对政治经济的发展起到促进作用。这些变动包括：行政区域单位的设立、撤销（即建制变更）、更名、政府驻地迁移、行政区域界线变更和隶属关系的变更等，较大幅度的行政区划变更，有的还涉及行政区域划分层次、体制和单位数量的较大变更。

行政区划带有综合性。新中国的地方行政区划及其相应的地方国家政权机关和行政机关都是一个统一的综合体。它们的形成涉及多方面的因素，包括：政治的和经济的，历史的和地理的，国内的和国外的，中央的和地方的，主体民族和少数民族的，领土面积和人口数量等等。处理好这些关系，才能使地方行政区划及其相应的国家政权机关和行政机关发挥应有的作用。

二、中国行政区域划分的法律依据

（一）依据《中华人民共和国宪法》。新中国行政区划的法律依据首先是《中华人民共和国宪法》，新中国成立四十年历次颁布的宪法，对全国行政区域的划分，均有明确的规定，在不同时期常有局部的改动。

1954 年 9 月 20 日颁布的第一部《中华人民共和国宪法》第五十三条规定：中华人民共和国行政区域划分如下：1. 全国分为省、自治区、直辖市；2. 省、自治区分为自治州、县、自治县、市；3. 县、自治县分为乡、民族乡、镇。直辖市和较大的市分为区。自治州分为县、自治县、市。自治区、自治州、自治县都是民族自治地方。

70 年代末，由于乡、民族乡、镇早在 1958 年公社化后即为人民公社所取代，以及市领导县体制的推行，在 1978 年 3 月修订颁布和 1979 年 7

月再加修订的《中华人民共和国宪法》中，将“县、自治县分为乡、民族乡、镇”的条文修改为“县、自治县分为人民公社、镇”；将直辖市和较大的市分为区的条文修改为“直辖市和较大的市分为区、县”。

中国共产党十一届三中全会以后，在总结历史经验的基础上，根据农村实行联产承包责任制后出现的新情况，决定改变人民公社政企合一的体制，实行政社分开，恢复设立乡政府。同时，为了迎接台湾、香港、澳门等地区归回祖国，以完成统一祖国的大业，决定设立一国两制的特别行政区。因此，在1982年12月4日颁布的《中华人民共和国宪法》第十三条中将“县、自治县分为人民公社、镇”又恢复为“县、自治县分为乡、民族乡、镇”；新增加了第三十一条：“国家在必要时得设立特别行政区，在特别行政区内实行的制度按照具体情况，由全国人民代表大会以法律规定。”新宪法的这一规定，既符合维护国家主权、统一和领土完整的原则，又充分照顾到台湾、香港、澳门等地方的现实情况和这些地区的人民以及各方面人士的意愿，必将起到积极作用。

总之根据宪法规定，中国地方行政区域一般划分为省、自治区、直辖市；县、自治县、市、乡、民族乡、镇三级，在有自治州和市领导县的地方则为四级。

历次颁布的《中华人民共和国宪法》中还对各级行政区划主要变动的审批权限作出规定。

1954年宪法第二十七条规定全国人民代表大会批准省、自治区、直辖市的划分；第四十九条规定国务院批准自治州、县、自治县、市的划分。

1982年宪法第六十二条进一步明确规定全国人民代表大会批准省、自治区、直辖市的建置（指设立、撤销）；决定特别行政区的设立及其制度。第八十九条规定国务院批准省、自治区、直辖市的区域划分（行政区域界线变更）；批准自治州、县、自治县、市的建置和区域划分。第一百零七条和第一百一十五条规定省、自治区、直辖市的人民政府决定乡、民族乡、镇的建置和区域划分。

（二）依据《中华人民共和国地方各级人民代表大会和地方各级人民政府组织法》（以下简称地方组织法）。关于省、自治区、县、自治县、市辖区、不设区的市等各级人民政府的派出机关的设置。在历年颁布的地方组织法中，均有明确规定。

1954 年 9 月 21 日颁布的地方组织法第四十二条规定：省人民委员会在必要的时候，经国务院批准。可以设立若干专员公署，作为它的派出机关。县人民委员会在必要的时候，经省人民委员会批准，可以设立若干区公所，作为它的派出机关。市辖区，可以设立若干街道办事处，作为它的派出机关。

60 年代末“文化大革命”中，各级人民委员会和专员公署均曾一律改为革命委员会。1979 年 7 月 1 日重新修订，1982 年再加修订颁布的地方组织法，根据新宪法的规定将第四十二条中的各级人民委员会改为各级人民政府；将专员公署改为行政公署。

（三）依据《中华人民共和国民族区域自治法》。中国是一个统一的多民族的国家，除汉族外，有 55 个少数民族。历代统治阶级对少数民族实行剥削和压迫政策。中国共产党领导各族人民在长远的革命斗争中，始终贯彻民族平等团结，共同繁荣的政策。各民族团结奋斗，共同缔造了伟大的祖国。新中国成立后，实行民族区域自治制度，作为解决中国民族问题的基本政策和重要政治制度。在历次颁布的宪法和其他专门法中，都具有一系列根本性的、重要的法律规定。

1949 年 9 月 29 日中华人民共和国成立前夕颁布的起临时宪法作用的《中国人民政治协商会议共同纲领》第五十一条规定：“各少数民族聚居的地区，应实行民族的区域自治，按照民族聚居的人口多少和区域大小，分别建立各种民族自治机关。”

1952 年 8 月 9 日颁布的《中华人民共和国民族区域自治实施纲要》规定：在国家统一领导下，各少数民族聚居的地区，依据当地民族关系，经济发展条件，并参酌历史情况，得分别建立以一个或几个少数民族聚居区为基础的自治区。同时对建立各级民族自治区的条件，行政区域界线的划定、行政地位、名称的拟定等作出专门规定。将民族自治地方分为相当于乡、区、县、专区或专区以上五级，一律称为自治区。纲要的颁布，对民族区域自治制度的实施，起了巨大的推动作用。

1954 年宪法颁布后，明确民族自治地方只分为自治区、自治州、自治县三级。在相当于乡的民族聚居地方建立民族乡。据此，国务院于 1955 年 12 月 29 日发布了《关于建立民族乡若干问题的指示》和《关于更改相当于区的民族自治区的指示》，将相当于区、乡级民族自治区分别改建为自治县或民族乡。

80 年代以后，在总结 30 多年的经验，包括“文化大革命”的教训的基础上，根据中国新宪法的规定，于 1984 年 5 月 31 日颁布了《中华人民共和国民族区域自治法》，作为保障中国民族区域自治制度胜利实施的基本法律。在自治法中明确指出，各民族自治地方是中华人民共和国不可分离的部分。民族区域自治是在国家统一领导下，各少数民族聚居的地方实行区域自治，设立自治机关，行使自治权。实行民族区域自治，体现了国家充分尊重和保障少数民族管理本民族内部事务权利的精神，体现了国家坚持实行各民族平等团结、共同繁荣的原则，这对发挥各族人民当家作主的积极性，促进社会主义建设事业的发展起了巨大的作用。

三、行政区划管理

（一）行政区划管理工作的重要意义。行政区划是国家政权建设和行政管理的重要组成部分。当代中国的行政区划管理工作的开展，使中央能够有力地统率和指挥地方，地方政权能够有效地在本行政区域内行使其职权。这具有十分重要的意义：第一，它使人民群众便于行使管理国家和社会的当家作主的权利，体现出国家政权的人民民主专政的性质，促进社会主义民主和法制的发展；第二，它适应了中国有计划的商品经济的需要，有利于合理规划、部署各项建设事业，逐步改善中国的工业布局和城镇市局；第三，它促进了多民族的中国实施民族区域自治制度，从而促进了少数民族地区经济、文化事业的发展，加强全国各族人民的团结、协作。总之行政区划管理已成为中国经济生活、政治生活、社会生活所不可缺少的一项工作。

（二）民政部门在行政区划管理中的任务。按照《中华人民共和国宪法》规定的各级人民政府的职权，中国对地方各级行政区划的管理，实行分级管理的制度。国家将行政区划管理的具体业务工作交由各级民政部门承办，各级民政部门在行政区划管理工作中，担任各级人民政府的参谋和助手，努力完成以下各项任务：

1. 代各级人民政府办理行政区划变更事项，即承担这一事项的管理工作。行政区划变更的管理，包括地方各级行政区域单位的设立、撤销、更名、行政区域界线变更、隶属关系变更，政府驻地迁移等变更事项的管理。

2. 在政府主持下，会同有关部门协助有关地区协商解决行政区域边界争议。

3. 对行政区划问题，从宏观方面和微观方面进行调查研究。

4. 对行政区划有关资料进行搜集、整理和科学管理，并供应有关部门的需要。

5. 代政府起草或修订行政区划管理的有关法令规定的草案。

（三）行政区划管理的法令规定。为了严格行政区划管理制度，做好行政区划管理工作。40 年中主要发布了以下规定：

国民经济恢复时期，全国行政区划变动频繁，变动幅度又大。为适应客观需要。1949 年 12 月 24 日内务部发布了《关于统一行政区划变更权限的规定》，属于填补空白的过渡性规定，经过近 3 年的施行，初步建立起统一的行政区划变更上报审批和备案制度。

为了健全法规制度，迎接 1953 年即将开始的大规模的经济建设和文化建设，1952 年 11 月 8 日政务院发布了《关于处理行政区划变更事项的规定》，进一步对地方各级行政区划变更的上报程序、审批权限、应遵行事项、备案制度等作出具体规定，并明确规定内务部在政务院（1954 年宪法颁布后改为国务院）领导下，主管行政区划。这一规定发布后到 1984 年前的 30 多年中，虽无新的规定取代，但在执行过程中，先后根据 1954 年《中华人民共和国宪法》和 1982 年的新宪法的有关规定，对审批权限等作了相应的修正。

中国共产党十一届三中全会以后，为适应国民经济持续发展的新形势，地方行政区划不断地进行调整和变动，行政区划管理工作亟须进一步加强。为此，根据 1982 年的宪法，地方组织法以及 1984 年的民族区域自治法的有关规定，对 1952 年政务院的规定加以修订补充，于 1985 年 1 月 15 日发布了《国务院关于行政区划管理的规定》。在这一规定中，首先强调行政区划应保持稳定。必须变更时，应本着有利于社会主义现代化建设、有利于行政管理、有利于人民行使权力、有利于民族团结、有利于巩固国防的原则，制定变更方案，逐级上报审批，即强调要按照行政区划变动的客观规律，以科学的态度、慎重对待。

新的行政区划管理规定中有关审批权限方面的条文如下：

第三条省、自治区、直辖市的设立、撤销、更名报全国人民代表大会审议决定。

第四条下列行政区划的变更，由国务院审批：（一）省、自治区、直辖市的行政区域界线变更，省、自治区人民政府驻地的迁移。（二）自治州、县、自治县、市、市辖区的设立、撤销、更名和隶属关系的变更以及自治州、县、自治县、市人民政府驻地的迁移。（三）自治州、自治县的行政区域界线变更，县、市的行政区域界线的重大变更。（四）凡涉及海岸线、海岛、边疆要地、重要资源地区及特殊情况地区的隶属关系，或行政区域界线的变更。

第五条县、市、市辖区的部分行政区域界线变更，国务院授权省、自治区、直辖市人民政府审批；批准变更时，同时报送民政部备案。乡、民族乡、镇的设立、撤销、更名和行政区域界线的变更，乡、民族乡、镇人民政府驻地的迁移，由省、自治区、直辖市人民政府审批。

第六条行政公署、区公所、街道办事处的撤销、更名、驻地迁移、由依法批准设立各该派出机关的人民政府审批。

总之，新的规定体现了权力下放和分级负责的精神。在新的规定中还明确了各级民政部门是各级人民政府的承办单位，分级负责行政区划管理工作。

新中国成立后四十年对于行政区划管理，除按照宪法、民族区域自治法、行政区划管理等有关法令规定贯彻执行外，政务院、国务院历年发布的有关设置市镇的、地名命名更名的，以及处理行政区域边界争议的等一系列专门性法令规定，都是作好行政区划管理工作的重要依据和有力保证。

第二节　当代中国行政区划沿革

中国有统一的地方行政区划始自秦代（公元前二二一年），迄今已有2000多年的历史。历代行政区划多有演变，从行政区域划分层次来看：县级以上划分为二级的有秦、西汉、隋和中华民国，约480多年；划分为三级的有东汉、三国、两晋、南北朝、唐、宋、明，约1300多年；划分为四级的有元、清和中华人民共和国，约360多年。以三级的居多数，实行时间亦最长。从行政区域单位名称和体制方面看：县制始建于春秋时期，至今已2600多年；州制始建于汉代，至今已1800年；省制始于元代，至今已700多年。省、县始终为中国两级重要的和基本的行政区域单位，历代沿用至今，发挥了重大作用。州制从汉代迄今，除中华民国时期废止未用外，历代均沿用。唯历代州的地位和辖区范围不尽相同。例如汉、三国、两晋、南北朝的州，均系地方最高一级行政区域；唐、宋、明代和新中国的州均系地方第二级行政区域；元、清两代的州则系地方第三级行政区域。新中国的州辖区范围完全不同于历代的州。仅沿用了州的名称而已。

中华人民共和国行政区划系统表

表 2　（1989 年）

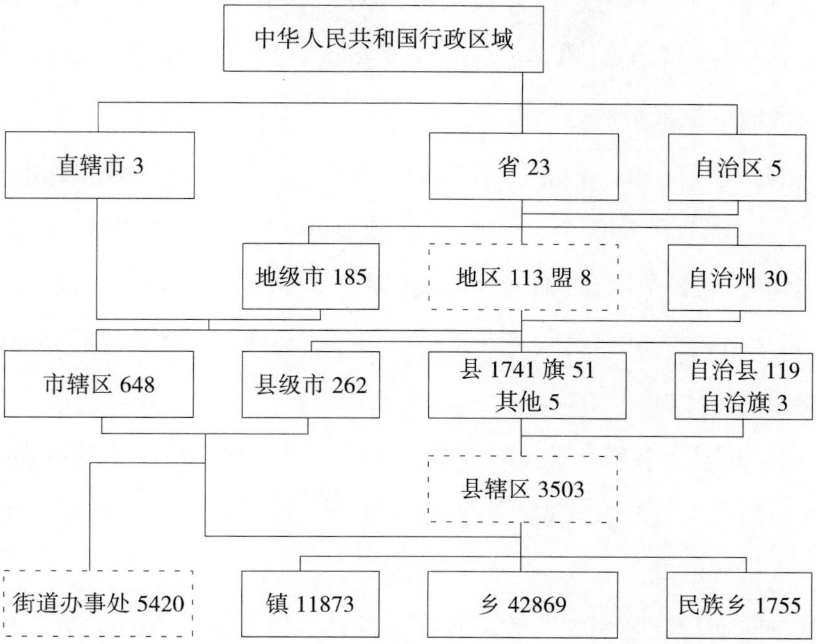

中华人民共和国成立后 40 年的行政区划沿革可分以下 5 个时期：

一、国民经济恢复时期

新中国成立初期，对旧中国遗留下来的半殖民地半封建的行政区划进行了大幅度地调整和改革。

（一）增加了行政区域层次。划设了过渡性的大行政区，将全国划分为华北、东北、华东、中南、西南、西北 6 个大行政区，作为地方最高一级行政区域单位，分别领导全国有关各省、直辖市。

（二）调整了省级行政区划。划小了省区，将江苏、安徽、四川 3 省划分为苏北、苏南、皖北、皖南、川东、川西、川南、川北 8 个省级行署区；以冀鲁豫边区为基础设立平原省。调整了东北各省的行政区划。将民国时期 1945 年划分的辽宁、安东、辽北、吉林、松江、合江、嫩江、黑龙江 8 个省（原辽宁、吉林、黑龙江 3 个省的行政区域）调整为辽东、辽西、吉林、黑龙江、松江5个省。调整后，省级行政单位由1947年的48个（35个省、1个地方、12个院辖市）增至1951年的53个（29个省、8个行署区、1个自治区、1个地方、1个地区、13个直辖市）成为中国省级行政区域单位最多的时期之一。

（三）增设了市，调整了县级行政区域单位。1951年市数由1947年的57个增加到140个，县级单位数则由1947年的2290个（包括2016个县，132个旗、101个宗谿、40个设治局、1个管理局），减为2283个（包括2069个县、59个旗、101个宗谿、4个县级自治区、50个其他县级单位）。

（四）调整了各级行政区域交界地区的部分犬牙交错的插花地和飞地。调整后，形成大行政区、省、县、乡4级地方行政区划，大行政区是地方最高一级行政区域。

这一时期行政区划的调整，适应了当时革命斗争形势的需要对迅速恢复革命秩序，深入发动群众，进行各项社会改革，巩固人民民主专政，恢复和发展国民经济，起到了应有的积极作用。

二、第一个五年计划时期

这一时期，国家财政经济情况基本好转，各项社会改革基本完成，为适应1953年开始的大规模经济建设的需要，从1952年起，对行政区划进行了一系列的调整和变动。

（一）减少行政区域层次。1952年先将大行政区人民政府（军政委员会）改设为大区行政委员会，大行政区由地方最高一级行政区域改变为中央人民政府的派出机关领导和监督所辖省、自治区、直辖市的大区。1954年又将各大区行政委员会全部撤销，各省、自治区、直辖市改由中央直辖。

（二）大量撤并省级行政区域单位。撤销苏北、苏南、皖北、皖南、川东、川西、川南、川北8个行署区和辽东、辽西2个省，恢复江苏、安徽、四川、辽宁4个省；撤销平原、察哈尔、绥远、宁夏、松江、热河、西康7个省，原辖区分别划归邻省；将沈阳、旅大、鞍山、抚顺、本溪、长春、哈尔滨、武汉、广州、重庆、西安11个直辖市改为省辖市，分别划归辽宁等7个省。

（三）贯彻民族区域自治制度，建立了大量的各级民族自治地方。省级民族自治地方，除1947年5月1日在中国共产党领导下建立的内蒙古自治区外，新疆省改建为新疆维吾尔自治区。至1957年年底共建立了2个自治区，31个自治州、54个自治县、1个自治旗。

（四）更改了一批旧中国遗留下来的带有歧视或侮辱少数民族性质或名称重复的县、市等地名。

（五）增设了一些市，撤并了部分县。通过调整、撤并后，形成省（自治区、直辖市）、县（自治县、市）、乡（民族乡、镇）三级行政区域，在有自治州和市领导县的地方则为四级。至1957年，省级行政区域单位由1951年的53个减为30个（23个省、2个自治区、1个地方、1个地区、3个直辖市）。从而加强了中央的集中统一领导和加强了省级领导力量，满足了企事业单位对干部的需求。由于民族区域自治制度的贯彻执行，进一步调动了各族人民参加社会主义建设的积极性，这一切对第一个五年计划的胜利完成都起到积极的作用。

三、人民公社化后的八年

1958年人民公社化后，在“左”倾思想指导下，为适应“大跃进”，人民公社化所谓“一大二公”的需要。行政区划出现严重过火的大幅度的反复变动的情况。

（一）县级行政区大撤大并。仅1958年一年当中，县由1957年的1974个撤并为1626个，减少348个。1961年开始恢复，至1965年恢复到2004个县。

（二）乡、民族乡、镇被人民公社所取代，形成政、社合一的基层行政区划体制。

在贯彻民族区域自治制度方面有显著成绩，成立了广西僮族自治区（后僮族改为壮族）和宁夏回族自治区（都是1957年批准的），西藏自治区（1955年批准）。

直辖市天津市改为河北省辖市。

这一时期，县级行政区划的调整，因受“左”倾指导思想的干扰、破坏，违背了行政区划调整必须遵循的原则，出现了短时期内反复剧变的非正常情况，对社会主义建设和行政区划管理造成不良影响，这是一个教训。

四、“文化大革命”的十年

这一时期，各级行政区划基本处于停滞不变的状态，仅省级行政区域单位有所调整，天津市由河北省划出，恢复为直辖市。为了适应动乱年代巩固国防的需要，进行了一次涉及内蒙古自治区同辽宁、吉林、黑龙江、甘肃4省及宁夏回族自治区之间的行政区域界线的调整。

五、1977年后

中国共产党十一届三中全会以后，在中央的正确领导下，国民经济经过调整、整顿、改革、提高和对内搞活、对外开放方针的贯彻，得到持续发展，经济体制改革从农村到城市全面展开，取得重大进展。为了适应这一形势发展的需要，地方行政区划调整主要是：

（一）中、小城市蓬勃发展，市、镇建制的设置成倍增长。市领导县的体制得到进一步推行。市数由1976年的185个增至1989年的447个，领导县的市由1976年的38个增至1989年的166个。

（二）自治县大幅度增加，民族乡得到恢复和发展。自治县由1976年的69个（含3个自治旗，下同），增至1989年的122个。民族乡在1983年实行政社分开后，得到恢复和发展，到1989年年底建立了1755个民族乡。

第三节　行政区划建制变更

一、大行政区、大区

（一）国民经济恢复时期，先后将全国划分为华北、东北、西北、华东、中南、西南6个大行政区，并分别设置相应的地方政权机构大行政区人民政府（军政委员会）领导各省、自治区、直辖市。根据《大行政区人民政府组织通则》规定："在解放初期，为实施军事管制，建立革命秩序，设置军政委员会，其职权与组织形式，适用于本通则之规定……各大行政区人民政府或军政委员会是各该区所辖省、（市）高一级的地方政权机关，并为中央人民政府政务院领导地方政府的代表机关"。大行政区的设置，是过渡时期在行政区划方面所采取的一项重要措施。华北等6个大行政区人民政府（军政委员会）的成立时间、驻地和行政区域划分如下：

华北人民政府于1948年9月27日成立，北平（1949年10月1日改称北京市）解放后驻北平市，辖河北、山西、察哈尔、绥远、平原5个省和北平、天津2个直辖市。

东北人民政府1949年8月27日成立，驻沈阳市，辖辽东、辽西、吉林、松江、黑龙江、热河6个省和沈阳、抚顺、鞍山、本溪4个直辖市及旅大行署区（1950年改设为旅大市，现名大连市），1953年又增辖长春、哈尔滨2个直辖市。

西北军政委员会1950年1月19日成立，驻西安市，辖陕西、甘肃、青海、宁夏、新疆5个省和西安市。

华东军政委员会1950年2月2日成立，驻上海市，辖浙江、福建、山东、台湾（待回归祖国）4个省，苏北、苏南、皖北、皖南4个行署区和上海、南京（1952年改为江苏省辖市）2个直辖市。

中南军政委员会1950年2月6日成立，驻武汉市，辖河南、湖北、湖南、江西、广东、广西6个省和武汉、广州2个直辖市。

西南军政委员会1950年7月27日成立，驻重庆市，辖云南、贵州、西康3个省，川东、川西、川南、川北4个行署区，以及西藏地方、昌都地区和重庆市。

1949年10月1日中央人民政府成立后，撤销华北人民政府，所辖各省、直辖市改由中央直辖。1950年9月5日中央人民政府委员会第九次会议决定在政务院下设立中央人民政府华北事务部，代表中央管理华北区（包括内蒙古自治区在内）的有关事项。1952年4月18日中央人民政府委员会第十四次会议通过决议撤销华北事务部，成立中央人民政府华北行政委员会。

（二）实施第一个五年计划期间，有步骤地先改变了大行政区的性质，后又全部撤销了大区。1952年11月15日中央人民政府委员会第十九次会议通过了《关于改变大行政区人民政府（军政委员会）机构与任务的决定》，指出为适应1953年即将开始的大规模地有计划地经济建设和文化建设的新形势和新任务，中央人民政府对各项工作的领导，应该更加统一与集中，中央人民政府的机构应该大大地加强。同时省级人民政府的组织也应加强。以加重省、市级领导的责任，因而大行政区人民政府（军政委员会）的机构与任务应予以改变。为此，决定将东北等5个大行政区人民政府（军政委员会）一律改设为大区行政委员会，作为代表中央人民政府在各该地区进行领导与监督地方政府的派出机关。这一决定在1952年年底实施后，大区即不再是地方最高一级行政区域。

1954年6月19日中央人民政府委员会第三十二次会议通过了《关于撤销大区一级行政机构和合并若干省市的决定》，先后于同年8月至11月撤销了华北、东北、华东、西北、中南、西南6个大区行政委员会，各省、自治区及北京、天津、上海3个直辖市均由中央直辖；沈阳、抚顺、鞍山、本溪、旅大、长春、哈尔滨、武汉、广州、重庆、西安11个直辖市，一律改为省辖市，分别划归辽宁、吉林、黑龙江、湖北、广东、四川、陕西7个省领导。

中华人民共和国历年行政区划统计表

表3　（1949—1989年）

年份	大行政区	省级						地级						县级							市			市辖区
		合计	直辖市	省	行署区	自治区	其他	合计	自治州	地区	盟	基巧办事处	其他	合计	县	旗	自治县	自治旗	宗	其他	合计	地级市	县级市	
1949	6	50	12	30	5	1	2	174		156	6	5	7	2305	2075	67			101	62	122	54	68	
1950	6	53	13	29	8	1	2	217	1	200	8	5	3	2274	2059	58	4		101	52	130	64	66	
1951	6	53	13	29	8	1	2	214	3	199	6	5	1	2283	2069	59	4		101	50	140	69	71	
1952	6	45	12	30		1	2	187	9	161	6	5	6	2252	2036	54	28		101	33	147	74	73	
1953	6	47	14	30		1	2	182	14	152	3	5	8	2236	2023	54	36	1	101	21	150	75	75	
1954		32	3	26		1	2	201	25	151	7	8	10	2244	1999	55	43	1	131	15	162	82	80	
1955		30	3	23		2	2	205	26	157	7	8	7	2264	2002	54	47	2	147	12	161	83	78	
1956		30	3	23		2	2	196	30	143	8	8	7	2229	1973	53	49	1	147	6	171	88	83	
1957		30	3	23		2	2	195	31	140	8	8	8	2239	1974	52	54	1	147	11	173	92	81	
1958		30	2	22		4	2	168	29	121	7	8	3	1894	1626	48	58	3	147	12	183	69	114	
1959		29	2	22		5		167	29	119	7	8	4	1835	1569	48	55	3	147	13	182	75	107	
1960		29	2	22		5		156	29	116	7		4	1706	1598	48	51	3		6	197	88	109	
1961		29	2	22		5		182	29	143	7		3	1962	1853	49	51	3		6	206	80	126	
1962		29	2	22		5		187	29	148	7		3	2075	1962	49	55	3		6	192	81	111	
1963		29	2	22		5		189	29	151	7		2	2101	1981	50	61	3		6	175	78	97	
1964		29	2	22		5		192	29	155	7		1	2110	1992	50	62	3		3	167	75	92	
1965		29	2	22		5		205	29	168	7		1	2125	2004	51	66	3		1	167	76	91	
1966		29	2	22		5		208	29	171	7		1	2127	2005	52	66	3		1	170	80	90	
1967		30	3	22		5		208	29	171	7		1	2127	2005	52	66	3		1	169	79	90	
1968		30	3	22		5		208	29	171	7		1	2128	2006	52	66	3		1	169	79	90	
1969		30	3	22		5		208	29	171	7		1	2131	2009	52	66	3		1	173	80	93	
1970		30	3	22		5		210	29	173	7		1	2130	2002	53	66	3		6	171	79	92	
1971		30	3	22		5		209	29	172	7		1	2134	2011	53	66	3		1	177	82	95	
1972		30	3	22		5		209	29	172	7		1	2132	2009	53	66	3		1	179	82	97	
1973		30	3	22		5		211	29	174	7		1	2135	2012	53	66	3		1	178	83	95	
1974		30	3	22		5		210	29	173	7		1	2136	2013	53	66	3		1	178	87	91	
1975		30	3	22		5		210	29	173	7		1	2136	2013	53	66	3		1	182	96	86	

续表

年份	大行政区	省级						地级						县级							市			市辖区
		合计	直辖市	省	行署区	自治区	其他	合计	自治州	地区	盟	基巧办事处	其他	合计	县	旗	自治县	自治旗	宗	其他	合计	地级市	县级市	
1976		30	3	22		5		211	29	174	7		1	2136	2013	53	66	3		1	185	96	89	
1977		30	3	22		5		212	29	175	7		1	2137	2014	53	66	3		1	187	97	90	
1978		30	3	22		5		210	29	173	7		1	2138	2011	53	65	3		6	190	98	92	
1979		30	3	22		5		209	29	171	8		1	2137	2002	53	70	3		9	213	104	109	
1980		30	3	22		5		209	29	170	9		1	2137	1998	54	72	3		10	220	107	113	511
1981		30	3	22		5		208	30	168	9		1	2136	2001	54	69	3		9	230	108	122	514
1982		30	3	22		5		210	30	170	9		1	2133	1998	54	69	3		9	242	119	123	527
1983		30	3	22		5		178	31	138	8		1	2080	1942	51	75	3		9	286	145	141	552
1984		30	3	22		5		175	31	135	8		1	2069	1926	51	80	3		9	297	148	149	595
1985		30	3	22		5		165	31	125	8		1	2046	1893	51	93	3		6	321	162	159	620
1986		30	3	22		5		159	31	119	8		1	2017	1856	51	101	3		6	350	166	184	629
1987		30	3	22		5		156	30	117	8		1	1986	1817	51	110	3		5	378	170	208	632
1988		31	3	23		5		151	30	113	8			1936	1765	51	112	3		5	431	183	248	647
1989		31	3	23		5		151	30	113	8			1919	1741	51	119	3		5	447	185	262	648

注：(1) 资料来源：历年《中华人民共和国行政区划简册》及《中华人民共和国县级以上行政区划沿革》。

(2) 省级其他栏包括西藏地方及昌都地区；地级其他栏包括地级的行政区、工矿区、管理局、办事处等，县级其他栏包括设治局、县级镇、城关区、特区、工矿区、工农区、林区等。

(3) 自治州、自治县在1954年《中华人民共和国宪法》颁布前，一律称自治区，地区在1970年前称专区。

(4) 历年统计数字内缺台湾省所辖县、市数。

总的来看，大行政区一级行政机构的设置，在新中国成立初期，作为地方最高一级行政区域和代表中央人民政府领导和监督地方政府工作，是一项具有创造性的、有效的重要措施，对于迅速建立革命秩序，巩固人民民主专政，贯彻中央各项政策，进行各项社会改革，恢复国民经济，以及在经济建设、文化建设中，都起着推动作用，胜利地完成了各项历史任务。1952年改变了大行政区的机构与任务，大区不再是一级行政区域，1954年撤销6个大区行政委员会，是完全适时的和必要的。

二、省、县、乡

（一）省。新中国成立后，省的行政区划为适应各个时期政治、经济形势发展的需要，曾进行了多次较大幅度的改革和调整。

1. 国民经济恢复时期。

（1）调整了东北各省的行政区划。东北各省解放较早，在这一时期土地改革已基本完成，为适应经济建设的中心任务，1949 年 4 月将辽宁、安东、辽北、吉林、松江、合江、黑龙江、嫩江 8 省调整为辽东、辽西、吉林、松江、黑龙江 5 省和旅大行署区。1950 年 10 月撤销旅大行署区及大连市合并改建为旅大市（今大连市）。

（2）设置平原省。1949 年 8 月 20 日以冀鲁豫边区为基础设置平原省。

（3）划设 8 个省级行署区。1949 年 4 月根据江苏、安徽 2 省北部是老解放区，南部是新区，南、北工作基础和工作任务各异，为适应不同形势的需要，将两省分别划分为苏北、苏南、皖北、皖南 4 个行署区，各设立省级政权机关人民行政公署（简称行署）领导。

1950 年将四川省撤销，改划为川东、川西、川南、川北 4 个行署区。分别成立 4 个人民行政公署领导。

（4）1949 年昌都地区由西康省划出，归西南区直接领导。

在国民经济恢复时期，共撤销了辽宁、辽北、安东、合江、嫩江、江苏、安徽、四川 8 个省建制，设立了辽东、辽西、平原 3 个省和苏北、苏南、皖北、皖南、川东、川西、川南、川北、旅大 9 个行署区。唯旅大行署区设置时间短暂，从设立到撤销为时仅一年半，1950 年 10 月即改设为旅大市。

2. 实施第一个五年计划时期。

从 1952 年起，为了给 1953 年开始的第一个五年计划经济建设和文化建设作准备和创造条件，对省级行政区域单位实行裁并，1954 年和 1955 年连续两年实行大幅度的裁并，省的数目明显减少。

（1）1952年8月7日中央人民政府委员会第十七次会议通过了《关于调整地方人民政府机构的决议》，先后撤销了皖北、皖南2行署区，合并恢复安徽省；撤销川东、川西、川南、川北4行署区，合并恢复四川省的建制。

（2）1952年11月15日中央人民政府委员会第十九次会议通过了《关于调整省区建制的决议》决定撤销平原、察哈尔2省和苏北、苏南2行署区的建制。

撤销平原省，原属山东省的29个县仍划归山东省，原属河南省的2个市、22个县、1个矿区及原属河北省的南乐、清丰、濮阳、东明、长垣5个县，为便于治理黄河，均划归河南省。

撤销察哈尔省，将原属山西省的大同市及大同、朔县、平鲁、左云、右玉、怀仁、山阴、应县、浑源、灵丘、广灵、阳高、天镇13个县均划归山西省。原属河北省的张家口、宣化2个市及赤城、龙关、延庆、怀来、宣化、涿鹿、万全、怀安、阳原、蔚县10个县及察北的崇礼、张北、沽源、康保、尚义、商都6个县均划归河北省。

撤销苏北、苏南2个行署区，合并恢复江苏省，省人民政府驻南京市，南京市由直辖市改为江苏省辖市，并将原属江苏省、现属山东省的新海连、徐州2个市及丰县、沛县、华山、铜北、赣榆、邱县、东海7个县和现属安徽省的江浦、萧县、砀山3个县仍划归江苏省。

平原省和各行署区从设置到撤销，虽然时间不长，但适应了当时形势的需要，胜利地完成了各项历史任务。平原省的设置对加强黄河堤防，治理内河流域，兴建引黄济卫水利灌溉工程，减轻洪水威胁，使黄河造福于人民，发挥了积极作用。

（3）1954年6月19日中央人民政府委员会第三十二次会议通过的《关于撤销大区一级行政机构和合并若干省市建制的决定》，对省建制作如下调整：

撤销辽东、辽西2省建制，原行政区域合并恢复辽宁省。

撤销松江省建制，原行政区域合并于黑龙江省。

撤销宁夏省建制，原行政区域合并于甘肃省。

(4) 同次会议还通过了《关于批准将绥远省划归内蒙古自治区，并撤销绥远省建制的决定》撤销了绥远省建制，将其行政区域全部合并于内蒙古自治区。

在1954年大区一级机构撤销之后，为了便于中央对省级行政区域单位的领导，特别是为了适应国家经济建设的要求，合并一些省市，减少一些中央直接领导的省级单位是必要的，也是适时的。

(5) 1955年7月30日第一届全国人民代表大会第二次会议通过了《关于撤销热河、西康省的决议》，撤销了热河、西康2个省，将原热河省的行政区域分别划归河北、辽宁2个省和内蒙古自治区，即将承德市和承德、围场、隆化、丰宁、滦平、平泉、青龙、兴隆8个县划归河北省；将朝阳、北票、建平、建昌、凌源5个县和喀喇沁左旗划归辽宁省；将宁城、赤峰、乌丹3个县和敖汉旗、喀喇沁旗、翁牛特蒙族自治旗划归内蒙古自治区。将原西康省的行政区域全部划归四川省。

(6) 1955年9月13日全国人民代表大会常务委员会第二十一次会议通过了《关于成立新疆维吾尔自治区，撤销新疆省建制的决议》，将新疆省撤销，改建为新疆维吾尔自治区，以原新疆省的行政区域为新疆维吾尔自治区的行政区域。

综上所述，从1952年到1957年，先后共撤销了平原、察哈尔、辽东、辽西、松江、宁夏、绥远、热河、西康、新疆10个省和苏北、苏南、皖北、皖南、川东、川西、川南、川北8个行署区。恢复建立了辽宁、江苏、安徽、四川4个省和设置了新疆维吾尔自治区。

3. 人民公社化后的8年。

这一时期按照国务院1955年3月9日《关于成立西藏自治区筹备委员会的决定》和第一届全国人大第四次会议1957年7月15日关于成立广西僮族自治区和宁夏回族自治区的两项决议，先后撤销了广西省、西藏地方以及由甘肃省划出部分地区，分别建立了广西僮族自治区（1965 年僮族改名壮族）、宁夏回族自治区和西藏自治区。

4. 从 1966 年到 1987 年省的建制无变动。

5. 设立海南省建制。

为充分发挥海南岛的优势，加速海南岛的开发建设，先是 1984 年 5 月 31 日第六届全国人民代表大会第二次会议审议了国务院关于成立海南行政区人民政府的议案，做出了《关于海南行政区建置的决定》，决定设立海南行政区，撤销海南行政公署，海南行政区设人民代表大会和人民政府，是一级地方国家政权机关，后来 1987 年 9 月第六届全国人民代表大会常务委员会第二十二次会议审议了国务院关于撤销海南行政区设立海南省的议案，并授权国务院成立海南建省筹备组。1988 年 4 月 13 日第七届全国人民代表大会第一次会议做出《关于设立海南省的决议》，批准设立海南省，撤销海南行政区，以海南行政区的行政区域为海南省的行政区域。海南岛是中国第二大岛，是少数民族聚居区之一。由广东划出独立建省，有利于集中全国力量支援海南；有利于海南实行更加开放的灵活政策；也有利于简政放权，减少中间环节，提高办事效率，这一措施受到全国人民的欢迎。

第七届全国人民代表大会第一次会议在通过建立海南省的决议的同时，还通过了《关于建立海南经济特区的决议》，决定授权海南省人民代表大会及其常务委员会根据海南经济特区的具体情况和实际需要，遵循国家有关法律、决定、行政法规等制定特区的法规，在海南实施。这一决定开创了整个省建立经济特区、实行经济特区体制的先例。

中国是全世界面积较大，人口最多的国家，省级行政区域单位最多时，为 1951 年的 53 个（29 个省、8 个行署区、1 个自治区、1 个地方 1 个地区、13 个直辖市），1955 年调整为 30 个（23 个省、2 个自治区、1 个地方 1 个地区、3 个直辖市）。至 1989 年年底，全国有 23 个省、5 个自治区、3 个直辖市共 31 个省级行政区域单位。在 28 个省、自治区中，行政区域面积在100万平方公里以上的有新疆维吾尔自治区、西藏自治区、内蒙古自治区。20万至100万平方公里的有青海、四川、黑龙江、甘肃、云南、广西、湖南等7个省、自治区。10万平方公里以下的有宁夏、台湾、海南3个省、自治区。其余18个省的面积均在10万到20万平方公里。据1988年度人口统计，各省、自治区人口在5000万以上的有四川、河南、山东、江苏、广东、湖南、河北、安徽、湖北等9个省，1000万至5000万的有浙江、广西、辽宁、江西、云南、黑龙江、贵州、陕西、福建、山西、吉林、甘肃、内蒙古、新疆等14个省、自治区，海南、青海、宁夏、西藏4个省、自治区（缺台湾省数字）人口均在1000万以下。从各省、自治区所辖县、市数看，超过100个的有四川、河北、河南、云南、山东、山西、湖南等7个省；辖50个至100个县、市的有陕西、广东、江西、内蒙古、广西、新疆、贵州、安徽、甘肃、黑龙江、湖北、西藏、浙江、江苏、福建、辽宁16个省、自治区，不满50个县、市的仅有吉林、青海、海南、宁夏4个省、自治区。

综上所述，各省、自治区地广、人众，所辖县、市又多，如何使省级行政区域划分最大限度地发挥其效能，以促进社会主义现代化建设，加强国家行政管理，方便人民行使国家权力，密切各民族的团结合作，巩固海防边防。这是历年来各级行政区划包括省级行政区划调整的基本原则，也是今后继续努力的方向。

（二）县。县是中国地方行政区划承上启下的重要环节和密切联系人民群众的基本行政区域单位。根据中国宪法规定，县是省、自治区、直辖市和乡、民族乡、镇之间第二级行政区域，在自治州和较大的市领导下的县则为第三级行政区域。

1949年新中国成立后，全国共有2305个县级行政区域单位，包括2075个县、67个旗、101个宗、谿、34个设治局、28个其他县级单位。

新中国成立后40年，县级行政区划进行了大幅度地、根本性地改革和调整，取得了显著的成绩。主要有以下几个方面的变动：

中华人民共和国各省、自治区、直辖市的简称、政府驻地、面积、人口一览表

表 4

省 自治区　名 直辖市	简　称	政府驻地	面积 （万平方公里）	人　口	说　明
总　计			约 960	1086540493	人口数字来源： 1988 年度中华人民共和国全国人口统计资料
北京市	京		1.68	10038509	
天津市	津		1.1	8434317	
河北省	冀	石家庄市	19	57918795	
山西省	晋	太原市	15	27314338	
内蒙古自治区	内蒙古	呼和浩特市	110	20830429	
辽宁省	辽	沈阳市	15	38255394	
吉林省	吉	长春市	18	23574036	
黑龙江省	黑	哈尔滨市	46	34015257	
上海市	沪、申		0.58	12624187	
江苏省	苏	南京市	10	64382673	
浙江省	浙	杭州市	10	41698459	
安徽省	皖	合肥市	13	53770644	
福建省	闽	福州市	12	28452494	
江西省	赣	南昌市	16	36334399	
山东省	鲁	济南市	15	80091777	
河南省	豫	郑州市	16	80798021	
湖北省	鄂	武汉市	18	51442914	
湖南省	湘	长沙市	21	59156879	
广东省	粤	广州市	18	59283134	
广西壮族自治区	桂	南宁市	23	40880722	
海南省	琼	海口市	3.4	6274882	
四川省	川、蜀	成都市	56	105897272	2
贵州省	贵、黔	贵阳市	17	31439405	
云南省	云、滇	昆明市	38	35826326	
西藏自治区	藏	拉萨市	120	2123060	
陕西省	陕、秦	西安市	19	31400343	
甘肃省	甘、陇	兰州市	39	21356896	
青海省	青	西宁市	72	4215390	
宁夏回族自治区	宁	银川市	6.6	4445316	
新疆维吾尔自治区	新	乌鲁木齐市	160	14264235	
台湾省	台	台北市	3.6		人口资料暂缺

中华人民共和国行政区划统计表

（1989 年 12 月底）

表 5

	省级				地级				县级								市			市辖区
	合计	直辖市	省	自治区	合计	自治州	地区	盟	合计	县	旗	自治县	自治旗	特区	工农区	林区	合计	地级市	县级市	
	31	3	23	5	51	30	113	8	1919	1741	51	119	3	3	1	1	447	185	262	648
北京市									8	8										10
天津市									5	5										13
河北省					8		8		128	122		6					21	10	11	33
山西省					6		6		93	93							13	6	7	18
内蒙古自治区					8			8	72	18	51		3				16	4	12	16
辽宁省									38	28		10					20	14	6	56
吉林省					2	1	1		26	23		3					21	6	15	18
黑龙江省					4		4		54	53		1					25	10	15	63
上海市									9	9										12
江苏省									51	51							24	11	13	42
浙江省					2		2		52	51		1					24	9	15	20
安徽省					7		7		63	63							18	9	9	35
福建省					3		3		56	56							14	6	8	17
江西省					5		5		75	75							15	6	9	15
山东省					5		5		78	78							32	11	21	34
河南省					5		5		104	104							25	12	13	40
湖北省					7	1	6		50	47		2				1	29	8	21	27
湖南省					6	1	5		78	71		7					25	8	17	30
广东省									76	73		3					19	18	1	38
广西壮族自治区					8		8		76	64		12					12	5	7	21
海南省									16	9		7					3	2	1	
四川省					10	3	7		169	160		8			1		23	11	12	34
贵州省					7	3	4		75	61		11		3			8	2	6	6
云南省					15	8	7		114	86		28					11	2	9	4
西藏自治区					6		6		76	76							2	1	1	1
陕西省					6		6		86	86							11	4	7	14
甘肃省					9	2	7		67	60		7					13	5	8	10
青海省					7	6	1		37	30		7					3	1	2	4
宁夏回族自治区					2		2		16	16							4	2	2	6
新疆维吾尔自治区					13	5	8		71	65		6					16	2	14	11
台湾省																				

注：台湾省行政区划资料暂缺。

1. 由县建制改设为市建制。40 年来，随着国民经济的迅速发展增设了 381 个市（1947 年为 69 个市，1989 年为 450 个市，均包括直辖市在内），其中有 220 个市是由经济较发达、聚居人口和非农业人口较多的县整县改设的；有 30 个市是先由县属城镇划设为市建制，经过一段时间，再撤销县建制，将其行政区域全部合并于市。以上两类，合计为 250 个市，其余 131 个市则是由县属城镇划进部分农村设置市建制，仍保留县建制，形成市、县并存的格局。

2. 由县建制改建为自治县建制。由于民族区域自治制度的大力推行，40 年来，自治县的设置从无到有，由少到多，截至 1989 年年底，全国先后共设立了 122 个自治县（含 3 个自治旗），其中有 106 个自治县是由少数民族聚居人口较多的县，设治局等，撤销原建制由整个县改设的，少数是由一个或几个县内部分少数民族聚居区合并改设的。

以上市和自治县建制的设置，均同县建制的存废、县行政区域界线的变动紧密相连。市和自治县的设置和撤销，有时导致县建制的撤销或恢复（例如自治县划归同一民族的自治州后，恢复为县），有时导致县行政区域的改变。故市和自治县建制的设立、撤销在县行政区划变更中占重要地位。

3. 县建制本身的调整。

（1）撤并了部分小县。有的小县是革命战争时期设置的，有的是原有的老县。

革命战争时期在老根据地曾根据当时敌我地区的交错情况和自然地形，将若干人口较多面积较大的县，或在两三个县交界的边缘地区划设了一些小县，以便加强对敌斗争。新中国成立后，形势发生了根本性的变化，为适应新的情况，对这些小县进行了撤并。例如山东省在抗日战争和解放战争期间增设的南旺等 56 个县多于 1953 年和 1965 年撤并，其他省区的此类县也均于新中国成立初期撤并，基本上均归还了原县建制。

另外对部分人口少、面积不大的老县，也进行了撤并。例如广东省的赤溪县1953年撤销合并于台山县。其他省区这类县多于解放初期予以撤并。

（2）增设了一些县。主要是根据生产建设的需要而设置的。例如为加强林业建设设置了黑龙江省的伊春县（今伊春市）；为发展矿业生产设置了四川省的石棉县；为发展渔业及统一，湖区的领导设置了山东省的微山县；为发展农垦业设置了黑龙江的友谊县。

此外，对一些过大的老县适当地予以调整，例如湖南省的衡阳县人口达120万，面积3500多平方公里，为便于行政管理和便于人民行使权力，于1951年改划为衡阳、衡南两县。江苏省的江都县人口140多万，面积2200多平方公里，地势复杂。领导不便，于1956年划设为江都、邗江两县。

4. 藏族地区的宗、谿改设为县。新中国成立初期，西藏自治区（当时为西藏地方和昌都地区）的县级行政区域单位称宗和谿。1953年以前，西藏地方和昌都地区共有101个宗、谿（64个宗、37个谿），1959年增至147个宗、谿（83个宗、64个谿）。鉴于西藏地方位处西南边陲，高山峻岭、人烟稀少，设置的宗、谿过多，不利于加强统一领导和巩固国防。因此在1960年将147个宗、谿合并改建为72个县，平均两个宗谿合并为1个县，使县级行政区划通名向规范化前进了一步。至1989年年底全自治区共有76个县。西藏自治区县级行政区划的改革和调整对巩固祖国的统一和加强各民族的团结合作，产生了良好的影响。

5. 解决了蒙古族地区旗县并存的问题。旗是蒙古族地区独有的县级行政区域单位。它源于清代先后建立的蒙古族、满族、汉族的八旗军，原是军事、生产、行政合一的组织，其后生产职能日益缩小，军事职能日渐突出，实际成为纯军事组织。在行政制度上各级衙署与州、旗并存。中华民国时期，为了同化少数民族，在原来旗的范围建立了一些县。到1947年，全国名义上有132个旗，实际上多是一地兼有旗、县建制和名称。

新中国成立后，1949 年尚余 67 个旗，有些旗仍残存着旗、县并存的情况。为解决这一问题，先后撤销了一批县建制，将其合并于旗或者改建为旗。例如撤销林东县合并于巴林左旗，撤销天山县合并于阿鲁科尔沁旗，撤销经棚县合并于克什克腾旗，撤销鲁山县合并于扎鲁特旗，撤销晏江县改设为达拉特后旗等。经过历年的调整，从根本上消除了旗县并存的残余。

6. 将设治局改建为县或自治县。设治局是民国时期设置的过渡性的县级行政区域单位，多设在中国西南、西北、东北等边疆少数民族地区。是设置县治前的过渡性措施。中华人民共和国成立以后，这些设治局于 1951 年前，先后分别改设为县和自治县，或者撤销合并于邻县。例如云南省的 16 个设治局撤销后，其中 12 个设治区分别改设为 8 个县、4 个自治县。其余 4 个设治局均分别合并于邻县。

7. 1958 年人民公社化后，对县建制的调整出现以下严重问题和偏差：

为适应人民公社化所谓“一大二公”的需要，从 1958 年到 1960 年连续三年对县实行空前的大撤大并。1958 年的一年中，全国县数由 1947 年的 1974 个撤并为 1626 个，1959 年撤并为 1569 个，1960 年继续撤并为 1526 个（不包括西藏 72 个县）3 年当中，共减少了 448 个县。

1960 年冬以后，中共中央制定了国民经济实行调整、巩固、充实、提高的八字方针和一系列正确的政策，“左”倾指导思想有所纠正。从 1961 年开始，各地纷纷恢复县建制，到 1965 年绝大多数被撤并的县恢复了原县建制。县建制连续 3 年的大撤大并，继而又大批恢复，形成短时间内的撤而复设、反复变动，人为地制造了严重的混乱局面，妨碍了各方面工作的正常进行，造成了人力物力的巨大浪费。特别是这一错误又发生在三年困难时期，更加重了当时的困难。为地方国家机关的行政管理，社会主义建设的发展，人民的生产和生活带来极大的不便。

（三）乡。乡是中国广大农村的基层行政区域单位。新中国成立后，为了充分发挥乡应有的作用，以巩固人民民主专政，促进国民经济的发展，曾随着政治、经济形势的发展进行过几次较大的调整。

1. 国民经济恢复时期到农业合作化高潮前。

新中国成立初期，农村基层行政区域单位有两种：即华北区、东北区各省和内蒙古自治区的行政村；华东、中南、西南、西北区各省的乡。

行政村是抗日战争时期，为适应对敌斗争的需要而形成的。一般辖区范围较小，华北区各省每一行政村平均不足1000人，内蒙古自治区的行政村人口少、面积大，东北区各省行政村稍大，平均每一行政村约1500人。

华东、中南、西南区各省在解放初期尚残存着大区大乡制，最突出的是广东省，1951年在4725个乡中，有900多个乡人口为1万至3万人，使工作难以开展和深入。西北区各省地广人稀，原有的乡平均仅两三千人。

总之，全国的乡和行政村，大小悬殊，其中过大、过小的乡和行政村均不能适应当时形势发展的需要。因此中央人民政府政务院于1951年4月24日发布了《关于人民民主政权建设工作的指示》，要求各地“已完成土地改革的地区，应酌量调整区乡（行政村），缩小区乡行政区域范围，以便利人民管理政权，密切政府与人民群众的联系，充分发挥人民政权的基层组织的作用，并提高工作效率”。按照这一指示，华东、中南、西南区各省根据各该地区情况，制定了划乡标准。普遍进行划小乡的工作。经过调整，到1953年华东区各省的乡由1951年约2.9万个增加到约5万个。中南区各省由1951年约4.2万个乡增加到约7.7万个乡。西南区各省由1951年约8000个乡增加到约3.1万个乡。西北区原有乡较小，变动不大，由1951年大约1.7万个乡减为大约1.6万个乡。华北区各省1953年将大约6.8万个行政村改划为大约2.1万个乡。内蒙古自治区和东北区各省行政村的规模基本适应当时形势，1955 年以前未予变动。内蒙古自治区约有 2800 个行政村，东北区各省 1953 年共约有 3 万个行政村。

2. 全国农业合作化高潮后至人民公社化前。

农业合作化大发展以后，特别是 1955 年下半年农业合作化高潮到来之后，许多农业生产合作社范围已经突破了原来小乡的行政区域界线。显然经济恢复时期的小乡制已不能适应当时形势发展的需要。为此，1955 年 12 月 29 日国务院关于进一步做好国家机关精简工作的指示中指出："小区小乡制已经不能适应农业合作化运动迅速发展后的新形势，区乡行政区划应当适当调整。"各地从 1955 年冬和 1956 年春开始陆续进行了乡的全面调整，一般平原地区以原来的三个到四个乡合并为一个乡，人口在 1 万至 1.5 万人左右，丘陵地区一般以原来两个乡合并为一个乡，人口在 6000 至 1 万。山区或边远地区，一般不动，个别的以原来两个乡合并为一个乡。人口两三千人。

到 1957 年 6 月全国乡数由 1954 年年底的 21.8739 万个合并调整为 9.891 万个，乡行政区域的扩大，便利和促进了农业合作化的发展，加强了县乡之间的联系，也为撤销区的机构创造了条件。

3. 人民公社化后。

1958 年兴起的人民公社化运动，使原有的乡发生了根本性的变化。

人民公社开始是由高级农业生产合作社合并组成的集体所有制的经济组织，后逐渐发展形成政社合一的基层行政区域单位，取代了原来乡的行政地位。中共八届六中全会指出："人民公社是我国社会主义社会结构的工农商学兵相结合的基层单位，同时又是社会主义政权组织的基层单位。"1978 年颁布的中华人民共和国宪法确认人民公社为中国农村基层行政区域单位。1979 年修订的宪法明确规定："人民公社的人民代表大会和管理委员会既是国家基层政权机关和行政机关，又是集体经济的领导机构。"由于人民公社一般是由原来几个乡合并而成的，人民公社数较乡数大大减少。至 1977 年年底全国约有 5.4 万多个人民公社。

4. 实行政社分开恢复乡政权后。

中共十一届三中全会以后，中央根据农村实行联产承包责任制出现的新情况，决定实行政社分开，建立乡政权。1982 年修订颁布的新宪法中重新确定了"县、自治县分为乡、民族乡、镇"。1983 年 10 月中共中央、国务院联合发出《关于实行政社分开建立乡政府的通知》规定建乡的规模"一般以原有公社的管理范围为基础，如原有公社范围过大的，也可适当划小"。据此，各地普遍进行了恢复建立乡政权的工作，到 1989 年年底，全国共建立了 4. 2869 万个乡、1755 个民族乡。

乡是中国农村基层行政区域单位，是全国各级行政区划的基础，是国家各项工作的落脚点，是基层政权直接领导人民群众贯彻执行国家方针、政策、法律、法令，进行农村社会主义建设的场地，同人民群众联系最为密切，对人民群众生产和生活有直接影响。40 年的实践说明，对乡的调整必须适应农村生产力发展水平这一基本的客观规律，顺应了它，便可以促进农村社会主义建设的发展，违反了它便会起阻碍和破坏作用，造成乡行政区划的反复变动。

三、自治区、自治州、自治县、民族乡

中国是各民族共同缔造的统一的多民族的国家，除汉族外，全国有 55 个少数民族，多分布在中国西南、西北、北部边疆和内陆地区，据 1982 年第三次全国人口普查统计，各少数民族人口共 6724 万人，约占全国总人口的 6. 7%。55 个少数民族人口在 300 万以上的有蒙、回、藏、维吾尔、壮、苗、彝、满 8 个民族，人口在 100 万至 300 万的有布依、朝鲜、侗、瑶、白、土家、哈尼族 7 个民族，人口在 50 万至 100 万的有哈萨克、傣、黎 3 个民族，在 10 万至 50 万的有傈僳、佤、畲、拉祜、水、东乡、纳西、柯尔克孜、羌、土 10 个民族，在 1 万至 10 万的有景颇、达斡尔、仫佬、锡伯、撒拉、布朗、仡佬、毛南、普米、怒、阿昌、鄂温克、乌孜别克、

崩龙、京、基诺、裕固17个民族。在1万以下的有保安、门巴、独龙、塔吉克、塔塔尔、鄂伦春、俄罗斯、珞巴、赫哲、高山10个民族。其中人口最少的仅一两千人。

这55个少数民族同汉族一起在久远的历史过程中，共同创造了祖国光辉灿烂的文化，对祖国的缔造和建设做出了重要贡献。新中国成立后进一步制定了民族区域自治制度，并以法律形式固定下来，从此，各少数民族进入了一个崭新的历史时期。40年来在民族区域自治制度的贯彻执行中，各级民族自治地方陆续建立，并得到长足的发展。截至1989年年底共建立了5个自治区、30个自治州、122个自治县（含3个自治旗）。

（一）自治区。根据中华人民共和国宪法规定，自治区是同省、直辖市并列的省级民族自治地方。40多年来，中国先后建立了内蒙古自治区、新疆维吾尔自治区、广西壮族自治区、宁夏回族自治区和西藏自治区。

1. 内蒙古自治区。

内蒙古自治区面积110多万平方公里。是中国最早实行民族区域自治的地区。新中国成立前，1947年5月1日内蒙古人民在中国共产党的领导和帮助下，以原兴安省的行政区域为基础，连同原察哈尔省的锡林郭勒盟成立了内蒙古自治区。自治区政府驻乌兰浩特（原名王爷庙）市，新中国成立后，1950年迁驻察哈尔省的张家口市，1952年又迁至归绥市（今呼和浩特市）。自治区境内除蒙古族、汉族外、还有回、满、朝鲜、达斡尔、鄂温克、鄂伦春等少数民族。

40年来，内蒙古自治区的行政区域曾进行过多次调整，并逐步扩大。

1949年以前内蒙古自治区只管辖呼伦贝尔、纳文慕仁、兴安、锡林郭勒、察哈尔5个盟。

1949年至1962年先后将以下地区划归内蒙古自治区：辽北省的哲里木盟、热河省的昭乌达盟（均1949年）；察哈尔省的多伦、宝昌、化德3县（1950年）；绥远省的全部行政区域（1954年）、热河省的敖汉、翁牛特、喀喇沁3旗和赤峰、宁城、乌丹3县（1955年）；甘肃省的巴音浩特蒙古族自治州和额济纳旗（1956年），以及河北省的商都县（1962年）。

内蒙古自治区行政区域的多次调整，逐步扩大，充分体现了中国共产党和人民政府尊重少数民族意愿，贯彻民族区域自治制度的精神。绥远省的撤并充分说明了这个问题，因为绥远省历史上即为蒙古族聚居区，境内有43%的面积为蒙古族盟旗分布地区。

“文化大革命”期间，根据当时的形势，为加强领导，巩固国防，中共中央、国务院1969年7月5日决定将内蒙古自治区的昭乌达盟、哲里木盟、呼伦贝尔盟分别划归辽宁、吉林、黑龙江3省领导；将巴彦淖尔盟的额济纳旗、阿拉善右旗和阿拉善左旗分别划归甘肃省和宁夏回族自治区领导。这是当时所采取的一项超越常规的应变措施。中共十一届三中全会以后，情况发生根本性的变化，一切都在向好的方面转化。1979年5月30日中共中央、国务院发布了《关于恢复内蒙古自治区原行政区划的通知》，内蒙古自治区于同年7月1日恢复了1969年7月以前的原行政区域。

内蒙古自治区的行政区域经过反复调整后，至1989年年底辖8个盟、16个市、18个县、51个旗、3个自治旗。

2. 新疆维吾尔自治区。

1955年9月13日全国人民代表大会常务委员会第二十一次会议通过《关于成立新疆维吾尔自治区撤销新疆省建制的决议》，同年10月1日成立了新疆维吾尔自治区，撤销新疆省，以新疆省的行政区域为新疆维吾尔自治区的行政区域。

新疆维吾尔自治区面积160多万平方公里，是全国面积最大的省级行政区域单位。境内的民族除维吾尔族、汉族外，有哈萨克、回、满、蒙古、柯尔克孜、锡伯、塔吉克、乌孜别克、达斡尔、塔塔尔、俄罗斯等少数民族、以维吾尔族人口为最多，约占全自治区总人口的3/5。据1982年第三次全国人口普查统计，全国维吾尔族人口达595.71万人，基本都居住在新疆境内。按新疆维吾尔族的人口数、聚居面积、民族关系以及历史情况等，将新疆省改建为自治区是新中国实施民族区域自治制度的又一范例。

截止到1989年年底，新疆维吾尔自治区辖8个地区、5个自治州、16个市、65个县、6个自治县。

3. 广西僮族自治区。

广西僮族自治区面积23万多平方公里，自治区境内有壮（1965年10月僮族改名为壮族）、汉、瑶、苗、侗、回、仫佬、毛难、水、彝、京、仡佬等12个民族。僮族人口约占全区总人口的1/3，是中国人口最多的一个少数民族，1957年人口有650万，90%以上聚居在广西省西部和中部42个县的地区。1952年年底曾经建立了相当行署一级的桂西僮族自治区（宪法颁布后改称自治州），但按僮族的人口应当成立一个省级的自治区才能与僮族在中国民族大家庭中的地位相适应。1957年7月4日国务院全体会议第五十一次会议讨论提出了《关于成立广西僮族自治区的议案》，7月15日经第一届全国人民代表大会第四次会议通过。9月4日成立了广西僮族自治区筹备委员会。1958年3月5日成立广西僮族自治区，撤销广西省建制，以原广西省的行政区域为广西僮族自治区的行政区域。1965年改称广西壮族自治区。

截至1989年年底，广西壮族自治区共辖8个地区，12个市、64个县、12个自治县。

4. 宁夏回族自治区。

回族也是中国人口较多的一个少数民族，1957年全国有350多万，其中分布在甘肃省（包括原宁夏省的行政区域）境内的约有110多万。新中国成立后，在甘肃、青海、新疆、河北、贵州、云南等省陆续成立了4个自治州和10个自治县，但按回族的人口数和聚居情况还应当成立一个省级的自治区。1957年7月4日国务院全体会议第五十一次会议讨论提出《关于成立宁夏回族自治区的议案》，7月15日第一届全国人民代表大会第四次会议通过了《关于成立宁夏回族自治区的决议》。据此，1958年6月15日成立了宁夏回族自治区筹备委员会，同年10月25日正式成立宁夏回族自治区，其行政区域为原属甘肃省的银川专区、吴忠回族自治州（以上均为原宁夏省的辖区）、固原回族自治州和平凉专区的隆德县、泾源回族自治县，共2市、17县。

截至1989年年底，宁夏回族自治区共辖2个地区、4个市、16个县。全自治区面积6.6万平方公里，居民中回族人口约占1/3，其余为汉、蒙、满等民族。

5. 西藏自治区。

西藏自治区面积120多万平方公里，有藏、汉、门巴、珞巴、回等民族。1955年3月9日国务院全体会议第七次会议通过了《关于成立西藏自治区筹备委员会的决定》。由中央人民政府代表和西藏地方政府代表、班禅堪布会议厅代表、昌都地区人民解放委员会代表组成西藏自治区筹备委员会筹备小组充分协商，提出了关于成立西藏自治区筹备委员会具体方案的工作报告，经国务院全体会议通过。1956年4月22日成立了西藏自治区筹备委员会，它是负责筹备成立西藏自治区的带政权性质的机关，受国务院领导，其主要任务是依据中国宪法的规定以及关于和平解放西藏办法的协议和西藏的具体情况，筹备在西藏地方实行区域自治。在筹备过程中，由于1959年3月，西藏地方政府的部分噶伦和上层反动集团勾结帝国主义，纠集叛匪，进行叛乱，残害人民，撕毁和平解放西藏的协议，并于3月19日夜间，指挥藏军和叛乱分子，向驻拉萨的人民解放军发动全面进攻。因而推迟了西藏自治区成立的时间。国务院为了维护国家统一和民族团结，除指示彻底平息叛乱外，于同年3月28日，公布了《关于解散西藏地方政府由西藏自治区筹备委员会行使西藏地方政府职权的命令》，于即日起付诸实施。1965年9月9日西藏自治区经过长达十年的筹备阶段，终于正式成立，西藏自治区的行政区域包括原西藏地方和昌都地区的行政区域。截至 1989 年年底，全自治区辖 6 个地区、2 个市、76 个县。

（二）自治州。根据中华人民共和国宪法规定，自治州是介于自治区和自治县之间的第二级民族自治地方。

中国州级民族自治地方始建于 1950 年，仅 1 个，即西康省藏族自治区，其行政地位相当于专区级，1954 年中国宪法颁布后改称自治州。1955 年划归四川省后改名为甘孜藏族自治州。

西康省藏族自治区初建时，全区面积约 16 万平方公里，人口约 14 万人，藏族人口约占全区总人口的 3/4，余为汉、蒙古、纳西、回等民族。解放前在历代反动统治下，少数民族备受剥削和压迫。生产极其落后。1935 年中国工农红军北上抗日路经此地时，曾帮助藏胞在甘孜建立了藏族人民政府博巴依特瓦。新中国成立后，西康省人民政府根据中国人民政治协商会议共同纲领规定的民族区域自治制度，同藏族聚居区的藏族领袖人物进行了充分协商，并在西南民族访问团的帮助下，召开了藏族自治区第一届各界人民代表会议，于 1950 年 11 月 24 日宣布成立西康省藏族自治区人民政府，一些藏族代表人物当选为自治区政府委员会委员。从此进入了一个新的历史阶段。

此后，自治州的数目，陆续增加，截至 1989 年年底，全国在 8 个省、1 个自治区内，有 18 个民族分别建立了 30 个自治州，主要分布在西南、西北各省。即四川、贵州两省各 3 个，云南省 8 个，甘肃省 2 个，青海省 6 个，新疆维吾尔自治区 5 个，吉林、湖北、湖南 3 省各 1 个。

这 30 个自治州中，有 20 个自治州是以一个民族为主体建立的，计藏族自治州 8 个，回族、蒙古族、彝族自治州各 2 个，朝鲜族、白族、哈萨克族、傈僳族、傣族、柯尔克孜族自治州各 1 个。有 10 个自治州是以 2 个民族为主体建立的，计土家族苗族自治州和布依族苗族自治州各 2 个，藏族羌族、苗族侗族、壮族苗族、哈尼族彝族、傣族景颇族、蒙古族藏族自治州各 1 个。各自治州一般直接领导几个至十几个县市。唯独新疆伊犁哈萨克自治州下辖 3 个地区、4 个市、20 个县，是全国辖区最大，人口最多的自治州。其行政地位略高于一般自治州。

在上述30个自治州以外，有7个自治州设立后，由于以下原因先后予以撤销。

1. 自治州由同民族的自治区领导后，不再实行区域自治，撤销自治州建制：绥远省的伊克昭盟自治区（专区级）和乌兰察布盟自治区（专区级），在1954年撤销绥远省，划归内蒙古自治区后，均撤销分别改建为伊克昭盟和乌兰察布盟。甘肃省的巴音浩特蒙古族自治州1956年划归内蒙古自治区后，撤销自治州建制，改设为巴彦淖尔盟；吴忠、固原2回族自治州，1958年划归宁夏回族自治区后，均撤销自治州建制，所辖各县分别划归固原专区或由自治区直接领导。广西省的桂林僮族自治州，在1958年广西省改建为广西僮族自治区后，撤销自治州建制，改设为邕宁专区。

2. 自治州所辖少数民族聚居的县分别改建为同民族的自治县后，撤销自治州建制。广东省海南行政区（1988年4月改建海南省）1987年撤销海南黎族苗族自治州，将自治州所辖乐东、白沙、东方、陵水、昌江5县分别改设为5个黎族自治县，保亭、琼中2县分别改设为2个黎族苗族自治县、由海南行政区直接领导。

（三）自治县。中国县级民族自治地方（自治县）也始建于1950年。共4个，即甘肃省的天祝藏族自治区、卓尼藏族自治区、东乡族自治区、肃北蒙古族自治区。1955年卓尼藏族自治区划归甘南藏族自治州领导后，改设为卓尼县，其余3个自治区均改称自治县。截至1989年年底，全国共建立了122个自治县（含3个自治旗），分布在14个省、3个自治区内。计云南省28个，广西壮族自治区12个，贵州省11个，辽宁省10个，四川省8个，湖南、海南、甘肃、青海4省各7个，河北省、新疆维吾尔自治区各6个，内蒙古自治区及吉林、广东2省各3个，湖北省2个，黑龙江、浙江2省各1个。西南、中南、西北各省、区较多，东南沿海省份最少。

在122个自治县中直接由少数民族聚居的县级行政区域单位改设的多达106个，占自治县总数的86.89%，例如辽宁省将岫岩县改设为岫岩满族自治县，黑龙江省将杜尔伯特旗改设为杜尔伯特蒙古族自治县，内蒙古自治区将莫力达瓦旗改设为莫力达瓦达斡尔族自治县等。其余16个自治县则是由一个或几个县级单位划出少数民族聚居区及其附近的部分地区改设的，例如河北省的大厂回族自治县是由三河、香河2县划出回族聚居的地区改设的，甘肃省的东乡族自治县是由临夏、永靖、和政、宁定4县的各一部分东乡族聚居地区改设的，内蒙古自治区的鄂伦春自治旗则是由喜桂图旗和莫力达瓦旗的各一部分鄂伦春族聚居区改设的。

这122个自治县（旗）大多是一个少数民族为主体的自治县，少数是两个或者几个少数民族为主体的自治县，是由40个少数民族分别建立的，其中有30个民族分别建立了86个单一民族的自治县，计满族自治县12个，瑶族自治县9个，彝族自治县8个，蒙古族自治县7个，回族自治县6个，苗族、黎族、侗族自治县各5个，土家族自治县4个，哈萨克族自治县3个，藏族、佤族自治县各2个，其余有朝鲜、鄂伦春、鄂温克、达斡尔、裕固、东乡、锡伯、塔吉克、傈僳、拉祜、哈尼、撒拉、土族、水族、仫佬、纳西、毛南、畲族等18个民族的自治县各1个。

除上述30个少数民族外，尚有壮族、白族、普米、布朗、傣族、保安、独龙、怒族、布依、仡佬等10个少数民族，同以上部分少数民族，分别以两个或两个以上少数民族为主体联合建立了36个自治县，多分布在西南、中南各省、自治区，其中以两个民族为主体建立的自治县有27个。计四川省4个，贵州省6个，云南省10个，湖南省1个，广东省3个，海南省2个，河北省1个。从民族组合来看，情况比较复杂，计土家族苗族自治县5个（含苗族土家族自治县1个），布依族苗族自治县3个（含苗族布依族自治县1个），仡佬族苗族自治县、哈尼族彝族自治县、回族土家族自治县、黎族苗族自治县各2个，其余有彝族苗族、彝族回族、回族彝族、彝族傣族、傣族彝族、傣族佤族、独龙族怒族、苗族侗族、白族普米族、壮族瑶族、满族蒙古族等11组民族的自治县各1个。以3个或者3个以上民族建立的自治县有9个，计云南省4个，贵州省1个，广西壮族自治区3个，甘肃省1个。

40年来民族自治县的建立主要分三个时期，即两个发展高峰，中间夹一个停滞期。1965年以前的十多年中，县级民族自治地方如雨后春笋，蓬勃发展，从无到有，从少到多，陆续建立了66个自治县，3个自治旗。十年动乱期间停滞不动。直到1978年年底中国共产党十一届三中全会以后，在中央正确的方针、政策指引下，随着政治、经济的发展，自治县的设置又形成一个新的高峰，自治县逐年递增，到1989年年底增加到119个自治县，3个自治旗，净增加53个自治县。

据不完全统计，另有26个自治县（包括县级自治区）因划归相同民族的自治州或自治区领导后，而改为一般县。计贵州省10个，云南省6个，甘肃省4个，湖北、四川两省各2个，广东、热河两省各1个。例如：贵州省的册亨、贞丰、望谟、安龙4个布依族苗族自治县，因1981年划归新建的黔西南布依族苗族自治州领导，均撤销自治县建制恢复为4个县。

（四）民族乡。中国40年来，在建立各级民族自治地方的同时，也建立了众多的民族乡。

1954年宪法颁布以前，各地曾按照政协共同纲领和民族区域自治实施纲要制定的民族区域自治制度，在建立县级以上各级民族自治地方的同时，建立了106个相当于区的民族自治区和许多相当于乡的民族自治区。但几年的实践经验证明，在只有一个相当于区或相当于乡的少数民族聚居区内，事实上不可能完全行使宪法中规定的各种自治权，因而不需要也不适宜建立民族自治机关。根据这一情况，1954年颁布的中国宪法正式规定民族自治地方分为自治区、自治州、自治县三级。1955年12月29日国务院发布了《关于建立民族乡若干问题的指示》和《关于更改相当于区的民族自治区的指示》，指出凡是相当于乡的少数民族聚居的地方，应当建立民族乡；凡是过去建立的相当于乡的民族自治区，应当改建为民族乡。各少数民族相当于乡的聚居地方应当依照当地民族关系和便于生产等条件，分别建立以一个少数民族聚居的，以两个或几个少数民族共同聚居的，或者以少数民族聚居的地方为基础，并且包括一部分汉族居民区的相当于乡的地方建立民族乡。

各地根据上述指示，在1956年以后，将原设的相当于区、乡的民族自治区，分别不同情况，有的联合改建为自治州、自治县，有的改建为区公所和民族乡。此后，陆续在各地相当于乡的少数民族聚居地方建立了许多民族乡。

1958年人民公社化后，在“左”的思想指导下，民族乡也同其他乡一样被撤销，合并于人民公社。

1982年颁布的中国新宪法重新确认：县、自治县分为乡、民族乡、镇。紧接着中共中央、国务院于1983年10月12日发出了《关于实行政社分开建立乡政府的通知》。同年12月29日国务院又发出《关于建立民族乡问题的通知》，后一通知实际是对1955年12月29日国务院《关于建立民族乡若干问题的指示》的重申和补充。在这一通知中对于建立民族乡的民族组成、人口条件、名称的拟定、民族干部的配备、民族代表的名额、民族语言的使用，以及根据当地民族特点，因地制宜地发展经济、文化、教育、卫生事业等都做出了明确规定。据此，从1984年起，民族乡迅速得到恢复和发展，到1989年年底建立了1755个民族乡。

新中国40年，民族区域自治的实施取得了巨大成就。各民族自治地方均以崭新的面貌屹立于全国各地、各民族之间已确立了新型的平等、团结、互助的社会主义民族关系。到1989年年底，全国共建立了157个民族自治地方，包括5个自治区，30个自治州，122个自治县（旗）。各民族自治地方的面积占全国总面积的60%以上。民族自治地方的少数民族人口占全国少数民族总人口的90%。事实说明，需要实行区域自治的少数民族聚居地方。基本上都已根据各自情况分别建立了各级民族自治地方，各民族自治地方的自治机关、人民代表大会都按照宪法和民族区域自治法的规定，配备了民族干部和相当名额、比例的民族代表，分别制定了自治条例和单行法规。根据宪法和法律的原则，按照各地实际情况贯彻执行上级国家机关的决议、决定、命令和指示，在国家计划指导下和国家教育方针下，自主管理和安排地方性的经济、文化建设事业，自主安排地方财政收入。地方财政收入入不敷出时，由上级财政机关补助。例如1979年到1983年国家对5个自治区和云南、贵州、青海3个少数民族较多的省，给予财政补助245亿元。上级国家机关还大力帮助少数民族加速经济、文化建设，在各方面给予自治地方以优于汉族地区的各项特殊照顾，并大量培养各少数民族干部、专业人才和技术工人等，从而使民族自治地方的自治机关和企事业单位得以在一定程度上，优先配备了民族干部专业人才和技术工人。所有这一切都充分体现了民族自治地方自主管理地方经济、文化、教育事业的权利，体现了自治地方各少数民族自主管理本民族内部事务的权利，体现了中国共产党和国家对少数民族的深切关怀和特殊照顾。

民族区域自治制度的大力实施，激发了少数民族建设社会主义的积极性，建立了新型的社会主义民族关系，促进了少数民族地区经济、文化、教育事业的发展，使历史上遗留下来的少数民族地区落后状态逐步改变，向各民族事实上的平等迈进。各族人民正在坚持四项基本原则的基础上，进一步加强民族的团结和巩固国家的统一，为全国各民族最大多数人民的最大利益，即国家的社会主义现代化建设和各民族的共同繁荣而努力奋斗。

中华人民共和国各级民族自治地方一览表

（1989年12月）

表6

级　别	隶属关系	各级民族自治地方名称	设置年份	说　明
总计		5 自治区 30 自治州 119 自治县 3 自治旗		119个自治县、3个自治旗中共有107个是由整个县、旗改设的占总数的87.7%。
自治区 5		内蒙古自治区 广西壮族区 西藏自治区 宁夏回族自治区 新疆维吾尔自治区	1947 1958 1965 1958 1955	
自治州 30	吉林省	延边朝鲜族自治州	1952	
	湖北省	鄂西土家族苗族自治州	1983	
	湖南省	湘西土家族苗族自治州	1952	1957年前为湘西苗族自治州
	四川省	甘孜藏族自治州 凉山彝族自治州 阿坝藏族羌族自治州	1950 1952 1953	
	贵州省	黔东南苗族侗族自治州 黔南布依族苗族自治州 黔西南布依族苗族自治州	1956 1956 1981	
	云南省	西双版纳傣族自治州 红河哈尼族彝族自治州 德宏傣族景颇族自治州 怒江傈僳族自治州 大理白族自治州 文山壮族苗族自治州 迪庆藏族自治州 楚雄彝族自治州	1953 1953 1954 1956 1957 1957 1957 1953	1957年前为红河哈尼族自治州
	甘肃省	甘南藏族自治州 临夏回族自治州	1953 1956	
	青海省	玉树藏族自治州 海北藏族自治州 海南藏族自治州 黄南藏族自治州 果洛藏族自治州 海西蒙古族藏族自治州	1951 1953 1953 1953 1953 1954	

续表

级　别	隶属关系	各级民族自治地方名称	设置年份	说　明
自治州	新疆维吾尔自治区	昌吉回族自治州	1954	
		巴音郭楞蒙古自治州	1954	
		博尔塔拉蒙古自治州	1954	
		克孜勒苏柯尔克孜自治州	1954	
		伊犁哈萨克自治州	1954	
自治县 119	河北省	大厂回族自治县	1955	三河县析置
		孟村回族自治县	1955	盐山、黄骅、沧县三县各一部分地区设置
		青龙满族自治县	1986	青龙县改设
		丰宁满族自治县	1986	丰宁县改设
		宽城满族自治县	1989	宽城县改设
		围场满族蒙古族自治县	1989	围场县改设
	辽宁省	阜新蒙古族自治县	1957	阜新县改设
		喀喇沁左翼蒙古族自治县	1957	喀喇沁左旗改设
		岫岩满族自治县	1985	岫岩县改设
		凤城满族自治县	1985	凤城县改设
		新宾满族自治县	1985	新宾县改设
		清源满族自治县	1989	清源县改设
		本溪满族自治县	1989	本溪县改设
		桓仁满族自治县	1989	桓仁县改设
		宽甸满族自治县	1989	宽甸县改设
		北镇满族自治县	1989	北镇县改设
	吉林省	前郭尔罗斯蒙古族自治县	1956	郭尔罗斯前旗改设
		长白朝鲜族自治县	1958	长白县改设
		伊通满族自治县	1988	伊通县改设
	黑龙江省	杜尔伯特蒙古族自治县	1956	杜尔伯特旗改设
	浙江省	景宁畲族自治县	1984	景宁县改设
	湖北省	长阳土家族自治县	1984	长阳县改设
		五峰土家族自治县	1984	五峰县改设
	湖南省	通道侗族自治县	1954	通道县改设
		江华瑶族自治县	1955	江华县改设
		城步苗族自治县	1956	城步县改设
		新晃侗族自治县	1956	晃县改设
		芷江侗族自治县	1986	芷江县改设
		靖州苗族侗族自治县	1987	靖县改设
		麻阳苗族自治县	1988	麻阳县改设
	广东省	连南瑶族自治县	1953	连南县改设
		乳源瑶族自治县	1956	乳源县及乐昌、曲江 2 县部分地区设置
		连山壮族瑶族自治县	1958	连山县改设

续表

级　别	隶属关系	各级民族自治地方名称	设置年份	说　明
自治县	广西壮族自治区	龙胜各族自治县	1951	龙胜县改设
		隆林各族自治县	1952	隆林县改设
		融水苗族自治县	1953	融安、罗城、三江3县及贵州省从江县的各一部分地区设置
		三江侗族自治县	1953	三江县改设
		金秀瑶族自治县	1953	蒙山、荔浦、桂平、平南、石龙五县各一部分地区设置
		都安瑶族自治县	1955	都安县及河池、宜山、马山、忻城四县各一部分地区设置
		巴马瑶族自治县	1955	凤山、田东、东兰3县各一部分地区设置
		防城各族自治县	1957	防城县析置，1959年防城县撤销并入
		罗城仫佬族自治县	1983	罗城县改设
		富川瑶族自治县	1983	富川县改设
		环江毛南族自治县	1986	环江县改设
		大化瑶族自治县	1987	都安、巴马、马山3县各一部分地区设置
	海南省	白沙黎族自治县	1987	白沙县改设
		昌江黎族自治县	1987	昌江县改设
		东方黎族自治县	1987	东方县改设
		乐东黎族自治县	1987	乐东县改设
		陵水黎族自治县	1987	陵水县改设
		保亭黎族苗族自治县	1987	保亭县改设
		琼中黎族苗族自治县	1987	琼中县改设
	四川省	木里藏族自治县	1952	盐源县析置
		石柱土家族自治县	1983	石柱县改设
		秀山土家族苗族自治县	1983	秀山县改设
		酉阳土家族苗族自治县	1983	酉阳县改设
		黔江土家族苗族自治县	1983	黔江县改设
		彭水苗族土家族自治县	1983	彭水县改设
		马边彝族自治县	1984	马边县改设
		峨边彝族自治县	1984	峨边县改设
	贵州省	威宁彝族回族苗族自治县	1954	威宁县改设
		松桃苗族自治县	1956	松桃县改设
		三都水族自治县	1956	三都县改设
		镇宁布依族苗族自治县	1963	镇宁县改设

续表

级　别	隶属关系	各级民族自治地方名称	设置年份	说　明
自治县	贵州省	紫云苗族布依族自治县	1965	紫云县改设
		关岭布依族苗族自治县	1981	关岭县改设
		玉屏侗族自治县	1983	玉屏县改设
		道真仡佬族苗族自治县	1986	道真县改设
		务川仡佬族苗族自治县	1986	务川县改设
		印江土家族苗族自治县	1986	印江县改设
		沿河土家族自治县	1986	沿河县改设
	云南省	峨山彝族自治县	1951	峨山县改设
		澜沧拉祜族自治县	1953	澜沧县析置，1955 年澜沧县撤销并入
		江城哈尼族彝族自治县	1954	江城县改设
		孟连傣族拉祜族佤族自治县	1954	澜沧县析置
		耿马傣族佤族自治县	1955	耿马县改设
		宁蒗彝族自治县	1956	宁蒗县改设
		贡山独龙族怒族自治县	1956	贡山县改设
		巍山彝族回族自治县	1956	巍山县改设为巍山彝族、永建回族二自县，1960 年合并
		路南彝族自治县	1957	路南县改设
		河口瑶族自治县	1958	河口县及屏边县部分地区设置
		屏边苗族自治县	1958	屏边县改设
		沧源佤族自治县	1958	沧源县改设
		丽江纳西族自治县	1958	丽江县改设
		西盟佤族自治县	1963	西盟山区（县级）改设
		南涧彝族自治县	1963	巍山县的南涧地区改设
		寻甸回族彝族自治县	1979	寻甸县改设
		元江哈尼族彝族傣族自治县	1979	元江县改设
		新平彝族傣族自治县	1979	新平县改设
		墨江哈尼族自治县	1979	墨江县改设
		双江拉祜族佤族布朗族傣族自治县	1985	双江县改设
		维西傈僳族自治县	1985	维西县改设
		景东彝族自治县	1985	景东县改设
		景谷傣族彝族自治县	1985	景谷县改设
		普洱哈尼族彝族自治县	1985	普洱县改设
		漾濞彝族自治县	1985	漾濞县改设

续表

级　别	隶属关系	各级民族自治地方名称	设置年份	说　明
自治县	云南省	禄劝彝族苗族自治县	1985	禄劝县改设
		金平苗族瑶族傣族自治县	1985	金平县改设
		兰坪白族普米族自治县	1987	兰坪县改设
	甘肃省	天祝藏族自治县	1950	永登县的天祝区改设
		肃北蒙古族自治县	1950	肃北设治局改设
		东乡族自治县	1950	临夏、宁定、和政、永靖 4 县各一部分地区设置
		张家川回族自治县	1953	清水、秦安、庄浪县及陕西陇县各一部分地区设置
		肃南裕固族自治县	1954	酒泉、高台、张掖 3 县各一部分地区设置
		阿克塞哈萨克族自治县	1954	甘肃省西部博罗转井周围地区设置
		积石山保安族东乡族撒拉族自治县	1980	临夏县析置
	青海省	互助土族自治县	1953	互助县改设
		化隆回族自治县	1953	化隆县改设
		循化撒拉族自治县	1953	循化县改设
		河南蒙古族自治县	1953	河南区（县级）改设
		门源回族自治县	1953	亹源县改设
		大通回族土族自治县	1985	大通县改设
		民和回族土族自治县	1985	民和县改设
	新疆维吾尔自治区	巴里坤哈萨克自治县	1954	镇西县改设
		塔什库尔干塔吉克自治县	1954	蒲犁县改设
		木垒哈萨克自治县	1954	木垒河县改设
		焉耆回族自治县	1954	焉耆县改设
		察布查尔锡伯自治县	1954	宁西县改设
		和布克塞尔蒙古自治县	1954	和丰县改设
自治旗 3	内蒙古自治区	鄂伦春自治旗	1952	鄂伦春旗改设
		莫力达瓦达斡尔族自治旗	1958	莫力达瓦旗改设
		鄂温克族自治旗	1958	索伦旗改设

四、直辖市、市、镇

（一）直辖市。中华人民共和国宪法规定直辖市与省、自治区同为省级行政区域单位。直辖市的行政区域划分为区、县。

直辖市一般是建市时间较长，人口众多，在政治、经济、文化等方面占特别重要的地位，对全国各地有重大影响的大城市。

新中国成立初期，在成立华北、东北、华东、中南、西南、西北6个大行政区的同时，根据当时各大城市的具体情况，确定了北京、天津、沈阳、抚顺、鞍山、本溪、上海、南京、武汉、广州、重庆、西安12个市为大行政区直辖市，因大行政区人民政府（军政委员会）既是地方最高一级政权机关，又是中央人民政府的代表机关，所以这12个市实际也是中央直辖市。除北京是中国首都外，北京和沈阳、上海、武汉、重庆、西安分别为华北6个大行政区人民政府（军政委员会）的驻地。其余天津等6个市则是全国范围内，在政治、经济、文化等方面占重要地位的大城市。

70年代以前，中国直辖市随着全国政治、经济形势的发展变化，有过多次调整和变动：

1949年10月1日中央人民政府成立后，撤销华北人民政府，北京、天津2市由中央直辖。1950年10月5日东北区的旅大行署区及大连市撤销合并设立旅大市（1981年恢复大连市原名），仍归东北区直辖。1952年撤销苏北、苏南2行署区，合并恢复江苏省时，将直辖市南京市改为省辖市划归江苏省，江苏省人民政府驻南京市。同年，东北等5个大行政区人民政府（军政委员会）改为大区行政委员会后，不再是地方最高一级政权机关，大行政区直辖市正式成为中央直辖市。1953年7月3日政务院批准将吉林省的长春市、松江省的哈尔滨市改为中央直辖市。至此，全国直辖市增至14个，是直辖市最多的一年。

根据1954年6月19日中央人民政府委员会《关于撤销大区一级行政机构和合并若干省市的决定》，各大区行政委员会撤销后，除保留北京、天津、上海3个直辖市外，其余11个直辖市改为省辖市。即将沈阳、旅大、鞍山、抚顺、本溪5市划归辽宁省；长春市划归吉林省；哈尔滨市划归黑龙江省；武汉市划归湖北省；广州市划归广东省；重庆市划归四川省；西安市划归陕西省。其中沈阳、长春、哈尔滨、武汉、广州、西安6市分别为辽宁等6省的人民政府驻地，对建设和发展各省的政治、经济、文化中心、便利各省行政工作的进行是有益的。

1958 年 2 月 11 日第一届全国人民代表大会第五次会议通过了《关于直辖市天津市改为河北省省辖市的决议》将天津市划归河北省，河北省人民政府由保定市迁驻天津市。这是为适应当时河北、天津两个地区工农业的密切配合和发展，并便于国家行政工作的进行所采取的权宜措施。

此后，从 1958 年到 1966 年的九年中，全国只有北京、上海 2 直辖市，是直辖市最少的时期。

1967 年 1 月 20 日中共中央、国务院批准将天津市由河北省划出，仍恢复为直辖市。天津市位于华北平原东北部，海河流域五大支流汇合处，是中国北方水陆交通运输枢纽，重要的综合性工业基地之一，又是首都北京的出海门户和陆路交通要道，其经济辐射力和凝聚力遍达全国各地，归河北省领导，使其发展受到一定的局限。只有改为直辖市，才能同它在全国的经济地位相适应，才能进一步地促进它的建设和发展。这一点，在天津市划归河北省领导的九年实践中得到了印证。

至此，全国共有北京、天津、上海 3 个直辖市，20 多年来无变动。

截至 1989 年年底，各直辖市的行政区域划分如下：北京市分为 10 个市辖区和昌平、密云、通县、延庆、顺义、大兴、怀柔、平谷 8 县；天津市分为 13 个市辖区和蓟县、武清、宁河、宝坻、静海 5 县；上海市分为 12 个市辖区和上海、南汇、青浦、嘉定、奉贤、崇明、松江、川沙、金山 9 个县。

（二）市。市是中国在工商业、交通运输业、文教卫生事业较发达、聚居人口及非农业人口较多的城镇设置的行政区域单位。根据中国宪法规定，市有地级市（较大的市）及县级市，地级市下分为区、县。

1. 市的沿革。

中国在民国 3 年（1914 年）开始有市建制的萌芽（北平市）以后陆续设置了一些市。但在半殖民地半封建的旧中国，由于地主、官僚资产阶级的压榨、剥削，帝国主义的侵略、掠夺，百业凋零，国民经济发展迟缓，甚至遭到破坏，各地缺乏设置市建制的经济基础，市的发展极为缓慢。至 1947 年全国除 12 个院辖市外，仅有 57 个省辖市，分布在 31 个省内。

新中国成立后，1949 年年底市增至 122 个，较 1947 年增加 65 个，其中部分市是解放战争时期，根据当时对敌斗争的需要，在解放区设置的。例如山东省的羊口、石岛、周村、张店、博山等市。全国解放后，曾根据新的形势进行了必要的调整。

40 年市发展总的情况是由少到多，发生了质与量的变化。但市的发展是曲折的，有时有反复变动现象，80 年代以后，市建制大幅度地增加，盛况是空前的。

从国民经济恢复时期到 1961 年，市的设置过快，违反了客观经济规律，造成反复变动。1954 年以前的五年中，市数逐年递增。到 1954 年年底，增至 162 个市。除其中有 9 个市是原来的直辖市外，较 1949 年净增加 31 个市。市的设置在一定程度上超越了工农业生产发展的需要。主要原因是：在此之前，国家对设置市建制的标准缺乏统一规定，各地在申报设市时，无所依据，而各自掌握的设市标准普遍过宽，致使有的地区设置市建制过多，将一些不够设市标准的城镇也设了市；有些市的郊区划的过大，农业人口过多。为了改变这一情况，1955 年 6 月 9 日国务院发布了《关于设置市镇建制的决定》，首次专门对设置市建制的标准、设置市辖区的条件、划分郊区的范围等做出规定，要求各省、自治区对现有的市进行审查，提出保留或撤销的意见，报国务院审批。

上述决定发布的当年市数没有增加，还减少了一个，但限于人们的认识水平，加之后来受到“左”倾错误的影响，从 1956 年到 1961 年市数仍在逐年递增，到 1961 年增至 206 个，较 1955 年又增加了 45 个市。当时全国的形势是：1958 年后，在“左”的思想指导下，忽视了客观的经济规律，造成“大跃进”、“反右倾”、人民公社化运动中高指标、浮夸风等错误，加上连年的自然灾害，和苏联政府背信弃义地撕毁合同，中国国民经济在1959年到1961年发生严重困难。市的设置却和这一形势背道而驰，造成这一错误的主要原因是：人们对于市的发展，必须和工农业生产特别是农业生产发展相适应的客观规律，缺乏足够的认识，单凭主观愿望行事，因而造成市的设置过快、市建制增加过多、市郊区划的过大，城镇人口增加过猛，超过了农业生产的负担能力，对各方面造成不良影响。

针对上述情况，1963年12月7日中共中央、国务院发布了《关于调整市镇建制缩小城市郊区的指示》，明确指出：从中国当前农业生产水平和工业建设的实际需要来看，城镇人口占全国总人口的比重过大，市、镇建制过多，市的郊区偏大，对国民经济发展是不利的。提出撤销不够设市条件的市和缩小市郊区。要求各地对现有的市逐个进行审查。各地端正了认识，对这一指示认真贯彻执行后，市数到1965年减为167个，较1961年减少了39个市。

“文化大革命”期间，随着政治、经济、文化各个领域遭到严重破坏，各级行政区划基本处于停滞状态。从1966年到1976年的10年中，市的设置较平稳，市数由167个增加到185个。

1976年粉碎江青反革命集团以后，特别是中国共产党的十一届三中全会以后，在中央的正确方针、政策指引下，城乡经济体制改革全面展开，工农业蓬勃发展，城镇的产业结构和人口结构发生了很大变化。为适应新的形势，1980年国务院批准召开的全国城市规划工作会议，提出了“控制大城市规模，合理发展中等城市，积极发展小城市”的城市规划方针。并载入1984年1月5日国务院颁布的《城市规划条例》，为新时期中国城市的发展指出了正确的方向。

1986年4月国务院批转了《民政部关于调整设市标准和市领导县条件的报告》，要求各地试行。在这一报告中放宽了市农业人口的比重，规定了整县改设为市的标准。在1979年到1989年的10年中，市数由213个增加到447个，其中有地级市185个、县级市262个。市数翻了一番。市建制的发展进入了一个新的时期，这标志着中国经济稳定地、持续地发展为市的设置奠定了经济基础，从而促进了市的迅速发展，而市的发展又对城乡经济的繁荣起到了积极的作用。

2. 市的设置标准。

市的设置标准随着各个时期政治、经济形势的发展作相应的调整。从不同时期的设市标准，可以看到市的发展轨迹和市发展的客观规律。新中国成立以来40年间对市的设置标准和市郊区的划定等先后有以下变动：

1955年发布的国务院《关于设置市镇建制的决定》对设市标准规定为：聚居人口10万以上的城镇和聚居人口不足10万的重要工矿基地、省级国家机关所在地、规模较大的物资集散地，以及边远地区的重要城镇可以设置市的建制。规定市郊区不宜过大。这一标准的制定，改变了以前对设市标准无统一规定，各地无所遵循的混乱局面。

1963年发布的中共中央、国务院《关于调整市镇建制缩小城市郊区的指示》根据精简城镇人口的总方针，对设市标准规定为：凡是在完成精减职工、减少城镇人口任务和缩小城市郊区以后，聚居人口仍然在10万以上的，和聚居人口不足10万的省级国家机关所在地、重要工矿基地、规模较大的物资集散地、边疆地区的重要城镇，可以保留市的建制。不符合上述条件的市都应撤销。并规定市的郊区应当尽量缩小。市总人口中农业人口的比重，一般不应超过20%，超过的应当压缩。在这一指示中强调缩小市的郊区、压缩市的农业人口比重，旨在提高设市标准，改变设市过猛、过多的势头，使之与国民经济发展水平相适应。

以上决定和指示都强调市郊区要尽量缩小，以降低市农业人口的比重，主张以城镇为基础，划进必要的郊区，设置市建制，从而对整县改设为市严加控制。

1983年根据国民经济发展的新形势，民政部与劳动人事部共同研究制定了内部掌握的撤县建市的标准为：整个县改设为市、或撤销县并入市的，县政府驻地的非农业人口应在8万以上（总人口50万以上的县改市的，县政府驻地的非农业人口要占总人口的20%）、工业年产值要在2亿元以上，初次规定了产值标准。由于提高了农业人口比重，放宽了整县设市标准，使市建制大幅度地增加。

1986年国务院批转各地的《民政部关于调整设市标准和市领导县条件的报告》中，对县属镇改设为市的标准调整为：非农业人口6万以上，年国民生产总值2亿元以上，已成为该地经济中心的镇和非农业人口不足6万，年国民生产总值不足2亿元的少数民族和边远地区的重要城镇，重要工矿科研基地，著名风景名胜区、交通枢纽、边境口岸，可以设置市的建制。对整县改设为市的标准规定为：总人口50万以下的县，县人民政府驻地镇非农业人口10万以上，常住人口中，农业人口不超过40%，年国民生产总值3亿元以上的，可以设市撤县。总人口50万以上的县，县人民政府驻地镇的非农业人口一般在12万以上，年国民生产总值4亿元以上，可以设市撤县。自治州人民政府或地区（盟）行政公署驻地镇，虽然非农业人口不足10万，年国民生产总值不足3亿元，如确有必要，也可以设市撤县。

这一规定同1983年内部掌握的建市标准相较，主要调整了以下内容：其一，根据国务院《关于农民进入集镇落户问题的通知》的有关规定将长年进城务工经商的农村人口计入非农业人口，将原规定的非农业人口8万以上相应地改为10万以上。其二，因年国民生产总值更能全面反映城镇经济情况，将原规定的年工业总产值2亿元，改为年国民生产总值3亿元。其三，将50万人口以下和50万人口以上的县整县改市，分别规定了非农业人口和产值指标。这一规定发布后，在各地的积极贯彻执行中，市的发展盛况空前，市数大幅度增长。

3. 市的设置模式。

40年中国市的设置模式基本有两种：其一是保留县建制，仅以县属城镇划进必要农村设置为市，其二是撤销县建制，将整个县改设为市，前者称为城镇切块设市，后者称为撤县设市。而撤县设市又包括一次性撤县设市和二次性撤县设市：一次性撤县设市是一步完成撤销县建制，改设为市建制，以县行政区域为市的行政区域的变动；二次性撤县设市则是分两步完成，先以县属城镇划进必要的部分农村改设为市建制，过渡一段时间后，再撤销县建制，将其行政区域合并于市。

中国70年代以前主要采取城镇切块设市的模式，也有少数撤县设市的。据不完全统计，1979年比1947年增加的156个市中，切块设市的140个约占90%，撤县设市的16个，约占10%。

80年代以后，中国坚持以经济建设为中心，坚持四项基本原则，坚持改革开放，国家经济实力迅速增强。在这一新形势下，根据全国城市规划工作会议制定的“控制大城市规模，合理发展中等城市，积极发展小城市”的城市规划方针，在调查研究总结前30年实践经验的基础上，逐步明确了为加强城乡经济联系，加速城市化进程，市的设置模式，应当从城乡分割的城镇设市的模式，转到城乡结合的撤县设市的模式上来，并制定了新的撤县设市的标准交各地试行。

据统计，从1980年到1989年的10年中增设的234个市中，撤县设市的多达208个，切块设市的仅26个。

4. 市的分级。

市建制的分级，除根据中华人民共和国宪法规定，按其行政地位划分为直辖市、地级市（较大的市）、县级市外，另根据国务院1984年颁布的《城市规划条例》规定：城市按照市区和郊区的非农业人口划分为大、中、小三级，即市区和郊区非农业人口在50万以上的为大城市；非农业人口在20万以上不足50万的为中等城市；非农业人口在20万以下的为小城市。截至1988年年底，全国3个直辖市，431个市中有大城市58个，中等城市110个，小城市266个。而在58个大城市中，非农业人口在200万以上的市有9个：上海、北京、天津、沈阳、武汉、广州、哈尔滨、重庆、南京等市。非农业人口在100万至200万的市有19个：西安、大连、成都、长春、太原、青岛、济南、抚顺、鞍山、兰州、郑州、昆明、杭州、长沙、齐齐哈尔、南昌、石家庄、乌鲁木齐、唐山等市。全国有21

个省的省会和3个自治区的首府均为大城市，海南省省会海口市和宁夏回族自治区首府银川市属中等城市，西藏自治区首府拉萨市属小城市。

5. 市领导县体制。

中国最早实行市领导县体制的是1950年由旅大行署区、大连市、大连县合并改设的旅大市（今大连市），当时领导旅顺市和金县、长海2县。其后，1958年国务院又先后批准北京、天津、上海3个直辖市和辽宁省实行市领导县体制。

1959年9月17日第二届全国人民代表大会常务委员会第九次会议通过了《关于直辖市和较大的市可以领导县、自治县的决定》对市领导县体制的施行起了推动作用。到1960年年底全国共有48个市（包括3个直辖市）分别领导234个县。以后由于三年困难时期等原因，市领导县呈收缩趋势，到1965年年底全国只有北京、上海2个直辖市和山西省太原市，辽宁省旅大、抚顺、本溪、丹东、阜新5个市，吉林省长春、吉林2个市，陕西省西安市，新疆维吾尔自治区乌鲁木齐市，山东省济南、青岛2个市，安徽省合肥市，浙江省杭州市，福建省厦门市，湖北省黄石市，湖南省长沙、株洲2个市，广东省广州市，四川省重庆市以及西藏自治区拉萨市，共2个直辖市及13个省2个自治区的22个市分别领导78个县级行政区域单位。

此后，市领导县的体制载入历次颁布的《中华人民共和国宪法》中，以法律形式予以确认，因而又得到进一步推行。

中共十一届三中全会后，随着政治、经济体制改革的深入发展，市领导县迅速铺开，国务院先后于1983年、1984年批准辽宁、江苏2省，在全省范围内，撤销地区行政公署，实行市领导县体制。

1986年2月国务院将民政部《关于调整设市标准和市领导县条件的报告》批转各地试行。在这一报告中对市领导县的条件明确规定为：市区非农业人口25万以上，年国民生产总值10亿元以上的中等城市，已成为该地区的政治、经济和科学、文化中心，并对周围各县有较强的辐射力和吸引力，可实行市领导县的体制。由于这一规定的发布，使市领导县体制得到空前的发展，1988 年 1 月国务院又批准广东省在全省范围内撤销地区行政公署，实行市领导县体制，其他各省、自治区除海南省外，普遍各有一个或几个市领导县。截至 1989 年年底，全国 185 个地级市中有 166 个市领导着 685 个县级行政单位。连同北京、天津、上海 3 个直辖市领导的 22 个县，共 707 个县级行政单位，占全国 2181 个县级行政单位（包括 262 个县级市、1919 个县、自治县、旗、自治旗等）的 32.4%。

从市领导县的试点情况看，在中国经济比较发达的地区，实行市领导县体制，有利于改变城乡对立局面，建立新型城乡关系，有利于发挥中心城市多功能作用，从各方面支援农村，有利于加速新型集镇的建设和城乡产业结构的调整，同中国社会主义商品经济发展方向是相符的。但也存在一些问题，主要是有的省区将不具备领导县条件的县级市升格为地级市，勉强领导县，市、县矛盾较大，有些市领导县后，在经济管理体制上，没有完全突破城乡脱节、条块分割的状况。有些城市在工作中较为普遍的存在着重城市，轻农村，重工业，轻农业，重市属企业，轻乡镇企业的倾向，对农村工作有所削弱，都是有待研究解决的问题。

6. 市辖区的设置。

《中华人民共和国宪法》规定：直辖市和较大的市（即地级市）分为区、县。据此，市辖区是直辖市和地级市的下一级行政区域单位。国务院 1955 年 6 月 9 日发布的《关于设置市镇建制的决定》明确规定：人口在 20 万以上的市，如确有分设区的必要，可以设市辖区。人口在 20 万以下的市，一般不应设市辖区，可设立街道办事处作为市人民委员会的派出机关。其后，随着政治、经济形势的发展，设区的市条件有所提高，市辖区数逐年呈增加趋势。地级市一般均为非农业人口在 20 万以上的市，属中等以上城市，基本都设有市辖区。截至 1989 年年底，全国 185 个地级市中有 177 个市共设有 648 个市辖区，较 1980 年全国 511 个市辖区增加了 137 个市辖区。地级市的市辖区的行政地位相当于县。

（三）镇。镇是属于小城市范畴的行政区域单位，它是手工业、工商业比较集中的地区，也是城乡物资交流集散地。既位于广大农村包围之中，又联系着大中城市，在农村和城市之间起着桥梁和纽带作用。由于它的经济条件和生活方式不同于农业地区，国家需要设置镇建制进行专门管理。镇和乡、民族乡同为中国县、自治县、市以下的基层行政区域单位。

新中国成立后，镇建制的设置和发展经历了一个曲折过程，国民经济恢复时期和第一个五年计划实施时期，随着国民经济迅速发展和社会主义改革的顺利进行，促进了镇建制的设置和发展。60 年代末以后，受到“左”的指导思想的干扰和三年困难时期的影响，镇的发展放慢。特别是“文化大革命”十年内乱期间，国民经济遭到严重破坏，镇的发展陷于停顿、压缩。中共十一届三中全会以后，城乡经济日益复苏、繁荣，进入 80 年代，镇的发展形成一个新的高峰，这就是 40 年来，中国镇建制的设置和发展的概貌。

1954 年以前，由于镇的设置标准缺乏统一规定，各地自行掌握的设镇标准普遍过宽，有些省设置镇建制过多，将一些不够设镇条件的小城镇也设为镇建制，违反了城镇人口的增长必须受农业发展水平的制约这一客观规律，造成镇建制设置的反复变动。

1955 年国务院发布的《关于设置市镇建制的决定》首次对设镇建制的标准统一规定为：县级或者县级以上国家机关所在地。可以设置镇建制。或者聚居人口在 2000 以上，有相当数量工商业的居民点，和聚居人口 2000 以下的有相当数量工商业居民的少数民族地区的集镇，以及由县领导的规模较小、人口不多的工矿基地，也可以设镇建制，并规定镇以下不再设乡。要求各地对现有的镇建制进行审查和调整。上述决定发布后，各地对镇建制进行了调整，到 1961 年年底，全国共有建制镇 4429 个。

60 年代以后，由于“左”的指导思想的干扰，和三年困难时期的影响，国民经济的发展放慢，根据当时情况衡量，1955 年制定的设镇标准有些过宽，镇建制的设置过多，城镇人口增加过猛，超越了当时农业生产发展的承担能力，和工业发展的需要。为使镇建制的设置同国民经济的发展相适应，1963 年 12 月中共中央、国务院发布的《关于调整市镇建制缩小城市郊区的指示》对设置镇建制的标准提高为：工商业和手工业集中地，聚居人口在 3000 以上，其中非农业人口占 70% 以上，或者聚居人口在 2500 以上不足 3000，其中非农业人口占 85% 以上确有必要由县领导的，可以设镇建制。少数民族地区的工商业和手工业集中地聚居人口虽然不足 3000，非农业人口不足 70%，但确有必要时，也可以设镇建制，并提出现有的镇建制。凡是不符合上述条件的，均应撤销。调整市、镇建制，缩小城市郊区，是贯彻执行以农业为基础，以工业为主导，发展国民经济的总方针，使市、镇建制的设置适应国民经济发展需要的一项重要措施。各地在认真贯彻执行后，将一批不符合上述建镇标准的镇建制予以撤销，合并于人民公社。到 1978 年年底，全国镇建制减为 2176 个。

中共十一届三中全会后，农村经济迅速发展，1980 年全国城市规划工作会议上制定的"控制大城市规模、合理发展中等城市，积极发展小城市"的城市发展方针下达后，属于小城市范畴的城镇得到较快的发展，许多大镇连同所在的县发展改设为市建制，新的镇建制如雨后春笋涌现出来，逐年递增，到 1983 年，全国镇建制增加到 5698 个。

鉴于旧的设镇标准已与新形势不相适应，各地设镇建制无所依据，民政部在与有关部门联合调查研究的基础上，于 1984 年 10 月 9 日提出了《关于调整建镇标准的报告》，经国务院于同年 11 月 20 日发布通知，批转各地试行。在这一报告中，将设置镇建制的标准放宽为：（1）凡是县级国家机关所在地，均应设置镇建制。（2）总人口在 2 万以下的乡、乡政府驻地非农业人口超过 2 千的可以建镇，总人口在 2 万以上的乡、乡政府驻地非农业人口占全乡总人口 10% 以上的也可以建镇。（3）少数民族地区、人口稀少的边远地区、山区和小型工矿区，小港口、风景旅游、边境口岸等地，非农业人口虽不足 2 千，如确有必要，也可以设置镇建制。并规定凡具备建镇条件的乡，撤乡建镇后，实行镇管村的体制，首次对整乡设镇及镇管村做出规定。

这一规定，突破了传统的框框。镇建制的设置模式由70年代以前将乡属城镇划出单独设镇建制为主，转为整乡建镇为主的模式，由镇不管村转为镇可以管村。

同时根据1984年国务院发布的《关于农民进入集镇落户问题的通知》规定的"凡申请到集镇务工、经商、办服务业的农民和家属，在集镇有固定住所，有经营能力，或在乡镇企业单位长期务工的均统计为非农业人口"，显然，新的撤乡建镇的人口标准，较旧规定降低很多，对镇建制的大发展提供了有利条件。各地按照新规定执行后，到1989年年底全国镇建制增加到1.1873万个。镇建制数之多，是历史上空前的。

随着市、镇建制设置模式的改变，以及市、镇本身的发展变化，人们对市、镇行政区域大小的概念也有所改变，过去对市、镇和县、乡行政区域范围的相对概念是：市、镇是"点"、县、乡是"面"。现在实际情况是建制市和建制镇的行政区域，也同县、乡一样是包括若干城镇和农村地区的"面"，不是孤立的"点"，市、镇建制同县、乡建制的区别主要在于各自聚居人口的多少、所含的非农业人口和农业人口比重的不同。

市、镇的发展标志着中国在城市化进程中前进了一步。中国幅员辽阔，人口众多，农业人口比重很大，城市化将是一个有计划的逐步发展的长过程。市、镇建制的不断发展，为城市化添砖加瓦，但它们的发展，必须和生产力发展水平，特别是农业生产力发展水平相适应，违反了这一客观发展规律，必然重蹈历史覆辙，导致短时间内设而复撤，反复变动，对国民经济的发展产生阻碍作用，对各方面的工作造成不良影响。

五、专区、地区、区

（一）专区、地区。中国幅员辽阔，人口众多，第一级地方行政区域省、自治区普遍面积较大，人口较多，所辖县、市也多，由省、自治区直接领导县、市有一定困难。

新中国成立后，为了加强对县、市领导，沿袭了解放战争时期在革命根据地设置的专员公署区（简称专区），将全国各省、自治区分别划设了若干专区，各设置专员公署，代表省、自治区人民政府对所属县、市进行领导与监督。

1949年全国共设有156个专区，分属于19个省。到1951年增至199个，分属于22个省、8个行署区，是设专区最多的一年。主要是为了加强对县、市的领导，以适应解放初期形势的需要所采取的措施之一。

1952年以后专区的数目逐年下降，到1957年减为140个，较1951年减少59个之多，主要原因有：1. 各地在贯彻民族区域自治制度中，撤销了一批专区，有的改建为自治州，有的合并于自治州。2. 第一个五年计划实施期间，国家财政经济情况基本好转，各项社会改革基本完成，人民民主专政日益巩固，为适应大规模经济建设时期的需要，撤销一批专区，所属各县划归相邻专区，以节省大批人力、物力充实和支援生产第一线。

1954年9月21日颁布的《中华人民共和国地方各级人民代表大会和地方各级人民委员会组织法》第四十二条规定：省人民委员会在必要的时候，经国务院批准，可以设立若干专员公署，作为它的派出机关，从此设置专员公署有了法律依据。专区即专员公署代表省人民委员会领导和监督地方政府工作的区域。

1958年人民公社化后，为了适应人民公社所谓“一大二公”的需要，在对县级行政区域单位大撤大并的同时，也撤并了部分专区。

1961年以后，随着中央关于国民经济的调整、巩固、充实、提高八字方针的贯彻执行，开始对1958年以来在“左”的思想指导下将专区和县大撤大并的错误做法进行纠正，到1965年年底，由1958年撤并以后的121个专区，陆续恢复为165个专区。

“文化大革命”中，1970年前后，各地将专区改称地区，专员公署改为地区革命委员会。

1978年颁布的《中华人民共和国宪法》第三十四条规定，省革命委员会可以按地区设立行政公署，作为自己的派出机构。据此，1979年重新颁布、1982年再加修订的《地方组织法》第四十二条修改为：省、自治区的人民政府在必要的时候，经国务院批准，可以设立若干行政公署，作为它的派出机关。

这一规定与1954年地方组织法不同之处，即将专区专员公署改为地区行政公署，将省、自治区人民委员会改为省、自治区人民政府。

从1966年到1982年的10多年中，全国地区数一直保持在170个左右，除内蒙古自治区外，其余21个省，4个自治区均有地区的设置。

1983年以来，在中央改革开放政策的贯彻执行中，国民经济得到持续发展，为充分发挥中心城市的作用，以适应新形势新任务的需要，经国务院批准在全国试行市领导县体制，从而撤销了一批地区。例如：国务院先后批准江苏、辽宁、广东3省撤销全省的地区，将所属县分别交由若干较大的地级市领导。截至1989年年底，领导县的市由1982年的50多个，增加到166个，地区也随之由1982年的170个减为113个。

另外，新中国成立初期，为加强领导，在少数省、自治区以下还设有19个行政区，即内蒙古自治区的东部、河套、平地泉3个行政区，江西省的赣西南、赣南2个行政区，山东省的渤海、胶东、鲁中南3个行政区，湖南省的湘西、湘南2个行政区、广东省的海南、粤东、粤中、粤西、粤北5个行政区，陕西省的陕南、陕北2个行政区，青海省的柴达木行政区，新疆维吾尔自治区的南疆行政区。其中有10个行政区直接领导县；9个行政区分别领导几个专区。除海南行政区外，均在1950年至1964年之间陆续撤销，各行政区多数设置行政公署作为省、自治区人民政府（委员会）的派出机关领导所属专、县。但内蒙古自治区的河套、平地泉2个行政区是一级政权，设置行政区人民委员会，1955年改设为盟，海南行政区原设行政公署，1984 年 5 月改设行政区人民政府。

应当特别说明的是内蒙古自治区的盟和西藏自治区的基巧堪布，二者的行政地位都相当于专区和地区。

内蒙古自治区沿袭蒙古族的历史习惯，在自治区与旗县之间所设的盟，本为清朝八旗军的会盟组织。清朝八旗军为军事、生产、行政合一的组织，合数旗为一盟。各旗定期在盟集会，会盟地点的名称，即盟的名称。内蒙古自治区 1949 年设 6 个盟，分别领导 38 个旗、县、市。

1953 年，内蒙古自治区将呼纳盟、兴安盟、哲里木盟撤销合并设立东部行政区，但为时不到一年，1954 年又撤销行政区恢复哲里木盟，将呼纳、兴安二盟合并改称呼伦贝尔盟。同年撤销绥远省，合并于内蒙古自治区后，将原绥远省的伊克昭盟、乌兰察布盟 2 专区级的自治区均改为一般的盟，不再实行区域自治。

1956 年，甘肃省的巴音浩特蒙族自治州和额济纳旗划归内蒙古自治区后，合并改设为巴彦淖尔盟。

1969 年为应当时国防的需要，将东三盟、西三旗分别划归辽宁、吉林、黑龙江、甘肃、宁夏 5 个省、自治区，历时 10 年。1979 年形势发生变化，为落实民族政策，又将东三盟、西三旗划回内蒙古自治区，并新设阿拉善盟领导西三旗。

1980 年恢复兴安盟。至此，内蒙古自治区共有 9 个盟，是设盟最多的时期。

1983 年随着市领导县体制普遍试行，撤销了昭乌达盟，所属 7 个旗、2 个县划归赤峰市领导。

关于内蒙古自治区盟行政机构，不同时期有变动。1957 年以前曾设为自治区与旗之间的一级政权盟人民委员会，1958 年改设盟行政公署，“文化大革命”中改设盟革命委员会，1978 年后又恢复为盟行政公署，代表内蒙古自治区人民政府领导所属旗、县、市。

新中国成立初期，西藏地方政府与各宗、谿（均相当于县）之间，设立相当于专区的基巧。1951 年西藏地方和平解放后，设有拉萨直辖区和多麦基巧、洛喀基巧、绛曲基巧、日喀则基巧、堆里嘎本基巧 5 个基巧。1954 年又增设塔工基巧。

根据 1955 年 3 月国务院全体会议通过的《关于成立西藏自治区筹备委员会的决议》将中央直辖的昌都地区划归西藏自治区筹备委员会领导后，西藏地方和昌都地区共设有拉萨、黑河、昌都、山南、日喀则、塔工、江孜、阿里 8 个基巧级办事处。

1960 年各基巧级办事处改设为拉萨市及那曲、昌都、山南、日喀则、林芝、江孜、阿里 7 个专区。1964 年一度撤销林芝、江孜 2 专区，1983 年恢复。1988 年年底全自治区共有 7 个地区。

综上所述，截至 1989 年年底，全国除辽宁、江苏、广东、海南 4 省未设地区外，其余 18 个省、5 个自治区共设有 113 个地区、8 个盟。

（二）区。新中国成立初期，在县、乡之间即设有区公所，代表县人民政府领导几个到十几个乡人民政府的工作。1954 年颁布，1982 年修订的《地方各级人民代表大会和地方各级人民政府组织法》第四十二条规定："县、自治县的人民政府在必要的时候，经省、自治区、直辖市的人民政府批准，可以设立若干区公所，作为它的派出机关"，成为设立县辖区公所的法律依据。由于 50 年代实行小乡（行政村）制，乡、行政村为数众多，不便由县直接领导，区公所担负了县、乡之间许多行政任务，发挥了重要作用。区公所管辖的区域就是区，各县所辖区数多少不等，一般为八九个，最多的 20 多个，最少的仅两三个，到 1955 年年底，全国共有 1.9459 万个区。

1955 年下半年农业合作化高潮到来之后，小乡合并为大乡，随着乡行政区域的扩大，到人民公社化前，先后有山西、湖南、辽宁、山东、江苏、广东等省全部撤销了区，到 1957 年年底，全国的区减少到 8505 个。

1958 年下半年人民公社化后，实行政社合一体制，人民公社范围扩大，很多公社相当于区的范围，各省、自治区、直辖市都撤销了县辖区。

1982 年实行政社分开，恢复乡政权后，有些省份又恢复了区公所，到 1985 年年底全国共有 7495 个区。1986 年中共中央指示：县以下一般不设区公所，根据这一指示精神，同年年底区数减为 6165 个。1989 年年底，全国有 3503 个区，较 1986 年又减少 2662 个区。

第四节 行政区划地名沿革

一、行政区划地名的形成和历史上存在的问题

行政区划地名是由行政区划通名（省、县、乡等）冠以地名组成的。行政区划地名包括各级行政区域单位及其派出机构所辖区域的名称，是地名的重要组成部分。

地名是历史形成的，它一方面起着标志各种地理实体的符号的作用，同时也起着反映命名人意愿的作用。在中国两千多年封建和半殖民地半封建社会的历史中，历代剥削统治阶级的意志等，必然地要在某些行政区划地名中顽强地反映出来。因此新中国成立时的行政区划地名，不可避免地存在着历代形成和积累下来的问题：主要是许多地名带有大汉族主义、大国沙文主义、殖民地色彩、封建色彩等反动含意以及显示剥削阶级文化垄断的用字生僻难认难写的地名等等。

二、行政区划地名命名、更名的法令规定

新中国成立后，中国共产党和人民政府对地名工作一贯十分重视。为了加强地名命名更名工作，解决历史上的遗留问题，和明确今后地名工作的范围和方向，使之与中国社会主义制度和社会主义建设的需要相适应，在这方面做了大量工作，发布过许多指示和规定，制定了地名命名更名的各项制度，成为全国从事地名工作的依据。

地名变更的规定最初包括在行政区划变更的规定中。1949 年 12 月 24 日内务部发出《关于统一行政区划变更权限的规定》，提出县、市或者县、

市以上行政区域单位的增设、裁并、改换名称和界线变更，均须呈报中央人民政府批准施行，初步统一了更改行政区划地名的审批权限，使各地有所遵循。

1951 年 5 月 16 日政务院根据中国共产党的民族政策专门发布了《关于处理带有歧视或侮辱少数民族性质的称谓、地名、碑碣、匾联的指示》，提出为加强民族团结、禁止民族间的歧视和侮辱，对于历史上遗留下来的带有歧视和侮辱少数民族意思的少数民族称谓（名称）、地名、碑碣、匾联等应分别予以禁止、更改、封存或收管。这一指示对更改此类地名的上报程序、审批权限做出更为明确具体的规定，体现了新中国贯彻民族政策的决心和高度重视。

为了肃清地名中的反动遗迹，加强民族团结和避免地名混淆不清，同年 12 月政务院又发布了《关于更改地名的指示》，专门对地名的更改范围，上报程序、审批权限等作出具体规定，并根据毛泽东主席一贯的主张，规定了纪念革命先烈一般用碑塔等方式，不用地名。鉴于地名的更改涉及范围甚广，宜慎重对待。因此，要求各地必须按照规定的上报程序和审批权限，征求各界人民代表的意见，拟定新名，上报审批后，公布通行。从而使地名工作在统一的原则之下进行。

50 年代中期，中国文字改革委员会从文字改革的角度出发，最先提出更改生僻字地名的问题，曾会同内务部共同研究列出生僻字地名表，建议各地考虑改名的意见。由于这一建议同若干省区对生僻字地名的看法相吻合，对各地更改生僻字地名起了推动作用。

为了进一步做好地名工作，1964 年 12 月 17 日内务部根据周恩来总理的指示，向各地发出《关于请对县市以上地名等审查提出更名意见的函》，明确提出更改地名的范围为：（一）对邻国含有大国沙文主义不友好的；（二）带有大汉族主义歧视兄弟民族性质的；（三）以敌伪人员名字命名的；（四）用字生僻难认难写的；（五）用外国文字或外国人名命名的等类县市以上地名和对外有关系的重要山名、河名。要求各省、自治区、直辖市对辖区内县、市以上等地名进行全面审查，于1965年3月底以前提出意见报国务院审批。

1979年12月25日国务院发布了《关于地名命名更名的暂行规定》，首次对包括行政区划地名在内的全部地名的命名更名的范围、原则、报批权限等作出规定。

1986年1月23日又在上述暂行规定的基础上，修订发布了《地名管理条例》，进一步对地名管理的总则、范围，地名命名更名应遵循的政治原则和规范化原则、审批权限和程序以及地名档案的管理等作出较详尽的规定。提出地名管理的总则是：加强地名的管理，适应社会主义现代化建设和国际交往的需要，从地名的历史和现状出发，保持地名的相对稳定。明确地名包括的范围是：自然地理实体名称、行政区划名称、居民地名称、各专业部门使用的具有地名意义的台、站、港、场等名称。在第四条中规定了地名命名应遵循的政治原则和规范化原则：（一）有利于人民团结和社会主义现代化建设，尊重当地群众的愿望，与有关各方协商一致；（二）一般不以人名作地名，禁止用国家领导人的名字作地名；（三）全国范围内的县、市以上名称，一个县、市内的乡、镇名称，一个城镇内的街道名称，一个乡内的村庄名称，不应重名，并避免同音。（四）各专业部门使用的具有地名意义的台、站、港、场等名称，一般应与当地地名统一。在第五条中规定了地名的更名应遵循政治原则和规范化原则：（一）凡有损中国领土主权和民族尊严的，带有民族歧视性质和妨碍民族团结的，带有侮辱劳动人民性质和极端庸俗的，以及其他违背国家方针、政策的地名，必须更名；（二）不符合本条例第四条第三、四、五款规定的地名，在征得有关方面和当地群众同意后，予以更名；（三）一地多名，一名多写的，应当确定一个统一的名称和用字；（四）不明显属于上述范围的、可改可不改的和当地群众不同意改的地名，不要更改。

这一条例的发布，是做好行政区划地名管理工作的可靠依据和重要保证。

三、行政区划地名变动概况

根据以上一系列的指示、法令和规定，各地对县、市等行政区域单位名称，陆续进行了审查、清理和整顿。自1949年至1989年年底，先后共更改了以下各类县名和市名149处，其中有135处是1965年年底以前更改的，14处是1966年以后更改的。行政区划地名20多年保持在相对稳定之中。

（一）更改带有大汉族主义、大国沙文主义、封建迷信等反动含义的县、市名40处。改名的40个县、市分属于8个省、5个自治区，多系对此类地名较敏感，迫切要求更名的边疆和少数民族地区，计新疆12个，四川、云南各6个，辽宁3个，湖北、广西、贵州、甘肃各2个，内蒙古、吉林、湖南、西藏、宁夏各1个。以新疆维吾尔自治区为最多。40个县、市名多数为带有大汉族主义歧视或侮辱少数民族性质的县、市名称，例如，云南省的平彝、蒙化2县的名称含有平定彝族和开蒙同化之意，1954年分别改名富源、巍山2县。少数是在边境附近的带有大国沙文主义含义的县、市名称，例如辽宁省的安东市和安东县的名称含有安定东方之意，1965年分别改名为丹东市和东沟县。还有的县名具有双重改名理由，例如，四川省的懋功县的名称既具有歧视少数民族含义，又属生僻字地名，1953年改名为小金县。

（二）更改生僻字县名34处。更名的34个县分属于7省、2自治区。计陕西13个，江西7个，四川4个，新疆3个，黑龙江、贵州各2个，云南、广西、青海各1个，以陕西为最多。生僻字县名难认难写，例如贵州省鳛水县1959年改名习水县，陕西省盩厔县1964年改名周至县。一般以常见的笔画简单的同音字代替原生僻字。汉字简化前，有的繁体字县名，笔画繁多难以书写，也被列为生僻字地名予以更改，例如广西壮族自治区

更改带有大汉族主义、大国沙文主义等反动含义的县市名一览表

表 7

省自治区名	原县、市名	新县、市名	更名时间
内蒙古自治区	归绥市	呼和浩特市	1954
辽宁省	安东市	丹东市	1965. 1. 20
	安东县	东沟县	1965. 1. 20
	盖平县	盖县	1965. 1. 20
吉林省	辑安县	集安县	1965. 1. 20
湖北省	礼山县	大悟县	1952. 9. 1
	黄安县	红安县	1952. 9. 1
湖南省	永绥县	花垣县	1953. 9. 1
广西壮族自治区	镇都县	天等县	1957. 4
	镇边县	睦边县	1953. 4. 23
	（改名 2 次）	那坡县	1965. 1. 20
四川省	瞻化县	新龙县	1952. 5. 9
	理化县	理塘县	1952. 5. 9
	定乡县	乡城县	1952. 5. 9
	巴安县	巴塘县	1952. 5. 9
	懋功县	小金县	1953. 12. 3
	靖化县	大金县	1953. 7. 20
	（改名 2 次）	金川县	1960. 7. 9
贵州省	平越县	福泉县	1953. 6. 12
	大定县	大方县	1958. 2. 16
云南省	宁洱县	普洱县	1951. 4. 12
	平彝县	富源县	1954. 6. 30
	缅宁县	临沧县	1954. 6. 30
	顺宁县	凤庆县	1954. 6. 30
	镇南县	南华县	1954. 6. 30
	蒙化县	巍山县	1954. 6. 30
西藏自治区	宁静县	芒康县	1965. 11. 3
甘肃省	西固县	宕昌县	1954. 11. 13
	宁定县	广通县	1956. 9. 11
	（改名 2 次）	广河县	1957. 8. 6
宁夏回族自治区	化平县	泾源县	1950. 10. 18
新疆维吾尔自治区	迪化市	乌鲁木齐市	1953. 11. 20
	迪化县	乌鲁木齐县	1953. 11. 20
	镇西县	巴里坤县	1953. 11. 20
	孚远县	吉木萨尔县	1953. 11. 20

续表

省自治区名	原县、市名	新县、市名	更名时间
新疆维吾尔自治区	绥来县	玛纳斯县	1953. 11. 20
	乾德县	米泉县	1953. 11. 20
	景化县	呼图壁县	1953. 11. 20
	巩哈县 （改名2次）	倪利克县 尼勒克县	1953. 11. 20 1954. 2. 1
	宁西县	察布查尔锡伯自治县	1954. 2
	承化县 （改名2次）	阿泰县 阿勒泰县	1953. 11. 20 1954. 2. 1
	和靖县	和静县	1965. 11. 3
	绥定县	水定县	1965. 11. 3

更改生僻字县名一览表

表8

省自治区名	原县、市名	新县、市名	更名时间
黑龙江省	瑷珲县	爱辉县	1956. 12. 11
	铁骊县	铁力县	1956. 12. 11
江西省	鄱阳县	波阳县	1957. 2. 9
	雩都县	于都县	1957. 2. 9
	寻邬县	寻乌县	1957. 2. 9
	虔南县	全南县	1957. 2. 9
	大庾县	大余县	1957. 2. 9
	新淦县	新干县	1957. 2. 9
	新喻县	新余县	1957. 2. 9
广西壮族自治区	郁林县	玉林县	1956. 3. 30
四川省	酆都县	丰都县	1958. 9. 22
	石砫县	石柱县	1959. 6. 16
	呷洛县	甘洛县	1959. 6. 16
	越巂县	越西县	1959. 6. 16
贵州省	婺川县	务川县	1954. 1. 3
	水县	习水县	1954. 1. 3
云南省	杞麓县	通海县	1960. 1. 4
陕西省	汧阳县	千阳县	1964. 9. 10
	郿县	眉县	1964. 9. 10
	鄜县	富县	1964. 9. 10
	醴泉县	礼泉县	1964. 9. 10
	栒邑县	旬邑县	1964. 9. 10
	盩厔县	周至县	1964. 9. 10

续表

省自治区名	原县、市名	新县、市名	更名时间
	郃阳县	合阳县	1964. 9. 10
	雒南县	洛南县	1964. 9. 10
	洵阳县	旬阳县	1964. 9. 10
	沔县	勉县	1964. 9. 10
	邠县	彬县	1964. 9. 10
	鄠县	户县	1964. 9. 10
	葭县	佳县	1964. 9. 10
青海省	亹源回族自治县	门源回族自治县	1959. 4. 30
新疆维吾尔自治区	婼羌县	若羌县	1959. 6. 16
	于阗县	于田县	1959. 6. 16
	和阗县	和田县	1959. 6. 16

的郁林县，在简化前原为鬱林县，1956 年被当作生僻字地名改名玉林县。

（三）更改重名和同音的县、市名 35 处。更名的 35 个县、市分属 14 个省、3 个自治区。计黑龙江、山东各 6 个，吉林、江苏各 4 个，安徽、广东、广西各 2 个，内蒙、辽宁、河南、湖南、海南、四川、云南、西藏、陕西各 1 个。

重名县、市都是解放战争时期和新中国成立初期新设的或新改名的。由于当时对行政区划变更缺乏统一管理，未能履行上报审批手续所致。

重名县市存在以下三种情况，即市和市重名；县和县重名；市和县重名。属于第一、二种情况的，均更改了其中一个县、市的名称。例如吉林省西安市与陕西省西安市重名，1952 年改名辽源市。四川省梁山县与山东省梁山县重名，1952 年改名梁平县。县和市重名的，凡分属于两省、区的，均更改了其中一个市或县的名称。例如黑龙江的兴山市与湖北省兴山县重名，1949 年改名鹤岗市。同属一省的重名县、市未全部更改，只有少数改名，改名的均为设置历史较短的县、市。

（四）以人名命名的或一度改名又恢复原县，市名的 15 处。这 15 个县、市分属于 9 个省、3 个自治区。计内蒙古、安徽、西藏各 2 个，辽宁、江苏、浙江、福建、湖北、广西、四川、云南、甘肃各 1 个。其中以人名

更改重名或同音县名和市名一览表

表 9

省、自治区名	原县、市名	新县、市名	更名时间	说明
内蒙古自治区	龙胜县	卓资县	1952	与广西龙胜县重名
辽宁省	长山县	长海县	1953.1.31	与山东省长山县重名
吉林省	西安市	辽源市	1952.4.3	与陕西西安市重名
	西安县	东辽县	1956.7.3	与陕西西安市重名
	临江县	浑江市	1960.1.7	与黑龙江同江县旧名重名
	延吉县	龙井县	1983.3.24	与本省延吉市重名
黑龙江省	鸡宁县	鸡西县	1949.7.30	与山东济宁县同音
	兴山市	鹤岗市	1949.11.24	与湖北兴山县重名
	洮安县	白城县	1950.10.23	与本省洮南县近音
	泰安县	依安县	1952.5.21	与山东泰安县重名
	佛山县	嘉荫县	1955.11.9	与广东佛山市重名
	安达市	大庆市	1979.12.14	与本省安达县重名
江苏省	台北县	大丰县	1951.6.13	与台湾台北市重名
	建阳县	建湖县	1951.6.13	与福建建阳县重名
	新安县	新沂县	1952.9.7	与河南新安县重名
	清江市	淮阴市	1958.9.5	与江西清江县重名
安徽省	桐庐县 （改名 2 次）	湖东县 枞阳县	1951.1.31 1955.5.2	与浙江桐庐县重名 县府由汤沟镇迁驻枞阳镇
	濉溪市	淮北市	1971.3.30	与本省濉溪县重名
山东省	淮安县	潍安县	1950.5.17	与江苏淮安县重名
	临城县	薛城县	1952.8.18	与河北临城县重名
	平南县	蓼兰县	1952.8.18	与广西平南县重名
	泰宁县	徂阳县	1952.8.18	与福建泰宁县重名
	城武县	成武县	1953.10.18	与本省武城县名同字
	滋阳县	兖州县	1961.10.5	与本省济阳县名近音
河南省	伊阳县	汝阳县	1959.8.21	与本省宜阳县同音
湖南省	蓝田县	涟源县	1952.7.15	与陕西蓝田县重名
广东省	化县	化州县	1959.3.20	与本省花县同音
	茂名县	高州县	1959.3.20	与本省茂名市重名
海南省	新民县	屯昌县	1952	与辽宁新民县重名
广西壮族自治区	融县 （改名 2 次）	融水县 融安县	1952.8.11 1953.4.23	与本省容县同音
	丽江县 （改名 2 次）	龙津县 龙州县	1953.4.23 1961.5.27	与云南丽江县重名
四川省	梁山县	梁平县	1952.12.3	与山东梁山县重名

续表

省、自治区名	原县、市名	新县、市名	更名时间	说　明
云南省	新民县	元阳县	1951. 3. 24	与辽宁新民县重名
西藏自治区	黑河县	那曲县	1965. 11. 3	与黑龙江黑河县重名
陕西省	南郑市	汉中市	1953. 10. 24	与本省南郑县重名

作为县名的有6个，例如安徽省的炳辉县，以罗炳辉的名字命名，1959年恢复原名天长县。一度改名又恢复原县、市名的，例如辽宁省的旅大市1981年恢复原名大连市。此类县、市名称的恢复，符合“地名不以人名命名”和“可改可不改的不改”的原则，从而保持了地名的相对稳定和连贯性。

（五）简化或调整地名用字的县、旗、市名25处。这25个县、旗、市名分属于4个省、3个自治区，计内蒙古9个，广西、西藏各5个，青海2个。江苏、安徽、湖南、广东各1个。简化地名用字的7个，例如内蒙古自治区的商都镶黄联合旗。1956年先改为商都镶黄旗，1960年又改为镶黄旗。调整地名用字的18个，例如西藏自治区的穷结县1986年改名琼结县。

经过历年来各地对地名的清理和整顿，取得显著成绩，从而加强了民族团结，维护了中华民族的尊严，方便了人民的生产和生活，增进了睦邻友好关系，对社会主义现代化建设也起到积极的作用。

第五节　地方国家机关驻地的迁移

地方各级人民政府及其派出机构驻地的迁移，是行政区划变动的重要组成部分，也是各该行政区域单位政治生活中一件大事，牵涉面甚广，对各方面工作都有影响。新中国成立后，各级人民政府以及省级政府的派出机关，对于优选自己的驻地城镇，都非常重视。而由于大多数行政区域单位的驻地城镇，经过长时间的建设和发展，在本行政区域内仍居优势地位，故多留驻原城镇未予变动。由于事物的发展变化，也有不少省、州、县的人民政府由于各种原因迁移了驻地。

一、各级人民政府驻地迁移概况

据不完全统计，新中国成立后全国共有8个省（行署区、自治区）、10个自治州、42个地区（专区、行政区、盟）、258个县（旗、自治县），共318个省、州、县人民政府及行政公署（专员公署）迁移了驻地，迁移次数累计400次。其中，有的单位迁移两次以上，个别的迁移达四五次之多。这些单位驻地的迁移，大多是在70年代以前进行的。

（一）省、自治区人民政府驻地迁移。迁移政府驻地的8个省（行署区）、自治区是：河北、内蒙古、吉林、黑龙江、河南、西康6个省、自治区及苏北、皖南2个行署区。其中河北省迁移三次、内蒙古、皖南各迁移两次。

河北省人民政府1958年4月由保定市迁驻天津市，1966年迁回保定市，1968年又迁驻石家庄市。

内蒙古自治区人民政府1949年12月由乌兰浩特市，暂迁察哈尔省张家口市，1952年6月又迁驻绥远省归绥市（今呼和浩特市），并与绥远省合署办公。

吉林省人民政府1954年6月由吉林市迁长春市。

黑龙江省人民政府1954年6月由齐齐哈尔市迁哈尔滨市。

河南省人民政府1954年由开封市迁郑州市。

西康省人民政府1954年5月由康定县迁雅安市。

苏北行署1950年由泰州市迁扬州市。

皖南行署1949年由屯溪市迁芜湖市，1951年又迁合肥市，并与皖北行署合署办公。

（二）自治州、专员公署、行政公署驻地迁移。迁移自治州人民政府驻地的有10个：广东省的海南黎族苗族自治州（自治州已撤销，所属各县现属海南省），四川省的阿坝藏族自治州和凉山彝族自治州，贵州省的黔东南侗族苗族自治州，云南省怒江傈僳族自治州，甘肃省的甘南藏族自治州，青海省的海西蒙古族、藏族哈萨克族自治州和果洛藏族自治州，新疆维吾尔自治区的伊犁哈萨克自治州和巴音郭楞蒙古自治州。

迁移地区（专区、行政区、盟）行政公署（专员公署等）驻地的有42个，分属16个省、4个自治区。计山东4个，内蒙、黑龙江、福建、河南、广东、四川、贵州7个省、自治区各3个，河北、江苏、江西、湖北、湖南5省各2个，浙江、安徽、广西、云南、西藏、甘肃、新疆7省、自治区各1个。

（三）县、自治县（旗、自治旗）人民政府驻地迁移。迁移驻地的258个县级行政区域单位，分布在全国26个省、5个自治区内。迁移驻地的县在20个以上的有3个省：山东、广东（包括海南省），四川。10个以上不足20个县的有10个省、1个自治区：河北、山西、内蒙古、浙江、江西、河南、湖北、湖南、陕西、甘肃、青海。10个县以下的有8个省、4个自治区：辽宁、吉林、黑龙江、江苏、安徽、福建、广西、贵州、云南、西藏、宁夏、新疆。

二、各级人民政府迁移驻地的原因

各级人民政府迁移驻地主要有以下三种情况：

（一）出现优于原驻地的城镇。在行政区划无变动的情况下，随着政治、经济形势的发展，本行政区域内另有在经济、交通、文教等方面发展迅速，各方面条件优于原驻地的城镇，即导致各该级人民政府驻地的迁移。例如：河南省人民政府原驻地开封市，偏处该省东部，仅有陇海铁路横贯境内，对各市、县的领导多有不便。而郑州市位置较适中，铁路有京广、陇海两大干线纵横贯穿境内，是中原交通枢纽。各方面条件都较开封市优越，1954年河南省人民政府由开封市迁郑州市。

（二）行政区划变动导致驻地迁移。由于行政区域界线变动和隶属关系的变动而引起驻地的迁移。例如长春、哈尔滨两直辖市，1954年分别划归吉林、黑龙江两省，改为省辖市后，两省人民政府分别由原驻地吉林市和齐齐哈尔市迁驻长春市和哈尔滨市。

由于行政区域单位建制变动（设立、撤销）引起的驻地迁移。例如内蒙古自治区人民政府，1952年由张家口市迁至绥远省呼和浩特市与绥远省合署办公，过渡到1954年撤销绥远省建制，其行政区域合并于内蒙古自治区后，呼和浩特市即正式成为自治区的首府。

县级行政区域单位由于市建制的设立、撤销而迁移县人民政府驻地的为数最多。

70年代以前市的设置模式，主要是将已具备设市标准的县驻地城镇及其附近地区划设为市建制。县城改为市后，县人民政府为了重新另建自己的政治、经济、文化中心，大多另觅优势城镇，由原驻地迁出。不少县府新迁驻的城镇，较已设市的原县城大为逊色，但驻在市内，又不能建立属于自己的政治、经济、文化中心，因此举棋不定，迁来迁去，有的搬迁达五次之多。因无适宜的驻地，有的最终又迁回市内。80年代以来，按照新规定允许已具备设市条件的县整县改设为市，或将县建制撤销，合并于市，不少这类问题也随之迎刃而解。

（三）混合原因的迁移。河北省人民政府驻地的三次迁移是由于以下两种原因混合造成的。该省人民政府原驻保定市，1958年直辖市天津市改为省辖市划归河北省后，由保定市迁驻天津市。历时8年后，由于天津即将恢复为直辖市，又于1966年4月迁回保定市。1968年1月改迁石家庄市。一再搬迁的事实说明保定市虽然位置较适中，但当地和附近地区缺乏资源，工商业均无大的发展，不可能形成河北省的政治、经济、文化中心。而石家庄市虽然偏处该省的南部，但地当京广、石德、石太铁路交叉点，为全国铁路枢纽之一，是以化工、纺织、机械等部门为主的新兴工业城市，由于附近资源丰富，原料充足，交通便利，有较大的发展前景，故中共中央、国务院批准河北省人民政府迁驻石家庄市。

总之，政府驻地迁移，牵涉面广，且需耗费巨额基建、搬迁等费用，宜按照行政区划变动应遵循的各项原则慎重对待。各级人民政府及省级派出机关的驻地迁移，在这方面存在一些缺点，但从总的方面和大的方面看，由于优选了适当的驻地城镇，建立了各自的政治、经济、文化中心，从而加强了地方国家机关的行政管理，加强了对社会主义现代化建设的领导，密切了政府和人民群众的联系，方便了人民行使民主权力，对各方面工作产生了良好影响。

第六节 行政区域界线的调整

一、各级行政区域界线基本情况

各级行政区域界线，是指相邻省、自治区、直辖市之间，自治州、县、自治县、市之间，乡、民族乡、镇之间，各级地方国家政权机关和行政机关管辖的行政区域范围的分界线。

中国各级行政区域界线大多是历史上沿袭下来的，从未进行过全面勘测划界，而是由法定线、习惯线和争议线相连而成的。法定线是经过国家正式划定的行政区域界线。习惯线是未经国家正式划定，而是在历史相沿中，双方按照传统习惯，共同遵守的行政区域界线。争议线则是相邻双方为争夺边境地带的森林、草原、矿藏、土地、水域、滩涂等自然资源，而发生权属争议的行政区域界线。在中国各级行政区域界线中，法定线占比重极少，争议线多于法定线。绝大多数属于习惯线。随着人口的增加，自然资源的进一步开发利用，争议线呈逐年增加的趋势。

二、历年行政区域界线的调整

新中国成立后，40 年来根据有利于国家行政管理和巩固国防，有利于社会主义建设，有利于各族人民的安定团结，有利于人民行使民主权利，有利于人民生产和生活的基本原则，对相当一部分行政区域界线，进行了较大幅度的调整和变动。

据不完全统计，历年来仅对省、自治区、直辖市之间行政区域界线的调整达 249 起，除新疆维吾尔自治区缺乏资料外，调整的范围遍及全国各省、自治区、直辖市。在249起省界调整中，涉及一县以上范围的有95起，涉及一县以下范围的154起。

在涉及一县以上范围的95起省界变动中，有38起是由于省级行政区域单位的设立、撤销、改变隶属关系等形成的。例如1952年撤销察哈尔省时，将其行政区域分别划归河北、山西2个省，从而改变了2个省的行政区域界线。1954年撤销大区机构时，将沈阳、旅大、鞍山、抚顺、本溪、长春、哈尔滨、武汉、广州、重庆、西安11个直辖市改为省辖市，分别划归辽宁、吉林、黑龙江、湖北、广东、四川、陕西7个省，也随之改变了辽宁等7个省的行政区域界线。

三、行政区域界线调整的原因和类型

主要分为以下几种类型：

（一）为便于行政管理进行的调整。在此类省界调整中，对历史上遗留下来的不合理的插花地和飞地的调整，占很大比重。

插花地是相邻省、县的部分行政区域犬牙交错地互相楔入对方的行政区域内，形如插花。飞地则是相邻省、县的部分行政区域分隔在邻省、邻县行政区域的包围之中，同本省、本县其余行政区域不相毗连，有的省个别县，完全脱离本省行政区域界线，飞在邻省境内。此类行政区域界线对国家行政管理和人民生产生活极为不便，因此在70年代以前，进行了大幅度的调整，例如：

最大的飞地丘县，原属山东省。实际却位于河北省境内，形成山东省的一个县的飞地。解放战争时期，两省为适应当时革命形势需要。曾各互划了6个县给对方，即山东省将丘县等6个县划归河北省；河北省将盐山等6个县划归山东省。1955年调整省建制时，为彻底解决这一问题，将丘县正式划归河北省管辖，其余互划的县份均归还了原属省。

广西省（广西壮族自治区）的怀集县是该省东部插花突出部分，与广东省广宁县交错连接，领导不便。于1951年先委托广东省代管，1952年正式划归广东省。

有的省界调整是由于地形阻隔所造成的，例如：东明县原属河南省，位于黄河以东，与本省隔河相望，北、东、南三面均与山东省行政区域毗连，为加强领导，1963 年由河南省划归山东省管辖。

为便于行政管理。河北、山东两省 1964 年原则上以卫运河、四女寺减河为界，调整了两省行政区域界线，将山东省馆陶县的建制及馆陶、临清、武城 3 个县卫运河左岸的地区、无棣县四女寺减河左岸的地区划归河北省；将河北省宁津、庆云 2 个县建制及宁津、庆云、吴桥、东光、盐山、故城 6 个县所属四女寺减河右岸的地区划归山东省管辖。

（二）为贯彻民族政策进行的调整。内蒙古自治区的多次扩大行政区域最为典型。从 1949 年到 1962 年，先后 6 次将邻省蒙古族分布较多，经济条件、民族语言、文化、宗教信仰、生活习惯与自治区相同，历史上联系密切的部分地区，划归内蒙古自治区。计有原辽北、热河 2 个省各 1 个盟（1949 年）；原察哈尔省 3 个县（1950 年）；原绥远省的全部行政区域（1954 年）；原热河省的 3 旗、3 县（1955 年）；甘肃省的 1 个自治州（包括 1 个市、2 个旗、1 个县）另一旗（1956 年）；河北省的商都县（1962 年）以及一县以下范围的调整从而扩大了自治区的行政区域，改变了自治区同周围各省的行政区域界线。

昌都地区系藏族聚居区，原属西康省，1950 年划归中央直辖，为贯彻民族区域自治制度，1955 年划归西藏自治区筹备委员会领导，1965 年西藏自治区正式成立后，成为自治区行政区域的组成部分。

（三）为巩固国防进行的调整。多在沿海边疆省、自治区。例如，广东省钦廉专区（今钦州地区）所属 4 个县、1 个市，位处该省西南部，三面均与广西省（今广西壮族自治区）毗连，西南与越南接壤，南临北部湾，是海防重地。因远离该省省会，鞭长莫及，领导不便，经两省再三磋商，为巩固国防，肃清匪患，发展该地区经济、交通，由广西领导较为有利。因此，在 1951 年 5 月先委托广西代管，1952 年 3 月正式划归广西。

但由于历史传统习惯等原因1955年5月又划回广东省。10年后，1965年6月仍以上述理由再次划归广西，至今未变。

再如，江苏省嵊泗县位于浙江省东北部海中的嵊泗列岛（属舟山群岛北部的岛群），地当海防前哨，又是全国著名的渔场之一。为了统一海防，加强渔业生产的领导，1953年6月将嵊泗县划归浙江省。1958年在县的大撤大并中，嵊泗、岱山、定海、普陀4县合并为舟山县，将原嵊泗县改设为嵊泗人民公社，于1961年6月划归上海市。不久还是为了统一和加强舟山群岛（包括嵊泗列岛）的海防和渔业生产的领导，又于1962年5月划回浙江省，并恢复了嵊泗县的建制。

以上两处省界的反复变动，充分说明巩固国防是调整沿海边疆省的行政区域界线所必须遵循的原则之一，符合这一原则即有利于加强和巩固国防，违反这一原则，不利于国防的加强和巩固，势必形成省界的反复变动，造成工作上的困难和人力、物力的浪费。

（四）为经济建设的需要进行的调整。为了适应北京市经济建设的需要，自1952年至1958年先后将河北省宛平（1952年）、昌平（1956年）、通县、顺义、大兴、良乡、房山、怀柔、密云、平谷、延庆（1958年）11个县划归北京市。其中宛平县建制撤销，与门头沟矿区以及房山、良乡2个县各一部，合并改设为京西矿区。房山、良乡先合并为房山县，后又撤销设为房山区（石油化工区）。

为建设四川省钢铁工业基地渡口市（今攀枝花市），先后于1965年4月将云南省永仁县的仁和区（18个公社）、大田区（9个公社）、平地区的大跃进水库及华坪县的玉泉区（10个公社），划归四川省渡口市。1974年又将永仁县的大龙潭公社、平地公社（落水洞、大麻塘、小石桥3生产队除外）划归渡口市。

以上均为建设工矿企业的需要进行的省界调整。也有为水利建设的需要进行的调整。例如，河南省的武安、涉县、临漳3个县，为治理漳河的需要，1949年划归河北省。

为统一管理洪泽湖防洪、蓄水灌溉以及附近地区的水利工程，1954 年 12 月，将安徽省的泗洪、盱眙 2 县划归江苏省；江苏省的萧县、砀山 2 县划归安徽省。

（五）为解决自然资源权属争议进行的调整。

1. 为解决山林权属争议进行的调整。例如，为解决广东省乐昌县与湖南省宜章县之间的山林争议，经两省协商会勘，并经国务院于 1954 年 12 月批准两省联合会勘的乐昌、宜章两县之间狗牙洞、石硋岭、枫树垄、泗坑村 4 处省界的走向、界山、界水、具体分界线；批准将原属广东省乐昌县的野猪窝村、东岭背村、汕寮下村、垠背村、分水坳 5 个自然村，划归湖南省宜章县。

2. 为解决草原权属争议进行的调整。例如，四川省色达县与青海省达日县为草山权属，从 1964 年起发生争议，争议的草原面积 270 万亩，几次发生械斗。经多次协商，终于在 1986 年 3 月达成了《关于四川省色达县与青海省达日县行政区域界线的协议》。双方商定色达县与达日县东北起自达格下日沟脑 4682 高地，西北到错斯多错湖西面 5166 高地止之间的省界走向、和界山、界河，划定 2 个县的行政区域界线。线以东、以北属青海省达日县，以西、以南属四川省色达县。这一协议经国务院于 1986 年 6 月 14 日批准后，两省民政部门和两州、县组成联合工作组按照协议，前往实地逐段勘察认线、树桩、立碑。同年 8 月完成了划界工作，从而使这一草原争议老大难问题得到了解决。

第七节　行政区划工作的基本经验

新中国成立 40 年来，民政部门在行政区划管理方面做了大量工作，积累了丰富的经验主要是：

一、加强行政区划的法制管理，不断完善各项法规制度，严格依法办事

行政区划属上层建筑，为经济基础服务，它的调整必须与经济发展的

客观规律相适应。一般情况下，宜保持相对稳定，确需变更时，则应贯彻执行国务院关于行政区划方面的各项法令规定，严格按照规定的各项原则、程序办理。

依法办事首先要有较为完善的法规制度。行政区划的各项法规制度是在总结实践经验的基础上制定的，具有较高的科学性和准确性，时间性较强。随着时间的推移，客观的政治、经济形势发生变化，行政区划有关的法规制度也要随形势发展的需要有所调整。及时地修订完善行政区划的法规制度，才能使行政区划在符合现实情况的法规引导下，进行适时的合理的调整。

二、加强行政区划的基本建设工作

主要抓好以下三项：

（一）加强行政区划的理论建设。过去行政区划的理论建设，特别是基本理论研究非常薄弱，有的方面还是一片空白，需要开展一些有创造性的、对难度较大的问题带有攻坚性的研究。主要做法是：从远大处着眼，从细微处下手，在宏观战略研究的指导下，紧紧抓住现实中的新情况、新问题，以及其他带有普遍性的具体问题。逐个地、详尽地进行微观方面的研究，一直到真正把问题研究透彻，得出比较切合实际，符合客观规律的结论为止。这样进行坚持不懈的努力，日积月累，由浅入深，从小见大，从特殊到一般，得出普遍规律和基本理论，除用以指导日常工作外，并可深化宏观研究推动战略研究的进展。宏、微观的行政区划研究，双管齐下，相辅相成，避免宏观研究成为空中楼阁，防止微观研究迷失方向。

（二）建立行政区划资料档案。进行宏观和微观的行政区划理论研究，要有充裕的古今中外的纵横资料。过去民政部门搜集的部分行政区划图书资料，在十年动乱中散失殆尽，总结以往的经验教训，亟须建立行政区划资料档案，并有专人搜集、整理，进行科学管理和利用。鉴于行政区划有综合性、沿袭性（继承性、历史性）、变动性、阶级性等属性，搜集行政区划资料的面要广，眼界要放开，包括一切直接有关的或间接有关的图书资料，避免单凭当时调查的材料进行研究，出现片面性和局限性。

（三）加强人才的培养和使用。除发动和组织社会的专家学者进行行政区划问题的探讨、研究外，要加强对行政区划管理人员的培养和教育，提高行政区划工作人员的素质和理论水平。开展理论和实践相结合的行政区划科学研究，并把研究成果运用于实际工作。

三、在改革中加强行政区划工作的战略性措施

民政部门作为中国共产党各级党组织和人民政府的参谋和助手主管行政区划工作，在 1987 年以前，限于人力和认识水平，主要精力放在行政区划变更事项的处理和局部问题的微观研究上，未能做到从全局、从长远、从宏观方面进行行政区划管理。

这一时期，从中央到地方的民政部门中，行政区划的管理机构和编制人员的配备与工作任务极不相称，实际无法真正管理起来。

在 1988 年开始的国家机关机构改革中，为了适应国民经济持续发展，以及经济体制改革的需要，民政部成立了行政区划和地名管理机构，专门承担这项业务。地方上的行政区划工作，也相应地得到加强。行政区划工作从过去具体事务微观管理的被动局面，逐步转为宏观管理战略研究先行，同微观管理局部问题的研究处理双管齐下，以超前的宏观管理指导微观管理的主动局面。在行政区域边界工作方面也从宏观着眼，决定采取全面勘界的战略性措施，以加强国家行政管理，促进经济建设和确保边界地带长治久安。

（一）行政区划的战略研究。搞好行政区划的战略研究，是从理论和实践的结合上，衡量行政区划管理工作科学水平和政治、政策水平的重要尺度。中国曾经经历了长达 2000 多年的以小生产方式为主的封建社会，传统的小农经济观念严重限制了人们的眼界。这种历史局限性的影响，反映在行政区划管理工作上，缺乏宏观意识。80 年代在改革开放的大环境

中，各级领导和广大社会行政管理工作者，扩大视野，对行政区划的每一项重大工作，都从战略的高度，严肃地考虑其长远的多方面影响。从世界范围的变化和中国的全局，来思考本系统的行政区划战略问题。

中国行政区划工作，从社会主义现代化建设的战略目标出发，坚持行政区划调整为经济体制改革和政治体制改革服务，适应商品经济和社会生产力发展的需要，做了不少有影响、有意义的实际工作。例如，改革中国传统的“切块”设置市、镇的模式，调整修订了设置市、镇建制标准，促进了中小城市的发展；发挥中心城市的辐射带动作用，在经济比较发达地区，试行了市领导县的体制；撤销海南行政区，建立海南省，实行省、县（自治县）、乡（镇）三级管理体制；在民族地区增建了民族自治地方政权机构，等等。但是由于缺乏对行政区划的理论建设，缺乏对国内外行政区划进行系统的比较研究，缺乏对行政区划的宏观战略研究，致使行政区划工作往往带有一定的盲目性、被动性。这种状况，不能适应社会主义现代化建设对行政区划工作的宏观要求，需要上下结合，跳出眼前利益的局限，树立超前的认识和思路，依靠全国学者、专家、实际工作者，共同参政议政，搞好行政区划战略研究。

行政区划战略研究是一项结构复杂、因素众多、综合性很强的社会系统工程。涉及政治、经济、社会、环境诸多方面，横跨自然科学和社会科学，是关乎全局的根本性的战略谋划，又是多层次、分阶段不同区域的多元化战略研究。行政区划战略需要建立在国家经济发展战略、社会发展战略基础之上，又必须考虑地理条件、人文环境、历史演化、民族分布等各种因素。例如，中国市、镇发展的速度、分布、结构，一方面受人口发展和流向的影响，更重要的是同工农业生产水平，特别是农业生产水平相关。农业是国民经济的基础，也是城市化进程的基础。如何通过行政区划战略研究，寻找出一个最优化的市镇发展战略，使城镇化水平同农业生产力水平相适应，已成为当前行政区划工作中不能回避的问题。要使城镇化稳步协调发展，并加速其进程，必须处理好两个基本问题：一是市镇发展要立足于农业生产的发展水平；二是城市工业经济的发展，支持农业的发展。否则，就会出现城市人口猛增，城市粮食和农副产品供应紧张的被动局面。因此，从指导思想上要以农业为基础，并且以粮食为主要因素来规划市镇的发展进程。

行政区划战略研究，也是一个分层次的战略体系。全国有全国的战略，各省有各省的行政区划战略。只有搞好全国和地方的整个系统的战略研究，才能协调一致地从宏观上指导行政区划工作。行政区划既有其相对的稳定性，又有其动态量变发育、发展规律。现代社会不仅社会活动规模大，而且由于社会化协作分工的发展，一项活动同其他方面的活动有联系。在进行行政区划战略研究时，要从单值的考虑发展到多值的研究；从单纯的因果分析，发展到整体结构的分析；从对单元的解剖发展到系统的综合，用系统论、控制论来进行行政区划的战略研究。

进行行政区划战略研究。要有高度的时代责任感和实事求是的精神，努力学习各种基础理论知识和业务知识。同时加强调查研究，对行政区划的历史、现状以及内、外部条件，进行充分的、实际的调查研究，运用辩证唯物主义世界观、科学时空观和方法论，进行行政区划战略目标、模式、政策、体制等定量定性分析和可行性研究。要运用电子计算机这一现代手段搞好数据、资料收集、整理和系统性定量分析，逐步建立行政区划信息数据库。

行政区划战略研究工作，必须依靠和发挥科研单位和大专院校智力集团的力量，依靠和发挥广大的实际工作者的力量，搞好课题研究。各系统、各单位都需要发挥自己的专长，围绕行政区划战略研究的总课题，搞好分课题研究工作，使行政区划工作更加规范化、科学化。

（二）全面勘界的战略性措施。中国省、县两级行政区域界线，多由历史上沿袭而来。由于从未全面勘测划定，有些地方的边界屡屡发生争议。据不完全统计，全国仅省际之间的边界争议就有800多起，涉及29个省、自治区、直辖市的300多个县，面积约有10几万平方公里。边界争议实际是对边界地带的森林、草原、土地、矿藏、水域、滩涂等自然资源的权属之争。随着人口的增加，商品经济的发展和资源的开发利用，边界争议还会继续增加。鉴于发生边界争议的地方资源遭到破坏，有时酿成群众械斗，严重地影响当地的社会安定和经济的发展。民政部会同各有关部门经过调查研究，认为边界争议的主要原因在于行政区域界线不清。只有全面勘定行政区域界线，才能从根本上解决边界争议问题，确保边界地带的长治久安；才能使《土地管理法》《森林法》《草原法》《矿产资源法》《渔业法》《水法》《海洋环境保护法》等顺利贯彻实施；才能使自然资源得到保护和合理地开发利用。为此，民政部等12个部门于1989年3月14日联合提出《关于勘定行政区域界线试点工作的请示报告》，并经国务院于同年6月批准，决定从1989年起进行勘界试点工作，并决定勘界试点工作的组织领导，以民政部为主，建立各有关部门参加的联席会议制度，共同研究制定勘界的方针、政策和处理有关重大问题。11月10日经国务院有关部门勘界试点工作联席会议研究，决定在全国不同地区，选择5000公里省级行政区域界线进行勘界试点，计划三年完成。经过试点取得经验后，再在全国全面开展省、县两级行政区域界线的勘定工作。并决定在宁夏与内蒙古、宁夏与陕西、宁夏与甘肃、内蒙古与吉林、河北与山东、青海与新疆6条涉及9个省、自治区的省级行政区域界线上，进行勘界试点，并批准新疆维吾尔自治区在区内进行全面勘界试点工作。民政部已于11月13日发出《关于开展勘定行政区域界线试点工作的通知》，要求试点的9个省、自治区认真贯彻执行国务院的批示，加强集中统一领导，有关省、自治区要密切配合，做好勘界试点工作。根据国务院批示精神，尚未纳入全国勘界试点计划的省、自治区、直辖市可以有计划地先进行勘定县级界线的工作，并为今后勘定与本省有关的省级界线作必要的准备。部分有关省、自治区已经开始这项工作。

据测算全国30个省、自治区、直辖市之间的边界线约有5万多公里（不含国界和海岸线）。2800多个县级单位的边界线约有40多万公里。要将省、县两级行政区域界线勘定下来，约需10年左右的时间。省、自治区、直辖市之间的界线在民政部指导下由有关省、自治区、直辖市勘定；省内市、县之间的界线，由各省、自治区、直辖市勘定。这是今后较长时间内的一项工作量大、涉及面广、政策性强、技术要求较高的硬任务。为使勘界试点工作有所依据和顺利进行，民政部起草了《省、自治区、直辖市行政区域界线勘定办法（试行）草案》，并会同国家测绘总局起草了《省级行政区域界线勘界测绘技术规定（试行）》草案。经联席会议通过，已由民政部，国家土地管理局、国家测绘局联合下达各省、自治区、直辖市，要求有关省、区试行。

新中国成立40年间，对各地边界争议问题的处理，一般是采取头疼医头，脚疼医脚的治标办法，协助有关省、区进行协商，零打碎敲地逐个解决局部边界争议。但是经常事与愿违，对一些老大难的边界争议，往往多次协商无结果，久拖不决，成为多年不得解决的悬案。如今在国务院正确领导下，总结经验，吸取教训，大胆突破老框框，从宏观战略方面着眼，采取全面勘定行政区域界线的治本办法，彻底解决边界争议。这是一项加强国家行政管理，确保边界地带长治久安，有利于经济建设的积极主动的战略性措施。边界争议在勘定边界的过程中，将会得到合理的解决。

第八节　地名情况概述

地名是人类社会发展到一定阶段的产物。它是代表各个不同的具有独立方位和范围的地理实体，是这个地理实体区别另一地理实体的名称标志，也是人们对这个具有特定方位、范围的地理实体所赋予的专有名称。它包括行政区划地名，而又具有比行政区划地名更为广泛的范围，都与社会生活有不同程度的联系。

一、地名包括的范围

地名包含自然地理实体、和人文地理实体的名称。前者如山、山峰、山丘、山口、山洞、山峡、山谷；河、湖、泉、沼泽；海、海湾、海峡；岛、礁、岬角、滩涂、沙洲；平原、盆地、高原、沙漠、草原、冰川等。后者如村、牧点等居民地名和城市街巷名称；省、县、市、乡、镇等行政区划名称；各专业部门使用的台、站、港、场、渠道、道班等具有地名功能的名称。其他还有风景区、纪念地，名胜古迹等名称。在上述这些名称中，有些具有双重性质，如一些企事业单位名称，凡其所代表的地理实体具有独立方位及范围者均具有地名功能，广义地说，也属于地名范畴。

随着科学技术的发展，人们活动的范围从大陆到海洋，从地球到宇宙其他星球，不仅对地球的陆地和海洋（包括露出海面的地理实体和海洋底部的海山、海沟）进行了命名，也对月球、水星、火星等天体表面的地形要素进行了命名，这些也均属地名范畴。

二、地名的基本特性

（一）地名的指位性。地名之所以称为地理实体的专有名称，其主要原因是它们代表的这个地理实体是在地球表面上具有一定方位和范围的，即具有一定的坐标位置。如承德市是指包括双桥区、双滦区、鹰手营子矿区和承德县 3 个区 1 个县的范围，其市中心位置的坐标是东经 117. 9 度，北纬 40. 9 度。地名所指地理实体的方位和范围是具体的，是不能混淆的，一般来说地名所指的方位范围是稳定的。但是随着历史的发展，方位和范围也不是一成不变，比如黄河千百年来多次改道，尤其在下游平原地区、位置就有较大的变化。然而大多数的地名指位性变化很小，甚至不变，如泰山、华山、西安的大雁塔等等。

（二）地名的指类性。地名除代表个体地理实体的位置，也代表其地理属性的类别。不少地名为了明显的表示出地理实体的地理属性，在起名时就加上了表示属性的“通名”。如太行山、崇明岛。“山”“岛”就指出了该地的地理属性。一般地说，“通名”是表示其地理属性的，但不等于说所有的“通名”都明确了地理属性。如有的名为岛，而实际则为礁，或名为山而实际则是岛。还有通名为河，实则是一个村名或街名，情况错综复杂。这是因为有的是出于命名人对“通名”含义的理解不同，有的是以山、河等名称命名村镇或街道，而后面没有再加居民地通名而造成。有些地理实体经过沧桑之变，性质变了，通名尚未改变。如有些湖泊、沼泽随着气候的变化而逐渐干涸成为良田，作为表类的“通名”，随着实地的变化自然也失去了原来“通名”的作用。

（三）地名的民族性、区域性。地名的产生、形成和广泛使用，是与当地居住的民族及其使用的语言分不开的，具有民族语言和区域特点。它因此成为不同时期不同历史条件、不同民族在这里生息开发的佐证。不同民族使用不同语言，不同语言对同一地理实体的称谓读音是不相同的。如山，蒙古语称 Wula（乌拉，系汉语拼音字母，下同）或 Wulan（乌兰）、藏语称 Ri（日）、维吾尔语称 Tagh（塔格）；河，蒙古语称 Gol（高勒）、Moron（木伦），藏语称 Zongbo（藏布）、Qu（曲），维吾尔语称 Derya（达里亚）。不同民族在命名时还往往反映出民族的风俗、习惯和历史文化特征。例如拉萨意为神地或佛地，珠穆朗玛峰意为神女稳座智慧峰，就是藏族崇信佛教的反映。乌鲁木齐是蒙古语地名，意为优美的牧场，16 世纪中叶，因漠西厄鲁特蒙古迁徙来此游牧而得名。中国是创造了龙的国家，叫龙的地名很多，如龙井市（吉）、龙口市（鲁）、龙南县（赣）、龙川县（粤）、龙凤山（黑）、龙门山（川）等等。印度洋上的岛国科摩罗的名称源于希腊语，意为月亮岛，国同岛名。这个岛上的居民迄今有崇拜月亮的风俗。

地名的命名又与区域地理环境密切相关。这是客观的地理实体在人的大脑中反映的结果。在大草原上，“塔拉”（蒙语：草原）、“坨子”（沙丘）、“甸子”、“泡子”较多。在山、丘地区以山命名的较多，如五台县以五台山命名，稷山县以稷山命名。在河流沿岸往往多有带河字的地名，如河曲县（晋）、河口瑶族自治县（云）等。地名还与当地的社会经济、历史、文化的发展有关。在人口密集商业发达的地方多出现集、圩、镇、店等名称。如景德镇（赣）、张店（鲁）、李集（鄂）、里圩（桂）等。在交通要道上多有关、桥、津、港、渡等名称。如天津、茅津渡（晋）、连云港（苏）潼关（陕）等。

（四）地名的继承性、稳定性。地名是人类社会历史的产物。随着历史的发展而发展，沧海变桑田，地名也跟着会有变化。山东广饶县在秦汉时有个钜定泽，汉时的钜定县即因湖得名，后来湖泊干涸，钜定泽和钜定县均成为历史地名。但自然的沧桑之变毕竟是缓慢的，因而对地名的影响也较小，如长江、黄河、泰山、恒山等都是很古老的名山大川的名称。而人事的变化比起自然来则是迅速的，地名受社会政治、经济、文化等各种因素的影响，随着历史的发展不断演变。国家的兴衰，朝代的递嬗，疆域的变化，民族的迁徙，新土地的发现，革命运动的成功，社会性质的改变，以及科学技术的进步、经济文化的发展，都是地名演变的原因。但地名不是每个时期都全部更新，而是大部继承、少量更改，另有新增。仅以陕西省为例，全省县名自古沿用至今，2000 年以上的有蓝田、长安、南郑、武功等 5 个县；1000 年以上的有 35 个县；500 年以上的有 23 个县。中国现存的 2000 多个县市的专名多半都是继承了原名。尽管政区、居民地等人文地理实体名称受社会变革的影响较大，更名较频繁，但还是有多数名称延续下来。自然地理实体的名称很少受到政治变革的影响，是比较稳定的，甚至以自然地理实体名称得名的人文地理实体名称也因此而稳定。

（五）地名的时代性、变动性。地名是时代的标志。地名的命名和更名随着社会政治、经济、科学、文化、民族、宗教在不同的历史阶段而有所不同。在阶级社会地名往往受到上层建筑意识形态的影响，不同时代社会意识形态不同，地名的命名、更名也就不同。20 世纪以来，反殖民独立运动席卷全球，不少殖民地国家取得了独立，殖民者命名的地名多被改掉或恢复原名。新中国成立后，更改了历史上遗留下来的带有殖民性质的外来地名，大国沙文主义和歧视侮辱少数民族性质的地名，随着社会主义经济建设的发展，又命名了很多新的地名。

三、地名的功能

（一）地名是人们活动的向导，成为人们日常工作、生活、交往不可缺少的工具。地名标准化程度越高，地名管理工作做得越好，地名标志建立的越广泛、实用，人们的生活、交往就越方便，交通、邮电等有关部门的工作就会得到顺利运转，有利于社会安定。

（二）地名是“活化石”。地名为语言学、地理学、历史学、民族学等学科的研究提供宝贵资料。在地名中蕴藏着社会各个历史阶段的政治、经济、文化以及语言、地理环境的某些内在规律，是各个不同历史时期有关方面的真实记载。通过地名的研究，可以找出这些规律。如对地名语源的研究，可以发现地名在不同语言中的用字规律。即使这种语言在这个地区已经消失，但从地名上仍可证明使用这种语言的民族在这个地方生息过的历史事实。在同一语言中，地名用字也反映出当地的方言。如黑龙江的“海伦”，是满语地名，意为水獭，牡丹江的“牡丹”也是满语的音译，意为弯曲。在汉语地名中担竿列岛的“担竿”就是闽粤方言。通过地名研究还可以了解到民族和疆域的变迁。如原属中国现属苏联的海兰泡、伯力、海参崴等地，尽管都被苏联改了名字，但这些原名都足以证明这里原来是中国的领土。江苏、浙江一带的余杭、余姚、句容、姑苏、无锡等地名中的第一个字都是古越语的发语词，没有实义，说明这里曾为古越族驻地。在地理环境的研究中，通过地名可以证明河、湖的变迁，区域自然、经济面貌的变化，矿藏的分布、植被的分布和变化，城镇范围、地址的变化及地区的归属等。

（三）地名可作为信息的载体，很多信息都可通过地名反映出来。如北京的经济建设、科技、文化、人口等多方面情况都可通过北京这个地名反映出来。现代化的电脑信息系统储存了大量国家各方面的信息，这些信息都以地名作为载体储存进去，并通过地名检索出来。如果地名标准化程度越高，每个地名都能成为标准地名，地名这个载体的作用就会更大，社会效能就会更强。

第九节　地名工作

地名，人人用，天天用，与社会各个部门关系都很密切。对外关系到领土主权、国际交往，对内关系到民族团结、经济建设、国防建设、行政管理、文化教育、人民之间相互交往和旅游、交通、邮电等各行各业。中国疆域辽阔、历史悠久、民族众多，地名语种多样、演变复杂。按照中国共产党的方针政策和社会主义原则，地名要体现对外睦邻友好、维护民族尊严、对内反对歧视少数民族、各民族团结平等等原则，同时要消除重名，搞好命名、更名，进行地名标准化工作。少数民族语地名、外国地名的汉字译写、中国地名的罗马字母拼写都要做到规范化。因此地名工作的任务十分复杂而艰巨。它已成为国家行政管理和物质、精神文明建设中不可缺少的一项重要的基础性工作。

一、40 年来地名工作梗概

新中国成立后 40 年，地名工作大体可分为以下三个时期：新中国成立到“文化大革命”前的时期，地名工作逐步发展，主要做了两方面的工作，一是对历史上遗留下来的不符合中国共产党和国家方针政策的地名进行清理、更改；二是对国内外地名的汉字译写进行了一些规范化工作，为后来的统一规范奠定了基础。

“文化大革命”期间，地名工作遭到严重破坏，地名机构被撤销、工作陷于停顿，人们在极左思潮的影响下，对乡、镇、村庄、街道、里弄等名称乱加更改，造成新名过多，新老名并用，加上大量重名。红旗、红卫、红星、东方红等新的相重地名遍及全国，造成了城、乡地名严重的混乱。给邮电、交通等各行各业都带来了极大困难，并严重影响人民日常生活。

1977 年中国地名委员会成立之后，地名工作得到迅速的加强和发展，进入了一个有组织、有计划全面开拓、发展的新阶段。在这个阶段，对全国地名进行了普查和标准化工作；逐步完善了地名法规；建立了地名档案；编纂了地名工具书；开展了地名理论研究及学术交流；参加了联合国地名标准化及联合国地名专家组会议及有关活动。

二、地名管理机构与领导体制的演变

中国共产党和人民政府很重视地名工作。新中国成立后，将地名工作交由内务部主管。1959 年，在国家大地图集编纂委员会的领导下，成立了地名译音委员会。1964 年，国务院成立了“地名审改小组”，吴晗任组长，办事机构设在内务部。同年又在国务院文教办公室领导下，成立了人名、地名统一译写委员会。1973 年，外交部就参加第五次联合国地名专家组会议的有关问题向国务院提出报告，建议这方面的工作由即将恢复的国家测绘总局负责。1977 年 7 月，经国务院批准正式成立了中国地名委员会。委员会在国务院领导下，由国家测绘总局等 13 个部门委派代表组成，国家测绘总局局长王大钧任主任委员。中国地名委员会的主要职责是：根据中国共产党和政府的有关政策规定负责制定国内地名的命名、更名原则，制定国内外地名译写标准化原则，制定地名工作的长远规划和近期计划，指导全国地名管理工作，组织调查、搜集、整理、审定、储存国内外地名资料，编辑出版各种地名书刊，开展地名理论研究，参加国际地名业务活动。1982 年中央国家机关进行机构改革后，经国务院批准，中国地名委员会的组成人员进行了两次调整。调整后的委员会由 21 个单位的 25 名委员组成，城乡建设环境保护部为主任委员单位，1986 年，主任委员由城乡建设环境保护部部长叶如棠担任。1986 年 1 月，国务院在发布《地名管理条例》的通知中进一步明确规定：“国务院委托中国地名委员会管理全国地名工作，其办事机构由城乡建设环境保护部代管。”中国地名委员会成立后，各省、自治区、直辖市也相继设立了地名领导机构，其办事机构分别由测绘、民政、建设等部门代管，地区、市、县也都设立了地名机构或确定了主管地名工作的部门。1987年8月，劳动人事部根据国务院领导的批示，发出关于改变地名工作领导体制的通知，决定中国地名委员会办公室由城乡建设环境保护部划归民政部，地方各级地名委员会的工作机构，原则上并入各级民政部门。对个别有特殊情况的，不强求上下完全对口，可由当地人民政府自行决定。1988年1月中国地名委员办公室正式划归民政部。同年7月，在国家机构改革中决定民政部成立行政区划和地名管理机构，地名工作正式纳入国家行政序列，仍保留中国地名委员会办公室的名义，地方各级地名机构也正在逐步转入民政部门。地名管理工作机构已从非常设机构转变为常设的政府职能机构，地名业务的开展，已从地名普查的基础性工作进入法制管理阶段。地名标准化工作正在深入进行。

三、地名法规的制定

做好地名工作，必须要有立法的依据和具体的业务规范细则。中国地名法规的制定，基本上是从无到有，从部门立法到全国统一，地名委员会建立后才逐步完善。

（一）在地名的命名更名方面，新中国成立初期，对历史上遗留下来不符合中国共产党的方针、政策的地名，制定了更名的规定。中央人民政府政务院先后于1951年5月和12月发布了《关于处理带有歧视和侮辱少数民族性质的称谓、地名、碑碣、匾联的指示》和《关于更改地名的指示》，1952年发布的《关于处理行政区划变更事项的规定》，也提出了地名变更的规定。1964年内务部根据周恩来总理的指示，函请各省、自治区、直辖市人民委员会对县、市以上等地名进行审查，提出更名意见。在这些文件中对地名的整顿、更改作了原则规定，明确地名的整顿任务是清理那些带有大国沙文主义、歧视侮辱少数民族性质的，以人名命名的、名称重复容易混淆的、用字生僻难认难写的等类地名。1965年国务院发布了《关于更改山脉、河流、湖泊、海湾、海峡、岛屿等名称报批权限的通知》，对当时的地名工作起了指导作用，同时为以后全面系统地制定地名管理规定奠定了基础。中国地名委员会建立后，为了加强对全国地名的统一管理，做好地名的命名、更名工作，国务院于1979年发布了《关于地名命名、更名的暂行规定》，对全国地名普查，开展地名标准化工作，提供了法规性依据。1986年国务院又发布了《地名管理条例》。从此，地名管理工作有了一个比较科学的、完善的立法规定。各省、自治区、直辖市根据《条例》又颁发了具体规定，开展了地名普查、地名标准化等一系列工作。

（二）在中国地名的罗马化方面，1974年5月，中国文字改革委员会和国家测绘总局联合制定了《中国地名汉语拼音字母拼写法》，并于1976年9月进行了修订。对少数民族语地名的罗马字母拼写，1965年国家测绘总局和中国文字改革委员会制定了《少数民族语地名汉语拼音字母音译转写法（草案）》，1976年6月进行了修订，1978年9月国务院正式批转了《关于改用汉语拼音方案作为我国人名、地名罗马字母拼写法的统一规范》的报告。从此中国地名罗马字母拼写有了统一规范。1980年8月中国地名委员会制定了《城市街道名称汉语拼音拼写规则（草案）》。1984年12月，中国地名委员会与中国文字改革委员会、国家测绘总局联合颁布《中国地名汉语拼音字母拼写规则（汉语地名部分）》，进一步完善了地名的罗马字母拼写规定。在少数民族语地名译写方面，测绘部门做了大量工作，国家测绘总局与总参测绘局于1960年制定了《少数民族语地名调查和翻译通则》。之后，从1963年到1965年相继制定了蒙古语、维吾尔语、哈萨克语、柯尔克孜语、西双版纳傣语等语种的地名译音规则。1982年对蒙古语、维吾尔语、藏语（拉萨话）地名译音规则进行了修订。

（三）在外国地名的译写方面，50年代中国科学院语言所、新华社、马恩列斯编译局等各有关部门各自制定了英语、俄语、法语、德语等语种的译音表，但均不一致。1966年中国人名地名译写委员会，制定了《外国地名汉字译写通则（试用稿）》和英、法、西、德、俄、阿拉伯6个语种的译音表，由于“文化大革命”的到来，未能试行。中国地名委员会建立后，于1978年在上述“通则”和译音表的基础上，组织有关部门统一制定了《外国地名汉字译写通则》和英、法、西、德、俄、阿拉伯地名汉字译音表，以及罗、蒙、捷、匈等54个语种的地名译音表草案。“通则”和“译音表”的制定、统一，结束了历来没有统一规范的局面，走向译名规范化阶段。

四、地名标准化与地名调查

（一）地名的清理和更改。在历史遗留下来的地名中，存在着一些违背国家方针政策、重名、一地多名、一名多写、一名多译等混乱现象。从50年代即开始根据国家的指示、规定、条例和地名标准化的要求进行了清理和标准化处理。直至80年代全国地名普查时，大量不符合要求的地名才得以基本解决。主要清理和更改了如下几类地名：

1. 外来地名：为了维护中华民族尊严，1952年5月将中尼边界的世界第一高峰的外来名称额菲尔士峰（或埃佛勒斯峰），恢复为藏族固有名称珠穆朗玛峰。将瑞典人斯文赫定改名的外喜马拉雅山（又称赫定山）恢复为冈底斯山。将普尔热瓦尔斯基山恢复为阿尔喀山。1966年以前黑龙江省先后清理了尼古拉耶夫、乌启罗夫等俄语地名60余处。70年代又清理了呼伦贝尔盟和大兴安岭地区俄语地名31处。在开展蒙、维、藏语地名调查和全国地名普查时，又清理了以外国人名和外文命名的地名多处。

2. 违背睦邻政策的边界地名。如将与越南接壤的广西的镇南关改名友谊关，镇边县改名那坡县等。

3. 带有歧视少数民族性质的地名。主要对少数民族地区使用含有歧视少数民族性质的定、镇、化、靖、宁、平、绥等字的地名进行了更改。如内蒙古的归绥市改名呼和浩特市、定远营改名巴彦浩特等。

4. 以人名命名的地名，恢复了原名或重新命名。如福建的林森县恢复原名闽侯县，安徽的立煌县恢复原名金寨县等。

5. 在一定区域内重名的地名。如内蒙古自治区的龙胜县因与广西龙胜县重名，改名卓资县。黑龙江的泰安县因与山东泰安县重名，恢复原名依安县。在全国地名普查中对在一定区域内乡镇、村庄、街巷等重名的地名作了大量调整和更改。

6. 用字生僻的地名。如将四川的越嶲县改名越西县，青海的亹源县改名门源县等。

7. “文化大革命”中乱改的地名，70 年代后期，大部恢复了原名。

（二）地名调查。

1. 全国地名普查。70 年代中期为了在全世界推行用汉语拼音字母拼写中国地名，作为国际标准，国家测绘总局测绘研究所地名室对蒙古语、维吾尔语、藏语地名进行了调查和初步标准化工作。中国地名委员会建立后，于 1979 年开始试点，1980 年正式在全国铺开，进行了大规模的地名普查和地名标准化工作。普查要求以 1/50000、城市以 1/2000 或 1/5000 比例尺地形图为基础，对原生产大队和人民公社以上的行政区划名称；农村重要居民地和重要台、站、港、场等企事业单位名称；名胜古迹、革命纪念地、重要人工建筑物名称；1/50000 地形图上的各类自然地理实体名称进行调查。每条地名调查的内容包括：名称的汉字书写、汉语拼音类别、别名、地理位置等。对生产大队和人民公社以上的行政区划名称、重要自然村、镇名称和县内重要自然地理实体名称，要调查其来历、演变、含义和所代表的地理实体概况。对少数民族语地名，除上述内容外，还要调查语种、语义及民族文字的书写。调查结果要填写地名表、地名卡片、标绘地名图。对人民公社以上政区名和重要自然地理实体等名称要编写其概况材料。

在开展陆地地名普查的同时，对沿海海域地名也进行了普查。经中国地名委员会组织有关部门和专家审定并报国务院批准，确定了 287 个岛礁的标准名称，于 1983 年 4 月在报刊上正式公布。同年 6 月在浙江省普陀县召开了全国沿海岛礁地名标准化工作会议，进一步明确了岛礁地名标准化的有关问题。确定以 1/50000 比例尺海图为基础资料，个别密集的港湾还可以使用更大比例尺的海图和陆图，以期获得较详细的地名成果，满足各方面需要。1983 年 10 月国务院、中央军委批转了中国地名委员会等 7 个部门《关于加速进行我国沿海岛礁地名普查及地名标准化工作的报告》，要求各地和各有关部门共同努力做好这一工作。

全国地名普查工作共普查地名约 550 余万条，海域地名近 2 万条，填写地名卡片 200 万张，填写地名调查表 80 余万张，编写地名概况材料 15 万份。进行标准化处理的地名约 13 万条，新命名的地名近 7 万条。通过普查，大体上摸清了地名的情况和存在问题，并通过标准化处理，基本上清除了地名中的混乱现象。初步实现了重要地名的标准化。

2. 地名补查和资料更新。在全国地名普查结束后，根据普查的情况和存在问题，1986 年第三次全国地名工作会议提出了地名补查和资料更新的任务。因为地名普查只普查了重要地名，还有不少地名未进行普查；在地名中行政区划名称又有很大变化，人民公社、生产大队已改为乡、村；原普查地名时还有些错误或遗漏；有些地名信息内容也不够确切、可靠。为此，民政部、中国地名委员会于 1988 年 8 月发出《关于开展地名补查和资料更新工作的通知》。要求各县市根据实际情况按照《全国地名补查和资料更新工作方案》进行补查和资料更新。争取在 1990 年基本完成，之后要建立地名资料更新制度，作为日常地名管理工作的一项重要内容。1989 年 3 月全国省级地名办公室主任会议上对此项工作又作了部署。全国地名补查和资料更新工作正在进行中。

五、地名译写

（一）中国地名的罗马化。中国地名的罗马字母拼写，过去一直沿用历史上遗留下来的各种旧拼法，在英文中主要用的是“威妥玛式”和“旧邮电式”两种。“威妥玛式”等旧拼法的表音不符合汉语普通话的语音体系。除英语使用“威妥玛式”外，其他法语、德语、西班牙语都根据自己的语言特点有其各自的拼法。因此同一个中国地名在不同的罗马字母语种里拼法不同。例如北京一词，汉语拼音为Beijing，英文、德文拼作peking，法文拼作p´kin。上海一词，英文拼作Shang hai，德文拼作Schang hai，法文拼作Ctiang hai，至于蒙古语、维吾尔语和藏语大都是直接根据少数民族语拼写，没有一定标准。这种混乱现象对国际间科学、文化的交流是很不利的。

为了贯彻周恩来总理关于《汉语拼音方案》可以在对外文件书报中音译中国的人名、地名的指示，消除中国地名在罗马字母拼写方面的长期混乱，1958年中国的邮电局名、铁路站名、气象站名相继使用了汉语拼音。1971年、1973年周恩来总理两次指示用汉语拼音编印中国地图，以应国内外需要。1973年外交部就出席联合国地名国际标准化会议的有关问题，向国务院作了请示，提出：要在做好各项准备工作的基础上，改用汉语拼音拼写中国人名、地名作为统一规范。1975年3月中国首次派人参加了第六次联合国地名专家组会议。正式提出依据汉语拼音方案拼写中国地名作为国际标准，得到多数专家的同意。1977年地图出版社出版了汉语拼音字母版《中华人民共和国地图集》《汉语拼音中国地名手册（汉英对照）》。中国航海出版社出版了汉语拼音版《中国沿海海图》。同年8月第三届联合国地名标准化会议通过了中国代表团提出的采用汉语拼音作为中国地名罗马字母拼写的国际标准的提案。1978年9月，国务院批转了中国文字改革委员会、国家测绘总局、外交部、中国地名委员会“关于改用汉语拼音方案作为中国人名、地名罗马字母拼写法的统一规范的报告”。从1979年1月1日起，中国对外文件、书刊中的人名、地名一律改为汉语拼音。1983年，地名研究室编纂的《中国地名录》约3.2万条地名，用汉语拼音字母拼写，由地图出版社出版。全国各种书籍报刊拼写地名均相继采用汉语拼音字母拼写，汉语地名照普通话读音拼写。蒙古语、维吾尔语、藏语等少数民族语地名照《少数民族地名汉语拼音字母音译转写法》转写。

（二）中国少数民族语地名的汉字译写。中国是一个多民族国家，少数民族语地名很多、由于中国在绝大多数情况下通用汉语，一些文件、资料、地图、书刊等地名的书写均用汉字。因此用汉字译写少数民族语地名是否合乎规范，就成为地名标准化的一项重要内容。1962 年以前，对少数民族语地名的翻译没有明确的统一规定，大都是当地人或调查人员自行翻译。译名人员往往使用汉语方言进行译名，再加上汉字一字多音，一音多字的情况，以致造成了少数民族语地名译写中的混乱现象。如藏语译名把“go”译成“角”；蒙古语的“Bayan”在不同地方译作巴彦、巴燕、白云、白音、白杨等；维吾尔语的“Erik”就有艾力克、艾列克、艾勒克、艾来克等多种译法，在译写中由于所依据民族语的书面语与口语不同，也往往造成不同的用字。如西藏的“比如县”就是按口语翻译的，如按书面语应译作“直如县”。在地名的译写中有的用字不当，有的音译、有的意译、有的音译重复意译，总之，是比较混乱的。

为了解决少数民族语地名译写统一问题，国家测绘总局和总参测绘局联合制订了一些译写规范，并对测量队员进行了培训。从此地图上的地名译写逐步走向规范。1975 年到 1978 年间在有关省、自治区各部门的支持下，测绘研究所在内蒙、西藏、青海、新疆和四川的甘孜、阿坝地区对重要地名进行了调查，对地名的民族语书写形式、罗马字母拼写和汉字译写都进行了规范化工作，并出版了上述各省、自治区的地名录。

（三）外国地名的汉字译写。用汉字译写外国地名，过去没有统一规范，又因汉字一字多音一音多字，难以准确表音。译名人员因掌握资料不同、使用汉语方言等种种原因，造成同一地名有许多不同译法的混乱现象。如非洲的卡宾达曾译作卡奔达，摩洛哥的首都达尔贝达曾按外来语译作卡萨布兰卡，南斯拉夫的萨拉热窝曾译作萨拉也夫。为了使译名有一定标准，50 年代有关部门即制定了一些规范，在地名用字上，为避免地名有褒贬色彩，简化繁体字、生僻字并做到译音准确，根据周恩来总理指示和有关规范的要求，对有些译名作了改动。如巴基斯坦的“喀喇蚩”改名“卡拉奇”，非洲的“怯尼亚”改为“肯尼亚”，“塞拉勒窝内”改为“塞拉利昂”，印度尼西亚的“巴沓岛”改为“巴厘岛”，“苏彝士运河”改为

“苏伊士运河”等。

中国地名委员会建立后，根据制定的“通则”和“译音表”，1983 年编辑出版了《外国地名译名手册》，同年又审定了大百科全书出版的《世界地名录》近 30 万条地名。1986 年编纂出版了《美国地名译名手册》。1988 年出版了《联邦德国地名译名手册》。正在组织编纂苏联、英国等国的地名录和约 10 万条的中型本《世界地名译名手册》、约 12 万条的《世界海洋地名录》。英语、法语、德语、西班牙语、俄语、阿拉伯语地名译音规则也正在制定中。

六、地名研究与人才培养

（一）地名研究。随着地名工作的开展，地名研究逐步加强。1959 年在国家测绘总局测绘科学研究所建立了地名译音室。对中国少数民族语地名的规范化进行了大量的调查研究工作，拟定了蒙古语、维吾尔语、藏语、哈萨克语等 10 多种译音规则。在外国地名译写研究方面，拟订了英、法、西、德、俄、阿拉伯语地名译音规则的初稿。这些成果由于“文化大革命”大都未能被采用。1973 年重建测绘研究所地名室，对少数民族语地名的罗马字母拼写汉字译写做了大量调查研究工作。编辑出版了汉语拼音版的地名录、地图等多种版本的图书。在地名学理论方面提出了一些论文、报告和著作。同时编写了“大百科全书”中有关地名学的条目。

地名普查取得的丰硕成果，为地名学的研究提供了有利的条件，1979 年山西省地名委员会首先创办了《地名知识》，1984 年辽宁省地名委员会创办的《地名丛刊》问世，两个刊物均发行国内外。其他如《地名集刊》、《内蒙古地名》等内部刊物相继问世，中国地名委员会于 1979 年创办了《地名工作通讯》，同时还编辑出版了《地名学文集》、组织编写了《实用地名学讲义》。河北、辽宁、吉林等省地名委员会陆续编辑出版了《地名学论文集》、《应用地名学》等若干种图书，各县、市也大都编辑出版了本地区的地名志、录等书籍。与此同时，福建、辽宁、吉林、浙江等省相继成立了地名学会或研究会。1988 年中国地名学研究会正式成立，进行学术交流。出版了《地名学论文集》。1989 年又分别召开了城市地名管理、地名通名学术讨论会。各省、市地名学研究会也相继召开。地名学研究会的成立对地名学的理论发展、干部业务水平的提高起到有力的促进作用。

（二）人才培养。为了搞好地名工作，发展地名学理论，80 年代初开始注意了人才的培养。1981 年、1982 年北京师范学院地理系曾开设了地名选修课，并由高等教育出版社出版了《地名学论稿》。辽宁、吉林、广东相继委托有关大学开办了地名专业函授大专班，河北师范大学培养了两名地名硕士研究生，从 1989 年开始在南京大学开办两届地名学专业班。在职干部的培养方面，1985 年测绘研究所为新疆办了一期地名干部培训班，1986 年中国地名委员会全国地名档案资料馆办了一期地名档案培训班，1989 年中国地名委员会组织省级地名办公室主任进行了研习培训。这些工作进一步推动了地名理论研究，为地名学的发展，为人才的培养奠定了良好的基础。

七、外事交流

（一）参加地名国际标准化活动。1975 年中国首次派出专家小组参加了第六次联合国地名专家组会议，提出了用汉语拼音拼写中国地名，获得多数专家的赞同，要求单独成立中国语言/地理分部，得到会议通过。1977 年在经过充分准备的基础上，中国派出代表团参加了联合国第三届地名标准化会议及第七次专家组会议。中国代表团向大会提交了“采用汉语拼音作为中国地名罗马字母拼法的国际标准的提案，得到与会绝大多数代表的赞同和支持，通过了中国提案。这不仅是中国地名罗马化的一件大事，也是世界地名国际标准化的一件大事，影响是深远的。1979 年中国派联合国地名专家组中国分部专家出席了第八次联合国地名专家组会议，会上以中国分部名义作了《中国地名标准化工作报告》，提交了“汉语拼音版中华人民共和国地图集技术说明”材料。会后顺访了美国地名委员会，座谈了美国出版《中国地名录》有关业务问题。1982 年、1987 年先后派出中国代表团，出席了联合国第四届、第五届地名标准化会议。此外于 1981 年、1984 年、1986 年、1989 年先后派专家出席了第九、第十一、第十二、第十四次联合国地名专家组会议。诸次会议除报告中国地名工作外，还提交了《地图上中国地名的拼写准则》《中国在地名自动化处理方面的进展》《地名管理条例》等文件。散发了《汉语拼音版中华人民共和国分省地图集》《中国地名录》等资料。承担了联合国地名专家组编辑的《世界国名表》和《地名标准化中使用的名词术语词汇表》中的中文部分的编译工作。

（二）外事往来。1983 年，日本地名研究所人员来华，顺访了中国地名委员会。1988 年由测绘研究所邀请，日本地名研究所所长来京讲学，讲述了日本地名研究的历史及发展，并交换了资料。1989 年日本地名研究协议会常任理事来访，交换了地名学资料，并提出了加入中国地名学研究会的请求。中日两国地名学术交流有了进一步发展。1985 年 7 月应中国地名委员会的邀请，英国地名委员会主席来京讲学，作了《英语地名研究的发展》《国内地名和国外地名》《国家地名权力机构的建立》《地图集中的地名》等题目的学术报告，并就有关问题进行了座谈。山西、上海等省、市也与国外地名有关人士进行了交往。

第五章
优抚工作

中华人民共和国的优抚工作，是直接为加强人民军队的建设服务的，是国家和社会拥军优属工作的重要内容之一。它的产生、发展、地位和作用，都同军队紧紧联系在一起。做好优抚工作，对于促进军队建设、国防建设，密切军政军民关系，促进国家和军队的稳定和发展，具有十分重要的意义。

第一节　概　述

优抚工作的主要内容包括：（1）褒扬革命烈士；（2）组织群众支前；（3）优待抚恤革命烈士家属、因公牺牲军人家属和病故军人家属；（4）优待抚恤革命伤残军人（原称革命荣誉军人、革命残废军人）；（5）优待现役军人家属；（6）对已经安置的复员退伍军人（主要是各个革命战争时期复员退伍的老战士）给予适当的照顾；（7）组织开展拥军优属的活动等。此外，革命工作人员（后改称国家机关工作人员）、人民警察、参战民兵工的伤亡抚恤，也属优抚工作的业务范围，因限于篇幅，本章不作论述。

全国优抚工作的主要对象，总人数超过4000万人。

拥军优属和优抚工作在中国具有悠久的历史和优良的革命传统。新中国成立后，特别是中共十一届三中全会以来，这一革命传统得到了很好的继承和发扬。

一、新中国成立以前的优抚工作

以武装斗争为特点的中国革命，建立起一支强大的人民军队。参加这支军队的、为人民的利益而战斗的子弟兵，同人民骨肉相连，休戚与共。军民之间的鱼水关系，自然地形成了人民群众自觉拥护人民军队、优待军人家属的活动。从人民军队诞生之日起，优抚工作就成为提高部队战斗力的一项不可缺少的重要工作，成为人民群众的一项光荣的政治任务和社会工作。

为了做好优抚工作，以扩大与巩固红军，夺取革命战争的胜利，1931年11月，中华苏维埃工农兵第一次全国代表大会和中央革命军事委员会制定了《中国工农红军优待条例》和《红军抚恤条例》。两项条例规定了对革命烈士给予褒扬，对烈士家属、红军家属给予各项优待（包括代耕土地），对因残疾退伍的红军战士发给终生抚恤金，对军龄较长的老年红军战士给予终生补助，等等。这两个条例，在实践中得到了认真的贯彻。

在这以前，革命烈士的褒扬工作已经有了一个良好的开端。1928年中共第六次全国代表大会在莫斯科召开期间，曾组织与会代表撰写革命烈士传略78篇，参加撰写的有周恩来、瞿秋白、蔡和森、王若飞、刘伯坚、苏兆征、邓中夏、关向应等人。1929年中国济难总会编辑的小册子《牺牲》，刊载了139篇革命烈士史料，并附有一部分革命烈士的照片。1933年，为了纪念为革命牺牲的工农红军指战员，曾在当时中华苏维埃中央临时政府所在地瑞金，建立了红军烈士纪念塔。这一期间凡是无劳力或缺劳力的红军家属，每人每月都能享受到群众的义务劳动，平常最少6工，农忙时最少10工。苏区所有16岁至55岁具有劳动力的公民，不分男女，均加入优待红军家属耕田队，以义务劳动帮助红军家属耕种、收获以及砍柴、挑水等。耕田队员为红军家属义务劳动时切实认真，自带食物、农具，不接受红军家属的任何报酬。耕田队以村为单位组织。为解决负担不平衡的问题，以乡或区进行调剂。红军家属到公营商店和合作社购买物品，享受减价优待。红军家属治疗疾病或有其他特殊困难，由政府给予补助。为提高红军家属的社会地位，还在红军家属门上钉了光荣牌。

做好优抚工作，对于巩固与扩大红军，曾经起到十分重要的作用。在优抚工作做得好的地方，到处出现父送子、妻送郎、兄弟争相入伍的动人场面。毛泽东于1933年11月在《才溪乡调查》一文中写道：“全区以上下才溪两乡扩大红军成绩最好。主要原因是优待红军家属、慰问红军工作历来不错。”同时强调指出：“优待红军家属，是群众喜欢去并且安心留在红军部队的一个根本工作。……这样大数量地扩大红军，如果不从经济上、生产上去彻底解决问题，是决然办不到的。只有拿经济上的动员配合着政治上的动员，才能造成扩大红军的热潮，达到如像长冈乡、才溪乡一样的成绩。”

土地革命战争时老根据地开展优抚工作的经验，在抗日战争时期的各个解放区得到了推广，并结合当时当地的情况分别制定了相应的法规。在抗日战争最艰苦的时期，为了战胜日本侵略军的疯狂进攻，夺取抗日战争的胜利，中共中央在领导整风运动和大生产运动的同时，领导开展了“拥政爱民”（根据地的军队人员“拥护政府、爱护人民”）和“拥军优抗”（根据地的共产党、政府机关、群众团体的工作人员和人民群众“拥护军队、优待抗日军人家属”）运动。1943年1月15日，中共中央所在地陕甘宁边区政府公布了《拥护军队决定》和《边区政府关于拥军运动月的指示》，确定1月25日至2月25日为边区拥军运动月。在拥军优抗月里，普遍、深入地开展了拥军优抗的宣传教育，并对驻军、军队伤病员、革命伤残军人和抗日军人家属，进行了普遍的慰问。在拥军优抗月活动的推动下，优抚工作有了很大的加强，如为抗日军人家属代耕土地的问题，过去有些地方比较马虎或者实行平均代耕。开展拥军优抗月活动以后，这些缺点得到了纠正。对伤残军人也进行妥善的安置，认真解决他们的住房、耕地、农具、资金、口粮等方面的问题。为使拥军优抗运动更加广泛、深入地开展，中共中央政治局于1943年10月1日发出指示，要求各根据地从1944年起，每年阴历正月都要普遍地举行一次大规模的拥军优抗的群众运动。这个传统习惯一直延至今日。在抗日战争时期，对褒扬革命烈士也做了不少工作。例如，1940年为纪念陕北、陕甘革命根据地创始人之一刘志丹烈士，在陕西省志丹县修建了刘志丹烈士陵园；1942 年，为纪念同日寇浴血奋战英勇跳崖的 5 名壮士而于河北省易县修建了狼牙山五勇士纪念塔。

在解放战争时期，各解放区继续广泛开展拥军优属活动，普遍制定优待抚恤条例，并且经常检查、落实。据当时的合江省 17 个县、市的统计，共有 3.7 万多户军属，分得了 186 万多亩好地，3 万多匹牲口，5300 多间房子。据黑龙江、松江、辽东、辽西、吉林 87 个县 3 个市的统计，从 1947 年到 1948 年，每年给军属代耕的土地达 34 万亩，并且改进了代耕的方法，使代耕土地的产量得到了保证。对革命伤残军人一般都专门做出了决定，建立了管理机构，并成立了伤残军人学校，伤残军人休养院，使伤残军人得到了妥善的安置。为褒扬革命烈士，修建了晋冀鲁豫烈士陵园、哈尔滨烈士陵园等纪念建筑物。解放战争时期优抚工作的普及和完善，对扩大和巩固人民解放军，推翻国民党政权，建立中华人民共和国，起了重要作用。

二、新中国成立以后的优抚工作

中华人民共和国成立以后，中国人民拥军优属的光荣传统在全国范围内得到了发扬，但是也经历了一段曲折。

从新中国成立到爆发“文化大革命”的 17 年，优抚工作得到了全面的普及和发展。新中国刚刚建立，就首先抓了优抚法规建设。根据《中国人民政治协商会议共同纲领》关于“革命烈士家属和革命军人家属，其生活困难者应受到国家和社会的优待。参加革命战争的残废军人和退伍军人，应由人民政府给予适当安置，使其谋生立业”的规定，经中央人民政府政务院批准，内务部于 1950 年 12 月 11 日公布了《革命烈士家属革命军人家属优待暂行条例》《革命残废军人优待抚恤暂行条例》《革命军人牺牲、病故褒恤暂行条例》《革命工作人员伤亡褒恤暂行条例》《民兵民工伤亡抚恤暂行条例》。上述条例的公布，使中国优抚工作在全国范围内有了统一的法规，标志着中国优抚工作进入新的阶段。各项优抚工作在全国范围内普遍的开展，妥善解决了战争遗留的大批优抚任务，有力地支援了当时正在进行的抗美援朝战争。同时，安排优抚对象参加生产，为无劳力和缺劳力的优抚对象代耕土地（农业合作化后改为优待劳动日），建立各项优抚制度，调整各项优抚标准，举办与发展各项优抚事业，以及表彰优抚对象先进人物等方面，都做出了巨大的成绩。

“文化大革命”期间，优抚工作受到了破坏和干扰。许多老烈士家属、退伍红军老战士、老伤残军人、老复员军人遭到诬陷和迫害，成千上万的优抚对象被打成“叛徒”“特务”“反革命”，非法被撤销荣誉称号，甚至受刑坐牢，被迫害致死。由于没有专门机构和干部，优抚政策不能得到落实，以致造成优抚对象生活困难，优抚工作积累了大量问题。但是，也应看到，由于长期形成的拥军优属传统在广大人民群众中深深扎下了根，优抚工作并没有完全停顿下来，一些优抚政策在同“左”的干扰和破坏的斗争中仍然得到贯彻。

“文化大革命”的结束和中共十一届三中全会的召开，优抚工作经过拨乱反正，在党的基本路线指引下，进入了全面改革发展的新时期。这一时期的优抚工作，成为新中国成立以来最好的时期之一。

中共中央和国务院高度重视军政、军民团结，大力恢复与发扬拥军优属的光荣传统。1979 年 12 月 14 日，中共中央《关于发扬拥军优属、拥政爱民光荣传统，进一步加强军民团结的通知》指出：“现在我们的任务，就是团结各族人民，调动一切积极因素，同心同德，鼓足干劲，力争上游，多快好省地建设现代化的社会主义强国……新的形势和任务，要求我们进一步加强军政军民团结，这个团结是我们巩固国防、反对侵略、战胜困难的重要保证。”1985 年 7 月 27 日，中共中央、国务院《关于尊重、爱护军队积极支持军队改革和建设的通知》又指出：“我们全党、全国人民压倒一切的中心任务是进行经济建设，党政军民的一切工作都要围绕这个中心，服从这个大局。但是这决不意味着可以轻视军队的地位和作用。保持和建设一支有中国特色的现代化、正规化的革命军队，对保卫祖国，保卫人民的和平劳动，对巩固国防，抵抗可能发生的外来侵略，都是完全必需和十分重要的。各级党政负责同志一定要正确认识军队的地位和作用，增强尊重、爱护军队的观念，努力做好支持军队改革和建设的各项工作。”

1978 年民政部的成立和各级民政机构相继充实，优抚工作的领导得到加强，制定了优抚工作正确的方针、政策和措施。1978 年召开的第七次全国民政会议，总结了多年来优抚工作经验，提出了“政治挂帅，安排生产，群众优待，国家抚恤”的优抚工作方针（为了更加准确地表达这一方针，1983 年 4 月第八次全国民政会议改为“思想教育，扶助生产，群众优待，国家抚恤”）。为了在优抚工作中拨乱反正，宣传贯彻优抚政策，会议决定在全国范围内开展一次优抚对象普查登记。会后，在全国组织了 200 多万人参加这项工作。经过一年的努力，普查登记圆满完成。通过普查，摸清了优抚对象基数，全面检查落实了优抚政策，并对优抚对象中 9 万多起冤假错案进行了平反。1983 年召开的第八次全国民政会议和 1988 年召开的第九次全国民政会议，在拨乱反正基础上，进一步部署了优抚工作如何深化改革，发挥稳定机制作用，开创优抚工作的新局面。优抚法规的建设经过全国各级民政部门持续多年的努力工作，也取得进展。1988 年国务院公布了《军人抚恤优待条例》，以代替已经过时的 1950 年公布的几个优抚暂行条例。《条例》明确规定：“军人抚恤优待工作实行国家、社会、群众三结合的制度，保障军人的抚恤优待与国民经济的发展相适应，使抚恤优待与人民的生活水平同步提高。”各省、自治区、直辖市相继制定和公布了地方优抚法规。这样上下配套的优抚法规的建设，推进了优抚工作朝着法制化、制度化、社会化的方向发展。有计划分步骤地提高了各项抚恤补助标准，国家用于优抚的经费有较大幅度增加。1989 年，国家抚恤费支出达 14.066 亿元，为 1976 年的 3.4 倍。优抚医疗事业单位实行平战结合、改革开放方针，增加了这些单位的活力。烈士纪念建筑实行分级管理办法，陵园管理工作有所加强。1989 年制止动乱和平息反革命暴乱期间，民政部及时发出《大力开展拥军优属的紧急通知》，民政部和各级民政部门在关键时刻，旗帜鲜明地支持军队，以实际行动与党中央保持一致。通过制乱平暴，“没有一支人民的军队，便没有人民的一切”，更加深入人心，举国上下出现了拥军优属的热潮。

第二节 革命烈士褒扬

一、革命烈士褒扬工作的意义

革命烈士褒扬工作，就是纪念与表彰为革命而壮烈牺牲的烈士的工作。

中国革命经历了长期的艰苦斗争。大批革命先烈为创建人民共和国献出了自己宝贵的生命。他们或者在炮火纷飞的战场上，勇敢战斗，壮烈牺牲；或者在血雨腥风的刑场上，大义凛然，慷慨就义；或者为人民的切身利益，赴汤蹈火，奋不顾身。他们的浩然正气，惊天动地，可歌可泣。他们的鲜血洒遍了祖国大地，染红了革命红旗。新中国成立后，在抗美援朝战争中，在捍卫祖国主权与领土完整的斗争中，在抢救人民生命财产、维护人民利益的斗争中，许多优秀人物发扬革命先烈无私无畏的革命英雄主义，壮烈地献出宝贵的生命。

做好革命烈士褒扬工作，具有重大的意义。它以各种具体的、生动的、感人的革命烈士的光辉业绩，教育广大军民永远铭记革命烈士的丰功伟绩，认真学习革命烈士大公无私、忘我牺牲的崇高品德，为继承革命烈士遗志，实现共产主义的伟大理想而英勇奋战。这项激动人心的工作，在革命战争年代，曾经鼓舞人们高举革命的旗帜，踏着烈士的血迹，为夺取人民革命的伟大胜利，建立人民当家作主的新中国奋勇战斗；在社会主义建设时期，则是对广大人民，尤其是对青少年进行革命传统教育，社会主义和共产主义教育的良好形式，是建设社会主义精神文明不可缺少的重要方面，对促进社会主义现代化建设具有不可估量的积极作用。

二、新中国成立后革命烈士褒扬工作的主要成就

褒扬革命烈士的工作在新中国成立以前的革命根据地和解放区，已经做出了不小的成绩。新中国成立后，中国共产党及其领导下的人民政府深知：中国人民革命的伟大胜利，是与革命烈士的流血牺牲分不开的，没有革命烈士的流血牺牲，很难想象推翻国民党的反动政权和建立人民当家作主的新中国。褒扬革命烈士，不仅是缅怀革命烈士的丰功伟绩，而且也是激励后人学习他们不朽的革命精神，为进行社会主义建设英勇奋斗。因此，革命烈士褒扬工作，在新中国成立以后，受到了十分的重视，并且取得了巨大的成就。

（一）法制建设进一步完善。做好革命烈士褒扬工作，首要环节是统一明确革命烈士的条件和审批权限。其次是相应地采取一些好的办法和形式。1950 年经政务院批准内务部公布的《革命军人牺牲、病故褒恤暂行条例》《革命残废军人优待抚恤暂行条例》《革命工作人员伤亡褒恤暂行条例》和《民兵民工伤亡抚恤暂行条例》中，规定革命烈士的条件及其审批权限是：1. 革命军人因参战、公干牺牲（被俘不屈慷慨就义或被特务暗杀等）经团以上政治机关批准的；2. 革命军人对革命有特殊功绩或工作历史在八年以上因积劳病故，经师以上政治机关批准的；3. 革命伤残军人因伤口复发致死，经医生证明，县（市）以上人民政府批准的；4. 革命工作人员因对敌斗争或因公光荣牺牲，经所在机关批准的；5. 革命工作人员对革命有特殊功绩或工作历史在十年以上确因积劳病故，经省（市）人民政府批准的；6. 民兵民工因参战牺牲，由作战部队或县（市）人民政府批准的。

上述条例还对革命烈士的褒扬办法作了规定：1. 烈士遗体要妥为安葬，立碑以志纪念，并按时扫墓；2. 烈士遗物交烈士馆陈列，以志纪念；3. 各地可建立烈士纪念碑、塔、亭、林、墓等，以对烈士瞻仰悼念；4. 省（市）以上人民政府应组织烈士事迹编纂委员会，负责搜集、编纂烈士英勇事迹。

根据这些规定，各地为褒扬烈士做了大量工作，取得了巨大的成绩：一是开展了大规模的追认革命烈士工作，并颁发了烈士证；二是修建了为数众多的烈士陵园、碑、塔、亭、馆等纪念建筑，开展了烈士事迹的搜集、编纂和宣扬工作，使革命烈士的英雄形象深入人心。

1980年6月，鉴于1950年内务部公布的几项优抚条例有关革命烈士褒扬工作的规定，随着客观形势的变化，已经不完全适用。为了解决工作中存在的基本矛盾，进一步做好工作，以激励广大人民群众发扬为社会主义现代化建设英勇献身的精神，国务院经常务会议讨论通过发布了《革命烈士褒扬条例》。这是中国专为革命烈士褒扬工作制定的第一部基本法规。

按照《革命烈士褒扬条例》的规定和民政部的有关解释，中国人民和人民解放军指战员有下列情形之一的，为革命烈士：

（1）对敌作战牺牲或对敌作战负伤后因伤死亡，现役军人经团以上政治机关批准，其他人员经县、市、市辖区人民政府批准的；

（2）对敌作战致成伤残后医疗终结评残发证后一年内因伤口复发死亡，现役军人经团以上政治机关批准，其他人员经县、市、市辖区人民政府批准的；

（3）在作战前线担任向导、修建工事、救护伤员、执行运输等战勤任务牺牲，或者在战区守卫重点目标牺牲，现役军人经团以上政治机关批准，其他人员经县、市、市辖区人民政府批准的；

（4）因执行革命任务，遭敌人杀害或受折磨致死，现役军人经军级以上政治机关批准，其他人员经省、自治区、直辖市人民政府批准的；

（5）为保卫或抢救人民生命、国家财产和集体财产壮烈牺牲，现役军人经军级以上机关批准，其他人员经省、自治区、直辖市人民政府批准的。

上述规定以外的牺牲人员，如果死难情节特别突出，足为后人楷模，现役军人经中国人民解放军总政治部批准，其他人员经民政部批准，也可称为革命烈士。

同原来的规定比较，《革命烈士褒扬条例》对批准为革命烈士的条件和批准权限作了更加严格的规定：一是取消了原来关于革命军人、革命工作人员积劳病故可称烈士的规定，对因公牺牲的也只限于因执行革命任务遭敌人杀害，为保卫或抢救人民生命、国家财产和集体财产壮烈牺牲，并经较高一级的机关批准，才能称为革命烈士。这样做，充分体现了革命烈士称号的严肃性，使革命烈士形象更加高大，更有利于激励人们学习革命烈士的高尚品质，从中受到教育、得到鼓舞。

同原来的规定比较，《革命烈士褒扬条例》打破了对批准为革命烈士，仅限于革命军人、革命工作人员、参战民兵民工的局限性，将其范围扩大到全体人民。这就是说，“凡是我国人民，只要符合革命烈士条件，经过法定机关批准，均可称为革命烈士。”这样规定，大大有利于调动全国各族人民为保卫和建设祖国的积极性，以及发扬为此而英勇献身的革命精神。

《革命烈士褒扬条例》还强烈要求各级人民政府，要大力宣扬革命烈士的高尚品质，以此作为革命烈士褒扬工作的重点。《革命烈士褒扬条例》的发布，标志着中国革命烈士褒扬工作进入新的历史阶段，对于进一步做好革命烈士褒扬工作，完善褒扬革命烈士的法制建设，促进社会主义精神文明建设和物质文明建设，都具有不可忽视的重要意义。

统一烈士证件，是完善革命烈士褒扬工作法制建设的组成部分。1983年，鉴于革命烈士家属所持的烈士证很不统一，部分烈士证由于年代久远，已经破烂不堪，难以继续保存，还有不少烈属由于各种原因已将证件遗失或者从未领过烈士证，为此民政部门在全国范围内开展了换发、补发《革命烈士证明书》的工作。这对更好地褒扬革命烈士，进一步提高革命烈士家属的地位，有着重要意义，并在社会上造成很好的政治影响。

（二）保护革命烈士墓以及在清明节开展悼念烈士的活动。革命烈士墓分散在全国的各个角落。保护革命烈士墓，是做好革命烈士褒扬工作的起码要求。1952 年 4 月，内务部曾发出《关于检查、登记烈士坟墓的通知》。通知要求对烈士坟墓要进行全面检查、立册登记，凡需修补的应即修补，需更换标志的应即更换。1958 年 3 月，内务部又发出《关于注意保护烈士坟墓的通知》。通知除了重申 1952 年通知的要求外，还提出“在兴修水利、开垦荒地以及从事其他修建的时候，如果必须利用烈士坟地，应该先把烈士坟墓择地迁葬妥当，并树立标志，”要“以乡、镇或社为单位订立保护烈士墓的具体办法或公约，要求大家贯彻执行。对保护烈士坟墓认真负责的个人或单位应进行表扬，对个别破坏烈士墓的应予适当的处理”。

每年清明节开展悼念革命烈士的群众性活动，是中国人民的传统习惯。在这期间，全国有几千万群众满怀对革命烈士无比敬仰的心情，自觉地参加祭扫革命烈士墓和瞻仰革命烈士纪念碑、塔等革命纪念建筑的活动。与此同时，各地还广泛进行烈士事迹的宣传，使广大干部、群众、特别是青少年受到一次生动的共产主义思想的教育。“文化大革命”期间，这一活动几经中断。中共十一届三中全会以后得到恢复。为了更好地开展这项活动，民政部于 1983 年 3 月发出了《关于在清明节前后开展纪念革命烈士活动的通知》。通知要求在清明节前后，“大力宣传革命烈士的丰功伟绩。宣传革命烈士胸怀共产主义远大理想，一心为公，忠于人民、热爱党、热爱祖国的高尚品德和奋发向上、艰苦奋斗、勇于改革、勇于创新的革命情操，使广大干部、群众从革命烈士的光辉形象中得到鼓舞，以促进‘五讲四美三热爱’活动的深入开展，促进社会主义文明建设”。通知还要求“充分利用现有的烈士陵园、纪念馆等烈士纪念建筑，开展宣传教育活动，向当地群众，特别是青少年进行革命传统教育，以及开展其他形式的纪念活动。”

（三）革命烈士纪念建筑物的修建与管理。50 年代，为了缅怀革命烈士对赢得人民战争的胜利和创建人民共和国的巨大功勋，各地纷纷修建革命烈士纪念碑、塔、亭、馆、陵园、公墓等纪念建筑物，为数达 5800 多处。其中矗立在天安门广场的人民英雄纪念碑，是中华人民共和国成立前夕，1949年9月30日中国人民政治协商会议第一次全体会议决定建立的。毛泽东主席亲自奠基，并题写了碑名，周恩来总理亲笔书写了由毛泽东起草的碑文。

许多革命烈士纪念建筑物，特别是重点纪念建筑物，都在周围种植了大量花卉和树木，进行绿化、美化，使革命烈士在肃穆、秀丽的环境中得到安息。烈士纪念馆和烈士陵园配备专职干部搜集了许多烈士的遗物、遗像和斗争史料进行陈列，并配备讲解员进行解说。据对河南、陕西、湖北、江苏等省94个烈士纪念馆的统计，陈列的烈士遗物和斗争史料就达58万余件。为了更好地宣传革命烈士高尚的革命精神，许多烈士纪念馆、陵园等，还组织烈士事迹报告会，印发烈士事迹材料，坚持星期日和节日照常开放。全国每年到烈士陵园等纪念建筑物参观瞻仰凭吊烈士的群众达5000多万人次。

烈士纪念建筑物的修建，对于教育人民群众和鼓舞部队士气起到良好的作用。以河北为例，该省共建烈士陵园77座，烈士纪念碑、塔、亭、阁、祠等350处。在这些烈士纪念建筑物内，埋葬着原八路军副参谋长左权将军和伟大的国际主义战士白求恩、柯棣华大夫，以及舍身炸碉堡的战斗英雄董存瑞等许多革命烈士的忠骨，陈列着革命烈士生前的遗物、遗像及大量革命文物，并以其精美、庄严的建筑，肃穆、幽雅的景色，吸引着千千万万的群众和外国朋友。新中国成立以来，仅晋冀鲁豫烈士陵园、华北军区烈士陵园等几座大陵园，就接待群众近2亿人次和100个国家、地区的国际友人。这些烈士纪念建筑，陶冶着人们的心灵，成为进行革命传统教育的最好课堂。每当清明节日，群众纷纷到烈士纪念建筑物前缅怀先烈、寄托哀思。每当新兵入伍、老兵退役、青工进厂以及入队、入团、入党，也都要到烈士纪念建筑物学习烈士的光辉业绩，到烈士墓前宣誓默哀。革命烈士的高尚情怀，极大地鼓舞着广大的干部和群众。不少人在参谒烈士纪念建筑物后，政治思想进步很快，后进变先进，先进更先进，在学习上成绩显著上升，在工作、生产上数量与质量均有显著的提高。

哈尔滨东北烈士纪念馆宣传烈士事迹也很突出，该馆除在馆内陈列230多名烈士的事迹，举办过“优秀大学生张华烈士事迹展览”，“雷锋式检察干部沙涛烈士事迹展览”外，还组织烈士事迹流动展览小分队，先后到过16个省（市）的60多个市、县，行程9万里，讲解1300多场，观看展览的群众达50余万人次。某航校的飞行员看了小分队的烈士事迹展览后，给纪念馆写信说：“每当我驾驶着银燕在蓝天上飞翔时，就想到我眼下的祖国大地是烈士鲜血染红的，我一定要用生命来保卫她。”某部队看了展览后，该部负责人说：“这是一堂非常生动的革命传统教育课，是一堂具体的备战教育课。”边防战士看了展览后表示：“听到杨靖宇将军革命事迹的介绍，使我们更加热爱用先烈的生命换来的社会主义江山。我们一定要守住祖国的大门，让亲人安心搞四化！”

为了加强烈士纪念建筑物管理，内务部于1963年11月下旬召开了烈士纪念建筑物修建和管理工作会议。会议指出，各个革命时期经历过重大革命事件或战役的地区，一般都已修了烈士纪念建筑物。因此，凡是已经修建了的地区，今后不要再修建，邻近有关的地方，也不要再修建。确有必要修建而还未修建的，必须经省、自治区、直辖市人民政府批准，并且力求节约。会议还指出：“对于现有烈士纪念建筑物，必须妥善维护管理，严防人畜破坏。已经毁坏了的，要及时修整。要教育群众自觉地保护烈士纪念建筑物，可以委托当地人民公社、机关、团体或适当的人员代为管理维护。大型的烈士纪念建筑物，可以设置专人管理，但管理人员要尽量少设，已经配备了的，应当适当精简。管理费用的开支，要注意节约。”“要建立便于群众参谒的制度，不仅节日、假日要开放，平时也应当开放。对于前来参谒凭吊的群众，要尽量给他们以方便”。

为了交流、探讨在新形势下改革和加强烈士陵园管理工作的情况和经验，以推动烈士陵园管理工作的改革，进一步搞好陵园建设，使之更好地发挥褒扬烈士、教育群众，为社会主义精神文明建设服务的积极作用，民政部于1985年5月在江苏省宿迁县召开了全国烈士陵园管理工作宿迁现场经验交流会。宿迁县烈士陵园在坚持以“褒扬烈士，教育群众”的办园宗旨的前提下，开展多种经营，除种植花木外，还开办了照相和园林工具、照相器材销售门市部、综合商店、滑冰场、儿童乐园等服务项目。1984 年产值达 35 万元，纯利润达 5 万元。从 1983 年到 1984 年，各项收入达 153.6 万元，其中 39% 用于建设纪念设施和附属设施。宿迁县烈士陵园解放思想，勇于改革，走以园养园道路的经验，给与会人员以极大的启迪，推动了全国烈士陵园管理工作的改革。据河南、山东、湖北、河北、陕西、吉林、江苏、上海 8 个省、市的统计，1988 年开展生产经营活动的烈士陵园有 200 个，经济效益达 300 余万元，促进了社会效益的提高。

为了解决修建和整修烈士陵园存在的资金困难，有的地方进行集资办烈士陵园的活动。如山东省文登县原有烈士陵园规模较小，设备比较简单。1984 年 8 月，县人民代表大会常委会作出了集资重建烈士陵园的决议。中共文登县委和县人民政府也发出了相应的号召。只经过几个月，就集资 50 万元。除整修烈士陵墓外，还整修了烈士纪念堂一座，烈士塔一座，纪念亭三个和面积达 3500 平方米的广场。江苏省海门县三星乡群众捐款 1.4 万元，将全乡 49 座烈士墓集中在一起，修建了一座烈士陵园，使之成为向群众进行革命传统教育的场所。

为了进一步加强对烈士纪念建筑物的维护管理，民政部、财政部于 1986 年 10 月 28 日发出了《关于对全国烈士纪念建筑物加强管理保护的通知》。《通知》规定：对烈士纪念建筑物，根据其纪念意义及规模大小，分别确定为全国重点保护单位，省、自治区、直辖市保护单位和县（市）保护单位。确定为全国重点保护单位的原则是：（1）为纪念在各个革命历史时期的重大事件、重要战役和主要革命根据地斗争中牺牲的烈士而修建的烈士纪念建筑物；（2）为纪念在全国有重要影响的著名烈士和为中国革命牺牲的知名国际友人而修建的烈士纪念建筑物；（3）对外开放的重点地区、少数民族地区修建的规模较大的烈士纪念建筑物。经报国务院批准，民政部、财政部于1986年和1989年分别公布了第一批、第二批全国重点烈士纪念建筑物保护单位名单（见本章附表11、附表12）。

（四）采取多种形式宣扬烈士事迹。

1. 编印《革命烈士英名录》。编印《革命烈士英名录》，是广泛宣扬革命烈士事迹的重要形式。1980年6月《革命烈士褒扬条例》发布以后，民政部根据《条例》的规定，发出通知要求各地编印《革命烈士英名录》。这是一项细致、复杂又有重要历史意义的工作。各地对此极为重视，组织了一批力量，进行调查、核对、编写。多数省、自治区、直辖市在普遍开展此项工作前，都作了试点。通过试点，取得经验后，再全面铺开。截至1989年年底，除吉林、西藏正在进行，台湾尚未进行外，其余各省、自治区、直辖市都已完成《革命烈士英名录》的编印工作，共计编印341册，编入的烈士有157.445万人。

《革命烈士英名录》一般有姓名、籍贯、出生年月、入党（团）时间、参军（参加革命）时间、牺牲时职务和牺牲的时间、地点、原因等栏目。英名录印刷精美，封面多是绢质，陈列在烈士纪念建筑物或革命博物馆中，光彩照人，流芳千古。

山东省还为著名烈士单独编印了《山东省著名烈士英名录》，共十三卷。编入英名录的著名烈士有4602名，其中省、军级以上干部42名，地、师级干部250名，县团级干部1285名，英雄、模范425名，曾立二等功以上的2478名，其他122名。

《革命烈士英名录》的编写，不仅使烈士英名永垂不朽，而且也为研究党史、军史、现代革命史，提供了宝贵的资料，因此具有重大的历史意义和深远的政治意义。

2. 编纂革命烈士事迹和传记。编纂革命烈士事迹和传记，是重点褒扬对革命做出重要贡献或者死难情节比较突出的革命烈士的好形式，同时也为继承革命传统，开展共产主义教育，提供了理想的好教材。

中华人民共和国成立以来，许多省、市根据《革命军人牺牲病故褒恤暂行条例》《革命工作人员伤亡褒恤暂行条例》《民兵民工伤亡抚恤暂行条例》的规定，开展了搜集革命烈士史料，编纂革命烈士事迹和传记的工作。有的省还专门成立了革命烈士事迹编纂委员会，委员会下设办公室，由省民政厅代管。

中共十一届三中全会以来，特别是1980年6月4日《革命烈士褒扬条例》发布以后，各地对革命烈士事迹和传记的编纂更为重视，做出了很大的成绩。据19个省、市的统计，已编辑出版的烈士传记和烈士史料204种，发行量达549多万册。例如：山东省民政厅1979年抽调人员组成革命烈士事迹编纂办公室。几年来，编辑出版的《光照千秋》（七辑）和《对越自卫反击战专集》，记载了160名烈士的生平事迹，共印15万册。该省淄博、青岛、临沂、惠民等许多地、市、县民政局，也积极安排力量，编辑出版了《英名千古》《青岛革命烈士诗文选》《血染沂蒙》《浩气长存》《碧血丹心》《著名革命烈士事迹选》。河南省民政厅编辑的《烈士永生》已出版10辑，有100多万字，记述了河南省130余名革命烈士的英雄事迹，其中1至5辑被评为河南省地方史志成果二等奖。该厅还编辑出版《忆彭雪枫同志》和对越自卫反击战牺牲的河南省籍战斗英雄事迹选集《生命的光辉》。该省洛阳市、信阳地区、新县、商城县也分别编辑出版了《革命英烈》报和《豫南忠魂谱》《英烈千秋》《大别山烽火》《商城英烈》等书。河北省民政厅编印了《浩气长存》，已出四辑。该省晋冀鲁豫烈士陵园编印了《左权同志的故事》，华北军区烈士陵园编印了《华北英烈传》。安徽省民政厅已编辑出版《江淮英烈传》四辑，该省岳西县也编印了《岳西英烈》一书。陕西省革命烈士事迹编纂委员会办公室1980年创办《革命英烈》杂志，并从1984年扩大到国外发行。该省还编辑出版了《四八烈士》等烈士事迹丛书。

由于绝大部分革命烈士牺牲年代久远，了解其事迹的老人健在的越来越少。因此，近几年来，各地对搜集与编纂烈士史料都抓得很紧。在编纂烈士史料和烈士传记工作中，各地都强调要把真实性放在首位，多方调查、反复核实，在保证真实性的前提下，要求写得具体、生动，力求提高可读性，使之能够起到更好地教育后人的积极作用。

编写烈士史迹和烈士传记的工作，得到广大干部、群众的积极支持。江苏省仪征县年逾八十的离休老干部、原副县长侯贯，十几年来主动搜集材料，为仪征地区850多位革命烈士编写了小传。他每年以1/3的时间外出调查，足迹不仅遍及仪征境内，还先后到扬州、南京、上海、安徽、浙江、福建等地查访，行程近万里。“文化大革命”期间，他冒着为“叛徒”“特务”树碑立传之嫌，继续自费调查。当“造反派”的大字报贴到他家大门前时，他把搜集到的重达20斤的资料装入木箱，连夜转移。1978年，他得了肺癌，动手术后继续为搜集、整理烈士史料而忙碌。1981年终于全部完成了《缅怀录》《英名录》《遐思录》《昭雪录》4本烈士简介小册子的编写工作，它们分别记载了在抗日战争、解放战争和抗美援朝战争时期，牺牲于仪征的540名烈士和牺牲于外地的仪征籍烈士308名的光辉事迹。

革命烈士褒扬工作是社会主义精神文明建设的重要组成部分。宣扬革命烈士的高尚品质和丰功伟绩，受到政府各有关部门和社会各界人士的高度重视。除民政部门外，党史、文化、教育部门都努力搜集与编纂革命烈士的事迹，文学艺术界也运用小说、报告文学、电影、戏剧、歌舞、曲艺等形式进行宣扬，并且取得了十分显著的成绩，在社会上获得极好的效果。例如：根据江竹筠烈士的事迹编写的长篇小说《红岩》，已出版700多万册；根据中国人民志愿军在抗美援朝中动人事例写成的报告文学《谁是最可爱的人》，以及根据董存瑞烈士事迹编写的电影《董存瑞》，都在广大人民群众中引起巨大的反响，使人民群众受到了深刻的爱国主义和共产主义教育。

新中国的革命烈士褒扬工作，在社会主义建设事业的发展中从各个方面不断地得到加强，并且日益广泛地发挥出重要的积极作用。

第三节 组织群众支前

一、简要的历史回顾

组织群众支援前线，是优抚工作的一项重要任务。远在第二次国内革命战争时期，人民政权即组织群众建立侦察队、交通队、担架队、洗衣队，积极配合红军主力部队作战。军民紧密团结合作，连续粉碎了国民党军队的多次“围剿”。1934 年 10 月主力红军长征以后，南方根据地的红军和游击队，在人民群众的支援下，坚持了三年游击战争。陈毅元帅的《赣南游击词》，满怀激情地歌颂人民群众对人民军队的革命情谊：“靠人民，支援永不忘。他是重生亲父母，我是斗争好儿郎。革命强中强。”

抗日战争时期，人民军队在开展游击战争，建立抗日民主根据地，扩大人民抗日武装力量，组织敌后军民反“扫荡”、反“蚕食”、反“清乡”，粉碎侵华日军“三光”（烧光、杀光、抢光）政策的斗争中，取得了巨大的胜利。这些胜利的取得，包含着无数人民群众情同骨肉的支援，出现了许多激动人心群众支前的场面和可歌可泣的感人事迹。

解放战争时期，在空前规模的运动战中，人民群众全力支援前线。有如潮涌的民工肩挑背扛，推着小车，赶着大车，抬着担架，随军行动，跨省远征，部队打到哪里，人民就支援到哪里。部队要人有人，要粮有粮，要物有物，绘成了一幅宏伟壮观的人民战争画卷。仅据辽沈、平津、淮海三大战役的统计，支援前线的民工即达 539 万人，出动担架 10. 77 万副，出动小车 43. 09 万辆（缺辽沈战役统计数），出动大车 38. 982 万辆，使用牲畜 103. 63 万头，支援粮食 9. 5 万斤，形成了一支巨大的支前力量。

二、新中国成立后的支前工作

中华人民共和国成立以后，人民群众发扬拥军优属的传统，继续做了大量的支前工作，为人民军队获得战斗的胜利做出了不可磨灭的贡献。

在新中国成立初期肃清残敌斗争中，人民群众积极为人民军队筹集粮草、修桥铺路、转运物资、抢救伤员，协助人民军队解放沿海岛屿和边远地区。云南省只有5万人的岗宁县，像当年支援红军一样，20天就筹集40万公斤粮食和近万斤柴草，支援10万解放军过境。在解放广东省阳江县的战斗中，部队和地方干部一起，动员了300多名男女中学生，建成了一所有150张病床的临时医院。这些稚气未脱的中学生，怀着对解放军战士的仰慕之情，为伤员换药、喂饭、端尿、洗血衣，昼夜忙个不停。1950年3月，雷州半岛的群众以极大的热情，出动1.8万多名船工和2470条木船，支援解放军解放海南岛。在敌人枪炮袭击下，有的船工腿被打断了就卧着掌舵，胳膊被打断了就指挥别的船工掌舵。有一名船工负了重伤，浑身上下成了血人，仍顽强地跪着掌舵。把部队送往登陆点后，他终因伤势过重而壮烈牺牲。

抗美援朝战争中，在全国范围内开展了广泛的支前活动。各族人民踊跃参加志愿军，成千上万的铁路职工、汽车司机和民工纷纷到朝鲜前线执行各种运输和勤务工作，大批医务工作者赴朝为中国人民志愿军、朝鲜人民军和朝鲜人民治疗伤病。工人、农民努力生产，全力支援，使志愿军得到了源源不断的供应。全国人民掀起了捐献飞机、大炮的运动，从1951年6月至1952年5月，共捐献人民币5.565万亿元（旧币，折合新币5.565亿元），可购战斗机3710架。人民群众亲切地称颂志愿军为“最可爱的人”，为他们寄去了数以百万计的慰问品、慰问信。抗美援朝作战期间，中国人民3次组织慰问团赴朝慰问，这对志愿军指战员是极大的鼓舞。

在1962年10月中印边界、1969年3月黑龙江珍宝岛、1979年2月以后的中越边境自卫防御作战中，地方政府和人民群众从人力、物力上给边防部队以极大的支援，总计有10多万民工踊跃支前参战。他们在炮火连天的战场上，发扬爱国主义和革命英雄主义精神，克服了各种艰难困苦，为部队抢修道路、背运弹药粮食，转运烈士和伤员、活跃在整个战区的运输线上。截至1985年年底，参加自卫防御作战的民工队立功和被授予荣誉称号的有622个，个人荣立一等功的有52人，立二等功的392人，立三等功的有15980人。民工在支前过程中，出现了许许多多感人的事迹。下面仅介绍对越自卫反击战中的几个事例。1979年2月17日傍晚，童红英、韦红芬、李莲珍3位傣族姑娘把弹药送上阵地时，遇见由前沿转送下来的1名重伤员。她们决定及早把伤员抬下去，但没有担架，便急中生智，把身上的筒裙脱下来，又从草棚上抽出两根竹竿，做成担架，抬着伤员走。没走多远，敌人的炮火封锁了道路，她们只得顺着山沟，穿过密林，越过陡坡，终于在第二天清晨五点钟，把伤员安全地送到目的地，进行及时的治疗。民工黄辉荣，在一次战斗中，冒着敌人炮火，把一名伤员从阵地上抬下来。途中，他的右脚被子弹打穿，鲜血直流，但他首先想到的是伤员的安全。顾不上包扎，咬紧牙关，一瘸一拐地抬着伤员前进。伤口的血不停地往外流，他实在顶不住了，就叫前面的人蹲着走，自己跪着抬，一步一步往前挪动，强忍着剧烈的伤痛，坚持走了1里多路，把伤员转移到安全地带。某团八连奉命夺回被越军占领的高地，战士几次要跳出堑壕，都因堑壕太深（约两米），壕沿泥泞，没有跳上去。正在运送弹药的民工黄北松、黄作参自愿作人梯，战士们终于一个个踩着他们的身体跳出堑壕。他们激动地对这两位民工说："同志，你们辛苦了！我们不会忘记，胜利永远属于人民。"

无论在新中国成立前还是新中国成立后，人民群众大量的支前工作，对赢得战争的胜利，起了重要的作用，为革命事业和保卫祖国立下不朽功勋。在支前工作中，民政部门做了许多组织工作，发挥了主动性积极性，起到了应有的作用。

第四节 对革命烈士家属、革命军人家属的优待

中国对革命烈士家属、革命军人家属的优待，是多种多样的。总起来讲，可分为政治优待和物质优待两大类。政治优待，包括各种政治待遇、节日慰问、给予各种优先权；物质优待，包括介绍就业，组织生产，代耕

土地，优待劳动日，发放优待金，国家给予的补助以及日常生活照顾等。物质优待中也往往寓有政治优待的意义和实际措施，政治待遇中又往往寓有物质待遇或推动物质待遇的措施。

一、介绍就业和组织生产

根据《革命烈士家属革命军人家属优待暂行条例》的规定，全国各地对革命烈士家属、革命军人家属生活的照顾，以组织其参加生产建立家务为主。在农村，尽量组织其参加各种农、副业生产；在城市，尽可能地帮助其谋得职业，组织其进行各种手工业或其他副业生产。这是因为烈士家属、军人家属都有参加社会主义建设的强烈愿望，希望有一分热发一分光。通过介绍就业和组织生产，他们收入明显增加，生活困难大都得到解决，有助于增强他们的光荣感，并防止少数人可能产生的依赖政府、依赖群众的思想。实践证明，这样做是完全正确的。

为了贯彻上述规定，劳动部于1951年11月14日发出通知，指出：革命烈士家属，革命军人家属“政治条件一般较好，他们在革命战争中，对于祖国曾有重大贡献，如能给予适当的工作，在技术和文化上加以培养，他们将会成为国家经济建设中的积极带头的骨干分子”。因此，对他们的就业，“必须进一步加以重视，在同样条件之下，应尽量先予介绍职业，俾使获得工作，发挥其应有的作用。”在民政、劳动部门的努力下，介绍烈属、军属就业取得显著的成绩。据1954年年底统计，上海、北京、天津、武汉、广州、重庆六大城市，共有烈属、军属9.9259万户，其中具有就业条件经优先介绍就业的就达5.9201万人。

在组织生产方面，新中国成立以来，各地做了大量工作，也取得了巨大的成绩。据1954年年底北京、上海、西安等63个市和四川、贵州、浙江等省的110个县的不完全统计，城镇组织的烈属军属生产单位共有1247个，参加生产的达3.069万人。这些生产单位主要是从事有原料、有销路、使用资金少、容纳劳动力多的手工业或简单易学的加工工业。生产资金的筹集，以动员烈属、军属集资或自带生产工具为主，必要时也由政府给以资助；生产组织由参加劳动的烈属、军属自己实行民主管理，并尽可能取得有关部门的指导和照顾。

在农村，中国共产党和人民政府一贯重视扶助烈属、军属从事生产的工作，并为此发给他们相当可观的实物和款项，用于解决添置生产资料的困难。陕西省从1951年开始，即用优抚事业费扶助贫苦烈属、军属从事生产。据40个县不完全统计，3年内给1.4739万户贫苦烈属、军属购买了牲畜5961头，羊1.0602万只，农具6252件，纺织机271架，修建砖瓦窑2341个。烈属、军属在获得生产资料以后，生产积极性大为提高，如西安市十一区岗东村军属朱训得到政府扶助的水车后，能够及时用水浇地，致使小麦丰产，荣获全区模范丰产户的光荣称号。

参加农业生产合作社，能更好地发挥烈属、军属的劳动潜力，改善他们的生活。1955年，当农业生产合作化高潮到来的时候，国家拨出一半以上的补助费（约4270万元）帮助烈属、军属等优抚对象解决生产投资和入社股金的困难。根据483个县、市和1个自治州的统计，1955年共给3.0859万户有困难的烈属、军属等优抚对象发入社股金314.1596万元，购买耕畜3.6897万头，猪羊4.6736万头，大型农具3.5687万件，一般农具27.4251万件，化学肥料780.5723万斤，种子89.4044万斤，饲料40.0856万斤。这样做，对于为有劳动力的烈属、军属参加互助合作组织创造条件，起到了重要的作用。例如，河北省邢台县得到实物补助的502户烈属、军属和复员军人，有175户加入了农业生产合作社，293户加入了互助组。

农村实现合作化以后，对于劳力较弱的烈属、军属，农业合作社根据其身体条件和专长，在分工分业上给予适当照顾，使其多作劳动日，以改善生活。这样的事例是相当普遍的，并收到了很好的效果。许多地方为只有轻微劳动力的烈属、军属安排了养猪、养牛、养蚕、看场、看菜园等轻活，使他们也能挣到相当数量的劳动日，从而增加收入，改善生活。广东省怀集县1963年对全县优抚对象中1048个半劳力或附带劳动力，都因人制宜地安排了生产，使每人平均多收入现金21元，粮食25斤。

介绍就业与组织生产，在较好地解决了烈属、军属生活困难的同时，又节约了国家的优抚支出。陕西省延安县城关镇1957年以前每月给烈属、军属临时补助700余元。1958年经过介绍就业和组织生产，烈属、军属收入增加，困难基本解决，每月仅补助70余元就可以了。长沙市1950年需要国家补助的烈属、军属占总户数的45%—55%，由于介绍就业和组织生产，到1952年9月需要国家补助的烈属、军属已下降到占烈属、军属总户数的15%—20%。

二、农村群众物质优待形式的发展

对农村因无劳力或缺劳力以致造成生活困难的烈属、军属，中国一直依靠群众给以物质优待。随着生产关系的变化，物质优待的形式，由代耕土地发展为优待劳动日，又由优待劳动日改变为发放优待金。

（一）代耕土地。为无劳动能力或缺乏劳动能力的烈属、军属代耕土地，远在第二次国内革命战争时期，就已在革命老根据地推行。这是当时解决军人参军或牺牲后家属生活困难的主要办法。抗日战争和解放战争时期，这种办法在各解放区继续得到推广。

新中国成立以后，代耕制度逐步推广到全国。据统计，全国代耕土地总数（包括为伤残军人，享受供给制的革命工作人员的家属代耕的土地在内）：1950年为1000万亩左右，1951年近2000万亩，1953年又增加到5000万亩。

代耕一般以村为单位，由从事农业生产的劳力、畜力负担。为使代耕土地得到丰收，除了做到及时耕种、精耕细作以外，许多地方还帮助烈属、军属积肥、献肥、贷款购买化学肥料等。据河北省邯郸县十三个村1953年的统计，49户烈属、军属的907亩代耕地，达到丰产的占4.2%，超过群众产量的占41.1%，与群众相等的占47.4%，低于群众的占

7.3%。

对代耕工作，人民政府一贯给予高度的重视。1951年1月24日，内务部曾经专门发出《关于加强代耕工作的指示》。指出烈属、军属居住农村者占98%，采用代耕办法帮助其解决生产中的困难，是衡量拥军优属工作好坏的主要标准。《指示》要求代耕工作"必须在春耕之前布置，以免影响耕作，"强调"不断启发群众的政治觉悟，是作好代耕工作的前提，应克服平均主义思想，……教育烈属、军属自力生产，凡有劳动力能自行耕种者，不应享受代耕。"为了做好代耕工作，在每年的春节拥军优属活动中，都把检查代耕工作列为主要内容之一。

由于烈属、军属分布不平衡，代耕负担畸轻畸重。内务部于1953年4月根据周恩来总理的有关批示，在全国范围内推广华北地区的做法，即以村为单位，每个劳力畜力平均负担代耕工3个以上的，其超过之工数，予以财力补助，此项开支由省附加在农业税内解决（最高不得超过农业税的4%）。为此，并要求对代耕工作进行整顿。

代耕工作经过整顿，使享受代耕与负担代耕逐步趋于合理。例如：陕西省1952年全省烈属、军属享受代耕的占烈属、军属总户数的40%。1953年经过整顿，纠正了"应代未代""不应代而代"等不合理现象，全省享受代耕的烈属、军属已降到只占烈属、军属总户数的25%。由于代耕面适当缩小，不但减轻了群众负担，更重要的是有利于集中力量，为真正缺乏劳动力的烈属、军属做好代耕工作。凡是经过整顿的地区，一般负担勤务的劳动力已扩大到占总劳力的85%左右，个别区、乡扩大到90%以上，从而纠正了把代耕负担集中到部分农民身上的偏向。河南省沁阳县1952年免勤面很大，每个村上至村长，下至组长都免勤，免勤人数多则80余人，少则30余人，因而每个劳动力负担代耕工多达6个。经过整顿，免勤面大为减少，每个劳动力负担的代耕工因而降到2.2个。

代耕的形式，主要是临时派工和固定代耕。临时派工，指根据代耕地的需要，由基层组织随时派人耕种。固定代耕，指固定专人包耕，有的还实行包产。固定代耕比之临时代耕具有更大的优越性，它使代耕土地耕种及时，产量更有保证。随着农村互助合作运动的开展，各地又创造了与互助组、农业生产合作社相结合的代耕形式。

（二）优待劳动日。农业实行合作化以后，随着土地报酬的取消，按劳分配制度的实施，建筑在个体经济基础上的代耕制度已经不能适应新的生产关系。1956年，内务部经报国务院批准，在全国农村普遍推广了优待劳动日制度，即对农村无劳力或缺劳力的烈属、军属由生产大队或农业生产合作社优待一部分劳动日，以保证烈属的生活略高于一般社员的实际生活水平，军属的生活相当于一般社员的实际生活水平。其办法是参加农业生产合作社的烈属、军属，按照每个人的不同情况，在春季评定一年内应作的劳动日数；应作劳动日数加上其他固定收入，如果不能达到全社的人均收入（一般以全社每人平均劳动日计算，并酌加一定比例），就评定由生产大队或农业生产合作社优待一定数量的劳动日。优待劳动日同自作劳动日一样，参加实物（粮、油、柴、菜等）和现金的分配。年终结算，烈属、军属自作劳动日如果超过原来评定的数量，不减少其优待；如果没有达到原来评定的数量，除有特殊情况（如长期生病），一般也不增加优待。但是，如果全社全年劳动日总数同原定计划有较大差距，要作相应的调整。全国每年优待烈属、军属（包括部分伤残军人，带病回乡的复员退伍军人）的劳动日总数在4亿个以上。

实行这种办法，烈属、军属的生活积极性提高了，生活更有保证了，群众和国家的负担也减轻了。据河北省邢台地区16个县的统计，1956年享受优待劳动日的烈属、军属比1955年享受代耕的烈属、军属，户数减少43.8%，优待的劳动日数比代耕工数减少27.3%。山西省路安县南冯村乡1955年实行优待劳动日的办法后，优待工由622个减少到490个，政府给这个乡的补助费由301.75元减少到198.4元，烈属、军属实际收入增加5%左右。

对于农村无劳动力和缺劳动力，自作劳动日少的军官家属，由于他们的生活主要依靠军官的工资，因此，不实行优待劳动日，只由生产大队或农业生产合作社优待一部分“虚工分”，以使他们分到必要的实物。这部分实物，由军官家属按照所在社、队的分配价格或者国家统销牌价付款。

在实行对烈属、军属优待劳动日制度的过程中出现过一些问题，主要是：1. 农业合作化初期，有些基层干部误认为烈属、军属已经入社，生活有了着落，因而没有抓紧部署优待劳动日的工作，致使部分烈属、军属生活困难，情绪不安。在公社化初期，许多地方由于“吃饭不要钱”，也曾一度停止优待。2. 在已实行优待劳动日制度的地区，有的社、队在评定优待劳动日时，对自作劳动日评得过高，因而优待劳动日数量偏少，致使享受优待的烈属、军属的生活低于一般群众，引起他们的不满。3. 有些社、队贪图省事，往往在春季不预先评定，而实行秋后一笔账的办法，致使烈属、军属心里不踏实，不利于调动他们的生产积极性。这些问题经检查发现后，采取适当措施，得到了解决。

（三）发放优待金。中共十一届三中全会以后，全国广大农村认真贯彻中国共产党的农业政策，实行了多种形式的农业生产责任制，以劳动日计算报酬的办法不适用了，优待劳动日制度随之逐渐为发放优待金的办法所代替。

实行生产责任制后，劳动报酬与劳力多寡密切相关，当兵意味着家庭减少一个劳动力，会给家庭收入带来极大的直接影响。据江苏省征兵办公室调查，一个劳动力服兵役，每年家庭减少收入，少则二三百元，多则六七百元。为了有利于征兵工作，有利于战士安心服役，有利于退伍安置工作，各地对家居农村的义务兵家属一般都发给一定数额的优待金，改变了过去困难大的多优待，困难小的少优待，不困难的不优待的办法，为适应新的生产关系又一次对群众优待制度进行重要的改革。1984 年 5 月 31 日由第六届全国人民代表大会第二次会议通过的《中华人民共和国兵役法》，对这项改革作了肯定。为了做好此项工作，全国 29 个省、自治区、直辖市都制定了相应的优待法规。

关于优待的标准，主要有四种形式：1. 同农村整劳力全年收入相联系。如：福建省规定对义务兵家属优待的金额为相当于一个中等劳动力全年收入的50%—70%。2. 同农村人均年收入联系。如：江西规定为相当于当地乡镇上一年的人均收入数（特殊困难的可酌情增加）；宁夏规定为略高于农村年人均收入水平。3. 同强劳动力年收入和参军年限相联系。如：黑龙江省规定按全乡一般强劳动力当年承包的平均收入计算，第一年为60%，第二年为70%，第三年起为80%。4. 同农村年人均收入和参军年限相联系。如西藏规定按年人均收入计算，第一年为40%，第二年为60%，第三年起为80%。不少地方还规定，对在部队立功或超期服役的义务兵，加发优待金。如黑龙江规定义务兵在部队立功的，加发优待金10%—30%。对烈属的优待标准，在实行定期抚恤以前，一般不低于义务兵家属；实行定期抚恤以后，一般也根据情况给予一定数量的优待。

关于优待的办法，以乡、镇为单位统筹。优待金的统筹办法，一般采取按人口或承包的土地数量平均负担，少数地方也有从乡、镇企业收入或其他集体收入提取的。为了鼓励军人安心服役，许多地方每年都将优待通知书及时通知部队。不少地方还在年终举行优待金落实兑现大会，以扩大影响，教育军属和群众。安徽省1986年有90%以上的乡、镇，实现了“四统一”“五做到”：“四统一”是统一评定，统一负担，统一提取，统一兑现；“五做到”是发证到户，公布到群众，订入合同，通知到部队，名单报到县。

为了有利于做好退伍安置工作，并充分发挥优待金的经济效益，河南省南阳地区、河北省文安县以及湖北省的武昌、广济、新洲、南漳等县创造了储金会的经验，即在保证义务兵家属正常生活的前提下，根据自愿的原则，将全部或部分优待金代存银行，然后以贷款的方式用于扶持烈属、军属和贫困户发展生产，战士退伍时一次提取作为安家之用。河南省南阳地区近几年用储蓄的优待金136万元，扶持3380户优抚对象发展生产，已有1243户脱贫，123户致富。1988年河南省推广了这一经验，全省已有

778个乡镇建立了优待储金会。

农村群众优待义务兵家属工作的落实，不仅激发了广大适龄青年应征入伍的积极性，而且促进了现役军人安心服役。许多战士给地方政府写信，感谢家乡人民的照顾与关怀。战士唐友和写道："见到寄来优待通知单，如同吃了定心丸，一定要苦练杀敌本领，为保卫祖国做出贡献。"江苏省新沂县驻军某部在给如东县人民政府的信中说："每一份优待通知书都凝结着家乡人民的一片心意，为了报答家乡人民的关怀，我们再苦再累也心甘情愿。"

据统计，1989年农村享受优待金的军属为184.4万户，优待金额为5.88亿元，平均每户为318.9元。

三、国家补助的逐步完善

对于烈属、军属生活困难的解决，其主要途径是如前所述的介绍就业、组织与扶助生产、由群众给予物质优待。如仍有困难，再由国家给予补助。

早在1950年公布的《革命烈士家属革命军人家属优待暂行条例》，对此就已有所规定。因当时发的是食粮，而称之为"实物补助"。由于财政困难，领取此项补助的仅限于"生活极端困难之烈、军属"。1953年4月，内务部、财政部又专门发出通知，规定了城市的补助面，大中城市不超过烈属、军属总人口的12%；小城市、镇及乡村不超过烈属、军属总人口的8%；补助标准，城市按应补助人口平均每人每年60万元（旧币，相当于新币60元）计算；农村按应补助人口平均每人每年24万元（旧币，相当于新币24元）计算。对烈士、军人子女入学有困难的也给予补助，补助标准城市按每人每月平均5万元（旧币，相当于新币5元）计算，农村按每人每月2.5万元（旧币，相当于新币2.5元）计算。补助费的分配、使用，首先照顾烈属、军属较多而贫苦的地区，对个别无依靠而又无生产能力之鳏、寡、孤、独可多予补助。"对有部分生产能力的困难户，集中一次发给，帮助其进行生产建立家务。”

对于上述规定，在50年代，有相当一部分地区没有很好执行。补助费的发放，比较普遍地存在着平均使用的问题，致使一些生活困难的烈属、军属，问题得不到很好的解决，而对生活不困难的烈属、军属，却助长了他们的平均主义思想。同时积压、挪用的现象也比较严重。为了解决这些问题，各地民政部门除加强干部、群众、烈属、军属的思想教育外，并从制度上加以改革，将补助费的大部用于扶助生产和对特殊困难者予以定期定量补助。

推行定期定量补助工作，是1955年提出的。1963年3月全国省、市、自治区民政和人事厅、局长会议肯定了定期定量补助的办法，并规定享受定期定量补助的对象是：（一）孤老的烈属和孤老的病故、失踪军人的家属；（二）烈士、病故军人的遗孤和虽有亲属而无力抚养的烈士、病故失踪军人的未成年的子女；（三）已经失去劳动能力而其子女又确实无力供养的烈士、病故军人的父母和配偶。在城市，还包括家庭人口多收入不足以维持一般市民生活水平的烈属、军属。补助标准，农村一般为2至4元，城市以保证享受补助对象的生活不低于一般市民为原则。这次会议强调补助费要重点使用，克服平均发放、挪用、贪污现象，重灾区、穷队、老革命根据地的定期定量补助标准可略高些，临时补助更要集中用在上述地区烈属、军属吃饭穿衣、修补住房等生活困难方面。

1979年10月民政部下达《关于改进优抚对象定期定量补助工作的规定》以后，定期定量补助有了系统的规定，使定期定量补助工作得到普遍的推行。当时确定的补助标准：农村每人每月6至10元，小城市和城镇每人每月10至15元，大中城市每人每月15至20元。孤老烈属和烈士遗孤在不超过规定的补助标准内优厚。补助费除留必要的临时补助费外，大部分用于定期定量补助。同时继续做好优待劳动日工作。

1980年5月26日，民政部为了切实解决对越自卫反击战牺牲烈士的家属的生活困难，专门发出通知，要求对家居农村的牺牲烈士的父母、配偶和未成年子女，一般都要给予定期定量补助；对家居城镇的牺牲烈士的家属，虽有人在机关、企业、事业单位工作，但因工资收入较少，生活有困难的，也必须给予定期定量补助。补助标准都按居住地的最高标准执行。

1983 年 3 月 7 日，民政部又发出通知，对孤老烈属、因公牺牲军人家属、病故军人家属、失踪军人家属的定期定量补助一律在原享受实际补助标准的基础上，每人每月增加 5 元。

1985 年 1 月 10 日，民政部、财政部根据《中华人民共和国宪法》和《兵役法》的规定，经报请国务院批准，决定从 1985 年 1 月 1 日起，将烈属和牺牲、病故军人家属的定期定量补助改为定期抚恤。这样，原来享受定期定量补助的烈属和牺牲、病故军人家属，一般都已改为享受定期抚恤，只对不符合定期抚恤条件的仍然继续保留他们的定期定量补助待遇。

四、其他方面的优待

中华人民共和国的烈属、军属，享有崇高的社会地位，国家与社会对他们给予许多优待。除以上所述外，他们享受的优待还有：

（一）50 年代初期，根据《中华人民共和国土地改革法》的规定，在分配土地时，烈士可以计算在家庭人口以内，使烈士家属得以多分一份土地。同时，根据《革命烈士家属革命军人家属优待暂行条例》的规定，在土地改革中分配生产、生活资料时对贫苦烈属、军属也给予适当照顾。

（二）公有房屋在分配、出租时，在与群众同等条件下，烈属、军属有分得、承租的优先权。

（三）贫苦的烈士、军人子弟入学，有享受助学金待遇的优先权（《军人抚恤优待条例》公布后，仅限于革命烈士子女，并规定考入公立学校的，免交学杂费）。

（四）机关、企业、事业单位录用职工，在与群众同等条件下，烈属、军属有优先被录用的权利。

（五）贫苦烈属、军属到国家设立的医疗机构看病，可酌情减免医疗费。

（六）政府在发放贷款、救济款时，在与群众同等条件下，烈属、军属享有优先领取的权利。

（七）提高烈属、军属的社会地位，为他们挂光荣牌，在重要节日对他们进行慰问，在举行重要的群众大会时为他们设烈属、军属席，推选著名的烈属、军属为人民代表等等。

（八）现役军人在部队立功，由基层政权组织群众为其家属庆功贺喜。

（九）对未进入光荣院的孤老烈士家属，由基层政权组织群众帮助他们解决挑水、烧柴、推磨、做饭、疾病护理、耕种自留地等方面的困难，并且由基层政权组织酌情给予劳动报酬。

（十）对于入敬老院的孤老烈属，为其设立光荣间，给予比社会孤老较为优厚的待遇。

（十一）发动和组织群众、学生为烈属、军属做好事，如挑水、扫地、送粮、送煤等。

（十二）家居农村的烈属符合招工条件的，由当地人民政府安排其中1人就业。

（十三）革命烈士、因公牺牲军人、病故军人的子女、弟妹，自愿参军又符合征兵条件的，在征兵期间可优先批准1人入伍。

（十四）革命烈士子女报考中等学校、高等学校，录取的文化和身体条件可适当放宽。

（十五）革命烈士子女入公办幼儿园、托儿所的，优先接收。

第五节　对革命烈士家属、因公牺牲军人家属和病故军人家属的抚恤

中国对革命烈士家属、因公牺牲军人家属和病故军人家属的抚恤，分为一次抚恤金和定期抚恤金两种。前者主要属于抚慰性质，并帮助解决突然发生的困难；后者则是为了解决长期发生的生活困难问题。

一、一次抚恤

按照规定，革命烈士家属、因公牺牲军人家属和病故军人家属的一次抚恤，由家属居住地的县、市、市辖区人民政府发给。

1980 年 6 月 4 日国务院发布《革命烈士褒扬条例》以前，一次抚恤标准只区分为牺牲抚恤标准和病故抚恤标准两种，革命烈士同因公牺牲军人的抚恤标准相同。《革命烈士褒扬条例》发布以后，一次抚恤区分为革命烈士抚恤、因公牺牲抚恤、病故抚恤。革命烈士抚恤高于因公牺牲抚恤，因公牺牲又高于病故抚恤。区分为三种抚恤标准，是抚恤制度的一项改进，有助于鼓舞现役军人和人民群众为保卫与建设祖国英勇献身。

因公牺牲的范围包括：（一）在执行任务或上下班途中，遇到非本人责任或无法抗拒的意外事故死亡；（二）因战致残医疗终结评残发证一年后因伤口复发死亡；（三）因公致残医疗终结评残发证后因伤口复发死亡；（四）因患职业病（参照卫生部、劳动人事部、财政部、中华全国总工会关于修订颁发《职业病范围和职业病患者处理办法的规定》）死亡；（五）在执行任务中因病猝然死亡；（六）因医疗事故死亡。凡因本人过失造成事故死亡，不能按因公牺牲处理。因公牺牲的确定，由所在县、团级以上机关审查批准。这个规定是建国 30 多年来死亡抚恤工作经验的结晶，解决了过去在这方面存在的扯皮问题，有利于促进安定团结。

军人非因公发生意外事故死亡，除违法乱纪者外，也按病故抚恤标准发给其家属一次抚恤。

从 1950 年公布《革命军人牺牲、病故褒恤暂行条例》以来，一次抚恤经历了由以食粮为计算单位改为以人民币为计算单位，又由以人民币为计算单位改为以工资为计算单位的过程。在这期间，标准提高了多次。1950 年《条例》公布时的抚恤标准，根据职级的不同，其数额：牺牲的，为食粮 500 市斤至 1200 市斤；病故的，为食粮 450 市斤至 900 市斤。这个标准是相当低的。当时所以如此规定，主要是因为全国刚解放，国家财政还有较大困难，而以食粮为单位，是由于当时物价还不够稳定。1952年，国家财政有所好转，一次抚恤作了较大幅度的提高，新的标准为原标准的2至4倍。1953年，全国财政经济状况好转，物价基本稳定，又将一次抚恤改以人民币为计算单位，并略有提高。1955年，一次抚恤又在原基础上提高了20%左右。在这以后，由于“左”的思潮的影响，由于国家经济遇到困难和十年动乱，一次抚恤标准长期没有提高，直到民政部设立后才于1979年提高了标准。这次提高标准的特点是，职级低的提高得多，职级高的提高得少。例如，牺牲抚恤标准，战士由180元提高到500元，即提高了177.7%；师级以上，由650元提高到700元，仅提高了0.7%。1980年6月4日《革命烈士褒扬条例》发布以后，为革命烈士专门规定了一个抚恤标准，比一般因公牺牲抚恤标准高出300元。1984年，将革命烈士抚恤标准提高到2000元至2400元。1985年和1986年，又分别将一次抚恤标准改为：革命烈士，按牺牲时的40个月工资计发；因公牺牲军人，按牺牲时的20个月工资计发；病故军人，按病故时的10个月工资计发（没有工资收入的，则按23级正排职干部的月工资计发）。一次抚恤改按工资计发，与死者的贡献密切联系，又无须不断调整标准，因而它是抚恤制度的一项改革。

对于立功和获得荣誉称号的现役军人，他们牺牲、病故后，增发一次抚恤。按照《革命军人牺牲、病故褒恤暂行条例》的规定，曾立大功（后改称二等功）一次以上者，增发应领抚恤的四分之一。《军人抚恤优待条例》发布后，则按下列比例增发：（一）被中华人民共和国主席或者中央军事委员会授予荣誉称号的，增发35%；（二）被军区（方面军）授予荣誉称号的，增发30%；（三）立一等功的，增发25%；（四）立二等功的，增发15%；（五）立三等功的，增发5%。

一次抚恤的发放对象，1950年公布的《革命军人牺牲、病故褒恤暂行条例》规定，对死者家属按下列顺序一次发给：（一）父母；（二）妻、夫；（三）子、女；（四）十六岁以下的弟、妹；（五）抚养死者长大并依靠死者生活的其他亲属。以上规定在执行中曾发生不必要的纠纷，主要是父母与配偶争要抚恤的情况比较普遍突出。为了解决这个问题，并照顾到中国的国情，民政部 1980 年 9 月 3 日《关于贯彻执行〈革命烈士褒扬条例〉若干具体问题的解释》作了必要的变通。1989 年 4 月 17 日民政部《关于贯彻执行〈军人抚恤优待条例〉若干具体问题的解释》又进一步明确一次抚恤发给的顺序为：（一）有父母（或抚养人）无配偶的，发给父母（或抚养人）；（二）有配偶无父母（或抚养人）的发给配偶；（三）既有父母（或抚养人）又有配偶的，各发半数；（四）无父母（或抚养人）和配偶的，发给子女；（五）无父母（或抚养人）、配偶、子女的，发给未满 18 周岁以下的弟妹。无上述亲属的，不发。实践表明，这样规定能够为广大革命烈士家属、因公牺牲军人家属、病故军人家属所接受，从而较好地解决了过去存在的麻烦问题。

二、定期抚恤

根据《中华人民共和国兵役法》第 55 条的规定，民政部、财政部于 1985 年 1 月 10 日发出通知，决定对无劳动能力或者无固定收入不能维持生活的革命烈士家属、因公牺牲军人家属、病故军人家属，自 1985 年 1 月 1 日起，由国家发给定期抚恤金。

定期抚恤与一次抚恤相比，除如前所述发放目的有所不同外，还有以下的差异，这就是：前者对领取此项抚恤的家属规定了比较严格的条件，而后者没有附加的条件；前者是按月按人发给，直到家属死亡或丧失领取定期抚恤的条件时为止，后者是一次发给，对每户革命烈士、因公牺牲军人、病故军人家属只能发给一份。

革命烈士家属、因公牺牲军人家属、病故军人家属享受定期抚恤金的条件是：

（一）父、母、抚养人、夫、妻无劳动能力和生活收入的，或虽有一定生活收入，但不足以维持当地一般群众生活的；

（二）子女未满 18 周岁，或虽满 18 周岁因读书或伤残而无生活来源的；

（三）弟妹未满 18 周岁，且必须是依靠军人生前供养的。

革命烈士家属，因公牺牲军人家属、病故军人家属要求享受定期抚恤，可凭《革命烈士证明书》《革命军人牺牲证明书》《革命军人病故证明书》，向乡、镇人民政府或街道办事处提出申请，经乡、镇人民政府或街道办事处审核同意后，再上报县、市、市辖区民政部门审批，并发给《定期抚恤金领取证》，凭证领取定期抚恤金。

由于定期抚恤是原来的定期定量补助发展、演变过来的，享受定期抚恤的条件与享受定期定量补助的条件也基本相同，因此在实行定期抚恤制度时，对于原已享受定期定量补助的革命烈士家属、因公牺牲军人家属、病故军人家属，一般都改发定期抚恤而不再重新办理审批手续。

定期抚恤的标准，由各省、自治区、直辖市人民政府根据以下原则制定：

（一）保证革命烈士家属、因公牺牲军人家属、病故军人家属领到定期抚恤金以后，其生活能够达到不低于本省、自治区、直辖市一般群众的生活水平；

（二）革命烈士家属、因公牺牲军人家属的定期抚恤金标准，高于病故军人家属的定期抚恤金标准；

（三）居住大中城市的，其定期抚恤金标准高于居住小城镇的标准；

（四）居住小城镇的，其定期抚恤金标准高于居住农村的标准；

（五）孤老的革命烈士家属、因公牺牲军人家属、病故军人家属的定期抚恤金适当增发，增发比例不低于应领定期抚恤金的 20%。

为使各地在制定定期抚恤标准时有所遵循，民政部、财政部 1985 年 1 月提出了定期抚恤的参照标准：革命烈士家属、因公牺牲军人家属，居住农村的每人每月 20 至 25 元，居住小城镇的每人每月 30 至 35 元，居住大中城市的每人每月 35 至 40 元；病故军人家属，居住农村的每人每月 15 至 20 元，居住小城镇的每人每月 25 至 30 元，居住大中城市的每人每月 30

至35元。1989年3月，民政部、财政部发文调整定期抚恤标准，要求在原基础上平均每人每月增加15元。

对革命烈士家属、因公牺牲军人家属、病故军人家属实行定期抚恤，是当代中国优抚制度的一项重大改革。中国革命是以农村为根据地发展起来的，因而革命烈士家属、因公牺牲军人家属、病故军人家属家居农村的占绝大多数。过去，对家居农村的革命烈士家属、因公牺牲军人家属、病故军人家属生活困难的照顾，采取群众优待为主，国家补助为辅的办法。由于群众优待在受到自然条件和工作条件的限制时，有时难以落实，国家补助又比较低，因而采取这种办法，对家居农村的革命烈士家属、因公牺牲军人家属、病故军人家属的生活困难，还不能保证全部得到妥善的解决。实行定期抚恤以后，对家居农村的革命烈士家属、因公牺牲军人家属、病故军人家属生活的照顾，以国家抚恤为主，群众优待为辅。由于定期抚恤金的标准较定期定量补助有较大幅度的提高，从而使革命烈士家属、因公牺牲军人家属、病故军人家属的生活得到更加可靠的保障。

据1989年统计，全国享受定期抚恤的烈属和牺牲、病故军人家属为51.0915万人，全年共支出定期抚恤费2.05036亿元，平均每人401元。

第六节 对伤残军人的抚恤优待

关于革命军人的伤残抚恤制度，新中国成立以前各解放区就已分别制定了相应的基本法规。1950年制定全国统一的《革命残废军人优待抚恤暂行条例》后又在提高伤残抚恤标准、完善抚恤制度，充实优待内容方面做了许多工作，并取得了突出的成就。1988年《军人抚恤优待条例》的发布，使伤残军人的抚恤优待问题得到更加圆满的解决。

中华人民共和国对伤残军人的抚恤优待，就其基本内容来说，主要是尊重他们的荣誉，提高其社会地位；妥善进行安置，切实保障生活。对此，除在本节论述外，还要在本章第八、九、十节中分别涉及。

一、伤残性质的区分

中华人民共和国军人的伤残抚恤待遇，是按照其伤残性质、伤残等级和有无固定工资收入来确定的。对军人伤残的原因，区分为因战致残、因公致残和因病致残。

因战致残，是指对敌作战负伤致残，经医疗终结，符合评残条件的，其具体范围是：（一）对敌作战中负伤致残的；（二）临战前在战区执行潜伏、侦察、巡逻、执行后勤保障等任务，遭敌人武器伤或其他意外伤致残的；（三）平时在边境线执行潜伏、侦察、巡逻、后勤保障等任务，遭敌人武器伤或误伤致残的；（四）对敌斗争中被俘不屈负伤致残的。

因公致残是指在执行公务中致残，经医疗终结，符合评残条件的，其具体范围是：（一）在从事军事训练、施工、生产等任务和上下班途中，遭到非本人责任和无法抗拒的意外伤致残的；（二）在执行任务中遭犯罪分子袭击致残的；（三）在维护社会治安、抢救保护人民生命、国家和集体财产的过程中，被犯罪分子加害致残或遭意外伤致残的；（四）因患职业病致残的；（五）因医疗事故致残的。

因病致残，在《革命残废军人优待抚恤暂行条例》中未作规定，是后来根据实际需要加以补充的，其范围仅限于因病致残相当二等乙级以上伤残条件的战士和复员回乡的干部。对于战士非因公或系个人失慎负伤致残，伤残程度在二等乙级以上的，也与因病致残享受同样待遇。军队干部因病致残，按照有关规定，有的可以享受离休、退休待遇，有的已转业可按地方的规定得到照顾。因此，不再予以评残。

二、伤残等级的划分

中华人民共和国军人伤残等级的划分，因战、因公致残分为四等六级，即特等、一等、二等甲级、二等乙级、三等甲级和三等乙级；因病致残的伤残等级只分为二等三级，即一等、二等甲级和二等乙级。伤残等级划分的原则是：劳动能力完全丧失，日常生活需要专人照顾的，为特等；劳动能力基本丧失，日常生活大部分活动需人扶助的，为一等；劳动能力大部丧失，日常生活能力受到重大影响为二等甲级；劳动能力丧失近半，日常生活能力有一定困难，为二等乙级；劳动能力和日常生活能力受到一定影响的，为三等甲级；劳动能力和日常生活稍有不便的，为三等乙级。凡伤愈合并未影响劳动能力和生活能力的（如子弹穿皮伤肉），不能评定伤残等级。

三、伤残等级的评定

现役军人因战、因公负伤致残的评残手续一般是：医疗终结时，在部队指定的医院对残情进行检查，符合评残条件时再由医院提出评定伤残等级的意见，报军级以上卫生部门或大军区卫生部门批准并发给《革命伤残军人抚恤证》，凭证按照规定享受伤残军人的优待抚恤。

有一些军人在服役期间因战或因公负伤致残，由于当时处在紧张的战斗环境，或者本人担心评残后回到地方时工作、婚姻问题不好解决等原因而没有评残。对于这些已退出现役的军人要求补办评残手续，一般只限于档案材料有确切记载，现在残情又符合评定伤残等级条件的，才可经县级民政部门审查属实后，报请省、自治区、直辖市民政厅（局）批准发给《革命伤残军人抚恤证》。但是，对于《军人抚恤优待条例》施行以后退出现役的军人，如果需要补办评残手续，仍由原部队办理。

军人因病致残评残手续，在办理复员、退伍手续时一并办理。复员、退伍时未办理评残手续的，复员、退伍后不再补办。

四、伤残抚恤标准的确定

中国军人伤残抚恤标准，除了根据其伤残原因、伤残等级加以区分外，还根据其有无工作分别规定发给伤残保健金或伤残抚恤金。伤残军人属于国家机关、民主党派、人民团体和全民所有制企业、事业单位，以及县以上管理的集体企业、事业单位正式职工、合同制职工的，发给伤残保健金。这是因为他们平时有固定工资收入、生病有公费医疗、年老可享受退休或离休待遇，因而只发给属于营养保健性质的伤残保健金，其数额少于具有解决生活困难和营养保健两重性的伤残抚恤金。对领取离休、退休费的伤残军人，由于离休者仍然照领工资，退休者也有固定收入，他们在医疗方面都是公费医疗，因此，仍和在职的一样领取同样数额的伤残保健金。

伤残抚恤标准，在《革命残废军人优待抚恤暂行条例》中是以食粮为单位，1953 年才改以人民币为单位。自上述条例公布以来，随着国家财政经济状况的好转和人民生活水平的提高，伤残抚恤标准已先后于 1952 年、1953 年、1955 年、1978 年、1982 年、1984 年、1988 年七次提高标准。现行标准较之 1950 年的标准提高了约 2 至 8 倍。具体标准见表 10：

中国军人伤残抚恤标准表

表 10　　单位：人民币，元

伤残等级	伤残抚恤金			伤残保健金	
	因战	因公	因病	因战	因公
特　　等	1200	1100		240	216
一　　等	1020	950	860	204	184
二等甲级	740	660	600	156	140
二等乙级	538	480	450	135	122
三等甲级	336	320		108	98
三等乙级	272	272		90	82
备注	1. 本表所列款数是全年应领数；自 1988 年 1 月 1 日起执行。 2. 本表标准适用于革命伤残军人，伤残人民警察、参战伤残民兵民工。				

《革命残废军人优待抚恤暂行条例》原来规定，在乡二等伤残军人两年后伤残抚恤减半发给，1953 年提高伤残抚恤标准时改变为两年后仍然照发全部伤残抚恤金。《革命残废军人优待抚恤条例》原来规定，对在乡三等伤残军人，只发给一次抚恤，1965 年改发伤残补助费，1978 年起改为长期抚恤。

中国对伤残抚恤标准规定的原则。伤残保健金因属于营养保健性质，在规定标准时考虑到肉、蛋等副食品价格调整的情况，以保证在职伤残军人得到必要的营养。伤残废抚恤金，主要是补偿已丧失的劳动能力，其数额根据伤残性质和伤残等级，参照全国一般职工的工资收入确定。对于生活不能自理，饮食起居需人扶助的在乡特等、一等伤残军人，自1979年6月起，还发给护理费，其数额为一个普通工人的工资。

五、伤残军人的优待

中华人民共和国伤残军人可以享受多种优待，其中比较重要的有：

（一）对未入革命伤残军人休养院休养的在乡特等、一等伤残军人，本人口粮按当地干部定量标准，由国家供应商品粮；如果本人愿意，还可到原征集地的县城或配偶居住的城镇安置，将农业户口的配偶及16周岁以下的子女转为城镇户口，供应商品粮，并由国家帮助其解决住房问题。

（二）在乡二等以上伤残军人，免服勤务；在乡三等伤残军人负担勤务有困难的，可酌情减免。

（三）伤残军人的医疗待遇：（1）领取伤残保健金的，由所在单位按照有关职工的医疗规定办理；伤口复发治疗期间，在工资和生活困难等福利待遇方面，享受本单位因公（工）负伤职工的同等待遇。（2）领取伤残抚恤金的，二等以上伤残军人，不论是伤口复发还是患病，都由卫生部门给予公费医疗待遇；三等伤残军人伤口复发所需医疗费都由民政部门负责，疾病治疗支付医疗费用有困难的由民政部门酌予补助。

（四）因战、因公致残的伤残军人伤口复发住院期间的伙食费由本人负担1/3。其余2/3，领取伤残保健金的，由所在单位或发离休、退休费的单位在有关费用内报销；领取伤残抚恤金的由县、市、市辖区民政部门在优抚事业费内报销。

（五）伤残军人因为伤残需要镶牙、补眼和配备代步三轮车、假肢、病理鞋等辅助器械，经县、市以上民政部门批准，由国家供给。

（六）伤残军人凭《革命伤残军人抚恤证》，乘坐火车、轮船、长途汽车，票价减收50%；乘坐飞机，票价减收20%。

（七）伤残军人伤口复发经批准去外地治疗或经批准去外地安装假肢

（包括其他辅助器械），其交通费、旅馆费、途中伙食补助费，都按因公出差标准开支：领取伤残保健金的，由所在单位负责；领取伤残抚恤金的，由县、市民政部门负责。

（八）伤残军人在与其他群众同等条件下，享有就业、入学、救济、贷款、分配住房的优先权。

（九）伤残军人报考中等学校、高等院校，录取的文化和身体条件适当放宽。

（十）伤残军人的死亡待遇：1. 伤残军人死亡后，原领取伤残抚恤金的，由民政部门按照当地国家机关工作人员的丧葬补助标准发给丧葬补助费；原领取伤残保健金的，由其所在单位按规定发给丧葬补助费。2. 因战致残一年内伤口复发死亡可由团以上政治机关或县（市）人民政府按规定批准为革命烈士，其家属按烈士家属享受抚恤和优待。3. 因战致残 1 年后伤口复发死亡和因公致残伤口复发死亡，经县、市、市辖区人民政府或所在县、团级以上单位审查属实，原领取伤残抚恤金的，由县、市、市辖区民政部门按因公牺牲军人给予抚恤优待；原领取伤残保健金的，由所在单位按本单位执行的有关因公牺牲或因公死亡的抚恤规定办理。4. 伤残军人因病死亡的待遇：原领取伤残保健金的，按照所在单位的规定办理；原领取伤残抚恤金的，除已发的伤残抚恤金外，另发半年的伤残抚恤金作为一次性补助，并对病故的因战、因公致残的特等、一等伤残军人的家属，按照军人病故的有关规定给予抚恤优待。

第七节　对在乡退伍老红军、流散老红军和复员退伍军人的照顾

一、对在乡退伍老红军、流散老红军的照顾

中国共产党和人民政府历来对退伍红军老战士十分关怀，采取了各种具体措施，帮助他们安家立业。为了更好地解决病弱、年老退伍红军老战士的实际困难，中国人民解放军总政治部和内务部、财政部 1950 年 6 月联合发文规定，对他们可根据具体情况参照二等甲级或二等乙级伤残军人的

抚恤标准给以照顾。1963 年 3 月全国省、市、自治区民政和人事厅、局长会议文件，又把生活困难的退伍红军老战士列为享受劳动日优待和定期定量补助的对象。1979 年 2 月 23 日，总政治部、民政部、财政部、商业部、卫生部为了进一步解决退伍红军老战士称号和待遇上存在的问题，经报国务院批准，又联合下达了《关于退伍红军老战士称号和待遇方面存在的问题与解决意见的联合通知》。通知规定：（一）为了维护退伍红军老战士这一光荣称号的严肃性，必须在 1937 年 7 月 6 日以前入伍参加中国工农红军（包括抗日联军和中国共产党领导的脱产游击队），有退伍手续或确切的证明，没有投敌叛变行为，回到地方以后，继续保持革命传统的，才能予以承认。对于伪造历史、骗取退伍红军老战士称号的人，要弄清情况，严肃清理。（二）退伍红军老战士的定期定量补助，一般可在每人每月 30 元范围内掌握，最低不少于 20 元。对个别资历长、贡献大者，可适当提高，但最多不得超过 45 元（按：1983 年 3 月，民政部、财政部发文规定，退伍红军老战士的定期定量补助，一律在原享受实际补助标准的基础上，每人每月增加 10 元；1989 年 3 月，民政部、财政部又发文规定，在原定标准基础上，平均每人每月增加 25 元，调整后每人每月补助标准不低于 85 元）。（三）退伍红军老战士本人的疾病医疗，由当地卫生部门列入公费医疗范围。（四）退伍红军老战士中自理生活有困难的孤老，在本人自愿的原则下，可以安排到光荣院供养。不愿到光荣院的，由基层安排专人照顾。（五）退伍红军老战士本人的口粮、食油和副食品，由商业、粮食部门按当地机关干部粮油标准供应，并多供应一些细粮。

为解决红军长征时西路军流落人员的待遇问题，1984 年 2 月民政部、财政部、卫生部、总政治部发文规定，凡经当地政府确认为西路军流落人员的，在没有发现重大政治历史问题的情况下，一般应当给予承认，并统一称为西路军红军老战士；凡确认为西路军红军老战士的，发给定期补助，其标准可在每人每月平均 35 元范围内掌握，最低不得少于 25 元，最高不得超过 45 元（按：1989 年 3 月，民政部、财政部又发文规定，在原定标准基础上平均每人每月增加25元，调整后每人每月补助标准不低于60元）；凡确认为西路军红军老战士的，享受公费医疗，对其中生活有困难的孤老，可在本人自愿的原则下，安排到光荣院供养。在中国的革命史上，还有一部分人参加中国工农红军因伤、因病、因战斗失利或组织动员分散隐蔽而离队失散。为解决这些人的生活问题，1986年12月民政部、财政部专门发文规定，对其中离队后表现较好，经当地群众公认，乡、镇人民政府审查，县、市人民政府批准，可认定其为“红军失散人员”，给予定期定量补助。补助标准，根据当地生活水平及参加红军时间的长短，一般可在每月20至30元的范围内掌握，最低每人每月15元。1989年3月，民政部、财政部又发文调整补助标准，调整后每人每月补助标准不低于25元。

二、对复员退伍军人的照顾

对历次革命战争时期入伍的战士，中国除了在其复员退伍时予以妥善安置外，对其复员退伍的生活困难也给以适当的照顾。1963年全国省、市、自治区民政和人事厅、局长会议文件规定：“带病回乡长期不能劳动，生活有困难的复员退伍军人”和“年老体弱丧失劳动能力生活有困难的复员军人”可以优待劳动日和享受定期定量补助。1979年10月，民政部《关于改进优抚对象定量补助工作的规定》又规定：“抗日战争时期入伍军龄较长、贡献较大的复员军人的补助标准，在不超过规定的补助标准内，应当优厚。”

鉴于在乡复员军人中年老丧失劳动能力的愈来愈多，大多数地区补助面偏窄，补助标准偏低，1986年4月16日民政部、财政部发出了《关于进一步做好定期定量补助工作切实解决在乡复员军人生活困难的通知》。通知指出，当前首先解决因年老或体弱多病、丧失劳动能力的复员军人的温饱问题，并优先照顾下列对象：（一）抗日战争时期入伍生活困难的；（二）因病不能从事生产劳动而生活困难的；（三）因年老丧失劳动能力而生活困难的；（四）在部队立功受奖、贡献较大，生活困难的。补助标准一般是城镇平均每人每月不低于20元；农村平均每人每月不低于15元（按：1989年3月，民政部、财政部发文调整在乡复员军人的补助标准，调整后的标准一般不低于每人每月25元）。与此同时，要继续搞好群众优待，对生活困难，但本人和家属有劳动能力的在乡复员军人，要优先扶助他们发展生产。

经过各级民政部门的努力，上述通知已基本得到落实。据1986年的统计，全国享受定期定量补助的复员军人已达166万多人，占复员军人总人数的50.1%，补助面比1985年扩大14.4%；补助标准由每月10元增加到15元左右；用于此项补助的经费达2.6亿多元，比1985年增长87.3%。对新中国成立以前入伍的老复员军人，一般得到了优先照顾。据河北、山东、山西、河南、安徽、辽宁统计，新中国成立前入伍的在乡复员军人，已有70%的人得到了补助。1989年统计，全国享受定期定量补助的在乡复员军人已增加到227.2万多人，补助面达68%。

带病回乡复员军人最大的困难是疾病医疗问题。根据财政部、内务部、卫生部1964年12月31日联合发出的有关文件，带病回乡复员军人在卫生部门所属医疗机构治疗，门诊挂号费免收，门诊和住院时的减免统一由卫生部门负责开支。

第八节 举办优抚事业单位

一、革命伤残军人学校和革命烈士子弟学校

革命伤残军人学校，原叫革命荣誉军人学校，简称荣校。早在抗日战争时期，在中国共产党领导的抗日根据地，就已建立这种学校。解放战争时期，这种学校又在解放区得到了发展。新中国成立以后，在21个省和内蒙古自治区，举办了66所革命伤残军人学校。

50年代初期，由于对革命伤残军人办学的目的、性质和方针不够明确，以致不少不符合入学条件的革命伤残军人，也被送进革命伤残军人学

校。有些地方没有把它当作培养建设人才的事业办，存在着只重养不重教的现象。为了纠正这些偏差，中央人民政府政务院于 1952 年 7 月 24 日发出了关于加强革命伤残军人学校正规教育的决定。《决定》明确指出：革命伤残军人学校是为培养与提高革命伤残军人的文化与科学知识，使能继续深造，成为国家各级建设人才而设立的。此种学校在中华人民共和国学制中相当于工农速成中学和工农速成初等学校。《决定》要求：现有的尚未进行正规教育的革命伤残军人学校，应加以改革，使其能担负教育培养革命伤残军人的责任。

政务院关于加强革命伤残军人学校正规教育的决定下达后，内务部、教育部和人民革命军事委员会总政治部、总干部部决定对革命伤残军人学校进行整顿。经过整顿，明确革命伤残军人学校的任务是：接收志愿学习的革命伤残军人，施以初中程度的文化教育，毕业后分配工作。其中少数具有升入大学或专科学校条件并志愿深造的学员，在小学毕业后，可投考工农速成中学。其教学方针是：根据革命伤残军人的身体、年龄等条件和多数要求提高文化迅速就业的特点，并结合国家建设的实际需要，确定教学以培养适于就业的文化知识为主，辅之以政治教育与必要的文娱、体育课程，贯彻学用一致的教学原则。

为加强对革命伤残军人学校工作的指导，各省教育（文教）厅，都设立专管革命伤残军人学校教学的机构或指定专人负责此项业务，并注意提高革命伤残军人学校教育工作人员的业务水平，帮助解决工作上的困难。

1952 年起实施正规教育以后，革命伤残军人学校的学制、教学计划和教材逐渐走向统一，并积累了比较系统、完整的教学经验，使教学质量不断提高。1955 年 8 月，全国革命伤残军人学校和革命伤残军人教养院工作会议鉴于抗美援朝战争已结束，革命伤残军人学校接收学员的任务大为减少，部队已加强文化教育，新伤残军人不需送革命伤残军人学校培养，因而确定革命伤残军人学校自 1956 年起不再接收新学员。经国务院批准后，1958 年已全部结束了革命伤残军人学校的工作。

自1952年至1958年，从革命伤残军人学校毕业的学员共6万余人，其中参加工作的有5万多人，考入高等学校继续深造的有4000多人，转入革命伤残军人速成中学学习的有5000多人。其余的根据志愿复员回乡，在建设社会主义新农村中发挥作用。

革命伤残军人经过革命伤残军人学校培养以后，文化水平、政治水平大为提高，有的还掌握一定的生产技能。他们参加工作以后，积极肯干，努力钻研业务，许多人成为工作中的骨干和模范。但在初期，有一些单位对革命伤残军人学校毕业学员过分挑剔，不愿吸收他们参加工作。为此，中央人民政府政务院曾于1954年4月2日发出了关于革命伤残军人学校毕业学员工作分配的指示，要求把吸收革命伤残军人参加工作当作一项政治任务，各省、市人民政府责成各机关及国营、地方国营企业部门认真吸收革命伤残军人参加工作。在定员定额编制内，适当规定革命伤残军人应占的比例，切实保证他们就业优先权的实现。在分配工作时，以适应他们的特长和身体条件使之能胜任为原则。对因特殊困难难于分配工作或一时无适当工作可分配者，民政部门有计划地将他们组成临时工作组，以便在实习中获得一定工作经验后再正式分配工作。这使得革命伤残军人学校毕业学员的工作分配，比以前大为顺利。

新中国成立初期，江西、山东、安徽、福建、江苏、河北、山西、黑龙江等省的民政部门还先后开办了21所革命烈士子女小学、一所革命烈士子女中学，参加学习的革命烈士子女达4000余名。这些学校的开办，使得一些无依无靠的革命烈士子女受到了很好的教育和照顾，产生了很好的政治影响，对鼓舞部队士气和抚慰烈士家属起到积极作用，并为国家造就了一批社会主义建设人才。1955年，鉴于经过几年的培养教育，真正无依无靠的革命烈士子女请求入学的已为数不多，因而决定将革命烈士子女学校转为普通学校，交由教育部门管理。转为普通学校以后，对原来在校学习的无依无靠的革命烈士子女，其费用仍由政府负责。

二、优抚医院

优抚医院是国家为优抚对象举办的特殊福利性质的医疗事业单位，是优抚工作的重要组成部分和配套设施。它包括荣誉军人康复医院（即原革命残废军人休养院）、复员军人慢性病医院（即原复员军人慢性病疗养院）和复员退伍军人精神病院。现在全国优抚医院共计110所，床位2万多张。多年的实践证明，举办优抚医院是非常必要的，它在各个不同的历史时期，圆满完成了大量的伤残军人、复员军人病员、复员退伍军人精神病员的医疗收治任务，较好地发挥了巩固国防，支持部队建设方面的重要作用。

（一）荣誉军人康复医院。荣誉军人康复医院的前身是革命伤残军人教养院、休养院。1986年更名为荣誉军人康复医院。荣誉军人康复医院是对特、一等重伤残军人实行长期集中供养的医疗单位。1955年，革命伤残军人教养院发展到22所，入院休养人数达1.02万人。1955年8月，全国革命伤残军人学校和革命伤残军人教养院工作会议讨论了如何改进教养院工作的问题，并制定了加强革命伤残军人教养院工作的方案。会议认为，革命伤残军人教养院工作有很大成绩，必须以更大的力量把它办好。会议明确了教养院的任务主要是：接收特等、一等革命伤残军人；无家可归、无人赡养、丧失劳动能力的二等甲级革命伤残军人；在部队服役满15年，年满50岁，身体衰弱、丧失劳动能力的老年革命军人。教养院一切工作都从保障和促进休养员的身心健康出发，加强对休养员的社会主义思想教育，改进生活管理制度、福利工作和医疗卫生工作，开展多样的文娱、体育活动，并根据休养员的不同条件，组织他们从事适当的文化学习、技艺训练和力所能及的生产活动。休养员自愿回家休养，家中也有人照顾的，可以采取分散供养的办法。

各个教养院在增强休养员的身心健康，开展文娱活动方面，一般都很重视。1958年，四川省革命伤残军人教养院课余演出队到各地演出，曾经轰动一时。他们到过北京、天津、上海、南京、沈阳、武汉、广州等20多个城市，共演出376场，观众120余万人；作报告121场，听众35万余人。当广大群众看到没有双手的伤残军人能用笛子、口琴吹奏出动听的音乐，双目失明的伤残军人能用美好的嗓子放声歌唱伟大的祖国，都为之感叹不已；认为在得到高尚的艺术享受的同时，还受到了一次深刻的革命英雄主义教育。演出、报告后收到8000多封群众来信，其中5000多封是表决心的。在首都演出时，周恩来总理、朱德委员长和彭德怀、贺龙、陈毅、叶剑英元帅等领导人前往观看，接见了他们。周总理亲笔抄录该院特等伤残军人刘渝生表达伤残军人坚强意志的诗篇《我们的心永远忠于党》，给四川演出队留作纪念。彭德怀元帅为演出队题词："你们伟大的革命乐观主义精神值得中国人民和解放军全体同志学习！"著名诗人郭沫若在观看他们的演出后，发表了题为《把红旗插遍在地上和天上》的诗篇，歌颂他们"坚定着革命的雄心"。八一电影制片厂为他们的演出拍了《我们永远忠于党》的纪录片。山西、陕西、安徽、辽宁、吉林等省伤残军人教养院课余演出队，也分别到西安、合肥、沈阳、长春等地演出，都受到广大群众的热烈欢迎，被认为是"上了生动的共产主义的一课"。革命伤残军人的乐观主义精神和坚强的革命意志，成为激励人们前进的巨大动力。

为了进一步办好革命伤残军人休养院，1981年全国优抚事业单位工作座谈会决定对休养院进行整顿。座谈会还讨论了《革命残废军人休养院管理工作暂行办法（草案）》，并于会后由民政部转发各地试行。《暂行办法（草案）》规定，休养院接收的对象必须是具有下列条件的特等、一等革命伤残军人：1. 因伤残后遗症需要经常医疗处理的；2. 生活需人护理，回乡安置不便照顾的；3. 独身一人，无依无靠，不便回乡安置的。在承担接收上述对象的主要任务以后，有条件的休养院可附设疗养区，接收在乡伤口复发或患严重慢性病的特等、一等革命伤残军人来院疗养，伤病基本治愈或稳定后即行出院。《暂行办法（草案）》还要求"休养院必须牢固树立关心休养员疾苦，对休养员负责，全心全意为休养员服务的指导思想"，并要求改善休养员生活和文化福利设施，搞好医疗护理工作，加强对休养员的思想政治工作。《暂行办法（草案）》还规定，“休养员住院期间不准带家属。为了照顾他们分居两地的直系亲属团聚，休养员可以回家探亲，其直系亲属也可以来院探亲。探亲路费每年由休养院报销两人次。”1981年优抚事业单位工作座谈会以后，各地根据座谈会的精神，对革命伤残军人休养院从思想、组织、作风、工作等方面进行了认真的整顿，收到了良好的效果。

但是在发展过程中也出现一些问题。由于大规模的战争已经结束，全国革命伤残军人休养院的休养员人数逐年减少，床位大量闲置，而工作人员却逐年增加，经费开支随之加大。在办院指导方针上，对休养员仍偏重于单纯休养，未充分重视康复医疗。在任务减少后，仍然关门办院，未向社会开放。这样一来，就使得休养院的设备未能充分利用，业务工作得不到应有的发展，医务人员知识老化，技术队伍难以稳定，职工思想比较涣散，使休养院缺乏生机和活力。为了解决这些问题，以巩固和发展革命伤残军人休养院，1986 年 9 月，民政部根据崔乃夫部长关于休养院“要向康复方向发展，要逐步改善条件，充实医务人员和设备，同时向社会开放”的批示，在广州市召开了全国革命伤残军人休养院改革工作广东现场经验交流会。会上，大家深入学习、讨论了崔乃夫部长的批示，听取了广东省革命伤残军人康复医院改革经验的介绍并进行了现场观摩；福建、四川等 8 省休养院介绍了各自开展康复医疗和向社会开放的经验。广东省革命伤残军人康复医院改革的基本经验，概括地说就是：解放思想，大胆改革，勇于创新，从全心全意为休养员服务出发开展康复医疗，并在此基础上向社会开放，收治社会残疾者，实现了对休养员从单纯供养到供养与康复相结合、从关门办院到开门办院的两个转变，取得了明显的社会效益、经济效益和医疗效益，开创了休养院工作的新局面。会议认为，休养院在改革中，要坚持为休养员服务的办院宗旨，处理好对内对外的关系，明确对内服务是基础，对外开放是补充，要把社会效益放在第一位，不能单纯追求经济效益；要从实际出发，不搞一刀切；在处理向外开放所得预算外的收入分配时，要兼顾国家、集体、个人三方面的利益。

1987 年 5 月，根据全国革命伤残军人休养院广东现场经验交流会的意见，民政部办公厅印发了全国革命伤残军人休养院改革试行方案。《方案》提出，革命伤残军人休养院改革的基本方向和任务是，坚持为革命伤残军人服务的办院宗旨，积极开展康复医疗，在保证完成主要任务的前提下，向社会开放，调动一切积极因素，充分发挥休养院的潜力和优势，不断提高医疗技术水平和服务质量，更好地为革命伤残军人服务，对社会康复医疗做出贡献，把革命伤残军人休养院的工作推进到一个新的振兴时期。《方案》还明确了革命伤残军人休养院应实行以康复为中心，康复、医疗、休养三结合的方针，并将革命伤残军人休养院更名为荣誉军人康复医院。

在贯彻全国革命伤残军人休养院广东现场经验交流会精神和休养院改革试行方案以后，荣誉军人康复医院在开展康复医疗和对社会开放方面取得了明显的进展，开始改变了以往“关门办院，消极供养”的沉闷状态，出现了新的生机和活力。

据 1989 年统计，全国有荣誉军人康复医院 26 所，床位 4055 张。

（二）复员军人慢性病疗养院。复员军人慢性病疗养院的前身，是革命伤残军人疗养院。50 年代初期，有的省即已建立。1958 年第四次全国民政会议提出，要扩大革命伤残军人疗养院，以解决县无法治疗的复员军人慢性病问题。在当时“大跃进”形势的影响下，疗养院数量有很大增加。据 1961 年统计，全国除有省办革命伤残军人疗养所 27 所、病床 6800 张外，还有专、市、县、社举办的复员军人疗养院 1031 所，病床 3. 3 万多张。1961 年 4 月内务部召开的社会福利事业、优抚事业单位工作会议，考虑到复员军人慢性病疗养院办得过多，有些院条件太差，甚至有名无实，决定根据中国共产党八届九中全会提出的“调整、巩固、充实、提高”的八字方针，对复员军人疗养院进行整顿。60 年代至 80 年代初期，对疗养院一直实行压缩精神，至1982年仅保留28所，床位3942张。

1983年，全国复员军人疗养院山东现场经验交流会根据革命伤残军人、复员军人中仍有相当数量的人因伤残后遗症和各种慢性病特别严重需要长期住院治疗，而卫生部门所属医院无力全部接收治疗，因之又强调要继续办好复员军人疗养院。

1984年10月召开的全国优抚事业单位工作会议提出疗养院的任务是，收容需要入院治疗而当地医院不能收容住院的患有伤后后遗症的伤残军人和带病回乡的复员军人慢性病员进行疗养，尽可能使他们的病情痊愈或好转，以起到有利于生产建设和国防建设的积极作用。会议还提出，疗养院要采取疗养结合的方针。在进行药物治疗的同时，要分别采取按摩、气功、针灸、太极拳、医疗体操等多种疗法。要对病员进行革命乐观主义的教育，以增强他们与疾病作斗争的信心。对家庭生活有困难的，应主动联系当地民政部门加以解决，使他们安心疗养。到1989年，全国共有复员军人慢性病医院28所，床位4206张。

（三）复员退伍军人精神病院。复员退伍军人中，有一些精神病患者，由于地方上的精神病院床位有限，往往难以得到应有的治疗，以致给本人、给家庭、给社会带来难以解决的烦恼与问题。为了解决复员军人中精神病患者的医疗问题，在50年代，有些省就在革命伤残军人休养院、疗养院中附设精神病床或精神病区。以后，根据实际需要，专门成立了复退军人精神病院。据统计，1979年全国共有复退军人精神病院28所，床位4355张。由于1979年下半年开始，长期留在部队的伤病残战士陆续离队交地方安置，需送复退军人精神病院安置的也随之增加，因而1980年复退军人精神病院已发展到39所，1989年又发展到56所。据1988年年末统计，住院复员退伍军人有5288人，其他人员有3452人。

根据各地的经验，办好复退军人精神病院，除了要解决好领导班子和端正办院指导思想这个关键问题外，最主要的是必须扎扎实实地把各项工作转移到以医疗为中心、为医疗服务的轨道上来。为此，必须全面落实知识分子的政策，尽可能地改善医务人员的工作条件和生活条件，以调动他们的积极性和创造性，为提高医疗水平和医疗质量而做出新的贡献。河北省复退军人精神病院为加强医疗队伍建设，建院以来，先后派出 25 名医护人员去南京、北京、石家庄等地进修。结业回来后，以他们为骨干，又开办训练班，先后参加培训的医护人员有 203 名。

在治疗上，实行药物治疗与工娱治疗相结合，具有重要作用。所谓药物治疗，是采取中西医结合。有的复员军人精神病院采取此法治疗，患者一般在 1 周左右显效，50 天左右可达痊愈。所谓工娱治疗，就是经过药物治疗病情稳定后，组织他们参加适当的生产劳动和文化娱乐活动。其好处：一是增强了病员的体质和抗病能力；二是分散病员对疾病的注意力，改善其精神面貌；三是可以少用药，从而减轻药物的副作用，又节约了开支；四是缩短住院时间，降低了发病率；五是创造了财富，改善了病员的生活。实行工娱治疗，工作人员要加强责任心，做到“三心”“三到”。“三心”是指，对病员的病情要心中有数，安排生产、搭配班组要细心；诱导患者，做思想解脱工作要耐心；对病员的思想和生活要关心。“三到”是指，在安排生产活动时，做法、要求与安全注意事项，一定要说到；各项安全措施，要检查到；对患者的行动要处处看到。

复员退伍军人精神病员的管理，关系到复退军人精神病院的治疗效果，是一个值得重视的问题。湖北省沙市复退军人精神病院过去实行关、捆、压的办法，使病员思想受到压抑，增加新的精神创伤。他们在实践中逐步摸索出分级管理的办法，即除了对病情严重的实行关门治疗外，对病情好转的实行半开放治疗，在医护人员照料下，参加适当的学习和工娱活动；对基本治愈的实行全开放，让患者基本过正常人的生活，星期日还可上街办事、探视、游览。这样做，使病员心情舒畅，能够更好地配合治疗。不少群众反映：“分级护理开放治疗真是好，既治了病又治了人，真像一所大学校。”到 1989 年，全国共有复员退伍军人精神病院 56 所，床位 1.08 万张。

（四）优抚医院工作的发展与现状。中共十一届三中全会以后，特别是1986年全国革命伤残军人休养院改革工作广东现场经验交流会以来，各类优抚医院坚持为优抚对象服务的办院宗旨，实行平战结合，改革开放，打破了长期封闭沉闷的状况，拓宽了事业发展的途径，扩大了服务功能，从而提高了社会效益和经济效益，增强了优抚医疗事业的生机和活力，具体表现在以下几个方面：

1. 扩大了优抚对象的医疗服务范围，提高了服务质量，扩大了服务功能。优抚医院坚持全心全意为优抚对象服务宗旨，积极创造条件，较好地完成了大量的伤残军人、复退军人病员的医疗收治任务，床位使用率由原来的60%提高到80%左右，有的院达到95%以上。荣誉军人康复医院普遍开展了康复医疗业务，培训了人才，添置了康复设备。据对全国26所荣誉军人康复医院统计，有25%的在院伤残军人经康复医疗后，残存功能有了不同程度的提高。湖北、辽宁、江苏、山西等省的荣军康复医院还结合伤残军人的特点，开展了工娱治疗和职业康复，既促进了病员康复，又增加了经济收入，改善了休养员的生活福利条件。山东、河南、河北、吉林等省的优抚医院积极组织医疗队下乡开展巡回医疗，为优抚对象送医送药。据1989年统计，全国优抚医院共组织医疗队26批，检诊治疗11万人次，建立家庭病床6万多张，为解决在乡优抚对象的医疗困难做出了贡献。优抚医院还从对社会开放的经济收入中补贴优抚对象病员的医疗费和伙食费不足，改善他们的住院条件。

2. 职工队伍得到巩固，素质有了明显提高。为适应优抚医疗事业发展的需要，各院普遍重视医疗技术队伍建设，加强专业人才的引进和培养。据1987年至1989年统计，各院共引进技术人才980名，派出专科进修3400人次。民政部还分别委托湖北、广东、湖南等省举办了8期专科培训班。通过培训，医疗队伍素质明显提高。据1989年统计，优抚医院中有副主任医师以上职称的148人，中级职称的1265人，初级职称的5457人。各院共开展康复医疗新技术160多项；引进和开办专科40项；撰写医学论文1600多篇，其中在各类医学杂志或会议上发表663篇；荣获科技成果奖13项。湖北省沙市复退军人精神病医院研究的两项成果，分别获民政部科技进步二等奖和三等奖。各院普遍重视对职工的思想政治工作，经常对职工进行在新形势下保持和发扬全心全意为优抚对象服务的办院宗旨教育，积极开展创建文明单位活动。优抚医院广大职工在艰苦的工作条件下，不计名利，勤勤恳恳为优抚对象服务，涌现一批先进单位和个人。据统计，有68所医院被评为部、省、市的文明先进单位；有592名职工被评为先进个人，其中获全国民政系统劳动模范7人，卫生部“全国首届优秀院长”1人，全国妇联“三八红旗手”2人，全国总工会授予的“优秀医务工作者”1人。四川省、湖北省、辽宁省荣誉军人康复医院还建立了“伤残军人事迹展览馆”，组织了“伤残军人事迹报告团”，面向社会，对青少年进行革命传统和爱国主义教育，发挥了社会主义精神文明建设阵地作用。

3. 向社会开放，取得了好效果。各优抚医院坚持平战结合的改革方向，面向社会，拓宽了服务领域，收到了较好的社会效益和经济效益。据1989年统计，各院收治社会患者8.6万人次，门诊130多万人次，抢救危重患者1200多人次，对外创收1600多万元。其中有19所医院通过与医学院校开展横向联合，引进40多项专科，如食道癌治疗、脑血管病治疗、皮肤病、痔瘘、烧伤整形、小儿麻痹后遗症手术等专科，已在当地享有较好声誉，形成了优抚医疗事业的特色和技术优势。

4. 科学管理工作得到加强。各地民政厅（局）把优抚医院工作列入议事日程，调整和加强院领导班子，研究制定改革措施和发展规划，并拨出专项经费用于医院建设，改善办院条件。各院普遍建立了各类各级人员岗位责任制，完善了医疗、行政、后勤、财务各项规章制度，改变了医院长期以来职责不明、无章可循和有章不循的状况。还有一些医院积极探索内部管理体制改革，推行了多种形式综合目标管理责任制、职工聘任制等改革措施，有效地调动了广大职工的积极性，使医院管理工作得到加强。优抚医院的发展取得显著成效，也创造了丰富的经验，这就是：改革开放，是优抚医院发展的必然之路；建设一个好的院领导班子和培养一支政治业务素质好的职工队伍，是优抚医院发展的关键；积极争取上级领导和社会各方面的重视和支持，是优抚医院发展的保证；发扬艰苦创业、勤俭办院，是优抚医院发展的一项基本策略。从以上可以看出，优抚医院初步实现了从封闭到开放，从独家办到开展广泛横向联合走社会化道路，从单纯依靠国家到依靠国家与增强自我发展相结合，从单一收养为主到收养、医疗、康复、教学、科研等多功能方面转化，并在发展中逐步形成了优抚医院独特的康复、医疗、休养、疗养等技术特色和发扬革命传统教育阵地作用的政治优势。可以说，优抚医院进入了蓬勃发展的新时期。

1988 年 10 月，范宝俊副部长在全国优抚工作座谈会上的讲话中提出："各类优抚医疗事业单位要坚持办院宗旨；对社会开放，走平战结合的道路。要进行科学管理，不断提高服务管理水平，积极稳妥地进行改革，充分开发内部潜力，建立与社会医院的横向联合，办好小专科，形成自己的优势。要加强医疗队伍建设，改善设备，提高医疗水平，提高社会效益和经济效益。力争在五年左右有一批单位达到或接近当地卫生部主管医院的管理水平。"这是今后一个时期优抚医院工作的基本思路和发展目标。

三、光荣院

光荣院的前身是烈属养老院（有的叫光荣敬老院）。有一些革命烈士家属，年老丧失劳动能力和生活自理能力，无儿无女，又无其他亲属可以依靠。为使他（她）们生活上得到更好的照料，愉快、幸福地度过晚年，50 年代末期，有些省就已举办烈属养老院。1960 年第六次全国民政工作会议提出，孤老烈属主要靠敬老院收容，但要在政治、生活上加以照顾；孤老烈属较多的地方，可以重点办一些烈属养老院，以鼓舞士气，教育群众。根据这一精神，烈属养老院有了较大的发展。据 1964 年 4 月统计，全国共办烈属养老院1496所，住院孤老烈属达2.9万余人。

烈属养老院的举办，使孤老烈属得以幸福地度过晚年。河北省邯郸市威镇烈属养老院共收烈属老人22名，他们入院后体重一般增加10至20斤。其中带病入院的12名孤老烈属，由于生活好、环境好，8名不经治疗就已痊愈，4名病情得到好转，82岁的孤老烈属王刘氏入院后因生活优越起名刘全福，意思是已享受到全部幸福了。湖南省平江县孤老复员军人方欣，在十年动乱中生活无着，被迫削发为僧，到处流浪，1982年10月把他接到光荣院时骨瘦如柴，眼睛是凹的，下巴是尖的，走路拄拐棍，活像一个风筝架子。经过一段时间的治疗和细心的照顾，体重增加，红光满面，扔了拐棍，还能经常看图书，给住院老人讲故事。在他住院快满一年的时候，他编了一首顺口溜："我到院里快一年，幸福生活蜜样甜，治好疾病体质强，但愿长寿过百年"。有些烈属养老院的孤老烈属，还编写民歌赞扬烈属养老院办得好。有的写道："养老院内胜天堂，烈属老人心欢畅。吃喝穿盖样样好，生活一切有保障。吃水不忘挖井人，幸福感谢共产党"。现役军人参观烈属养老院后，反映良好，有的说："这是部队的活教材，真比上十天课还强。"

1978年第七次全国民政会议鉴于烈属养老院中已收容相当部分的在乡退伍红军老战士、孤老革命伤残军人、孤老复员军人，仍称烈属养老院已名不副实，因而改称光荣院。由于1961年以后，对优抚事业单位进行大力的整顿，到1978年全国仅有光荣院467所，入院老人为7436人。1981年全国优抚事业单位工作座谈会决定，对光荣院要继续办好，适当发展，因而到1982年光荣院发展到723所，入院老人达1.1359万人，其中国家举办的光荣院443所5801人，集体举办的280所5558人。1988年，光荣院又发展到1160所2.3526万人，其中国家举办的光荣院657所1.449万人；集体举办的光荣院503所9036人。

根据各地经验，光荣院要贯彻以养为主的方针，不断改善养老条件，在吃的方面，要办好伙食。现在不少院每人每月实际生活标准已经超过当地群众生活水平。同时根据老人的特点，主食干稀搭配，副食品种多样。对不同胃口的老人，吃什么做什么。给患者做病号饭。老人生日吃长寿面。有的院老人过大寿，县、市党政领导还带礼祝寿。在穿的方面，做到夏有单，冬有棉，鞋帽齐全，老人过得舒适温暖。在住的方面，努力改善居住条件。不少院每个房间住一到两人，室内设备齐全，整洁舒适。北方，冬天有热炕或暖气。南方，夏天有电扇。不少院修了直通宿舍的厕所，有些院的厕所还安装了扶手，放了恭凳。在医疗方面，不少院设置了医务室和病床，配备了医生，做到小病不出院，大病进医院并派专人陪护。老人病故时妥为安葬，并开追悼会，赞颂老人的生平业绩。在文娱方面，不少院都专设文娱室，放置电视机、连环画、画报、扑克、象棋等老人喜看爱玩的用品，丰富老人的文化精神生活。有些院为老人讲故事、说评书。有些院还就近组织老人游览名胜古迹，参观工厂、农村，让他们观赏伟大祖国的锦绣河山。

根据各地经验，光荣院还可以附设小块的农副业基地，种些蔬菜、瓜果、桑茶，养些鸡、鸭、牛、鱼、羊。主要劳动，由光荣院工作人员承担。住院老人尚有劳动能力又自愿参加一些劳动生产的，可以让其参加一些轻微的辅助劳动。河北省遵化县光荣院有耕地 6 亩，本着以工作人员为主，老人配合管理为辅的原则，每年可生产粮食 5000 斤左右。还组织老人种菜、养猪、养兔、养鸡，每年收入可达 2000 元以上。这样，既满足了有劳动习惯的老人为社会主义建设发挥余热的愿望，丰富其生活内容，增强其身体素质，又使光荣院增加收入，得以改善院内设施，提高老人的生活福利待遇。因此，这是一举两得的大好事。

根据各地经验，要办好光荣院，还必须配备好的领导人和服务人员。河北省抚宁县台营光荣院院长冯素珍，20 多年来，以院为家，日夜辛勤工作，全心全意为在院的孤老烈属和孤老伤残、复员军人服务。为使自己能够专心照料住院老人，她通过组织把弟弟调回家乡，以照顾年老多病的父母；在家庭经济不富裕的情况下，雇请保姆照管年幼的孩子；不包责任田和口粮田，而到市场购买高价粮。她公而忘私，一心扑在工作上。烈属老人李存突然患病，卧床不起，大小便解不下来，为了解除老人的痛苦，她一边请医治疗，一边每天用手一点一点地为老人抠出大便，一滴一滴地为老人导尿，一直在老人身边守卫 11 个月。烈属陈大妈因病瘫痪，她领大妈到唐山等地治疗，一路上背着大妈过天桥、上下车，上下楼。后来，大妈病重卧床，她端屎端尿，服侍了 6 年。她还带领两名职工开垦 3 亩荒地，种植蔬菜、花生、果树，以增加光荣院的收入，改善老人的生活条件。在她和其他职工的努力下，台营光荣院成绩突出，越办越好，多次出席省、地、县召开的优抚事业单位代表会议，她也被 1984 年全国拥军优属拥政爱民先进单位和先进个人代表大会授予“模范优抚工作者”的光荣称号。

据 1989 年统计，全国共有光荣院 1157 所（其中集体举办 488 所），年末收养孤老优抚对象为 2.0409 万人，其他人员为 4368 人。

第九节 拥军优属活动

自 1943 年春节陕甘宁边区人民政府举办“拥军优抗”运动月以来，在每年春节前后开展拥军优属活动，已成为中国人民良好的传统习惯。新中国成立以后，这一传统得到了发扬，军政军民团结进一步得到巩固与发展，成为保卫与建设社会主义祖国的重要保证。在“文化大革命”期间，军政、军民的鱼水关系遭到严重破坏。中国共产党十一届三中全会以来，党中央领导全国人民拨乱反正，经过党政军民的共同努力，拥军优属的优良传统又得到了恢复和发扬。1983 年 1 月首都军民纪念延安“双拥运动”40 周年大会，特别是 1984 年 8 月全国拥军优属拥政爱民先进单位和先进个人代表大会的召开，有力地推动了拥军优属活动的进一步开展，使这一活动进入新的阶段。1987 年 6 月，民政部和解放军总政治部又在黑龙江省佳木斯市联合召开全国拥军优属拥政爱民经验交流会，把这一活动继续推向前进。

一、节日拥军优属活动

新中国成立以后，每年新年春节期间和“八一”建军节，内务部和现在的民政部都发出通知，要求各地普遍开展拥军优属活动。在这期间，内务部（现民政部）部长在广播电台、电视台向解放军和优抚对象发表春节慰问讲话；各地广泛宣扬解放军在革命战争中的伟大功勋以及和平时期参加建设和抢险救灾的巨大贡献，普遍向干部和群众进行热爱解放军、拥护解放军、学习解放军的宣传教育；普遍召开军民联欢会、座谈会，对边防、海防部队和部队伤病员进行慰问；给烈属、军属、伤残军人挂光荣牌，送年画、年历和慰问信；组织少年儿童为解放军和烈属、军属、伤残军人做好事；检查落实优抚政策、表彰优抚对象和拥军优属的先进事迹等等。

节日拥军优属活动，一般以省、市、自治区为主进行组织。1985 年、1986 年新年春节期间，为了更好地表达中共中央和国务院对边防部队的关怀，民政部崔乃夫部长曾两次率领慰问团，分赴云南、广西慰问解放军，使边防战士受到极大鼓舞，并在社会上造成很好的影响。

新年春节期间和“八一”建军节的拥军优属活动，同人民解放军开展的拥政爱民活动相结合，到处出现军爱民、民拥军，军民团结如亲人的感人情景，从而密切了军政、军民关系，有利于促进经济建设、国防建设和人民民主政权的巩固。

二、拥军优属活动经常化、制度化、社会化

新中国成立以来，拥军优属活动的开展不只限于新年春节期间和“八一”建军节，而是逐步向经常化、制度化、社会化发展。80 年代中期以后，城乡群众拥军优属服务组织蓬勃发展，服务项目也不断增添新的内容。据山东、山西、辽宁、江苏、上海等地不完全统计，近几年建立了各种形式的服务组织，诸如“家庭服务中心”“帮战友小组”“一条龙服务

网”等55.2万多个，参加服务活动的约达376万多人；帮助军人及其他优抚对象解决了包括住房、家属就业、子女入学、幼儿入托、调整工种班次等大量实际问题，仅解决和维修住房就达15.4万多间。拥军优属服务组织不仅关心军人及优抚对象的生产和生活，而且鼓励战士安心服役，从而出现了社会、家庭、部队共同育兵的好形式。江苏省徐州市开展“兵民双放心”活动，有60万干部群众参加。通过军队和地方以个人对个人，组织对组织结成对子，共同签订协议的方法，明确各自应尽的义务和责任，达到战士对家乡放心，当地政府和亲人对战士放心的目的，收到了可喜的成果；经过1985年、1986年的努力，已帮助2180多户贫困军属脱贫致富；为郊区和所属县的军属优先解决3400多户的宅基地，发放建房补助款9.8万多元，义务修建房屋1.9万多间；在市区厂矿企事业单位，为确有实际困难的568名现役军人的妻子调换了工种、班次，并帮助3240多名现役军人子女优先入托、入学；为3730名农村籍大龄战士介绍了对象，其中2658人已喜结良缘……“兵民双放心”活动的开展，解除了战士的后顾之忧，激励了战士拳拳报国之心。据1955年至1956年的不完全统计，徐州籍2.8万多名现役军人中，有8332人立功受奖，2418人被评为“四有”新人和优秀义务兵。

山东省农村拥军优属服务组织，以青年为主体，由共青团、妇联、民兵等组织负责，建立“送温暖小组”和“义务帮工队”，实行包户服务。全省农村建立的“送温暖小组”和“义务帮工队”已有30多万个。这些小组活跃在广大农村，既是开展拥军优属活动的骨干，又是传播社会主义精神文明的种子。荣成县“青年送温暖小组”，常年进出在烈属、军属家中，担水、洗衣、磨面，做其他好事共7万余件。莱西县2400个“妇女义务帮工队”，1986年为烈属、军属耕地5600多亩。1985年参战部队出发后，当地的“送温暖小组”和“义务帮工队”，主动协助部队看管营房，参战部队回防前，为给前线回来的战士创造一个良好的休整环境，有3000多个“送温暖小组”和“义务帮工队”，在当地政府的组织下，帮助部队维修营房，清除垃圾，植树栽花，美化环境。有的带着干粮早来晚归，有的带着行装就地安营扎寨，有的还因此而推迟了婚期，他们都把为前方回来的战士尽点义务看成是光荣的事情。据统计，先后有4万多人参加这一活动，为部队粉刷墙壁60万平方米，整理屋面7.2万平方米，整修道路4万米，安装维修自来水管、照明线路7000多米，修理门窗、家具2万多件。

在建立拥军优属服务组织起步较早发展较快的地区，此项组织已发展成为服务网络。如上海市的拥军优属服务网络，是在1979年优抚对象普查的基础上陆续建立的。经过调整、充实、发展，到目前为止，全市已建立由街道办事处、居民委员会组织的各行各业参加的拥军优属网点4900多个。各单位根据自己工作的特点和条件，制定了行之有效的服务制度。例如，副食品部门实行“三专一送”：专券优待、专摊供应、专人服务和送货上门；医疗部门实行“四优一送”：优先挂号、看病、配药、出诊和送医送药；房管部门实行二优一改：优先解决住房险、闷、潮、漏、塞，优先分隔房间、开窗移门、粉刷墙壁、引水上楼、做平顶、修地板、加阁楼、搭灶间和改善居住条件。这种多层次多功能的服务网络，对优抚对象进行了无微不至的照顾，深受优抚对象的欢迎，对现役军人是一个极大的鼓舞，同时也由此提高了干部、群众的国防观念和拥军优属观念。

三、开展智力拥军

在进行社会主义现代化建设过程中，各地开展了军民共建社会主义精神文明的活动。为使义务兵退伍后能够在社会主义现代化建设中大显身手，人民解放军在加强军事训练的同时，又广泛开展了培育军地两用人才的工作。适应军民共建社会主义精神文明和军民共育军地两用人才的发展，不少地方在党委和政府统一领导和组织下，兴起了智力拥军的活动。智力拥军活动的方式，已由开始采取“请进来”和“派出去”进行教学，向军地共同办班、办校，建立共育基地，进行系统化、多科化教学发展。据东北3省和内蒙古自治区4个盟（市）统计，有200多所大、中、专学校已向部队开放，提供教学场所和育才基地1万多个，有3万多名教师、工程技术人员和5万多个体户，为部队育才传授文化科技知识。

武汉、郑州、开封市有关部门大力支援武汉军区建立8个教学点，开放9个大专班及9所业余大学，参加学习的干部近5000人。华北地区25所大专院校协助北京军区部队办起190个大专班，16万多名干部参加学习。

黑龙江省佳木斯市从1983年开始，先后为部队开办各种育才班600多个，培训了1万多名军地两用人才。为了把育才工作提高到一个新水平，市政府决定把培养军地两用人才工作纳入全市成人教育的总体规划，全市的大专院校、工矿企业及乡镇的技术学校都要向部队开放；各单位办的培训班，要拿5%—10%的名额，免费为部队培养专业人才。几年来，全市共有73个大、中专和高中文化补习班向部队开放。同时，又在部队开办了11所中等技术文化学校，设置了财会、统计、经济管理、城市建筑等20个专业，以使更多的干部、战士有深造的机会。

航天工业部从1984年6月起，就把人民武装警察部队北京总队培训军地两用人才的工作，主动包了下来。3年来，他们共派出260名专家、工程技术人员，先后设置大专班一个、高中班13个、专业技术班117个，吸收2800名干部战士参加培训，现已有2100人获得专业技术证书。

山东省高等教育自学考试委员会把智力拥军看成份内事，时刻挂在心上。1985年10月高教自学考试前，他们考虑到一些干部战士调赴云南前线了，为了不使这些干部战士失去考试的机会，专门派出教师到老山前线为参加自学考试的干部、战士辅导，并在炮火连天的战场设置了考场，在猫儿洞进行了考试。当一些干部战士接过试卷以后，心情无比激动。他们流着眼泪说："考场设在战场，这是中外教育史上的奇迹！"

广西农业学校中年讲师白捷，1985年至1986年先后28次奔赴边防，领头举办军地两用人才培训班 19 个。2000 多名战士经她培训，领到了单科民用技术结业证书。由于她在智力拥军方面做出了杰出的贡献，被广西壮族自治区人民政府授予“拥军育才模范”的光荣称号。

全国各地最近几年开展的智力拥军活动，对于促进国防现代化建设，发挥义务兵退伍后在经济建设中的作用，都具有重要的意义，因而受到了人民解放军全体指战员的热烈欢迎。

四、全国拥军优属拥政爱民经验交流会

为了纪念中国人民解放军建军 60 周年，继承和发扬“双拥”优良传统，建立和发展社会主义新型军政、军民关系，促进社会主义两个文明建设，经中共中央、国务院、中央军委批准，民政部、总政治部于 1987 年 6 月 24 日至 30 日在黑龙江省佳木斯市召开了全国拥军优属拥政爱民经验交流会。出席会议的有部队、地方和中央有关部门的代表，共达 350 人。中共中央政治局委员、中央书记处书记余秋里到会作了重要讲话。他强调指出，军民共建社会主义精神文明，军民共同培育两用人才，是具有深远意义的伟大事业，把这两项工作进一步搞好，是时代发展的要求，是军心、民心所向。他要求更加广泛、更加深入地开展拥政爱民、拥军优属活动，使军政军民团结这个长城，更加坚实、更加牢固。民政部部长崔乃夫、总政治部副主任朱云谦分别代表民政部、总政治部向大会作拥军优属工作报告和拥政爱民工作报告。

会议认为，当前和今后一个时期拥军优属工作的指导思想和根本任务是：坚持四项基本原则，坚持改革、开放、搞活的总方针总政策，继承和发扬革命传统，维护安定团结的政治局面，巩固和发展社会主义新型军政军民关系，使拥军优属工作逐步走向法制化、制度化、社会化，努力为两个文明建设服务。会议要求拥军优属工作实现 6 个转变，即：从民族兴旺发达、社会安定团结、国家长治久安的战略高度，认识新时期加强拥军优属工作的重大意义，转变和平环境下拥军优属不重要的观念；从分散的、

单一的优待服务向拥军优属工作网络化的方向发展，适应和促进中国城乡基层社会保障雏形的建立和完善；在继承和发扬传统的拥军优属方式的基础上，大力开展智力拥军、智力优属，向努力提高部队指战员、优抚对象的科学文化和技术水平的方向发展；从拥军优属主要依靠国家，向国家、社会、群众三结合的方向发展，注意充分发挥社会和群众的力量；从对优抚对象偏重物质照顾，转变为物质帮助与思想教育相结合，着重抓好思想教育；从一般号召、行政手段的管理方法，向健全法规、完善制度的方向发展。

在经验交流会上，黑龙江省佳木斯地区有15位地方和军队的代表，向大会介绍了开展拥军优属、拥政爱民工作的基本经验，这就是：适应国家长治久安的需要，把增进军民团结作为新时期拥军优属工作的基础；适应地方和军队现代化建设的需要，把新时期拥军重点转到智力拥军上来；适应社会主义精神文明建设的需要，把新时期拥军工作的突破口选在共建共育的结合上；适应商品经济发展的需要，把新时期拥军工作的领域扩展到开发使用退伍转业军人上来。在会上介绍拥军优属、拥政爱民经验的，还有其他地方、部队代表23人。这些经验介绍，受到与会代表的欢迎，推动了“双拥”活动更加健康的开展。

第十节　表彰先进

优抚对象同革命有血肉的联系，有的把亲人献给了革命事业，有的在战斗岗位上光荣负伤致残，有的在人民军队里经受了严格的锻炼。他们有较高的政治觉悟，有一个为社会主义现代化建设发挥自己聪明才智的强烈愿望。中国政府一向重视对优抚对象的思想教育工作，并把表彰先进，列为其中的一项重要内容。这项活动，从50年代的评选模范、召开积极分子大会，发展到与军队一起联合召开“拥军优属、拥政爱民先进单位和先进个人代表大会”，对激励广大优抚对象为社会主义建设做出贡献，起到了重要的积极作用。

一、评选优抚模范

新中国成立初期，许多地方开展了县以上优抚对象模范的评选活动。表扬模范，树立旗帜，成为推动优抚工作的一个很重要的方法。在鼓舞烈属、军属、伤残军人和复员军人积极参加生产和工作，提高他们与政府和人民群众的联系方面，在教育人民群众热爱人民军队，帮助烈属、军属、伤残军人和复员军人解决生活、生产中的困难做好优抚工作方面，在通过模范代表会议，检查与改进优抚工作方面，都取得了很好的效果。因此，内务部曾经在1952年和1954年两次发出指示，要求各地普遍开展认真搞好评选优抚模范的工作。

优抚模范分为：（一）烈属、军属模范；（二）伤残军人模范；（三）复员军人模范；（四）拥军优属模范。拥军优属模范又分为集体与个人两种：集体为模范乡（村）、模范代耕组，个人为模范干部与模范群众。评选模范的条件：在烈属、军属、伤残军人和复员军人方面，主要是积极响应政府号召、积极参加生产（农村特别是参加互助合作运动）的人物，或者是在生产岗位上有新的发明、创造的技术革新者；在群众方面，农村主要是积极帮助烈属、军属、伤残军人和复员军人参加生产的互助合作组织，城市主要是积极吸收烈属、军属、伤残军人和复员军人参加工作或者积极帮助他们生产、教育他们进步的单位。各类模范的比例，一般是烈属、军属共占1/3，伤残军人、复员军人占1/3，群众优抚工作模范占1/3。评选的方法：县级优抚模范在各乡优抚模范评选完毕后，召开优抚对象代表会议选举产生；省级优抚模范，由省优抚对象代表会议选举产生，或者由省就各县所送优抚模范材料，加以比较，然后做出决定。经评选为模范的，予以名誉奖和物质奖励：名誉奖发奖章、奖状、锦旗等，物质奖发牲畜、农具、日用品等。

评选和奖励优抚模范工作的重点在县（市）。为此，各地都注意开好县（市）优抚模范代表会议，并通过调查研究、检查工作，切实掌握所属区、乡积极分子和模范人物的具体情况，加强对他们日常的教育和培养，鼓励他们巩固现有成绩，继续发扬光荣，密切联系群众，发挥骨干带头作用，为评选模范工作做好应有的准备。

二、第一次全国积极分子大会

为了响应中国共产党第八次全国代表大会关于动员一切力量为社会主义建设事业服务的号召，发动全国烈属、军属、伤残军人、复员退伍军人在社会主义建设中发挥更大的作用，内务部于1956年和1959年两次召开全国烈属、军属、伤残军人、复员退伍军人社会主义建设积极分子大会。

第一次全国烈属、军属、伤残军人、复员退伍军人社会主义建设积极分子大会，是1956年11月5日至17日在北京召开的。出席这次大会的，有各省、自治区、直辖市和中央机关选拔出来的672位社会主义建设积极分子。他们是政治上纯洁可靠，同群众有密切联系，并具有下列条件的先进人物：（一）有重大发明创造的；（二）在生产上或者工作上有显著成绩的；（三）在领导和组织群众进行生产或者进行社会主义改造方面有显著成绩的；（四）在同公开的、暗藏的反革命分子斗争中或在防洪抢险当中有重大贡献的。彭湃烈士的母亲彭老太太，杨殷烈士的母亲杨老太太，董存瑞烈士的父亲董全忠，刘胡兰烈士的母亲胡文秀，黄继光烈士的母亲邓芳芝，罗盛教烈士的母亲罗迭开也出席了大会。出席这次大会的，还有22名中国人民解放军和中国人民志愿军的代表。

内务部部长谢觉哉在会上作了《"发扬革命传统，争取更大光荣"，在社会主义建设事业中作出更大的贡献》的报告。他在报告中赞扬参加会议的积极分子永远是积极的力量，过去是民主革命和社会主义革命的积极力量，而现在和将来则是社会主义建设中的积极力量。他表扬一批做出显著成绩的积极分子，其中有创造"刷油毛毡机"，提高生产效率15倍的兰州市工程总公司的伤残军人路克木；在采矿中创造"掌子流水作业""利用天然岩缝打眼”等方法，提高采矿效率7倍的本溪市南芬铁矿复员军人李庆振；创造“循环自动卷扬机”“扬吊棍切断法”，提出许多合理化建议，为国家积累大量资金的鞍山铆造厂军人家属崔长久；两年来安全行车9万公里，在8个月8天内完成1955年运输任务145%，1955年内节约汽油1835公升的康藏公路的汽车司机、四川省复员军人王湘洲；领导群众打井361眼，获得全省“先进水利生产模范乡”光荣称号的中共河南省滑县老店乡总支书记、伤残军人杨同林；同洪水作斗争，救出7条人命的吉林省青年垦荒队副队长、军人家属金英淑（女）；在大风暴里抢救70头牛、400只羊的牧业合作社副主任、内蒙古自治区复员军人巴音吉拉嘎拉；领导妇女开荒1500亩，造林150亩的甘肃省烈士家属陶月英（女）；领导民兵协助部队剿匪，曾在冰天雪地里坚持80多天，并亲自捉住两个敌人和一个放火烧山坏分子的青海省军人家属文昌太；送5个亲生儿女参军，现在积极参加社会活动的上海市烈士家属陈翠嫦（女）。谢觉哉在报告中号召大家：“一定要戒骄戒躁，再接再厉，永远保持积极分子的光荣称号，走在社会主义建设的最前列。”

中共中央政治局委员董必武代表中共中央在大会上作了重要讲话。他号召到会的积极分子谦虚谨慎、刻苦学习、掌握新的科学技术，在全国烈属、军属、伤残军人、复员退伍军人和广大人民群众中起骨干、带头作用，并勉励前方的亲人和战友勇敢地保卫祖国的边防、海防和领空，保卫伟大的社会主义建设。

中共中央主席、中华人民共和国主席毛泽东，全国人民代表大会常务委员会委员长刘少奇，国务院总理周恩来，中共中央总书记邓小平等党和国家领导人接见了全体与会代表，并一起合影留念。这对与会代表和全国烈属、军属、伤残军人、复员退伍军人是一个巨大的鼓舞。

三、第二次全国积极分子大会

第二次全国积极分子大会，是内务部、人民解放军总政治部于1959

年5月18日至27日在北京召开的全国烈属、军属和伤残、复员、退伍、转业军人社会主义建设积极分子大会。与1956年的积极分子大会比较，参加大会的代表除烈属、军属、伤残军人、复员军人外，还有退伍军人和转业军人；出席大会的代表总人数达1186人（其中烈属142人，军属101人，伤残军人286人，复员军人445人，退伍军人29人，转业军人85人，部队特邀代表25人，拥军、优抚、复员安置工作模范单位的代表73人），比第一次全国积极分子大会增加近500人。董存瑞烈士的父亲董全忠，刘胡兰烈士的母亲胡文秀，晋察冀子弟兵母亲戎冠秀，黄继光烈士的母亲邓芳芝，罗盛教烈士的父亲罗迭开，狼牙山五壮士之一宋学义，无脚拖拉机手李来财，也应邀参加了大会。这次大会的召开，是为了检阅成绩，交流经验，进一步发动全国烈属、军属和伤残、复员、退伍、转业军人在增产节约运动中发挥积极作用。

出席这次大会的，都是在社会主义建设各个战线上涌现出来的积极分子。有在各个战线上创造奇迹的复员、退伍、转业军人，有曾经爬雪山、过草地、现在又誉满乡里的红军老战士，有受人尊敬、永远鼓舞人们前进的革命烈士家属和现役军人家属，有身残志不残的最坚强的伤残军人。其中有削崖凿壁、引水翻岭的水利战线上的英雄，有苦心经营、创造高额丰产的农业劳动模范……有刻苦钻研，大胆创造，夺取技术堡垒的红色"土专家"，有勤勤恳恳，全心全意为人民服务的服务工作人员，有维护共产党的利益、坚持真理、向各种坏人坏事进行斗争的人，有抢险救灾、舍己为人、奋不顾身的无畏战士。还有在优抚、复员工作创造优异成绩的先进单位的代表。内务部钱瑛部长在会上作了题为《发扬革命传统，鼓足更大干劲，永远站在革命和建设的最前线》的报告。她在报告中列举大量事实，表彰全国烈属、军属和伤残、复员、退伍、转业军人在社会主义建设事业中做出了突出的贡献。她提到：在农业方面，仅烈属、军属和伤残、复员、退伍、转业军人种植试验田一项，浙江省就种了38万多亩，江苏省41个县种了28.9万亩，大部分获得了高产；在工业方面，根据7个省的统计，以烈属、军属和复员、退伍、转业军人为主兴办起来的中小型工厂，就有6.3819万个；在创造革新方面，据山西省的统计，全省烈属、军属和伤残、复员、退伍军人，在1958年的1年当中，就创造、改良和仿制了各种农具80多万件，献计、献策200多万条，被群众称为“土专家”“万宝全”的有3万多人。钱瑛在报告中还表扬了优抚、复员安置工作先进单位在拥军优属工作上取得优异的成绩，勉励大家在中国共产党和毛主席的领导下，和广大群众一起发扬革命传统，鼓足更大干劲，永远站在革命和建设的最前线！

中共中央政治局委员、中华人民共和国副主席董必武代表中共中央和毛主席讲了话。他赞扬与会代表对中国共产党赤胆忠心，党指向哪里，就奔向哪里；既能苦干，又能巧干，智勇双全，无坚不摧；敢想、敢说、敢干，勇于向各种不良现象进行积极的斗争；许多烈士家属虽然白发苍苍，但干劲十足，许多伤残军人虽然肢体伤残，但却有一颗火热的心。他说：这些高尚的道德品质，值得全国人民学习。他勉励与会代表“进一步提高自己的共产主义思想觉悟，虚心听取群众的意见，向群众学习，和群众打成一片，更加谦虚谨慎，永远前进”。

国务院副总理罗瑞卿、最高人民法院院长谢觉哉、中国人民解放军副总参谋长张爱萍、总政治部副主任甘泗淇，也在大会上讲了话。

中华人民共和国主席刘少奇、全国人民代表大会常务委员会委员长朱德、国务院总理周恩来、中共中央总书记邓小平等党和国家领导人接见了与会代表，并合影留念。

会议期间，北京市82个单位的8.9万多名干部、群众，通过同代表联欢、座谈和听取代表的报告，受到了一次深刻生动的共产主义思想教育。

四、全国拥军优属、拥政爱民先进单位和先进个人代表大会

为了贯彻落实中国共产党第十二次代表大会的精神，总结交流拥军优属、拥政爱民工作的经验，表彰先进，推动全国“双拥”活动更加深入扎

实的开展，进一步发展新型的军政军民关系，为党在新时期的总任务服务，民政部、中国人民解放军总政治部于1984年8月1日至8日在北京联合召开了全国拥军优属、拥政爱民先进单位和先进个人代表大会。

这次大会是前两次全国积极分子大会的继续与发展，其特点一是拥军优属、拥政爱民并重，军民欢聚一堂，互相交流经验，更有利于促进军政、军民团结；二是在拥军优属方面，先进单位代表所占比例加大，先进个人中拥军模范的比例也有增加，更有利于促进拥军优属活动的健康开展。

出席这次大会的正式代表853名，特邀代表47名，共计900名。其中地方代表625名，解放军代表220名，人民武装警察代表55名。这些代表来自全国各条战线，既有战争年代的老模范，又有在建设四化、保卫四化中涌现出来的新模范。拥军优属方面，有充分调动社会各方面力量做出优异成绩的云南省麻栗坡县、黑龙江省佳木斯市、山西省隰县、河北省抚宁县七里涧大队等单位的代表，有爱国拥军模范赵趁妮、张月好、马瑶芝、段兰英、刘运奎、沈彬如等。在拥政爱民方面，有最先开展军民共建社会主义精神文明的陆军38军，有参加引滦入津工程，为人民造福，为四化建设做出贡献的陆军198师，有在华山抢救遇险群众的第四军医大学英雄集体等单位的代表，有以雷锋为榜样、与群众同甘共苦的朱伯儒，走到哪里、为人民服务的好事就到哪里的丁红军等。

中共中央政治局委员、中央军委副秘书长、总政治部主任余秋里致开幕词，民政部部长崔乃夫、总政治部副主任黄玉昆分别代表民政部、总政治部在会上作了《进一步开创拥军优属工作的新局面，实现党在新时期的总任务》和《发扬拥政爱民的光荣传统，建立和发展新型的军政军民关系》的报告。

崔乃夫部长在报告中说，中共十一届三中全会以来，在中共中央的正确领导下，广大人民群众进一步发扬了“拥军优属，人人有责”的社会风尚，军政军民关系得到根本改善。拥军优属工作在拨乱反正中恢复，在改革创新中发展，取得了新的令人鼓舞的成就，一是群众性的拥军优属活动有了新的发展，二是优抚安置工作在改革中有所创新，三是扶持优抚对象发展生产、勤劳致富有了新的突破，四是广大优抚对象在两个文明建设中做出了新的贡献。崔乃夫说，要开创拥军优属工作的新局面，必须以改革为中心，根据新的形势，顺应历史潮流，跟上时代步伐，在继承革命传统的基础上不断创新，建立和发展体现社会主义精神文明的新型军政军民关系，坚定不移地为实现党在新时期的总任务服务。为此，要充分认识新时期拥军优属工作的重要意义和特点，大力开展宣传教育工作；要认真贯彻《宪法》和《兵役法》的有关规定，使优抚安置工作逐步走向法制化、制度化；要把扶持优抚对象发展生产、勤劳致富工作推向一个新的发展阶段；要努力为建设社会主义精神文明服务；要大力开展表彰先进的活动，充分发挥优抚对象的模范作用。

中共中央书记处书记胡启立在大会作了讲话。胡启立说，要从民族兴旺发达，国家长治久安的战略高度，来看待新时期军民团结的现实作用和深远意义。新时期的军政军民关系应当以战争年代形成的军民鱼水相依的光荣传统为基础，以四化大业为共同奋斗目标，以建设具有中国特色的社会主义为主要内容，紧密团结，共同为创造高度发达的物质文明和精神文明做出贡献。发展新型的军政军民关系，需要在经济领域广泛开展互相协作，并进一步广泛开展军民共建社会主义精神文明活动。新时期拥军优属、拥政爱民的工作范围广、任务重、要求高，涉及各条战线、各个行业、千家万户，是全社会全民族的共同任务。地方各级党委和政府一定要加强对这一工作的领导。

中共中央政治局委员、中央军委副秘书长杨得志也在会上讲了话，他希望与会代表“保持荣誉、再接再厉，继续开拓前进，取得新的成绩，同全国军民一道，为国家的富强、人民的幸福、军队的强大、国防的巩固作出更大的贡献”。

会议期间，中华人民共和国主席李先念等党和国家领导人接见了全体代表，并一起合影留念；共青团中央书记处书记胡锦涛代表全国总工会、全国妇联、共青团中央致祝词。

大会宣读了民政部、总政治部《关于命名和表彰拥军优属、拥政爱民先进单位和先进个人的决定》。《决定》说，为了表彰先进，树立标兵，推动拥军优属、拥政爱民活动深入发展，决定对 101 个事迹突出的先进单位、先进个人分别予以命名和表彰，其中有地方的 61 个单位和个人，分别被命名为拥军优属模范单位、拥军支前模范单位、优抚安置工作模范单位、扶持优抚对象勤劳致富模范单位、拥军模范、拥军优属模范、模范烈属、模范军属、模范革命伤残军人、模范复员军人、模范退伍军人、模范红军老战士等；予以表彰的 40 个单位和个人，都是解放军、武装警察部队的。《决定》说："上述命名和表彰的单位和个人是新时期'双拥'工作的优秀代表，是全国军民学习的榜样。"希望受到命名和表彰的单位和个人，要谦虚谨慎，戒骄戒躁，发扬成绩，争取更大光荣。希望全国各族人民、人民解放军、人民武装警察部队全体指战员和全国烈属、军属、革命伤残军人、复员退伍军人都向他们学习，把全国"双拥"工作推向一个新的阶段。

五、优抚对象在社会主义建设中的积极作用

由于优抚对象具有较好的素质，在中国共产党和人民政府的培育下，他们中绝大多数都在社会主义建设中发挥了积极作用，有相当一部分人成了社会主义建设事业中的骨干力量，有些人作了重要的贡献。

据河南省 1956 年 4 月 77 个县的统计，复员军人中有 5714 名当选为县、乡人民代表大会代表，有 6462 名当选为合作社长和社务委员，有 1.7337 万名担任乡长、中共支部书记、民兵队长等职务，有 8451 名被评选为劳动模范或者工作模范。又山东省 1956 年统计，全省有 3.6432 万名复员军人担任农业生产合作社的社长、副社长。云南省洱源、凤仪等 4 个县，1956 年入社的 1500 多户烈属、军属中，担任社长

的有120多人，担任社务委员的有350多人，担任会计的有39人。鞍山钢铁公司1956年有复员军人7962人，其中有3372人已经锻炼成为技术工人，有388人被提为股长以上的干部，201人当选为工厂、公司、市或省级的先进生产者。

陕西省延安县1960年统计，全县烈属、军属担任基层干部的有187名，占14.7%；被评为积极分子或模范的有283名，占22.2%。该县伤残军人、复员退伍军人，担任基层干部的有485名，占30.7%；被评为积极分子或模范的1493名，占93.5%。

在“文化大革命”期间，许多优抚对象受到诬陷，遭到严重的迫害，表扬先进的活动也因而中断。1978年中共十一届三中全会以后，通过拨乱反正，为他们进行了平反昭雪，表扬先进的活动也得到了恢复和发展。广大优抚对象坚决拥护、认真贯彻执行中共十一届三中全会以来的路线、方针、政策，积极投身于两个文明建设，在各条战线上又做出了很大的贡献，涌现了大批先进模范人物。据1984年上海、吉林、浙江等10个省、市不完全的统计，有37万优抚对象被评为各级劳动模范、先进生产者、“三八”红旗手、青年突击手，有73万多人担任了生产队以上干部，有100万人被选为乡（镇）、县以上各级中共党代会代表和人代会代表。山西省曲沃县从1985年4月起，全县乡村普遍建立优抚对象活动中心。通过活动中心的教育与帮助，全县优抚对象中涌现了大批的人才和先进人物：有210人成了农民技术员、87人取得专业技术职称，290户成为科技示范户，253名被评为计划生育模范，670名被评为双文明建设标兵。

广大优抚对象在两个文明建设中的突出贡献和动人事迹，体现了80年代的时代精神和共产主义的高尚情操。湖北省应山县烈属刘运奎，先后送四个儿子参加中国人民解放军。1964年冬，刘运奎刚满18岁的长子刘启学应征入伍。他再三叮嘱刘启学：为国不能贪生，奋斗不能怕死。刘启学参军不到一年就入了党，1966年4月在执行任务中牺牲。1968

年，刘运奎又让刚满 17 岁的次子刘启宽报名参军。当时有人对他说，现在社会秩序很乱，劝他不要让刘启宽应征。刘运奎说：“越不太平，越需要解放军。”刘启宽入伍后第二年入了党，1970 年为保护战备物资英勇献身。参加追悼会后，刘运奎接连向部队写了 12 封信，要求批准三子刘启斌当兵。刘启斌终于穿上了军装，参军后不久就入党、受奖。1975 年，刘启斌退伍，在刘运奎帮助下安心农业生产，成为种田的行家、致富的能手。1981 年冬，刘运奎在年过花甲的时刻，又以新社会养儿应该为国的壮志，再三要求将四子刘启勇送去参军，这个要求最终得到了批准。为了表彰他的爱国热情，1984 年 8 月，民政部、解放军总政治部授予他“爱国拥军模范”称号。河南省禹县军属赵趁妮，1978 年送子刘同宾参加人民解放军。1979 年春，老奶奶病危，想让刘同宾回来见见面，赵趁妮考虑对越自卫反击战正在紧张进行，便说服奶奶同意不让刘同宾回来，直到奶奶病故，赵趁妮怕影响刘同宾的工作情绪，也没写信告诉他。不久，赵趁妮的老伴得了癌症，想让刘同宾回来一趟，赵趁妮说：“同宾才当一年多的兵，正是学本领的时候，他回来，又不能治病，知道你得了这病，还能不影响工作吗?”老伴最终同意不让同宾回来。老伴病故后，赵趁妮也没告诉刘同宾。后来，刘同宾的伯父和堂哥又相继去世，这时，赵趁妮身边只有一个瘦弱的儿子和两个上学的女儿。为了维持家庭的生活，她只有更加艰苦地劳动。有人劝她让刘同宾提前退伍，以克服家中劳力不足的困难，她坚决不同意。在赵趁妮的鼓励下，刘同宾以优异成绩连获嘉奖，被评为优秀义务兵。1984 年 8 月，赵趁妮被民政部、解放军总政治部命名为“爱国拥军模范”。江西省九江市一等革命伤残军人徐效钢因抢救国家财产负伤致残，手脚变形，生活不能自理。1976 年退伍时，他谢绝组织上让他长期休养的安排，被安置到庐山图书馆工作。他力求上进，刻苦自学中学、大学基础课，钻研图书管理业务，写出几十万字笔记，整理了十几万册藏书。1977 年他对由他主持分编的 5 万册图书，根据书类、书名、著者编出 3 种目录，并把四角号码检索法改革成汉语拼音检索法。全国图书编委会对他整理的1300册古籍善书评价很高，并让其参加古籍善本书编目会议。几年来，他发表了很有水平的图书馆学论文十几篇，两次参加图书馆学科学讨论会，被吸收为中国图书馆学会会员。从1984年起，他被任命为庐山图书馆馆长。1984年8月，他被民政部、总政治部命名为“模范革命伤残军人”。1987年10月，他光荣地出席了中国共产党第十三次全国代表大会。陕西省泾阳县复员军人王成恩，1985年复员后克服重重困难，反复试验，摸索出一套饲养和孵化良种鸡的办法。中共十一届三中全会以后，他办起了大型良种鸡养殖孵化场。1980年至1983年共收入4.7万多元，被誉为“养鸡大王”“勤劳致富的先锋”。他还扶持本村62户良种鸡专业户，每户年平均收入3000元，他义务举办4期家庭孵化养鸡学习班，来自7省的181人参加了学习。1984年8月，民政部、解放军总政治部命名王成恩为“勤劳致富模范复员军人”。

中华人民共和国成立40年来，优抚工作取得的巨大成就，说明优抚工作不仅与鼓舞士气、巩固国防密切相关，而且与进行和保卫社会主义现代化建设有重要的联系。优抚对象超过4000万人，他们同革命有深厚的感情，同人民群众有良好的关系，在建设社会主义的各个不同的岗位上起着骨干作用，是中国共产党和人民政府可以依靠的重要力量。做好优抚工作，既能鼓舞现役军人的斗志，有利于促进国防现代化建设，也能更好地发挥优抚对象在社会主义建设事业中的积极性创造性，有利于促进社会主义物质文明、精神文明的现代化建设。

在中华人民共和国，做好优抚工作是一项长期的政治任务。优抚工作主要是为人民军队服务的。只要国家存在，就要有军队，有军队，就必须有优抚工作。在基本处于和平环境的情况下，一些人对优抚工作往往不像战争年代那样重视，这就需要在干部和群众中加强饮水思源教育、国防观念教育、居安思危教育，在工作中进一步做到法制化、制度化、社会化，以使优抚工作继续得到加强，更好地为社会主义现代化建设服务。

第一批全国重点烈士纪念建筑保护单位名单（共32处）

表11

编 号	顺序号	名 称	修建时间	地 址	纪念内容
1	1	李大钊烈士陵园	1982年	北京市	为纪念中国共产党创始人之一李大钊烈士而建。陵园内正中有李大钊烈士塑像和墓碑。墓后有一座宽4米、高2米的纪念碑。邓小平专门为纪念碑题词，中共中央为纪念碑写了碑文。陵园内还建有李大钊烈士事迹陈列室。
2	2	晋冀鲁豫烈士陵园	1946年	河北省邯郸市	为纪念八路军前方司令部、政治部、晋冀鲁豫军区及一二九师在抗日战争中牺牲的烈士而建。陵园内有烈士纪念塔、烈士纪念堂、左权将军纪念馆、陈列馆、烈士公墓。毛泽东、朱德、任弼时、董必武、邓小平、刘伯承、陈毅等领导人为陵园题词。
3	3	华北军区烈士陵园	1954年	河北省石家庄市	为纪念抗日战争和解放战争牺牲的华北地区的烈士而建。园内建有烈士灵堂、白求恩的陵墓、塑像。毛泽东为灵堂内的卧碑题词：“为国牺牲，永垂不朽。”
4	4	狼牙山五勇士纪念塔	1942年	河北省易县	为纪念抗日战争时期，在狼牙山同日寇浴血奋战英勇跳崖的马宝玉、胡德林、胡福才、葛振林、宋学义5位勇士（其中马宝玉、胡德林、胡福才已壮烈牺牲）而建。纪念碑上刻有聂荣臻的题词。

续表

编　号	顺序号	名　称	修建时间	地　址	纪念内容
5	5	董存瑞烈士陵园	1955 年	河北省隆化县	为纪念解放战争时期战斗英雄董存瑞烈士而建。园内有烈士纪念馆、纪念碑和塑像。纪念碑有朱德的题词："舍身为国，永垂不朽。"
6	6	太行太岳烈士陵园	1952 年	山西省长治市	为纪念抗日战争和解放战争牺牲的烈士而建。园内有烈士纪念塔、纪念堂。邓小平、刘伯承、徐向前、薄一波、程子华等为纪念塔题词。
7	7	刘胡兰纪念馆	1956 年	山西省文水县	为纪念女英雄刘胡兰而建。馆内有刘胡兰烈士纪念碑、塑像和事迹陈列室。纪念馆后部是陵墓。纪念碑刻有毛泽东主席的题词"生的伟大，死的光荣"。
8	8	辽沈战役烈士陵园	1951 年	辽宁省沈阳市	为纪念解放战争时期在辽沈战役中牺牲的烈士而建。陵园内有辽沈战役纪念馆和烈士纪念碑。纪念碑上部为解放军战士铜像，碑身正面刻有朱德的题词。
9	9	抗美援朝烈士陵园	1951 年	辽宁省沈阳市	为纪念抗美援朝战争中牺牲的烈士而建。陵园内安葬着中国人民志愿军 122 名烈士的遗骸，其中有特级英雄、特等功臣黄继光、杨根思，一级英雄、特等功臣邱少云、孙占元、杨连弟。陵园内的烈士纪念碑刻有董必武的题词和郭沫若的题诗。陵园内还建有烈士事迹陈列室。

续表

编　号	顺序号	名　称	修建时间	地　址	纪念内容
10	10	雷锋纪念馆	1964 年	辽宁省抚顺市	为纪念在社会主义建设时期具有共产主义理想，全心全意为人民服务的好战士雷锋同志而建。馆内有烈士纪念塔塑像和烈士墓。毛泽东、周恩来、刘少奇、朱德、邓小平、江泽民、李鹏等党和国家领导人为纪念馆题词。
11	11	杨靖宇烈士陵园	1958 年	吉林省通化市	为纪念东北抗日联军第一路军总指挥兼政委杨靖宇烈士而建。园内有烈士塑像、纪念馆。朱德、谢觉哉为陵园题词。
12	12	饶河抗日游击队纪念碑	1952 年	黑龙江省饶河县	为纪念抗日联军烈士和部分朝鲜籍烈士而建。该碑是根据朝鲜民主主义人民共和国最高人民会议常任委员会委员长崔庸健的建议，经周恩来批准修建的。
13	13	哈尔滨烈士陵园	1948 年	黑龙江省哈尔滨市	为纪念历次国内革命战争在东北牺牲的烈士而建。园内有烈士纪念馆和东北炮兵司令朱瑞、东北抗日联军将领陈翰章等著名烈士的墓碑。
14	14	淮海战役烈士纪念塔	1965 年	江苏省徐州市	为纪念解放战争淮海战役中牺牲的烈士而建。毛泽东、周恩来、邓小平、陈云为纪念塔题词，纪念塔还附设烈士纪念馆。

续表

编　号	顺序号	名　称	修建时间	地　址	纪念内容
15	15	瞿秋白烈士纪念馆	1953 年	福建省长汀县	为纪念中国共产党早期领导人之一瞿秋白烈士而建。
16	16	红军烈士纪念塔	1933 年	江西省瑞金县	为纪念红军烈士而建。毛泽东、周恩来、朱德为纪念塔题词。
17	17	井冈山革命烈士纪念塔	1950 年	江西省井冈山市	为纪念在创建井冈山革命根据地斗争中牺牲的烈士而建。
18	18	江西省革命烈士纪念堂	1953 年	江西省南昌市	为纪念江西省籍烈士和牺牲于江西的外省籍烈士而建。堂内陈列370 余名烈士的遗像、遗物和烈士事迹，以及早期建立江西革命根据地的珍贵资料。
19	19	方志敏烈士墓	1962 年	江西省南昌市	为纪念中国工农红军第十军创建者之一方志敏烈士而建。毛泽东为墓碑题词。
20	20	华东革命烈士陵园	1949 年	山东省临沂市	为纪念抗日战争和解放战争时期开辟和保卫沂蒙山区革命根据地牺牲的烈士而建。园内有烈士纪念塔、纪念堂和革命战士事迹陈列馆、烈士事迹陈列馆，以及罗炳辉将军、法国无产阶级国际主义战士汉斯·希伯之墓。毛泽东、周恩来等为烈士陵园题词。
21	21	竹沟革命烈士陵园	1939 年	河南省确山县	为纪念 1939 年震惊中外的“竹沟惨案”牺牲的烈士而建。主要建筑物有竹沟革命纪念碑、纪念馆。李先念为纪念碑写了碑文。

续表

编号	顺序号	名称	修建时间	地址	纪念内容
22	22	湘鄂西苏区革命烈士陵园	1950 年	湖北省洪湖县	为纪念第二次国内革命战争时期，在创建湘鄂西苏区革命斗争中牺牲的烈士而建。1978 年进行了扩建。园内有纪念馆、纪念碑。李先念、贺龙等为烈士陵园题词。
23	23	鄂豫边区革命烈士陵园	1951 年	湖北省大悟县	为纪念抗日战争和解放战争中牺牲在鄂豫边区的烈士而建。1978 年进行了扩建。园内有烈士纪念碑、纪念馆。李先念等为烈士陵园题词。
24	24	广州起义烈士陵园	1958 年	广东省广州市	为纪念 1927 年广州起义牺牲的烈士而建。周恩来、朱德等为陵园题词。
25	25	广西壮族自治区烈士陵园	1974 年	广西南宁市	为纪念历次革命战争中牺牲的本区烈士和牺牲于本区的外省籍烈士而建。园内有烈士史料陈列馆，陈列了红七军、红八军总指挥李明瑞等著名烈士的斗争史迹和遗物，并有邓小平、董必武的题词。
26	26	东兰烈士陵园	1956 年	广西东兰县	为纪念右江革命根据地创建人之一韦拔群烈士而建。邓小平等为陵园题了词。
27	27	自贡市烈士陵园	1984 年	四川省自贡市	为纪念秋收起义总指挥卢德铭烈士和被美蒋特务杀害的江竹筠烈士而建。主要建筑物有烈士墓、烈士塑像和纪念塔。邓小平、叶剑英等为陵园题词。

续表

编　号	顺序号	名　称	修建时间	地　址	纪念内容
28	28	张自忠烈士陵园	1942 年	四川省重庆市	为纪念抗日阵亡的国民党高级将领张自忠而建、园内有纪念馆和墓碑。冯玉祥将军为陵园题词。
29	29	遵义红军烈士陵园	1958 年	贵州省遵义市	为纪念 1935 年红军长征途中攻占遵义时牺牲的烈士而建。园内有红军烈士纪念碑、墓，红五军军长邓萍烈士的遗骸安葬于此。邓小平为陵园题词。
30	30	“四八”烈士陵园	1958 年	陕西省延安市	为纪念 1946 年 4 月 8 日因飞机失事而遇难的王若飞、秦邦宪、叶挺、邓发等烈士而建。
31	31	刘志丹烈士陵园	1940 年	陕西省志丹县	为纪念陕北、陕甘革命根据地创建人之一刘志丹烈士而建。园内有烈士纪念馆和烈士墓碑、亭。毛泽东、周恩来、朱德等为陵园题词。
32	32	乌鲁木齐烈士陵园	1956 年	新疆乌鲁木齐市	为纪念 1943 年 9 月 27 日被新疆军阀盛世才杀害的陈潭秋、毛泽民、杜重远等烈士而建。园内有烈士纪念馆、烈士墓碑。邓小平、陈云、邓颖超、王震等为烈士陵园题词。

第二批全国重点烈士纪念建筑物保护单位名单（共36处）

表12

编号	顺序号	名称	修建时间	地址	纪念内容
1	33	盘山烈士陵园	1956年	天津市蓟县	为纪念抗日战争时期创建冀东西部抗日根据地斗争中牺牲的烈士而建。园内有烈士纪念碑、纪念馆、骨灰堂和烈士群墓。聂荣臻、谢觉哉等为烈士陵园题词。
2	34	冀南烈士陵园	1946年	河北省南宫市	为纪念抗日战争中在冀南区牺牲的烈士而建。园内有烈士纪念塔、纪念碑、纪念馆和烈士墓。 邓小平、王任重、陈再道等为烈士陵园题词。
3	35	冀东烈士陵园	1984年	河北省唐山市	为纪念创建冀东抗日根据地斗争中牺牲的烈士而建。园内有烈士纪念碑、群雕和烈士事迹展览馆。著名抗日英雄节振国的骨灰安葬在园内。陵园始建于1955年，1976年唐山大地震时，建筑全部倒塌，1984年重建。
4	36	晋绥烈士陵园	1952年	山西省兴县	为纪念抗日战争时期，在创建晋西北抗日根据地斗争中牺牲的烈士而建。园内有烈士纪念塔和纪念室。 毛泽东、贺龙、林枫、李井泉等为陵园题词。
5	37	大青山革命英雄纪念碑	1986年	内蒙武川县	为纪念抗日战争时期，在创建大青山抗日根据地斗争中牺牲的烈士而建。

续表

编　号	顺序号	名　称	修建时间	地　址	纪念内容
6	38	四平市烈士陵园	1951 年	吉林省四平市	为纪念解放战争时期“四平战役”中牺牲的烈士而建。园内有烈士纪念碑、纪念馆和 600 多个烈士墓。 陶铸、林枫为陵园题词。
7	39	“四保临江”烈士陵园	1955 年	吉林省临江镇	为纪念解放战争时期“临江战役”牺牲的烈士而建。园内有烈士纪念塔和烈士群墓。 陈云为烈士陵园题词。
8	40	“八女投江”烈士群雕	1986 年	黑龙江省牡丹江市	为纪念东北抗日联军第五军一师妇女团指导员冷云等 8 位抗日女战士而建。邓颖超为烈士群雕题词。
9	41	上海市烈士陵园	1966 年	上海市	为纪念各个革命斗争时期牺牲在上海的革命烈士而建。园内有烈士纪念馆、纪念碑和烈士墓群，顾正红、苏兆征、林育南、李求实、邹韬奋、李白等 26 位著名烈士安葬于此。
10	42	抗日山烈士陵园	1941 年	江苏省赣榆市	为纪念抗日战争时期苏北地区牺牲的烈士而建。园内有烈士纪念塔、纪念堂和德国无产阶级国际主义战士汉斯·希伯纪念碑等建筑物。 朱德、罗荣桓、肖华等为陵园题词。
11	43	皖西烈士陵园	1953 年	安徽省六安市	为纪念创建皖西革命根据地斗争中牺牲的烈士而建。园内有烈士纪念塔、陈列馆。 朱德、刘伯承、谢觉哉等为陵园题词。

续表

编　号	顺序号	名　称	修建时间	地　址	纪念内容
12	44	安徽革命烈士事迹陈列馆	1976 年	安徽省合肥市	为纪念各个革命斗争时期牺牲的安徽籍烈士和牺牲于安徽的外籍烈士而建。陈列馆展出 170 余名知名烈士的史料和遗物。
13	45	闽西革命烈士陵园	1954 年	福建省龙岩市	为纪念创建闽西革命根据地斗争中牺牲的烈士而建。园内有纪念碑、纪念馆和博物馆。邓子恢、张鼎丞、陈丕显等为陵园题词。
14	46	林祥谦烈士陵园	1961 年	福建省闽侯县	为纪念“二七”大罢工领导人林祥谦烈士而建。园内有纪念碑、烈士墓和纪念堂。 毛泽东、朱德、邓小平、叶剑英、李先念、陈云等为陵园题词。
15	47	茅家岭烈士陵园	1961 年	江西省上饶市	为纪念在上饶集中营被国民党杀害的烈士而建。园内有烈士纪念碑、纪念馆和烈士雕像。
16	48	胶东革命烈士陵园	1945 年	山东省栖霞县	为纪念在创建胶东抗日根据地斗争中牺牲的烈士，由胶东人民自愿出人、出钱、出物修建的。园内建有烈士纪念塔、烈士铜像和烈士纪念堂。
17	49	济南革命烈士陵园	1949 年	山东省济南市	为纪念在济南战役中牺牲的烈士而建。园内有烈士纪念塔、陈列室和骨灰堂。中国共产党第一次代表大会代表王尽美烈士的遗骨安葬于此。毛泽东为陵园题词。

续表

编　号	顺序号	名　称	修建时间	地　址	纪念内容
18	50	孟良崮战役烈士陵园	1954 年	山东省蒙阴县	为纪念解放战争时期在孟良崮战役中牺牲的烈士而建。园内有烈士纪念塔和 2800 多个烈士墓。粟裕为陵园题词。
19	51	鄂豫皖苏区革命烈士陵园	1957 年	河南省新县	为纪念创建鄂豫皖革命根据地斗争中牺牲的烈士而建。园内有纪念塔、纪念堂、陈列馆和烈士墓。朱德、李先念、徐向前、邓子恢、许世友等为陵园题词。
20	52	黄麻起义和鄂豫皖苏区革命烈士陵园	1956 年	湖北省红安县	为纪念在“黄麻起义”和创建鄂豫皖革命根据地斗争中牺牲的烈士而建。园内有烈士纪念碑、董必武同志纪念馆、革命博物馆和烈士骨灰堂。董必武、叶剑英、李先念、徐向前等为陵园题词。
21	53	湘鄂赣边区鄂东南革命烈士陵园	1980 年	湖北省阳新县	为纪念创建鄂东南革命根据地斗争中牺牲的烈士而建。园内有烈士纪念碑、纪念馆和烈士祠，李先念为陵园题词。
22	54	向警予烈士墓	1978 年	湖北省武汉市	为纪念中共中央妇女部首任部长向警予烈士而建。有烈士塑像、烈士纪念碑。邓小平为纪念碑题词。
23	55	施洋烈士陵园	1953 年	湖北省武汉市	为纪念京汉铁路总工会法律顾问、“二七”大罢工领导人施洋烈士而建。

续表

编 号	顺序号	名 称	修建时间	地 址	纪念内容
24	56	湖南烈士公园	1951 年	湖南省长沙市	为纪念在中国人民解放事业中光荣牺牲的湖南籍革命烈士而建。园内有烈士纪念碑和纪念堂。毛泽东为纪念碑题名。
25	57	海丰县烈士陵园	1962 年	广东省海丰县	为纪念创建海陆丰革命根据地斗争中牺牲的烈士而建。园内有烈士墓碑、墓室，墓室内安放着 230 名烈士的骨灰。陶铸为陵园题词。
26	58	十九路军淞沪抗日阵亡将士烈士陵园	1933 年	广东省广州市	为纪念原国民党第十九路军 1932 年在上海抗日阵亡的将士，由海外华侨捐款修建。陵园内有纪念碑、抗日亭、将士墓、战士墓和先烈纪念馆。
27	59	六连岭烈士纪念碑	1961 年	海南省万宁县	为纪念创建琼崖革命根据地斗争中牺牲的烈士而建。
28	60	李硕勋烈士纪念亭	1986 年	海南省海口市	为纪念曾参加领导上海“五卅”运动，被选为全国学生联合会会长，后担任中共广东省委军委书记等职务的李硕勋烈士而建。主要纪念建筑物有烈士塑像和纪念亭、壁。邓小平、王震为纪念亭题词。
29	61	王坪烈士陵园	1934 年	四川省通江县	为纪念创建川陕革命根据地斗争中牺牲的烈士而建。园内有烈士纪念碑、纪念馆。川陕省临时革委会主席邝继勋等 184 名红军军、师、团级干部安葬于此。

续表

编　号	顺序号	名　称	修建时间	地　址	纪念内容
30	62	山南烈士陵园	1965 年	西藏乃东县	为纪念 1959 年西藏平叛改革和 1962 年中印边界自卫还击作战牺牲的烈士而建。园内有烈士纪念碑、纪念馆和 570 多个烈士墓。朱德、邓小平等为陵园题词。
31	63	子长革命烈士纪念馆	1943 年	陕西省子长县	为纪念陕甘边、陕北革命根据地创始人，曾任红军陕北游击队总指挥、西北革命军事委员会主席的谢子长烈士而建。园内有纪念亭和烈士陵墓。
32	64	杨虎城烈士陵园	1950 年	陕西省长安县	为纪念曾同张学良一起发动西安事变的杨虎城烈士而建。园内有烈士事迹陈列馆、纪念亭、烈士墓碑。叶剑英为陵园题词。
33	65	兰州市烈士陵园	1952 年	甘肃省兰州市	为纪念解放战争兰州战役中牺牲的烈士而建。园内有纪念塔、纪念馆。毛泽东、李先念、徐向前等为陵园题词。
34	66	高台烈士陵园	1957 年	甘肃省高台县	为纪念红军西路军烈士而建。园内有烈士纪念碑、陈列室和董振堂纪念亭。朱德、叶剑英、徐向前等为陵园题词。

续表

编号	顺序号	名称	修建时间	地址	纪念内容
35	67	西宁市烈士陵园	1954年	青海省西宁市	为纪念红军西路军西征时在青海牺牲的烈士而建。园内有纪念碑、纪念馆、骨灰堂和烈士群雕。朱德、李先念、徐向前等为陵园题词。
36	68	伊宁烈士陵园	1959年	新疆伊宁市	为纪念1949年8月赴京参加中国人民政治协商会议和开国大典，因飞机失事遇难的新疆伊宁、塔城、阿勒泰三区的7名革命领导人而建。

第六章

复员退伍军人安置

复员退伍军人安置工作，是一项关系到国防建设、经济建设和社会稳定的重要工作。它随国家、军队的存在而存在，并且随着社会的发展、历史的进步和兵役制度的变革而发展变化，逐步趋于完善。中华人民共和国的兵役制度和复员安置制度同历史上剥削阶级统治国家的这些制度，有着本质的区别。纵观历代兵制，夏、商、周时代，主要实行民军制。兵役寓于田制之中，凡有受田权利的成年男子，平时耕田为农，战时则入伍为兵，生活条件与战斗条件合为一体。从战国以后，以至明清，无论是主要实行征兵制，还是实行募兵制，或世袭兵役制，或寓兵于农，或全民皆兵，或终身为伍，都有不同的退役士兵安置工作，但是实现的程度不一样。到民国时期，国民党政府颁布过一个兵役法，规定实行征兵制。但由于政治腐败，征兵制有名无实，大部分地区盛行抓兵。国民党政府在《陆军征兵条例细则》的“关于接收事项”一节中规定：“每年应行退伍之常备兵，由军政部饬知各师，准其退伍后，各师应按各兵原籍及同籍者，与同兵种者，依县别，制成退伍兵名册，并规定退伍日期，交由该管征募局，咨由民政厅，饬知各县。嗣后各县即依据此项名册，接收退伍兵”。在“关于优待事项”中规定：“县长接奉民政厅发下本年度退伍兵名册后，应即编制退伍兵户口册。俟退伍兵回籍后，于各该兵住所门首，置以铜质退伍兵标记，并编列号数，以示优异。”“退伍兵之生计，确系艰难，经区董或村正副证明属实者，应由县长设法代筹生业，以免流离失所。”但是，这些规定并没有得到真正的实现。中国共产党成立以后，逐步建立起一支强大的人民武装部队，各个革命根据地和解放区，在历次革命战争时期，始终实行志愿兵役制。直到武装斗争夺取政权取得胜利，建立起中华人民共和国以后，1955 年 7 月 30 日，第一届全国人民代表大会第二次会议通过，颁布了《中华人民共和国兵役法》。从此，开始实行义务兵役制，建立了定期征兵、定期退伍制度。1978 年 3 月 7 日，第五届全国人民代表大会常务委员会第一次会议通过，发出了《关于兵役制问题的报告》，将义务兵役制改为义务兵与志愿兵相结合的制度。与此相适应，中国进行一系列比较完整的社会主义的复员退伍安置制度和工作。

第一节　新中国复员退伍安置工作的创立与发展

在中国共产党领导下的红军、八路军、新四军和人民解放军是人民的子弟兵。广大工农群众为了革命战争的胜利和自身的解放，踊跃参军参战，积极拥军支前。在老苏区，根据地和解放区，到处涌现出妻送郎、父送子上战场的生动场景和热烈场面。军人复员退伍的时候，政府和人民群众把安置好子弟兵视为应尽的义务和光荣职责。

早在 1931 年红军时期，第一次工农兵代表大会就曾做出了对残废退伍红军战士给予终身补助的规定。1945 年 4 月中国共产党第七次代表大会，把帮助退伍军人解决生活和就业问题列入了共产党的纲领。中华人民共和国成立以后，1950 年 6 月，人民革命军事委员会、政务院发出了“关于人民解放军 1950 年的复员工作的决定”。1954 年 10 月，国务院转发了内务部制定的《复员退役军人安置暂行办法》。1955 年 5 月 31 日，国务院全体会议第十次会议通过了“国务院关于安置复员建设军人工作的决议”。1958 年 3 月，国务院发布了《关于处理义务兵退伍的暂行规定》。1987 年 12 月 12 日，国务院发布了《退伍义务兵安置条例》。新中国成立 40 年，在共产党和政府的正确领导下，采取了一系列适合国情的安置政策和办法，形成了社会主义的安置制度，并且开始走上依法安置退役士兵的发展阶段。

一、复员军人安置

中国人民革命战争取得伟大胜利以后，毛泽东主席在中国共产党七届二中全会上指出："人民解放军应在1950年复员一部分，保存主力。必须谨慎地进行此项工作。"1950年6月30日，毛泽东主席、周恩来总理签署了"人民革命军事委员会、政务院关于人民解放军1950年的复员工作的决定"。指出中国人民解放战争已经基本结束，除台湾和西藏尚待解放仍有严重的战斗任务外，全国已经开始进入经济建设的新阶段，人民解放军也将随之从战争状态转入正规建军的新时期。在国家生产建设开始时，人民解放军必须复员一部分，去参加国家经济建设工作，以帮助国家恢复和发展经济；又必须继续加强国防军的建设，以捍卫人民祖国。这是巨大的光荣的双重任务。复员工作总的原则是：服从国家经济建设与国防建设的需要，并使二者结合起来。这个决定对复员组织、复员程序、复员待遇等均做出了明确规定。1950年6月30日在人民解放军中开始了统一的、有计划的，大规模的志愿兵复员工作。

为了做好复员工作，毛泽东主席明确指出，在军队里要做到"走者满意，留者安心"。在地方上要做到"妥善安置，各得其所"。不论军队或地方，对复员工作"只许做好，不许做坏"。根据毛泽东主席的指示，中央军委和国务院制定了一系列重要政策，组织了巨大的力量，积极地进行此项工作。部队和地方认真贯彻和执行中央军委和国务院有关复员安置工作的各项政策，采取了一系列积极有力的措施，以负责到底的精神妥善安置复员军人。

这次大规模的复员安置工作，从1950年6月开始，至1958年基本结束，共安置了复员志愿兵482万余人。广大复员转业军人发扬人民解放军的优良传统，积极地投入各项建设，成为一支骨干力量，受到了群众的歌颂和爱戴。8年的复员工作之所以能够取得巨大成绩，主要在于：

（一）依靠中共中央和各级党委、政府的正确领导。中央人民政府人民革命军事委员会与政务院，于1950年7月5日发出了组成中央复员委员会的通报，主任为周恩来，副主任为聂荣臻，委员有罗荣桓、罗瑞卿、萧华、安子文、武新宇、戎子和、杨立三、刘澜涛、张南生、马叙伦、谭平山、章乃器、李涛、陶希晋、贺诚、吕正操，秘书长傅秋涛，副秘书长雷英夫，于7月4日起正式办公。各大行政区人民政府或军政委员会与各大军区，共同组织大行政区复员委员会，领导并进行全区复员工作。省或行署、专署两级的政府、军区共同组织各级复员委员会。县、区、乡（村）三级的政府和人民团体，共同组织各级的复员委员会。各级复员委员会均设立一定的工作机关。1951年12月1日，中共中央决定把各级复员委员会改为转业建设委员会，各级转业建设委员会的主任、副主任，都由中共各级党委、政府和军队的主要负责干部担任。同时，各级转业建设委员会从民政、财政、交通、兵役等部门抽调干部组成办公室，集体办公，处理和掌握复员工作的日常事务，这种自上而下建立的统一领导机关和办公机构，形成了对复员工作的坚强领导。

（二）中共中央及时发出指示，指导工作。从1950年6月30日开始进行复员工作至1958年基本结束，中央军委、政务院（国务院）先后发出了复员工作的决定、复员军人安置暂行办法、安置复员军人工作的决议等，对安置复员军人的方针政策和组织领导，都做出了具体规定。突出强调“各级人民政府对于这一工作必须予以极大的注意，把它作为次要工作而不加以充分的重视，是极端错误的”，“安置复员建设军人是中央各部门和各级地方政府机关、人民团体以及各种企业、事业单位的一种不容推卸的责任。”同时确定了复员工作的总原则和总方针，即“服从国家经济建设与国防建设的需要，并使二者联系起来。”“对复员军人必须妥为安置，使之各得其所”。这期间国务院还转发了中共内务部党组关于安置复员军人工作报告的指示，加强复员军人管理教育的指示，特别是1957年4月中央转业建设委员会召开的全国复员工作会议，对于加强复员军人的安置工作，起到了更为显著的作用。会上，彭德怀元帅和习仲勋秘书长作了指示，以马列主义的观点、方法，具体地分析了复员安置工作中的问题，提出了解决问题的方法。会后，周恩来总理接见了各省市到会的负责人，并予以指示。各地认真贯彻周恩来总理指示和会议精神，普遍对复员工作进行了检查，发现问题及时解决。中共各地党委和政府都把复员工作当作一项重要工作，把复员军人作为一批宝贵的积极力量，把组织干部深入检查工作经常化，认真贯彻共产党的方针和政策，不断纠正工作中的缺点和偏差，保证复员工作顺利进行。

（三）党和政府对志愿兵复员的物质待遇有一套完整的规定。由于志愿兵多年在军队中服现役，他们的身体状况和家庭状况有不同的变化，为了解决他们回乡后在生产、生活上可能遇到的某些困难，党和政府对复员军人物质待遇作出了具体规定，形成了一套可行的制度。1950 年至 1957 年年底共支出复员费约 15 亿元人民币，医疗补助费约 1 亿元。体现了国家对复员军人的关怀和照顾，在军队和广大人民群众中产生了良好的政治影响。

（四）部队积极认真地对待复员工作，制定了周密计划，耐心细致地进行宣传教育，使复员或留队的同志都很满意。

（五）复员军人回乡的时候，各地热烈欢迎。这种欢迎活动除了由各地负责干部亲自出面组织外，同时在各大城市和交通线上设立转运站，接待站 83 处，转运和接待复员军人。有些接待站还成立了欢迎、慰问、招待、洗衣和搬运等小组。热情接待复员军人。许多县、市都采用欢迎会或座谈会的形式，向复员军人介绍生产建设情况，使他们了解自己家乡的变化。为了妥善安置复员军人，使其“各得其所”，在复员军人回乡之前，各地组织力量，深入乡村摸底，做好解决复员军人生产和生活上各种困难的准备工作。并本着“随到随安置”和“归口包干”的原则，及时进行安置。中共各级组织、政府和广大人民群众对复员军人的关心和爱戴，大大激发了复员军人的荣誉感，增强他们的责任心，使他们在生产战线上成为一批有生力量。他们表示：“永远保持人民解放军的光荣传统，像军旗一样鲜艳，永不褪色。”这次复员军人的安置工作的丰富经验为以后做好义务兵退伍安置工作奠定了坚实的基础。1958 年 5 月 27 日，周恩来总理指出：“几年来复员工作是有巨大成绩的，必须认真地总结经验，发扬优点，纠正错误，使军事服务政治，平时不忘战时，为今后建设一支以复员军人作骨干与我国民兵制度相结合的强大的国防后备力量而奋斗！”

二、义务兵退伍安置

1955 年，经第一届全国人民代表大会第二次会议通过，国家颁布了第一部兵役法。规定实行义务兵役制。这是符合中国的国情和革命建设事业发展的要求的。在以前 20 多年的革命战争中，人民军队实行志愿兵役制。参加人民军队的子弟兵完全出于自愿，他们为了革命的理想，不问服务年限，不计个人报酬，不怕流血牺牲。艰苦奋斗，英勇作战，与全国人民一道，克服了重重困难，战胜了国内外强大的敌人，胜利地完成了民主革命的伟大历史任务。志愿兵役制，是一种新型的动员制。在中国人民没有取得全国政权的情况下，是唯一可行的制度。但是，中华人民共和国成立后，如果再继续实行志愿兵役制，让少数人长期在部队服现役，显然是不符合国情的，也不利于国防建设。义务兵役制的优越性在于：士兵有法定的服役期限，服役时间比较短，军队的兵员可以得到定期轮换，保持部队士兵年轻健壮，朝气蓬勃。定期退伍，又可以积蓄训练有素的后备兵员，有利于战时兵员动员，因而成为中国基本的兵役制度。

1955 年实行义务兵役制后入伍的义务兵，从 1958 年起开始退伍。国务院在总结复员安置工作经验的基础上，根据当时的实际情况，于 1958 年发布了《关于处理义务兵退伍的暂行规定》，征兵和退伍安置工作从此走上了正规化、制度化的道路。

1958 年的《暂行规定》对以下几个问题作出了明确规定：

（一）确定了“从哪里来，回到哪里去”的安置原则。指出志愿参加人民解放军的军士、兵，至 1957 年年底已基本复员完毕。今后退出现役的军士、兵，除少数志愿兵外，都是义务兵。对于退伍的义务兵，本着“从哪里来，回到哪里去”的原则进行处理。实践证明，这条安置工作的原则是符合中国国情的。

（二）明确了思想教育与解决实际困难相结合的安置方法。指出部队在处理义务兵的时候，应当组织集训，进行社会主义、爱国主义和劳动生产、参加民兵组织、服预备役、遵守政府法令、团结乡社干部、联系人民群众以及农业发展纲要的教育，使他们树立爱国爱社、爱劳动和勤俭持家的观念。对于家居农村的退伍兵，当地人民委员会和农业生产合作社应当对他们做好生产上的安排，帮助他们熟悉农业生产技术，给他们从事生产的便利。对于家居城镇的退伍兵，要妥善地解决他们的工作安排问题。对于退伍兵的生产、生活、疾病治疗等问题都作出了明确规定。

（三）提出了退伍军人是保卫祖国和社会主义建设的一批可贵力量的思想。认为退伍义务兵在服役期间，经过部队的培养和锻炼，政治思想觉悟一般都有所提高，而且基本上都编入民兵组织服预备役，他们是保卫和建设社会主义祖国的一批可贵力量。军队和地方国家机关，对于他们的退伍和安置等有关问题必须给予妥善处理。

（四）对义务兵的退伍，途中运输和安置等项工作作出了原则规定，以保证其协调进行。

（五）强调在各级人民政府领导下，各有关部门密切配合，共同做好退伍安置工作。指出，各级人民委员会应当负责做好义务兵退伍后有关问题的处理工作，各级民政部门在各级人民委员会领导下联系有关部门负责检查和处理关于义务兵退伍后的具体事宜，各级兵役部门应当积极参加，并负责义务兵退伍后的管理教育工作。

《暂行规定》的发布，不论在当时或现在，对于退伍义务兵安置工作的顺利开展，都起到了重要的作用。

1966年至1977年的“文化大革命”期间，退伍安置工作受到干扰。主管退伍安置工作的内务部撤销，各级安置部门受到了削弱，安置工作处于停顿状态。部队中数万伤病残战士长期滞留部队，不能退伍安置。退伍军人，特别是回农村的退伍军人，生产生活中存在困难得不到解决，他们不断上访，这种消极现象一直延续到1980年前后。

1978年中央十一届三中全会胜利召开，民政部成立，退伍安置工作出现了转机。

1979年6月25日，针对自“文化大革命”起10余年来部队一大批义务兵伤病残战士长期滞留在部队未能退伍安置的情况，国务院、中央军委发出了“关于做好部队退伍义务兵伤病残战士安置工作的通知”，指出这批义务兵伤病残战士，大都是在对敌作战、国防和基本建设工程施工、军事训练或执行各种艰巨任务中致伤、致残、致病的，他们为保卫祖国边疆和社会主义建设事业做出了宝贵贡献。安置好这批义务兵伤病残战士，对于减轻部队负担，鼓舞士气，加强整军、备战和国防现代化建设，具有重要意义。党和政府应当热情关怀他们，妥善安置，使之各得其所。“通知”对革命伤残军人的安置；退伍义务兵精神病员的安置；慢性病员的评残和治疗；扩建和新建退伍伤病残战士的收容安置院、所；伤病残战士的生产、生活和工作安排；住房问题；部队与地方的交接手续等问题，均做出了较为具体而又明确的规定。

安置这批伤病残战士阶段，正处于国民经济全面调整时期，许多安置渠道严重阻塞，安置工作难度很大。各级人民政府坚决贯彻国务院、中央军委1979年通知的精神，把妥善安置这批伤病残战士视为光荣而艰巨的任务，在较短时期内，迅速、妥善地安置了数万名伤病残战士，并使退伍安置工作得到了发展。河南省开封市在工作中锐意改革，提出了对伤病残战士实行“按系统分配任务，包干安置”办法，强调接收安置伤病残战士是各用人单位的光荣义务和职责，强化指令性分配。这一安置办法，对及时安置伤病残战士起到了重要作用。1981年国务院发文，对“按系统分配任务包干安置”办法予以肯定，并使之成为现阶段安置城镇籍退伍军人的基本政策。

1980 年，为进一步做好退伍安置工作，国务院委托民政部召开了全国退伍军人和军队退休干部安置工作会议。会后国务院发布文件，确定安置工作的重点在农村，规定城镇退伍安置实行“按系统分配任务，包干安置”办法，为安置工作的发展指明了方向。文件指出，妥善安置好军队退休干部和退伍军人，是一项关系到经济建设和国防建设，关系到安定团结的重要工作。军队交由地方安置的退休干部和退伍军人数量很大，任务繁重。为了加强领导，国务院决定成立国务院退伍军人和军队退休干部安置领导小组，各地也要根据实际情况，适当充实和加强安置工作的领导机构，组织各有关部门，密切配合，通力协作，努力把这项工作办好。

1981 年 2 月 12 日，国务院办公厅发出关于成立国务院退伍军人和军队退休干部安置领导小组的通知。《通知》指出，为了加强对复员退伍军人和军队退休干部的安置工作的领导，国务院决定成立国务院退伍军人和军队退休干部安置领导小组。万里任组长；杨静仁、程子华、何正文任副组长；国务院和 14 个军队有关部门的负责人为成员。领导小组办公室设在民政部，由陈光副部长兼任办公室主任，负责处理日常工作。此后，全国各省（自治区、直辖市）、地（市）、县（市）相继建立了领导小组及其办公室。设立安置机构的原因在于，安置工作涉及面广，不是哪一个部门所能单独承担的，必须在政府领导下，各有关部门积极配合，协调动作，才能做好。领导小组及其办公室的建立，对于协调各有关部门共同做好安置工作发挥了重要作用。

1983 年 7 月，经中共中央、国务院批准，大批解放战争时期入伍的军队离休干部即将移交地方管理。为了加强对这项工作的领导，国务院决定，将原“国务院退伍军人和军队退休干部安置领导小组”改为“国务院退伍军人和军队离退休干部安置领导小组”。1983 年 10 月 27 日，对领导小组成员及其办公室负责人作了调整。为了充分发挥办公室的职能作用，以利共同协商做好安置工作，增加了兼职副主任，进而使安置工作的领导得到了加强。

中共中央、国务院和中央军委对退伍安置工作极为重视，自1981年起，每年在退伍通知中均对退伍安置工作予以明确指示，使这项工作得到顺利进行。

1987年12月12日，国务院发布了《退伍义务兵安置条例》。这是加强退伍安置工作的重要法规。它的颁布施行，标志着中国退伍安置工作跨入了有法可依、依法办事的新的发展阶段。

《退伍义务兵安置条例》是根据《兵役法》有关规定制定的，体现了《兵役法》规定的退伍安置的基本原则，总结了新中国成立以来退伍安置工作的基本经验，把行之有效的安置政策和办法，用法律形式固定下来；确认了妥善安置退伍义务兵不仅是退伍义务兵应享有的权利，也是地方各级人民政府、各用人单位和广大群众应尽的责任。按照条例规定，做好退伍安置工作，使退伍义务兵享有的权利得到充分保障，对于鼓励适龄青年踊跃参军，保证军队兵员的轮换更新，解除现役军人后顾之忧，稳定部队，巩固国防，进而保卫国家经济建设，为经济建设提供人才，促进经济建设的发展，都具有重要意义。

《退伍义务兵安置条例》，吸收了军委主席邓小平倡导，由军队和地方密切配合，共同培养和开发使用军地两用人才这一成功经验，作出了“对有一定专长的，应当向有关部门推荐录用”的规定。为打破安置工作中不管退伍军人在部队表现优劣同样分配的平均主义、“大锅饭”的做法，更好地鼓励先进，鞭策后进，《条例》在总结各地改革经验的基础上规定了结合退伍军人在服役期间的表现，实行“区别安置”的办法。从中国国情出发，《条例》确定了“从哪里来，回哪里去”的原则和“妥善安置，各得其所”的方针。对原是农村户口的或城镇户口的退伍义务兵，在安置上都作了具体规定，要求各级政府应帮助回农村的退伍军人安排好生产和生活。“对确无住房或严重缺房而自建和靠集体帮助又确有困难的，应当按照国家有关规定安排一定数量的建筑材料和经费帮助解决”；为城镇退伍军人和在有条件的地区为二、三等伤残军人安排工作。制定这些规定，既考虑到了退伍安置工作的实际需要，又考虑到了国家经济情况的可能；既有利于促进国防建设，又有利于激励退伍军人在经济建设和社会主义精神文明建设中的积极性，促进社会的安定团结。

对服役前没有参加工作的城镇户口的退伍义务兵，《条例》规定了由国家统一分配工作，实行按系统分配任务，包干安置办法，各接收单位必须妥善安排。这是国务院、中央军委根据现阶段安置城镇退伍军人工作的实际情况反复强调的。执行这一规定，既能使经济发达的地区按照需要进行分配，也能使就业困难的地区完成安置任务，有效地保证城镇退伍军人全部就业。

根据退伍安置工作政策性强、涉及面广，必须在政府领导下，各有关部门密切配合、协同努力才能做好这一特点，《条例》明确规定“退伍军人安置机构设在民政部门，人民武装、计划、劳动人事等各有关部门应当协助民政部门做好退伍义务兵的安置工作。”这对于发挥各有关部门的积极性，把退伍安置中的各项工作落到实处，提供了组织保证。《条例》的发布和实施将使安置工作健康地发展，为四化建设和社会安定团结起到更为积极的促进作用。

三、转业志愿兵安置

为了适应军队现代化建设的需要，保留部队的技术骨干，1978 年全国人民代表大会常务委员会决定，实行义务兵与志愿兵相结合的制度并付诸实践，1984 年 8 月 31 日，第六届全国人民代表大会第二次会议通过颁布了新兵役法，肯定了这一以义务兵役制为主体的义务兵与志愿兵相结合、民兵与预备役相结合的兵役制度。这说明：义务兵役制是中国基本的兵役制度，中国公民必须依照法律的规定履行兵役义务；军队的主体是义务兵，志愿兵是在义务兵的基础上选留的专业技术骨干；公民参加民兵组织、登记服预备役和接受军事训练都是应尽的义务。义务兵与志愿兵相结合，是军队现代化建设的需要。是对义务兵役制的发展和补充。由于义务兵服现役期限较短（陆军 3 年，海、空军 4 年），较难掌握复杂的军事技术，需要有一批专业技术人员长期留在部队服役，以便掌握现代化武器装备，提高部队战斗力。义务兵与志愿兵相结合，既体现了以义务兵役制为主体，保持了义务兵役制的优点，又解决了部队保留技术骨干的问题，弥补了义务兵役制的不足。新兵役法还对志愿兵制度作了补充规定，如志愿兵的服役年限，由原规定服役到 40 岁改为 35 岁；从义务兵改为志愿兵之日起，至少服现役八年，未满最低服役年限的一般不得退出现役等。为了做好志愿兵退役后的安置工作，1983 年 2 月，国务院、中央军委根据第五届全国人民代表大会常务委员会第一次会议通过的《关于兵役制问题的决定》，发布了《中国人民解放军志愿兵退出现役安置暂行办法》，明确了退出现役的志愿兵原则上转业回原籍，由县、（市）人民政府安排工作。各地认真执行国务院、中央军委有关政策和规定，使回到地方的转业志愿兵发挥了重要作用，为社会主义现代化建设做出了积极的贡献。

第二节　社会主义时期复员退伍军人安置工作的地位、作用及特点

一、复员军人、退伍义务兵和转业志愿兵的含义

复员军人，一是指 1958 年以前退出现役的志愿兵。二是指退出现役时办理了复员手续的干部。退伍义务兵（亦称退伍军人），指 1955 年实行义务兵役制后入伍，退出现役的义务兵。转业志愿兵，指 1978 年 3 月起实行以义务兵为主体，义务兵与志愿兵相结合制度后，退出现役的志愿兵。

二、复员退伍军人安置工作的地位与作用

国务院、中央军委指出，安置复员退伍军人工作，是政府和人民的一项长期的政治任务。这是对复员退伍安置工作地位的高度概括。安置工作之所以是政治任务，原因在于这项工作对于国防建设、国家经济建设和社会安定团结所具有的重要作用。

（一）复员退伍军人安置工作直接为国防建设服务。国家进行经济建设，必须有一个强大的国防来保卫。加强国防力量，提高自卫能力，是顺利进行社会主义现代化建设的基本前提和保证。复员退伍军人安置工作，对于促进军队建设，巩固国防，有着直接和现实的作用。

国家实行以义务兵役制为主体，义务兵与志愿兵相结合、民兵与预备役相结合的制度，每年都要征补新兵，选留志愿兵，退伍（转业）老兵，并使这部分老兵转入预备役或民兵。在这一过程中，做好他们的安置工作，能够鼓励适龄青年踊跃应征入伍，直接保证义务兵、志愿兵的轮换更新，使部队兵员年轻化，朝气蓬勃，增强战斗力；能够促使退役士兵积极、愉快地转入预备役和民兵，对于积蓄强大的、训练有素的后备兵员，建立和完善战时快速动员体制，有着重要作用；同时，退役义务兵的今天，就是现役军人的明天。做好退役士兵的安置工作，能够使现役军人解除后顾之忧，激发他们为祖国献身的热情，稳定军心，鼓舞士气。特别是安置政策和战士服役期间的表现挂钩后，这种促进作用就更加明显地表现出来。

（二）复员退伍军人安置工作与国家经济建设密切相关。广大退役士兵应征入伍时是经过选拔的优秀青年，一般具有初、高中文化程度，他们经过军队这所大学校的培养和锻炼，绝大多数人政治素质好，思想觉悟高，具有专门技能，懂政策，信息灵，有开拓精神。通过安置工作，使这批先进的生产力转向国家经济建设，不仅为他们施展才干提供了用武之地，而且加深了他们与共产党和政府的感情，成为共产党深入进行社会主义现代化建设事业的值得信任、可以依靠的生力军。由于他们分布在全国城乡各行各业，因而他们所起到的共产党联系群众的桥梁作用，振兴经济上的骨干作用，科学技术的示范作用和两个文明建设的带头作用，都是不可低估的。

（三）复员退伍军人安置工作与社会安定有着直接的关系。要顺利地进行经济建设，必须有一个安定团结的政治局面。复员退伍军人安置工作做好了，对社会的安定就会起到重要的促进作用。反之，就会使社会安定受到影响。“文化大革命”使安置工作受到严重干扰，大量退伍军人长期闲散在社会上不能得到及时妥善安置，特别是一些农村退伍军人的生产、生活等问题得不到解决，成为不稳定的因素。因此各级人民政府必须加强对复员退伍军人安置工作的领导，做好复员退伍军人的思想教育工作，帮助他们解决好生产、生活上的实际困难，及时研究和处理复员退伍军人安置工作中出现的新情况和新问题，充分发挥复员退伍军人安置工作的稳定作用，为促进社会的稳定发展服务。

（四）安置工作是特殊的社会保障。一般的社会保障对象是指全体公民，公民群体和暂时不具备或部分或全部丧失劳动能力的盲、聋、哑、残、痴、呆、寡、孤儿、患者、老人等。退伍军人与一般公民相比，具有某些特性，他们不同于一般的公民群体，也不同于那些丧失劳动能力的人。因为第一，他们是新一代最可爱的人，大多数人在国防建设和社会主义建设中做出了贡献。其中有一部分人经历了战争的考验和锻炼，还有一些人在保卫祖国的战斗中立了功，应该受到共产党和国家的关怀和人民的爱戴；第二，他们经过解放军大学校的专门教育和训练，同一般公民相比，具有自己的特殊优势，见识广、年纪轻、观念新，觉悟高、勇于开拓，是四化建设不可忽视的骨干力量；第三，他们基本具有政治参与意愿，立志为社会主义建设出力。因此，安置工作重要的方面，是通过保障和推荐他们就业，扶持他们生产和经营，进行技术培训等多渠道的保障方法，发挥他们的特长，使他们为经济建设贡献力量。可见安置工作是一种从属于又有区别于一般社会保障的特殊社会保障。

三、复员退伍军人安置工作的特点

复员退伍军人安置工作是一种与国防建设、经济建设有着密切关系的特殊的社会保障，它具有不同于其他工作的特点：

（一）双重从属性。复员退伍军人安置工作是地方政府的一项重要任务，民政部门是具体承办部门。同时，征集新兵、退伍和安置等项工作紧密相连，自然地形成一个完整的系统。安置工作是直接为国防建设服务的，并通过国防的巩固保卫经济建设，为经济建设服务。又通过为经济建设输送人才，促进经济的发展，为国防建设提供可靠的物质基础。

（二）涉及范围的广泛性。安置工作涉及落户、就业、就学、生产、生活和治病等诸多方面，与计委、经委、教委、公安、劳动人事、财政、卫生、商业、银行、税务、物资等部门关系密切。这一特点，决定了安置工作必须在政府领导下，与各有关部门密切协作才能做好。

（三）安置政策的严肃性。安置工作是做人的工作，安置政策牵动着军心、民心。无论是制定安置政策，还是执行政策，需要慎之又慎，既要考虑到国防建设的需要，又要考虑到国家经济、社会发展情况的需要和可能；既要适应客观形势的要求，不断改革创新，又要充分注意到政策的连续性和相对稳定性。

（四）明显的时、空性。安置政策有较强的空间和时间效力。凡由国务院、中央军委制定的安置政策，适用于全国各地，民政部制定的政策，适应于全国民政系统；省、直辖市，自治区制定的政策，只适用于本地。安置政策一般自发布之日起生效，直至新的政策发布宣布原政策失效。除解决一些遗留问题外，安置政策一般不溯及既往。安置工作有较强的时间性，年度工作阶段明显，接收—安置，循环往复。需要在一定时间内高效率地工作，按期完成每年的安置任务。

第三节　复员退伍安置工作的方针、原则和政策

一、安置工作方针

“妥善安置，各得其所”是复员退伍军人安置工作的方针。这是1950年中央军委、政务院制定的，一直沿用至今。40年来，通过全国各地安置工作的实践证明，这是做好复员退伍安置工作必须遵循的基本工作方针，也是今后一个较长时期开展安置工作的指导方针。这个方针既包含了对复

员退伍军人、转业志愿兵学习、工作、生产、生活等方面的妥善安置，又包含了要充分发挥他们在建设社会主义事业中的骨干作用等含义。制定和执行这个方针的依据有下列几个方面：

（一）复员退伍军人、转业志愿兵为革命做出了贡献。广大复员军人，昔日响应共产党的号召，踊跃参加中国人民解放军，在长期的革命斗争中，不问服役年限，不计个人报酬，艰苦奋斗，英勇作战，克服了重重困难，与战友们战胜了国内外强大的敌人，胜利地完成了民主革命和抗美援朝的伟大历史任务。他们是中国人民的优秀儿女。在社会主义建设时期，退伍军人和转业志愿兵，放弃了参加工作，报考学校或勤劳致富的机会，献出自己一生中最美好的青春年华，履行了保卫祖国的神圣义务。他们中一部分人参加了保卫祖国的战斗，不怕流血牺牲，他们不顾个人安危，参加抢险救灾。广大复员退伍军人、转业志愿兵，成为国家经济建设和国防建设一支积极的骨干力量，他们应该得到妥善安置。

（二）社会主义国家公民的权力与义务是一致的。公民有依照法律服兵役的义务，由此而产生了退出现役后得到妥善安置的权利。国家宪法保障实现这一社会主义原则，退役军人得到妥善安置，体现了他们这一权利与义务的统一。

二、安置工作原则

“从哪里来，回哪里去”是复员退伍安置工作的总原则，是在 1958 年 3 月国务院发布的《关于处理义务兵退伍的暂行规定》中确立的。这个原则规定：从农村参军的，应回到农村，从城镇参军的仍回城镇，原从工作单位和学校参军的，可以分别复工、复职、复学。制定这条原则，有以下依据：

（一）中国实行的是义务兵役制。《宪法》第 55 条规定：“依照法律服兵役和参加民兵组织是中华人民共和国公民的光荣义务。”根据义务兵役制规定，服兵役有一定的年限要求，每年都有一批老兵退伍和一批新兵入伍，进行更替，以保持部队蓬勃的朝气和旺盛的战斗力。老兵尽完义务，应离开部队，返归故里。所以“从哪里来，回哪里去”是义务兵役制应有的内容和要求。只有实行这条安置原则，才有利于义务兵役制的贯彻执行。

（二）中国是拥有11亿人口的大国，农村人口占80%，退伍军人绝大多数来自农村，退伍后再回到农村参加农业生产，是合乎情理的。就全国来看，最能容纳人的地方是农村，容纳人员最多的方面是农业。而中国的工业基础比较薄弱，吸收农村劳动力的能力有限，同时，城镇本身存在着大批需要安置就业的待业青年。在这种情况下，把农村入伍的复员退伍军人招工进城会加深城市就业的矛盾，是不现实的。城镇退伍军人，从城镇应征入伍，而且他们的亲属大都在城市，把他们安置在城市也是合理的。

（三）符合中国当前国民经济发展水平。现在中国处在社会主义初级阶段，基本上还是一个经济比较落后的农业大国，广大农村迫切需要各方面的建设人才。复员退伍军人经过部队的教育，有知识、有文化、有技术、视野开阔，对市场信息比较敏感，他们回到农村去，大有可为，是建设新农村，发展小城镇的一支强大的生力军。“从哪里来，回哪里去”是完全符合农村群众的长远利益的，它对中国的农业现代化建设产生着深远的影响。

三、安置工作的有关政策和规定

新中国成立40年来，在安置工作中，各级人民政府坚持“妥善安置，各得其所”的方针和“从哪里来，回哪里去”的原则，坚持为国防建设服务，为经济建设服务的指导思想，贯彻执行共产党和政府制定的一系列具体的安置政策和规定，复员退伍军人安置工作得到了健康发展。

（一）农村退伍义务兵安置是整体安置工作的重点。党和政府十分重视对回农村退伍义务兵的安置工作，强调把安置工作的重点放在农村。中国从1955年实行义务兵役制以来，来自农村的义务兵除有部分人根据部队需要改为志愿兵或提升为干部继续服役外，每年都有五六十万人退伍回到农村。就人数来看，回农村的退伍军人约占退伍军人总数的80%；从工作量来看，回农村的退伍军人数量大，思想问题和实际问题多，工作难度大。为了及时妥善地安置回农村的退伍军人，共产党和政府制定了一系列政策和规定，尤其是对伤病残、孤单和遇有生产、生活等困难的退伍军人，各地采取了一些措施，予以安置。如拨出专门款项、专门建房材料，采取国家、集体和个人三结合的方针，重点帮助无房、缺房的退伍军人建房，并发动社会力量，从资金、技术、信息等方面提供帮助，扶持他们发展生产，勤劳致富。对在服役期间荣立二等功以上的，各地人民政府予以安排工作。各用人单位向农村招收工人时，在同等条件下优先录用退伍军人等等。随着形势的发展，开发使用退伍军人两用人才，并使这一工作成为农村退伍义务兵安置工作的重点和方向。

（二）城镇退伍义务兵安置实行“按系统分配任务，包干安置”办法和“区别对待”原则。实践表明，这个城镇退伍军人安置办法在现阶段是行之有效的。国务院、中央军委自1981年以来，每年都在退伍安置工作通知中强调执行这一办法，并写进了《退伍义务兵安置条例》，通过法律的形式固定下来，要求各单位不得拒绝接收当地政府分配的安置任务。

近年来，“按系统分配任务，包干安置”办法在实践中不断完善，特别是在中共十三大提出发展有计划的商品经济的新形势下，不少地区走出了在包干安置前提下，政府分配，单位挑选，个人择业相结合的新路子，拓宽了城镇退伍安置工作的领域。

为鼓励先进，鞭策后进，保障部队战斗力，促进部队建设，1983年，民政部、公安部、劳动人事部、总参谋部、总政治部联合发文做出规定，城镇退伍安置工作实行“区别对待”原则。把对城镇退伍军人的分配与其在部队的表现结合起来，有区别地进行安置，这个原则后来也写进了退伍义务兵安置条例。实行这些规定，初步改变了过去不分在部队表现优劣而同样对待的平均主义做法，调动了现役军人安心服役，为国防建设多做贡献的积极性，不仅促进了军队建设，也为经济建设培养合格人才创造了条件，受到军队和地方的普遍欢迎。

（三）转业志愿兵安置。志愿兵转业后，原则上由原籍县、市退伍安置部门安排工作。对技术门类繁多的转业志愿兵相对集中，对口安置有困难的县、市，可以报请行政公署或省、市、自治区人民政府统筹安置。志愿兵因战因公致残、积劳成疾、基本丧失劳动能力的，或年满55周岁的，可办理退休。

由于志愿兵享受供给制和工资制相结合的待遇，他们转业到地方，在安置办法上，是由地方落实好工作单位给部队复函后，部队再办理志愿兵的转业手续，使志愿兵离开部队后，即能参加地方工作。

第四节　复员退伍安置工作的改革和经验

一、退伍安置工作的改革

新中国成立以后，复员退伍军人安置工作根据国家经济建设、国防建设和社会稳定的需要，适应客观形势的发展，不断进行探索和改革，日益走上创新发展的道路。

（一）扶持退伍军人走勤劳致富之路。1982年，各地陆续开始实行联产承包责任制，原来在安置退伍军人时依靠分工分业照顾的办法已经不适应了。后来那种“有吃、有住、有活干”的安置标准与广大退伍军人迫切走勤劳致富道路的积极性也形成矛盾。同时广大退伍军人经过部队的培养和锻炼，有理想、有文化、有技术、懂政策、信息灵、视野开阔、年富力强、有条件成为广大农民群众勤劳致富的先行者。在这种形势下，广东省恩平县从资金、贷款、技术等多方面，给退伍军人以扶持，帮助他们勤劳致富，收到了很好的效果。民政部及时转发了他们的经验，一个扶持退伍军人勤劳致富的热潮很快在全国兴起。

通过扶持退伍军人勤劳致富，解决他们发展生产中遇到的一些实际问题，一方面帮助他们提高了致富能动性；另一方面加深了他们对共产党和政府的感情，从而使他们自觉地成为带领广大农民致富的模范。不少地方的人民政府把这项工作做为全县人民致富的突破口来抓。有力地推动了当地商品经济的发展。

扶持退伍军人勤劳致富促进了社会主义精神文明建设。广大退伍军人随着物质生活的改善，精神面貌也发生了深刻变化。各地把“帮思想、扶志气”作为扶持工作的一项重要内容，使他们勤劳致富后，都能积极为国家、集体和群众贡献自己的力量。从而涌现出许多致富后的退伍军人帮助贫困户致富，主动赡养五保户老人，捐款资助公益事业等典型事迹。

扶持退伍军人勤劳致富，促进了退伍安置工作。中国兵员多数来自农村，他们退伍后，不少人在生产、生活上存在着一定的实际问题，靠国家招工解决是不现实的，靠国家救济也只能解决暂时的困难。实践证明，扶持他们勤劳致富可以变“治标”为“治本”，变“输血”为“造血”，有效地解决他们的问题。扶持退伍军人勤劳致富还促进了部队建设。退伍军人收入增加，生活改善，安居乐业，使现役军人解除了后顾之忧，稳定了军心，调动了适龄青年报名参军的积极性，促进了民兵工作的开展。

这项工作的开展，为后来蓬勃兴起的开发使用退伍军人两用人才工作提供了重要经验。

（二）开发使用退伍军人两用人才。

1. 开发使用退伍军人两用人才的兴起与发展。开展使用退伍军人两用人才工作，是在部队培养军地两用人才的推动和国家经济建设迫切需要人才的召唤下逐步开展起来的。1977 年 12 月，中央军委副主席邓小平在中央军委会上指出：“我们的军队要搞得生动活泼一些。只着眼于军队本身建设的需要是不够的，还要着眼干部、战士转业复员到地方的需要。”并在 1983 年 6 月为培养军地两用人才工作题词：“大力培养既能打仗又能搞社会主义建设的军地两用人才”。邓小平这一思想的提出，适应了共产党把工作重点转移到经济建设上来这个大局，在军队建设史上具有战略意义。从 1979 年开始，一些部队开始了培养军地两用人才工作。随着这项工作在全军的普及，一批批两用人才源源不断地输送到地方。中共十一届三中全会以后的改革、开放、搞活的政策，为广大退伍军人发展生产，勤劳致富开辟了广阔的天地。1983 年 2 月，国务院退伍军人和军队离休干部安置领导小组办公室要求各地认真学习广东省恩平县扶持退伍军人发展生产勤劳致富的经验，这是地方开发使用退伍军人两用人才的前奏。同年 9 月，江苏省泗洪县创立“退伍军人两用人才介绍所”，使开发使用两用人才工作有了专门的机构，拉开了开发使用两用人才工作的帷幕。

为了进一步推动开发使用退伍军人两用人才工作的普及和发展，1985 年 10 月，民政部、总政治部联合在湖南省祁东县召开全国开发使用退伍军人两用人才现场经验交流会（以下简称祁东会议），学习了中共中央、国务院、中央军委领导人关于培养和使用军地两用人才的指示，介绍了祁东县开发使用退伍军人两用人才工作的经验；参观了该县 17 个现场及成果展览；总结交流了各地培养和开发使用两用人才工作的经验。1986 年 2 月，国务院、中央军委对开发使用退伍军人两用人才工作给予了充分肯定，认为这项工作“对我国经济建设和国防建设具有重大意义，是利党、利国、利军、利民的大好事”。提出：“各级政府和军队的各级领导，要从大局出发，对这项工作认真研究部署，切实加强领导，各有关部门要制定具体措施给予支持。军队和地方要密切配合，把培养人才和使用人才有机地结合起来，为国家经济建设和国防建设做出更大贡献。”

1986 年 5 月，民政部、财政部、商业部、农牧渔业部、国家工商行政管理局、中国农业银行、总政治部联合发出通知，要求各部门在各自的业务范围内，为退伍军人两用人才提供优惠服务。民政部还会同有关部门先后推广了安徽省在开发使用两用人才工作中实行目标管理的办法；转发了黑龙江省佳木斯市把帮助部队育才纳入职工培训和成人教育规划，使育才、荐才、用才互相衔接的经验；推广了福建省长汀县对退伍军人进行培训的经验。从而把开发使用退伍军人两用人才工作推向了新的发展阶段。

1989 年 1 月，为总结开发使用退伍军人两用人才工作的经验，把培养和开发使用军地两用人才工作同提高全民的科学文化水平和发展生产力的总体布局结合起来，提出新的任务和要求，进一步发展这项工作的大好形势，民政部和总政治部联合召开了“全国培养和发展使用军地两用人才福建现场经验交流会。”会议认为，自1985年祁东会议以来，开发使用退伍军人两用人才工作有了长足的发展：

第一，整个工作已由局部先行进而推向全国。1985年只有部分省市处于领先位置，祁东会议以后，特别是国务院、中央军委16号文件下发后，这项工作在全国范围内迅速普及并不断发展深入。至1988年6月，29个省、自治区、直辖市以及大部分县、（区、市）都召开了开发使用退伍军人两用人才经验交流会。多数地区的中共省委书记、省长、军区司令员到会讲话，布置工作，其重视程度是空前的。这项工作已经在全国普遍展开，并取得了明显的效果，逐步走出社会化、多样化的新路子。

第二，两用人才开发使用率大幅度提高。祁东会议召开时，全国共开发使用两用人才63万名，截至1988年年底，全国计开发使用203万名，占应开发总数的78%，绝对数增加140万人。据统计，全国大部分县、市的开发使用率达到90%以上，其中不少区、乡、镇乃至一些县、市的回乡退伍军人100%得到了开发和利用。

第三，两用人才服务机构逐步形成网络。祁东会议召开以后，各地普遍建立了两用人才服务组织。目前，全国县以上已建立两用人才服务机构2300个，占县级单位的81%，比1985年增长39%，区、乡、镇普遍建立了服务站，大部分行政村选聘了联络员，初步形成了上下有机构、纵横有联系的服务网络。不少县以上两用人才服务机构，还调剂少量编制、配备了专职干部；区、乡、镇服务站除由党政领导挂帅，民政、武装干部兼职外，还根据工作需要，选聘退伍军人作为专职服务人员。据不完全统计，目前全国从事两用人才服务工作的已达4.2万人，形成了一支专职和兼职相结合的服务队伍。

第四，开发使用两用人才的渠道不断拓宽。近几年来，各地为建立比较稳固的开发使用两用人才基地，增强自身的活力，在实践中积极探索，创办经济实体。据统计，全国由两用人才服务机构直接兴办的经济实体计5400个，安排两用人才66万人。值得指出的是，创办两用人才经济实体，是各地在国家没有专项经费的情况下，依靠多层次、多渠道筹措资金，凭着一股艰苦创业精神闯出来的，为持久深入地开展两用人才开发使用工作拓展了一条新的路子。

在总结这些成就的同时，民政部、总政治部会上表彰了257个培养和开发使用军地两用人才先进单位和206名两用人才先进个人。

2. 开发使用两用人才工作的程序。开发使用退伍军人两用人才，可概括为育才、荐才、用才三个环节。它们是依一定顺序、相互联系相互制约的系统工程。犹如一篇文章的上下篇。文章的上篇——育才，是军队作。文章的下篇——荐才、用才，由地方作。二者又不是截然分开的，而是相互交叉、相互联系的。地方向军队提供人才需求信息，军队进行定向培养，向地方输送人才。育才是前提，荐才是关键，用才是目的。

育才。从1979年开始，一些部队响应邓小平副主席的号召，开始探索育才工作，经历了一个发展过程，逐步形成了“一体化”训练方法。即在指导思想上把保卫祖国与建设祖国两大任务结合起来，把民用技术训练作为一项内容，纳入部队训练的整体规划，使军事、政治、科学文化和民用技术训练融为一体。

荐才。包括介绍推荐（自荐）、扶持生产、经营和再培训等内容。其中再培训属育才的范围，扶持生产、经营属于用才的范围。由于二者是在荐才过程中由两用人才服务机构实现的，因此，在程序中暂列在荐才的范畴。第一，介绍推荐。是一种发布信息，疏通人才流通渠道的服务过程。在人们的认识观念中，往往把经过正规学校培养的专业人员视为人才，而对于部队培养或自学而成的退伍军人两用人才重视不够。介绍推荐，首先起到了改变人们认识观念、展示人才资源的重要作用。同时，为两用人才和用人单位牵线搭桥，使两用人才得以施展才能，用人单位获得骨干力量。第二，扶持生产、经营。中国农村还有相当一部分落后地区，需要人才来改造。因此，通过讲清政策，并从资金、技术、信息等方面热情扶持退伍军人两用人才，成为开发使用退伍军人两用人才工作中的重要的内容。第三，再培训。是对部队育才工作的重要补充。做好这项工作，对两用人才提高技能、更新知识，适应地方工作需要将起到重要作用。同时，使部分在部队没有学到民用技术或所学技术与实际工作不对口的退伍军人得到补训。

用才。主要是通过乡镇企业、基层领导层、进城进厂、务工经商、国家聘用、个体经营、经济实体等多层次多渠道，为两用人才展示了施展才能的广阔天地。

育才、荐才、用才三者互相联系，互相依存，互为作用。育才为用才提供条件，奠定基础；用才检验育才效果，使两用人才产生社会效益。同时，反过来促进育才工作；荐才活跃在育才和用才之间，传导引线，疏通人才流通渠道，协调二者联系。因此，育才、荐才、用才是一个整体，三者的统一，是辩证的统一。三者密切联系，融为一体，步调和谐，表现出更强的生命力。

（三）在城镇退伍安置工作中实行区别对待原则。为促使城镇户口的义务兵在部队安心服役，努力工作，加强部队革命化、现代化、正规化建设，1983 年，民政部、公安部、劳动人事部、总参谋部、总政治部联合发出通知，要求在安置城镇退伍义务兵时，结合他们在部队的表现，予以区别对待，鼓励先进，鞭策后进，打破了城镇义务兵在部队干好干差退伍后一样安排工作的“平均主义”做法，深得部队指战员和人民群众的欢迎，有力地促进了部队建设。

（四）城镇退伍军人的集中教育和培训。为了使城镇退伍军人安置工作适应经济体制改革和民兵、预备役工作改革的新形势，充分发挥退伍军人在两个文明建设中的作用，河北省邯郸市人民政府和邯郸市警备区从实际出发，利用退伍军人待分配这段时间，军地配合，联合举办培训班，对退伍军人进行集中教育培训，缩短了退伍军人在社会上的闲散时间，有利于社会的安定团结。培训结束后，根据“按系统分配任务，包干安置”办法和区别对待原则，采取政府分配为主，退伍安置办公室推荐和用人单位挑选相结合的办法，对退伍军人进行对口安置，并进行预备役登记。从而提高了工作质量，加快了安置进度。各用人单位接收退伍军人后，普遍对他们进行上岗前的业务技术培训，帮助退伍军人尽快掌握生产技能，在较短时间内即进入工作岗位，成为生产中的骨干力量。

邯郸市的做法，使地方安置和部队退伍工作紧密衔接，两用人才开发、培育和使用密切结合，退伍军人管理和民兵、预备役工作融为一体，为新时期城镇退伍安置工作提供了一条新的路子。

二、退伍安置工作的主要经验

中华人民共和国成立 40 年，复员退伍安置工作积累了丰富的经验：

（一）中共中央、国务院、中央军委关怀和重视复员退伍安置工作是做好这项工作的关键。复员退伍安置工作历来得到了中共中央、国务院和中央军委的重视。1950 年复员工作一开始，中央即成立了“中央复员委员会”，粉碎“四人帮”后，1981 年国务院建立退伍军人和军队退休干部安置领导小组，各地成立相应机构，均由政府的主要负责干部任领导小组组长。每年国务院、中央军委和地方政府都为退伍安置工作专门发出通知，提出要求，部署工作，当安置工作中有重要经验需要推广，或有重要问题需要解决时，国务院、中央军委便及时发布文件。共产党和人民政府对安置工作的重视和支持，保证了安置工作的顺利进行。

（二）有关部门的配合与协作，是做好复员退伍安置工作的保证。复员退伍安置工作政策性强，涉及面广，必须在政府领导下，各有关部门配合协作才能搞好。在长时间里，计划、劳动、公安、人武等部门积极协助民政部门进行工作，在复员退伍安置工作中发挥了重要作用。

（三）适应形势发展，不断改革创新，是做好复员退伍安置工作的动力。

（四）发挥复员退伍安置部门的主观能动性，坚持思想教育与解决实际问题相结合，是做好复员退伍安置工作的基本方法。

三、复员退伍军人成为社会主义物质文明建设和精神文明建设的生力军

新中国成立40年，中国的复员退伍安置工作取得了重大成就。截至1988年年底，全国共安置了复员退伍军人2900多万名。这些复员退伍军人为社会主义物质文明和精神文明建设做出了重要的贡献。

（一）有力地促进了城乡经济的繁荣发展。在农村深化改革的浪潮中，40多万名退伍军人走上乡、村领导岗位，他们懂政策、善管理，带领群众治穷致富，发展商品生产，发展乡镇企业，为振兴农村经济做出了贡献，赢得了人民群众的信赖和赞扬。据统计，进入乡镇企业的退伍军人已达50万人，绝大部分已成为管理和技术骨干。其中被选拔担任乡镇企业厂长、经理的就达3.9万人，有2700名退伍军人荣获省、地、县级“乡镇企业家”称号。一大批濒临倒闭的乡镇企业，由于任用了退伍军人而起死回生，并创造出较好的效益。特别是在一些贫困、边远地区，由退伍军人领办乡村企业，带领群众走上了振兴富庶的道路。他们在小集镇建设，发展外向型经济等项事业中，勇敢介入，带头示范，起到了积极的作用。

（二）有力地促进了城乡精神文明建设。退伍军人保持和发扬军队的优良传统，在精神文明建设中发挥了模范作用。近年来，涌现出一大批“劳动模范”和“新长征突击手”，他们带头执行党的方针、政策、法令，扶贫、帮困、助残，义务兴办公益事业，有的办学育人，有的办院养老，有的办所治病，有的修路建桥，有的打井办电；他们带头倡导科学文明的生活方式，在婚事新办，丧事简办等方面作出了表率；他们自觉维护社会治安，被聘为治安员、普法员或乡村“土律师”，为增强全民法制意识，推动中国农村的法制建设付出了不懈的努力；他们不仅传播、普及科学文化知识，而且勇敢地步入科技研究领域并在其中崭露头角。他们的发明创

造，有的填补了国家的空白，获得了国家专利权、发明奖；有的在文学创作、新闻报道、书画摄影等方面取得了令人瞩目的成绩。

（三）有力地促进了民政经济、农村基层社会保障事业的发展。广大退伍军人无论是在创办经济实体，还是在领办救灾扶贫企业或社会福利企业方面，都显示出明显的优势。两用人才领办和为主体的救灾扶贫经济实体已达5.5万个，其中民政福利企业有6200个，近年来创产值达98亿元。事实说明，广大退伍军人，已成为发展民政经济进而推动农村社会保障事业前进的一支重要力量。

广大退伍军人在两个文明建设的广阔舞台上显露了聪明才智，发挥了群体优势和骨干作用，有力地促进了经济建设，国防建设和社会的安定团结，得到了社会各界的普遍赞誉，并在国际上产生了良好反应和重要影响。

第五节　军用饮食供应站、供水站的建立和发展

一、中国军用饮食供应站、供水站的历史发展概况

军用饮食供应站、供水站（以下简称军供站）是地方人民政府支援过往部队的组织机构和战备设施，在地方人民政府领导下，由民政部门负责管理。军供站的主要任务是保证成批过往的部队，入伍的新兵、退伍的老兵和支前民兵、民工等在运输途中的饮食、饮水供应以及军运马匹的草料和饮水供应。因此，军供站的建设和发展，对加强国防建设和做好战备工作都具有十分重要的作用。

军供站的建设和发展，是伴随着战争的需要和军队建设的需要而建设成长起来的。最初是在解放战争后期，地方人民政府根据战争的需要，在铁路沿线设立了一些粮秣站，给部队列车送饭、送水和送马草马料，支援解放大军南下作战。在抗美援朝战争初期，为了保障中国人民志愿军入朝作战，地方各级人民政府根据当时政务院的指示，在铁路沿线建立了第一批军用粮秣站，以后就陆续在铁路、水路交通沿线正式建立了军用饮食供应站。可见，军供站是完全为军队、为战争服务的重要战备设施，是军队

后勤工作的延伸和补充，它随着军队建设和国防建设的发展而发展，有着强大的生命力。军供站从无到有，从小到大，从第一批45个军用粮秣站，发展到全国共有军供站209个、供水站12个。还有53个军人转运接待站，三站合计274个，床位3.2万余张，固定资产1.6亿元，配备各式汽车350余辆。在这条战线上工作的干部、职工有6700余名。已初步形成一个指挥灵便、供应及时、服务周到、安全保密的饮食供应和接待系统。

军供站的建设和发展有着光荣的历史。它圆满地完成了解放战争后期支援部队作战，志愿军抗美援朝作战，1958年志愿军归国和炮击金门、西藏平叛作战，1962年东南沿海紧急战备和对印自卫反击战，1965年开始的援越抗美，1969年抗击苏联侵略珍宝岛的作战，尤其是1979年以后对越自卫反击作战等一系列支前工作，光荣地完成了历次作战和战备运输的饮食供应任务。它还完成了每年入伍新兵、退伍老兵、部队调防、部队训练、特种兵打靶、国防科研和施工、紧急抢险救灾等平时部队运输中的饮食供应任务，为支援过往部队、巩固国防，做出了重大贡献。

二、中国军用饮食供应站、供水站历史发展的三个阶段

（一）创建成长阶段（解放战争后期—1965年）。这个阶段是从解放战争后期，地方人民政府为了支援部队南下，在铁路沿线建立粮秣站开始，到1965年4月7日国务院批转总参谋部、内务部制定的《军用饮食供应站、供水站组织管理暂行办法》为止。解放战争后期建立的粮秣站可以说是军供站的雏形，或者说是军供站的前身。新中国成立初期为了支援抗美援朝战争，当时的政务院指示地方政府在铁路、水路沿线建立了粮秣站，以后即在此基础上建立了军供站。这一阶段军供站的特点是：因陋就简、克服困难，形成了艰苦奋斗，不怕困难，在任何艰难条件下都能完成军供任务的战斗作风，很好地完成了各项军供任务。在这一阶段积累了多方面的丰富实践经验，奠定了全心全意为部队服务、为战备服务的思想基础，形成了克服一切困难，完成军供任务的优良传统作风。

（二）有法可依，依法办事阶段（1965—1984 年）。国务院转批总参谋部、内务部制定的《军用饮食供应站、供水站组织管理暂行办法》，以后，这个《暂行办法》的颁布实施，大大地加强了军供站的地位。从此，军供站被国务院（中央人民政府）和地方各级人民政府正式纳入了工作序列，使军供站的存在和发展以及日常军用饮食供应工作，有了国家法律的保证。《暂行办法》从国家法律上明确了几个方面的内容：

1. 明确了军供站工作的性质。《暂行办法》第 2 条规定："供应站、供水站是地方政府支援过往军队的组织机构。"说明军供站工作的性质是为军队服务的。

2. 明确了军供站的任务。《暂行办法》第 3 条规定："供水站的任务是，保障平时和战时成批过往的部队、入伍的新兵、退伍的老兵和支前民兵、民工在运输途中的食品、开水及军用马匹的草料和饮水等的及时供应。"

3. 明确了军供站属于行政单位。《暂行办法》第 4 条规定："常设站，应有少量固定编制的人员，编制人数由各省、自治区、直辖市人民委员会根据实际需要确定，并在各省、自治区、直辖市的行政编制总额中调剂解决。所需工资、福利费和供应站、供水站的公用经费等，由地方行政经费内开支。"这说明军供站作为地方政府的一个机构是行政单位。既不是事业单位，也不是企业单位。

4. 理顺了各有关部门与军供站的关系，明确了政府各有关部门的责任。《暂行办法》具体规定了粮食、商业、供销、卫生、铁道、交通、公安等各部门所应承担的责任。

5. 对供应站、供水站的供应工作，规定了工作内容，提出了基本要求（见《暂行办法》第 8 条）。

6. 对供应站、供水站的保卫、保密工作，提出了要求。对保守军事秘密，给予了高度重视（见《暂行办法》第 9 条）。

7. 对供应站、供水站的管理工作，提出了基本要求（见《暂行办法》

第10条)。

《暂行办法》的这些法规条文，都是军供站在第一个发展阶段中所创造和积累的丰富实践经验的结晶。这个法制建设的成果是由第一阶段的工作发展而来的。而军供站发展史上第二个阶段的工作，又在第一阶段的基础上有了很大发展。有法可依，依法办事是第二阶段工作发展与进步的基本标志，这部行政法规成了这一阶段军供站工作的基本的法律保证。

第二阶段军供站的工作，有相当长的时间处于“文革”动乱时期，军供站工作不可避免地遭到了破坏。但在1976年粉碎“四人帮”之后，特别是在中共十一届三中全会以后，军供站工作进行了拨乱反正，很快地走上了依法办事的轨道，并有许多新的发展和创造。例如平战结合、为社会服务这一新生事物，就是在中共十一届三中全会以后，在改革、开放的新形势下破土而出的。

上述第一、二两个阶段的工作中，也还有一些问题。如供膳内容单一，大盆菜，大锅饭，月台、室外就餐；房屋设备简陋、站容站貌差，设备设施不齐全；单纯军供工作，无军供任务时，设备和人员闲置浪费；经费开支渠道狭窄，经费困难突出等等。这些问题的存在，与当时整个国家的政策制度，社会、经济发展水平和人民生活水平直接相关，不是军供站本身工作上的问题。这些问题，在中共十一届三中全会以来的路线、方针、政策的指引下，随着改革开放和中国社会、经济的发展，人民生活水平的提高，大部分已得到解决或将要得到解决。

（三）改革创新，全面发展阶段（1984年以后)。1984年全国军供站经验交流郑州现场会议以后，中国军供站的工作进入了第三个发展阶段。这一阶段的特征是：改革创新，全面发展。

全国各地军供站在郑州会议以后，坚持为部队服务、为战备服务的方向，坚持改革、开放，坚持开展正规化建设，坚持搞好平战结合。为社会服务，以轮战部队的军供接待保障为重点，各项工作取得了突破性进展，战备效益、社会效益、经济效益都有明显提高。在各级人民政府及主管部门的关心重视和积极领导下，在军交部门的密切配合协助下，通过军供战线广大干部、职工的辛勤劳动和共同努力，军供站的工作进入了新中国成立以后发展最好的时期，开创了军供站工作的新局面。主要表现在以下四个方面：

1. 圆满地完成了轮战支前，部队调动和新老兵运输等项任务。根据统计，全国军供站、军人接待站每年接待过往部队和新老兵运输数百万人次。各地军供站保证过往部队吃饱、吃好、休息好，受到部队指战员的一致好评。特别是从 1984 年 6 月至 1989 年 11 月的 5 年多的时间里，各军供站克服重重困难，出色地完成任务，有力地支援了部队为取得对越防御作战的胜利和部队执行特殊政治任务做出了贡献。军供站经受了大兵团运输途中饮食供应的考验和锻炼，职工的思想面貌和业务素质发生了显著的变化，军供工作创历史最好水平。许多军供站被誉为“军人之家”，“军队的好后勤”，“军队的坚强后盾”。被地方政府授予“拥军支前先进单位”“文明单位”等称号。收到过往部队赠送的大量锦旗和表扬信。郑州、武汉、阜新、株洲、银川、桂林等军供站被民政部授予“全国民政系统先进集体”称号。

2. 军供站工作的法制规章和正规化建设取得了显著成绩。1965 年国务院批准总参谋部、内务部制定的《军用饮食供应站供水站组织管理暂行办法》颁布不久，开始了长达 10 年的“文革”动乱，军供工作虽然不可避免地遭到了破坏，但是在 1976 年粉碎江青反革命集团后，特别是在中共十一届三中全会以后，进行了拨乱反正，很快走上了依法办事的轨道。由于情况的变化，《暂行办法》有些条款已不适应军供站工作实践的发展，军供站工作在改革开放的新形势下出现的新生事物，创造积累的新鲜经验又需用法规条文固定下来。所以，在 1984 年郑州现场会议上就开始酝酿讨论修订《暂行办法》。经过五年多时间的努力，与有关部门反复磋商，于 1989 年 10 月 4 日，中央批准并授权民政部和总后勤部发布了《军用饮食供应站供水站管理办法》。它是中国军供站供水站长期实践经验的总结，为中国新时期军供站供水站的建设和发展提供了法律依据和保障。《管理办法》的发布施行，对于建立和完善军供站供水站法制，更好地为部队服务，为战备服务，为国防现代化建设服务，具有十分重要的意义。

军供站正规化建设，是军供站工作的一项重大改革，是政治体制改革的组成部分。它的目的是使军供站的工作制度化、程序化、标准化。1985年12月，民政部、总后勤部联合转发了辽宁、吉林、黑龙江省民政厅和沈阳军区后勤部军运部制定的《军供站正规化建设要求》。对此，各地十分重视，积极响应，密切结合本地实际情况，采取有效措施，认真贯彻执行。到80年代末期，在军地双方紧密配合下，全国所有的军供站都开展了正规化建设。普遍建立健全了以岗位责任制为中心的各项工作制度，制定了军供工作程序，收集整理了工作资料，初步实现了军供站工作制度化、程序化、标准化，有效地提高了军供工作的效率和质量。为从经验管理型向科学管理型的转变，打下了基础，并迈出了可喜的一步。军供站正规化建设，带动了军供站工作的全面发展和提高。各地军供站在正规化建设中解决了不少问题，抓了领导班子的整顿、建设，抓了优质服务。各地政府和民政部门拨款修缮了餐厅，增添了设备，治理了脏乱差，美化了环境，使站容站貌焕然一新。军供站正规化建设，不仅达到了更好地为过往部队服务的目的，而且适应了国家经济、政治体制改革的新形势的需要。这项工作的开展，把军供站工作大大向前推进了一步。

1986年9月，民政部、总后勤部向各地布置了检查验收军供站正规化建设的工作。经过检查验收，全国军供站全部达到了合格标准，其中52个被评为全国军供站正规化建设先进单位，1987年8月，民政部、总后勤部联合发文进行了通报表彰。为了把军供站正规化建设深入持久地开展下去，1989年4月，两部又下发了共同修改制定的《军供站正规化建设要求》，进一步推动了军供站正规化建设工作的发展和提高。

3. 军供条件和供膳方式有了明显改善，提高了供应保障能力和军供质量。全国军供站经过争取当地政府和有关部门的大力支持，经过全体干部、职工的艰苦奋斗，站容站貌发生了很大变化。许多军供站基本实现了“春有花、夏有荫、秋有果、冬有青”。为过往部队和本站职工提供了优美、舒适、安全、卫生的军供环境。不少军供站被地方政府命名为“精神文明先进单位”“卫生先进单位”“绿化先进单位”。各地政府和各有关部门十分关心支持军供站的建设，有的拨出专款为军供站整修餐厅、操作间，添置或更新炊事机械、供餐用具等设备，提高了军供站机械化作业程度，绝大多数军供站做到了部队在餐厅入座就餐。寒区军供站增设了防寒保暖设施，炎热地区军供站设置了冲凉和防暑降温设施，改善了军供条件。为保证过往部队指战员的身体健康，保持部队战斗力，各军供站积极改革供膳方式，提高了军供质量，主要表现在膳食质量和服务质量两个方面。全国绝大多数军供站通过努力，普遍实现了主食供应多样化，副食供应盘碟化，达到了四菜或六菜一汤，改变了“大锅饭”“大锅菜”的供应方式，开始由“温饱型”向“营养型”转变。还有一些军供站积极开展科研活动，研制出一些新型军供器材，为改革供应方式，实现快速供应探索了新路子。继郑州军供站研制成功一种快餐供应车、打饭机之后，浙江萧山军供站又研制成功了一种快餐保温车，郑州军供站研制了六菜一汤的军供保温火锅，哈尔滨军供站研制了手提式快餐保温箱。特别是牡丹江军供站研制成功拖挂式 MG500C 型快餐保温车，获得解放军总后勤部科技进步成果二等奖。它适应新形势下军运工作的需要，解决了过往部队站停时间短下车吃饭有困难的矛盾，加快了军供方式改革的步伐，深受过往部队的欢迎。

4. 坚持改革，开展平战结合，为社会服务，增强了军供站的活力。全国各地军供站在保证完成军供任务的前提下，本着增强军供站活力，为社会创造财富，为四化建设多作贡献的精神，充分发挥现有条件和优势，开展了平战结合，为社会服务，从而解决了军供站忙闲不均的问题，增加了收入，改善了设备条件和职工生活。由于经济效益的提高，许多军供站用经营收入购置安装了锅炉、餐桌、餐凳、电冰箱、电烤箱、洗衣机、电视机、床上用品、开设洗澡设备等，有的还盖了餐厅和接待楼。不少军供站用经营的收入补贴部队伙食、提高伙食标准。各地的实践充分证明：军供站实行平战结合、为社会服务，是军供站工作改革、开放、搞活的一条正确途径，不仅提高了军供保障能力，减轻了国家负担，改善了职工福利待遇，锻炼了职工队伍，更重要的是适应了国家经济体制改革和国防建设指导思想的战略转变，对加强和促进军供站建设具有十分重要的意义。

三、军用饮食供应站、供水站工作的历史经验

（一）充分认识军供站的地位和作用，切实加强对军供站的领导。军供站是地方政府支援过往部队的组织机构，是常设的战备设施，是国防建设工作的延伸和重要补充，是国防建设不可缺少的组成部分。在军事运输中，军供站是组织部队输送的重要环节，是保障部队机动不可缺少的一个方面。因此，军供站在保障部队行动、支援战争胜利中肩负着重要的责任。尤其是现代战争，爆发突然，部队机动频繁，要求具有快速反应能力，因而军用饮食供应工作的任务就更艰巨，地位作用就更重要。此外，军供站工作又直接体现着共产党和人民政府及广大人民群众对子弟兵的关怀和爱护，做好这项工作，对部队有着巨大的教育和鼓舞作用。不论是和平时期还是战争时期的军队建设，都离不开军供保障工作。这项光荣而又重要的任务，是一项综合性的工作，涉及许多部门的业务，单靠一个部门是难以完成的。民政部门要在地方人民政府的领导下，加强对军供站的管理，争取有关部门的支持与配合，依靠各有关部门的共同努力，不断推进军供站工作的向前发展。

（二）坚持全心全意为部队服务，为战备服务的办站宗旨，全面提高军供质量。军供站承担的任务，决定了军供站必须把为部队服务，为战备服务作为一切工作的出发点。无论过去、现在和将来，这都是军供站的唯一宗旨和根本立足点。全面提高军供质量是军供工作的核心，是“两个服务”的具体体现。军供站要加强科学管理，培训炊事人员，提高饮食供应

质量。同时，要不断改善军供条件，扩大服务范围，千方百计地为过往部队提供方便，把军供站真正办成“军人之家”。

（三）深入持久地开展军供站正规化建设。开展军供站正规化建设，是军供站工作由经验管理向科学管理转变的重要步骤，是适应深化改革形势的需要，保证完成军供任务提高军供质量的有效措施，也是和平时期加强军供站建设的一条根本途径。因此，是一项长期工作，不是权宜之计。民政部、总后勤部制定下发的军供站正规化建设的各项要求，军供站都要认真贯彻执行。特别是领导干部，要以身作则，带头落实。全体工作人员都要做到熟记职责、制度和程序，自觉用正规化要求规范自己的行动。各单位要根据新的形势，不断研究新情况，解决新问题，总结新经验，使军供站正规化建设不断向深度和广度发展。

（四）积极改革供应方式，提高快速保障能力。现代战争突发性强，部队机动频繁，时间紧迫，对输送途中饮食要求高，如何实现快速供应，是一个值得重视的问题。它一方面是通过工作制度化、程序化、标准化和提高军供设备机械化程度来提高工作效率；另一方面就是研究改革供应方式。各军供站要积极开展军供科研活动，根据部队铁路输送条件的改变和现代战争的特点，积极研究探索新的供应方式，使供应手段更多样，供应方式更灵活，提高军供站的供应能力、应变能力和快速保障能力。

（五）适应形势发展，搞好平战结合。军供站实行平战结合，利用现有设施为社会服务，符合国家深化改革形势的要求，符合军供站的特点，是一项提高自我发展能力的战略措施。各军供站要因地制宜，积极创造条件，搞好这项工作。同时必须是在充分保证任务完成的前提下进行。不能为追求经济效益而妨碍军供任务、影响军供质量。要严格遵守国家和当地政府的政策法令，遵守财经纪律。军供站的经营活动，要尽量与其性质、任务相适应。其收入应用于军供站的建设，提高自我发展能力，增强自身的生机和活力。

（六）深化军供站内部机制的改革，加强思想政治工作和培训工作。

军供站要在深化内部机制改革的问题上，围绕干部制度、用工制度、分配制度等方面进行必要的探索。在改革的同时，加强职工的思想政治工作，开展国防意识教育、法纪教育、理想教育和职业道德教育，提高广大职工全心全意为部队服务的光荣感和责任感，增强法制观念和遵纪守法的自觉性。要重视职工的业务培训，由各军供站根据自己的实际，制定职工培训计划，采取委托培训、集中办班、开展岗位练兵等形式，对职工进行培训，造就一批技术和业务比较熟练的军供站工作骨干，以利于把军供站建设推向新阶段。

第七章
军队干部离休退休安置

中国人民解放军离休退休干部的安置工作，是共产党和人民政府对退出现役移交地方的军队离退休干部接收安置并对其晚年生活做出妥善安排的组织管理活动。根据中共中央、国务院的决定，这些军队离退休干部移交地方后，由民政部门负责管理。军队离退休干部的安置工作是老干部工作的组成部分，是一项特殊的社会保障工作。它一方面发扬了中华民族尊老敬老的传统美德，另一方面是革命战争年代所形成的拥军优属工作的新发展。

第一节　中国新民主主义革命时期的军队退休工作

新中国的军队离退休工作具有革命的传统。自从1927年中国人民解放军（前身是中国工农红军、八路军、新四军）创建以后，中国共产党和人民政府对军队干部（战士）退休工作十分重视，在革命发展的各个历史阶段，先后颁发了许多指示、规定和条例。各个战略区也根据中央的精神与本地区军队的实际情况，先后制定了一些条例和暂行办法，对于保障军队完成作战任务起了积极作用。在战争年代，要达到消灭敌人，保存、发展自己，夺取全国胜利的战略目标，各级指挥员必须年轻、精壮。部队也十分需要精干充实。在28年的武装斗争中，人民政权在极其艰难困苦的情况下，千方百计对于那些因战致伤残、长期作战积劳成疾、已不适应军队工作的老弱干部战士，作了妥善安置，使他们及时得到治疗、休养和学习。

一、军队人员退休的条件

关于退休条件的确立，在革命发展的各个历史时期及所在地区，都有所不同。由于当时革命战争环境的艰苦，退休条件主要依据年龄、军龄和身体条件而定。

（一）从年龄、军龄条件上看，一般规定在45岁以上，并有五年以上军龄者可以退休。1931年11月中华苏维埃第一次全国代表大会通过的《关于中国工农红军优待条例决议》中第13条规定："在红军服务五年以上而年满45岁者，可退职休养，由国家补助其终身生活。"抗日战争时期和解放战争时期，退休年龄大都为45岁以上，有的地区规定为40岁以上。陕甘宁边区政府颁发的《抗日军人优待条例》规定："抗日军人服务五年以上年满45岁者可退职休养，公家补助其终身生活。"1946年3月8日，晋绥边区行署、军区关于抗日军人及抗日工作人员还乡处理办法中则规定："凡年在40岁以上或年龄过小（干部则仅限于连或相当于连级以下）身体衰弱者"，即可办理退休。

（二）从身体条件看，凡战争中因伤致残、积劳成疾、长期患病已失去工作能力的，均可作退休处理。红军时期，中华工农兵苏维埃第一次全国代表大会颁发的中国工农红军优待条例第12条规定："红军在服务期间，因伤病须休养时，应送到最适宜之休养所休养"。第14条规定："设立残疾院，凡因战争在服务中而残疾者，入院休养"。1949年，华东军区、山东人民政府关于年老病弱退休军人待遇问题中规定："凡因年老或长期病弱确实不能继续担任部队工作，经医生证明，师（旅、军分区）以上政治机关批准退休回家者，称年老病弱退休军人"。从各个时期的文件规定来看，对于符合退休条件的人员，并没有严格区分干部或战士，一般统称"红军""残废军人""老年军人"等。

二、军队退休人员的待遇

退休军人的待遇基本上分政治待遇和物质待遇。

在政治待遇方面，有些地区规定在各种集会时为荣誉军人划出席位，或者安排前排就座，请他们的代表讲话；遇有重大节日，发动当地群众进行慰问；一些地区确立纪念日或荣军节日。1942年5月20日新四军政治部规定，每年“七七”抗战周年纪念日和10月12日（新四军成立纪念日）为荣誉军人日，各部队于该日举行荣誉军人大会，对部队进行宣传教育，广泛听取荣军的建议和意见。山东人民政府和山东军区于1946年3月联合颁布的《复员工作条例》中规定，“每年‘七七’为荣誉军人节，以县或区为单位召集荣誉军人大会，倾听其意见，教育鼓励他们参加生产和各种社会建设事业”。

退休军人的物质待遇。从1927年到解放战争胜利，在革命战争发展的各个阶段，随着各革命根据地和民主政权的不断扩大，经济条件的逐步好转，退休军人的生活待遇也逐步提高，尽管所享受的生活待遇十分微薄，但仍能区别不同情况，做出具体规定。一般说来，均依照其参军时间长短、所任职务高低、所立战功大小、身体健康状况、负伤致残程度、家庭经济水平等实际情况，享有不同的生活待遇。斗争历史较长的老年军人、干部、残废军人都给以较高的待遇。

土地革命战争时期，由于红色政权刚建立不久，革命根据地范围比较窄小，故对退休生活待遇规定比较简单。凡退职休养军人，由苏维埃政权补助其终身生活；凡入残废院休养者，其生活费用，比红军生活费增多1/2。如愿回家休养者，给予终身抚恤金，其数目以当时当地之生活水平而定。全残废的，每年不得少于50元大洋；半残废的，不得少于30元大洋。对于红军指挥员、战斗员中因劳致病、致损失一部分工作能力者、残废者、死亡者家属给予应有的抚恤。由国家分给土地，发给抚恤金，帮助耕种，或帮助迁移，其子女弟妹入革命纪念学校，由国家供给一切费用，满18岁者，由国家介绍职业。

抗日战争和解放战争时期，各战略区部队对于老弱残废退休人员，一般都发给一定数量的年老优待金、残废抚恤金、生产补助费、生活补助费、路途费和安家费等。到达退休地点后，由当地人民政府按规定分给土地、牲畜、生活用具和住房等。退休军人享受的各种待遇依军龄、年龄不同有所差异。军龄越长，年龄越大，所享受的待遇稍优厚些。抗日战争时期入伍的要优于解放战争时期入伍的。退休的残废军人，除发给一般费用外，另按残废等级发给抚恤金。退休军人离队时，一般都发给被服、鞋袜、毛巾，个别地区发给肥皂、牙刷、牙粉。所发退休费用，多数地区由于货币价值不一，多以实物如小米、小麦、猪肉等折价计算。退休军人回乡安置后，当地人民政府给予相当于中农的生活水平。多数地区把年满50岁以上，连续军龄5年以上的退休军人称为“革命年老人”，发给年老优待证书。这些年老军人一般可享受三等甲级荣军之优待，根据不同情况领取养老补助。其中职别分为干部与战士两类；干部中分为团级、营级、连级3种；斗争历史分10年与10年以上两项；家庭经济状况又分为富有的、能维持的和贫穷的3种。补助数额为：

（一）干部中斗争历史在十年以上的团级干部其家庭富有的，养老补助费为600元，能维持的，发给800元，贫穷的，发给1000元。营级干部按其家庭经济情况分别发给400元、600元、800元。连排级干部发给200元、300元、500元。

（二）干部斗争历史在十年以下者，按家庭经济情况，团级的分别发给400元、600元、800元；营级的发给200元、300元、500元；连级的发给100元、200元、300元。

（三）战士的斗争历史五年以上者，按家庭经济状况，分别发给200元、300元、400元。战士斗争历史在5年以下者分别发给100元、200元、300元。

1948年1月晋察冀军区政治部关于年老军人待遇的指示中规定，对年老军人每年以荣誉金小米100斤或80斤供给终身。对于因战失掉手足的残废军人，每年冬季发给护伤布和棉花。有的抗日民主政府还规定，退休军人返乡后享受种种优待，如享受代耕、免出战勤、免纳捐税和子女免费入学等，并发给老年优待证书。

三、军队退休人员的安置

退休军人的安置工作，在民主革命时期没有统一的规定。由于各个地区在各个革命历史发展阶段上的差异，安置办法也多有不同。主要有四种办法：一是作退休安置；二是回乡或在根据地内安家，参加生产；三是送残废院；四是送荣军教养院休养学习。

土地革命战争时期，苏维埃政府规定，退职休养者，由民主政府安排到最适宜地区休养。休养期间的一切费用由国家供给，并“补助其终身生活”。

抗日战争和解放战争时期，对退休干部和对革命有贡献的老年军人，一般不退伍回家，大多是安置在地方公营事业、社会事业或地方机关，分配力所能及的工作。也有的则入荣军教养院休养。同时，注意适当分散安置，以适应对敌斗争的环境。

四、军队退休人员的管理

土地革命时期，在中华苏维埃各级民主政府中均成立抚恤委员会、优待红军委员会，负责对红军退休人员的管理。根据1931年11月中华苏维埃共和国中央革命军事委员会通过的、由中央革命军事委员会抚恤委员会印发的《红军抚恤条例》第一条规定：“为执行红军抚恤条例所规定各项应组织各级抚恤委员会”，“中央革命军事委员会抚恤委员会为决定与执行抚恤条例之最高机关”，设委员5人，由中央革命军事委员会在工农红军总政治部指定其中1人为主任，召集会议，并处理日常事宜。“以军区或军为单位，组织抚恤委员会，定名为中央革命军事委员会××军区或第×

军分会”。1932年2月1日，为了妥善安置红军残废人员和退休人员，中华苏维埃共和国执行委员会发布训令，其中第18条规定，“在各县军事部之下设优待红军委员会，负责管理红军优待事宜。省政府之下设立省优待红军委员会，来负责指导监促各县优待红军委员会之责”。根据中央苏维埃政府的原则规定，湘赣省、东江等苏区政府纷纷制定了优待红军条例、抚恤条例及实施办法。

抗日战争时期，对老年退休和退伍军人的管理主要有以下几种：

（一）在军队各大战略区各级设立抚恤委员会和优抗抚恤委员会，负责在抗战期间伤残退伍军人、老弱干部的抚恤工作；

（二）建立教导院、荣誉军人学校进行管理；

（三）政治机关派人组织慰问；

（四）组织发展生产，保障生活供给；

（五）妥为安葬寿终之荣誉军人。

解放战争时期，为了妥善安置管理好红军时期和抗日时期及解放战争时期退下来的老、弱退休军人，中共中央以及各解放区的政府及军事机关，制定颁布了各种法令、条例、规定等，使管理和服务工作做到有章可循，从而保障了老年军人退休后的政治、生活待遇得到落实。

第二节　中华人民共和国军队干部离休退休制度的创建和发展

中华人民共和国军队干部离休退休制度，是国家离退休制度的重要组成部分。这项制度在中共中央、国务院和中央军委的关怀和领导下，40年间不断得到完善和发展。它作为中国一种特殊的社会保障，对于推进国防现代化建设，加强军政军民团结，建设社会主义物质文明和精神文明，实现共产党在各个历史时期的政治任务，发挥了重要作用。正像中央军委主席邓小平说的那样，“国家不建立退休制度就会影响到整个国家的生气，军队不建立退休制度，也就不能保持自己的生气。”（《邓小平文选》252页）说明军队干部离退休制度确实是保证军队建设的一项重要制度。

一、新中国成立初期军队干部离退休工作开始起步（1949—1957年）

中华人民共和国成立后，尽管经历了22年艰苦的武装斗争，但绝大多数军队干部还比较年轻，甚至不少高级将领也都在40岁左右，全军干部队伍正处在年富力强的鼎盛时期。因此，中国人民解放军干部的离退休作为制度还提不到议事日程上来，这是符合当时军队干部实际情况的。但当时部队中已有一些在战争中负伤致残或积劳成疾的老弱病残干部，有些干部甚至因战因病失去工作能力或生活不能自理。对此，国家采取了以下办法：

（一）由荣军教养院供养终身。1951年，人民革命军事委员会、政务院作出了《关于处理部队中老弱病残人员的指示》，责成由省级军区到各大军区，建立处理委员会（是当时对部队中老弱病残人员处理的领导机关）以军区政治部、干部管理部、后勤部、卫生部及该级人民政府之人事厅（部）、民政厅（部）和复员委员会，各派主要干部参加，以该军区政治部主任为主任委员，负责研究处理各区域内部队中的老弱病残人员。处理的原则，按治疗、教育、转业、供养、复员等分别对待，并明确规定，属于老弱病残的班以上干部，原则上不复员。对于一等伤残及无家可归不能继续工作的，由各省人民政府组织荣军教养院以收容供养终身，其待遇不低于部队原级别。

（二）由军队干部休养团留养。1952年12月31日，中共中央、人民革命军事委员会、政务院颁发了《关于处理伤病员工作的决定》，文件明确规定，对于部分营以上干部或有长期斗争历史的排、连干部，患慢性伤病久治不愈，或伤愈后遗留机能障碍不能分配工作者，须组织干部休养团长期留养。各大军区根据文件规定精神，均组织一个干部休养团，专门负责收养此类干部。后来，为了严格控制进休养团人员的条件，1953年1月18日，中央军委进一步制定了关于休养人员条件的具体规定，凡是营以上干部及有8年以上斗争历史的连排干部，在全师成为战斗英雄、模范工作者的伤病员，患慢性病久治不愈或伤愈后遗留机能障碍不能恢复、无家可归或不回家的，可到休养团留养，其生活待遇、伙食一律按轻伤病员供给标准发给，津贴、服装等按原级别供给标准发给。

（三）发给生产资助金复员回乡。根据1953年中央军委总干部部关于部队老弱干部处理问题的复示中的规定，对于作回乡处理的军队退休干部。主要根据军龄、职务、级别情况发给一定数量的生产资助金。团职一般不作回乡处理，个别须作回乡处理的，应报中央批准。回乡的资助标准，为战士的资助金增加2倍半或3倍。

（四）少数红军老干部自愿要求回乡休养。对于少数红军老干部中，个人坚决要求回乡并有家可归，回家后亦能维持生活者，根据1953年6月3日《军委总干部部关于红军干部处理回乡问题的复示》中的规定，可准其回乡参加生产。但某些本人已丧失劳动能力，家庭生活困难，如要求回家长期休养者，其生活待遇仍由部队供给。在红军中担任过团长的方和明，1930年入党，经过长征，曾7次负伤，受过13次奖励。1949年，全国一解放，组织上为了照顾他负伤过多日渐衰弱的身体，决定让他在部队长期休养。但他坚决表示，不让国家白白养活自己，要求解甲归田，告老还乡，1949年年底他只领了500斤小米的安家费，回家参加农业劳动。

（五）少数干部由国家供养交由民政部门管理。1954年12月18日，内务部、财政部、总政治部发出《关于军队供养人员移交地方安置的联合通知》中规定，少数第二次国内革命战争和抗日战争时期入伍的属于无家可归、生活确实无保障的排以上干部（其中还有一些是团、师级干部），因长期从事革命工作，年老体弱，已基本丧失工作能力，不能在部队继续服务，也不能转业地方工作或复员回乡参加生产，移交地方政府民政部门，由国家供养。1954年5月8日，中央军委、政务院颁布的《关于处理军队干部转业建设的联合指示》中规定："对于长期为革命工作而基本丧失工作能力者，由国家给予供养或给予补助"，并就移交地方政府有关问题做出进一步明确规定："军队应以省军区或大军区为单位组织起来，暂为留养，然后移交地方政府供养。各省（市）人民政府应即做好准备，并予10月底以前将此类需要供养的干部全部接收。接收后，其经费由政府负责。”在这个时期里，军队中需作退休处理的干部，除个别人员退休回乡安置外，都未能移交地方安置。

50年代中期，军队退休干部的安置工作，进一步得到了共产党和国家的重视。政务院、中央军委对退休干部在政策上开始有了具体规定。在退休条件上，不强调年龄，主要依身体残弱情况而定；在退休待遇上，要求回乡安置的只发给一定数量的生产资金。无家可归的伤病干部，由民政部送革命军人教养院供养；营以上干部或有特殊贡献者，入各大军区军官休养团，其待遇仍保持不变。在管理上，先由“处理委员会”后由“复员委员会”负责。其安置办法是：

（一）自愿回乡的退休干部，均作复员处理。1955年8月31日，国务院关于中国人民解放军退出现役干部就业的指示中规定：“凡因年老、体弱不能坚持工作的或自愿回乡的，均作复员处理。由各级民政部门按《国务院关于安置复员建设军人工作的决议》给予妥善的安置。”对于需要供养的干部，又作了“暂留军队，待以后另行处理”的规定。1957年4月25日，国防部关于处理干部转业问题的几项规定中明确指出，今后“凡退出现役交由国家分配工作均按转业处理”，只有某些个别失去工作能力交由国家分配工作者，才按复员处理。

（二）民政部门开始接收军队供养干部。1955年至1957年，民政部门积极做好各项准备工作，创造条件，服从国防建设大局，将在部队暂作留养的干部接收过来，直接由省级民政厅进行管理，并把他们视为于国于民的有功之臣做好各项服务工作。对于其中年大体弱，长期患病，丧失劳动能力，无家可归者，各地民政部门在当地政府领导下，克服各种困难，积极创办荣军教养院和革命军人教养院，接收安置了这些因伤致残和年老病弱的干部。

1956年4月26日，内务部、卫生部、总政治部、总后勤部联合发出通知，对今后部队中因伤病致残人员和老弱残人员的处理原则和转送革命残废军人教养院的办法做出具体规定，其中“军官由所在治疗机关做出健康状况的鉴定后，如需送革命残废军人教养院的，均送所在军区或原部队机关干部部门负责处理（政治军官由政治部门负责处理）。”被转送革命军人教养院的老病残者，他们的家属可随同前往，转入教养院的人员，不再保留部队时的待遇，一律改按教养院标准执行。

二、军队干部退休工作开始走上制度化的新时期（1958—1965 年）

1958 年，人民解放军进入了正规化建设的新时期。一大批在长期革命斗争中丧失了工作能力的现役军官，需要得到妥善安置。另外，1954 年以来需要退休的干部，绝大多数尚未移交地方安置。为使这些退休军官尽快得到妥善安置，安度晚年，制定和颁发军官退休安置办法，是十分必要的。

根据军队建设的需要，为了妥善安置在长期革命斗争中丧失了工作能力的中国人民解放军现役军官，1958 年 7 月 5 日，国务院全体会议第七十八次会议通过并颁布了《国务院关于现役军官退休处理的暂行规定》。这个法规性文件，对退休条件、待遇、安置、住房、医疗等都作了明确规定，并且将过去由国家供养的军队干部也纳入了退休干部之列。从此，中国人民解放军军官退休工作，开始向着法制化、规范化方向迈进。这一时期，军队逐年向全国各地的民政部门成批地移交了退休干部。据不完全统计，全国共接收了约 4900 余名军队退休干部。不仅使战争年代保留下来的老弱伤残退休军官得以妥善安置，而且军队中每年正常退休的军官也能及时得到妥善安置。有效地促进了军队干部队伍的新陈代谢，推动了中国人民解放军的正规化建设。

（一）军队干部的退休安置有了比较系统、易于掌握的具体的政策规定和安置办法。

1. 在退休条件上，对退休军官的年龄和健康状况都作了明确规定。基本上与国家规定的地方干部、工人退休条件相一致，但又充分考虑到军队干部的特殊情况和军队建设的特殊性，改变了过去只注重身体、不注重年龄的偏向，为以后制定和完善军队干部退休条件奠定了基础。

2. 从退休生活待遇上看，根据其军龄、军衔、职务、级别、特殊贡献、身体伤残程度等来确定应享受不同的物质生活待遇，并体现在退休费比例计算和住房分配方面。在住房安排上，采取由地方政府和军队共同解决的办法。主要由当地人民革命委员会和人民公社负责解决，如果当地住房有困难，军队有多余住房，也可以帮助解决。

3. 在安置方向上，制定了较为灵活的政策。主要本着“大分散、小集中”的原则：大城市少安排，中小城市多安排；一般可以就地安置，也可跨区或原籍县、镇安置。当时这种安置办法，既考虑到了平时，又考虑到了战时；既在政治、物质上给予适当照顾，又注意到了不脱离群众，不搞特殊化。对于自愿回农村安置的，给予适当照顾，较好地体现了从实际出发的原则。

4. 在管理体制上，由军队和地方的业务部门进行管理。从 1958 年 2 月起，军队退休干部的管理由过去的处理委员会、复员委员会，改归为军队的各业务部门和地方政府的民政部门管理或代管，具体由街道办事处负责落实他们的政治和生活待遇。

（二）军官退休办法颁发后，军队供养干部也按此改办了退休手续。1958 年 9 月 7 日，中央军委总干部部、国务院人事局、内务部对各地由国家供养的军队干部如何办理退休问题，作出了专门的具体部署。

1. 凡符合条件的，一律按军官退休规定办理退休手续，核定应领取的退休生活费标准。对于年龄、身体、健康状况不符合退休条件的，可酌情办理转业手续，由人事部门分配工作。不能分配工作的，由当地军区办理复员手续，发给复员生产补助金，由当地民政部门安排他们参加生产劳动。对个别班级以下供养人员符合退休条件的，退休费按副排级的薪金标准计发。不符合退休条件的，按复员处理。

2. 在退休待遇上，把现任职务与军衔制统一起来。如副营职以上供养干部，参照大尉以上军官处理，并核定其退休生活费。对供养干部家属原享受的供给制待遇和医疗待遇，不再继续享受。供养干部改办退休后的粮、油、棉、布，按照各地国家机关工作人员标准执行。身体病弱者，在细粮供应上给予优待照顾。供养干部在军官退休规定公布前已病故的，他们的亲属，不再享受原来的供给制待遇。生活有困难的，由当地民政部门在优抚事业费内给予定期定量补助。这样，当年由国家供养的军队干部就全部纳入了军队干部退休制度的轨道上来了。

（三）国务院和中央军委对贯彻落实军队干部退休条例中出现的一些问题十分关注。1959 年 11 月 6 日，内务部、总政治部联合发出通知，就军地双方如何密切协同，共同配合做好安置工作作了具体规定。在退休军官的审批权限、生活待遇、经费开支渠道、住房安排、家属优抚等方面作了补充规定，是对这一时期退休军官安置与管理工作基本经验的概括和总结，为搞好以后的接收安置工作蹚开了路子。

以国务院 1958 年制定颁布的现役军官退休处理的暂行规定为基石，军队干部退休制度进入了一个崭新的历史发展时期。这一时期军队干部退休制度的建立与发展，一方面充分体现了党和国家对军队退休干部的关怀和爱护，体现了各级人民政府和人民群众对军队老干部的尊重和体贴，体现了社会主义制度的优越性。另一方面，也集中反映了军队退休干部高度的政治觉悟。他们自觉地服从组织安排，顾全大局，说明了这一时期军队思想政治工作是卓有成效的。同时，各地民政部门对接收的军队退休干部，努力创造条件，克服各种困难，不断落实他们的政治、生活待遇，做好各项服务保障工作，赢得了老干部的信任和赞颂。

这一历史时期正是全国人民在中国共产党的正确领导下，自力更生，艰苦奋斗，克服困难，调整国民经济，发展工农业生产的重要时期。国家财力还不宽裕，人民生活水平还不高。因此，军队退休干部的生活费比例定得也不高。当时，国家不可能拨出大量专款安排住房建设，也不可能在各级政府内成立专门安置机构，对几千名军队退休干部进行集中管理。这是与当时国民经济发展水平与人民群众生活水平相适应的，是符合中国国情的。

三、军队干部离休制度开始建立（1958—1962 年）

中国人民解放军在长期的革命战争中，培养造就了一大批德才兼备的干部，这些老干部是国家的宝贵财富。他们长期忠心耿耿地为共产党和人民做了许多工作，对革命战争的胜利和军队建设事业做出了宝贵的贡献。他们身体日渐衰弱，积劳成疾，自应本着尊重、爱护和热情关怀的精神妥善安置。

（一）老干部离职休养制度的由来。中国共产党第八届三中全会向全党发出通知，中央决定安排一部分不能继续担任实际工作，又不能参加生产劳动的老干部，担任各种荣誉职务。1958 年 6 月 4 日，中共中央关于安排一部分老干部担任各种荣誉职务的通知中规定，担任这种荣誉职务的老同志是指：在 1942 年以前参加革命工作的县委部长以上的干部（包括地专以上机关科长以上的干部及事业、企业中担任相当职务的干部）或者是 1945 年以前参加革命工作的营职以上的军队干部。他们对党忠实，思想健康，在群众中或共产党员中有一定影响。他们在革命最困难时期，经受过严重考验，有丰富斗争经验。由于年事已高，不能继续担任繁重工作。但在联系群众，宣传教育群众、教育青少年发扬革命传统等方面，仍可发挥较大作用。担任荣誉职务后，已离开原任职务，在协商、咨询等机关内增设一些顾问、监事等，一般不参加实际工作。这些“担任荣誉职务的干部一律保留原工资”，“对于第二次国内革命战争期间及在这以前参加革命的老同志，现在做县委部长以下的工作，思想作风较好，但因年老体衰担负实际工作确有困难的，可以采取调离现任工作、工资照发、长期供养的办法处理”。

1959 年 10 月 31 日，中央组织部、中国人民解放军总政治部《关于安排一部分军队老干部在中央和地方担任各种荣誉职务办法的规定》中规定，凡是安排荣誉职务的军队干部，必须是：1945年前参加工作，对党忠实，思想健康，在群众中或共产党员中有一定影响的营级大尉以上的干部。被安排担任荣誉职务的干部，如确定转业或退休时，应办理转业或退休手续，交地方组织管理。高级干部（正师级职务以上或大校以上）除自愿转业或退休者外，在安排荣誉职务后，有病不能担任工作的，可以在军队离职休养，原待遇照旧不变。从此，老干部实行离休制度，在军队被正式确定下来。

（二）军队老干部离休制度的建立。根据中央组织部、总政治部《关于安排一部分军队老干部在中央和地方担任各种荣誉职务办法的规定》的精神，1959年12月31日，中央军委批转了《总政治部关于高级干部在军队离职休养的待遇和管理问题的规定》。1962年8月6日，总政治部对此作了相应的修改。对老干部离职休养条件、管理等问题作了明确规定，重新颁发部队执行：

1. 离职休养范围。军队高级干部（正师职务和大校军衔以上及第二次国内革命战争入伍的师和上校）有病不能担任工作的，可以在军队离职休养。

2. 政治生活待遇。听报告、看文件、参加集会、文娱活动等与同级的现役军官相同，由所在政治机关负责管理。

3. 住房选点与建造由军区负责。地址可选在城市近郊，并尽可能集中一些。住房分配和营具配备按总后规定的现役军官的标准配备。

4. 随员配备与在职干部相同，汽车按在职干部配备标准和实有车辆进行配备。

5. 为搞好离职休养军官生活，在编制上增设专职管理人员，比较集中的居住点，专设管理机构或管理人员。

这些规定为以后正式实行军队干部离休制度奠定了基础。

（三）军队干部离休制度不断完善和发展。60年代初期，人民解放军中有一批老干部从工作岗位陆续退了下来。为把他们安置好，1962 年 12 月 5 日，经中央军委办公会议通过，总政治部向全军颁发了要妥善安置年大体弱老干部的规定。规定的基本精神包括：一是明确了离职休养的适用范围。由于军队老干部全部移交地方安置有困难，对于符合退休条件的团参谋长、主任和少校以上干部及第二次国内革命战争时期入伍的干部，可暂留部队离职休养。由各军区、军种、兵种等分散安置，不算编制名额。二是确定了离职休养干部的政治、物质、文化生活照旧不变的原则。由各级政治机关和管理部门指定专人负责把生活管好。三是对于需作留队离职休养的干部，当时还未公开施行，仅由领导掌握。

为了进一步明确暂留部队离职休养的老干部的安置办法，1963 年 7 月 6 日，总政治部和总后勤部又作了补充规定：

1. 各部队主要采取了分散安置的办法。在安置去向上，大城市少安排，中小城市多安排，自愿回农村的给予鼓励。

2. 当地营房有多余的可调整一部分供他们居住。能够买房者可以购买，费用不得超过建房标准。一般住房标准为 44 平方米，师参谋长、师政治部主任及相当职务和上校 70 平方米，师长、师政委及相当职务以上的和大校 90 平方米，军长、军政委及相当职务的干部和少将 120 平方米。对于家庭人口较多等特殊情况，可以适当提高标准。

3. 家具配备按在职干部标准配备，住房与家具为国家财产，本人可长期使用，但不能出租或转让。

4. 离职休养干部在安家之前，暂住原处由原单位管理。分散安置之后，离原单位较近的，仍由原单位管理，离原单位远的，可移交所在省军区、军分区管理。

5. 一个地区安置人数较多时，可设置专管机构或专管人员，负责他们的政治、物质和文化生活。

6. 为使离职休养干部能及时看到有关形势、政策、方针、指示性的各种文件，1964 年 5 月 30 日，总政治部有关部门就阅读文件问题发出通知，对阅读文件范围、发行、阅读办法作出具体规定，从政治待遇、生活待遇上进一步完善了军队干部的离休制度。

四、军队干部退休制度受到干扰的时期（1966—1976 年）

“文化大革命”期间，军队干部退休制度遭到了林彪、江青反革命集团的干扰破坏，但是中共中央、中央军委对军队干部退休工作十分重视。1975 年，邓小平副主席主持中央军委工作，重点抓了军队整顿工作。六七月份，中央军委召开军队整顿的扩大会议，邓小平发表军队要整顿、着重解决领导班子“软、懒、散”问题的重要讲话。军队建设、国防建设有了新的转机，军队干部退休制度也得到了进一步补充完善。1975 年 8 月 13 日，国务院、中央军委颁发了关于军队干部退出现役的暂行办法。对退休干部的生活费标准，又作了部分修改，提高了退休干部的生活水平。这 10 年间，地方政府共接收安置了 5000 多名军队退休干部。

五、粉碎江青反革命集团后三年军队干部退休制度开始恢复（1977—1979 年）

1976 年 10 月，中国共产党一举粉碎了江青反革命集团。军队建设同国家其他各条战线的工作，都进入了一个新的百废待兴的历史时期，全国出现了安定团结的政治局面。在 3 年多的时间里，军队干部的退休制度很快得到恢复，军队干部退休被纳入军队干部服役条例之中。对被错误处理离队的军队干部当中符合退休条件的，改办了退休手续。

（一）军队干部退休制度融入军队干部服役条例之中。为了实现军队干部队伍的革命化、年轻化、知识化，使退出现役的军队转业干部、军队退休干部及时移交政府安置，离休干部及时由军队妥善安置。《中国人民解放军干部服役条例》经中共中央和第五届全国人民代表大会常务委员会第三次会议批准，国务院、中央军委于 1978 年 8 月 19 日颁发执行。按照规定，凡男年满 55 周岁、女年满 50 周岁或因公因战致残、积劳成疾基本丧失工作能力的军队干部，均可作退休处理。退休后由政府安置，住房由接收安置地区列入基建计划统一解决，经费由地方负责。这3年中，各地民政部门依据条例规定，共接收安置军队退休干部2700多名。

（二）为摘掉右派分子帽子的原军队干部改作退休安置。1978年4月4日，中共中央决定摘掉右派的帽子。同年9月17日，要求各地做好摘帽右派分子的安置工作，其中原是军队干部的，不再返回部队。不能工作的，作退职退休处理。工龄可连续计算，在所在地方安置。各地民政部门遵照中央的指示，为这部分原军队干部办理了退职、退休手续。在各地民政部门的管理之下，他们的晚年生活有了可靠保障。

第三节　开创军队离休退休干部安置管理工作的新局面

一、中共中央高度重视和关怀军队的精简整编工作

1980年，中国人民解放军为了加速革命化、现代化、正规化建设的进程，开展了精简整编工作。实行精简整编，是解决军队“肿”态的根本措施，是建设现代化军队的重大决策。为了加强军队精简整编工作的领导，中共中央发出了妥善安排退出现役干部的通知。指出部队有××万名干部需移交地方安置，其中有×万×千多名退休干部要作退休安置。如何妥善地安置好×万多名军队退休干部到地方安家落户、安度晚年，这是关系到军队建设的大问题。中共中央书记处对这个问题曾多次进行研究讨论，要求把做好军队的精简整编，作为全党、全军、全国各族人民的一项共同的政治任务来抓。

二、中共中央对安置好×万多名军队退休干部提出了一系列重要原则

1980年，中共中央实事求是地分析了军队退休干部长期滞留军队、不能及时移交地方安置的主要原因：一是住房问题不落实。以往，无论是由军队拨款、地方建房，还是由地方负责建房，建房工作都因建房经费不足不能落实，即使是建成的住房在全国范围来说也仅仅是少部分。二是没有

专门的服务管理机构。退休干部多散居在街道、社队，他们的政治、生活待遇普遍不够落实，移交地方后反映比较强烈，部队中即将退下来的在职干部反映更为强烈。对此，提出了解决问题的办法和措施，对建房工作作出新的明确规定。军队中每批安置计划报国务院，由国家计委安排经费和建筑材料，向各省、自治区、直辖市及各计划单列市下达建房任务，建房工作由建委承担。在安置去向上作出了比过去更加灵活的规定，“退休干部的安置要从实际出发，有的可以就地安置，有的可以到本人或配偶原籍安置，有的可以到配偶、子女、父母居住地区安置，从外地到北京、上海、天津市安置的要从严掌握，自愿回农村安置的给予鼓励”。这就充分地考虑和照顾了军队退休干部的实际困难，使他们得以根据不同情况选择自己的居住地点，从根本上克服了过去强调回原籍安置的偏颇，充分体现了国家的关怀。在管理体制上，国务院决定，由民政部门建立相应的管理机构，专门负责军队退休干部的安置与管理工作。

三、国务院积极采取有效的实际步骤抓紧落实

1980 年 10 月 25 日，为了贯彻中共中央关于做好军队精简整编的指示精神，国务院委托民政部主持召开了全国军队退休干部和退伍军人安置工作会议。会议本着抓紧准备、按时接收、妥善安置、负责到底的精神，研究决定了以下几个问题：一是提出了要求 1982 年、1983 年接收军队退休干部的名额。二是尽快安排落实安置这两批军队退休干部的建房任务，抓紧为军队退休干部建房，做到建成一批，接收一批。三是配备工作人员，建立机构。这次会议对接收安置工作方针政策、任务和措施都作了明确规定。会后，国务院各部门按照各自的分工，积极主动地创造条件，克服困难，密切配合。各级人民政府按照中央的部署，认真传达贯彻会议精神，制定措施，提出具体的安排意见。从此，这项工作便蓬蓬勃勃地开展起来。

（一）建立健全了安置工作领导机构和办事机构，初步建立完善了全国性的安置系统。1981 年 1 月 12 日，国务院批转了民政部《关于全国军

队退休干部和退伍军人安置工作会议的报告》。1981年2月12日，国务院办公厅发出关于成立国务院退伍军人和军队退休干部安置领导小组的通知。通知指出，为了加强复员军人和军队退休干部安置工作的领导，国务院决定成立国务院退伍军人和军队退休干部安置领导小组，万里任组长，杨静仁、程子华、何正文任副组长，国务院和军队14个有关部门的负责人为成员。领导小组办公室设在民政部，由陈光副部长兼任办公室主任，负责处理日常工作。接着，全国各地的省、地（市）、县（市）也相继成立了安置工作领导机构和办事机构。

（二）国家及时安排下达两批建房任务。1981年，国家在大幅度压缩基本建设规模的情况下，拨出专项资金和建筑材料来解决军队退休干部的住房问题。国务院办公厅于1月12日批转了国家计委、财政部、国家物资总局、民政部、总政治部关于安排军队退休干部住房建设的报告。需要转地方安置的军队退休干部于1982年、1983年分两批移交地方政府。1981年先拨出一部分建房经费和相应的建筑材料，用以解决1982年安置的军队退休干部的建房费用。要求1981年年底至迟1982年上半年按期完成住房建设。全国各地民政部门按照国务院的指示精神，把军队退休干部的住房建设当作一项政治任务，与有关部门密切配合，组织力量，投入施工。一些必要的服务性建筑和配套设施的建筑，也纳入地方建设计划中去。为了加快建房进度，1981年12月3日，经国务院领导同意，向各省、自治区、直辖市人民政府发出通知，要求各省由一名副省级领导干部亲自抓建房工作，各地区建委应把军队退休干部的建房任务当作重点必保工程来抓，调集较强的设计、施工队伍限期完成，确保1982年上半年竣工使用。1982年3月22日，国家计委、国家建委、财政部、国家物资总局、民政部、总政治部联合下达，安排了第二批军队退休干部名额和住房建设经费数额以及三大材料的通知，通知中进一步明确规定，负责建房的甲、乙双方应在政府的主持下，由建委所属有关部门积极支持，通力合作，力争1983年6月底至迟9月底竣工并交付使用。从此，移交地方安置的军队退休干部的住房问题，纳入了国家基本建设项目中，国家各部门按照分工给予各种物资保障。1983 年年底，山东、辽宁、河北、河南、云南、内蒙、山西等省、区，由于当地政府重视，住房建设既快又好，绝大部分住房按时交付使用。

（三）国家对于管理机构设置、人员编制和经费作出安排。1981 年 4 月 13 日，国家编委、民政部、财政部向全国下达了关于军队退休干部管理机构设置、人员编制和经费的通知。经国务院批准，民政部设立退伍军人和军队退休干部安置局，同时承担国务院退伍军人和军队退休干部安置工作领导小组办公室的日常工作。地方各级民政部门根据安置工作需要设置的管理机构，国家专门下达了行政编制名额。分配的原则是：选配的工作人员必须是思想好、身体好、年纪轻、有一定文化程度、热心于服务管理工作的干部，强调多从军队转业干部中挑选，所需行政编制经费由财政部追加给各地的军队转业干部经费中解决。从此民政部门有了专门的管理军队退休干部的行政机构和管理服务人员，为做好接收安置和服务管理工作提供了组织保证。

（四）制定颁发了关于军队干部退休安置的各项政策。1981 年 10 月 13 日，国务院、中央军委联合颁发了《关于军队干部退休的暂行规定》。这个文件较详细、系统地对军队干部退休条件、退休生活费标准、特殊贡献费、安置去向、住房安排、易地安置、残废抚恤、政治待遇等问题作了明确规定，落实了军队退休干部的政治、生活待遇。这个法规性文件是指导各级安置部门做好退休工作的重要依据，从政策体系上进一步完善了军队干部退休制度。

在这一时期，为落实政策的军队干部改办了退休手续。1980 年 1 月 10 日，中共中央、国务院、中央军委决定，同意将 1969 年至 1975 年期间作复员处理的 × × 万名军队干部改办转业。在改办转业的军队干部中，需作退休安排的，在改办转业的同时，按地方干部退休的有关规定办理。从 1980 年 4 月起，按改办后的工资级别计发退休费。改办后无工作单位的，由当地县（市）以上军队转业干部安置办公室或人事部门办理改办手续后，均交给民政部门安置管理。1980 年 2 月 5 日，国务院、中央军委批转了总政治部给右倾机会主义分子平反、改正问题的补充规定。规定中说，对于平反纠正的人员，已经离开军队的，不再收回部队。其中不能工作、符合退休、离休条件的，由地方按照现行有关规定办理退休、离休手续，交由民政和组织人事部门管理。1980 年 10 月 14 日，国务院、中央军委决定对于在新中国成立后因错误处理而离开军队的人员，凡符合离休、退休条件的，由原处理单位以离队时的军队级别，按照地方干部离休退休的暂行规定，确定其工资、生活补贴和退休生活费。办理退休手续后，交给当地民政部门管理。全国各地民政系统的安置部门，按照共产党和国家的有关规定，及时地给一些落实政策的军队干部办了退休手续，使他们的晚年生活得到妥善安排。

（五）规定了移交安置工作的基本工作程序。1982 年，全国多数地区第一批住房陆续建好。为了使安置的军队退休干部尽快搬进新居，民政部与总政治部及时向全军各大单位政治部、全国各省、直辖市、自治区民政厅（局）发出移交安置退休干部的通知。提出军地双方在交接工作过程中必须遵守的各项程序：一是整个交接工作必须在当地政府的统一领导下进行，各部门统一步调，统一行动。二是军队退休干部进住前，安置地区的民政部门及早作出接收和安置工作的计划方案。属于就地安置的，应及时办理移交和安置手续。三是易地安置的，在军队退休干部随迁家属、子女的工作安排、转学入学等事宜基本落实后，省级民政部门即可将《军队退休干部进住通知书》发往退休干部所在部队团以上政治部门办理交接。四是退休干部离队前，要办好一切手续，退休当年和剩余月份的各项经费，由部队一次拨给安置地区的民政部门。

四、中共中央和国务院决定把部分军队离休干部移交地方政府管理

1982 年 2 月，中共中央根据全国党政干部队伍新老交替的实际，为妥

善地安置好退居二线和离休的老干部，向全党发布了《关于建立老干部退休制度的决定》，对建立老干部离休退休制度的意义、原则及政治、生活待遇，作了明确规定和阐述。当年4月，国务院颁发了老干部离职休养的几项规定，对新中国成立前参加中国共产党所领导的革命战争，脱产享受供给制待遇和从事地下革命工作的老干部，达到离职休养年龄的，实行离职休养的制度，并对老干部的离休年龄和享受的政治、生活待遇及服务管理问题作了明确规定。人民解放军中不少人已经离职休养，在军队干休所中休息。还有一些资历稍浅、年龄稍轻的老干部已经进入老年，需要从军队各级领导岗位上和机关中退下来。妥善安置这部分老干部，已成为加强军队建设，推进国防现代化进程的一个重大课题。1983年7月9日，中共中央、国务院决定，军队离休干部移交地方后，由民政部门管理，并要求各级民政部门要克服困难，努力把这项工作做好。部分军队离休干部移交民政部门管理，是大批离休干部移交地方政府的第一步，走好这一步，可以加快军队离休干部向地方移交的速度，有利于精简整编的顺利进行，并能为各级政府安置管理更多的军队老干部创开路子，积累经验。为了加强离休干部安置工作的领导，1983年10月27日，国务院决定，将原领导小组改为“国务院退伍军人和军队离休退休干部安置领导小组”。对领导小组成员及办公室负责人作了调整，万里副总理任组长，崔乃夫部长等4人任副组长，杨琛副部长任领导小组办公室主任。为了使办公室充分发挥其职能作用，及时地同各部门研究、协商安置工作出现的一些主要问题，增加了一些兼职副主任，从而使军队离休干部安置工作领导得到进一步加强。

为了更好地落实移交地方安置的军队离休干部的政治、生活待遇，妥善地安排他们的晚年生活，1984年12月3日，国务院、中央军委及时批转了《民政部、总政治部关于做好移交地方的军队离休干部安置管理工作的报告》。一是确定了移交地方安置的部分军队离休干部的范围，是指符合离休条件的解放战争时期入伍的团职或行政15级以下的相当职务、级别的干部，以及抗日战争时期入伍的营职或行政19级以下的和相当职务、级别的干部。其他离休干部，要待地方政府具备接收安置条件后，再逐步交地方安置。二是对离休干部移交地方后的物质生活待遇、经费开支渠道、管理机构设置等都作了明确规定。他们移交地方后，暂时保留军籍，在待遇上，工资、粮油标准、各种补助等，原则上保持军队离休干部的现行标准。确定各级人民政府调整和加强负责这项工作的领导小组，建立专门管理机构和服务设施。并根据国家财力和服务管理工作的需要，确定配备工作人员与军队离退休干部人数的比例为1∶5，服务用车与军队离退休干部人数的比例为1∶15。

五、部署接收安置军队离退休干部的任务

1985年3月7日国务院、中央军委委托民政部、总政治部联合召开了全国退伍军人和军队离休退休干部安置工作会议。中共中央政治局委员、总政治部主任余秋里、国务委员王丙乾出席会议并作了重要讲话。民政部崔乃夫部长和总政治部朱云谦副主任分别作了工作报告，民政部杨琛副部长做了总结讲话。这次会议是继1980年全国军队退休干部和退伍军人安置工作会议之后的又一次重要会议。主要是贯彻落实国务院、中央军委批转民政部、总政治部《关于做好移交地方的军队离休干部安置管理工作的报告》精神，研究部署军队离退休干部的安置工作。会议重点研究和解决了以下几个问题：

（一）统一认识，从思想上明确了军队离退休干部的安置工作是一件很重要的工作。把军队离退休干部交由地方政府接收安置，是中央加强军队现代化建设的重大战略措施。特别是当中国进入了一个以经济建设为中心的历史时期，做好这项工作，不仅关系到军队建设，也关系到整个社会主义现代化建设。对于民政部门来说，它又是在新的形势下配合共产党的中心工作，支援军队建设，加强军民军政团结的一项重要工作。

军队离退休干部为中国革命的胜利南征北战，出生入死，为保卫祖国

和建设社会主义流血流汗，是国家的功臣。同时，这些老干部思想觉悟高，经验丰富，大多有所专长，离退休后仍可做些力所能及的事情，在社会主义物质文明和精神文明建设中发挥积极作用，是国家的宝贵财富。因此，为军队离退休干部服务就是为社会主义四化建设服务，做好军队离退休干部的安置工作，是全党、全军和全国各族人民的一项共同的政治任务。

（二）抓了军队离退休干部安置工作的落实。

1. 抓紧建立机构，配备人员、车辆，要求在 1985 年上半年完成。

2. 加快建房进度。正在修建的要加快进度，尽快交付使用；尚未修建的，要抓紧定点，尽早开工，力争 1986 年上半年保质保量完成。

3. 做好住房调整工作，打破批次界限，加快交接进度。一是针对当时相当一部分干部已纳入安置计划又提高职级的情况，要从实际出发，采取措施，按新的职级解决好住房；二是对纳入第三批计划的老干部，只要安置地点、住房面积与职级相符，可以打破批次允许移交安置；三是对驻高原、边防、海岛等艰苦地区和有特殊困难的离退休干部优先接收安置。

4. 解决好随迁配偶、子女工作安排。军队离退休干部随迁配偶、子女工作不落实，是一些地区交接工作迟缓的重要原因，应加强部门协作切实解决好。

（三）明确了服务管理工作中的几个问题。

1. 做好军队离退休干部安置工作要有一个正确的指导思想，即全心全意为军队离退休干部服务，使他们安度晚年，发挥余热，为军队现代化建设服务。

2. 管好和用好人、财、物。为做好军队离退休干部安置工作，国家要下达专项人员编制和专用车辆，拨出专项建房经费和其他安置经费。管好、用好这些人、财、物必须坚持改革精神，坚持勤俭办事业的方针：一是机构的设置要本着精简的原则建立健全起来，并制定各项管理制度；二是在用人方面要打破过去的老框框，不搞铁饭碗，建立岗位责任制，奖勤罚懒；三是对下拨的经费和车辆，实行专物专用、专车专用，专款专用。

3. 建立基层服务管理机构要从有利于为军队离退休干部服务出发，根据安置人数多少设立干休所或建立服务站。干休所（服务站）为事业单位，受县（市、区）直接领导。中等城市的干休所，可以由市安置办公室直接领导。干休所实行民主管理，对一些重大问题的决定，要听取老干部的意见，接受他们的监督，尽量做到让离退休干部自己管理自己。干休所工作人员主要是搞好服务工作，严格实行岗位责任制，不断提高服务质量。干休所的主要任务：一是认真落实军队离退休干部的政治待遇，及时组织他们阅读文件，听报告，参加一些政治活动；二是做一些必要的生活服务工作；三是积极开展文体活动，活跃他们的晚年生活，增强体质，健康长寿；四是积极为他们发挥作用，为四化继续作贡献创造条件，表彰他们的先进事迹。五是负责处理好其他有关事宜。

这次会议，有力地推动了军队离退休干部安置工作的全面开展和制度的不断完善。

六、军队离退休干部的接收安置和服务管理工作全面展开

随着军队离退休干部安置工作有关规定的不断完善，同时，经过地方政府的多方努力，军队离退休干部的住房已成批建好，地方开始大批接收军队离退休干部，并取得显著成绩，服务管理工作也开始走上正轨。

（一）住房建设加快。1985 年全国安置工作会议后，各地重点抓了住房建设，并建立部门责任制和质量检查制度，提高建房质量和速度。对建房经费缺口，许多地区采取地方财政补贴或减免税费等办法解决，分担中央财政的困难。

1986 年，经国务院、中央军委同意，民政部、国家计委等 9 个部门联合发出《关于改进军队离退休干部建房工作的通知》。《通知》根据第一、二批建房工作中存在建房方式不够灵活，大城市征地难等问题，提出改进第三批建房方式：一是地方政府继续组织建房；二是购买商品房；三是离

退休干部家属工作单位帮助建房；四是离退休干部自建、自购住房和维修私房；五是部队承担建房等5项措施，以加快第三批住房建设。

根据国家财力情况，从1987年开始国家分三年下达第三批建房任务。各地认真贯彻民政部、国家计委等9个部门《〈关于改进军队离休退休干部建房工作的通知〉的实施意见》，结合当地实际情况，采取有力措施，做到下达一批经费建成一批住房。截至1989年年底，全国建成第三批住房1.8万多套，为第三批军队离退休干部的顺利交接打下了良好的基础。

（二）交接工作顺利开展。1985年4月，民政部、总政治部发出《关于军队部分离休干部移交地方安置的若干问题的处理意见》《关于加快军队退休干部和部分离休干部移交地方安置工作的通知》；民政部、教育部发出《关于免征军队离退休干部随迁子女“集资办学费”问题的通知》。同年8月，民政部、劳动人事部发出《关于易地安置的军队离退休干部随调配偶、子女工作调动问题的通知》。上述文件对交接工作中的一些重要问题作了明确规定，对交接安置工作的顺利进行发挥了重要作用。

为加快交接和落实好离退休干部的各项待遇，1985年安置工作会议后，大部分地区对已建好的住房普遍进行了检查，需要维修的抓紧进行维修，保证军队离退休干部到地方后住上舒适的住房。

各地普遍加强与有关部门的协作，及时解决交接当中出现的问题。不少地区，军地密切配合，组成联合工作组或采取联席办公会议的办法实地解决工作中的具体问题，有效地加快了交接安置步伐。各地对军队离退休干部随迁配偶、子女工作的安排，作出了具体规定。有的地区把安排随迁配偶、子女的工作作为一项政策性安置，根据他们工作的业务性质，按系统分配任务，包干安置；有的强调要把安排随迁配偶、子女工作，当作一项政治任务切实抓紧抓好。在工作上注意发挥他们的专长，并给予适当照顾。许多地方还对军队离退休干部生活待遇的落实制定了具体办法。一些地区为加快交接，还采取了边建房边接收，先办手续后进住，先易地后就地等有效措施。加快了交接安置步伐。

根据全国安置工作会议部署，1985 年下半年全国开始大批接收军队离退休干部。至 1986 年 9 月仅一年多一点的时间就接收军队离退休干部 × 万多人。第一、二批交接工作取得突破性进展。交接中，各地普遍出现部队举行仪式欢送老干部移交地方安置，地方政府隆重欢迎老干部到地方安家落户的热烈场面，成为老干部新生活的良好开端。

1986 年年底，全国一次性接收安置了一批人武部代管代供的军队离退休干部。各地民政部门认真贯彻执行中共中央、国务院、中央军委关于县（市）人民武装部改归地方建制问题的通知精神，积极配合军队体制改革。就地移交的，由人武部直接与县（市）民政局办理移交手续。住房未建好的，暂住原房。易地安置的，先移交给安置地区民政部门管理。住房未建好又不能临时解决住房的，暂住原房，由现住房地区民政部门代管，各项经费由安置地区民政部门拨给代管单位。移交后军队离休退休干部享受现行军队离退休干部的政治、生活待遇。由于军地双方互相配合，按照有关规定切实解决了交接中一系列具体问题，使全国人武部系统代管、代供的所有离休退休干部一次性地全部移交给民政部门。随着 1987 年年底、1988 年年初第一、二批军队离退休干部安置任务的基本结束以及各地陆续建成第三批住房，第三批交接安置工作也逐步走向正常。

（三）服务管理工作走上正轨。根据 1985 年全国安置工作会议精神，在不到半年的时间里，全国省、地两级管理机构基本建立健全起来，并逐步配备了工作人员，开始建立干休所、服务站，开展服务管理工作。为指导干休所建设的健康发展，1985 年年底国务院退伍军人和军队离休退休干部安置领导小组办公室发出了《关于开展军队离退休干部服务管理工作试点的通知》，1986 年年初民政部发出《关于建立军队离休退休干部休养所几个问题的通知》，对干休所建设的有关问题提出了明确要求。各省普遍选择一两个干休所进行了服务管理的试点工作，制定了服务管理办法、财务管理办法、车辆管理办法及各类人员岗位责任制。辽宁、湖南、广东、内蒙古、北京、福建、陕西、安徽、江西、四川、江苏等省、直辖市、自治区先后陆续召开了本省范围内的军队离退休干部服务管理工作经验交流会或座谈会，总结推广了试点经验，推动了服务管理工作的深入开展。

各地民政部门十分重视抓干休所自身建设。绝大多数干休所相继成立了党的基层组织和老干部管理委员会；确立了所长负责、党组织保证监督、老干部参与管理的领导体制，实行了民主管理；执行了政策公开，经济公开，管理公开；初步形成了干休所内和社会两个服务网络；贯彻了改革搞活的方针，坚持两个文明一起抓，既落实老干部的物质生活待遇，也抓政治思想工作。既抓服务性生产经营，又抓精神文化生活，广泛开展适合他们特点的各种有益活动，使广大军队离退休干部移交地方后的晚年生活过得既愉快又充实。不少老干部深有感触地说，回到地方比部队照顾得还好，称赞干休所是："到所如到家"，工作人员"不是亲人，胜似亲人"。每逢重大节日，各地许多干休所出现了工作人员逐户慰问老干部，老干部自发地组织起来，逐户看望工作人员的感人场面。

军队离退休干部的服务管理工作，是一项政策性很强的工作。各地在实践中积累了丰富的经验，并涌现了一大批先进干休所，开创出服务管理工作新局面。1987 年 9 月 24 日至 27 日，民政部在沈阳召开了全国军队离休退休干部服务管理工作经验交流会。全国 29 个省、自治区、直辖市民政厅（局）长、中央和国家有关部委、全军有关部门负责人出席了会议。民政部范宝俊副部长、杨琛特邀顾问出席了会议。范宝俊副部长在会上作了讲话，他着重强调了 4 个问题：一是民政部门和安置办公室要加强对干休所的领导；二是要给干休所下放自主权；三是加强干休所的民主管理；四是注意发挥老干部作用。这次会议认真回顾了 1985 年以来军队离退休干部管理工作的基本实践，总结交流了服务管理工作的基本经验，参观了沈阳市工人村干休所、砂山干休所，研究和明确了当前服务管理工作中一些亟待解决的主要问题；讨论修改了《军队离退休干部服务管理工作暂行规定》，对今后如何搞好服务管理工作提出了具体意见。这次会议对于指导全国各地干休所开展服务管理工作，开创服务管理工作新局面，是一个有力的推动。

第四节 中国军队离退休干部安置管理工作基本经验

（一）军队离退休干部建房工作基本经验。

1. 适应安置政策及安置对象、任务的变化，及时搞好建房计划的调整工作。80 年代初期，全国第一、二批军队退休干部的建房工作，是在安置政策发生变化和安置对象的职级、地点、数量发生变化的情况下进行的。1981 年，国家部署军队退休干部建房时要求，“退休干部居住点，要像居民宿舍那样，不搞干休所”。国家没有安排附属建筑。1982 年中共中央决定扩大离休范围，第一、二批退休干部中有 70% 改为离休。1983 年 7 月，经中共中央、国务院决定，军队离休干部移交民政部门管理。为了妥善安置军队离休干部，1984 年 12 月，国务院、中央军委决定，要建立干休所，实行集中安置管理。安排建房时随即安排相应的附属建筑，并确定干休所附属建筑可以按军队离退休干部住房面积的 20% 修建。1984 年和 1985 年，国家计委、财政部等有关部门分两次安排附属建筑面积和投资。由于全国多数地区在建的住房较多，没有空余地皮安排附属建筑，对提高职级对象的住房难于扩建、改建。再加上一部分安置对象还要求改变安置地点，给建房工作带来许多困难。各地民政部门面对这种形势，从建房工作实际出发，在当地政府的支持下，对原下达建房计划及时进行调整，果断地重新选点、征地、重建、改建。克服了重重困难，较好地解决了由于政策变化和安置情况变化带来的建房问题。

2. 给当地政府当好参谋，取得重视与支持。第一、二批的建房工作难度大、变化多、涉及面广。各级民政部门积极主动地向当地党政领导汇报工作，反映情况，及时传达国务院、中央军委关于建房工作的会议、文件等精神，取得领导的重视与指导。各地政府把建房工作当作一项“拥军工程”，作为一项政治任务来安排，在政府的统一领导下进行。各个部门按照分工，密切配合，各司其职，同心协力地完成建房任务。无论是征地、选点、拆迁等，遇到难题，总是由政府领导疏通解决。长沙市为解决第二批建房征地问题，中共市委书记、政府几位副市长亲自出面做工作。市长办公会决定在赤岗冲征地46亩，安排占用耕地劳力110人。个别农民不愿进城上班，坚持在菜地种菜。市政府秘书长召集有关部门现场办公，终于疏通了征地的主要阻力。山西省副省长郭裕怀亲自找有关部门做工作，使阳泉、榆次两市第三批建房的征地工作，在一周内就办妥征地手续，保证住房建设按时开工。

3. 积极协商，多渠道解决建房经费缺口。第一、二批建房造价低，经费缺口较大，国家1981年下达建房任务时，全国平均造价每平方米为167元，最低的只有130元。近几年，建筑“三材”几次调价，国内也有8省、市放开了木材市场，计划内“三材”难于保证。许多城市出现了公用设施由大家摊派的集资现象，建房缺口就更大。根据各地建房工作中出现的问题，民政部多次与国务院有关部门主动协商，国家曾先后3次追加了建房投资。建房造价由过去的167元提高到243元。地方各级财政部门除减免配套费用外，还补贴了1.18亿元，但仍与实际需要有较大差距。由于中央财政不再拨款，地方财政无力作更多补贴，各地采取了按照核定接收人数来安排住房建设的办法，以减少建房经费缺口，保证接收安置工作的顺利完成。

4. 明确建房责任。为确保建房任务保质保量、按期交付使用，绝大多数省、市本着改革的精神，实行了建房承包责任制。在下达建房任务和经费时，民政部与各省、市，各省、市与地、市，市与县逐级签订了“建房责任书”，明确当年建房造价标准、所需经费、应完成的建筑面积和竣工时间，进一步强调了各地的建房责任，调动了各地建房工作积极性。在建筑施工中，各地积极引进竞争机制，推行公开招标投标，择优选定建筑施工单位。实践的结果，建房速度加快，建房质量得到保证。

各地民政部门在建房工作中，始终把握好“三关”，确保建房质量：一是把好选点定点关，尽量选在交通、医疗、生活方便、市政设施配套齐全的地方。二是把握好设计审查关，根据规定的建筑面积，造价标准和老干部的生活需要，尽量使住房设计合理，设施适用、齐备。各地在进行设计时，一方面组织参观当地较好的住房建设，取众家之长；另一方面反复征求积极听取老干部们的意见，选择最佳的设计方案。云南省民政厅根据全省不同地区的住房情况，设计了师、团、营住房标准的施工平面图 25 套，下发各地参考。三是严把建房质量关。施工中，各地注意严格按照设计要求，加强对工程质量的监督检查。沈阳市安置办公室指定有建房工作经验的专人进行现场监督检查。凡达不到设计要求的，质量不合格的项目，及时进行返修，竣工时认真组织各方面人员严格验收。

5. 坚持责任制，达到“建、管、用”相统一。军队离退休干部的建房工作，是一项由地方政府承担的需由各有关部门密切合作才能完成的艰巨任务。涉及面广，相关因素复杂。因此，国务院下达建房任务时，始终强调这是支持军队精简整编、推动国防现代化的一项重要政治任务。强调各部门按照职责分工合作，协同作战，共同完成建房任务。按照分工，“计划、财政和物资部门负责建房经费和建筑材料的调拨；建委负责组织设计和安排施工力量；土地管理部门负责征地工作；民政部门参与建房选点和住房的分配；房管部门负责房屋管理、维修和收缴房租”。由于缺乏经验，第一批建房中，建房、管理、使用相脱节，建房质量得不到保障，影响了老干部接收工作。从第二批建房工作开始，建房分工作了调整，建、管、用统一由民政部门负责。在安排第三批建房时，全国已有 27 个省、直辖市、自治区采取了以民政部门为主承担军队离退休干部建房任务的做法。从选点征地到设计施工，注意每一环节的落实，建房进度快，质量好。实践证明，建、管、用统一由一个部门牵头负责的做法，好处多，而且深受老干部的欢迎。

6. 从实际出发采取多种建房方式。加快建房，必须打破以往单纯依靠城建部门建房的旧格局。从第三批建房安排开始，各地就本着改革的精神，积极探索多种办法。从各地的建房实践来看，主要采取了统建、购买商品房、自建、家属子女单位帮建、维修私房、军民共建和部队换建等方式，有效地调动了各个方面的建房积极性，为今后的建房工作拓宽了路子。据对全国 1987 年安排的住房总数分析，统建房占总数的 71.1%；购买商品房占 7.4%；家属子女单位帮建占 0.6%；自建房占 9.6%；自购房占 0.5%；维修房占 0.1%；军民共建、换建住房占 10.7%，由于建房方式灵活多样，加快了建房进度。

（二）干休所服务管理工作的基本经验。

由各地民政部门举办的干休所，属于事业单位性质，但不等同于一般的事业单位，而是地方政府接收安置军队离休退休干部的场所，军队老干部能否在干休所安度晚年，主要看这个地区的干休所办得如何。因此做好干休所的管理工作十分重要。全国各地民政部门把全心全意为老干部服务，作为干休所工作的根本宗旨来抓，不断探索，稳步前进，在实践中总结和积累了不少好的做法和经验。基本上有以下几个方面：

1. 采取多种形式，搞好干休所职工队伍思想建设和业务建设。干休所是为军队离退休干部服务管理的基层单位，政策性很强。工作人员不仅要具备强烈的事业心，还要有较高的政策水平。国家安排了数以万计的事业编制或行政编制的服务管理人员从事此项工作。这些直接为军队离退休干部服务的各类工作人员，来自四面八方、各个行业。他们的思想、业务等素质差异较大。因此，办好干休所，必须建设一支好的职工队伍，特别是要有一个精干的领导班子，这是搞好服务管理工作的关键。各地在配备好干休所领导班子的同时，重视加强工作人员队伍建设，在实践中总结了一些好的经验。

一是举办各种类型的培训班，开展“岗位练兵”，提高工作人员的政策水平和业务素质。1988 年 7 月全国干休所所长培训班在承德举办。培训班就怎样当好干休所所长等题目授课十三讲，培训干部 60 名。这期培训班不仅直接为基层干休所培训了服务管理工作的带头人，而且补充、完善了教材内容。根据这期培训班的反映而修订的教材《光荣的职责》一书，成为干休所工作人员的必读教材。全国大多数地区也先后举办干休所长、财会人员培训班，集中组织学习，从而提高了工作人员的业务素质。许多干休所还开展“岗位练兵”，要求工作人员对老干部做到“五知、四会”，即知老干部历史经历，知家庭情况，知身体状况，知思想表现和要求，知爱好和专长；会做老干部的思想政治工作，会按照有关规定解释回答老干部提出的问题，会组织老干部开展各种有益的活动，会加强同有关部门的联系，落实老干部的“两个待遇”，改善了服务管理水平。

二是建立健全以岗位责任制为核心的各项规章制度，调动各类人员的积极性。全国绝大多数干休所实行了岗位责任制，这是干休所对职工的工作职责实行管理的一种有约束力的形式。通过这种制度对每名工作人员的岗位、履行职责、行使的权力、完成任务的标准、以及奖惩作出明确规定。实践证明，干休所的工作属行政服务管理工作，不建立健全规章制度，服务管理工作就无所遵循，干休所也难以办好。建立职工的岗位责任制，有利于改变职工职责不清、分工不明、功过是非不分的状况，有利于增强职工的事业心和责任感，有利于老干部监督检查，是加强职工队伍建设的一项积极措施。不少干休所普遍制定了各类工作人员的岗位责任制和考核制度，做到了分工到组，责任到人，奖惩严明。有些干休所实行了百分奖励制，做到了考核有标准，奖励工资有浮动，充分调动了广大工作人员的积极性和聪明才智。

三是广泛开展争先创优活动，树先进，带后进。在全国范围内，广泛开展争当先进干休所、先进军队离休退休干部、先进工作人员的活动，已成为加强干休所建设，做好服务管理工作的重要措施。自 1987 年以后，全国各地在干休所中广泛开展了争创文明单位、先进个人评比竞赛等活动，取得了显著效果，涌现出了一大批先进干休所、优秀工作人员和模范军队离退休干部。

1989 年年底，民政部、总政治部联合通报表彰了先进干休所、先进军队离退休干部、先进工作人员，把干休所精神文明建设和敬老服务推向一个新的阶段，把工作人员的业务素质提高到一个新的水平。

2. 调动两个积极性，实行民主管理。干休所管理的实践证明，做好服务管理工作，光靠工作人员一方面的积极性不行，必须把老干部的积极性也调动起来，实行民主管理。

干休所实行民主管理，主要是通过老干部管理委员会来实现的。管委会是干休所群众性的组织，是通过民主选举，由威信高、作风正、身体好、办事公道、热心为干休所服务的老干部组成。它不仅负责了解和反映老干部的意见和要求，做老干部的思想政治工作，而且参与干休所的重大问题的研究，协助和监督干休所做好各项工作。充分发挥老干部“自我管理、自我教育、自我服务”的作用。对干休所的工作，主要起参谋、监督、桥梁的作用。许多老干部管委会紧密配合干休所，注意掌握老干部的思想脉搏，有针对性地开展思想政治工作，收到了很好的效果。军队离退休干部从部队转到地方，从长期严格的集体生活方式转为分散的小家庭生活方式，许多方面不能较快适应。对干休所这个新群体、新环境，也会产生某些不信任感。有的老干部在生活待遇上互相攀比，有怨气，甚至提出过高要求。管委会针对老干部这些思想反映，除了协助干休所组织老干部开展各种有益的活动，充实他们的晚年生活外，还经常通过组织学习中央有关方针政策，严格组织生活，相互谈心交心，开展协商对话等方式，加强老干部的思想政治工作。绝大多数老干部能自觉地保持军队的光荣传统，识大体，顾大局，体谅国家困难，尊重工作人员的劳动，支持干休所的工作，增强了与工作人员之间的团结，为干休所领导当了参谋助手，为加强干休所的建设起到了桥梁和纽带作用。

为了充分发挥老干部的监督作用，更好地实行民主管理，许多干休所注意倾听老干部的意见和要求，做到了“三公开”，增加了人财物管理使用的透明度。同时，还建立了评议制度，发动老干部定期讲评干休所的工作和每个工作人员，为干休所建立健全民主管理制度创造了有利条件。实践证明，管委会是老干部自己管理自己、实行民主管理的一种好的组织形式。

3. 建立“两个服务网络”，保证政治、生活待遇的落实。军队老干部的服务管理工作，涉及部门多，服务项目多，社会的覆盖面广。各地民政部门为了落实老干部两个待遇，十分重视编织服务网络，使军队干部亲身感受当地政府的温暖。各地干休所在开展服务管理工作中，首先重视建好干休所内的服务网络，进而积极建立社会服务网络。这样，老干部晚年生活中遇到的许多实际困难可以得到及时解决。各地在这方面做了大量的工作，深受老干部的欢迎。

一是普遍建立了共产党的组织，较好地解决了老干部看文件、听报告、过组织生活的问题。

二是妥善解决了医疗问题。不少干休所建立了医务室，并就近落实了医疗关系，使老干部小病不出所，常见病能防治，危重患者抢救及时。同时较好地解决了医疗费超支问题。

三是适应老干部特点，开展丰富多彩的有益活动。各地干休所普遍建立了活动室、图书阅览室，设置了多种图书、报刊和文化、体育、娱乐器具。有些地方举办老年运动会、歌咏会以及烹调、卫生保健等讲座，组织老干部参观、旅游。还有些地方成立了“老年大学”，或“老年大学分校”，开设了文史政法、医疗保健、书法花卉等专业。老干部经过学习，不仅增长了知识、陶冶了情操，而且精神面貌焕然一新。

四是坚持定期家访和节日慰问。每逢重大节日各地民政部门，坚持慰问军队老干部的活动，听取他们的意见，帮助他们解决生活中的一些实际问题。各干休所都能自觉做到定期家访，对老干部的家庭、身体、生活等情况做到了如指掌，以便有针对性地做好服务管理工作。

五是做好各有关部门的工作，争取主动上门服务。许多地方民政部门和干休所采取“请进来，走出去”的办法，主动同有关部门取得联系，加强宣传，协调关系，建立了社会服务网络。沈阳、武汉、郑州、佳木斯、本溪、徐州等城市把老干部的面粉、煤、副食供应等生活服务，都纳入了当地拥军优属“一条龙”服务网，做到了送货上门，服务到人，并形成了制度。还有些地方安置部门和干休所积极争取老干部部门的支持，当地组织老干部听报告，开展文化、体育、娱乐等活动，都请军队离退休干部参加，有力地促进了服务管理工作的开展。

4. 坚持勤俭办所，加强人、财、物的管理和使用。艰苦奋斗，勤俭办一切事业，是一项长远的指导方针。全国的干休所又是近几年才建立起来的，底子薄，经费有限。各地民政部门从一建所，就紧紧抓住艰苦奋斗教育这个中心环节，把教育广大职工勤俭办一切事业、处处精打细算，厉行节约、克服讲排场、摆阔气、铺张浪费等陋习作为经常性思想政治教育来抓，抓得紧，抓出了成效。各地干休所并能自觉坚持自力更生，充分利用现有的人力、物力、财力，扎扎实实地做好服务工作。

各地干休所还加强了财务管理，做到了“专款专用”。全国绝大部分干休所建立健全了财务管理制度，配备了专职财会人员，定期公布账目，接受民政部门、安置办公室和老干部的检查监督。对违反财经纪律的，都进行了认真的追查，对情节严重的进行了严肃的处理。这些都为加强干休所人、财、物的管理，做好服务管理工作起到了积极的作用。

（三）积极创造条件，充分地发挥军队离退休干部作用。

军队离退休干部中，有相当一大批老干部身体尚好，年龄在 50 岁上下，具有一定专长，有丰富的领导和管理工作经验。他们不愿过清闲日子，迫切要求为党为人民做出新的贡献。几年来，各地民政部门遵照中共中央关于要很好地发挥老干部作用的指示，积极创造条件，坚持从实际工作需要和老干部的自身条件出发，多层次、多形式、多渠道地组织他们继续为党和人民奉献光和热，取得了可喜的成就。实践证明，发挥老干部作用，做到老有所为，不仅有利于开发老干部的聪明才智，服务于四化，服务于社会，为建设社会主义物质文明和精神文明作贡献，而且也丰富了老干部晚年生活，为搞活服务管理工作开辟了有效途径。

1. 干休所要为老干部发挥作用提供一个良好的社会环境。

一是在干休所内部，不但必须有一个好的领导班子，而且要求领导班子必须在全面抓好干休所思想建设和组织建设的同时，能够主动热情地创造各种条件，为军队离退休干部“牵好线，搭好桥”，提供老有所为的用武之地。

二是各级民政部门积极给干休所下放自主权，将人权、车权、财权、生产经营权逐步下放到干休所。增强干休所人财物管理使用的透明度，充分发挥老干部“自我管理、自我教育、自我服务”的作用，实行民主管理。

三是动员社会力量关心支持老干部。发挥老干部作用，是一项新的社会工作，必须得到当地党政机关实实在在的支持。有关部门在政策上给予优惠，提供贷款等。湖南省民政厅 1988 年春节期间，把分管民政工作的副省长、省委秘书长，以及 17 个有关部门请来召开座谈会，向他们介绍干休所和老干部的实际情况，宣传发挥老干部作用的意义，从而取得了领导的重视和部门的支持。

2. 发挥优势，多形式、多渠道地发挥老干部作用。为了做好发挥老干部作用的工作，各地民政部门对老干部的年龄、身体、特长、家庭、志愿、情趣等，普遍进行了摸底，并登记造册。采取组织推荐与自荐相结合的方法，多渠道、多形式地为老干部发挥作用创造条件。

一是组织老干部参加干休所的民主管理。军队离退休干部，受党的教育时间长，长期从事领导工作，经验丰富，具有较强的组织领导能力和管理能力。他们在干休所民主管理方面的作用，主要是通过参加干休所中共党支部、管委会及其他群众性组织的工作来体现的。据 1988 年年底统计，全国 1200 多个干休所，已建立中共党支部 1000 多个，建立管委会 800 多个，老干部担任党支部、管委会委员以上职务及参加干休所服务管理的达 5700 多人。他们以主人翁的精神关心干休所的建设，较好地发挥了纽带作用和参谋作用。许多老干部在处理工作人员与老干部之间、老干部之间、家属之间诸方面的关系上，起了工作人员起不到的作用。他们主动让思想政治工作进所入户到人，及时调解各种矛盾，沟通老干部思想，增强了工休人员之间的理解和友谊。不少老干部同工作人员一道上班，有的与工作人员一起服务上门。他们支持干休所工作人员的工作，从多方面发挥了自我教育、自我服务、自我管理的作用。长沙市桐梓坡干休所管委会，千方百计为干休所建设出主意、想办法，被人们誉为“智囊团”。每年给干休所提出10多条合理化建议，绝大部分被采纳，管委会还积极协助干休所开展文化体育活动，有力地配合干休所各项工作开展。

二是积极鼓励老干部参加各种社会公益活动。许多离退休干部自愿投身于社会主义精神文明建设。据统计，已有1400多人参加了街道基层政权建设工作，有360多名老干部担任各种顾问等荣誉职务，有的参加当地治安防范、法制宣传、调解纠纷、物价检查等义务活动。还有不少老干部为改变家乡贫困面貌，深入农村扶贫，广开致富门路，做出了巨大贡献。据山西省统计，经民政部门推荐，老干部参加议政的有83人，其中被选为中共各级党代会代表的29人，各级人大代表4人，各级政协委员5人，乡镇政府顾问和参与村委会、居委会工作的30人。广大军队老干部献身于社会主义精神文明建设的伟大事业，得到当地政府的表彰，赢得了家乡人民的爱戴。山西省夏县军队离休干部陈德明，移交政府安置后，年年坚持义务打扫县城的10多个公共厕所，不怕脏，不怕累，无私奉献，被青少年誉为“雷锋爷爷”。省、市电视台多次播放了他们的先进事迹。这样的事迹，各省、市都有。

三是组织老干部从事技术开发和技术咨询服务等活动。军队离退休干部中，有不少人长期从事科学技术工作。这些专家和专门人才，许多身体健康，有继续报效祖国为四化作贡献的愿望。各地民政部门积极组织他们参加当地的技术开发和技术咨询等服务活动，发挥他们的一技之长。1988年全国范围的统计调查表明，全国已有1876名有各种技术专长的离退休干部，经组织推荐介绍，参加了各种技术咨询指导和技术服务工作。吉林市干休所1987年8月成立“军队离退休干部经济技术咨询服务部”，为社会提供了大量的经济信息，为本地区的技术开发做出了贡献。许多老干部回到故乡立志改变家乡的贫困面貌。他们积极从事科学技术扶贫，从事农业、种植业和家庭养殖业。河北蔚县军队退休干部赵凤岐，帮助山区两个村庄栽种红果树7万多棵，培养林业技术人才40多名，使两村的贫困户迅速走上了脱贫致富的道路。

四是支持老干部兴办教育，传播知识，培养人才。各地的许多军队老干部主动参加当地街道举办的“关心下一代协会”。有些被聘请到学校、幼儿园当辅导员，有些从事业余办学，积极培养各类人才。郑州市退休干部夏基永、邓席斌、闻万俊创办了“郑州市豫中业余学校”。办学三年来，入学人数达2000多人，其中考上大学的87人，考上中专的153人。由于成绩显著，被郑州市政府评为“社会力量办学先进单位”。岳阳市军队退休干部朱再葆，自1983年担任岳阳市一中校外辅导员以来，以“生命这架天平，要以贡献作砝码”为座右铭，顽强地战胜了癌症的折磨，把全部心血都倾注在培养教育下一代身上。他积极探索做好少先队校外辅导员工作的路子，并做出了显著成绩。他带领学生考察洞庭湖资源，写出了70多篇保护自然环境的考察报告。1987年，他被团中央、总政治部授予全军“优秀校外辅导员”的光荣称号。

五是支持老干部从事医疗保健事业。在全国各地已发挥作用的军队离退休干部中，其中有1200多名军队离退休医务工作者，继续从事医疗保健事业，为祖国的卫生事业做出奉献。开封市干休所重视发挥本所医疗技术人才多的优势，多次组织医疗咨询服务队，深入街巷和缺医少药的偏僻农村开展医疗咨询服务活动，受到了城乡人民群众的热情欢迎。一些百里之外的乡亲听说军队老干部医疗队下乡，推着平板车、拉着架子车前来看病。老干部们发扬救死扶伤的社会主义人道主义精神，精心给他们检查治疗，分文不收，义务为乡亲们看病。前来咨询看病的群众达4000人次。乡亲们称赞他们是“活着的白求恩”。定居云南边疆各地的军队离退休医务工作者，在昆明市成立了“军队离退休医务工作者协会”，发挥自己的专业特长和医疗技术优势，积极开展医疗和老年病学的研究。他们面向社会，特别对孤寡老人、军队离退休干部、烈军属、残疾人实行优先治疗，并免收挂号费。他们开办了多种类型的医疗场所、医学专业培训班、进修班，普及医学卫生知识，宣传计划生育，向国家和有关单位推荐优秀学术论文或科研成果，积极开展医学技术咨询服务和医学学术交流，加强同省内外医学学术团体和医学科学技术工作者的联系。

六是组织军队老干部参加编写党史、撰写回忆录。一些参加革命较早、资历较深的老干部，乐于从事征集和提供党史、军史资料、撰写回忆文章，还有不少老干部被当地党政机关聘请编写地方志。他们经常外出翻山越岭，积极走访当事人，查询历史档案，把共产党和军队在战争年代积累的好传统、好作风、好思想记录整理出来，留给后代。河南省郑州市第一干休所退休干部郑广谨，原是空军某部政治部副主任。他 1981 年退休后，不甘在家中过清闲日子，“闲居非我志，甘心赴国忧”，他怀着为共产党、为祖国、为人民军队再做一件有益的事情的奉献之情，立志运用自己 30 多年潜心研读的马列主义理论，写出一部由中国人自己撰写的中国工农红军长征史。他以当年红军长征的革命精神激励自己，自费四上京师，三下江南。背上挎包和水壶，在两年多的时间里，从湖北、湖南到四川，从广西、贵州到云南，足迹遍及首都和十几个省市的二十二家档案资料馆。还曾到娄山关、赤水河、遵义、桐梓、乌江等地实地考察。历尽千辛万苦，忘记病痛与疲劳，每天工作在十二三个小时以上。他从散存各地的档案史料中，从国内外已发表的文献书刊资料中，从州府县志、敌伪档案中，认真地查找，准确地核实，精细地筛选，耐心地整理。经过 5 次增删，三易其稿。花去了包括女儿嫁资在内的全部积蓄，终于圆满完成了 63 万字的《中国红军长征记》巨著的编写，填补了中国共产党党史、军史和现代史的一项空白。这部由中国一位军队退休干部完成的较为完整、全面的长征史，荣获中国图书馆荣誉奖、金钥匙奖和 15 省、市、自治区哲学、社会科学优秀图书一等奖。

3. 在干休所内部开展一些力所能及、服务于老干部的生产经营活动。干休所开展服务型、开发型、生产经营型活动，创办一些经济实体，目的是为了充分发挥老干部作用，更好地为老干部服务。全国绝大多数干休所在所内建起了小卖部、小理发室、小浴室、小食堂、小招待所、小医务室等等多种的服务性项目，既方便了老干部，也照顾了周围群众。开展服务性生产经营起步较早的江苏省，已有2000名军队老干部在这方面发挥作用。其中有400多人参加干休所服务性的小型生产经营活动。据统计，全省86个干休所中已有80个干休所开展了经营活动，已获纯利62万多元，上缴税金14万多元，获纯利万元以上的干休所已达15个。他们的基本经验：一是坚持因人因地制宜，发挥优势，以优质取胜；二是重点发展投资少、周期短、见效快、小型多样的"短平快"项目；三是对兴办的项目，充分论证，办一个，成一个，不搞赔本生意；四是按政策办事，搞合法经营，各种手续齐备，不搞以权谋私，自觉遵守国家政策法令；五是经营收益分配合理、公开，自觉接受老干部监督；六是及时总结推广好的典型经验，指导全盘，采取多种形式，表彰发挥作用好的单位与个人，宣传他们的先进事迹和奉献精神，推动这项工作健康发展。

第五节　军队离退休干部安置工作已发展成为特殊的社会保障

中国社会保障的主要内容，不仅包括社会保险、社会福利、社会救济、社会服务、公费医疗，而且包括了优待抚恤和离退休安置工作。崔乃夫部长曾在1986年的一次讲话中指出："优抚安置工作是一种特殊的社会保障。"这是对中国社会主义初级阶段的优抚安置工作在社会保障制度中的地位、作用、性质所作的高度概括和总结。

一、军队离退休干部安置工作在社会保障制度中具有的特殊性

军队离退休干部的安置工作，是中国在社会主义初级阶段条件下一项高层次的社会保障，具有一般社会保障性质，与其他社会保障互相联系而

存在，并与其他社会保障互相促进，在发展中完善。安置工作在中国社会保障制度中具有特殊的地位与作用主要表现在：

（一）它直接影响和制约着国防现代化建设的进程。军队离退休干部的安置是军队干部工作的重要组成部分，直接关系到军队各级领导班子的合理构成。过去的十几年中，由于种种原因，一大批军队离退休干部不能正常向政府移交，致使军队各级指挥系统干部老化、臃肿。所以，“国家不建立退休制度会影响整个国家的生气”（《邓小平文选》252 页）。历史的经验证明，只有及时地妥善地把军队中的老干部安置好，军队干部的革命化、年轻化、知识化、专业化的步伐才能加快。从这个意义上说，安置工作已经成为国防现代化的一项不可缺少的配套工程。

（二）它直接关系着军队离退休干部晚年生活的妥善安排。以往军队离退休干部不愿意到地方安家落户，一个主要原因是缺乏必要的服务与管理手段，晚年生活中政治、生活待遇得不到落实。自从 1980 年以后，由中央到地方建立了各级军队离退休干部安置工作领导机构和办公机构，配备了行政和事业人员、服务用车，建立了干休所（服务站）。现在服务管理工作基本做到：有比较可行的管理制度，有学习娱乐的场所，有干休所和社会的两个服务网络，有服务性的经济实体，充分发挥了老干部的作用，有效地改善了军队离退休干部的集体福利，老干部的政治和生活待遇比较落实，思想比较稳定。安置工作作为特殊的社会保障，已经成为一种新型的社会稳定机制。

3. 它直接关系军政军民团结。军队离退休干部能够及时地移交政府并得到妥善安置，有效地解除了军队在职干部的后顾之忧。安置工作正是通过国家各部门与社会各方面的力量，调节社会关系和行为关系，更好地保障军队现代化建设尤其是干部队伍建设的有序性和稳定性，从而有效地配合军队精简整编和百万裁军工作的顺利完成。安置工作将愈来愈显示出在社会保障中密切军民关系，加强军政军民团结的纽带作用。

二、军队离退休干部在社会保障对象中有其特殊性

由全国民政部门负责的社会保障对象有两亿多人，人们概括为最可爱的人和最困难的人两种类型。在最可爱的人中有数万名军队离退休干部。这些在军旅中成长起来的老干部，有红军时期的，有抗日战争和解放战争时期的，也有一些是新中国成立后入伍的，他们从小投身革命队伍，是共产党在长期斗争中培养教育起来的英雄儿女。他们在中国人民的解放事业和社会主义建设事业中，为国家、为人民做出了重要贡献。他们是国家的有功之臣，理应得到国家的妥善安置，受到全社会的尊重和爱戴。这些军队老干部在政治上、思想上，坚持拥护党的领导，坚定地走社会主义道路，拥护四项基本原则。他们大多是军队各级领导或从事科研、教育、卫生等方面的专门人才。他们参加革命时间长，资历深，经验丰富，对革命和建设事业有特殊贡献。这些方面构成了他们区别于其他社会保障成员的一些特殊性。

三、军队离退休干部的政治、生活待遇，在社会保障的政策体系中有其特殊性

在中国，由民政系统负责的社会保障对象中，军队离退休干部在政治、生活待遇方面享有较高层次的社会保障。这一方面是由于大多数离退休干部把毕生精力献给了革命事业和国防事业；另一方面军队作为武装集团有其特殊性。军队干部与地方其他人员有不同的经历、工作、生活特点，所以他们离退休后，享受的待遇略为从优。对此中共中央、国务院、中央军委作了十分明确的规定：一是政治待遇不变，对资历较深、有一定影响的老干部，适当安排荣誉职务；享受地方同职级干部阅读有关文件、听报告的待遇；遇有重大节假日和庆祝纪念活动，党政领导要带头走访慰问，要安排好文化娱乐活动，组织就地就近参观工农业建设项目。发给国务院统一制发的《老干部离退休荣誉证》，这是优越于其他社会保障对象的政治待遇。在物质生活待遇上，这些军队老干部，因长期参与艰苦战

争，积劳成疾，有的因战负伤致残，体质较弱，在生活和治疗上应适当从优照顾。他们除了领取原工资外，还根据他们参加革命的不同时期，分别给予相当于本人两个月、一个半月、一个月标准的生活补贴。除此之外，在交通费、公勤费、服装费、家具费、荣誉金、医疗费、福利费、护理费及随军无工作直系亲属公费医疗等方面，都规定了较优厚的标准。军队退休干部，除了享有较高比例的退休生活费外，其他方面的生活待遇也都比地方同职级退休干部优厚。国家在政策上给军队离退休干部以妥善安置和照顾，使他们幸福愉快地安度晚年，有利于稳定军队在职干部安心服务于国防现代化建设，有利于推进军队干部制度改革，是符合全国人民的心愿和根本利益的。

1980 年以后，中共中央、国务院、中央军委十分重视和关怀党政军中从第一线退下来的老干部。对移交地方政府的数万名军队离退休干部，国家拨出专款为他们修建住房和附属配套设施，配备了服务用车，下达了专项行政、事业编制。安置工作所需的人财物，在国家财政不很富裕的情况下由中央财政直接负责，满足这项特殊的社会保障事业的需要。这种国家保障已发展为中国目前社会保障事业中的最高层次，这也是区别于其他社会保障事业的显著标志。

四、军队离退休干部安置管理在社会保障中有其特殊性

军队离退休干部安置在管理上的特殊性主要表现在以下几个方面：一是全国已基本形成军队离退休干部安置及管理系统，从中央到地方有负责安置工作的领导机构和办事机构；二是有相当数量的军队离退休干部是采取开办干休所的方法，进行服务管理的；三是各地普遍制定了规章制度，实行政策管理和制度管理；四是在干休所内部，实行所长全面负责，党组织保障监督、老干部参与民主管理的领导体制充分发挥军队离退休干部管理委员会自我管理、自我教育、自我服务的作用。这些都是区别于其他社会保障成员的特殊管理体制和管理方式。

当代中国的民政

CONTEMPORARY CHINA: THE CIVIL ADMINISTRATION II

（下）

当代中国出版社
Contemporary China Publishing House

2021年·北京

目录

Contents

第八章
救灾工作

救灾工作历来是民政部门的一项重要任务。中华人民共和国成立40年间，在中国共产党各级党组织和各级人民政府的统一领导下，民政部门依靠广大人民群众，发动社会各方面的力量，与自然灾害进行了一系列严重的斗争，取得了史无前例的巨大成就。对灾民生活和整个社会政治的稳定，恢复与发展灾区生产和国民经济，起到了重要作用，深刻地显示出社会主义的优越性。民政部门在救灾工作中发挥了政府职能部门的功能，积累了丰富的经验。20世纪80年代开始进行了救灾工作的改革，为今后与自然灾害进行长期不懈的斗争，奠定了良好的基础。

第一节 概 述

中国幅员辽阔，地理气候条件复杂，自然灾害频繁。与自然灾害的斗争，是人民认识自然、改造自然的重要内容。中华民族5000多年的历史，在某种意义上说，也是一部同自然灾害斗争的历史。在漫长的岁月中，中国人民因地制宜，扬长避短，积累了许多有效的抗灾救灾经验。中国古代一系列工程和发明，如都江堰的修建、地震仪的发明，在世界上都居领先地位。但是，旧中国由于长期受封建阶级统治，生产力十分落后，防灾设施和抗灾能力十分薄弱，特别是中国沦为半殖民地半封建社会以后，在帝国主义、封建主义和官僚资本主义的统治下，灾多荒多，人民群众生活在水深火热之中。灾荒同压在人民头上的反动统治者一样，是人民的最大威胁。所以，人们常把“天灾”同“人祸”连在一起。在那些年代，人们一提到灾荒就“谈虎色变”。“赤地千里”“十室九空”“道馑相望”“人食人肉”的记载，不绝于史册。曾有一首民歌唱道：“大水浪涛天，十年倒有九年淹，卖掉儿郎换把米，卖掉妮子好上捐，饿死黄牛打死狗，背着包袱走天边。”那时，人民的苦难真是诉说不完！

新中国成立后，中国人民掌握了政权，给战胜自然灾害创造了优越的条件。40 年来，党和政府领导全国人民积极防灾、抗灾、救灾，战胜了一次又一次严重的自然灾害，做到有灾不一定有荒、大灾变轻灾，把损失降到最低程度，在较大地区范围内甚至大灾之年还可夺得丰收，充分显示了社会主义制度的优越性。在防灾方面，随着经济建设的不断发展，大力治理大江大河，对历史上多灾的黄河、淮河、长江、海河等流域进行了治理。基本改变了十年九灾的面貌。在农田水利建设上，采取了建设灌溉排水工程，改良盐碱地，水土保持等措施，为减少灾害和农业增产创造了条件。在植树造林、防治病虫害、天气预报等方面，也取得了很大成绩。防灾建设的开展，大大提高了抗御自然灾害的能力。在抗灾抢险方面，新中国动员的人力、物力之大，是旧中国所无法比拟的。灾害到来时，各地全力以赴抗灾抢险。广大共产党员、干部和人民武装力量指战员哪里最危险就出现在哪里，极大地鼓舞了灾区群众的斗争意志。灾害发生后，各地立即抓紧恢复生产。从发展生产中解决群众因灾带来的生活困难。遭受水灾的地区，堵口复堤，抢收抢种，修复家园，开展生产自救。在旱灾区，抽水运水，浇灌作物，减轻干旱的威胁。“一方有难，八方支援”，非灾区支援灾区，轻灾区支援重灾区，城市支援农村，工业支援农业，互助互济蔚然成风。许多友好国家、国际组织、友好人士、海外侨胞和港澳同胞也伸出热情的手，提供大量援助和捐赠。中国共产党和人民政府对灾区人民无限关怀、高度负责，不仅领导人民坚决抗灾、积极生产，而且每年拨出巨额救灾款、大量的救灾物资。国家对灾区在税收、收购、信贷等方面，也采取了优惠政策，这一切都有力地保障了灾区人民的生活。大灾之后，群众常常感激地说：“社会主义好！共产党好！”

关心群众疾苦，重视救灾工作是中国共产党的优良传统。毛泽东主席在《一九四六年解放区工作方针》一文中，专门把救灾工作列为一条。指出："各解放区有许多灾民、难民、失业者和半失业者。亟待救济。此问题解决得好坏，对各方面影响甚大。"做好救灾工作，不仅是中国共产党和人民政府获得群众拥护的原因之一，也是赢得战争胜利的重要原因之一。新中国成立以后，中国共产党和人民政府把救灾工作当作一件大事来抓，组织和领导广大人民群众同灾荒进行了顽强斗争。重灾地区都把救灾工作当作压倒一切的中心工作。

做好救灾工作可以保障国民经济稳步发展。受灾地区都大力抓迅速恢复和发展生产。灾民的生产恢复发展了，不仅可以克服因灾带来的困难。而且可以促使生产的全面发展，许多地区通过救灾工作把共产党的温暖送到千家万户。在救灾工作中，全国全民动员，互助互济，使社会主义精神文明得到了发扬。广大灾民从亲身的经历中体会到了社会主义制度的优越，体会到共产党和人民政府的关怀，从而奋发上进，以极大的积极性投入到生产自救中。对于灾区和灾民的生产和生活困难，各级政府及时采取有力的救济措施，这对安定人心，稳定社会秩序起了重要保障作用。所以，做好救灾工作不仅具有重要的经济意义，也有重要的政治意义。

救灾工作主要是指灾害发生以后，采取积极措施，帮助灾区人民解决吃饭、穿衣、住房和治病等生活困难。发展生产、消除灾害，度过灾荒。民政部门是救灾工作的主管部门。新中国成立以来，民政部门都把救灾工作作为主要工作来抓，充分发挥工作的主动性、积极性，当好共产党和人民政府的参谋助手，做了大量工作。承担了以下几方面的主要任务：

（一）检查救灾工作方针政策的执行情况。救灾工作方针是做好救灾工作的指导思想，各级民政部门不但必须认真贯彻执行，同时要经常深入检查救灾工作方针政策的贯彻落实情况，及时向上反映，切实起到党和政府在救灾工作中的助手作用。

（二）掌握灾情。掌握灾情一方面是为了向领导提供安排灾区群众生产、生活，开展生产自救活动的重要依据；另一方面也是向领导提供安排城乡人民生活和国民经济建设时的参考。民政部门掌握灾情，把群众生活方面的情况作为重点：一是因灾损失情况，如受灾农作物面积、成灾面积、绝收面积、倒塌损坏房屋、死亡受伤人口、因灾减产粮食等；二是灾民生活安排情况，如因灾缺粮人口、缺粮数量、无家可归人口等；三是开展生产自救情况，如开展生产自救的项目、投入劳动力、收入情况等。

（三）发放救灾款物。国家拨发的救灾款物是解决灾民生活困难的专项款物，民政部门必须发放使用好，这是民政部门救灾工作的一项主要任务。一是把救灾款物及时地发放到灾民手中，要尽可能简化手续，提高办事效率，保证以最快的速度发放；二是要坚持救灾款的使用范围和使用原则，保证把有限的救灾款用在最困难的受灾地区和最急需救济的贫困灾民，严防挪作他用和平均发放。

（四）组织发动、接收处理国内外救灾捐赠款物。组织接收国内救灾捐赠，接受国际社会的救灾援助，并按照捐赠者的意愿和救灾款物使用原则，把捐赠款物使用好，与国家救灾投入结合安排，更好地帮助灾民解决生活困难和重建家园的困难。

（五）总结交流经验。民政部门要深入基层，深入实际了解新情况，研究新问题，总结交流救灾工作的新做法、新经验，特别是救灾改革的经验，以更好地指导救灾工作的开展。

第二节　历史上的灾荒概况

一、历史上的灾荒情况

中国长期处在封建主义的剥削制度下，农业经济很落后。人民不可能有控制自然灾害的能力，加上历代统治阶级只知搜刮掠夺，不关心防灾建设。因此，中国灾荒之多，世界罕见。就文献可考的记载来看，从公元前18世纪，直到公元20世纪，将近4000年间，几乎无年不灾，也几乎无年不荒。西欧学者甚至称中国为“饥荒的国度”。综计历代史籍中所有灾荒的记载。灾情的严重和次数的频繁是非常惊人的。

中国自然灾害种类繁多，主要有水灾、旱灾、虫灾、风灾、雹灾、地震灾、霜灾、雪灾等。自公元前1776年（商汤十八年）至公元1937年的3713年间，上述各种灾害共达5258次，平均每6个月一次。其中旱灾1074次，平均约3年4个月一次；水灾1058次，平均约3年5个月一次。从汉立国的公元前206年到1936年的2142年间，各种灾害总数为5150次，平均约3个月一次，其中旱灾1035次，水灾1037次（根据邓云特《中国救荒史》）。在清朝时期，自1644年到1908年共265年间的旱灾，黄河流域191次，长江流域186次，华南63次，三者合计，累计受灾达4556个县；水灾，黄河流域219次，长江流域242次，华南95次，三者合计，累计受灾达8631县（根据《清史稿·灾异志》统计）。国民党统治时期，不仅不积极抗灾救灾，而且还人为制造灾害。1937年日本进攻中原时，国民党军队不顾人民的死活，采取了“以水代兵”的方法，在河南省开封、郑州间的花园口炸开大堤，掩护国民党军队逃跑，结果造成豫东、皖北数十万无辜群众死亡，数千万亩土地被淹，并使黄河改道夺淮入海，破坏了淮河水系，从此淮河流域大雨大灾，小雨小灾，无雨旱灾，人民沦入重重的灾难之中。1911年至1937年的26年间，共发生灾害77次，尤以1923年华北地区的大旱灾，1931年长江流域的大水灾，1935年汉水流域的大水灾更为严重。

在旧中国，几乎有灾就有荒。每遇灾害，都是饿殍遍野，赤地千里。从死亡人数看，往往少则数万、数十万，多则数百万，乃至上千万。光绪2年至5年间，有900万至1300万人死于灾荒。民国以后，特大荒情更多，人民遭受的苦难也更深，1925年，四川省发生饥馑，受灾达80多个县，饿死3000万人，流离失所的不计其数，疫病流行，罹难者20万人。

二、灾荒对社会的影响

灾荒不仅使人畜伤亡、社会财富损毁，而且，对整个社会的经济、政治影响巨大，超出了灾荒本身损毁的范围，严重地影响了社会生产力的发展和社会的进步。同时，激化了阶级矛盾，又在一定程度上促进社会的发展，主要表现在灾荒促进社会变乱和灾荒导致社会经济的衰落。

灾荒促进社会的变乱。灾荒严重发展的结果，导致社会的变乱。而变乱的主要形式是人口流移死亡、农民暴动和异族的侵略。历史上由于灾荒引起的人口流移十分惊人，少则几十万，多则上千万。《东华续录》载："光绪二年十一月，江北旱灾较重，饥民四出，兼以山东、安徽灾黎纷纷渡江，前赴苏、常就食者千万。"1931 年，长江大水，鄂、湘、赣、皖、苏各省农村人口流离失所的，每千人中有 125 人，约占灾区总人口的 40%，其中 31% 属于全家迁徙，9% 属单身流徙。民国以后，北方黄河流域各省人民迁徙到东北去的，逐年增加，1927 年以后，每年达百万人以上，"闯关东"成了灾民的口头禅。灾荒也是农民暴动的主要原因。在封建统治阶级的残酷剥削和压迫下，灾害使农民贫困与饥荒到了极点。濒临绝境的群众，忍无可忍，揭竿而起，历史上的农民暴动，无论其范围大小，持续时间长短，无一不是以灾荒为背景的，如明末李自成就是在崇祯元年陕西大饥荒农民"或掘草根而自食，或掘白石以充饥"的灾荒条件下，发动起全国大起义的。农民起义在不同程度上动摇了统治阶级的特权，迫使统治阶级不得不作某些改良，直至推翻旧的阶级以新的阶级代替，对推动社会发展起到一定的作用，灾荒消磨民族的内在力量，内力不充，使异族乘虚而入。这类事实，历史上比比皆是。

灾荒导致经济的衰落。严重摧毁生产力，特别是对农业生产影响巨大，造成耕畜死伤，田地荒芜，农具散失，有时生产完全停滞。这首先是劳动力激减和土地荒废，因为灾荒使人口死亡和外移，造成劳动力激减。劳动力是生产力的决定因素，劳动力激减必然使大量土地荒废，所以"赤地千里"的记载不绝史册。《三国志·吴书孙休传》载："良田渐废，见谷渐少。"《资治通鉴》载："耕者日少、田有荒芜。"其次，农业收获大幅度减产。《广治平略》载："河南饥，……遣人视之，民所收有十及五者，有十不及一者：亦有荡然无收，掇草实为食者。”民国时期，农业收获量逐年减少。1914 年全国稻米收获量为 21 亿石，到 1920 年减为 8800 万石。

三、历代的主要救灾思想和措施

灾荒频繁所引起社会上的骚乱暴动，逼得历代统治者不得不提出各种救灾思想，以缓和社会阶级矛盾，巩固其统治秩序。

灾前预防思想。在历代救灾思想中，有两种理论：一为改良社会条件论，一为改良自然条件论。这两种理论，都注重灾害的预防，着眼于对灾荒发生原因的根治。改良社会条件的理论，概括为重农与仓储两方面。在重农方面，中国历代都提倡“农本主义”，实行重农政策。管子说：“夫富国多粟，生于农，兴利者，利农也；除害者，禁害农事也。”（引自《管子·揆度节》）梁朝刘勰说：“衣食者民之本也。民者国之本也。……衣食足知荣辱，仓廪实知礼义。……谷之所以不积者：在于游良者多，而农人少，故软！”中国的仓储制度由来已久。在历代救灾备荒中发挥了重要作用。改良自然条件的防灾理论，包括水利和林垦两方面。历史上多次治水运动，不仅载入中国水利建设的史册，在世界上也享有一定的地位。在灌溉工程方面著名的塘渠有：芍陂、津水十二渠、都江堰、郑国渠、白渠、秦渠、汉渠等。堤防工程有：黄河堤、长江堤、海塘等。森林能调节气候，改善生态环境，保持水土，涵养水源。古人很重视森林的防灾作用。森林学家福禄曾说：“无木之荒，不啻无粟。”

灾后救济思想。灾后的救济，可分为治标和补救，治标分赈济、调粟、养恤和除害四个方面。赈济，一般是用钱、粮食等救济灾民，分赈谷、赈银、赈工。调粟，主要有移民就粟、移粟就民、平粜。养恤，主要有施粥、居养、赎子。除害指消灭蝗蝻、疫疠等。补救有安辑、蠲缓。包括免赋、免役、停征、缓刑。放贷指发放救灾贷款。节约，包括减少食物、禁米酿酒、节省费用等方面。

天命禳弭思想。中国救灾思想的原始形态是天命主义禳弭思想。这种思想的产生是在脱离氏族社会之后，社会经济生活及政治生命中单一阶级的支配权已经确立。人们对于自然的认识仍处于幼稚、蒙昧的状态中，农业生产领域完全听从自然摆布，人民茫然感到似有支配自然万物的最高主宰“天帝”的存在。吉凶福祸均由“天帝”命定。对自然界的灾害、生产的欠收，也认为是“天帝”有意降罚于人类，这便产生了天命主义禳弭思想。这种思想表现在实际政策中，就成为巫书救荒。后来又被历代统治阶级利用这种迷信思想麻痹人民，以掩盖其剥削阶级的本质。近代治荒救灾思想虽已逐渐趋于科学化，但天命主义禳弭思想的残余还存在。

四、历史上救灾的经验教训

中国历史上的救灾经验教训是丰富的。有些做法通过实践，行之有效，成为后世相传的经验。有些正确的经验，限于历史条件为后世所忽略，现已重视采用，并有新的发展。有些思想观点不符合救灾客观规律，不能救治灾荒，为后世科学技术发展视为教训。把这些历史经验集中概括起来，有以下几条值得重视。

根本的一条是，灾荒问题的解决，与社会制度关系极大。旧社会有许多正确措施，在生产资料私有制、统治阶级剥削人民的条件下，不可能发挥应有的作用，而在社会主义条件下，则可批判地吸收历史经验、减少和减轻灾害的程度，有灾不一定有荒，因此，在救灾工作中，充分发挥社会主义制度的优越性，运用社会主义制度所蕴藏的优越条件，是一条根本经验。新中国战胜自然灾害所取得的巨大成就，就是在这条经验下取得的。

灾前预防和灾后救灾相结合，治标和治本相结合，这是对历史上救灾、抗灾、防灾度荒经验的基本概括。灾后救灾的治标政策，不论是赈济、养恤，还是安辑、蠲缓、放贷，都发挥了很大作用。但是，这些措施都必须与灾前预防的治本政策相结合，才能巩固发展其效果，而灾前预防的治本政策也必须有灾后救灾的治标政策为辅助力量。

历史上实施的储粮、节约、重农等荒政，实质上包含着发动群众、互助互济、节约度荒和生产自救等朴素的救灾思想，这种思想一直延续到现在，也成为一条基本经验。

第三节 新中国成立以后的灾害情况

一、受灾情况

中华人民共和国成立开始，就面临着严重自然灾害的难题。据不完全统计，1949 年全国受灾面积约 1.4 亿亩，受灾人口约 4555 万人，倒塌房屋 234 万间，死亡 8000 多人。紧接着，1954 年，江淮流域发生了百年来未遇的大水灾；1956 年，发生了 50 年未有的台风和严重水灾。50 年代末和 60 年代初，连续三年遭受历史上罕见的旱灾、水灾，河南、安徽等地灾情严重。“文化大革命”期间，国民经济遭到严重破坏，社会动乱，更加剧了灾害的影响。1972 年全国受灾面积 6 亿多亩，其中旱灾 4.6 亿亩。1976 年的唐山地震，24 万人死亡。1978 年，全国受灾面积 7.6 亿亩，其中受旱面积 6.02 亿亩，为新中国成立以来受灾面积最广的年份。1981 年和 1983 年长江流域的水灾也很严重。1985 年，东北三省遭受台风和洪涝灾，损失高达 90 亿元。详细受灾成灾情况见表 13。从 1949 年至 1989 年的 37 年间（1967 年、1968 和 1969 年三年缺统计数字）平均受灾面积 4.7 亿亩，受灾面积最大的是 1960 年和 1961 年，分别为 8.037 亿亩和 8.034 亿亩，最少的是 1952 年，为 1.3 亿亩。成灾面积平均为 2.06 亿亩，最大的是 1989 年，为 3.6 亿亩，最少的是 1970 年，为 0.49 亿亩。

在这些灾害中，危害最大的是水灾、旱灾和地震灾。

（一）水灾。洪涝灾害是中国的一种主要自然灾害。中国从公元前三〇六年至 1949 年间的 2155 年中，就有 1092 年发生了较大的洪水灾害，平均每两年一次。从 1949 年至 1989 年的 40 年间，平均每年受灾面积 1.2 亿亩，成灾面积 7500 万亩。其中1954年、1956年、1963年、1964年、1985年，

1949—1989 年全国农作物受灾面积成灾面积统计表

表 13　　　　单位：万亩

年份	受灾面积合计	其中				成灾面积合计	其中			
		水灾	旱灾	风雹	霜冻		水灾	旱灾	风雹	霜冻
1949	14018	13923	78	—	71	—	13923	78	—	17
1950	15571	9838	3597	1215	921	8115	7065	884	166	—
1951	21360	6260	11744	839	2517	6543	2214	3449	—	880
1952	13553	4191	6354	1587	1421	6198	2321	3848	29	—
1953	35463	10780	12924	2360	9399	10629	4927	2012	—	3690
1954	32126	24197	4482	1220	2227	18819	16958	840	410	611
1955	30081	7870	20149	887	1175	11783	4600	6036	191	956
1956	28294	21566	4691	1805	232	19667	16358	3077	—	232
1957	43723	12124	25807	2116	3676	22474	9048	11100	596	1730
1958	46444	6419	33541	2845	3630	11732	2162	7546	685	1339
1959	62198	7219	50710	2896	1373	20682	2726	16760	819	377
1960	80374	15232	57187	5884	2071	34495	7472	24265	1928	840
1961	80346	13307	56770	6667	3602	40038	8092	27981	2751	1214
1962	52050	14715	31212	3562	2561	25008	9477	13036	1457	1038
1963	48822	21107	25298	1871	546	30035	15719	13532	784	—
1964	32764	22400	6328	2393	1643	18952	15057	2134	656	1105
1965	31206	8381	20446	1637	742	16834	4219	12260	230	225
1966	36311	3770	30022	2519	—	14636	1425	12159	1052	—
1970	14961	4693	8585	1683	—	4942	1851	2897	194	—
1971	46576	5983	37574	3019	—	11168	2222	7978	968	—
1972	60867	6125	46049	4488	4205	25765	1889	20408	1385	2083
1973	54740	9352	40803	4232	353	11427	3865	5892	1542	128
1974	58019	9646	38330	5394	4649	9789	4106	3444	1149	1090
1975	53029	10226	37428	4087	1468	15059	5201	7977	1536	345
1976	63749	6296	41238	10043	6172	17155	1991	11772	2441	951
1977	78032	13643	44778	7589	12022	22738	7484	10509	2327	2419
1978	76177	4268	60253	6662	4994	32701	1386	26954	3039	1322
1979	59051	10136	36969	7455	4491	22685	4302	13974	3034	1375
1980	66789	13719	39167	10349	3554	33476	7538	18728	5445	1765
1981	59679	12937	38539	6441	1762	28115	5959	18201	3000	955
1982	49700	12541	31046	4308	1805	24176	6695	14958	1758	765
1983	52070	18243	24133	8563	1131	24314	8621	11379	3835	479
1984	47831	15948	23728	7391	764	22896	8092	10522	3981	301
1985	66548	21296	34484	9345	1423	34058	13424	15094	5029	511
1986	70703	13733	46563	7395	3012	35484	8402	22147	4079	856
1987	63102	13029	37380	8971	3722	30589	6156	19549	3430	1454

续表

年份	受灾面积合计	其　中				成灾面积合计	其　中			
		水灾	旱灾	风雹	霜冻		水灾	旱灾	风雹	霜冻
1988	76311	17924	49356	7544	1487	35917	9192	22955	2983	787
1989	70486	16992	44092	6538	2864	36673	8875	22922	3419	1457

说明：1. 1959 年以前农作物灾害面积按耕地面积计算，以后按播种面积计算。
2. 1978 年以前是有关部门的统计数字，以后是民政部门与有关部门核实的数字。

每年受灾面积都在 2 亿亩以上，1954 年受灾面积最多高达 2. 4 亿亩。黄淮海平原、长江中下游、东南沿海、松花江和辽河中下游等地是洪涝灾害发生较多的地区。尤以黄淮海平原和长江中下游地区最为严重，占全国受灾面积的 3/4 以上，而西北、云贵高原、青藏高原和内蒙古等地洪涝灾害最少。

洪涝灾害是由于降水时间过长、过于集中形成的。各个地区因气候、地理条件不一样，时间、强度也不一样。中国大部分地区为季风气候，当夏季风向北推进时与北方冷空气相遇，在锋面附近形成雨带。通常四五月雨带位于华南。5 月下旬至 6 月上旬位于长江以南，6 月中旬到 7 月中旬位于江淮。7 月中旬以后越过黄河到达华北。当大气环境异常时，雨带在某个地区长期徘徊，易形成洪涝灾害。此外，水库溃坝、江河决堤、春季北方河流解冻时的凌汛，沿海的海啸、台风和海潮结合等也常造成洪涝灾害。

洪涝灾害破坏力强，对国家的建设和人民生命财产威胁很大，往往能造成房倒屋塌，人畜伤亡，耕地被冲等严重损失。如 1975 年 8 月的河南省驻马店水灾，淹死秋作物 1788 万亩。死亡 3. 3 万人。死亡大牲畜 30 多万头。倒塌房屋 524 万间，损失粮食 10 多亿公斤。

（二）旱灾。中国是旱灾多发国家。从 1949 年到 1989 年的 40 年间，平均每年受灾面积为 3. 02 亿亩，最严重的是 1959 年、1960 年、1961 年和 1978 年，分别为 5. 07 亿亩、5. 7 亿亩、5. 6 亿亩和 6. 02 亿亩，平均成灾面积 1. 1 亿亩。

中国各地旱灾发生的季节很不一样。春旱以华北地区发生最多，几乎是十年九旱。华南局部地区，也常有春旱出现。夏旱、伏旱以长江流域和江南地区较多，北方和长江流域有时也发生冬旱。

旱灾对农业生产危害较大，危害程度与其发生季节、时间长短以及作物所处的生育期有关。春旱往往造成春播作物缺苗断垄，影响越冬作物返青后的正常生长。延迟果树的发芽时间和降低发芽势等。伏旱影响玉米、高粱的正常生长和发育，造成棉花蕾铃脱落，影响早稻中稻的灌浆和晚稻的移栽成活。秋旱会影响秋收作物的产量及越冬作物的播种和出苗，并使地墒不足而加剧翌年的春旱。严重的旱灾还会引起人畜饮水困难，严重影响人民生活。

（三）地震。中国是多地震的国家。地震分布广，强度大，震源浅。据统计，新中国成立以后 40 年发生有伤亡记录的地震 40 次，死亡 27.3 万人，受伤 76.3 万人。一次大震，烈度为 8 度的影响场的面积可达数千平方公里。地震与水灾、旱灾相比，尽管出现的次数少，影响的面积小，但损失严重，是威胁严重的自然灾害之一。1976 年的唐山地震，顷刻间，一座拥有百万人以上的工业城市化为废墟。除前述 24 万多人丧生外，并有 16 万多人受重伤，直接经济损失达百亿元。

二、灾害的特点

（一）普遍性。中国的自然灾害，在时间和空间上都具有普遍性。例如，就旱、涝来说，在一个地区，连续干旱或多雨，或先旱后涝、先涝后旱或旱、涝交错等情况均有可能出现；在同一时间里，既可能产生大范围的干旱或洪涝，也可能在一个地区多雨成涝，而另一个地区少雨干旱；就大范围来说，雨水基本正常，但某些局部地区却又有干旱或雨涝。

（二）区域性。中国的自然灾害种类繁多，频率较高，但在分布上具有区域性的特点。旱区主要分布在黄淮海地区及黄土高原和部分山区。季节上有春旱、伏旱和秋旱之分，对农作物的生长都有很大影响。洪涝灾害主要分布在黄淮海平原、长江中下游、东南沿海、松花江流域和辽河中下游等地域。台风主要袭击东南沿海和华东沿海。干热风对华北平原危害最大。冰雹的分布特点是：西部多，东部少；山区多，平原、盆地少；迎风坡多、背风坡少；山脉南坡多，北坡少。地震主要发生在西南、西北和华北地区。

1978—1989 年灾害损失统计表

表 14

项目 / 年份	减产粮食（万公斤）	死亡人口（人）	死亡大牲畜（万头）	倒塌房屋（万间）	损坏房屋（万间）
1978	2094749	4965	226	73	387. 2
1979	1645622	6962	144	152	458. 6
1980	3080967	5233	23. 7	148. 5	355
1981	2601988	7422	170	261. 5	377. 5
1982	2754981	7935	198	320	481
1983	2885530	10952	114	345	627
1984	3107739	6927	36. 7	274. 7	453. 4
1985	2490505	4394	322. 8	224. 7	593. 6
1986	2307306	5410	79	209. 7	711. 7
1987	4070651	5459	100	180	776
1988	5069224	7306	249. 2	258	881
1989	5202438	5952	450	194. 7	677. 2

说明：此表减产粮食是各省、自治区、直辖市自报数字，其余栏目是民政部与有关部门核实数字。

（三）季节性。中国地处欧亚大陆东南部，东濒太平洋，直接受到世界上最大的陆地和世界上最大的海洋影响，季风盛行，灾害的季节性特征显著。冬季受来自西伯利亚冬季风的影响，天气寒冷干燥。易发生雪冻灾。夏季来自热带海洋的夏季风盛行，湿热多雨，易发生洪涝、台风、干热风灾。春、秋季为冬、夏季风的交替时期。特别是春季，天气多变，多种灾害均有可能发生。

（四）多变性。多变性是指不同的灾害在时间上交替出现，此起彼伏。如旱、涝交替出现，或是先涝后旱，先旱后涝，或是两头旱中间涝，两头涝中间旱。这种特征在小范围内表现较明显，大范围也屡有出现。

（五）阶段性。灾害的阶段性是指某些灾害这个时期多，那个时期少，或这个时期重，那个时期轻，呈现出起伏的阶段性。干旱范围大和干旱范围中等的年份在20世纪70年代占多数。20世纪50年代和60年代则相对较少。雨涝范围较大的年份在60年代占多数、50年代也比较多，而70年代则较少，寒潮和强冷空气在60年代的活动最为频繁。70年代次之，而50年代最强。地震活动的阶段性表现也很突出。1949年至1965年，是地震活动低值期。尽管破坏性地震时有发生，但强震少，影响不大。1966年的邢台地震揭开了中国20世纪以来地震活动的第四个高潮期。到1976年的10年间，在西南和华北平原发生了一系列7级以上强震。从1977年到1984年，又进入了一个低值期，没有发生强震。但进入1985年，地震活动又进入了一个新的活跃期。1985年至1989年，新疆、四川、云南、宁夏、江西、江苏等地发生了一系列破坏性地震。

三、重要灾年和灾害事件

（一）1954年水灾。这一年，由于自西伯利亚南下的冷空气跟来自中国南海海面及印度洋的西南暖气流正好在江、淮一带相遇。这两股气流势力均等，所以相持很久，发生了超出正常年份的降雨量：一是降雨地区广、时间长，从4月到8月，暴雨中心自广东、广西逐渐向北移到长江、淮河。又移到黄河及河北省各河流域；二是雨量集中，来势猛，长江中下游地区从4月到8月的降雨量，竟达到历年同期雨量的两倍多，并且超过历年年平均雨量。

由于连降暴雨，全国主要河流水位暴涨，尤其是长江、淮河的洪水，为近百年来所未有。对于这样凶猛的洪水，当时的人力和防汛设备所做到的只是尽量减少它的危害，而不能避免它的危害。江河堤防与湖泊圩堤连受洪峰袭击，并在高水位下长期浸泡，发生了严重溃决现象。据不完全统计，全国各堤岸决口1.44万处，圩堤溃决1.3万处。部分地区由于降雨过多，积水无法排除，造成大面积内涝。还有一些丘陵山地，因山洪暴发而酿成灾害。据统计，全国14个省、区遭受水灾，受灾面积2.4亿亩，成灾面积1.6亿亩。其中长江流域4700万亩，淮河流域6200万亩，大清、子牙等河流域3700万亩，农业上减产粮食129亿公斤，棉花414万担，成灾人口6069万人。其中重灾人口3974万人，死亡1.0026万人，倒塌房屋1024万间。灾情较重的是安徽、湖北、湖南、江西、江苏、河南、河北7省。安徽省65个县、市受灾。成灾面积3977万亩，成灾人口1356万人。减产粮食近20亿公斤、棉花41万担、倒塌房屋404万间。湖北省75个县、市受灾，成灾面积2270万亩，成灾人口990万人，减产粮食31亿公斤，棉花212万担，倒塌房屋220万间。

（二）三年自然灾害时期的灾害。三年自然灾害时期指的是1959年至1961年。这3年，全国大部分地区连续遭受了罕见的旱灾、水灾等严重的自然灾害，尤以旱灾影响最大，给人民群众的生活、生产带来极大的困难。1963年3月9日，根据周恩来总理的指示，内务部、财政部、粮食部、农业部、气象局和国家统计局等单位，共同对三年自然灾害时期的灾情作了核实，结果是：1959年受灾面积6.2亿亩，其中旱灾5.07亿亩，成灾面积2.06亿亩，其中旱灾1.67亿亩；1960年受灾面积8.03亿亩，成灾面积为3.4亿亩；1961年受灾面积为8.03亿亩，成灾面积4.03亿亩。这3年，无论受灾面积，还是受灾程度都是全国解放以来最为严重的。

三年自然灾害时期，由于受灾面积广，持续时间长，大部分地区3年内重复受灾，且以旱灾为主，给农业生产和人民生活带来巨大困难。这3年间，全国粮食大幅度减产，人民的生产、生活遭受严重困难，给救灾工作增加了难度，有些地区灾民因其他疾病加之营养不良，发生浮肿、干瘦、外流，甚至病饿死人等非正常现象。

（三）邢台地震。1966年3月8日和22日，河北省邢台地区发生6.8级和7.2级强烈地震。根据邢台、石家庄、衡水、邯郸、保定、沧州6个地区统计，有20个县市、1637个乡镇、1.7万多个村庄遭受不同程度的损失。死亡8064人，受伤3.8万人，其中重伤9000多人。损坏房屋508万间。其中全部倒塌和严重破坏需拆除重建的为262万间。

邢台地震是从1966年3月1日开始的。3月1日至5日，每天都有轻微的震动。六日清晨发生了一次较强地震，8 日凌晨 5 时 30 分，发生了 6.8 级大地震，震中烈度 9 度，这一天还发生了 1418 次余震，其中 4 级、5 级的 29 次。5 级以上的 2 次。这次地震比较严重的区域有隆尧、巨鹿、宁晋、任县、新河 5 个县。地震中心在隆尧、巨鹿、宁晋 3 县的交界处。死亡 7540 人。受重伤的 9219 人。倒塌、损坏房屋 49 万间。隆尧县的牛家桥、千户营、毛儿寨、白家寨、巨鹿县的何寨，宁晋县的耿庄等许多社队，房屋全部倒塌，灾区死伤耕畜 1390 头，其中死亡 730 头，占灾区原有耕畜的 9%。

3 月 22 日下午 4 时，邢台又发生了 7.2 级强烈地震，极震区以宁晋县东汪镇为中心，北到尧台，南到史家嘴，西临大曹庄，东到贾家口，面积约 130 平方公里。有感范围，北到内蒙古镶黄旗、多伦，东到山东烟台，南到南京，西到陕西铜川等广大地区，包括 219 个市县。这次地震比 3 月 8 日地震震中烈度大，震源深，波及面广，房屋倒塌损坏多。受灾的有邢台、石家庄、衡水、邯郸 4 个专区的 30 个县。受灾较重的是宁晋、巨鹿、新河、隆尧、任县、束鹿、冀县 7 县。因地震发生在白天，绝大多数的青壮年正在田间劳动。再加上群众提高了警惕，做了一些预防准备工作，人畜伤亡大大减少。据河北省邢台等 4 个专区的统计，死亡 535 人，受伤 4973 人。倒塌、损坏房屋 450 万间。宁晋县东汪镇原有 1.5 万间房屋全部倒塌。

从 3 月 8 日地震以来，次生灾害不断发生，也产生了一些危害。根据邢台、邯郸、衡水、石家庄 4 个地区截止到 4 月 12 日，35 天的统计，共发生火灾 323 起，烧死 36 人，烧伤 50 人，烧毁了大量生产备用品。邢台西部山区和井陉及武安一带，还发生了石崩坍 300 余处。

（四）1963 年华北水灾。1963 年 8 月上旬，华北平原出现了严重洪涝灾害。这一年，北京、天津、河北、河南、湖北、山东西部以及江苏、安徽两省的北部地区 8 月降雨 220 至 1100 毫米，比常年同期偏多一至五倍。特别是海河流域由于日本海上空强大的高气压延伸到太行山麓，江淮地区不断有暖湿空气进入。再加上新疆、河套、内蒙古等地连续冷空气侵入，形成了历史上罕见的特大暴雨。不少地方旬内暴雨日数有五六天，有的地方连降暴雨四五天，旬雨量普遍超过300毫米，安阳至保定一线在600毫米以上，河北的赞皇达1187毫米，邯郸1034毫米，同时，暴雨的强度也很大，不少地区出现了日降雨量超过200毫米的特大暴雨，如临城县灰山8月4日降雨642毫米，易县大良岗七日降雨589毫米，北京8月8日至9日也降雨337毫米。集中连续的特大暴雨使海河各水系、黄河中下游地区发生了严重的洪涝灾害。

（五）河南“七五八”水灾。1975年8月5日至8日，河南省驻马店、许昌、南阳等地区发生了历史上罕见的特大暴雨灾，过程降水量（4日至8日）中心极值达1631毫米，最大雨量一小时达189毫米。一时水库垮堤，江河浸流，人民生命和国家财产遭受重大损失。

这次特大暴雨的过程，前后共5天，但主要降雨量集中于5日至7日这一时段内。降水地区主要集中在驻马店、许昌和南阳三地区之间的山脉丘陵地，亦即洪汝河，沙颍河、唐白河上游的板桥、石漫滩两大水库地区及其周围。东部洪汝河、沙颍河间的西平、上蔡、平舆等地也是暴雨集中地区之一。这次暴雨的特点一是强度大。三天内降雨120亿立方米，不仅是该地区有气象记录以来所未有的，也是中国除台湾省外气象记录中所未有过的，即使与国外记录相比，也是相差极微，可以说是实属罕见。二是面积广。以驻马店为中心的31个县市普降暴雨，暴雨级降雨区的面积差不多占整个河南省的1/3。三是时间长。降雨过程长达5天。

特大暴雨酿成了严重的水灾。板桥、石漫滩两大水库，竹沟、田岗两个中型水库，以及63个小型水库相继垮坝，10多亿立方米的库水倾泻而下，唐白河、洪汝河、沙颍河普遍漫溢，使驻马店、许昌等4个地区的31个县的1029万人遭受了毁灭性水灾。当时，被洪水卷走约10万人，被洪水围困的450万人。淹死秋作物1788万亩，损失粮食约13亿公斤。死亡3.3万人，死亡牲畜30.23万头，死生猪72万头，倒塌房屋557.2万间，损失农具、家具、衣被折款34亿元。在成灾的1029万人中，属于毁灭性的（一切财产冲光，一无所有）106万人，属于特重灾的（作物淹死，房屋全部倒塌，生产、生活资料损失严重）493万人，属于重灾的（作物淹死，房屋部分倒塌，财产损失一部分）227万人，属于轻灾的207万人。

（六）“七二八”唐山大地震。1976年7月28日凌晨3时40分，河北省唐山市发生了7.8级强烈地震。这就是震惊中外的“七二八”唐山大地震。顷刻之间，一个百万人口的城市成为一片瓦砾。人民的生命财产和社会主义建设成果遭受惨重损失，北京市和天津市严重波及，地震破坏范围超过3万平方公里，有感范围广达14个省、市、自治区，总面积相当于国土面积的1/3。

唐山市邻近地区历史上有过多次强震活动。1966年以来，唐山及周围地区小震活动趋于频繁。中国共产党和人民政府对这一地区的地震预防工作极为重视。邢台地震后就指示开展地震预报工作。1976年河间地震后，周总理根据科学家们提出的趋势意见指示“要密切注视京津地区的地震动向”。把该地区列为全国重点监测之一。1976年六七月间，京津唐及外围地区陆续出现一些突发性异常。引起有关人员的注意。有过不同程度的预报估计。但由于各种原因，未能作出短期、临震预报。也没有估计到震级如此之大。地震发生时，正值人们酣睡之际，毫无警觉，市区人口80%来不及反应，就被埋在瓦砾之下，造成惨重的损失。

唐山地震除前述使24.24万人丧生，16.45万人受重伤，尚有轻伤需治疗的36万多人，其中唐山市区死亡14.9万多人（包括流动人口1.3万多人），全家震亡7218户，分别为市区人口和户数的18.4%和4.5%，重伤8.1万人，终身致残1700多人，地处极震区的路南区，震亡3.4万多人，震亡率高达27.6%。

唐山地区震毁公产房屋1479万平方米，其中唐山市1043万平方米，占全市公产房屋总数的77%。震倒民房530万间，唐山市的民用建筑几乎全部毁坏，城乡建筑破坏率分别为96%和91%。

全市供水、供电、通信、交通等工程全部毁坏，严重危及人们生活。所有厂矿全部停产。所有医院和医疗设备全部破坏，大量伤病员无法就地治疗。市内和长途电信线路严重破坏，使唐山地区15个市、县、区对内外通信全部中断。京山铁路破坏十分严重，地震时正在行驶的7列客、货车脱轨。蓟运河、滦河上的两座大型公路桥梁塌陷，切断了唐山与天津和关外的交通。开滦煤矿的地面建筑物和构筑物倒塌或严重破坏，停电使近万名夜班工人被困在井下。唐山境内的陡河、邱庄、洋河的3座大型水库，般若院、八一两座中型水库的大坝滑塌、开裂、防浪墙倒塌，410座小型水库有240座震坏，6万眼机井淤沙，井管错断，占总数的67%。沙压耕地50多万亩，咸水淹地70多万亩。毁坏农业机具5.5万多台（件），砸死大牲畜3.6万多头，猪44.2万多头。

唐山地震的损失是地震史上罕见的，唐山地区直接经济损失达100多亿元。天津、北京和河北省部分地区也遭到不同程度的损失。

（七）1978年旱灾。1978年的旱灾，范围广，程度深，不仅是新中国成立以来没有的，也是历史上罕见的。全国受旱面积6亿亩，成灾面积2.6亿多亩，受旱严重的安徽、湖北、江西、河南省。是50年、70年甚至100年不遇的大旱。江苏、湖南、四川、陕西、山西、河北、山东等省受旱也很严重。

这一年旱灾的特点是：一是雨水奇缺。受旱地区从1月到10月的降雨量，一般比常年少3至7成。有不少地区6至9月农作物用水关键季节，只降雨70毫米左右，由于久旱无雨，气温增高，蒸发量大，地面水量减少，地下水位下降，无法抽灌，受旱严重地区，到七八月份，河溪基本断流，中、小型水利工程和塘堰普遍干涸。大型水利工程的蓄水量多数降至死水位以下，长江中、下游流量也比常年少1/3。有些地方树木、竹子也被旱死，还有许多地方人、畜饮水也发生严重困难。二是持续时间长。多数省夏旱接秋旱，从6月下旬持续到11月，早稻由于高温逼熟，空壳率达20%—30%，加之结实不满，减产25亿多公斤。安徽、湖北等省中稻遭到“卡脖旱”，有的旱死，有的减产，双季晚稻缺水插不上秧，比上年少插1000多万亩，插下去的也有许多被旱死或严重减产。由于长期干旱，对棉花、黄豆、玉米等作物影响也很大，造成大量减产。湖北、安徽、湖南减产皮棉230多万担。三是受灾面积广、程度深。皖、豫、赣、鄂、苏、湘、川、晋、内蒙古等省、区持续受旱面积，占当地耕地面积的66%左右。4月底，晋、冀、鲁、豫、陕等小麦生产区受旱面积达4亿多亩，其中旱死绝收的2000多万亩，因旱减产小麦50多亿公斤。夏、秋两季，江、淮流域各省发生了严重的夏、秋连旱，皖、苏、鄂、湘、赣、川、黔、浙等省伏旱、夏旱面积达2亿多亩。

受旱严重的安徽省从上年冬开始缺少雨雪，一直延续到9月初。这样特大干旱是安徽近300年以来最严重的。全省70多个县、市先后受旱，水稻无水可栽，旱粮难以生长，近400万人和24万头牲畜吃水发生困难。河南省大多数县降雨不足10毫米，信阳、安阳多数县滴雨未降。全省秋播面积9400多万亩。受旱达4000多万亩，其中绝收的600多万亩，减产20多亿公斤。

（八）1981年水灾。1981年七八月间，中国部分地区气候极为反常，西北、东北和东南沿海及一些丘陵山区。多次普降大雨和暴雨，日降雨量一般为100至400毫米，多的达600至700毫米，暴雨引起山洪暴发，山体滑坡和泥石流，导致江河猛涨，洪水为患和内涝渍水，酿成了人力难以抗拒的特大洪涝灾害。四川省境内的沱江、岷江、嘉陵江洪水暴涨33米，汇集重庆，长江水位暴涨20多米。强大的水柱，河、岸不分，一倾直下。黑龙江省内松花江、牡丹江和嫩江平原一带，内涝渍水一片汪洋，有的持续达数月之久。陕西西部和关中地区、辽宁南部的水灾也是历史上罕见的。受灾最重的是四川省。据统计，全国受灾农作物达1.2亿多亩，其中200多万亩良田被洪水冲成一片沙石滩。有60多个县城和市区，700多个集镇，3400多个工矿企业被淹，有上万所中、小学被淹停课，其中300多所校舍全被冲光。倒塌、损坏房屋500多万间。受灾群众7000多万人。

死亡 9000 多人。灾区的铁路、公路和输电电讯线路遭严重损坏。被冲毁的水利设施，仅四川、陕西、广西 3 省、区，就达 7.9 万多处。

四川盆地东部、西部、西南部、北部和中部广大地区从 6 月到 9 月，遭到多次特大暴雨袭击，在人口稠密、交通方便、土地肥沃、物产丰富的沱江、涪江、嘉陵江和岷江流域造成了历史上罕见的洪灾。成都、重庆、永川、内江、温江、绵阳、南充、雅安等地区所辖县、区基本上全部受灾；万县、涪陵、宜宾、乐山、达县等地区所辖县、区大部分受灾。全省共有 18 个地、市共 138 个县、区受灾，其中重灾县 56 个，重复两次受灾县 51 个，重复 3 次受灾县 11 个。被淹县城 57 座，其中全部被淹 8 座。严重被淹 13 座，受灾人口 2000 万人，死亡 1358 人，受伤 1.4 万多人，淹没房屋 237 万间，其中倒塌 153.4 万间，冲走 42 万多间，暂时无家可归的有 113 万人。据不完全统计，全省农村因灾造成的直接经济损失 25 亿元。

（九）1983 年水灾。1983 年尽管全国大部分地区气候条件属于中等偏好，但局部地区洪涝灾害严重，华南冬涝为新中国成立以来所少有的现象，长江流域梅雨强度仅次于新中国成立以来特大洪水的 1954 年，秋季汉江流域的特大洪水也是历史上罕见的。

华南冬涝涉及广东、广西及闽南部分地区。据史料记载。北海、厦门、广州三地 1 月降水量在 75 至 90 毫米之间的机会为十年一遇。然而 1983 年一二月，这些地区连降暴雨，月雨量多数在 100 毫米以上，以致大部分地区洪涝成灾，长江中下游梅雨季节期间先后出现 5 次大范围暴雨天气，雨量普遍在 300 毫米至 650 毫米之间，部分地区高达 700 毫米至 1050 毫米，出现了仅次于 1954 年的新中国成立以来第二次大洪水，湖北省监利、城陵矶、湖口等地段洪峰水位超过 1954 年最高水位。沿江两岸洪涝成灾，给人民的生命财产和国家财产带来严重损失。黄、淮、汉江和长江中下游的秋汛也很严重，降雨一般偏多 1 至 3 倍，局部地区多达 3 至 5 倍，造成一些地区的洪涝灾害。据统计，全国受灾面积 1.8 亿多亩，其中成灾面积0.86亿多亩，绝收3700多万亩，倒塌房屋320多万间，损坏房屋600多万间，死亡8500多人，有600多万人一度被洪水围困。安徽、湖北、陕西等省灾情较重。

7月28日至8月1日，汉江上游连降暴雨和大暴雨，汉江水位猛涨。沿江的石泉、紫阳、白河、旬阳4个县的30多个集镇和县城被淹，安康县城也于31日晚被洪水吞没。洪水入安康县城后，平房化为废墟。公私财物大部分被洪水洗劫一空，伤亡惨重。全城1.5万多户，7万多人受灾，倒毁房屋1.4万多间，造成危房8000多间，死亡870人，财物损失总金额达6.2亿多元。

（十）1987年大兴安岭森林火灾。1987年5月6日，黑龙江省大兴安岭西林吉林业局的河湾、古莲林场，因野外吸烟和使用割灌机时违反操作规程跑火引起火灾，塔河林业局的盘古林业公司也在当天发生山火，经过白天和当晚的扑打，火情基本得到控制。7日傍晚刮起8级以上的西风，火势复起，迅速蔓延，火头迅速向东推进。平时，火头每昼夜向外蔓延只一二公里，而7日晚火借风势，风助火威，形成一个强大的高压热流。仅5个小时，漠河县古莲的火向东推进了100公里。铁路、公路、河流甚至500米宽的防火隔离带都阻拦不住，先后烧了西林吉、图强、阿尔木3个林业局所在地和这3个局的7个林场、4.5个贮木场。在同天夜里，塔河县盘古的火势同样异常猛烈，火头在3小时40分钟内，向东推进60多公里，相继烧毁盘中、马林两个林场所在地。8日风力虽然减弱，但西部漠河、东部塔河县境内已分别形成面积为30万和20万公顷的大火海。由于损失伤亡惨重，通信、交通中断，当地已无力控制火场，火势迅速向四周蔓延。到5月13日，西部火场已形成大中明火线14条，总长31公里，东部火场已形成大小火点231个，大中明火线15条，总长60多公里，最长的达20公里。经过顽强扑打，东部火场19日基本控制，西部火场25日也基本得到控制。26日东西两大火场的明火全部消灭，东部火场于29日，西部火场于31日，按清理火场的标准验收完毕。验收过程中经过两次6级以上大风和30摄氏度高温和5级以上火险的考验，均未出现问题。5月31日以后，由于铁路机车轮瓦飞溅到草地上，又在火区外秀峰与塔河中间9公里处发生火情，再度威胁塔河。经过两天扑打，于6月2日凌晨将大火扑灭。2日下午至3日上午，整个火区普遍降雨，全区军民冒雨清理火场，消灭一切暗火、残火，取得了扑火的彻底胜利。

大兴安岭是中国重点林区和主要木材生产基地。素有“绿色宝库”之称。这场延续25天之久的森林大火，是新中国成立以来毁林面积最大、伤亡人员最多、损失最为惨重的森林火灾。据统计，直接损失为：过火面积101万公顷，其中有林面积70万公顷。烧毁贮木场存材85万立方米；各种设备2488台，其中汽车、拖拉机等大型设备617台；桥涵67座，总长1340米；铁路专用线9.2公里；通讯线路483公里；输变电线路284公里；粮食325万公斤；房屋61.4万平方米，其中民房40万平方米。受灾群众1.08万户、5.6万人，死亡193人，受伤226人，森林资源的损失和停工停产造成的损失严重，扑灭大火人力、物力、财力的耗费也很大。至于这场大火给周围生态环境带来的危害，更不是用金钱能够计算出来的。

（十一）云南“一一·六”地震。1988年11月6日晚，云南南部地区发生了强双震型地震。第一次是在21时3分，震中在思茅地区澜沧县的竹塘、富邦、木戛乡一带，震级为7.6级；第二次是在21时15分，震中在临沧地区沧源县与耿马县的交界处，震级为7.2级。到11月13日先后发生有感余震1300多次，其中6级以上3次，5级以上的8次。这次地震波及5个地州、19个县，给人民的生命财产造成了严重损失。地震灾区死亡748人，受伤7751人，其中重伤3759人，倒塌房屋130.8万间，损坏房屋93.48万间。37条公路被破坏，200座中小型水库、5400多条渠道、115座小水电站遭破坏。3464公里通讯线路被毁。地震所造成的直接经济损失达20.5亿元。

第四节　新中国成立以后的抗灾救灾工作成就

一、抢救生命财产

在灾害来临时，抢救生命、财产是抗灾救灾的首要任务。特别是水灾和台风灾影响面积大，又多发生在经济繁荣、人口稠密的东部和南部地区。因此，抢救转移安置灾民的任务非常艰巨。一场大的水灾往往要抢救转移安置数百万人。1953 年冬至 1954 年春，内蒙古锡林格勒盟 18 平方公里的牧场上，连降大雪 17 次。大雪封盖了草场，结成坚硬的冰层，粮食运输断绝，数万牧民和 80 万头牲畜被困。情况十分危险。中共内蒙古分局和自治区人民政府号召全体干部群众全力以赴保住人畜生命安全，盟长、旗长和边防军首长携带电台，亲赴灾区指挥粮草调运。邻近的昭乌达盟、察哈尔盟也调出小麦、麻饼 28 万多公斤，供销社也贷发了大批饲料、砖茶，贸易部门组织了几十辆汽车、马车和骆驼，向灾区赶运 38 万多公斤的饲料。中央得知蒙古族人民遭灾的消息后，极为关怀，立刻派出飞机，冒着恶劣天气，飞临牧场上空，投下饲料 14 万多公斤。在中央和友邻地区的大力协助下，被困的人畜安全得救。

1954 年沿江淮各省受洪涝灾害后，在一些溃堤、破坝、渍水地区，对受灾群众和牲畜，有计划、有组织、有领导地进行了大规模转移工作。据湖北、安徽、湖南、江苏、江西、河南、河北 7 省统计，转移到非灾区的灾民 1300 多万人、耕畜 129 万多头。为了保证沿途的安全和避免跋涉的痛苦。各地在转移中都做了许多艰苦细致的工作。安置地区从县到乡普遍成立了招待安置委员会。动员群众腾房。准备粮食和柴草。沿途各地也设立了转移站、接待站、茶水站、医疗站，指引道路、招待食宿。从转移到接回，都由干部带领，灾民到哪里，干部到哪里，负责带出去，负责带回来，与灾民同甘共苦，表现了革命工作人员高贵的品质。

唐山地震后的抢救转移安置工作可以说是中国救灾史上的壮举。唐山市震前人口 106 万人，城区人口 70 万人。地震时，在井下作业的一万多人，机关、厂矿、企业值夜班的2万多人。据小范围调查后推算，全市区约有57万人被埋，占城区人口的86%，除去死亡的13万人外，其余都是靠自救、互救和抢救脱离险境的。唐山地震的救护措施主要有6种。1. 自救。被埋压人员根据所处的环境，采取各种措施，尽快脱离危险，如清除压在身上的物品，寻找食物和水源，发出呼救信号等。2. 家庭互救。未遇险的家庭成员扒救埋压较浅的家属。这种方式一般在震后半小时内进行，成活率99%。3. 邻里互救。通过个人及家庭互救脱险人员，马上自动组织起来，二三人一组，三五人一群，根据埋压人员呼救信号，立即开始扒救。震后不久，成千上万这种的互救小组在各个角落紧张工作，不断救出人来，不断壮大队伍。4. 民兵抢救。震后，一些单位马上成立了以民兵为主的突击队。据唐山地区8个县、市统计，民兵共抢救埋压人员23.4万人，约占整个被埋压人员的一半。5. 岗位互救。地震时的在岗人员脱险后立即投入抢救斗争。开滦煤矿近万名工人被困在井下，井上人员打开全部备用井口，修通与井下的电话联系，派出援救人员下井，不到半天时间，万名井下工人就回到了地面。6. 军队抢救。地震中，10多万大军进行了大规模抢救工作。首先，驻唐部队立即出动，尽管人数仅占部队总兵力的30%，但救出群众占部队总抢救人数的96%。其次，位于唐山附近的北京、沈阳军区和一些兵种以最快速度赶赴灾区，投入抢救。

1981年四川发生特大水灾后，当地党政军把抢救人民的生命放在第一位，动员和组织了大批人力、物力，出动了灾区所有船只和汽车，并派出飞机，不惜一切代价，抢救被洪水围困的上百万群众，一般都在一天左右的时间内，化险为夷，安全脱险，减少了伤亡。合川县委、县政府接到省委、地委抢救群众的紧急指示后，根据水文预报，把县城主要街道和各公社的海拔高度制成图表下发，用广播通知，使群众知道哪里要进水，淹多深，并指定5个高地为群众撤退的集结地点。在一天的时间里，就把县城的6万多群众转移到安全地带，对来不及撤出的3000多人，又组织力量昼夜进行抢救，使城内无一人死亡，在这次救灾中，解放军某部舟桥连，为了赶赴南充抢救群众，深水划舟，浅水推舟，无水抬舟，跋涉几十里，连续奋战两昼夜，救出遇难群众1100多人，南充群众称誉他们是“救民出水火、功高于泰山”。全省航运系统先人后己，损失自己的利益，把抢救群众放在首位。潼南县航运公司自己损失300多万元，救出群众3300多人，许多同志在抢救群众中，见义勇为，把生的希望留给别人。表现了舍己救人的崇高品质，有的为救人光荣地献出了宝贵的生命。

许多地区在抢救工作中，摸索了不少经验，1954年水灾各省抢救的经验是：（一）在江湖水位步步上涨的时候，不但要毫不动摇地坚守堤防，同时还要从最坏处着想，作好万一溃口时的抢救准备。有的地区一面防汛，一面找好了转移地点，集合船只，统一调度，还动员群众制造木排、竹排、收拾粮食、衣物等，准备转移，并且加强堤上与村中的联系，随时掌握水情变化。这样，在洪水突来的时候，方能做到有秩序地撤退。（二）溃堤以后，人心惶惶，这时更需要加强对防汛队伍的统一领导，除留下一部分力量节节坚守堤防外，得马上抽出一部分力量回村抢救人民的生命财物。（三）抢救时要注意：水深危险大的地方先救，水浅、危险小的地方后救，先救人，后抢耕畜、粮食和衣物等。还要特别注意对老、弱、孤、寡户的照顾。（四）在抢救阶段，更要注意维持秩序，防止犯罪分子趁火打劫，避免不必要的损失。

对安置抢救出来的灾民，许多地方也探索了一套行之有效的经验。（一）紧急抢救出来的灾民，除动员他们有亲投亲、有友靠友外，对没有地方去的，有计划地带领他们集体转移安置。（二）先安置在本乡、本村，就近安置不下时，再向远处转移，不一下子动员大批灾民到很远的地方去。只有当灾害特大，附近无处安置的时候，才带领灾民往远处转移。（三）对群众说明这是国家为了保护人民的生命和减轻人民的财产损失而采取的临时办法，使他们能够自愿地离开危险地方，减轻工作压力。对个别固执己见，不听劝阻的采取强制措施。（四）转移时，原来的干部跟着走，物资供应、医疗卫生和治安保卫工作都跟上去。保证灾民转移中的安全。（五）动员安置地区的群众做好接待外来灾民的准备，主要是食宿准备，使灾民体会到生活在社会主义大家庭的温暖。（六）根据水退情况，有计划、有领导地分批组织灾民返回，避免不加区别地一齐动员回来，以免增加灾区的压力。灾民返回原地时，帮助他们解决好吃、穿、住、治病、生产等方面的具体困难，使他们能及时恢复生产，重建家园。

二、组织生产自救

克服灾害带来困难的最有效办法是生产。这一点，在救灾工作方针中表达得很明确。尽管在不同时期有不同提法，但核心仍然是生产自救。对群众的生活困难，集体和国家给予一定的救济，但是救济总是临时性的，数量少，需要照顾重点对象，因此群众常说："救济有限，生产无穷"。生产发展了，不仅能解决灾害带来的困难，还能重建家园，使生活超过灾前水平，生产自救是具有中国特色的救灾方式，也是中国人民的一项创举。

生产自救主要包括三个方面的内容：

（一）农业生产。对受灾的农作物要尽力设法抢救。受灾以后应根据不同灾情采取各种办法，争取最大可能的收成。发生了内涝，要大力排水救禾，打捞残秋，淹一次排一次，救一亩是一亩，不放松任何一个微小的损失。发生旱灾，要利用机械和人力，充分利用水源，抗旱救苗。受霜灾的农作物，不要盲目犁掉，应开展追肥保苗，以增加作物的苏生能力。实践证明，受灾后，只要不灰心丧气，采取正确措施，大部分农作物是可以抢救的。从一个大的地区来说，大灾之年不减收，大灾之年夺丰收，这样的事实是不少的。江西省 1983 年受灾面积达 1300 万亩，经过生产自救实现了大灾之年不减产。全省总产达 142.64 亿公斤，比 1982 年的 140.87 亿公斤，增产 1.77 亿公斤。1981 年四川水灾后，抢救晚秋作物 500 多万亩，整治和恢复了被毁耕地 50 多万亩，中稻增产 2.5 亿公斤，粮食总产量与 1980 年持平；农业总产值增长 3%。

对无法挽救的农作物，及时进行补种、改种，力求多生产一些粮食。

1954 年江淮流域灾区利用补种、改种、套种、间种培育再生稻和再生高粱，组织开荒，以及在非灾区借田生产等办法。共生产粮食 40 亿公斤，解决了很大问题。1956 年遭受台风，水灾的地区也采取类似做法，有的提出“把这季丢的，从下季找回来”，“把地里丢的，从山上找回来”。同样收获很大。

在生产自救中，根据度荒需要，多种早熟、多产作物和蔬菜。50 年代和 60 年代，都很强调这种做法。1953 年，内务部在《关于加强灾区节约度荒工作的指示》中指出：“目前在积极进行秋收秋种工作中，要适当播种早熟作物……能种秋菜的地区要抓紧季节，及时播种。”1962 年，内务部在《关于做好灾区今冬明春救济工作的通知》中指出：“民政部门要认真协助灾区社、队、因地、因时、因人制宜地积极组织和领导群众，多种些越冬作物和早春作物，上山下水采集各种能吃的代食品，以及复收余留在农田的山芋、柴草等。”1963 年，内务部在《关于灾区当前应抓好几项工作的通知》中指出：“灾区社队要大力抢种和多种一些荞麦、蔓菁、胡萝卜、秋菜等度荒作物。社员个人也要充分利用田边隙地种植这一类作物，对能够食用的野生植物，要组织群众采集、储存，以弥补口粮的不足。”群众对种植这些作物是有经验、有积极性的。他们把这些叫做“度荒宝”，并且流传很多谚语，如“多种早熟粮，准备度春荒”“有菜三分粮，无菜饿断肠”“家有三担菜，不怕年景坏”等。

在发展农业生产中，要注意保证下一季作物的播种，这一季农作物因灾受了损失，就更需要使下季作物及时下种。如果下季作物受到影响，势必延长荒期，造成更大困难，而且群众只有对下一季收成有了指望，才能安心生产，不致外逃。许多地方早季作物减产后，都增加晚季的投入，以丰补歉。

（二）副业生产。随着农村经济体制的变革，发展副业生产走过了一段艰苦曲折的路程，在农业合作化以前，各家各户分散经营，从原料采购，产品推销，生产计划安排等，都由群众自己筹划，群众的生产积极性得到发挥，生产门路拓宽了，许多灾区出现“村中无闲人，户户有活计”的可喜景象，农业合作化的前期，许多大型副业由合作社统一经营，生产队和农户经营中，小型副业和小土特产品，虽然生产门路受到一定限制，但群众的生产热情依然很高，副业生产在广大灾区蓬勃发展。“大跃进”以后，特别是“文革”期间，受“左”的思想的影响，片面强调粮食生产，忽视和限制副业生产，使灾区的生产自救受到了很大影响。中共十一届三中全会以后，农村实行承包责任制，充分调动了广大群众的生产积极性。国家鼓励群众改变单一粮食生产结构，因地制宜、自力更生、靠山吃山靠水吃水，宜养则养，宜种则种，宜加工则加工，八仙过海，各显神通。特别是随着乡镇企业的发展，灾区出现了形式多样的救灾、扶贫经济实体、联合体，使生产自救发展到了一个新的水平。

副业生产大体可分为两大类。一类是根据国家计划自上而下统一布置的大宗副业。这类副业，多半是由国家经济部门与群众订立了合同，资金、原料、销路都有保证。群众可以按照合同的规定，大胆进行生产，但必须注意产品质量，另一类是千家万户根据市场需要自主经营的小宗副业，这一类数量较多，发展时应当慎重，应当注意产、供、销各个环节的协调平衡。

（三）以工代赈。新中国成立以后，国家每年都投入大量资金进行农林、水利、交通等方面的建设，特别在一些老灾区，基础设施薄弱，建设的任务更重。在这些工程建设中，需要大量劳力。因此，共产党和人民政府在新中国成立伊始就提出这些建设要与救灾结合起来，实行以工代赈。这样做一方面加强了防灾建设，同时也解决了灾民的度荒困难，中央救灾委员会制订的救灾工作方针强调以工代赈。第一次全国民政会议重申了以工代赈，指出“要大力实行以工代赈，把水灾变成水利”。第二次民政会议也要求“今后水利、交通、农林等部门在灾区兴办各项工程时，在不影响农业生产的原则下，应组织有劳动力的灾民参加”。后来，尽管灾区工作方针不提以工代赈了，但这种方式一直沿用至今。

以工代赈作用很大，是生产自救的一个重要组成部分，特别是50年代，水利建设任务繁重，以工代赈蓬勃开展，灾民得到了很多实惠。1950年，全国水利事业费共折合粮食6.4亿多公斤，有73%用于防灾排水工程，参加这些工程建设的多数是灾民，仅华东区就有206万人，参加务工的灾民既解决了自己的生活，还解决了部分家属生活困难。一般每人每天做工所得，除自己吃外，至少可剩粮食半公斤至1公斤。这样，一人做工，可以维持3至4人的生活。全部工程300万人做工，可以维持900万人至1200万人的生活。1954年，仅遭受水灾的湖南、江西、湖北、安徽、江苏5省。就组织了490万民工修堤，这些人大部分是灾民。1957年冬季和1958年春季，在全国范围内掀起了一个兴修农田水利的高潮。全国农村兴修水利、水土保持和洼地治理的工程总量共达土石方250多亿立方米，全国农民共投工130多亿个工作日，以一亿劳动力平均，每个劳动力就做工130多天，这既是防灾建设的高潮，也是以工代赈的高潮。

各地在领导、组织灾民开展生产自救工作中，逐步总结出了一些经验。

首先，广开生产门路。特别是副业生产。花样多，门路广，应当因地制宜，发展那些投资少、见效快、收益大、容人多、风险小的生产项目。比如，山区可以烧炭、打猎，水区可以打鱼，捞虾，有些地区可以搞编织，有些地区可以从事劳务输出等等。开展生产自救需要特别注意避免和克服暴利思想，有的人认为，小打小闹没意思，要干得大干一气，每月赚他几百元才解渴，因此，大兴土木，在基建上花气力，在大项目上打主意，因此，必须坚持实事求是的思想，在群众中进行“不怕利小，就怕不搞”的劝导教育。

其次，要加强组织领导。灾区的领导机关及民政、商业、贸易等有关部门要协助灾民摸清当地情况，对生产项目进行可行性研究，然后订出计划，指导灾民，不能放任灾民盲目地生产。1988年湖北襄樊市遇到严重旱灾，在市委市政府的统一领导下，各县市有计划地组织抢种瓜菜，小秋收、劳务输出、以工代赈等生产自救项目1461个，上劳力91.2万人，收入达9852万元，为安度灾年创造了良好条件。

第三，各部门密切配合。生产自救范围广，项目多，难度大，各有关部门要发挥部门优势，支持灾民开展生产自救，在人、财、物上采取优惠政策，为灾民开“绿灯”。比如，银行部门提供优惠贷款，供销部门优先收购产品，交通部门优先安排运输，科技部门派专家解决技术难题等。在这方面，每年各有关部门都对灾区采取了许多优惠措施。如1952年，贸易部指出“一切贸易工作，要服从生产救灾”，粮食公司要求“组织灾民代我运输、加工，或收购灾民席子等产品为保管器材，以扶持其生产自救”，中国人民银行要求“充分运用短期周转性的贷款资金，积极扶持灾区的副业生产”。这一年，河南省各有关部门用于灾区的工赈粮，副业收购粮、贷粮等达到3.5亿公斤。陕西省人民银行拨给灾区副业贷款40万元；贸易公司、合作局在陕北灾区收购土布10万匹，帮助灾民外销肥猪1.5万头，贷放棉花15万公斤，解决妇女纺织原料问题。贵州省贸易部门事先拨款50万元，重点用于土产预购、收购，交通厅拨出工资粮800万公斤，提前整修18条公路；盐务局组织群众运盐，并支出资金338万元。

多年的实践证明生产救灾方针是正确的，成绩是显著的。一般来说，灾区群众每年从生产中得到的收入，要比政府救济多好几倍。“生产无穷，救济有限”已经成为灾民和救灾工作人员的共识。比如1954年，中央拨给各省的救灾款为3.4亿多元，而这一年7个重灾省在农业上采取的补救措施，收获粮食40亿公斤。折款6.3亿元；在副业生产上，仅国家收购的副业产品就使灾民增加收入2亿多元，农副业合计达13亿元，比国家救灾款多3倍多。

在生产自救工作中，各地涌现了不少典型，其中最著名的是河南省封丘县的应举农业社。这个社，是一个连年遭灾的穷社。从1949年到1957年的9年中，只有1953年没有遭灾。1956年、1957年连遭严重水灾，受灾面积达94%，因灾减产八成半。在严重的自然灾害面前，干部群众不悲观，他们不向国家要钱，不靠其他地区支援，自力更生，生产自救。响亮提出“早秋淹，晚秋捞；农业丢，副业补；人人动手割青草，户户储备猪饲料；不破产，不贷款，自给保证三不叫（指人、耕畜和猪都不叫饿）”的口号。在他们的努力下，晚秋作物获得丰收，增加收入1.2万元，加上副业收入1.9万元，两项共收入3.1万多元。同时，晒储干菜2万公斤，储草2.5万公斤，收集猪饲料2万公斤。这一年，他们不仅没有向国家要钱，还归还贷款3500元。应举农业社被称为“灾区的一面红旗”。毛泽东在《红旗》杂志1958年第一期上介绍了这个合作社，引起了全国各地的普遍注意。毛泽东还于6月14日接见了应举农业社社长崔希彦。在接见时，毛泽东说：“你们过去是一个穷社，经过几年的努力就改变了面貌，再过几年你们就会更好。”“要戒骄勿躁，干部和群众要紧密团结，要把红旗永远插在你们社里，让红旗越插越高。”

中国不仅依靠生产进行救灾，而且通过救灾促进生产的发展，新中国成立40年来，虽然有几年农业因灾减产，但总的来说，农业生产仍然逐年稳步上升。1983年农业总产值为2994亿元，按可比价格计算，比1949年增长近4倍，其中粮食由1.1亿多吨增加到3.8亿多吨，增长2.4倍；棉花由44万多吨增加到463万吨，增长9.4倍；油料由256万吨增加到1055万吨，增长3.1倍；其他经济作物如烟、茶、水果、蚕、麻类都是几倍或几十倍地增长。国民经济恢复时期的3年中，虽然遇到了1949年、1950年水灾和1951年华北旱灾，但是，到了1952年，全国粮食的产量已经超过战前的9%。棉花超过一半以上。在第一个五年计划期间，1954年是个大水灾年，但是粮食产量仍比1953年增加3%，1956年台风水灾严重，但农业总产值仍比丰收的1955年增加27亿多元。超过了前三年平均增加的水平。从1978年到1983年，虽然遇到1978年的大旱灾，1980年、1981年和1983年的水灾，但农业生产发展之快，是新中国成立以来少有的，按1980年不变价格计算，农业总产值1978年为1887亿元。1983年为2764亿元，增长46.5%。平均每年增长率近8%，和顺利发展的1950年至1957年的速度一样。远远高于1958年到1977年间的年平均增长率。这五年，粮食产量增长27.1%，棉花增长114%，油料增长102%，创造了历史最高水平。历史上灾情较重的安徽省，新中国成立以后也是连年受灾，但粮食产量依然逐年上升。1949年，全省粮食总产45亿公斤。1950年增加到50亿公斤，1951年增加到80多亿公斤，1952年和1953年都是83亿公斤，1954年虽然遇到百年未有的大水，总产仍达75亿公斤。这些成就虽然不是主要依靠救灾得来，但是救灾工作起了很大的促进作用。

三、组织节约度荒

节约度荒是中华民族的优良传统。新中国成立以后，共产党和人民政府十分重视继承和发扬节约度荒的优良传统。中共中央、国务院有关部门都强调节约度荒，把节约度荒作为战胜灾荒的基本策略之一。毛泽东提出“备战、备荒为人民”的口号，并于1959年4月26日批转内务部《关于春荒情况有所好转的情况的报告》时作了“多种瓜菜，注意有吃而又省吃，闲时少吃，忙时多吃”等一系列节约度荒的详细批示。

从50年代到70年代末，中国的粮食产量虽然逐年增加，但人均占有粮食并不多，拿1956年来说，每人不过800公斤，如果除去工业用粮、饲料、种籽和国家储备粮，实际的口粮就更少了。这一时期，节约度荒主要有以下几方面内容：第一，精打细算，安排生活，受灾以后，每家每户，都在困难的环境中安排自己的生活。吃的、穿的、住的，都讲节俭，特别是节约粮食。许多地区禁止用粮食酿酒、熬糖、榨油、磨粉。第二，搜集野菜、糠麸等代食品，晒干储藏，掺食备荒，河南省1956年遭受水灾的信阳、商丘、新乡3个专区和浚县、汤阴、宝丰等6县，收集干菜达2100多万公斤，折合粮食410多万公斤。第三，严格掌握救济粮款的发放使用，控制救济标准。50年代，许多灾区口粮救济标准是每人每天250克，后来提高到400克。但是控制面比较严格，减少了不切实际的提高。第四，破除旧礼俗，扫除封建迷信活动。如逢年过节大吃大喝，婚丧礼事讲究排场，求神拜佛等等，得到了制止和纠正。

中共十一届三中全会以后。农民生活显著改善，大部分群众已经解决了温饱问题，节约度荒的内容有了变化。这时期的节约度荒，主要从生产上挖掘潜力，多生产，少支出。对灾民的生活要严格保证，一般口粮救济标准都在半公斤或半公斤以上，对一些孤老户、贫困户还重点照顾。逢年过节，在不铺张浪费的前提下，力求过得好点，如华北、东北地区群众过春节有吃饺子的习惯，这些年都让他们吃上了饺子。

四、开展互助互济

中国素有“文明之邦”的美称，迄今已有数千年的文明史，扶危济困是中华民族世代相传的美德。

在新的历史时期，互助互济的优良传统得到了进一步发扬。新中国成立初期，政府就开始发动群众互助互济。1950 年 1 月，内务部《关于生产救灾的指示》中指出：“灾民与灾民搞生产要互助，灾民中有劳力的无劳力的要互助，有劳力的与有资金的要互助，灾民与非灾民要互助，灾区与非灾区要互助。”那时在小农经济的情况下，灾区搞起了临时性互助变工组织。这不仅有利于战胜灾荒，也为灾区农业互助合作社运动的发展，作了一些思想和组织上的准备。合作化以后，群众间新的互助形式出现了，这就是由个人之间的互助变成了集体之间的互助。当时提倡，灾区的农业社与农业社之间，在防灾、抢救和生产度荒中，联合起来，通力合作。许多合作社互相关心，彼此支援，把兄弟社的困难，当成自己的困难，甚至自己在困难之中，也给其他社以兄弟般的支援。充分表现了集体化了的农民，思想觉悟有了显著提高。1957 年全党整风和 1958 年“大跃进”之后，在共产党的社会主义建设总路线的指引下，广大群众的共产主义思想空前发展，互助互济在全社会蔚然成风。这时组织的空前规模的大联合，大协作、大支援、打破乡界、县界、省界，地不分南北东西，人不分男女老幼，

“一社有灾百社救”“一乡有难千乡帮”，群策群力，万众一心，战胜了1958年严重的水灾和旱灾。十年动乱期间。尽管国家的政治，经济受到很大影响，但群众间的互助互济依然蓬勃开展。唐山地震后，在中共中央的号召和直接指挥下，全国各族人民迅速行动起来，祖国四面八方的亲人注视着唐山，亿万双饱含深情的手伸向唐山，亿万人民谱写了一曲又一曲团结协作的共产主义凯歌。截至1976年10月统计，全国共支援救灾物资约70万吨。其中熟食品近500万公斤，成品粮7500万公斤，价值总计达2.4亿多元，许多群众寄去了人民币、粮票、蔬菜、粮食、衣服等，甚至连刮脸刀、梳子、红领巾，妇女用的卫生纸等等，非灾区人民也想到了。一宗宗、一件件，无不饱含着全国各族人民的一片深情。

农村实行生产责任制后，农户由单纯的生活单位变成生产和生活单位，互助互济变得更为迫切。各地针对这种情况，采取了许多新的互助形式，许多专业户、重点户发挥自己资金、技术、劳动力等方面的优势，扶持和帮助受灾户发展生产，渡过难关。全国推广了江西省创办互助储金会的经验，互助互济纳入社会主义道德规范，作为精神文明建设和开展“五讲四美三热爱”活动的一项重要内容。中国共产党第十二届中央委员会第六次全体会议通过的《中共中央关于社会主义精神文明建设指导方针的决议》提出“在全国各民族之间，工人农民知识分子之间，军民之间，干部群众之间，家庭内部和邻里之间，以至人民内部的一切关系上，建立和发展平等、团结、友爱、互助的社会主义新型关系。”“鼓励人们发扬国家利益，集体利益。个人利益相结合的社会主义集体主义精神，发扬顾全大局，诚实守信，互助友爱和扶贫济困的精神。”互助互济的优良传统随着精神文明建设的开展不断发扬光大。

救灾募捐是群众性互助互济的一项主要内容。募捐主要有三种形式。一是群众自发性募捐，二是社会团体、群众组织开展的募捐，三是政府组织的募捐。募捐坚持完全自愿的原则，捐什么，捐多少，完全凭募捐者自愿。新中国成立以来，多数募捐在县级以上的机关、团体、企业中开展，捐赠者大多为干部、职工、市民和军官。新中国成立40年，开展了8次较大规模的募捐活动，收到了很好的效果。

1949年年底至1950年年初开展了“一两米节约救灾活动”。政务院“关于生产救灾的指示”要求灾区开展节约互助活动，非灾区也应进行节约，发扬互助友爱精神，帮助灾区，全国人民积极响应。首先，中央机关和部队掀起“一两米节约救灾”热潮，有的人每日节约四五两米，有的人拿出了全月津贴。从1949年10月至1950年4月，中央机关共捐款12万元，粮食近20万公斤。华北军区6个月节约粮食180万公斤。其次，城市中的各界人民，发动了救灾劝募。仅京、津两市工商界即募款12.7万元，粮食39万公斤。再次，非灾区在“天下农民是一家”的口号下，积极募捐粮食，仅河北省非灾区就募粮食610多万公斤。

1950年秋开展了募集寒衣活动，由于皖北、苏北、河南、河北等省许多地区连年遭受严重水灾，灾民十分缺乏寒衣。因此，中国人民救济总会、中华全国总工会、中华全国妇女联合会、中国红十字会总会、中华全国民主青年联合会、中华全国学生联合会、新民主主义青年团中央委员会7个人民群众团体向全国人民提出募集寒衣600万套支援灾民度过寒冬的号召。全国人民积极响应，掀起了轰轰烈烈的募集活动。经过短短两三个月时间，全国共募集寒衣660多万套，超出了原来的预计。

1986年年底至1987年年初开展了募集多余衣被活动。1986年9月11日，民政部在向国务院的报告中提出：“目前，我国一些贫困地区仍有部分群众缺衣少被。但在大中城市中许多家庭还积存一些多余的衣被，如适当进行募集，支援贫困地区，可以解决一定的问题。”国务院办公厅批转这一报告，全国27个省、自治区、直辖市（除江西、西藏外）的233个大中城市开展了募集工作，有2700多万人参加，共募集多余衣被8824万件，其中部队营以上机关，团以上干部募集92万多件。在募集的衣物中，有棉衣599万件，单衣3200多万件，人民币2900多万元，粮票1600多万公斤，以及部分生产资料。这次活动虽然主要是为了贫困地区。但这些地区多数是多灾地区，缺衣少被的群众也是连年遭灾的灾民。

开展互助互济，作用和意义重大。首先，有力地支持了灾区人民。在灾区人民处于困难之际，非灾区人民各种形式的帮助，犹如雪中送炭，解了燃眉之急，这种互助有时比国家的救济、保险的补偿作用更大。其次，在精神上极大地鼓舞了灾区人民。重灾区人民从极端的困境中崛起，以满腔的热情，必胜的信心投入到生产自救中去；轻灾区人民放弃了等待救济的思想，奋发自救，不仅夺回了因灾损失。而且大力支持重灾区；使悲观者看到了希望。忧虑者从中吸取了力量。再次，通过互助互济，进一步密切了城乡、工农、非灾区与灾区、干部与群众之间的联系。同时，对广大干部群众来说是一项很好的集体主义和共产主义教育。对逐步摆脱私有观念，树立全局思想，在共同理想的基础上，团结一致，共同前进有着重要的意义。因此，互助互济也能有力地促进社会主义精神文明建设。

五、接受外援

中国接受国外救灾援助工作，40年间走过了一段曲折的路程。中国共产党十一届三中全会以后，随着改革开放政策的执行，救灾工作积极适应这个新形势，逐步开展接受国外救灾援助。

1980年10月，外经部、民政部、外交部向国务院写了《关于接受联合国救灾署援助的请示》，提出“鉴于发展中国家遭受严重自然灾害时要求救灾署组织救济较为普遍，属于各国人民相互支援的性质”。“今后我国发生自然灾害时，可及时向救灾署提供灾情，对于情况严重的，亦可提出援助的要求”。“建议由外经部作为救灾署对口机构，负责与该署进行联络和交涉；民政部负责内部工作归口。包括迅速及时地调查和提供灾情资料，联系我国新闻宣传机构作及时报导，负责向灾区分发救灾署提供的救济款项和物资的协调工作”。“我们欢迎国际社会向我灾区提供人道性质的援助。”国务院批准了这一请示。按照上述方针，外交部通过常驻联合国使团代表中国政府第一次就河北旱灾、湖北水灾向联合国及国际社会发出紧急救灾援助的呼吁，在全世界引起了积极的反响。20 多个国家和国际组织向湖北、河北两省灾区提供了 2000 多万美元的物资援助。这是新中国成立以后第一次接受外国救灾援助。

1987 年大兴安岭森林火灾后，引起了国际社会的普遍关注，纷纷提供援助。中国政府成立了统筹国外援助工作小组（设在林业部），统一领导这次接收工作。截至 1987 年 7 月底，共接受了 20 多个国家、地区和国际组织的 600 多万美元的援助。1988 年云南地震后，国际社会纷纷伸出援助之手，民政部成立了接收处理国际援助款物办公室，截至 1989 年年底，共接收 30 多个国家、地区和国际组织及民间团体援助的 3000 多万美元的现金和物资。

六、国家的救济和扶持

关心人民的疾苦是共产党和人民政府一贯坚持的优良传统，是各级党员、干部应尽的基本职责。每当灾害发生后，对群众自力无法克服的困难，国家和集体都给予了必要的救济和扶持。每年国家和集体投入的财力、物力基本保证了灾民有饭吃、有衣穿、有房住、有病得到及时治疗，毁坏的家园得到重新修复，使灾区人心安定，秩序井然，生产得到恢复和发展。

中华人民共和国成立 40 年间，仅中央下拨的救灾款就达 170 多亿元（详见表 15）。调拨的救灾口粮，每年平均达 50 亿公斤左右，国家银行每年都向灾区投放大量的无息生活贷款和低息生产贷款，税务部门对重灾区减免税收，地方也支付了大量救灾款物。

（一）救济的内容。灾民生活救济款主要用于解决灾民的吃饭、穿衣、住房、治病四方面的困难。

新中国成立以后灾民生活救济款支出表

表 15　　　　单位：万元

年　份	款　数	年　份	款　数	年　份	款　数	年　份	款　数
1950	6776	1960	40152	1973	33635	1983	59220
1951	4368	1961	62818	1974	22224	1984	66000
1952	10611	1962	32247	1975	55237	1985	99800
1953	13044	1963	46242	1976	81974	1986	102000
1954	31990	1964	113745	1977	99293	1987	98000
1955	16851	1965	55915	1978	36800	1988	100000
1956	23133	1966	37505	1979	56150	1989	100500
1957	24128	1967	28122	1980	55600	总计	1793974
1958	8687	1971	15349	1981	57380		
1959	21310	1972	23198	1982	60000		

注：1968、1969、1970 年没有拨款。

1. 解决灾民的口粮困难。为使灾民的基本生活得到保障，首先要解决的是吃饭问题。新中国成立以后，尽管粮食产量逐年上升，但是灾民遇到的最大困难还是缺粮问题。所以，解决口粮困难一直是安排灾民生活的核心。这个问题解决好了，就能有效地控制非正常现象的发生。国家为了解决灾民缺粮做出了很大努力，“三年自然灾害”时期，全国各级政府发动全民节粮，支援灾区，共渡缺粮难关。国家发放的救灾款，平均每年有70%左右用于解决灾民的口粮问题。旱灾严重的1978 年，国家拨出救济灾民生活专款4. 1 亿多元。其中用于口粮救济的3 亿多元。得到口粮救济的灾民4100 多万人，平均每人救济约3 个月的口粮。1980 年，国家共拨出灾民生活救济款4. 4 亿元，其中用于口粮救济的3 亿元，占总救济款的68% 。这一年，全国有9000 多万灾民得到口粮救济，救济口粮近22 亿公斤。安徽省有1300 多万人得到救济口粮2. 8 亿公斤，救济款3070 万元。河南省有1400 多万人得到救济口粮2. 9 亿公斤，救济款3900 万元。

1953 年11 月，中国开始实行粮食统购统销政策。这一政策的实行，不仅保证了全国城镇和工矿区人口的粮食需要，供应了经济作物区的口粮，也使灾区人民所需的口粮得到了可靠保证。实行粮食统购统销，国家可以有计划地进行粮食调度，用合理价格向非灾区群众收购粮食，又用较低的价格出售给灾区群众，有力地平抑了市场粮价，打击了奸商的投机活动。彻底改变了历史上每遇灾荒，粮价暴涨，穷人挨饿，富豪乘机渔利的不合理现象。国家把大批粮食运到灾区后，根据群众缺粮多少，人口状况和农闲农忙等不同情况，按照“缺多多供，缺少少供，不缺不供”的原则，经过民主评议，进行合理分配。许多地方还把统销粮的发放与救济款的发放结合起来，对既缺粮又缺钱的户，钱随粮走，重点保证了那些“双缺户”的生活。国家为保证灾区的粮食供应付出了很大代价，灾民从中得到了很多实惠。从1954年7月到1955年6月这个粮食年度，国家调往灾区的粮食达53亿公斤，仅调往灾情较重的河北省的粮食就达18亿公斤。1954年的调粮，遍及24个省、区，动用的力量，从车运、马驮、人背，甚至连解放军的军舰也参加了运粮。四川省大小77条河道上有一万多只船参加运粮，参加的人数达400万至500万人。这样大规模的调粮，在中国历史上是没有的。灾区人民看到远涉千山万水运来的粮食时，十分感谢共产党和人民政府的关怀。

对灾民的口粮安排标准，随生活水平的提高而逐步提高。50至60年代，国家提倡“闲时少吃，忙时多吃”“低标准瓜菜代”“参加劳动的人多吃一点，不参加劳动的人少吃一点”，救济的标准也比较低。1963年，中共中央、国务院《关于生产救灾工作的决定》指出：“以生产队为单位计算，因灾减产，每人每天的口粮平均不足半市斤的，国家尽力供应，保证吃到半市斤。”在实际执行中，各地都保证供应到平均每人每天400克。1985年年后，灾民的口粮安排，一般都达到每人每天500克，灾民的吃粮问题得到较好安排。

2. 解决灾民的穿衣困难。遭受水灾、火灾、台风等灾害以后，往往引起屋毁房损，群众的衣被受到损失，特别是从危险中转移出来的灾民往往两手空空。对这些困难，一般可以依靠群众互助和自行解决。对真正无衣过冬的灾民国家给予救济，保证他们不致冻坏、冻死，并且首先照顾经常出外的劳动力和无依靠的烈属、军属、孤、老、残、幼、患者。一般来说，穿衣救济用款约占救灾款总数的10%。每年约有10%的受灾群众得到穿衣救济。如1979年，全国成灾人口1.9亿多人，当年得到衣被救济1200多万人次，用于衣被救济款5800多万元。除救济外，国家还经常向多灾贫困地区、重灾区赊销棉布，对保证灾民有衣穿，有被盖起了很大作用。

3. 解决灾民的住房困难。房屋损坏或倒塌后，要及时修复或重建，特别是北方地区，冬天寒冷，要赶在入冬前把灾民的住宿问题解决好，以免发生冻死人现象。修复和重建住房任务重，难度大，不仅需要大量资金，还需要木材、水泥、砖瓦等建筑材料和劳动力。各地在建房中采取的办法是因陋就简，三间并二间，大房并小房，不求高标准，只求能避风雨，能挡严寒。对紧急转移出来的灾民，大部分地区采取搭盖临时棚的办法解决住宿困难。建房需要的资金是大量的，主要依靠自力更生，挖掘潜力来解决。房料困难，靠就地取材，充分利用废旧料解决，劳力困难，靠群众间的互助帮工解决，尽量在原址重建，以减少开支。国家的建房救济标准低，主要集中用于那些困难最大的重灾户。一般来说，建房救济款约占救灾款总数的25%。1981年，全国共拨出灾民生活救济款6.2亿元，用于建房救济的1.2亿多元，灾情严重的四川省有40多万农户，当年国家拨给救济款1.05亿元，大部分用于修建住房，使107万多间倒塌损坏房屋得到及时重建和修复。物资、商业等有关部门还对灾民实行优惠政策，平价供应建筑材料。优先供应建筑材料，保证了灾民住房的及时修复。

4. 解决灾民医病的困难。“大灾之后，必有大疫”，这是旧中国灾区流传的俗语。历史上大灾之后瘟疫流行的记载屡见不鲜，甚至死亡人数超过灾害直接死亡人数。1556年1月23日，陕西省华县发生8级地震，直接死亡10多万人。而第二年发生瘟疫的却死亡70多万人，当时的记载说“民疫、饿，震死者十之四”，就是说4/10的人死亡了，而死亡的原因依次是瘟疫、饥饿、地震。1668年8月25日，山东省郯城发生8.5级地震。震后发生瘟疫，死人也比地震时多。时人冯可参作《地震歌》唱道：“先是自谓灾方过，谁知灾后病还来。恨不当时同日死，于今病死有谁哀。”这是旧社会灾荒惨状的一种写照。

在新中国灾害发生后。一部分人因为灾害受伤，另一部分人因抢险救灾而受伤，他们急需得到及时治疗，减少不必要的死亡。同时灾区生活条件艰苦，环境严重污染，卫生设施破坏，居民体质下降，各种疾病均易发生和流行，其中威胁最大的是传染病，包括烈性传染病、自然疫源性传染病、人畜共患疾病等。因此，做好灾区的卫生救护和防疫工作尤为重要。新中国成立以后的历次救灾工作中，都十分重视这项工作，哪里发生灾害，就往哪里派出医疗队，以最大努力，医治伤病员，控制瘟疫发生，使人民的生命健康得到了很好的保障，把损失降到最低程度，彻底改变了几千年来旧中国那种“大灾之后，必有大疫”的悲惨景况。唐山地震后，天气炎热，阴雨连绵，尸体腐烂，水源、空气严重污染，数十万幸存者又面临着死神的威胁，全世界都在关注着灾区的疫情。中共中央对震后可能发生的疫情十分重视，采取果断有力的措施，中央抗震指挥部一方面指示各救灾单位把防疫灭病作为安排群众生活，恢复工农业生产并列的三大任务之一，一面从全国各地调运大批医务人员、医药用品支援灾区。国务院派飞机141架次，喷洒防疫灭病药物面积42万多亩。北京、上海和部队等单位派出283支医疗队，医务人员达1.9万多名，支援灾区。在全国党政军民的共同努力下，奇迹出现了，大灾之后不仅无大疫，传染病发病率比常年还低。1976年冬和1977年春，唐山地区多在冬春发生的流感和流脑发病率分别下降了95%和71%。1977年1至7月，各种传染病发病率比1976年同期下降70%以上，比1971年到1975年同期平均数下降约1/3。历史事实令人信服地证明，在具备了一定的条件之后，人们能够战胜包括传染病流行在内的各种灾害，而其中最重要的一条就是优越的社会制度。正是优越的社会主义制度使中国实现了“大灾之后无大疫”的奇迹。

（二）救济款物的管理使用。国家拨发的救灾款物是“救命款”“救难物”，体现了共产党和人民政府对灾民的关怀。在发放使用中，各级干部本着对国家，对人民负责的态度，力求把有限的款物管好用好，发挥最大的效益。

1. 贯彻执行专款专用，专物专用的原则。灾民生活救济款按规定的使用范围，主要用于抢救转移、安置灾民和解决灾区群众吃饭、穿衣、住房、治病方面的困难。在保障灾民基本生活的前提下，也可适当扶持灾民发展生产。任何单位和个人挪用、侵占和贪污救济款，都是违法犯罪行为。《中华人民共和国刑法》第126条规定："挪用国家救灾、抢险、防汛、优抚、救济款物，情节严重，致使国家和人民群众利益遭受重大损害的，对直接负责人员，处3年以下有期徒刑"。

2. 坚持重点使用的原则。国家的救灾款物数量有限，为使有限的救济款物发挥更大的效益，必须坚持重点使用的原则，坚决反对按地区、按户、按人、按劳动力等形式平均发放。在对象上，重点保证那些困难最大而自救能力又差的灾民。只能"雪中送炭"，不能"锦上添花"，在项目上，首先解决灾民的吃粮困难，保证灾民有饭吃。首先解决灾民临时的、急需的困难。在标准上，要规定恰当，不能使享受救济户的生活高于自给户的水平。当然，也不能规定得太低，维持不了基本生活。在时间上，重点保证灾民越冬和青黄不接时不出问题。在地区上，重点保证多灾贫困地区、连灾地区、重灾区和边远山区，不能"撒胡椒面"。

3. 加强领导，搞好民主评议。评发救灾款物时，要贯彻"领导掌握与民主评议相结合"的原则。"领导掌握"是指乡、村干部要认真负责地引导群众开展评议工作，在审批时，要特别注意是否照顾了重点、有无贪污、挪用、多占私分、优亲厚友和冒名顶替等问题，发现问题要及时纠正。"民主评议"，是指组织群众讨论救济的对象和需要给他们的数量。这两方面要密切结合，缺一不可。如果只要"领导掌握"，很容易变成少数干部做主，可能出现发放不公，循私舞弊。如果只要"民主评议"又很容易变成盲目乱评，平均发放。总之，概括起来就是：民主评议，领导审查、政府批准，张榜公布，落实到户。

4. 建立、健全必要的制度。救灾款物的发放使用要建立专用账目，做到手续清楚，有据可查。要制定救济款物发放使用管理法规，依法管理，用法监督。要建立定期检查制度。主管部门要会同财政、银行、审计部门检查救灾款物的发放使用情况，发现问题及时纠正。

灾民生活救济款，由民政部门统一管理。内务部、民政部会同财政部，中国农业银行、国家审计署对这笔经费的使用管理制定了不少规定，如在救灾款使用范围方面，民政部多次重申，不能用于解决人畜饮水困难，不能用于防汛、抗旱、排涝、交通、恢复电讯、顶交电费和农贷欠款等方面的开支。不能把救灾款投放到当年没有遭灾的地区开展生产自救。同时，建立定期检查制度，每隔三五年，内务部、民政部都部署对救灾款的发放使用进行全面清查。对暴露出的问题，会同检察、司法等部门，进行严肃处理。1951 年年底，结合全国各地大张旗鼓开展的反贪污、反浪费、反官僚主义的斗争，民政系统开展了救灾款使用大清查。据皖北、苏北、察哈尔、河南等 16 个省、区及南京、广州、重庆、鞍山 4 个市不完全统计，贪污救济、优抚事业费的干部达 1292 人，计贪污款 40 多万元，粮食 86 万公斤。救济款滥支挪用的现象也很严重，许多地方把救济款当机动款，河北省查出滥支挪用的名目达数十种之多。各地对检查出的问题都进行了严肃处理。1978 年查处的河南省驻马店地区挪用、侵占救灾款物事件是新中国成立以来救灾款物发放使用中最严重的事件。1975 年，驻马店地区遭受重灾后，中共中央、国务院十分关切，国家先后拨给救灾款 3. 7 亿元和大量物资。但是，该地区不顾中央的三令五申，置人民群众的生死于不顾，竟挪用救灾专款，克扣国家对社队农业税灾情减免税款和虚报冒领水毁损失款 4000 多万元，挪用救灾粮食 1600 多万公斤，木材 1. 47 万立方米，煤炭 3. 16 万吨，大肆修建楼堂馆所，请客送礼，吃喝玩乐，达到令人吃惊的地步。从灾后到 1977 年年底，全地区行政、企事业搞的计划外工程建筑面积共 130 多万平方米，投资 1. 01 亿元。一些地方新建的高标准的楼堂馆所与灾民的居住的茅棚草庵形成了鲜明的对比。遂平县是受灾最重的一个县，也是楼堂馆所建的最多的县，总投资达790多万元。从老城区至车站建成的一条宽24米的8里长街上，楼房耸立，共占用耕地1200亩。群众气愤他说："八里长街，圈地盖楼，十万灾民，身居庵棚。"救灾款物的大量挪用，严重影响了救灾工作，灾后全地区原计划恢复住房265万间，到1977年年底只建成135万间，致使200万灾民住茅棚草庵，夏不避雨，冬不御寒，困难重重。对上述事件，经过查证核实，报请有关部门对直接责任者给予了严肃惩处。

（三）救灾工作改革。1983年召开的第八次全国民政会议拉开了救灾工作改革的序幕。中共中央办公厅、国务院办公厅转发的这次会议纪要确定了救灾款改革的原则：①试行救灾款包干；②救灾款在保障灾民基本生活的前提下，可以适当用于生产自救，扶持灾民发展农副业生产；③救灾款除紧急抢救灾民的费用按无偿救济外，有些救灾款可以试行"有借有还"的办法，将收回的经费由地方建立救灾扶贫基金。此后，救灾工作进行了一系列重要改革。

1. 救灾款包干。从1983年到1986年，民政部会同财政部对甘肃、宁夏、西藏、新疆、青海、贵州6省区实行了救灾款包干使用。包干的救灾款每年为：甘肃4800万元、宁夏750万元、西藏600万元、新疆1200万元、青海750万元、贵州4500万元，共1.26亿元，约占当年救灾款总数的20%。包干的救灾款由省、区统一掌握，不得向地、市、县再包干，轻重灾年可调剂使用，包干期间，中央不再下拨此项经费。包干的救灾款性质不变，仍按救灾款的发放使用范围使用。救灾款包干3年为一期，期满后根据情况续包或中止。1983年开始包干的甘肃、宁夏两省区，1985年到期后，1986年开始续包。

实行救灾款包干有利于调动地方的积极性，各级党政和民政部门普遍感到责任重大，压力大了，工作抓得更紧了；在管理上有了主动权，使用上有了灵活性，一旦发生灾害，能迅速拨款，减少了许多程序和时间，提高了工作效率，有利于扶持灾民发展生产，从根本上改变年年受灾、年年救济的局面，使群众提高自救防灾能力。从 1983 年到 1985 年，甘肃、宁夏两省区分别拿出 27% 和 31% 救灾款，先后扶持 1.4361 万户兴办了 1246 个经济实体，扶持 4.72 万户兴办了家庭加工业，扶持 40 多万户贫困户养殖大牲畜 7.9 万多头、小牲畜 137 万多（头）只，种植经济作物 17 万多亩，植树造林两万多亩。经过扶持，已有 244 万户摆脱贫困，1200 户走上了富裕道路。救灾款包干深受地方干部和群众的欢迎，效益是显著的。

2. 救灾与扶贫相结合。改革救灾款使用办法的核心是，把救济生活与扶持生产结合起来。1983 年以来，许多地方陆续开展了这项工作。1985 年 4 月，国务院批转的民政等 9 部委的扶贫请示中指出："要把扶贫与救灾结合起来。救灾款在保障灾民基本生活的前提下，可用于灾民生产自救，无灾扶持贫困户发展生产。救灾款有偿收回的部分用于建立扶贫救灾基金，有灾救灾，无灾扶贫。"从而在政策上明确了救灾款在灾区可以直接用于扶贫的原则。此后，形式多样的救灾与扶贫相结合的多种扶持形式在灾区不断涌现。对有自救能力的灾民变无偿救济为有偿扶持，通过发展生产解决灾后困难，把无偿救济控制在无自救能力的特困户范围内。同时，将有偿扶持的资金收回后，建立救灾扶贫基金，有灾救灾，无灾扶贫。这样，既解决了灾民的临时生活困难，又增强了抗灾能力。把救灾与扶贫紧密结合起来。

1984 年年底，根据中共中央、国务院关于帮助贫困地区尽快改变面貌的通知精神，民政部部署了重点扶持多灾贫困县的工作。这是改革救灾工作，实行救灾与扶贫相结合而采取的重要步骤。1985 年、1986 年两年，民政部和 22 个省区的民政部门对 167 个县进行了重点扶持，投入救灾款 2.5 亿元，并吸收地方财政各部门的资金和群众自筹资金 5 亿多元，仅河北省民政部门 1986 年就投资 517 万元，吸收其他资金 6500 万元。采取集中力量，对多灾贫困县进行扶持的方式引起很大反响。很多部门仿效民政部门的做法，对贫困的县、乡、村、户实行重点扶持，取得了很好的效益。两年来，这些县的 140 万户贫困灾民得到扶持，他们的生活水平达到和超过当地群众平均水平的有58万户，占总扶持户数的41%。其中通过兴办经济实体25万个，吸收42万贫困户务工，使他们年人均收入600多元，大部分摆脱了贫困。江苏省泗阳县共兴办317个经济实体，扶持了5000多贫困户，户均收入1182元，使80%的户脱贫致富。

3. 救灾与保险相结合。1987年2月，按照国务院关于探索建立农村基层社会保障制度，由民政部为主先进行探索和试点，以及中央关于大力发展合作保险的精神，民政部确定在一些地方进行农村救灾合作保险试点，并预拨一定数量的救灾款作为垫底资金，支持理赔。这批试点单位包括黑龙江省牡丹江市、江苏省扬中县、浙江省余杭县、福建省沙县、湖南省临澧县、河北省围场县、安徽省当涂县。到1988年年底，实行救灾合作保险的县市，已达百余个。具体的做法是，在自愿、互助的基础上，按照合同，由农民根据农作物和房屋数量交纳一定保险费，同时国家和集体投入一定数量的救灾款，形成救灾合作保险基金，一旦遭灾，即由救灾合作保险组织给予赔付，以保障灾民的基本生活和维持简单再生产。

运用保险的方法救灾，把救灾与保险结合起来，是救灾改革中迈出的重要一步。这项改革有利于逐步改变完全由国家拿钱救灾的传统办法，把国家、集体和个人的力量结合起来，建立基金以丰补歉，逐步减轻国家的负担，培养群众自我保障意识、提高救灾工作效率。

救灾工作的重要改革取得了显著的效益。首先，改革给救灾工作注入了生机，引起各级党政和有关部门的广泛注意和重视。充分调动了主管救灾工作的民政部门的积极性。其次，这几年灾情较重，救灾任务艰巨，通过救灾款改革，较好地保障了灾民生活，基本没有出现大的社会问题。再次，在保障灾民基本生活的前提下，用救灾款对1000多万户贫困灾民户进行了扶持，其中500多万户摆脱了贫困，并积累了约6亿元的救灾扶贫基金，各地运用这笔基金创办了7万多个经济实体，年产值达40多亿元，获利6亿多元，为进一步开展救灾工作打下了良好的基础。

七、严肃救灾纪律

救灾工作是一项政策性强，要求严的工作，既是一项社会工作，也是一项政治工作。中国共产党和人民政府十分重视救灾工作的极端重要性，认为它是体现社会主义制度优越性，把共产党和人民政府的温暖送到千家万户，密切党群，干群关系，促进和保证社会稳定、经济稳定的一项重要工作。因此，对做好救灾工作提出了很高的要求。《宪法》对做好救灾救济工作有明确的要求。每一个时期党和政府对救灾工作也有具体要求。

对坚决执行上级领导指示，保质保量完成救灾工作任务的个人和集体，给予表彰、奖励，树立典型，树立正气。每次灾害过后，各级政府和各有关部门都要表彰、奖励先进，号召人民向他们学习。

对没有完成救灾任务，违抗救灾命令，触犯救灾纪律的，决不纵容姑息，必须给予严肃处理。这就保证了救灾工作的顺利、健康进行。新中国成立 40 年间，在面临繁重救灾任务的形势下，基本做到纪律严明，奖罚分明，救灾秩序井井有条。救灾款被人称为“高压线”就是很好的例证。

新中国成立 40 年间，通过对几起重大救灾违纪事件的查处，严明了纪律，教育了一大批干部群众，收到了很好的效果。

1955 年，广西遭受严重水、旱灾害后，由于省人民委员会和有关地区的领导干部满足于农业合作化的胜利，放松了对因灾减产应有的警惕，没有及时采取得力的救灾措施，致使该省在 1956 年春荒期间发生了严重的逃荒和非正常死亡现象。事件发生后，中共中央、国务院和全国人大十分重视，进行了认真的调查和处理，撤销了省委第一书记、两名副书记和一名副省长的职务，有关地、县领导也受到处分。1957 年 6 月 18 日，《人民日报》为此发表了题为《坚决同漠视民命的官僚主义作斗争》的社论。

1959 年至 1961 年 3 年大灾困难期间，河南、甘肃、贵州 3 省有的县、乡领导，在严重的灾荒困难面前，漠视民命，救灾不力，出现了灾民因严重缺乏营养而死亡的重大事件。对此，中共中央、国务院高度重视，派出了专门的工作队分赴灾区，查核事实，责成有关司法机关，对领导干部在救灾工作中的官僚主义分子和其他干部在救灾工作中违反党纪国法的分子，依照党纪，国法给予了严厉制裁。

1975 年 7 月，河南省驻马店地区遭受严重水灾，国家先后拨给 3.7 亿元救灾款和大量救灾物资，但该地区竟挪用 4000 多万元救灾款和大批救灾物资，修建楼堂馆所。事件披露后，中共中央向全国发出通报，中共河南省委撤销了地委第一书记、副书记和有关负责人的职务。

1987 年 5 月，大兴安岭地区发生特大森林火灾，过火面积 101 万亩，造成惨重的损失。这起特大火灾，是由于管理不善而引起的，为了严肃纪律，全国人大常委会决定，撤销林业部部长和一名副部长的职务，有关地县负责人也受到了严肃处理。

第五节　抗灾救灾工作的基本经验

新中国成立以后，中国人民在与自然灾害的斗争中，不断探索、勇于实践，取得了辉煌成就，总结出许多成功经验。这些经验概括起来主要有以下几方面。

（一）共产党和人民政府的坚强领导是抗灾救灾的重要前提。

新中国成立后，中共和政府十分重视抗灾救灾工作。每遇重大自然灾害发生，中共中央、国务院都集中力量，指导抗灾救灾工作。毛泽东、朱德、周恩来等老一辈革命家多次亲临第一线，指挥抗灾救灾，慰问灾区群众。1966 年 3 月 8 日邢台地震后的第二天，周恩来总理就率领中央慰问团飞赴重灾区隆尧县，听取了当地政府和部队负责人的汇报，询问了灾区人民的受灾情况，指示成立“党、政、军联合指挥部”，统一指挥抗震工作。3 月 10 日，周总理又到极震区白家寨视察，慰问受灾群众，在群众大会上号召“自力更生，奋发图强，发展生产，重建家园”，鼓舞了灾区人民战胜灾害的信心。3 月 20 日又发生了 7 级以上强震，4 月 1 日，周总理再次来到灾区，进行视察慰问，号召震区人民“要不误农时，及时播种”“先发展生产，后建设家园”。1981 年长江流域发生特大水灾后，中央分别派出了以彭冲、杨静仁为团长的中央慰问团分赴四川、陕西慰问。1987 年大兴安岭特大火灾发生后，国务院多次召开常务会议讨论扑火工作，李鹏副总理、田纪云副总理亲赴灾区指挥扑火抢险。1988 年 11 月 6 日，云南澜沧发生强烈地震后，李鹏总理迅即主持召开会议听取情况汇报，决定派出以国务委员宋健为团长的中央慰问团赴灾区慰问。中共中央、国务院还发了慰问电。中央先后拨出救灾款 6000 万元，粮食 5000 万公斤，以及其他救灾物资。还安排了恢复建设专款 6 亿多元，分四年实施，有效地保证灾区重建家园，恢复生产。

地方各级党和政府的领导在灾害到来时，也全力以赴，亲临抗灾抢险第一线，指挥抗灾工作。如 1954 年洪水威胁武汉时，中共中央和中央人民政府指定中共中央委员、政务院副总理邓子恢专门指导该市的抗灾工作，中共湖北省委第一书记、武汉市代市长王任重亲自担任防汛指挥部总指挥，中共武汉市委第一书记张平化担任副总指挥。在整个防汛过程中，他们在指挥部里，昼夜不停地守在电话机前，研究水情变化，指挥抢险战斗，并不断到危险地段巡视，一连坚持 3 个月，直到彻底战胜洪水。

为了有力地指挥抗灾工作，中央和多灾地区都建立了指挥机构。1949 年 12 月 19 日，政务院《关于生产救灾的指示》指出：“各级人民政府组织生产救灾委员会，包括民政、财政、农业、贸易、合作、卫生等部门及人民团体代表，由各级人民政府首长直接领导，务必使工作进行领导集中，得到配合，增加效率。”在政务院政治法律委员会组织成立的中央救灾委员会的会议上，政务院副总理董必武作了报告，号召各部门统一协调，加强救灾工作，并提出了救灾工作方针。有灾各地相继成立的生产救灾委员会，吸收各界和政府各部门的代表参加，由各级党政领导直接领导，并从有关单位抽调干部，设立办公室，专门负责经常工作。多灾地区还层层设立机构，配备强干力量。

1957 年 7 月 26 日国务院对中央救灾委员会的人选作了调整，任命国务院副总理邓子恢为主任，习仲勋、谢觉哉为副主任，傅作义、李德全等9人为委员。国务院还批准了中央救灾委员会组织简则，确定中央救灾委员会执行下列任务：(1) 指导全国救灾工作，检查监督各有关部门和地方对救灾方针政策的贯彻执行；(2) 联系有关部门研究解决灾区存在的问题，并提出要求或建议；(3) 掌握灾情的发展变化情况，总结交流救灾工作经验；(4) 草拟有关救灾工作的法规文件。“简则”规定中央救灾委员会设办公室，办理日常事务，办公室设在内务部农村救济司。针对水灾、旱灾发生频繁，危害大，范围广，抗灾救灾任务艰巨的特点，中央成立了防汛总指挥部和抗旱办公室。各级防汛、抗旱机构的建立，为统一调集人力、物力，与水、旱灾作斗争创造了很好条件，发挥了很大作用。遇到大灾，还成立由有关方面人员组成的临时指挥机构。如唐山地震后几小时，中共中央、国务院在北京召开紧急会议，决定建立中央救灾指挥部，由国务院4位副总理和北京军区司令员组成领导小组，成员包括国务院有关部、委、办和解放军各军兵种负责人。

（二）充分发挥社会主义制度的优越性是抗灾救灾的根本保证。

40年抗灾救灾的成功实践证明，社会主义制度具有无比的优越性，充分发挥社会主义制度的优越性是做好抗灾救灾工作的根本保证，这是一条最重要、最根本的经验。

中国的经济和社会发展是有计划、按比例进行的，这就为抗灾救灾投入提供了根本保证。新中国成立40年间，国家集中大量资金对大江大河进行了大规模综合治理，使过去经常为害的江河逐步变害为利，防洪能力大大加强。历史上3年两次决口的黄河，已经保持40年无决口改道的安澜局面。此外，国家还兴修了大量抗灾减灾工程，如蓄洪区、行洪区等，大大提高了抗灾能力。在救灾方面，各级救灾防汛部门都储备了大量抗灾物品，配备了先进的交通、通讯、信息处理等装备，提高了整体抗灾救灾的能力。

在社会主义的中国，有中国共产党和人民政府强有力的领导，下级服从上级，局部服从全局，全党全国服从中央，实现了全国一盘棋。这就能最大限度地动员和组织人力、物力、财力抗灾救灾，变分力为合力，凝聚成巨大的力量。每当灾害发生后，从中央到地方，从政府到社会团体，从人民解放军到普通群众，都能把抗灾救灾作为压倒一切的中心任务来完成，有力出力，有物出物，不计报酬，不讲代价，甚至有些地区还要主动牺牲局部利益，表现了社会主义制度下为了一个共同目标，团结协作的崇高精神。这是任何资本主义国家所不能比拟的。正是因为有了这种高度的凝聚力、战斗力，中国才能在经济基础、救灾手段比较落后的情况下，战胜了一次又一次严重灾害。“三年自然灾害”时期，由于全国大部分地区连年遭受重灾，粮食大幅度减产，一些灾区严重缺粮，在这种严峻形势下，国家一方面号召灾民开展生产自救，另一方面在城乡居民职工中开展节衣缩食活动支援灾区。广大城乡居民职工同灾民血肉相联，生死与共，把灾民的疾苦当作自己的疾苦，纷纷节省下原本不太多的口粮支援灾区。就这样，在城乡居民和灾区农民的共同努力下，度过了困难时期。因此说，社会主义不仅能够救中国，也能战胜任何严重灾害，这是经过40年成功的抗灾救灾实践证明了的真理。

（三）全民动员是抗灾救灾的根本力量。

共产党和人民政府十分重视人民群众在抗灾救灾斗争中的作用，每遇灾害都进行广泛的全民动员和巨大的组织工作。在中国共产党的领导教育下，人民有着高度的政治觉悟。他们普遍认识到，战胜灾害，不仅是为了保卫自己的劳动成果，保障未来的生活幸福，也是为了保卫自己的家园，保卫社会主义事业的顺利进行，是每一个公民应尽的光荣而艰巨的义务。所以，每当灾害发生时不论是工人、农民、知识分子，也不论是男女老少，都一呼百应，踊跃参加，组成了强大的抗灾大军。1954年，武汉市防汛抗灾一开始，全市人民就在共产党的号召下，涌向堤防前线，水不断上涨，防汛队伍也不断扩大，由最初的10万人，增加到最后的20万人。每一个夜晚，每一条街道，都有后备突击队“枕戈待命”，一闻警报，立即奔赴前方，1958年，河北省遭受了解放以来未有过的干旱。全省人民很快动员组织起来，形成移山倒海的力量。几十万群众在麦田里搭起一万多个窝棚，风餐露宿，突击浇麦、追肥、中耕，终于战胜了干旱，夺取了小麦的丰收。这年春节，安徽省遭受特大霜害，全省从淮北到江南，一千多万群众在田地里熏烟、浇水，苦战一个通宵，保证了全部麦地和稻田免遭霜害。

人民解放军在抗灾救灾中发挥了主力军作用。当国家和人民的生命财产受到灾害威胁的时候，人民子弟兵同反抗其他来犯之敌一样，“险情就是敌情，灾情就是命令”，英勇地同灾害斗争。面对险恶的灾害，人民解放军发扬“一不怕苦，二不怕死”的革命精神，争挑抗灾救灾重担。灾区人民需要什么，他们就全力支援什么；哪里最困难，哪里最危险，他们就出现在哪里。所到之处，广大指战员奋勇当先，勇往直前，把危险留给自己，把安全留给群众，抢救了人民的生命财产，保住了许多重点工程、城市、建筑等的安全。在防汛抢险中，人民解放军表现最为突出，洪水来临时，他们为缓和风浪对坝堤的袭击，筑起人墙，以身护堤。为排除险情，奋不顾身挡急流，闯旋涡，冒死抢堵，为转移受洪水威胁的生命财产，迎狂风，斗恶浪，往返于洪水急流之中。为解决被救出灾民的生活困难，让营房，送饭菜，医治伤病员。在灾后的恢复工作中，他们到工厂，到乡村，到田间，帮助恢复发展生产，修复倒房，重建桥梁，平整土地等等。仅1979年至1989年的10年间，人民解放军共参加抢险救灾12万多次，派出官兵800多万人次，动用飞机、舰艇2300多架次、车辆、机械45万多台次，抢救遇险群众147多万人，抢救各种物资1170多万吨。全国有400多个单位和3000多名官兵立功受奖，54名官兵为保护国家和人民的利益献出了宝贵生命。1981年，四川省发生特大水灾，驻川部队有114个单位受灾，受灾严重的团以上单位50多个，在部队自身抗灾救灾任务十分艰巨的情况下，人民子弟兵首先想到的是人民的安危。共出动19万多人，战斗连队480个，飞机44架次，汽车7100多辆，舟船190只，救出被围困的群众43万多人，在营房安置受灾群众6万多人，抢救出各种物资10

多万吨，为国家立了大功。洪水退后，他们又派出1100多名医务人员到灾区防疫治病，医治患者7000多人，还捐献了粮食50多万公斤，军衣5万套等。1983年9月9日，9号台风袭击广东省珠江口形成百年不遇的风暴潮。南海舰队某部立即组织600多名指战员顶着狂风暴潮，奋战近10个小时，抢救出受灾群众800多人，使海堤脚下的河仔、西塘、瓦罐3个村庄的1000多名群众安然无恙，而部队的7名干部、战士却壮烈牺牲了。当地群众闻讯悲痛万分，纷纷要求为烈士树碑立传。当地政府根据人民的愿望，在当年鸦片战争抗英殉难烈士的“节兵义坟”旁边，面向三村兴建了一座“爱民抢险七勇士”纪念碑。

（四）坚持正确的救灾工作方针是抗灾救灾的基本途径。

救灾工作方针，是党和国家总路线、总任务的体现。随着党和国家总路线、总任务在不同历史时期的变化，结合现实的社会情况所制定的救灾工作方针，为做好抗灾救灾工作指出了正确途径。

新中国成立初期根据中国经济处于恢复时期，而且全国自然灾害频繁、严重、灾民多、困难程度大等实际情况，中共中央提出了：“生产自救，节约度荒，群众互助，以工代赈，并辅以必要的救济”的救灾工作方针。第一、二次全国民政会议又重申并认真贯彻了这一方针，对战胜多次严重自然灾害较好地保障灾民生活，促进社会秩序的安定和国民经济的恢复起到了明显作用。

人民公社化以后，根据农业实现集体化，农村集体经济组织有一定抗灾救灾能力，救灾工作的方针修改为：“依靠群众，依靠集体，生产自救为主，辅之以国家必要的救济。”这一方针既有效地指导了集体和群众战胜自然灾害，大规模地组织生产自救，又减轻了国家的负担。

“大跃进”和“文化大革命”时期，由于受极“左”思潮的影响，正确的救灾工作方针不能贯彻落实，对救灾工作造成了一定的影响。当时有一股思潮认为，灾荒已经不是什么大问题了，再过几年、十几年人们就会不知道什么是灾荒了。因此，一些人一度忽视了抗灾救灾工作，中央和许多地方的救灾机构也解散了。因而相对地削弱了对严重水旱灾害的抗御能力。

中国共产党的十一届三中全会以后，经过拨乱反正清除“左”的影响，结合农村实行多种形式的联产承包责任制的新情况，1983 年经国务院批准在第八次全国民政会议把救灾工作方针修改为：“依靠群众，依靠集体，生产自救，互助互济，辅之以国家必要的救济和扶持。”这一方针，对保证农村经济体制的改革、指导救灾工作的改革和发展，起到了明显作用。

统观新中国成立以来救灾工作方针，有四个方面的要点。第一，依靠生产搞好救灾，通过救灾促进生产。救灾政策是积极的，即除国家发放大量的救济款物外，主要发动群众从生产上找出路，以发展生产，增加社会财富来创造度荒的物质力量。生产发展了，不仅因灾带来的困难解决了，而且生活可以比灾前过得更好，这就比救济显示出更大的威力，救济只能保障基本生活，不能提高生活水平。另外，不仅依靠生产搞好救灾，而且通过救灾促进了生产的发展。救灾工作的核心是生产自救，灾区的生产自救搞好了，灾区的生产也就发展了。第二，勤俭节约。生产发展了，国家救济了，但如果不省吃俭用，“一手收，一手溜”，灾后困难仍旧解决不了。即使丰收年，也要讲究节俭，储粮备荒。第三，依靠集体、依靠群众。灾害的破坏性较大，灾后给群众带来的困难多，单靠个人的力量是不够的，必须依靠集体组织的力量，必须提倡一方有灾，八方支援的精神，动员群众互助互济，共度灾荒。第四，国家救济是必要的。国家救济是扶助灾民度荒的重要力量，没有它，就会使灾民在同灾害斗争中缺乏必要的物资支持，特别是灾害突然到来灾民情绪动荡的时候，国家及时拨发救济款物，能很快稳定灾民情绪。增强战胜灾荒的信心，还能密切党和政府与人民的关系，使他们体验到生活在社会主义大家庭的温暖。同时在保障灾民吃饭、穿衣、住房、治病等基本生活的前提下，要注意克服和防止单纯救济生活的做法，处理好救济生活与扶持生产的关系。

第九章
社会救济、五保户供养和收容遣送工作

当代中国民政的社会救济、五保户供养和收容遣送工作，是性质相同，对象各异，方式不同的三项工作。社会救济是对城市和农村的各种贫困户，按照不同的标准，给予定期的或临时的经济援助；对其中有劳动能力的组织生产自救。五保户供养是农村集体经济组织对无法定扶养人、无劳动能力、无生活来源的老年人，残疾人和未成年人实行保吃、保穿、保住、保医、保葬（未成年人保教）的制度。收容遣送工作是城市对流浪乞讨人员进行收容救济教育，遣送安置其回乡或到其他单位参加劳动生产。这几项业务对民政工作促进社会主义的物质文明建设和精神文明建设，都是不可缺少的。

第一节　社会救济

一、新中国社会救济的方针

中国的救济事业，虽有悠久的历史，但是，由于历代统治阶级不可能真心实意地关心贫民百姓的疾苦，因此各朝代都没有建立起完善的社会救济制度。解放前夕，全国约有 10% 的城乡人口流离失所，靠流浪乞讨度日，得不到应有的救济。

中华人民共和国成立以后，中国共产党和人民政府十分重视社会救济工作。1950 年 4 月在北京召开了中国人民救济代表会议，董必武作了重要报告，会议讨论了建立救济制度，确立救济工作方针和救济措施等问题。会后，成立了中国人民救济总会，推选了宋庆龄为执行委员会主席，董必武、谢觉哉、李德全、吴耀宗为副主席。从此，揭开了新中国救济工作的新一页。

新中国把社会救济工作作为一项社会制度和公民的基本权利，历次制定的宪法都有明确的规定。党和政府把社会救济工作作为帮助城乡贫困对象解决生活困难问题，逐步摆脱贫困，走向共同富裕道路的一项重要措施；是党和政府关心群众生活，解除群众疾苦的一项重要政策；是城乡社会保障的一个重要组成部分。

新中国制定的社会救济工作方针，始终遵循“上为中央分忧，下为群众解愁”的根本宗旨，立足于帮助贫困群众解决困难，解除疾苦，树立自强自立的信念，从根本上摆脱贫穷，走共同富裕的道路。董必武在1950年中国人民救济代表会议上提出的救济工作方针是：在人民政府领导下，以人民自救自助为基础进行的人民大众的救济福利事业。在这期间，针对农村实行土地改革，城镇解决失业问题，基本实现人人有地种，人人有事做，强调贫困群众自力更生，自救自助，劳动互助，解决困难。1954年以后，城乡逐步发展合作互助的生产形式。为了适应新情况，确定的救济工作方针是：依靠集体，群众互助，生产自救，辅之以政府必要的救济。中共十一届三中全会以后，逐步将社会救济工作的方针完善为：依靠集体、依靠基层，生产自救，群众互助，辅之以国家必要的救济。纵观新中国历来的救济工作方针，虽然在文字表述上有所不同，但基本思想是一致的，这些救济工作方针符合中国国情，行之有效，对保证社会救济工作健康发展，建立和完善具有中国特色的社会救济制度起到了重要作用。

二、城市贫困户救济

城市贫困户救济是指对城镇无法定扶养人、无劳动能力、无生活来源的孤老残幼，以及其他因天灾人祸或缺少劳动能力，造成生活困难的无业居民，由国家和社会给以救助，以保障他们的基本生活。新中国成立40年，城市社会救济工作的任务和范围，是随着国家经济和政治形势变化而变化的，在不同历史时期、任务和重点不尽相同，大致可分五个阶段。

（一）新中国成立初期的紧急救济。新中国成立初期，社会上有数以千百万计的人遭受着贫困、饥饿、瘟疫和死亡的威胁。特别是在大中城市的公共场所，大街小巷充塞着大量的难民、灾民、国民党的散兵游勇、无业人员和无依无靠的孤老残幼。针对这种情况，党和政府为了拯救千百万生活在水深火热中的人民，尽管当时国家财政还非常困难，仍拨出大量粮食和经费，开展大规模的城市社会救济工作。各地从实际情况出发，本着保障救济对象基本生活的原则，采取区别对待的方法，对不同类型的人，给予不同的救济。对无依无靠的孤老残幼，给予经常性的救济；对缺少棉衣棉被的，发给御寒衣被；对患病无力就医的，给予医药费救济；对死亡料理丧事，经济有困难的，给予丧葬费补助；对自谋生活出路，从事生产经营有困难的，给予生产资金补助；对生活困难的失业工人或知识分子，在就业前给予临时救济。此外，对其他生活困难而无法自行克服的人，也都给予适当的社会救济，帮助他们克服困难。由于在全国范围内及时地进行大规模紧急救济，使数百万受冻挨饿，挣扎在死亡线上的人，摆脱了死亡，有了衣穿、有了饭吃、有了安身之处。据不完全统计，仅武汉、广州、长沙、西安、天津等 14 个城市在解放后一年多的时间里，就紧急救济了 100 多万人。1952 年，全国 152 个城市平时长期得到救济的有 120 余万人；冬令期间得到救济的约 150 余万人。有的城市享受社会救济的人占城市总人口的 20%；有的城市甚至高达 40%。这样大规模的社会救济，在中国历史上是从来没有过的，也是不可能做到的。这充分地说明了共产党关心广大人民的疾苦，党和政府是为人民服务的。这样大规模的社会救济，也极大地鼓励和激发了广大人民群众对新社会的信赖和热爱，有的人怀着无比感激的心情说：“共产党雪中送炭，比爹娘还亲；国民党血腥统治，残酷剥削广大人民，比蝎子还毒。”

（二）社会主义改造时期，建立和完善救济制度。社会主义改造时期，由于国家生产建设的不断发展，经济形势的日益好转，进一步解决了城镇人民的就业和生活困难问题。旧中国遗留下来需要进行救济的问题绝大部分得到了妥善解决。但是，随着生产建设和经济形势的变化，城市社会救济工作也出现了新情况、新问题。城市中的社会救济对象除了无依无靠的孤老残幼外，又增添了一部分家庭人口多劳动力少的困难户，年老体弱的小摊贩、人力三轮车工人、被取缔的封建迷信职业的从业者、无经济来源生活困难的刑事罪犯的家属等。为了解决这部分人的生活困难问题，以顺利完成第一个五年计划，为贯彻党在过渡时期的总路线创造一个良好的社会环境，这一时期的城市社会救济主要抓了以下几项工作：

1. 认真做好救济粮款的发放工作。由于在紧急救济过程中有的地方出现了救济面过宽的问题，助长了一部分人依赖政府的思想。为了解决这一问题，各地民政部门在发放救济粮款前，首先积极地宣传政府的社会救济政策，使广大人民群众明确了对无依无靠、无生活来源的孤老残幼和长期无法解决生活困难的户给予定期定量救济；对因天灾、人祸、疾病等原因，发生暂时性困难的户给予临时性救济。同时，发动和组织街道与居民委员会的积极分子，深入救济户调查了解，摸清情况。在此基础上采取领导掌握与群众评议相结合的办法，确定救济对象、救济标准、救济时间。为保证救济对象的生活，防止救济对象有了生活收入仍享受社会救济的现象，各地民政部门还认真做好复查工作。对孤老残幼等情况变化不大的救济对象，3 个月进行一次复查；对有劳动能力、生产生活不固定，经常发生变化的救济对象，1 个半月左右进行一次复查。由于各地民政部门业务指导思想明确，工作深入扎实，方法得当，纠正了救济面过宽的倾向，及时准确地救济了社会贫困户。

2. 适时调整社会救济标准。新中国成立初期，由于在社会主义制度下开展城市社会救济工作的时间还不长，经验不多，规章不健全，各地在发放救济款时，没有统一的标准，数额把握不准。针对这一情况，内务部在大量调查研究的基础上，制定了全国城市救济标准，并在 1953 年召开的第三次全国城市社会救济工作会议上公布。这一标准的具体内容是：以户为单位，按人口递增。大城市每户每月一般不超过5至12元；中小城市每户每月一般不超过3至9元。有些物价与群众生活水平低的大城市和物价与群众生活水平高的小城市，以及人口特别多劳力特别少的救济户，可按实际情况确定。此后，各地都按规定发放救济款，基本上克服了救济款数额掌握不当的现象。随着国家建设的迅速发展，人民生活水平的逐年提高，1953年内务部制定的全国统一的城市社会救济标准逐渐与实际需要不相适应，暴露了简单机械地按城市大小划分救济标准的不合理性。为此，1956年内务部发出了《关于调整城市困难户救济标准的通知》。这次吸取了1953年的经验教训，不再规定统一的救济标准，而是提出了城市困难户的救济标准应当以能够维持贫民的基本生活为原则。各地民政部门结合当地具体情况，从解决困难户的实际需要和国家财力情况出发，划分几种不同类型，按类调整救济标准。对孤老残幼的救济高于一般困难户；对长期患病和临时遭灾的困难户，从实际出发，适当加以照顾；对贫困的老年知识分子以及政府认为需要给予特殊照顾的，救济标准略高于一般困难户；对国民党军政人员家属、被俘释放人员、罪犯家属等，需要救济时与一般困难户同样对待；对孤老残自愿参加力所能及生产的，不减低其原来救济标准，使其生活因从事劳动而得到改善。对其他参加生产的困难户，在收入多于参加生产前时逐步减发救济款。这一时期，国家对城市贫困户的物质帮助是巨大的，保障了他们的基本生活，没有出现冻死或饿死人现象。据不完全统计，从1953年至1957年国家共支出城市社会救济经费1亿多元，救济了1000多万人。

3. 积极开展生产自救工作。1953年召开的第三次全国城市社会救济工作会议确定了“生产自救，群众互助，并辅之以政府的必要救济”的方针后，大部分城市根据当地资源等实际情况，因地制宜，组织贫民参加各种形式的生产自救。有的城市与当地劳动建设部门密切配合，组织贫民参加挖土方，运送建筑材料、修筑马路等劳动生产；有的城市围绕工厂、企业、学校、机关等单位生产和生活的需要，组织贫民从事小五金加工、胶木制品、玻璃器皿，或者从事第三产业修理自行车、拆洗被褥、照顾患者、照看孩子等；有的城市组织贫民糊纸盒、编织竹、藤、柳等器具。据52个城市不完全统计，1954年参加生产自救的贫民有22.57万人，有长期或季节性的贫民生产组织1802个。贫民生产收入，大都超过了他们参加生产前向政府领取的救济金，生活有了明显的改善，城市中救济的人数大量减少。据统计，全国需要救济的人数，1954年上半年比1953年同期减少将近1/3，救济费的开支也减少了将近30%。到了1955年生产自救工作又有了新的进展。全国组织城市贫民参加生产的人数达58.2万余人，长期生产单位有7900余个，不仅减少了国家开支，改善了贫民的生活，而且为社会创造了物质财富。这一时期的城市社会救济工作，取得了较好的社会效益和经济效益，促进了第一个五年计划和“三大改造”任务的顺利完成。

（三）三年自然灾害和国民经济调整时期加强救济工作。1958年前后由于全国掀起了全民办工业的热潮，就业门路扩大了，城市社会救济对象中有劳动能力的基本上都参加了工作。当时救济工作的主要任务是保障无依无靠孤老残幼的基本生活。但是，在这一时期以后，由于中国遭受了连续三年严重自然灾害，经济建设上指导思想严重失误，致使国家经济发生严重的困难，人民生活水平急骤下降。为此，对国民经济实行“调整、巩固、充实、提高”的八字方针，这给城市社会救济工作带来了新情况、新问题。在城市中因生活困难需要救济的人大量增加，并逐年上升。据天津、北京、广州、包头、沙市、安阳等16个城市的统计，1961年平均每月救济3.2万人，比1960年增加60.5%。到了1963年需要救济的人继续上升，据北京、沈阳、武汉、重庆、西安、南京等70个城市的统计，1963年6月共救济了24.1万人，比1962年同期增加1.2倍。新增加的救济对象主要有：精简退职的职工，被取缔的小商贩，社会闲散人口。一些原来不需要救济的人，因城市生活费增加，实际收入相对降低，生活发生困难也需要救济了。为了做好城市社会救济工作，这一时期国务院先后发出了

《精简职工安置办法的若干规定》《关于精简退职老职工生活困难救济问题的通知》。还批转了内务部《关于当前城市社会救济工作的报告》。根据国务院的历次指示精神，内务部和地方各级民政部门主要抓了两项工作：

一是进一步开展生产自救。各地在以往生产自救的基础上，进一步加强这项工作，主动与有关部门配合，尽可能地安置好有劳动能力的社会困难户参加各行各业临时性劳动和城市服务工作，并采取优惠的政策，对参加生产自救劳动所得的少量收入一般不冲减应发给的救济金。这极大地调动了有劳动力的救济对象参加生产的积极性，使生产自救得到了进一步发展。据天津、沈阳、济南、杭州、长沙、重庆等59个城市统计，1963年上半年就组织了21万余人参加生产自救，占可以组织生产自救人数的50%。

二是做好精简退职职工的救济工作。为了做好这项工作，内务部发出了《关于贯彻执行国务院“关于精简职工安置办法的若干规定”的通知》，1965年内务部、劳动部、财政部发出了《关于贯彻执行国务院〈关于精简退职的老职工生活困难救济问题的通知〉的联合通知》，同年9月内务部又发出了《关于精简退职老职工生活困难救济工作中若干问题的解答》。各地民政部门根据国务院和内务部的历次指示，积极认真地开展精简退职老职工的救济工作，对1961年1月1日到1965年6月9日期间精简退职的1957年年底前参加工作的国营、公私合营、事业单位和国家机关、人民团体、民主党派、军事系统而无军籍的职工，并领过一次性退职补助金；全部或者大部分丧失劳动能力，或者长期患病影响劳动较大的；家庭生活无依无靠的职工，办理了原标准工资40%的救济，并给报销本人医疗费的2/3。对原来按《国务院关于精简职工安置办法的若干规定》已享受原标准工资30%救济的，一律改按40%发放救济金，并给报销本人医疗费的2/3。对不符合享受40%救济而生活确实困难的，尽可能安排他们参加生产自救，生活仍有困难的，给予定期或临时的社会救济，使他们的生活不低于当地一般居民。据不完全统计，截至1965年年底，全国有

4.66 万人享受了原标准工资 40% 的救济。

（四）“文化大革命”对救济工作的干扰。“文化大革命”期间，社会救济被当作修正主义批判，工作无法正常开展，除了按原有的救济名册发放救济金外，其他工作基本处于停顿状态，致使一大批符合救济条件的困难户得不到及时救济，损害了党和政府的威信，造成了极坏的影响。

（五）救济工作的恢复和发展。中共十一届三中全会以后，城市社会救济工作得到了恢复和发展，这一时期主要抓了三项工作。

1. 适时调整城市社会救济标准。随着国家经济的发展，价格体系的改革，人民生活水平的提高，六七十年代的救济标准已与实际需要不相适应。为了切实保障社会困难户的基本生活，各地民政部门组成调查小组，深入街道了解救济对象的生活情况，核算基本生活必需的各项开支，根据当地财政状况和人民群众的生活水平，先后几次调整了城市社会救济标准。北京市自 1977 年以来调整了 4 次，1982 年前一般城镇困难户每人每月 15 元，社会孤老每人每月 18 元；1982 年调整为一般城镇困难户每人每月 20 元，社会孤老每人每月 25 元；1985 年调整为一般城镇困难户每人每月 25 元，社会孤老每人每月 30 元；1989 年又调整为城镇孤老每人每月 52 元，一般困难户每人每月 42 元。辽宁省在中共十一届三中全会以来三次提高社会救济标准，1980 年从每人每月 8 元提高到 10 至 15 元；1984 年提高到 16 元；1986 年又提高到大城市一人户每月 25 元，二人户每月 45 元，城镇一人户每月 22 元，二人户每月 35 元，逢年过节还给临时性补助。从全国来看，1979 年支出城市社会定期救济费 1785 万元，享受救济的有 24 万人，平均每人每年 75 元；1989 年支出城镇社会定期救济费 8.45 万元，享受定期救济的有 30.87 万人，平均每人每年 273 元。1989 年平均每人每年的救济费比 1979 年增加 198 元，保障了救济对象的基本生活。

2. 继续做好 60 年代初精简退职职工生活困难的救济工作。由于“文化大革命”使一大批该救济的精简退职职工未能享受救济，粉碎江青反革命集团后，这部分人要求救济的呼声强烈。各地民政部门按照中共中央的规定，解决了一部分精简退职职工的生活困难问题。但是，由于经费不足等问题仍有不少人没有得到救济。为了切实解决这一问题，民政部和财政部派人，到各地进行了深入调查，并先后两次召开了黑龙江、辽宁、河北、山西、陕西、山东、安徽、四川、湖北、湖南等省参加的座谈会，研究了解决的具体办法。在此基础上，民政部、财政部于1982年联合发了《关于做好精简退职老职工生活困难救济工作的通知》，要求各地做好40%救济的补办工作，对不符合享受40%救济条件而生活确有困难的，给予社会救济，并明确补办40%救济的经费由中央财政拨专款解决，属于社会救济的经费由地方财政解决。各省、自治区、直辖市民政厅（局）成立了专门班子负责补办工作。为保证补办工作的质量，顺利完成任务，民政部、财政部先后组成了5个调查小组分赴10省，深入到老职工家中了解情况，及时掌握工作进度，发现和解决问题，总结经验教训。后来，又针对个别地区出现的条件掌握不严，强调原始证件不够，扩大补办面的问题，由民政部、财政部于1982年11月联合发出《关于补办精简退职老职工百分之四十救济工作有关问题的紧急通知》，强调要严格按照政策规定，积极慎重地做好补办工作。在此基础上，还印发了有关精简退职老职工救济工作的《若干问题解答》，把政策交给基层工作人员和人民群众，有力地推进了补办工作。经过近两年的工作，使符合享受40%救济的老职工都得到了救济；不符合享受40%救济而生活确实困难的精简退职职工也得到了社会救济。据不完全统计，这次全国补办的精简退职老职工有16.54万人，中央财政拨款补办40%救济经费4961万元。连同1981年年底前已享受40%救济的9.97万人，经费3296万元，共计有26.51万人享受40%救济，国家每年支出8257万元，比较好地解决了60年代初精简退职老职工生活困难这一历史遗留问题。陕西、山东、青海、黑龙江、辽宁、吉林、天津等21个省、自治区、直辖市根据当地的财力和人民群众的生活水平，对60年代初精简退职老职工的救济又制定了地方性规定，扩大了救济范围，放宽了救济条件，提高了救济标准，进一步改善了精简退职老职工的生活。

3. 积极开展群众互助工作。各地民政部门，特别是大中城市积极地倡导、发动和组织群众义务为社会孤老送粮、送煤、送菜，帮助孤老洗衣被、做饭、打扫卫生，丰富孤老的精神生活。互助的形式多种多样，有的由居民小组长、里弄积极分子、退休工人等组成“包户组”，照顾孤老的生活；有的由青少年学生组成学雷锋小组或“五讲四美”小组，为孤老服务；有的由孤老居住地各部门按工作范围分工为社会孤老服务，粮店为孤老送粮、副食商店为孤老送副食品。北京市崇文区民政局采取六种形式对社会孤老实行综合包户：一是义务领养。帮助孤寡老人和亲友或邻居组成新的家庭，一起生活，颐养天年。二是义务代养。老人住在自己家，由邻居负责衣食住行。三是单位包养。由某个单位负责定期派人照料其生活。四是遗赠扶养。签订扶养协议，通过法律公证，扶养者具有遗产继承权。五是包户扶养。由老人居住社区内的服务行业、居委会群众为老人提供综合服务。六是集中收养。老人住进国家或集体兴办的敬老院内安度晚年。群众互助活动的开展，使社会孤老的生活有了照料，能幸福愉快地安度晚年，同时也发扬了敬老爱幼的传统美德。

三、农村贫困户救济

农村贫困户救济是指对生活在农村因老弱病残丧失或缺少劳动能力，或因天灾人祸造成生活困难，不能完全保障基本生活的农民、牧民、渔民、盐民等群众，由国家和社会给予款物救助，以保障他们的基本生活。

由于旧中国的农民长期遭受官僚资产阶级与地主阶级的双重剥削和统治压迫，加之战火连绵，天灾人祸频繁，造成许多农民饥寒交迫，四处流浪乞讨，甚至被冻饿身亡。正像毛泽东主席在《中国社会各阶级的分析》一文中所描述的那样：“所谓另一部分贫农，则既无充足的农具，又无资金，肥料不足，土地欠收，送租之外，所得无几，更需要出卖一部分劳动力。荒时暴月，向亲友乞哀告怜，借得几斗几升，敷衍3日5日，债务丛集，如牛负重，他们是农民中极艰苦者……”维护剥削阶级利益的旧中国统治阶级，根本谈不上关心群众疾苦，更无贫困农民救济制度，在广大农村贫困农民比比皆是，形成了严重的社会问题。新中国成立以后，共产党和政府把贫困农民作为依靠对象，从政治上、经济上、生活上全面关心照顾他们，大力做好社会救济工作。新中国成立40年的农村贫困户救济大体经历了4个阶段。

（一）解放初期对贫困农民的全面救济。全国解放初期，贫困农民分到了房屋和土地，多数逐步解决了温饱问题，生活得到了全面改善。但部分贫困农民由于家底较薄，加之遭受自然灾害，致使部分农民仍处于贫困状态。据1949年年底统计，因天灾人祸造成生活困难的农民群众近4000万人，其中无粮吃的达800万人。为了帮助贫困农民渡过难关，各级政府采取了多项措施。一是组织群众互助互济，开展捐献“一把米”“一把菜”“一件衣”“一元钱”的活动。1949年仅中央各机关就捐献粮食20余万公斤，款33万元，衣物7.7万件。二是减免农业税收，规定对烈属、军属和贫困农民予以减免公粮。仅河南省1949年就减免公粮460万公斤。三是发放救济粮款，全面救济贫困农民。从1950年到1954年的五年间，国家共发放农村救灾救济款近10亿元。1950年全国发救济寒衣688万套。除对农牧民进行救济外，1954年还由内务部和轻工业部、内务部和农业部，分别发出了《关于加强沿海盐民生产救济的通知》和《关于加强渔民救济的通知》，推动了对盐民、渔民的救济。这一时期社会救济工作的开展，对巩固革命胜利成果，扩大党和政府的影响，安定人民生活和社会秩序，促进国民经济的恢复都起到了一定作用。

（二）农业集体化时期救济与补助相结合。农业集体化的兴起和发展，为解决贫困户的生活困难开辟了新的途径。由于农业生产合作社实行土地统一经营，劳动力统一合理调配，为贫困户从事生产、改善生活创造了良好条件。贫困户参加集体经济组织，可以参加力所能及的农副业生产，绝大多数人口粮和基本生活有了保障，少数生活仍有困难的，集体也可用公益金给予适当补助。为此，在农业合作化初期，为了支持贫困户入社，江西、安徽、江苏、浙江等地的民政部门曾拿出部分社会救济款，作为贫困户入社的股金，支持贫困户入社，起到了积极作用。

1956年，毛泽东主席在《中国农村社会主义高潮》一书的按语中指出："一切合作社有责任帮助鳏寡孤独缺乏劳动能力的社员（吸收他们入社）和虽然有劳动能力但生活十分困难的社员，解决他们的困难。"农村人民公社化时期国家曾多次规定，对生活发生困难的社员，经社员群众讨论和同意给予补助。享受补助的贫困户主要是全年收入不能维持基本生活的户，包括家庭人口多而劳力少弱的户，家庭主要劳力长期病残户，因天灾人祸遭不幸事故生活造成困难的户等。补助方法主要有：年初评定补助工分，记入劳动手册，年终分配兑现；根据年终分配收入情况，补助工分或粮食；从公益金中提取补助款，补助贫困户等。同时对那些集体经济比较薄弱，集体无力全部补助的贫困户，由国家给予适当救济。据统计，从1955年至1978年的19年间，国家用于救济农村贫困户的款达22亿元，使绝大多数农村贫困户的生活得到了保障。

在此期间，农村社会救济工作也曾出现过波折。1958年"大跃进"时期，由于极左思潮的影响，农村刮起了"共产风"，错误地认为中国农村已消灭贫困，不需要进行社会救济了，曾一度停发了社会救济款，取消了社会救济工作。当时在一些农村大办集体食堂，吃饭不要钱、不记账，实行所谓"按需分配"，否定"按劳分配"的原则。这些做法虽维持不久，但却损害了广大农民群众的利益，挫伤了农民的生产积极性，加之自然灾害较重，造成农业连年减产，全国出现了严重的经济困难，农村贫困户大量增加，农民生活十分困难。国家对农民的生活困难极为关心，除在政策上提出"调整、巩固、充实、提高"的方针外，在国家经济极端困难的情况下，拨出大量救济款物救济贫困农民。从1960年到1963年的4年间，国家共发放农村社会救济款4.8亿元，超过了1950年到1959年10年发放救济款的总和，帮助许多农民群众度过了三年困难时期。

为了总结从“大跃进”到三年困难时期社会救济工作的深刻教训，切实做好农村社会救济工作，内务部在1963年3月召开的全国民政和人事厅局长会议上，讨论和通过了《认真贯彻执行农村人民公社工作条例，进一步做好农村社会救济工作》的文件。这个文件强调要教育基层干部和农民群众正确认识做好贫困户补助工作的意义；要求社队从总收入中提取一定数量的公益金，保证贫困户补助的需要；强调在分配口粮上，对贫困户给予照顾，保证他们的基本生活。同时重申了社会救济款专款专用和重点使用的原则，主要用于救济收入很少的穷社穷队的贫困户，不能平均发放；要求各级民政部门积极配合社队做好贫困户的补助工作，把做好社会救济工作作为主要业务之一，经常深入基层调查研究、总结交流经验，真正做好农村贫困户的补助与救济工作。这次会议以后，各地采取有效措施，很快使社会救济工作走上了健康发展的轨道，贫困农民不断减少、社会秩序趋于稳定。

1966年开始的十年“文化大革命”，又严重地破坏了社会救济工作。当时把帮助贫困户发展副业生产当作资本主义“尾巴”割掉，把用公益金补助贫困户当作“剥削”进行批判，许多地方停发了救济款，使对贫困户进行补助、救济的工作处于瘫痪状态。

（三）实行农业生产责任制时期救济与扶贫相结合。中共十一届三中全会以后，农村进行了经济体制改革，实行了家庭联产承包责任制，极大地调动了农民的积极性，促使许多农民群众逐步摆脱了贫困，减少了救济工作的开支。实行家庭联产承包责任制以后，集体经济实力相对减弱，集体已无力再对贫困户进行补助。但是，由于党在农村放宽了各项经济政策，允许农民从事农工商副业多种经营，为发展生产开拓了新的途径。针对这种情况，各级民政部门对有一定劳动力量和生产条件的贫困户，积极从资金、物资、技术等方面扶持他们发展多种经营，增加收入，脱贫致富，从1979年到1989年的11年间，全国农村有2000余万贫困户通过扶贫先后摆脱贫困。与此同时，对全家老弱病残，缺少劳动能力、技术，不具备扶贫条件的特殊贫困户，由民政部门给予定期定量救济或临时性救济。从1979年到1989年的11年间，国家用于农村贫困户生活救济款达24亿元，累计救济4亿多人次，保证了贫困群众的基本生活。

（四）定期定量救济。为了改革农村社会救济工作，消除救济工作中的弊端，切实保障救济对象的生活，江西省民政厅从60年代初开始对贫困户试行定期定量救济，取得了较好的效果。江西的经验逐步在全国各地推广，推动了救济工作的改革和发展。中共十一届三中全会以后，民政部又先后推广了北京市门头沟区、青海省海东等地对五保户和特困户实行定期定量救济的经验，使这项工作又有新的发展。据1989年年底统计，全国有57万贫困和五保对象享受国家给予的定期定量救济，全年发放定救款4654万元。

实践证明，对贫困户和五保户实行定期定量救济有多方面的好处。首先，能全面保障救济对象的生活。定期定量救济把国家、集体和个人三者力量有机地结合起来，在集体保障五保户、特困户主要生活的前提下，国家再给予一定的经常性救济，帮助他们解决购买副食品和零用钱等问题，既全面保障了他们的生活，又增强了他们生活的信心，防止产生悲观失望情绪，有效地预防各种不良问题的发生。其次，有效地克服了利用救济款营私舞弊的问题，防止了有些人利用临时救济款贪污挪用、优亲厚友等现象。实行定期定量救济，做到了发放救济款定人、定量、定时，凭证发放，从而减少了漏洞，使问题得到了较好解决。再次，可以保证专款专用。定期定量救济把救济款变成了“人头费”，有效地防止了救济款被挤占、挪用和削减，并促使救济款按计划逐年增加。最后，可减轻民政部门和基层干部的工作量。实行定期定量救济，一些确实需要救济的户得到了经常性救济，上访要救济的人少了，评议审批救济款的次数也少了。而少数不该救济的“上访油子”，也失去了浑水捞鱼的条件，从而大大减轻了民政部门和基层干部的工作量。

四、城乡特殊对象救济

城乡特殊对象的救济，是根据中共中央、国务院及有关部门文件规定，对特定的人员进行救济或补助，保障其生活的一项措施，是社会救济的组成部分。这项工作，是新中国成立之后开展起来的。特殊救济对象主要有：原国民党起义、投诚人员；宽大释放的原国民党县、团以上和以下的党政军特人员；生活困难的摘掉右派帽子人员；受迫害和错划成分人员；台胞台属；生活困难的散居归国华侨、老侨、侨生；下乡知识青年因工致残人员；生活无着、丧失劳动能力的大学毕业生等二十几种。

（一）对原国民党起义、投诚人员的救济。全国解放初期，民政部门根据党和政府的有关规定，积极配合有关部门做好国民党起义、投诚人员的安置工作，资遣了一部分起义、投诚人员返回农村，安居乐业，救济了一批安置在城市生活困难的起义、投诚人员，贯彻落实了国家对起义、投诚人员“爱国一家，既往不咎，一视同仁，量才录用，妥善安置”的政策，收到了良好的社会效果。但是，在林彪、江青反革命集团横行时期，中国共产党对起义、投诚人员的政策遭到严重的破坏，一些起义、投诚人员被加以“假起义、真潜伏”等罪名，制造了许多冤、假、错案。其中不少人被判刑、关押或开除公职，家属子女也受到株连。这些问题造成了极其严重的后果，损害了党的威信，使台湾和海外的国民党军政人员对中国共产党的政策产生了疑虑。粉碎江青反革命集团后，民政部、公安部、总政治部、中央统战部、中央调查部、最高人民法院联名向党中央报送了《关于落实对国民党起义、投诚人员政策的请示报告》，中共中央于1979年批转了这一报告。此后，民政部门积极参与落实国民党起义、投诚人员政策的工作。对起义、投诚后按当时有关规定资遣回家的，年老体弱丧失劳动能力而又无人赡养的，根据不同情况分别给予社会救济、五保供养，送敬老院供养或由所在乡村予以扶持、补助。对曾被判刑原无公职的起义、投诚人员，现实生活确实困难的每月发给生活费。对起义、投诚人员被错杀和被错判而在服刑期间死亡的，复查纠正后，其遗属生活确实困难的，也给予了适当的补助或救济。各地还根据当地的财力和人民群众的生活水平，不断调整提高国民党起义、投诚人员的救济标准。这些工作，对台湾回归祖国，完成祖国统一大业，将起到积极的作用。

（二）对散居归侨、老侨、侨生的救济。民政部门始终积极地贯彻执行党和政府的各项侨务政策，配合侨务工作部门做好归国华侨的安置工作，对生活有困难的归国华侨给予社会救济。全国解放初期，有一大批华侨回国参加社会主义建设，其中有一部分人生活困难，无安家能力。各地民政部门对无家无亲可投的老弱残疾归侨，及时给予了社会救济。一些未设侨务工作部门的省、自治区、直辖市和县级单位，当地民政部门不仅承担社会救济工作，还承担了归国难侨的接待和安置工作。50 年代末，国外掀起了一股反华、排华的风潮，引起了归侨、侨眷和归国华侨学生的生活困难。根据国务院的指示精神，内务部、教育部、华侨事务委员会、人民银行总行联合发了《关于对因国外排华而引起生活困难的归侨、侨眷和侨生给予低利小额贷款的几点意见》。各地民政部门积极贯彻落实这个文件精神，对归侨、侨眷和华侨学生贷款逾期尚未归还者，如争取恢复侨汇已困难，或断汇达 6 个月以上，生活有困难的，从社会救济费内给予补助，保障其基本生活。对确实无法偿还贷款者，在设有侨务部门的地方，民政部门从社会救济费中支出经费垫还人民银行。1962 年，内务部针对散居在城乡的归国华侨享受当地社会救济后生活上仍有一定困难的实际情况，发出了《关于适当提高散居在城市和农村的归国华侨的救济标准的通知》。各地民政部门根据通知的规定，本着适当照顾、略高于社会困难户的精神，从当地的实际情况出发，调整了散居归侨的救济标准。根据外交部、财政部发的《关于对原在国外侨团、侨校、侨报长期工作的老归侨生活补助问题的规定》，从 1957 年起，民政部门又对在侨居国反华、排华时由中国驻外使馆安排回国长期未作安置的老归侨；归国前在国外爱国侨团、侨校、侨报担任专职连续十年左右，拥护社会主义制度，执行中国侨务政策的，给予了定期救济，发给每人每月25元到30元。但是，在“文化大革命”时期，国家的侨务政策遭到了严重的破坏，不少归侨受到迫害，归侨的社会救济工作也受到干扰。粉碎江青反革命集团后，特别是中共十一届三中全会以后，民政部门积极配合侨务工作部门，落实侨务政策，平反冤、假、错案，认真做好善后工作。对平反后已经丧失劳动能力、无家可归、无亲可投的，给予社会救济，保障他们的生活。随着国家经济形势的好转，人民生活水平的提高，还不同程度地调整提高了归侨的救济标准。民政部门积极认真地开展的救济生活困难归侨的工作，在国内外产生了良好的政治影响，对调动国内外华侨建设社会主义现代化的积极性，发展华侨爱国统一战线，起到了积极的作用。

（三）对台胞台属的救济。归国的台胞台属有光荣的爱国主义传统，长期以来为中华民族的生存、发展、繁荣和统一做出了贡献。但是，在“文化大革命”期间，林彪、江青反革命集团在台湾同胞中制造了许多冤、假、错案，不少人身心受到严重摧残，生活困难得不到关心照顾。中共十一届三中全会以后，民政部门积极落实台胞台属的政策。对台湾同胞中的鳏寡孤独、老幼病残、丧失劳动能力生活无依无靠的，给予了高于一般社会困难户的救济。对在“文化大革命”中因在台湾有亲属关系而被迫害致残，原无公职、丧失劳动能力，生活无来源的，给予救济。对去台人员亲属中属于1961年1月1日至1965年6月9日期间精简退职的1957年年底前参加工作的老职工，凡符合（65）国内字224号文件规定的，给予享受本人原标准工资40%的救济；对不符合、享受40%救济待遇而生活确实困难的，给予社会救济。对丧失劳动能力、无子女赡养、生活困难的台胞台属，属城镇居民的给予社会救济，在农村的给予五保供养。从而使台胞台属的生活困难问题得到了较好的解决，有利实现“一国两制”，统一祖国的事业。

（四）对受迫害人员的救济。在“文化大革命”时期，公检法机构被砸烂，大批有经验的政法干部被赶走，审批程序制度被废除，大搞逼供信。因此，判处的案件中，属冤、假、错案的占相当大的比重，尤其是这一时期判处的反革命案件问题更多，使许多无辜的人受到迫害。粉碎江青反革命集团后，各地民政部门，积极协助法院、公安等部门做好案件复查平反善后工作，对已经丧失劳动能力，无家可归，无亲可投的，给予社会救济，保障他们的基本生活，使广大人民群众感到共产党又恢复了实事求是和为人民服务的优良传统。

（五）对右派摘帽后生活困难的救济。1978 年党中央作出了全部摘掉右派分子帽子的决定。为了贯彻落实党中央的指示，中央组织部、中央宣传部、中央统战部、民政部、公安部共同制定了《贯彻中央关于全部摘掉右派分子帽子决定的实施方案》，民政部门承担了救济工作。这一实施方案经中共中央批转后，各地民政部门就积极开展工作，对摘掉右派分子帽子中的年老体弱、丧失劳动能力无生活来源者，给予社会救济，使他们能维持当地一般居民或村民的生活水平，以利于促进安定团结。调动一切积极因素，化消极因素为积极因素，实现新时期的总目标和总任务。

（六）对宽释人员的救济。1982 年中共中央、国务院批转了公安部制定的《关于释放和安置原国民党县团以下党政军特人员的方案》。民政部门积极地贯彻执行这一《方案》，对宽释人员中丧失劳动能力、家庭赡养有困难的，给予了社会救济，并逐人确定救济金额。在确定救济标准时，与公安、财政部门协商，原则上大城市高于中小城市，城镇高于农村，消费水平较高的地区高于消费水平较低的地区。做到了确保他们的基本生活，使他们安度晚年。此外，民政部门还承担了代原劳改就业单位定期向回家养起来的老弱病残宽释人员发放生活费的任务。这样做充分体现了社会主义制度的优越性和社会主义的人道主义精神，在国内外产生了良好的政治影响。很多得到救济的宽释人员激动得热泪盈眶，有的表示要为祖国的四化建设和统一大业，添一分热，增一分光。

（七）对下乡知青因工致残人员的救济。知识青年上山下乡是在一定的历史条件下产生和发展起来的。有一些知青在生产劳动的过程中因伤因病致残，返回城市后在生活和治病上部有一定的困难。各地民政部门根据

《国务院关于知识青年上山下乡若干问题的试行规定》的要求，从1978年12月起，对患有严重疾病返回城市的下乡知识青年，家长无工作的，其治病的医疗费用，给予社会救济。对因公负伤的下乡知识青年，因公致残不能从事农业劳动的，返回城市后，民政部门和街道、乡、镇为他们安排了力所能及的工作；完全丧失劳动能力的，经县以上人民政府批准，民政部门按照职工全残后的最低标准，每人每月发给35元生活费；生活不能自理需要人扶持的，另发护理费，只要在指定的医疗单位治疗，医疗费实报实销。这些工作对巩固安定团结的政治局面，调动人民群众的积极性，起了一定的作用。

（八）对麻风患者的救济。全国解放初期，全国有麻风患者50余万，主要分布在长江以南和沿海地区。党和政府对防治麻风病工作很重视，为使有关部门协同做好这一工作，中央人民政府政务院于1954年2月13日在《关于民政部门与有关部门的业务范围划分问题的通知》中规定："麻风病院已由卫生部门领导管理，革命残废军人和等待复员转业军人中之麻风病患者，由卫生部门负责接收治疗。已建立之麻风村，由卫生部门领导者仍归卫生部门管理，由民政部门领导者，其医药治疗及对收容患者的鉴别等，由卫生部门协助办理；麻风患者生活困难的救济问题，由民政部门负责解决；行政领导管理，由各地负责。"民政部门根据政务院的分工，积极配合卫生部门做好麻风村的管理和麻风患者的救济工作。根据1963年统计，全国有麻风村664个，共收治9.8万人。其中民政部门领导的麻风村332个，收治4万余人。各级民政部门积极配合卫生部门做好麻风患者的治疗和救济工作，取得了一定效果，到1963年年底，已有3.2万人被治愈出院（村）。

为了进一步加强对麻风患者的管理和治疗，1975年3月31日国务院和中央军委又批转了卫生、公安、财政、农林、商业、总后等有关部门《关于加强麻风病防治和麻风患者管理工作的报告》，进一步明确："卫生部门负责对麻风病的调查、防治和科学研究工作；农业部门负责帮助指导麻风村农副业生产；公安部门负责处理社会上对麻风患者残害和麻风患者的违法犯罪行为；民政部门负责麻风村患者的生活救济；商业、粮食部门负责麻风患者口粮、食油不足部分的供应补助，以及患者和工作人员的副食品、防护物资和其他生活物资的供应。”此后，国务院又多次强调按这个文件的要求办理。为此，民政部门逐渐将原领导的麻风村转交给卫生部门或当地政府管理，民政部门重点做好麻风患者的生活救济工作。由于各部门积极配合，中国在麻风病治疗上取得显著成绩。到 1989 年年底，全国累计治愈麻风患者45 万多，麻风患者仅剩5 万多人。由民政部门给予定期定量救济的 2. 63 万人，年支出救济费 871 万元，人均每年补助生活费 308 元。

（九）对其他人员的特殊救济。根据中共中央和国务院文件的规定，民政部门的特殊救济工作包括：对释放的无亲可投的托派头子，发给生活费，并报销医疗费；对因社教运动和“文化大革命”时期错定成分造成生活困难的，也给予了适当的社会救济；对在“文化大革命”期间被迫解散文艺剧团中的丧失劳动能力、生活无着，流离失所的人，给予社会救济；对生活困难、无经济来源的刑事罪犯家属，以及劳动教养人员解教后，原来没有工作，生活确实困难的给予社会救济；对生活确有困难的外侨，经有关部门同意后，给予社会救济，其中无依无靠的年老外侨本人愿意可进养老院；对生活困难的外逃回归人员，经主管部门审查，并开具证明需要救济的，也酌情给予社会救济；对生活无着、丧失劳动能力的大学毕业生，一年后仍未病愈，无直系亲属投靠，是城镇入学的，民政部门给予救济，是农村入学的，原乡村给予生活补助，有困难的，也酌情给予社会救济；对于“文化大革命”中造成冤假错案，给予平反后，回原籍生活有困难的人，酌情给予救济。

五、革命老根据地救济和扶助

革命老根据地，包括第二次国内革命战争根据地和抗日战争根据地。

革命老根据地人民，在战争年代为革命做出了重大的牺牲和贡献，应该给予多方面的特殊的帮助和救济。由于绝大多数革命老区地处边远地区或山区，土地贫瘠，资源贫乏，交通不便，自然条件较差，经济发展缓慢，多数群众的生活长期贫困，需要党和政府给予多方面的扶持和帮助。解放以后，中共中央、国务院，以及各地方党和政府，对革命老区人民非常关心，多次组织慰问调查，针对各地不同的经济状况，给予多方面的扶助与救济，使革命老区经济不断发展壮大，人民的生活不断改善提高，逐步走上共同富裕的道路。

（一）新中国成立初期大规模的访问调查。中央为了全面掌握老区情况，采取有效措施帮助老区人民发展生产，改善生活，表达中央和全国人民对老区人民的关怀，于 1951 年派出了大规模的访问调查团，分赴各个革命老区慰问老区人民，调查生产生活等情况。南方访问团共 8413 人，分 9 个分团，39 个小分队，分赴第二次国内革命战争时期的中央苏区、鄂豫皖区、湘鄂西区、右江区等 209 个县进行调查和慰问。北方访问团共 3809 人，分赴陕甘宁、晋察冀鲁豫边区等 196 个县进行慰问和调查。这次大规模的调查访问，全面了解了老区情况，极大地鼓舞了老区人民，广大干部群众普遍反映：共产党战争年代依靠我们，胜利以后没有忘记我们。

为了加强对革命老区工作的领导，中央于 1952 年年初成立了全国革命老根据地建设委员会。与此同时，政务院发布了《关于加强老根据地工作的指示》，要求各地从政治上、经济建设上、群众生产生活上，十分重视加强老根据地工作。同时中央并拨给革命老区建设和生活救济费 625 万元。各省、自治区、市、县，也将革命老区工作列为工作重点之一，并成立了地方老根据地建设委员会，使革命老区建设和救济等项工作走上了健康发展的轨道。

根据解决群众当前生活困难与长期建设相结合的原则，各地对革命老区给予大力扶持和帮助，除中央拨给贷款、救济款外，各地方财政也挤出粮款物资给予特别照顾。华北地区 1952 年中央拨给贷款 550 万元，救济款

197万元，地方财政抽582万元用于老根据地建设和改善人民生活。根据老区大多数地处山区的特点，在建设上重点抓了兴修水利、植树造林、发展畜牧业、修整梯田。同时，注意了交通运输、物资流通、文教卫生等方面的发展。在生活上对烈军属、伤残军人、民兵、贫困户进行了大量的救济和补助，使老根据地得到了恢复和发展，人民生活有了改善和提高。

（二）革命老根据地工作的发展。为了推动老区工作的深入发展，1953年内务部对两年的革命老根据地工作进行了全面总结。据各地统计，全国革命老根据地分布在23个省、区的782个县内，人口约1.073亿。其中，第二次国内革命战争的老苏区分布在14个省、区的326个县内，约2940万人。两年的老根据地恢复和发展大致可分为三类：第一类是恢复发展较快的地区，约占老根据地面积的50%，群众生活基本上达到了一般地区的水平；第二类是恢复发展较慢的地区，约占30%至40%，群众的生产与生活虽然已接近战前水平，但尚未达到一般地区水平；第三类是恢复和发展较差的地区，约占10%至20%，这类地区，主要是处于贫瘠山区、老灾区，遭受了敌人的严重破坏和自然灾害，群众在生产生活上存在着严重的困难。两年的老根据地工作取得成绩主要表现在：

1. 恢复和发展农业、林业、畜牧业方面，各地通过政府的扶持，解决了群众迫切需要解决的耕畜和农具困难，同时大力兴修农田水利，扩大灌溉面积，因而大部分地区群众农业生产上的困难，得到了初步的解决，并注意了植树造林、封山育林等工作，保持水土，改良了环境。由于农田水利的修整，生产工具的解决，以及互助合作运动的广泛开展，使老根据地的生产得到了迅速的发展。

2. 在开展物资交流和副业生产方面，为了活跃老根据地的经济，各地修建了公路和车马路。各级贸易部门在老区普遍建立门市部、基层供销社。并有重点地实行贸易补贴政策，如高价收购农副产品，低价供应日用品等。不但改善了老区人民的生活，而且有力地促进了农副业生产的发展。

3. 在文教卫生事业方面，各地除在老根据地增设卫生机构，加派医务人员外，还大力组织巡回医疗队，深入老根据地工作，使疫病流行现象大为减少，减轻了人民的痛苦，增强了人民的体质。在教育上，积极兴办学校，初步满足了老区人民对文化的要求。

4. 在人民物质生活方面，随着生产的恢复与发展以及政府的大力扶持，群众生活也有改善。两年内，中央拨给老根据地的救济款共 2000 万元，各地还自筹了大批款物，不但支持了老区人民添置了大批耕畜、农具等，也解决了生活资料的困难。同时，各地对老区实行农业税减免，仅福建省两年来就减免老区公粮 7108 万斤。

但是，尚有部分地区，主要是恢复最差的地区人民生产和生活还存在着严重的困难，其中最为突出的是，缺乏耕畜和农具，房子残缺，口粮不足、疫病严重。在某些地区贸易、交通、文教等方面也不能满足老区人民的要求，老区的恢复与发展还不平衡。

针对这些情况，内务部要求各地加强领导，认真贯彻政务院关于加强老根据地工作的指示，制定不同地区的工作计划，把工作重点放到恢复最差的地区；继续贯彻解决群众当前困难与长期建设相结合的方针，因地制宜，发好用好老根据地特别救济款；解决群众对医疗卫生与文化教育的要求；加强优抚工作，密切老区人民与政府的联系；妥善解决过去的遗留问题。

（三）进一步加强老根据地工作。为了进一步加强革命老根据地工作，1956 年内务部组织了原来在革命老根据地工作的 13 位老同志，回到老区访问。同时，又派出一些工作组深入老区进行调查。江西、福建、广东、四川等辖有老根据地的省、区也派视察团深入老区访问，仅江西一省参加这次访问的就有 1000 余人。这是继 1951 年中央组织南北方老根据地访问团后，又一次大规模的访问调查。通过访问调查，使各级领导更清楚地了解了老根据地的情况。针对这次调查访问情况，在 1957 年召开的山区工作座谈会上，内务部袁任远副部长对进一步加强老根据地建设做了部署：第一，党政各级领导，必须自始至终地重视这一工作，不因部分地区的恢复而放松对这一工作的领导；第二，必须从发展生产着手，根据山区的特点，发展多种经济，使革命根据地从贫困走向富裕；第三，必须有全面的规划，有步骤地进行工作；第四，必须派大批干部到革命老根据地去工作，亲自动手，参加生产实践，给群众做出榜样；第五，必须运用革命老根据地群众政治条件优越的特点来发挥建设革命老根据地的积极性；第六，必须坚持勤俭节约方针，注重发动群众，防止浪费现象的发生。袁任远副部长还要求民政部门在职责范围内，配合有关部门进一步做好革命老根据地的恢复建设工作，认真解决革命老根据地人民当前的生活困难，救济面可以比一般地区适当放宽；做好革命根据地的优抚工作和追恤工作；加强对革命老根据地人民的政治思想教育工作。

（四）老根据地工作全面发展的新时期。中共十一届三中全会以后，中共和人民政府更加关心老区建设和老区人民的生活，采取多方面的措施帮助老根据地全面发展经济、文化建设，改善群众生活。在 1978 年召开的第七次全国民政会议上，程子华部长要求把社会救济工作的重点放在革命老根据地和贫困山区，强调要重视做好老根据地工作。为了解新时期革命老根据地全面情况，民政部要求各地全面调查老区情况。根据各地反映的情况和要求，国务院批准了关于划定革命老根据地的标准：第二次国内革命战争根据地的标准是，曾经有党的组织、有革命武装，发动了群众，进行了打土豪、分田地、分粮食、牲畜等运动，主要是建立了工农政权并进行了武装斗争，坚持半年以上时间的；抗日根据地的标准是，曾经有党的组织，有革命武装，发动了群众，进行了减租减息运动，主要是建立抗日民主政权并进行了武装斗争，坚持一年以上时间的。根据这个划分标准统计，全国革命老根据地分布 20 个省、自治区和直辖市的 869 个县、市、区，人口计 1. 23 多亿。其中第二次国内革命战争时期老根据地分布在 338 个县，人口 2975 万。

为了减轻革命老根据地的负担，民政部和财政部协商，经国务院批准，规定了对经济仍然很困难的革命老根据地的社队免征工商所得税的政策。为了支持革命老区发展生产，改善人民群众的生活，中央财政从1981年开始，每年拨5亿元专款（1988年后增至8亿元），帮助老、少、边、穷地区脱贫致富。同时，扶贫和社会救济工作也把老区作为重点，给予照顾。通过40年各方面的共同努力，革命老根据地生产迅速发展，人民群众的生活明显改善，一大批贫困户逐步走上了富裕之路。陕北老区群众，1978年人均纯收入只有47元，到1988年人均收入增长到265元，增长4倍多，已有180万人解决温饱问题，88万人彻底摆脱贫困，走向致富之路。

第二节　五保户供养

一、中华民族扶助鳏寡孤独残疾人的优良传统

中国是伟大的文明古国，中华民族素有敬老养老、扶助鳏寡孤独残疾人的优良传统。尤其是新中国成立以后，优越的社会主义制度，使这一传统得到了充分地发扬和光大。

（一）历代照顾鳏寡孤独残疾人简况。追溯历史，西周大司徒的职掌中，就明确提出了养老的政策和措施。到了春秋末年，古代的政治家孔子把“贵老、敬老、慈幼”提到安邦定国的高度来认识。并且提出“老有所终，壮有所用，幼有所长，鳏、寡、孤、独、废疾者皆有所养”的大同理论。此后，孟子也提出“老吾老，以及人之老；幼吾幼，以及人之幼”和“老而无妻者，有所持养以终其寿；幼弱孤童之无父母者，有所放依以长其身”的伦理道德观念。西汉时期的《王杖诏令》中规定，对鳏寡孤独残疾人给予照顾。唐朝则规定无子女的孤老由社会收养。近代史上太平天国在《天朝田亩制度》中也规定：“鳏寡孤独废疾”“皆颁国库以养”。千百年来，广大劳动人民在长期的劳动和生活中，形成了敬老爱幼、怜恤和扶助鳏寡孤独残疾人的优良社会风尚。

历代的统治阶级，尽管有过许多关于尊老爱幼、怜恤孤寡病残的规定，但绝大多数是为统治阶级中的达官显贵服务的。至于对广大的劳动人

民寥寥可数的规定，则是为了维护统治阶级利益服务，而不可能全面实现的。因此，中华民族长达几千年的历史上，尽管经历了许多鼎盛时期，也未能真正实现鳏寡孤独残疾人皆有所养。千百年来，许多无依无靠的鳏寡孤独残疾人，过着比一般人更为凄惨的生活。新中国成立以前，每年有数十万无依无靠的鳏寡孤独残疾人流落街头乞讨。仅新疆莎车县城一地，就常有1000多名鳏寡孤独残疾人靠流浪乞讨度日。

（二）革命战争年代中国共产党对鳏寡孤独残疾人的关怀。中国共产党和红色政权的诞生，给劳动人民包括鳏寡孤独残疾人带来了希望和新生。许多老解放区，在土地改革、减租减息、互助组等方面，对无依无靠的鳏寡孤独和残疾人都给予特别的照顾。1948年解放区中央局颁布减租减息纲领时规定："鳏寡孤独等，因缺乏劳动力而出租少量土地（不超过当地中农占有土地的平均数），可由政府及农会协议酌情少减或不减。"解放区的人民政权，在经济极端困难的情况下，还多方救济鳏寡孤独和残疾人。

在极其艰苦，极其紧张的战争环境里，党政军及其领导人，对鳏寡孤独残疾人也是十分关心的。毛泽东主席在延安时期，曾特意邀请了枣园村包括有孤寡老人在内的24位老年农民，设宴为他们贺寿，并向他们赠送了贺寿礼品。席间，毛主席亲自给老人们每人都敬三杯美酒，祝贺老人们"延年益寿，老当益壮"。当老人们端起一碗碗长长的寿面时，毛主席又高兴地说："祝贺各位长寿，像寿面这样长久地健康地生活下去！"饭后，毛主席又陪着老人们看了电影《列宁在十月》。在这幸福的夜晚，老人们不止一次地流着幸福的泪水说："毛主席呀，毛主席！咱们祖宗三代都没有做过什么寿，今天你亲自给我们做寿，你对咱们这些老人可太仔细了，把咱们大大小小的事都想到了，你真是咱们的知心人啊！"

抗日战争时期，流传着周恩来和邓颖超关心照顾孤儿的故事。那时，共产党在上海收容失去父母和家庭的流浪孤儿，成立了一个儿童抗日救亡团体——"孩子剧团"。1938年年初春，"孩子剧团"在共产党的安排下，沿着苏北平原，经过河南、湖北，长途跋涉，辗转来到后方武汉。当时，周恩来是中国共产党和八路军驻武汉代表。他听说“孩子剧团”来了，马上委托邓颖超去看望这些流浪孤儿，还送去了办事处同志们凑起来的钱，并专门为孩子们举行了联欢会，这些流浪孤儿感到无限的幸福和温暖。

1938年，新四军军长叶挺在安徽省徽州的岩寺镇，得知孤寡老人汪五婆犯了肺气肿病，就带着军医去为她治病。后来，在百忙中又多次挤出时间去看望她，还派人给她送去一篮子鸡蛋，汪五婆很快恢复了健康。叶军长对孤寡老人无微不至的关怀，使汪五婆终生难忘。后来，她常对人们说：“共产党的官对咱们孤寡老人太关心啦!”

（三）新中国成立初期对鳏寡孤独残疾人的照顾。新中国成立后，党和政府对无依无靠的鳏寡孤独残疾人十分关心，从多方面给予特殊照顾。1954年中国颁布的第一部宪法明确规定：“中华人民共和国劳动者在年老、疾病或者丧失劳动能力的时候，有获得物质帮助的权利”，从而使对鳏寡孤独残疾人的帮助照顾实现了有法可依。在这以前的土地改革时期，许多地方对鳏寡孤独残疾人分给近地、好地，有的还适当多分土地。各地积极组织互助组，对鳏寡孤独残疾人进行帮耕帮种帮收，并减免或缓交用工报酬。对那些生活仍有困难的鳏寡孤独残疾人，国家还给予包干定量救济或临时救济。1953年中央人民政府内务部制定的《农村灾荒救济粮款发放使用办法》，把无劳动能力，无依无靠的孤老残幼，定为一等救济户，并规定：“一等救济户，按缺粮日期长短全部救济。以大米、小麦、小米为主食的地区，每人每日按10两计算。以玉米、高粱为主食的地区，每人每日按12两计算。”据统计，从1950年到1956年期间，用于农村的救济款达2.31多亿元，对保障孤老残幼的生活起到了一定的作用。

与此同时，内务部还在1951年向全国推广了河南省唐河县自愿联合，安置孤老残幼的办法。唐河县安置孤老残幼，本着双方自愿、先近后远、先亲后邻的原则，被安置者将房屋、土地和财产带到安置者家中，统一经营和管理使用。被安置者的生养死葬，由安置者全部负责，其死后的遗产由安置者继承。为了保证这个办法的落实，还采取了“三保证”“三契约”的措施。“三保证”即安置者要保证安排好被安置者的生活，不得虐待他们；被安置者保证将全部遗产交给安置者继承，并从事一些力所能及的劳动；乡政府保证双方履行协议。“三契约”即三联契约，分别给安置者、被安置者和乡镇人民政府各一份。内务部在转发唐河县自愿联合安置孤老残幼的经验时，特别强调要加强说服教育工作，必须建立在群众自觉自愿的基础上，不能机械地搬用这一经验，尤其不能强迫命令。唐河县的经验在全国推广以后，许多地区采取这个办法较好地安排了孤老残幼的生活。据不完全统计，到1953年采取自愿联合的办法安置50多万孤老残幼。仅唐河县3500多名孤老残幼中，就有1500人得到了较好安置。自愿联合的安置办法，既能减轻国家和政府的负担，又能稳定地保障孤老残幼的生活，受到了广大干部群众的好评。

二、五保制度的形成和演变

（一）五保制度的形成。农业合作化时期，中国共产党和人民政府十分重视妥善安排无依无靠的鳏寡孤独残疾人的生活。毛泽东主席在《中国农村社会主义高潮》一书的按语中指出：“一切合作社有责任帮助鳏寡孤独缺乏劳动能力的社员（应当吸收他们入社）和虽然有劳动能力但是生活上十分困难的社员，解决他们的困难。”毛泽东主席的重要指示，为中国农村合作化以后，妥善安排照顾鳏寡孤独和残疾人的生活指明了方向。当时，那些无依无靠的孤老残幼入社以后，由集体安排力所能及的劳动，并适当照顾他们工分，主要由集体负责保障他们的生活，并逐步形成了制度。1956年6月第一届全国人民代表大会第三次会议通过的《高级农业生产合作社示范章程》规定：“农业生产合作社，对于缺乏劳动能力或者完全丧失劳动能力，生活没有依靠的老、弱、孤、寡、残疾的社员，在生产上和生活上给以适当的安排和照顾，保证他们的吃、穿和柴火的供应，保证年幼的受到教育和年老的死后安葬，使他们生养死葬都有依靠。”由于这个文件规定了对生活没有依靠的老弱孤寡残疾社员，给予保吃、保穿、保烧，年幼的保证受到教育和年老的保证死后安葬，便简称为“五保”，享受“五保”的农户便称为“五保户”。从此，五保制度便载入中国的史册，成了共产党在农村的一项长期政策，成了各级党和政府以及民政部门的一项经常性工作。据1958年统计，全国农村享受五保的有413万户，519万人。1960年全国二届人大二次会议通过的《一九五六年到一九六七年全国农业发展纲要》中，进一步明确规定：“农业合作社对社内缺乏劳动能力，生活没有依靠的鳏寡孤独的社员，应当统一筹划，指定生产队或生产小组在生产上给予适当安排，使他们能够参加力所能及的劳动；在生活上给予适当照顾，做到保吃、保穿、保烧（燃料）、保教（儿童和少年）、保葬，使他们生养死葬都有指靠。”在农业合作社和人民公社时期，集体安排照顾五保户的生活，主要采取的办法有：一是对有一定劳动能力的五保对象，安排照顾他们从事力所能及的生产劳动。例如，养猪、羊，看场院、园田等，并适当照顾工分，保障他们的生活相当一般群众的生活水平。二是补助劳动日。对丧失劳动能力的五保对象，按全社、队每人一年的平均劳动日数，补助给五保户，同其他社员同样参加分配。三是补助款物。按五保内容规定的吃、穿、烧、教等标准，计算出所需的款物数，直接分给五保户现款和实物。四是年老体弱病残人员，日常生活自理有一定困难的，安排专人照料他们的日常生活。绝大多数五保户的生活安排较好，孤老残幼人员感到满意。

随着农村经济的不断发展，为了解决一些老年人无人照料的问题，一些地方开始试办敬老院。在1956年年初，黑龙江省拜泉县兴华乡办起了敬老院，入院供养11位老人。1956年以后，随着农业合作化和人民公社化高潮的到来，敬老院有了较大发展。1958年8月6日，毛泽东主席视察了河南省新乡县七里营人民公社敬老院，同五保老人亲切交谈，问寒问暖，并给老人赠送拐杖留念。1958年12月中国共产党第八届中央委员会第六次全体会议通过的《关于人民公社若干问题的决议》指出："要办好敬老院，为那些无子女依靠的老年人（五保户）提供一个较好的生活场所。"此后，敬老院迅速在全国各地发展起来。据1958年年底统计，全国办起敬老院15万多所，收养300余万老人。

（二）五保制度遭受的挫折。五保制度的建立和发展，同其他新生事物一样，也不是一帆风顺的，同样经历了许多挫折和起伏。尤其是多年极"左"路线的干扰和破坏，给五保工作造成了很大的损失。1958年"大跃进"时期，许多地方不顾当地需要和可能，在极短时间内曾一哄而起到处大办敬老院。由于许多敬老院的条件较差，难以巩固，被迫解散。据1962年统计，全国敬老院仅存3万所，在院老人仅有55万人，比1958年分别减少了80%。

十年"文化大革命"，又严重地削弱了五保工作。许多地方五保工作处于无人过问的状态，有的甚至放弃了五保工作，少数基层干部对五保工作漠不关心，对五保户的生活困难和疾苦熟视无睹。尽管当时有集体的"大锅饭"作后盾，但许多五保对象仍过着吃"瓜菜代"、住破烂房、穿烂衣衫的生活。据1978年冬对北京市房山县良乡公社23户五保户的调查，住房条件极差的有9户，占五保户总户数的40%。其中有4户借住私房，两户住养猪场，两户住看场房，一户住饲养室。甚至不少五保对象四处流浪乞讨，非正常死亡的问题也不断发生。敬老院大量减少，至1978年年底仅存7175所，在院老人仅有10余万，且生活水平很低，少数敬老院办成了老人生产院，集体的"花子房"，损害了老人的身心健康。这些问题在社会上产生了很坏的影响，给五保工作造成了较大的损失。

（三）五保工作的改革与发展。中共十一届三中全会以后，党在农村放宽了各项政策，实行多种形式的生产责任制，促使农村经济迅速繁荣发展，广大农民逐步走上了共同富裕的道路。党在农村推行的一系列正确政策，为改革五保工作指明了新的方向，给五保事业的发展带来了新的生机和活力。1979年9月中国共产党第十一届中央委员会第四次全体会议通过的《中共中央关于加快农业发展若干问题的决定》中指出："随着集体经济的发展，要逐步办好集体福利事业，使老弱、孤寡、残疾社员、残废军人和军烈属的生活得到更好的保障。"接着在1980年9月《中共中央印发关于进一步加强和完善农业生产责任制的几个问题的通知》中又强调，在"包产到户"的社队，"对军烈属、五保户和其他困难户，要有妥善的照顾办法"。此后，中央和国务院又多次指示要做好五保工作，大力发展敬老院。为了使五保户的生活得到可靠的保障，1985年中共中央和国务院《关于制止向农民乱派款、乱收费的通知》中明确规定："乡和村……供养五保户等事业的费用，原则上应当以税收或其他法定的收费办法来解决，在这一制度建立之前，……实行收取公共事业统筹费的办法。"中共中央和国务院的这个规定，为在新形势下改革五保工作，建立健全具有中国特色的五保制度指明了方向。

各级民政部门，在各级党和政府的领导下，不断加强对五保工作的领导，针对农村经济体制改革出现的新情况，因地制宜地采取各种行之有效的措施，积极改革和努力做好五保工作，取得了一定的成绩。据1989年年底统计，全国366万五保对象，已有91%以上的人得到多种形式的五保供养。五保户的供养，已由过去生产队单一供养，发展到县、区、乡、镇、村和个体户办敬老院，乡、镇、村集体统筹和亲友邻里承包供养等多种形式、多层次、多渠道的供养体系。集体用于供养五保户的生活费，1979年人均57元，1989年增长到359元，增长5.3倍，使绝大多数五保户的生活得到了较好保障。（见表16）

（四）全国五保普查。五保工作在中共十一届三中全会以后得到了复兴和发展，是同在全国范围开展五保户普查分不开的。为了全面摸清因"文化大革命"的干扰而搞乱了的五保工作情况，总结五保工作正反两方面的经验，进一步改革和改进五保工作，各地自1982年年底开始，到1984年年初进行了全国五保普查工作。

1978—1989 年五保户供养情况

表 16

年　份	符合五保条件		集体供养		供养经费	
	总户数（户）	总人数（人）	集中供养（人）	分散供养（人）	总金额（千元）	年人均生活费（元）
1978	2370665	3149508	104361	2572129	171997	64
1979	2196470	3075058	105562	2969496	174530	57
1980	2429877	2944055	111796	2426931	172228	68
1981	2440052	2893989	115491	2479097	203676	79
1982	2546016	2988925	137581	2552133	284554	106
1983	2526543	2950502	169425	2668418	296986	105
1984	2550885	2961288	241430	2449183	347382	129
1985	2792376	3267081	308896	2187311	586053	235
1986	28968683	3389336	367907	2293682	624318	235
1987	2866694	3382700	407064	2295356	760715	281
1988	2861317	3376355	434209	2188069	842386	321
1989	2983377	3656130	452822	2210255	957882	359

1. 主要收获。

（1）摸清了五保户的情况。通过普查比较准确地摸清了五保户的供养形式、供养标准等基本情况。据普查统计，到 1983 年年底，全国农村有五保户 252. 65 多万户，295. 05 多万人。其中，老人 261. 2 多万人，残疾 22. 35 多万人，孤儿 11. 46 多万人，分别占五保对象总数的 88. 54%、7. 58% 和 3. 88%。普查后，已有 283. 78 多万人落实了各种形式的五保供养，占应保人口的 96. 18%，比普查前增长了 6. 18%。应保未保的 11. 27 多万人，占应保人口的 3. 82%。在落实五保供养的人口中，入敬老院供养的 16. 94 多万人，占 5. 74%；集体供给分散生活的 241. 14 多万人，占 81. 73%；由亲友邻里包养或代养的 25. 7 多万人，占 8. 71%。此外，还有 16. 51 多万人享受了国家给予的定期定量救济。

（2）推动了五保政策的进一步落实。普查中贯彻边查边改的原则，推动了五保政策的全面落实。为近 30 万应保未保的人落实了五保。北京、河北、山东和广东等地，新落实五保的人口占原享受五保人口的 30% 以上。广西武鸣县在普查中，认真落实党的政策，对 61 名改变了地富成分、任过伪职或犯过严重错误的人落实了五保。许多地方还调整了五保户的供养标准。山东省为18万五保对象，每人每年增加口粮17公斤，增加供养费27元。通过普查，还为五保户解决了许多实际困难。仅据山西、安徽和湖北等13个省统计，就为五保户修建住房3.7万多间，解决衣被4.5万多件，口粮170多万公斤，现金80多万元，并为59万生活自理有困难的人落实了护理人员。

（3）推动了敬老院的迅速发展。通过普查，有效地提高了干部群众对发展敬老院的认识，从而加快了办院步伐。仅在普查期间，全国就新建敬老院3461所，增加收养人员3.18多万人，比原有数分别增长了33%和23%。江苏省一年建院847所，实现了一年翻两番的高速度。该省的沛县半年建院46所，不仅速度快，而且质量好。历史上没有敬老院的西藏，也建起了敬老院。许多敬老院还进行了改建或扩建，进一步改善了老人的生活条件，保证了在院老人安度晚年。

（4）进一步建立健全了规章制度。各地结合普查，认真总结多年来的五保工作经验，结合当地的实际情况，制定了五保工作法规，建立健全了各项规章制度。河北、云南等省和许多县的人民政府，相继颁发了五保工作地方性法规，对五保工作作了明确规定。河北省人民政府颁发的《五保供养暂行办法》，对五保户的评定、供养办法、财产处理、举办敬老院、评比检查和组织领导等问题，都作了明确规定，做到了有章可循。云南省宜良县针对普查出的问题，制定了“大力宣传，领导分管，统一标准，保证兑现，经常检查，积极办院”的措施，保证了五保工作的健康发展。这些制度的建立和健全，保证了五保工作走上了规范化和制度化的轨道。

（5）产生了良好的社会效益。这次普查，对进一步完善农村的联产承包责任制，促进社会风气的好转，推动计划生育工作和社会主义精神文明建设等方面，都起到了积极的作用，产生了良好的社会效益。普查中，许多地方党政干部热情关怀五保户，积极帮助他们排忧解难。不少地方的党团、民兵、妇联等组织，积极组织各自的成员，组成包户小组，主动为五保户打柴、挑水、烧饭、拆洗衣被，请医送药，热情地关怀照顾他们。仅据内蒙古、吉林、江苏、湖北和陕西等12个省、自治区统计，共有五保包户小组21.5万多个。广东省新兴县在普查中有7000多名学校师生为五保户做好事，有4000多名干部职工为五保户捐款3900多元，中秋节有1000多名干部慰问了五保户。

2. 主要做法。

（1）党政领导重视，民政部门当好参谋。《关于开展农村五保户普查工作的通知》下达后，各级民政部门结合本地的实际情况，对开展普查工作进行了认真的安排，及时向党政领导提出建议，取得领导的支持，保证了普查工作的顺利进行。河南、四川、贵州、广东等省由省委或省政府下发文件，部署五保普查工作。江苏、江西、湖北等20多个省、自治区、直辖市召开专门会议，部署了五保普查工作。广东等省民政厅先后多次派出工作组，检查和指导普查工作。许多县乡成立了普查领导机构，由分管民政工作的领导抓普查工作。仅据江苏省统计，就有40个县成立了普查领导小组。陕西省旬阳县抽调了2500多名干部参加普查，既快又好地完成了任务。

（2）先行试点，培养骨干。这次普查，各地普遍采取以点带面的方法。许多党政和民政部门的领导，亲自抓试点工作。辽宁省由市县民政局长带队，搞了62个试点，培训骨干1500多名，为搞好全省普查创造了良好条件。湖北省江陵县，首先将全县80多名民政干部集中起来学习，尔后下去参加试点，在实践中进一步培训。许多地方在试点结束后，及时召开经验交流会或印发试点经验，为搞好面上普查打下了良好的基础。

（3）广泛开展宣传，深入发动群众。普查中，各地针对“干部怕麻烦、群众怕负担，五保户怕没人管”等问题，大抓了宣传发动工作。许多地方编写了宣传材料，仅四川省涪陵地区就印发宣传材料近两万份。湖北省把宣传材料归纳成六讲：一讲宪法，说明五保是宪法规定的内容；二讲政策，明确五保是政府规定的一贯政策；三讲意义，明确五保工作的社会作用；四讲责任，明确供养五保户是集体和农民群众义不容辞的责任；五讲五保的条件和标准，明确哪些人该保，保到什么程度；六讲先进典型，明确学赶目标。

（4）定准五保对象，保证供养落实。普查中，各地都把定准五保对象，保证供养落实作为普查工作的中心环节。普查工作人员不辞千辛万苦，做到了乡乡村村都走到，接近五保户条件的家家户户都去到，与五保有关的方方面面都问到，五保户的基本生活情况都了解到，尽可能使五保对象准确无误。湖北省普遍推广了“一讲、二听、三看、四访、五评议、六定案”的办法，即一讲五保普查的意义，二听干部群众介绍情况，三看五保户的生活情况，四访左邻右舍倾听群众意见，五评定对象，供养标准，六定案公布、颁发五保证。由于各地把定准对象，落实供养作为重点来抓，使绝大多数地方的普查达到不错不漏，供给标准合情合理，供养办法切实可行，达到了干部、群众、五保户及其亲属四满意。

（5）认真组织验收，确保普查质量。为了善始善终地搞好普查工作，普查后期认真地进行了普查验收，并对未达到普查要求的进行补课。许多地方，根据民政部关于五保普查补充通知的精神，制定了具体的验收标准。广西钟山县在验收时提出了四查：一查评定的五保对象是否准确，二查供养办法是否落实，三查是否建档发证，四查规章制度是否建立健全。湖南省郴州地区民政局在普查结束后，组织了44名民政干部，对全地区12个县市的普查工作进行了检查验收。重点抽查了25个公社的1185户，其中供养落实好的占24.4%，一般的占68.7%，较差的6.9%。对供养落实不好的乡镇，帮助他们采取措施，改善了供养。

3. 主要问题。

（1）供养落实不全面。少数地方五保政策落实较差，五保供养问题较多。有的省27%的五保对象划田自耕或代耕，其中有的地区达50%，个别县甚至高达70%。有的省个别地区，普查工作结束后，仍有61.7%五保对象未落实供养。少数地方五保对象流浪乞讨和非正常死亡的问题也时有发生。后来逐步得到解决。

（2）供养标准低。已经落实五保的户，有一部分供养标准偏低，使五保对象的生活得不到应有的保障。有的地区，少数五保对象的口粮每年只给100公斤左右，烧柴自己设法解决，生病无人照料，房屋破漏无人过问，生活相当艰难。特别是五保户住房、治病、护理等问题，比较普遍、严重。有的省五保户，住房条件较差的占25%左右，少数地方高达40%以上。这些状况在普查以后得到逐步改善和提高。

（3）群众负担畸轻畸重。一些老、少、边、山等长期贫困地区，由于生产发展缓慢，群众收入低，五保对象又多，群众负担过重，确实有一些实际困难。据重庆市调查，有些贫困村仅供养五保户一项，人均需负担三元以上，户均负担十几元。河北省井陉县城关镇一个村，仅有20户，就有7户是五保户，平均不到两户供养一户，负担确实太重，针对上述情况，这些地区积极地改革了供养方法。

三、具有中国特色的五保制度

（一）五保的性质。自从1956年五保制度建立以后，五保对象的供养，一直由集体经济组织和群众负担，并辅之以国家的救济。它是根据马克思主义关于在“进行个人分配之前，还得从里面扣除……为丧失劳动能力的人等等设立的基金”的理论，以及宪法关于“公民在年老、疾病或丧失劳动能力的情况下，有从国家和社会获得物质帮助的权利”的规定，从中国的实际情况出发而设立的集体福利事业。中共十一届三中全会以后，农村实行联产承包责任制，中共中央和国务院多次强调，仍要有一定的提留，统一安排五保户的生活。供养五保户的集体福利性质没有改变，只是在供养方式上随着生产经营形式的变化而有所改变。供养五保户的集体福利性质，是具有中国特色五保制度的特点之一。

（二）五保工作的方针。中国从实际情况出发，确立了五保对象“依靠集体供养为主，辅之以国家和社会必要的救助”的方针，是与五保的性质相适应的。五保工作多年来一直坚持这个方针，坚定不移地把供养五保户的立足点放在依靠集体和广大群众的基点上，在强调依靠集体和依靠群众的同时，也注重发挥社会和国家的力量，积极吸收社会各方面的捐助，用于安排五保对象的生活。在集体和群众全面保障五保对象生活确有困难的情况下，国家给予必要的救济。这就避免了由国家包揽过多，而又达到确实保障五保对象生活的目的，是具有中国特色五保制度的又一特点。

（三）五保对象的条件。农业合作化时期，五保对象只是笼统地提老弱孤寡和残疾社员。1978 年以后，逐步把五保条件修改为无依无靠，无劳动能力，无生活来源的老人、残疾人和孤儿。为了使五保条件更加科学准确，1978 年在研究五保工作立法时，又把五保条件进一步修改成无法定扶养义务人，无劳动能力，无生活来源的老年人、残疾人和未成年人。确定五保对象的程序是：由符合五保条件的人书面申请，村委会审核，报乡、镇人民政府批准。由县以上（含县）人民政府统一制做五保供养证书，发证到户，凭证供养。五保对象必须同时具备“三无”条件，缺少任何一条都不能成为五保对象。其次，在老年人、残疾人、未成年人这三种人中，至少是由其中一种人构成，才能成为五保对象。

根据《宪法》第四十九条规定：“父母有抚养教育未成年子女的义务，成年子女有赡养扶助父母的义务。”《婚姻法》第二十二和二十三条也规定：“有负担能力的祖父母、外祖父母，对于父母已经死亡的未成年的孙子女、外孙子女，有抚养的义务。有负担能力的孙子女，外孙子女，对于子女已经死亡的祖父母、外祖父母，有赡养的义务。”“有负担能力的兄姊，对父母已经死亡或父母无力抚养的未成年弟妹，有抚养的义务。”按照这个规定，凡有负担能力的法定抚养或赡养义务人依靠的老年人、残疾人和未成年人，一般不评定为五保对象。这样既能充分发挥家庭供养的功能，又可减轻群众的负担。个别户有特殊情况或特殊困难的，经村民群众讨论同意，也可给予五保供养或部分供养。

（四）五保的内容和标准。农业合作化时期，规定的五保内容是保吃、保穿、保烧、保葬、年幼的保教。为了比较全面的保障五保对象的生活，1978 年以后，逐步将五保的内容完善为保吃、保穿、保住、保医、保葬（未成年人为保教）五个方面。其中保吃，包括主副食的供给，年节生活补助，必要的零用钱等；保穿，包括衣帽鞋袜，被褥和蚊帐等；保住，包括无房户的建房，有房户的维修，室内必需的家具等；保医，包括有病的医治，住院和生活不能自理者的护理等；保葬，按当地的习惯和国家的要求，妥善处理丧事；未成年保教，包括家庭教育和上学受到良好的义务教育。

供养五保户的标准，总的要求是不低于当地一般村民群众的实际生活水平，或不低于当地群众的平均生活消费水平，但经济条件好的地方可以高于这个标准。在一些群众温饱问题没有完全解决的贫困地区和灾区，群众完全保障五保对象的生活确有困难时，优先用社会救济款和救灾款对五保对象给予定期定量救济或临时救济，确保他们的生活。

（五）五保对象财产和遗产的处理。根据《宪法》第十三条的规定，五保对象的合法收入、储蓄、房屋和其他合法财产的所有权，同样受国家法律保护，任何单位和个人都不得随意侵犯五保对象合法财产的所有权。

根据继承法规定的精神，五保对象的遗产一般按照谁供养谁继承的原则处理：集体供养的，遗产归集体所有；个人完全供养的，遗产由个人继承；集体供给、个人代养的，遗产由双方协商处理；敬老院供养的，院内遗产归院所有，其余遗产归负责供养的集体所有。通常情况下，在评定五保对象的同时，由供养的单位或个人与五保对象达成并签订“五保供养协议”或“遗赠扶养协议”，确定五保对象供养落实，财产保护和遗产继承等问题。五保对象在协议中确定遗赠的财产，只有使用权，没有处分权，未经供养者同意不得变卖或送人。协议签订后，五保对象中途要求解除协议的，应以其财产对供养者作相应的补偿。属于公民个人供养的，供养者要求解除协议，五保对象不给予补偿。属于集体供养的，不得随意解除五保供养协议。

四、蓬勃发展的敬老院

中共十一届三中全会以后，农村经济日趋繁荣，社会保障工作不断加强，促使敬老院出现了蓬勃发展的新局面。1972 年到 1989 年的 11 年里，敬老院由 7175 所增加到 3.74 万所，增长 4.20 倍，入院供养人员由 10.44 万人增加到 45.28 万人，增长 3.34 倍，在院人员年平均生活费由 110 元，增长到 548 元，增长 3.35 倍。（见表 17）到 1989 年年底，全国（除台湾）30 个省、自治区、直辖市都建起了一批敬老院。北京、天津、辽宁、吉林、黑龙江、上海、宁夏、山东和河北等省、自治区、直辖市实现了乡乡镇镇有敬老院。全国有 800 余个县实现了每个乡镇都有敬老院，已建起敬老院的乡镇占全国乡镇总数的 49%。许多新建和经过改建的敬老院，实现了住房砖瓦化、环境花园化、卫生经常化、生活多样化、服务优质化、管理制度化，为五保老人安度晚年创造了良好条件。中共十一届三中全会以后，农村敬老院持续发展的主要做法和经验是：

1978—1989 年集体敬老院发展情况

表 17

年份	敬老院		在院人员		工作人员数（人）	供养经费	
	院数（所）	年递增%	人数（人）	年递增%		总金额（千元）	年人均生活费（元）
1978	7175		104361		12545	13132	126
1979	7470	4.11	105582	1.17	15360	18242	173
1980	8262	10.60	111796	5.89	18366	17756	159
1981	8544	3.41	115481	3.30	20529	20666	179
1982	10586	23.90	137581	19.14	25175	27049	197
1983	14047	32.69	169425	23.15	33503	41686	246
1984	20871	48.58	241430	42.50	49963	71275	347
1985	27103	29.86	308896	27.94	65034	101027	327
1986	32792	20.99	367907	19.10	81045	146662	398
1987	35015	6.78	407064	10.64	85779	185247	455
1988	36665	4.71	434209	6.67	92300	191114	440
1989	37371	1.93	452822	4.29	95547	248208	548

（一）坚持正确的办院方针和原则。1958 年“大跃进”时期和“文化大革命”期间，由于受极“左”思潮的影响。一些敬老院曾提出“自力更生，自给自足”等口号，发生了强迫五保老人劳动，影响老人的身心健康等问题。1979 年以后，在总结多年敬老院经验、教训的基础上，开始研究制定敬老院工作方针。1985 年提出“依靠集体，文明办院，民主管理，敬老养老”的方针，以及“入院自愿，出院自由”的原则，对保障敬老院的健康发展，起到了重要作用。“依靠集体”是办好敬老院的前提和基础。无论建院，或是建成后的巩固提高，都主要依靠集体和群众提供人、财、物的保障。“文明办院，民主管理”是办好敬老院的根本措施。敬老院以社会主义物质文明和精神文明为指导思想，建立健全各项规章制度，充分发挥工作人员和老人的聪明才智，有效地保障了敬老院的健康发展。“敬老养老”是这个方针的落脚点，是办院的唯一宗旨和根本目的。根据“敬老养老”的要求，敬老院努力做到老有所敬，老有所养，老有所乐，老有所为，病有所医，终有所归。

吸取少数地方出现的强迫五保老人入院的教训，敬老院坚持了“入院自愿，出院自由”的原则，做到入院者热烈欢迎，出院者热情欢送。为了落实这个原则，一是把敬老院办得水平高一些，具有一定的吸引力，使敬老院成为人们心目中的养老圣地。二是采取多种办法，使老人逐步了解敬老院、熟悉敬老院的生活。许多地方采取邀请老人到敬老院参观、做客、试住、邀请老人来院过节、座谈，起到了很好的作用。对办得不好的敬老院，或老人入院后有特殊情况的，允许他们自由出院。

（二）从实际出发确定入院对象。敬老院在初创时期，主要任务是供养五保老人。由于许多地方孤老优抚对象、残疾人、孤儿的供养困难较多，为此，各地敬老院根据各自的办院规模，从实际出发确定入院对象。除主要接收五保老人入院供养外，在没有光荣院的地方，许多敬老院还建立了光荣间，对要求入院的优抚对象优先入院供养。在没有孤儿院和福利院的地方，还收养符合五保条件的孤儿和残疾人入院代养。许多条件好的敬老院，已向社会敞开大门，积极接收五保对象以外的其他老人自费入院供养。这样既增加了敬老院的收入，又能为广大群众排忧解难。据 1989 年年底统计，全国在院供养的 45.28 万人，其中老人 40.75 万人，残疾人 3.65 万人，孤儿 0.88 万人，分别占收养人员总数的 90%、8.05% 和 1.95%。

（三）以乡镇敬老院为骨干带动多层次办院。乡镇敬老院是中国敬老院的主体，居主导地位。据 1989 年年底统计，全国有乡镇敬老院 2.92 万所，占敬老院总数的 78.07%。经过多年努力而得到巩固提高，并逐步发展成具有相当规模的敬老院，绝大多数都是乡、镇办的。这是因为乡镇具有强有力的党政领导，有专职民政干部，有较雄厚的物质基础，又有较充足的入院后备人员等有利条件。许多地方乡镇敬老院已占绝对优势。北京、天津、上海、辽宁、吉林、黑龙江等省、直辖市已建起的敬老院基本是乡镇敬老院。与此同时，还以乡镇敬老院为骨干和样板，带动村办、联办和个人办敬老院的发展，逐步形成了多层次的敬老院网络。湖北省当阳县重视村办敬老院的发展，全县 303 个自然村实现了村村都有敬老院，五保老人入院率高达 92.34%，较好地保障了全县五保老人安度晚年。

中共十一届三中全会以后，在富民政策指引下，一些农民首先富裕起来。他们先富不忘本，不忘为国分忧，为民解愁，积极举办敬老院，义务供养五保老人。为了推动个体户办院的发展，民政部于 1988 年 7 月，召开了个体户办敬老院表彰会，对梁国光、马卓才、王守兰、郭超凡、陈敬和、梁鸿辉等 19 人给予表彰，并赠送“德高义重”铜匾（见表 18）。同时，民政部发出《关于支持和表彰个人办敬老院的决定》。在会议和决定的推动下，个人办院有了较快的发展。据不完全统计，到 1989 年年底，个体户办的敬老院已发展到 40 多所。

民政部表彰全国首批个人义办敬老院名单

表 18

地　区	姓　名	性　别	年　龄	政治面貌	建院时间	建院投资（万元）	收养人数（人）
北京市朝阳区	梁国光	男	41	群众	1984	12	11
河北省蠡县	马卓才	男	57	群众	1987	5	8
河北省阜平县	张兆成	男	48	党员	1988	1	3
吉林省长春市	王守兰	女	53	群众	1987	6	15
江苏省盐城市	黄金高	男	41	党员	1987	1. 1	5
浙江省宁波市	喻心月	男	43	党员	1987	10. 5	15
安徽省宁国县	黄昌书	男	50	党员	1984	6. 5	21
安徽省肖县	郭超凡	男	58	党员	1984	2. 3	14
安徽省宁国县	朱德华	男	19	群众	1987	3	4
福建省福清县	林文镜	男	70	华侨	1980	10. 2	13
福建省南安县	黄连体	男	55	党员	1986	3	10
山西省原平县	赵恩科	男	30	团员	1987	3. 3	15
江西省上高县	罗君子	男	28	团员	1987	2. 5	11
山东省齐河县	张孝扬	男	58	群众	1986	1. 5	4
山东省郯城县	白永孝	男	60	群众	1988	3. 2	5
河南省延津县	王福山	男	32	党员	1985	3	8
河南省滑县	李新广	男	28	党员	1987	2	10
河南省开封市	陈敬和	男	40	群众	1988	2. 4	4
广东省茂名市	梁鸿辉	男	43	党员	1983	3	13

（四）选配热情能干的工作人员。敬老院本着人员精简精干的原则，根据收养人员的多少，设置工副院长、服务人员、医务人员、财会人员、炊管人员和生产人员等。注重挑选有一定文化水平、身体健康、精力充沛、思想作风正派，热心为老人服务的人到敬老院工作。特别强调选配好得力的院长。敬老院的工作人员一般都实行招聘制、合同制。工作人员的工资福利不低于当地企事业单位职工的标准。

多年来，各地的敬老院都很注意加强对领导班子和工作人员的培养教育，培养出一大批有理想、有文化、有道德、有纪律的社会主义新人，涌现出许多劳动模范、先进工作者、“三八”红旗手和优秀党团员。据吉林省 1986 年统计，全省 4938 名敬老院工作人员中，有 1391 人被评为先进工作者，有17人被评为省级劳动模范或全国“三八”红旗手。河北省宽城县峪耳崖镇敬老院，收养26名老人，其中有14人是残疾和重病老人。院长袁瑞芝，把老人当作自己的亲生父母，为他们喂水喂饭，请医喂药，接屎接尿，洗头洗脚，多年如一日，无微不至地关心照顾老人，被评为全国“三八”红旗手，省级模范院长，荣立了三等功，授予全国“敬老好儿女金榜奖”。

（五）建立健全敬老院的各项管理制度。由于敬老院一度制度不健全，管理比较混乱，曾经影响了这项事业的健康发展。各地在实践中，不断建立健全各项管理制度，对促进敬老院的发展起到了良好作用。敬老院一般实行院长负责制，院长对所聘任的乡村和全院人员负责。根据“民主办院”的方针，实行老人代表会和院务管理委员会双重管理制度。老人代表会和院务管理委员会均由老人选举产生。老人大会和老人代表会是全院的最高权力机构，负责审议和决定院内政治、财务、建设、办院规章制度等重要事项。院务管理委员会由工作人员和老人组成，负责贯彻落实办院的方针原则和老人大会、老人代表会决定的事项。“两会”共同监督和帮助院长、工作人员做好敬老院工作，保障敬老院的正常发展。此外，敬老院还建立了具体的学习制度、生活制度、卫生制度、财务制度、安全保卫制度，以及各类工作人员的岗位责任制，任务承包责任制、目标管理制、考核评比和奖惩制度。湖北省黄陂县的24所敬老院，均建立起五项制度：一是院长招聘制，明确目标，签订合同，有奖有罚；二是岗位责任制，目标分解到人，按完成任务计酬；三是院民管理制度，以院为家，团结友爱，遵纪守法；四是财务管理制度，民主理财，规范记账，定期公布；五是民主评议制度，由老人评议院长和工作人员，决定工作人员报酬、奖惩和去留。

（六）发展院办经济，走“以副补院”的道路。敬老院发展院办经济，既增加了收入，用于改善老人的生活条件，又减轻了群众、集体和国家的负担。许多敬老院都因地制宜地积极发展工农商副业生产。其主要形式有：第一种是以工作人员为主，有一定劳动能力的老人参加一些力所能及劳动的自营农副生产；第二种是敬老院办厂、店，承包给社会上能工巧匠经营，敬老院保持固定收入；第三种是敬老院与乡村联办企业，按股分成；第四种是敬老院办福利厂，每年提取一定利润。到1989年，全国院办经济总产值达八亿多元，纯收入近1亿元。河北省2982所敬老院，办起经济摊点1631个，年产值达6669.89万元，实现利润911.7万元，用于老人生活达300多万元。对改善收养人员的生活和办院条件起到了一定作用。该省武邑县的18所乡镇敬老院，大力发展院办经济，在短期内就取得了明显效果。仅据1986年统计，敬老院的各项经济收入达18万元，院均收入万元，人均收入350元，超过集体供给老人的生活费标准。敬老院用这些资金建房68间，购买彩电18台，电风扇46台，沙发78只，并添置了部分床、柜、衣、被等生活用品。这个县的敬老院一年内增加收养人员121人，递增32.7%。老人的伙食标准由过去的每人每月15元，提高到25元。全县敬老院呈现出蓬勃发展的新局面。

（七）开展评比活动，提高办院水平。1983年以后，一些省、自治区、直辖市，以及一些县、市陆续在乡镇一级普及了敬老院。为了提高敬老院的办院水平，各地开展评比竞赛活动，推动了敬老院的发展。到1989年年底，已有吉林、北京、河北、山东、江苏、广东、湖北、湖南、河南等省、市开展了省级规模的评比竞赛活动。这项工作开展较早较好的吉林省，从1984年年底就在全省范围内开展了以改革为动力，以“经费筹集好、思想建设好、院务管理好、老人生活好、服务质量好、五保服务好”为内容的创建文明敬老院活动。到1989年年底，全省892所敬老院，有600所被评为省、市、地、县级文明敬老院，占全省总院数的67.26%。全省3991名工作人员，有1089人被评为各级先进工作者，占工作人员总数的27.29%。评比活动的开展，促使敬老院不断壮大提高，各地省级先进院、文明院、合格院、一流院，已经达到环境花园化、房屋砖瓦化、生活多样化、伙食营养化、服务优质化、管理规范化的水平，成为敬老院的榜样。

五、关怀五保户蔚然成风

中共十一届三中全会以后，由于各地不断加强社会主义精神文明建设，大力开展“五讲、四美、三热爱”活动和为五保户做好事送温暖活动，许多地方敬老爱幼、关心供养五保户已蔚然成风。截止到1989年年底，全国有为五保户做好事送温暖的包户服务组300余万个，成员1000余万人。仅据山西省1985年统计，参加为五保户做好事的群众就达42万多人。共帮助3.7万多个五保户，拆洗衣服5.82万多件，修葺住房1.12万多间，担水177万担，送煤2.48万吨，加工米面160万公斤，捐赠生活用品3万余件，使五保户亲身感受到社会主义的幸福和温暖。在伟大社会主义中国的土地上，尊老爱幼，扶助病残，关怀照顾五保户的动人事迹遍及全国。

（一）周总理和邓颖超热情关怀五孤儿。1964年初秋的一天，家住北京的孤儿周同山和他的弟妹五人，高兴地接到一张烫金的请帖。这是周总理派人送来的，邀请他们五兄妹参加招待外宾的联欢会。在灯火辉煌的人民大会堂，慈祥可亲的邓颖超奶奶，拉拉这个，又亲亲那个，还把最小的同义抱在怀里。她仔细地询问着五兄妹的生活情况，把他们介绍给在场的外宾和小朋友。好多外宾和朋友都走过来同五兄妹握手，表示问候，此时此刻周家五孤儿沉浸在从来没有过的幸福和欢乐中。

周家五兄妹是普通公民的子女，他们的父母去世后，得到了各级领导和邻居无微不至的关怀照顾。为此，他们五兄妹满怀感激的心情，给中央写了封信，汇报了他们的生活情况，没想到周总理和邓大姐等党和国家领导人，却一直在惦记着他们，给了他们兄妹五人那么一个美好而难忘的夜晚。第二年春节，周总理又请来了照顾五兄妹的邻居田大婶，向她了解孩子们的情况。当听说老大同山已成为一名光荣的解放军战士时，总理高兴地笑了。

（二）五保老人的“孝子”。毛保秋自 1983 年担任湖南省平江县芦洞乡民政助理员以来，为了使全乡 38 户五保老人安度晚年，时刻把老人的温暖放在心上。他为五保户办的第一件事是建立档案，把老人身体状况、财产及处理意见，生活有什么困难和要求，都登记卡片，掌握第一手材料。第二件事是为每位老人选一个满意的护理人员，照料好老人的日常生活。他还经常对护理人员进行培训，提高护理人员的思想水平和护理水平。第三件事是经常到五保户家中走访，听取老人的意见，帮助解决实际困难。横洞村 78 岁的李扣枚老人，因患肝炎病情严重，老毛就上门亲自护理，为老人请医喂药、接屎接尿、洗洗涮涮，后来老毛干脆把老人接到自己家中服侍。老人辞世后，老毛又为老人净身、装殓、料理丧事。老毛孝敬五保老人的行为，使群众深受教育和感动，许多人都感激地说：“毛保秋真不愧是人民的好助理、五保老人的孝子啊！”

（三）孤寡老人儿女多。家住西安古城的王曾吾夫妇，一生不曾生儿育女，可是他们却拥有上千个“儿女”。

前几年，王老夫妇考虑到膝下无子女，感到孤孤单单，生活不方便，想找个人照顾。于是，他们在《西安晚报》上登了一则小小启事，想招一个闺女。

从那以后，王家便常有人来叩门认亲，很快他们就收下了 300 多名“儿女”。接着，又有西安卫校的 600 名学生也争着要当老人的“儿女”，于是王老夫妇又选定了 600 名“集体儿女”。

新华社报道了这一消息以后，全国各地又有许多青年写信，要求给老人当“儿女”，有的还寄上了照片和孝敬老人的礼物。美国美中社会团领导专门委员会主席雪伦·估莲来西安访问时，被中国青年敬老养老的高尚行为所感动，她对王老夫妇说：“我不能留在您的身边，但愿当您的美国闺女。”就这样孤寡老人王曾吾夫妇，便成了世界上“儿女”最多，也是最幸福的一对老人。

（四）四姐妹接力照顾五保老人。在广东省廉江县肖村，五保户郑玉才阿婆家里，人们经常看到一位姑娘忙着担水、做饭、扫地或洗衣服。看到这般情景，不了解情况的人，还以为他们是祖孙关系呢！其实，这位名叫肖秀全的姑娘，与郑阿婆只是邻居。由于她照料老人胜过亲人，受到人们的称赞。但受称赞的不只是她一人，还有她大姐、二姐和三姐。

从1986年春天起，年已66岁的五保老人郑玉才，因病卧床不起，需要有人照料。共产党员肖光来同爱人商量，决定让大女儿肖发英服侍老人，正好发英也是这么想的。从此，发英就愉快地担负起照料老人的任务。1977年，精心照料郑阿婆近十年的发英要结婚了，就把照料老人的任务交给了二妹华英。后来，三妹雪英和四妹秀全也像大姐一样，一茬一茬地接过了照料郑阿婆的任务。老人深为自己在晚年有人这样无微不至关心照顾她感到幸福。村里的人们，每当提起这件事都称赞肖光来一家是敬老爱老的模范家庭。

（五）八民兵接送五保老人浴温泉。江苏省东海县横沟乡罗庄村的五位五保老人，专程来到乡人武部，要求表扬奖励郑安礼、高传红等八名民兵。老人们争先恐后地对部长说：自打1984年罗庄建起敬老院，民兵营长郑安礼等八名民兵，就主动担负起为我们打水、扫地、拆洗衣服、请医买药等任务。有一天，女民兵高传红和刘兆芳给他们洗衣服，听到周举秀和陈大爷拉呱："我们这些人老了，经常腰疼腿酸，浑身发痒痒，听说常洗温泉能管用。""唉，我们这些老骨头老腿的，怎么能去呢?"说的无意，听者有心，这两位细心的姑娘，将老人的议论向郑营长作了汇报。小郑虽然知道村子离温泉十多里路，又不通公共汽车，接送老人困难不少，但决心要把这件事办好。小郑和民兵们一商量，大伙都说这事应该干。第二天，他们就用平板车拉着老人去洗个痛痛快快的温泉澡。从那以后，他们便形成了一个制度，每逢初一、十五，都要接送老人去洗温泉澡。由于长期坚持，还真治好了老人的不少病。老人们为此感激不尽，这桩心事总放不下，就来到乡人武部要求表扬这八名敬老爱老、助人为乐的好民兵。

（六）子弟兵照顾五保户代代相传。福建省南日岛山初村，有名盲人五保户叫许亚。在老奶奶90大寿这天，驻地七名解放军战士，敲锣打鼓带着寿礼来祝寿。许奶奶吃过战士做的寿面，轻轻抚摸着战士亲手雕刻的“福如东海，寿比南山”的龙头拐杖，喜得连声说：“托共产党的福，托解放军的福，我这又孤又瞎的老婆子，晚年才有这份福气啊!”

原来，许奶奶和解放军是“老关系户”了。早在1966年春天，电话班长安礼英助民劳动时，发现五保户许奶奶身边无人照顾，就对老人说：“今后您就把我们当作您的亲儿子吧，照顾您的事，我们班全包啦!”说着，战士们七手八脚地帮助老人收拾屋子、洗衣、挑水、忙乎起来。从那时起，电话班的战士就把老人的吃、穿、住、用、医，样样都考虑得十分周全。盛夏，战士们为老人点香、泡茶、驱蚊、清热。寒冬，就常为老人熬姜糖水喝，让老人驱寒保暖。风天，战士们跑来看看房子安全不安全。雨天，查查房子漏不漏。老人病了，战士请军医给治疗，还轮班照料老人。战士们探家，也都想着带点家乡的土特产，让老人品尝。就这样，年复一年，电话班长换了九任，战士换了一茬又一茬，但孝敬五保老人的“班风”却代代相传下来了。

（七）致富先办敬老院，敬老积德胜积金。“致富先办敬老院，敬老积德胜积金。”这是一位老人，在写给北京市朝阳区崔各庄乡奶子房村农民梁国光的信中，称赞他自费办家庭敬老院，义务供养五保老人的事迹所说的话。

在党的富民政策指引下，梁国光办起了汽车运输队，承包了砂石场、养鱼池，成了富裕户。他有了钱，一不盖新房，二不买高档家具，三不追求个人享受，而是首先想为群众分忧解愁。他看到有些五保老人尽管有吃有穿，但身边无人照料，就和爱人冯文珍商量，决定办一所家庭敬老院。起初，他钱较少，就买了5间砖房，办起了敬老院。1986年，他又拿出自己的全部积蓄，投资12万元，建起了23间新房，办起了高水平的敬老院，收养了10多位老人。

住的，单身老人一人一间，夫妻老人共住一间，新被褥，新家具，窗明几净，使人格外舒服。吃的，一日三餐，早餐牛奶、油饼，午晚餐，米饭、馒头、包子、饺子等调着花样吃。穿的，夏有单，冬有棉，内衣外罩挺齐全，逢年遇节，走亲串戚还有时兴的衣裳穿。国光还为老人们置办了冰箱、彩电、电扇、洗衣机等全套电器，让老人首先过上了现代化生活。而国光一家5口人还是挤在那3间小房里，有个电视机还是黑白的。感动得全院老人都伸着大拇指称赞国光一家是："积大德的好人啊！"

（八）孤寡老人的"官儿子"。成坤定1948年参加解放军。1959年复员后被安排在陕西省大荔县安仁镇敬老院工作。三年困难时期，他为了不让老人挨饿受冻，经常赶着毛驴车到黄河滩上挖蔓菁。每次拉蔓菁回来，车从他家门口经过，妻子和孩子在家里挨饿，但是老成从来没有往家送过一根蔓菁。老成还带领全院工作人员和老人养鸡、兔、羊、猪，用毛驴拉磨加工米面，三年共收入3600多元，用来解决老人的生活困难。在三年困难时期，安仁镇敬老院没饿死一个人，也没有人出现浮肿现象。

"文化大革命"时期，有的队不管五保户了，使敬老院断了钱粮的来路，面临着垮台的危险。老成想，这时候解散敬老院，就等于把老人往死路上推。于是，他咬着牙坚持把敬老院办好。他学会了杀羊卖肉，还教会老人生豆芽卖，每年收入近千元，较好地解决了老人的生活所需。

俗话说，久病床前无孝子。而成坤定却说，久病床前见孝心。他把每位老人都当成自己的亲人，尽心尽力地孝敬他们。77岁的尚向云老人患食道癌，老成用架子车拉着老人多方求医。老人咽不下去饭，老成就买来奶粉、藕粉喂老人。尚向云去世，老成又为他梳头、净身、穿寿衣。87岁的王昧老人病重，深更半夜想吃饺子，老成立即动手和面、剁馅，包了十多个饺子，煮熟后喂给老人，老人吃了几个饺子，心满意足地咽了气……老人们常说："有成坤定照管，真比亲儿女还强呀，坤定就是咱孤寡老人的'官儿子'。"

30多年，成坤定忍受着妻子两次因工致残，断去了右手和左手的3个手指，孩子从小就无人管教等多方面的困难，以敬老院为家，待老人胜亲人，受到了广大群众和各级领导的高度赞扬。成坤定先后 18 次被县级以上的共产党组织评为模范党员，中共陕西省委授予他“优秀共产党员”称号，并被评为陕西省劳动模范和全国民政系统劳动模范。《人民日报》《社会保障报》和《陕西日报》等报刊都广泛地宣传了成坤定同志的模范事迹。

（九）敬老院里孤寡老人的集体婚礼。在天津市西郊区张家窝乡敬老院，住着 21 位孤寡老人。他们每人每月生活费 30 多元，可以说是吃穿住用样样尽人心意。这些男女老人朝夕相处，互相照顾，有的便逐渐萌发了爱慕之情。73 岁的杨尊明大爷，双目失明，行动不便。心地善良的吴玉珍大娘，经常牵着老杨散步。日久天长，他俩便产生了在一起生活的念头，于是向院长提出结婚的请求。紧接着，退休干部赵以红，又提出和双腿残疾的崔玉真结婚。

院长很理解和同情老人的心情，便将老人的要求向主管民政工作的张副乡长作了汇报，老张也表示支持。在这两对老人婚礼筹备中，又有一对老人提出结婚的要求。张副乡长和院长闻讯，便决定为这三对老人举行一次集体婚礼。张副乡长还把老人所在村的干部请来，要他们作老人的主婚人，并商定各村为老人买一身新衣服。敬老院还为“老鸳鸯”布置了洞房，做了新被褥，买了新家具。

举行婚礼那天，乡领导把市报社和电视台的记者请来，婚礼举行得真比青年人结婚还热闹。婚后，又按当地的风俗，由各村备车把老新娘接回“娘家”，设喜酒祝贺。新郎新娘的亲朋好友，也都提着礼物来祝贺。如今，这些孤寡老人喜结良缘的事，已经成了当地群众的美谈。

六、五保工作的社会效益

五保制度的建立和五保工作的开展，确保无依无靠的鳏寡孤独和残疾人皆有所养，对体现社会主义制度的优越性，密切党和政府同人民群众的联系，安定社会秩序，促进经济体制和政治体制的改革，稳定和完善农业生产责任制，促进计划生育工作，推动中国敬老养老事业的发展，以及建设社会主义物质文明和精神文明等方面，都产生了明显的社会效益。

（一）体现社会主义制度的优越性。人民物质生活的改善，是社会主义物质文明建设的重要内容之一。社会主义的根本目的是使全国人民走共同富裕的道路，过上幸福美满的生活。五保对象吃穿住用行医乐各得其所，对建设社会主义物质文明和体现社会主义制度的优越性都有特殊的意义和作用。中共十一届三中全会以后，中国350多万五保对象的绝大多数都得到了较好供养，受到了全国人民和一些外国人士的称赞。这在中国历代都是没有做到的，就是在一些资本主义国家也没有做到这一点，它从一个侧面证明了社会主义具有其他社会制度无法比拟的优越性。

各地认真落实五保供养政策，保障五保对象同全国人民一道过着幸福快乐的生活，在广大人民群众中产生了良好的影响。安徽省凤阳县从1984年起，全县统一落实五保户每人每年供给口粮350公斤、食油4公斤、柴草1000公斤，零用钱60元，衣被费30元，医疗费30元。这个县五保户的实际生活水平一般都高于当地村民的实际生活水平，保证了五保户丰衣足食，生活安乐。一些清朝出生的高龄老人深有感慨地说：从经历这几个朝代对比看，还是现在的社会主义制度好。在山东省威海市孙家疃镇敬老院里，住着一位双目失明的孙学昭老人。这位老人有个姐姐在香港居住多年，对他很不放心，怕他受苦受罪，为此，他姐姐带了许多东西，特意从香港来看望他。这位香港同胞，看到她双目失明的弟弟吃穿住行乐各方面都安排得很好。由于老人在敬老院还能从事一些力所能及的劳动，手头上还有3000多元存款。看到这般情景，老人的姐姐感激地流着热泪说："看来弟弟比我在香港生活得还好，这回我可放心啦！过去听说社会主义好，我是半信半疑，现在我算打心眼里服了！"

（二）密切党和政府同人民群众的联系。五保对象是社会上的弱者，他们最需要共产党和政府的同情和关怀。同时，他们对党和政府又怀有真挚的感情。因此，对他们关心照顾得好坏，会在社会上产生明显的影响。

许多地方的党政领导干部，经常走乡串户，去看望五保户。不少地方已把年节走访慰问五保户作为一项制度，认真坚持落实。仅据1985年春节统计，山西、黑龙江、山东、河南、广东、四川、西藏和新疆等十几个省、自治区、直辖市的党政、人大、政协等主要领导干部都亲自走访慰问五保户。全国参加慰问的各级领导干部达30多万人。

河南省郑州市在1986年春节期间，将27位五保老人代表接到嵩山饭店，由市领导给老人们拜年，招待他们吃年饭。市的领导干部还陪同他们乘坐小轿车游览市容，请老人们观看著名演员演出的戏剧节目。五保老人感动得连声说："还是共产党的官好啊!"安徽省广德县高湖乡的乡村干部，对五保户实行承包照顾。他们经常到五保户家里亲切攀谈，了解生活情况，帮助他们排忧解难、干家务活。五保户和广大群众看到干部这么好，都很受感动。有的人风趣地说："过去是群众带着礼物去拜访干部，巴不得多给当头的干点活；如今当官的带着钱物去拜访五保户，帮助鳏寡孤独干家务活，看来这老八路的作风又回来了!"

（三）促进社会秩序的稳定。五保对象都是无依无靠的贫困群众，对他们生活安排不好，往往会造成流浪乞讨等问题，影响社会秩序的安定。许多国家都把这些人看作社会不安定的因素之一。中国由于比较重视安排好五保对象的生活，在这些人中很少发生流浪乞讨的问题，各地收容的社会盲流中，属于五保对象的越来越少。在上访人员中，五保对象也越来越少。这充分证明了五保政策的落实，可以减少社会的不安定因素，促进社会秩序的安定。

河北省冀县周村镇，由于一度放松了五保工作，曾在3天内连续发生了两起五保老人非正常死亡的问题。一时间，闹得全镇满城风雨，一些鳏寡孤独群众人心惶惶。许多群众也议论纷纷，在社会上造成了很坏的影响。由于县镇领导认真吸取教训，严肃处理了有关责任人员，采取了切实有效的措施，加强了五保工作，很快挽回了这种影响。这个县仅用了半年时间，就筹集资金67万元，建起敬老院23所，实现了乡乡镇镇都有敬老院，多数五保对象都能入院供养。对分散五保户也都实行了乡镇统筹供养，受到了五保户的拥护和广大群众的好评，有力地促进了社会秩序和社会风气的好转。

（四）促进农村经济体制的改革。五保户的供养，属生产关系的范畴，是分配关系的一个重要方面。它的性质和解决程度，决定于生产力的性质和发展水平。而供养五保户问题的妥善解决，又必然有利于促进生产力的发展，供养五保户与变革生产关系，改革经济体制有密切关联。当中国农村实行家庭联产承包责任制的初期，少数地方由于五保工作未能跟上，个别地方五保户生活问题较多，有些人便错误地认为是农村经济体制改革造成的问题，给巩固和完善农业生产责任制造成了不同程度的不良影响。

随着农村经济体制改革的深入和发展，五保工作也进行了相应的改革和改进，许多地方创造了乡镇统筹供养、承包供养和发展敬老院集中供养，使五保户的生活越来越好，从而使广大群众增强了进行经济体制改革的信心，促进联产承包责任制的巩固、提高和完善。在实行联产承包责任制较早的安徽省滁县地区，把对五保工作的改革作为经济体制改革的内容之一，大力改革五保供养办法，可靠地保障了五保户的生活，使一些人由怀疑生产责任制，到积极拥护生产责任制。

（五）促进计划生育工作。在农村，千百年来形成了根深蒂固的“养儿防老”和“传宗接代”的旧传统观念。其重要原因之一，就是没有真正解决“老有所养”的问题。新中国成立后，由于共产党和政府把五保政策作为农村的一项重要政策，积极贯彻落实，较好地解决了孤寡老人的生活问题。供养一户五保户，影响附近千百户；办好一所敬老院，辐射周围一大片。当许多群众亲眼看到那些无依无靠的孤寡老人，照样能够安度晚年，甚至比有儿女的老人生活得还好，便逐渐从思想上解除了后顾之忧，积极拥护和执行计划生育政策。

辽宁省金县，由于多年来一直重视五保工作，特别是敬老院办得水平较高，五保老人生活安排得好，这个县多年来一直是全国的计划生育工作先进县。陈慕华曾在计划生育工作会议上表扬金县，由于五保工作、敬老院工作做得好，对计划生育工作起到了推动作用。江苏省张家港市及各乡镇，多次召开计划生育工作会议，都组织干部群众到敬老院参观。这个市许多育龄夫妇，看到敬老院办得很好，都主动采取了计划生育措施，使独生子女率达到81%，被评为全国计划生育工作先进单位。浙江省余杭县九堡镇，办起高水平的敬老院，使孤寡老人过上幸福安乐的生活，对周围群众产生了很好的影响。这个镇上有个叫沈花狗的夫妇生了一个女孩，还想生个男孩。干部多次上门做思想工作，他们总是不通。他的老父亲看了敬老院以后对儿子儿媳说："过去养儿防老，现在可不用儿防喽，社会主义就为咱防了。敬老院办得那么好，五保户生活得那么好，就是无儿无女也不可怕呀!"老人的一番话，终于说通沈花狗夫妇，他们愉快地领取了独生子女证。

（六）促进社会主义精神文明建设。许多地方把落实五保政策，做好五保工作，作为社会主义精神文明建设的重要内容，认真部署落实。不少地方组织干部群众、学校师生、企事业职工、解放军指战员，开展为五保户做好事送温暖或包户服务活动，已形成制度，在社会上产生了深远的影响。据统计，全国每年参加为五保户做好事的干部群众在1000万人以上。这些活动的开展，不仅方便了五保户的生活，同时也教育了群众，安慰了老人，促进了敬老养老和家庭和睦，推动了社会风气的好转，加强了社会主义精神文明建设。

山西省襄垣县，早在1982年第一个"全民文明礼貌月活动"中，就开始组织党团员、青年、妇女和学校师生，广泛开展为五保户做好事送温暖活动。到1988年，这个县已成立包户服务组1045个，包护2541户。这些活动的开展，陶冶了人们的道德情操，改善了人际关系，培育了团结友爱、助人为乐的村风和民风，使这个县多年保持良好的社会风气，成为精神文明建设的先进县。全国五保工作的先进典型吉林省九台市龙家堡镇，连续多年助人为乐的好人好事层出不穷，党风和社会风气越来越好。先后已有18个村屯被评为文明村屯，有3500多户被评为文明家庭。镇敬老院被评为省级文明敬老院。龙家堡镇也被县评为两个文明建设先进单位，并授予“精神文明开新花，物质文明结硕果”的锦旗。

七、五保工作的主要经验

中国五保工作40年经历的起伏、曲折的发展过程，为不断完善具有中国特色的五保制度，进一步开创五保工作的新局面积累了丰富的经验。

（一）适应形势发展，不断改革五保工作。中共十一届三中全会以后，农村进行了以联产承包责任制为主的经济体制改革，极大地调动了广大农民的积极性，农村经济出现了日新月异的大好形势。为了适应农村的新形势，对五保工作进行了多方面的改革和改进。首先针对一些地方出现的“包产到了户，各顾各致富，国家要养五保户”的错误认识，国家农委和民政部于1981年4月转发了《广西壮族自治区人民政府关于切实抓好农村老弱孤寡残疾社员供给政策落实的通知》，强调要因地制宜采取有效办法，切实保障五保对象生活。在1982年年底，民政部转发了河南省沈丘县五保工作的经验，并于1983年11月在沈丘县召开了五保工作现场经验交流会，推广了该县把供养五保户的款物，列入各户的承包合同，由村、组统一提留供养，以及干部对五保户实行包干负责的经验。沈丘的经验在《国内参考》和《人民日报》等报刊上作了大量的宣传报道，对打开五保工作改革的新局面起到了一定的作用。

1984年年底，民政部会同吉林省民政厅、长春市民政局和九台市民政局，认真总结了吉林省九台市龙家堡镇在农村经济体制改革的同时，认真改革五保工作，采取由镇统一筹集五保户的供养款物，镇、村和村民小组分级安排照顾和管理五保户生活的办法，保证了五保政策的全面落实。民政部转发了这个经验，并对这个经验给予较高的评价，使五保工作的改革向前推进了一步。接着在1985年年底，民政部又总结并推广了龙家堡镇以敬老院为基础成立五保服务中心，村成立五保服务组（站），对五保户建立包户服务组，在全镇范围内建成社区性的五保服务网络的经验。崔乃夫部长就这个经验批示：“它给我们勾画了一幅农村五保发展的图像”，“怎样建立农村的五保体制已有了一个大致的模式”。这个经验的推广，把五保工作的改革推向了一个新的阶段。

与此同时，民政部还总结和推广了山西省开展为五保户做好事送温暖活动的经验，广西岑溪县对五保户实行承包供养责任制的经验，大连市实行敬老院代管分散五保户的经验，广东省三水县建设多功能敬老院的经验，北京、吉林、宁夏等省、自治区、直辖市实现乡乡镇镇办敬老院的经验，吉林省开展创建文明敬老院的经验，河北省武邑县发展院办经济的经验，湖南省南县完善五保管理，实现配套发展的经验，湖北省天门市和河北省迁西县以敬老院为依托带动社会保障发展的经验，北京市门头沟区对五保户实行定期定量救济的经验等等，对推动五保工作的改革都起到了很好的作用。

（二）从实际出发采取多种供养形式。五保工作多年正反两方面的经验证明，要建立和完善具有中国特色的五保制度，必须首先在五保工作中认真贯彻落实党的思想路线，一切从社会主义初级阶段的实际出发，因地制宜因人制宜，采取多种行之有效的供养形式，才能保证五保政策的全面落实。从全国范围看，中共十一届三中全会以后，主要有五种供养形式比较行之有效：

1. 网络供养式。这种供养形式，是在乡镇统筹供养五保户和乡镇办起敬老院的基础上发展而成的一种较高级的五保户供养形式。它是以乡镇敬老院为基础，成立五保服务中心，统一管理全乡镇的五保工作。五保服务中心的主要任务是：制定五保工作和敬老院工作发展规划、年度计划、供养办法；确定供养标准，统筹、保管和分配使用供给五保户和敬老院的款物；审批五保户和接收五保对象入院供养；帮助和指导各村五保服务领导小组或服务站做好五保工作，为五保户上门服务；宣传五保和养老政策，开展敬老养老活动；发展农副业生产，接收社会捐赠，积累供养基金。各村建立五保服务领导小组或五保服务站，主要任务是：组织村民为五保户修建住房，种园田地；经常上门看望五保户，年节慰问五保户；组织党团员、干部、群众组成五保户包户服务组，并指导和帮助包户服务组做好工作；妥善处理五保老人的后事等任务。每个五保户都有包户服务组负责照顾，主要任务是：为五保户买粮、送柴、担水、打扫卫生、拆洗衣服、请医买药、烧水做饭做家务活。这样乡、村、五保户三层便构成了系统的五保服务网络，既可以全面可靠地保障五保户的生活，又可以保障五保工作的健康发展和五保事业的发展壮大。

2. 统供分养式。这种形式是由乡、镇或村统一制定五保户供养标准，统一筹集、分配供养五保户的款物。各户分散生活，由村组成包户服务组，负责帮助和照料日常生活。这种形式既能解决供的问题，也能较好解决养的问题，是一种较好的供养方式。

3. 承包供养式。这种形式是由五保户与其亲属，邻居自愿协商，通过签订五保供养协议或遗赠扶养协议，建立供养关系。供养者可享受经营五保户原有田、山、林等生产资料和继承其遗产的权利；承担保障五保户吃、穿、住、用、医、乐、葬、教等方面全面供养的义务。这种形式既可以减轻干部群众的负担，又有利于发扬中国邻里互助互济的优良传统，尤其在贫困地区是一种深受群众欢迎的供养方式。

4. 集中供养式。这种形式是由乡、镇、村或个体户举办敬老院、孤儿院、福利院等，接收五保对象入院集中供养。这种形式既可以全面可靠地保障五保对象的生活，也可以向社会开放，为发展敬老养老事业提供方便条件，是一种很有发展前途的供养方式。

5. 合作养老保险辅助式。这种形式是由乡、镇、村的养老保险理事会或养老保险基金会，对五保对象给予特殊照顾。例如无依无靠的残疾人，确无投保能力，由集体负责交纳保费；未交过保费的五保老人，也发给一定数量的养老金，用以补助五保户的生活。合作养老保险的发展，为五保工作的改革又开辟了新的途径。

（三）依靠多种力量，全面保障五保对象生活。多年的实践证明，要使五保户的生活得到比较全面可靠的保障，必须充分依靠集体、群众和社会各部门等多方面的力量。

1. 坚持集体福利集体办的原则，充分依靠集体的力量供养五保户。多年来，把供养五保户的着眼点放在依靠集体力量上，这是保障五保工作不断发展的基本力量。在公社、生产队统一经营时，供养五保户的费用主要从公益金中开支。实行联产承包责任制以后，供养五保户的款物，一般都列入各户的承包合同。有些地方还从乡镇村办企业的收入中提取一定的经费，用于供养五保户和兴办敬老院。据统计，从1955年到1989年的30多年间，农村集体用于供养五保户的经费已超过100亿元，平均每年达3亿多元，最高年达5亿多元。而且五保户的实物供给，以及日常生活的照料，也都靠集体组织实施。所有这一切，离开集体的力量都是很难办到的。

2. 充分依靠社会力量，广泛筹集供养五保户的款物。在主要依靠集体力量的同时，各地还充分调动机关、团体、企事业单位等社会各方面的力量，为供养五保户和发展敬老院捐款献物。河北、安徽、湖北、广东、云南、宁夏等许多地方，采取乡镇企业支援一点、集体筹集一点、群众捐赠一点、机关团体支持一点，国家和地方财政补助一点的“多点筹集法”，筹集供养五保户和发展敬老院的款物，取得了明显成绩。河北省邢台地区，仅1986年就筹资500万元，一年建院282所，使全地区312个乡镇都有了敬老院，五保对象入院供养率达65.8%，多数五保户的生活有了可靠的保障。福建、广东、浙江等地的许多港澳同胞，也积极捐款捐物用于发展五保和敬老事业。广东省开平县水口区，成立了五保敬老基金会，一年时间港澳同胞就捐赠港币6.8万多元。原籍广东高要县的港澳同胞伍义先生，自愿捐款6万多元，在西河头乡建起一所两层小楼式的敬老院，全院29位老人的生活费用，以及院内工作人员的工资，都由他负责支付。他的精神，受到了当地政府和人民群众的高度赞扬。

3. 依靠群众的力量，发扬邻里互助互济的优良传统。群众的力量是做好五保工作的重要力量。为此，各地经常发动和组织广大群众，为五保户做好事、办实事、送温暖、送方便，帮助他们排忧解难。在党的政策的感召下，许多青年人主动为五保老人当儿做女，或者包户照顾五保老人。还有许多群众，把孤儿、残疾人当成自己的亲人，把他们扶养成人。全国各地的许多地方，群众关心照顾和供养五保户已形成良好的社会风气。仅据吉林省1986年统计，群众共为五保户修缮房屋1.87万间，购粮239万公斤，拆洗衣被12.5万件，请医买药9263人次，为五保户敬老院演出节目897场次。双阳县佟家乡84岁的五保老人王永清感慨地说："哪朝哪代也不如社会主义这朝代好啊，俺虽然无儿无女，可惦记俺的人真够多的!"

4. 依靠五保工作本身的力量，不断发展壮大五保事业。为了减轻集体和群众的负担，同时又能保障五保事业的不断发展壮大，多年来在五保工作中，积极发展农副各业生产，走"以副补保""以副补院"的道路。据不完全统计，1980年以后的几年里，敬老院和五保服务机构的生产纯收入每年都达6000万元以上。副业生产搞得较好的乡镇敬老院和乡镇五保服务机构，每年收入达数万元以上，一般的每年也能收入万元左右。仅据黑龙江省1985年统计，全省956所敬老院，有耕地7万余亩，院均72亩，有机动车辆558辆，五保机构和敬老院办的经济实体1167个。1983年到1985年，年均产值1300多万元，年均获利550多万元。各地五保服务机构和敬老院的收入，主要用于改善五保户的物质文化生活，对保障五保事业的蓬勃发展起到了明显作用。

（四）运用多种手段，加强五保工作。五保工作是一项涉及面广、环节多，影响面大的系统工程，做好五保工作，必须综合运用思想政治教育、行政、经济和法律等多种手段，才能保障五保工作的健康发展。

1. 运用思想政治教育手段，大力宣传五保工作。农业合作化以后，特别是民政部成立以后，民政部门把五保工作作为民政工作的一项重要内容，采取多种形式，对广大干部和群众进行深入的宣传教育，同时进行了多方面的理论探讨，不断提高人们对五保工作的认识。仅1979年到1989年的11年里，各地报刊、电台、电视台等宣传部门采用五保工作的稿件就在千篇以上。《农民日报》《中国法制报》《中国社会报》等全国性的报刊都以头版头条发表过五保工作稿件，有的还发表了重要的评论员文章，对宣传推动五保工作起到了良好作用。各地特别注意利用每年新年春节期间，组织走访慰问五保户的机会，对五保工作集中进行宣传，收到了明显效果。此外，各地还充分利用有线广播、黑板报、墙报、演出文艺节目、开会等生动活泼的形式，大力宣传五保工作和做好五保工作的好人好事。由于各地重视对五保工作进行宣传教育，使这项工作越来越受到广大干部群众的关心和支持。

2. 运用行政手段加强对五保工作的领导。行政手段是做好五保工作的重要手段之一。各级政府和民政部门，都把五保工作列入议事日程，经常研究部署、督促检查，认真抓好落实。仅据1981年到1989年统计，以民政部名义下发的五保工作文件就有19件，召开有关五保工作的会议5次。许多省、自治区、直辖市对五保工作都很重视。北京、河北、吉林、山东、江苏、河南、湖南、广东和四川等省市，几乎每年都召开会议，专门研究部署五保工作。许多县、乡、镇、村，检查五保工作和五保户的生活情况已形成制度。安徽省凤阳县坚持对五保工作和五保户的生活情况每年进行3次大检查：春季检查供养五保户的款物是否按规定标准纳入各户的承包合同，秋季检查供给五保户的款物是否按规定标准兑现，年终进行全面检查，评出五保工作的先进单位和先进个人。

3. 运用经济手段，调动做好五保工作的积极性。许多地方根据社会主义按劳分配的原则和实行岗位责任制的要求，积极采取经济手段，调动工作人员做好五保工作的积极性，加强对五保工作的管理。不少乡、镇、村实行了干部承包五保工作和五保户供养责任制，把五保工作和五保户供养的好坏，作为考核干部和评奖的内容，克服了过去五保工作好坏不分的平均主义做法。许多敬老院对工作人员实行合同工制和岗位记分工资制，对调动工作人员的积极性起到了很好的作用。河南省伊川县各敬老院，根据院长、服务员、财会人员、炊管人员、生产人员的不同职责，分解若干项任务，按各项任务的完成情况评分记分，月底按分数计发工资和奖金，极大地调动了工作人员的积极性，开创了全县敬老院工作的新局面。

4. 运用法律手段，保证五保工作和五保政策的落实。随着法制工作的加强，利用法律手段加强五保工作也取得了可喜进展。截止到 1989 年年底，已有云南、河北、广东、湖南、山西、北京、天津、安徽、江西、河南、湖北、江苏、宁夏、吉林、山东等省、自治区和直辖市，颁发了五保工作地方性法规。这些法规，对五保户的条件、五保的内容和标准、五保户供养款物的筹集方法、五保户财产遗产的处理，以及五保工作的组织领导等，都作了明确规定，使五保工作做到了有法可依、有章可循。河北、广东、湖北等地颁发五保工作法规后，大抓了依法办事，很快改变了一些地方五保工作的落后局面。促使五保工作中存在的应保不保、保得标准低、有病得不到及时治疗、生活不能自理无人照料，以及少数五保对象流浪乞讨和非正常死亡等问题，得到了较好解决。广东省梅州市，过去五保工作问题较多，1984 年广东省发布了《五保工作暂行规定》，梅州市认真贯彻落实，取得明显效果。到 1988 年年底，实现了乡乡镇镇办院，乡乡镇镇统筹供养，户户有护理员照料，五保对象生活水平普遍超过当地群众，跨入五保工作的先进行列。

根据继承法的有关规定，许多地方在五保工作中，采取签订“遗赠扶养协议”或“五保供养协议”，并由公证机关给予公证的办法，在保障五保政策的落实上，也取得了很好的效果。江苏省宿迁县，在签订五保供养协议时，做到五保户、村组长、乡政府领导、公证人员都到场，都签字，协议书、公证书一起办理，五保户、乡、村、组、公证机关各执一份证书，有效地保障了五保政策的全面落实。

第三节 收容遣送

收容遣送是一项具有救援性的社会行政管理工作。这项工作的内容主要是收容救济流浪乞讨人员，改造其中一些人的游惰习气，遣送他们回乡生产或就业，得到适当安置。目的是造福社会，改造社会，维护社会秩序，促进社会主义精神文明建设，为广大人民群众的生活和经济建设创造良好的社会环境。

一、收容遣送工作的发展变化

中华人民共和国成立初期，面对帝国主义、封建主义和官僚资本主义长期统治遗留下来的大批灾难民、失业者和散兵游勇，各级民政部门根据党和政府的指示，分别采取了不同对象、区别对待、妥善安排的措施，并进行了紧急救济和收容遣送工作。仅 1950 年，中南、西南、西北 3 大区，就收容遣送国民党散兵游勇 120 万余人；华东、中南两大区收容遣送灾民、难民 75 万余人；北京、武汉、西安、青岛等 7 个城市收容遣送无业人员 110 万人。与此同时，各级民政部门，对收容的无依无靠、无法维持生活的老弱残人员和流浪儿童，分别送到生产教养院、儿童福利院进行了妥善安置。到 1952 年，城市中的流浪乞讨人员、无业人员大大减少，社会秩序日趋稳定，对巩固新政权起到了一定作用。

1953 年，中国进入有计划的经济建设，城市发展很快。一些农民羡慕城市生活，不安心农业生产，盲目流入城市找工作。针对这种情况，1953 年 4 月，政务院发布《关于劝止农民盲目流入城市的指示》，要求各地严格控制农民盲目进城。对已经进城的农民，除使用单位需要者外，所在地的民政和劳动部门动员他们还乡，路费有困难的，由民政部门给予帮助。

50 年代末和 60 年代初，由于“大跃进”和连续三年的严重自然灾害，中国经济发生严重困难，大批灾民涌入城市。为此，国务院发布了《关于安置自由流动人口的几项办法》。各级民政部门改进和加强了收容遣送工作。对于流动人口中的老弱残幼人员，由当地民政部门安置在社会福利事业单位；对有家可归的农民，动员并遣送他们回乡参加生产；对无家可归的屡遣屡返的人员，分别安置在农村或市、县举办的国营农场，并发给每人100元的安置、生活补助费。这样，使绝大多数流动人员得到了妥善安置。

1962年以后，随着国民经济的日益好转，盲目流动人口大为减少。但是仍有一部分人员需要继续进行收容遣送工作，他们中有些是流浪成性、好逸恶劳的，还有些是回家确有实际困难的。这些流浪人员长期滞留在城市，为了吃喝，多有轻微的不轨行为，影响了社会治安。为此，内务部于1963年3月，确定了对长期流浪人员“就地收容、安置改造”的政策。经过各地的努力工作，在较短的时间内，就取得了很好的成效。

“文化大革命”期间，收容遣送工作遭到严重破坏。一部分收容遣送站被撤销，一部分收容遣送站虽然继续工作，但收效甚差，社会上一部分长期流浪乞讨人员得不到及时的收容遣送和安置。

中共十一届三中全会后，中国进入一个新的历史时期。为了加强社会主义法制，稳定社会秩序，民政部在总结以往经验的基础上，报请国务院于1982年5月发布了《城市流浪乞讨人员收容遣送工作办法》，实现了收容遣送工作的法制化。随着城乡经济的发展，人民生活的改善，流浪乞讨问题出现了新特点。具体表现是：从全国看，乞讨人数相对稳定，但流浪乞讨人员的构成却发生了很大变化。真正因灾因困难而流浪乞讨的大为减少，仅占收容总数的15%；其余85%是以乞讨为生财之道的，逃婚、逃学、逃避计划生育的，盲目进城务工或经商蚀本的，以及既乞讨又有偷摸等轻微违法行为的。针对这种变化了的情况，各级民政部门坚持改革，制定了相应对策，加强了对长期流浪乞讨人员的收容遣送工作，有效地制止了城市中的流浪乞讨现象，发挥了稳定机制作用。

二、收容遣送工作的管理组织体系

新中国成立40年间，各级民政部门从实际出发，根据需要，有计划、有步骤地进行收容遣送的组织建设，为这项工作的正常开展提供了组织保证。

（一）收容遣送工作的行政管理组织。中国收容遣送工作的管理组织体系，是与国家政权结构和行政区划相适应的。国务院下设民政部，负责管理、协调、监督全国的收容遣送工作。各省、自治区、直辖市的民政厅（局），地、市、县各级政府的民政局、处，负责管理本地区的收容遣送工作。各级业务主管部门设有同工作任务相适应的收容遣送管理机构或配备专职工作人员。

对于收容遣送工作的管理权限，实行“统一领导、分级管理”的原则。民政部的职权主要是：对国家的收容遣送工作方针、政策和法规，提出建议和方案，经国务院批准发布后，负责在全国范围内组织贯彻执行，并进行监督；会同有关部门制定收容遣送工作规章；负责指导各地收容遣送站的工作；协调、处理省、自治区、直辖市之间的工作关系。

地方各级业务主管部门管理收容遣送工作的职权是：负责在本地区贯彻执行国家和上级主管部门的收容遣送工作的方针、政策和法规，并进行监督；拟定地方收容遣送工作法规和规章，负责安排实施国务院、民政部和当地党政领导下达的工作计划和任务；负责指导下级单位的收容遣送工作，协调处理本地区内工作中的关系。

（二）收容遣送工作的基层组织。收容遣送工作的基层组织是收容遣送站，具体负责收容遣送工作。它在新中国成立后开始建立40年中从无到有，从无计划设置到有计划地合理设置，经过调整和发展，目前已形成适应工作需要的收容遣送网络。现在，全国的大中城市、经济特区、交通要道，以及流浪乞讨人员多的地方，都设立了收容遣送站，共有644个。其中，由省、自治区、直辖市民政厅（局）直接领导的8个；由地、市民政局领导的257个；由县民政局领导的379个。收容遣送站内，一般设有收容、管教、遣送、卫生等业务股室。

各省、自治区、直辖市之间的遣送工作，采取对口遣送、接收的办法。因此，设置了一批对口遣送接收站。他们的职责是，统一接收外地送回本省的流浪乞讨人员；统一向省外遣送外省籍的流浪乞讨人员。全国共有对口遣送接收站98个。即北京、天津、邯郸、沧州、张家口、秦皇岛、石家庄、太原、大同、长治、候马、集宁、包头、锦州、铁岭、旅大、沈阳、四平、哈尔滨、上海、南京、徐州、苏州、嘉兴、湖州、金华、合肥、蚌埠、芜湖、安庆、宿县、萍乡、九江、上饶、邵武、龙岩、漳州、福安、广州、湛江、韶关、汕头、兴宁、肇庆、桂林、梧州、柳州、玉林、武汉、黄石、十堰、蒲圻、广水、襄樊、宜昌、株州、郴州、衡阳、零陵、岳阳、黔阳、吉首、长沙、湘潭、安阳、商丘、信阳、三门峡、南阳、郑州、成都、重庆、广元、泸州、万县、达县、沾益、禄丰、贵阳、安顺、都匀、遵义、渭南、宝鸡、阳平关、安康、兰州、酒泉、天水、西宁、乌鲁木齐、银川、石嘴山、中卫、固原、济南、德州、衮州。

为了解决省与省之间遣送途中，流浪乞讨人员的临时食宿和办理转车手续等问题，确定了12个中转站。它们是北京、天津、上海、南京、株州、徐州、金华、沈阳、济南、武汉、郑州、宝鸡。

（三）收容遣送工作的管理分工与协作。城市流浪乞讨问题，是一个复杂的社会问题。治理它是一项艰巨、复杂的社会系统工程，只有各部门密切配合，齐抓共管，综合治理才能奏效。新中国成立40年间，在中共和人民政府的统一领导下，各有关行政职能部门、社会团体、企事业单位以及广大公民都要积极配合民政部门做好收容遣送工作，治理城市流浪乞讨问题。在实际工作中，公安部门主要负责收容流浪乞讨人员中有下列行为的人员：一是有杀人、放火等行为的；二是严重扰乱党政军机关办公秩序和企事业单位生产、工作秩序的；三是严重扰乱公共秩序、交通秩序，危害公共秩序的；四是当众出丑、有伤风化的，影响社会安全、造成严重后果的等等。同时，公安部门还依法为遣送回原籍但户口已注销的流浪乞讨人员办理落户手续。为了有效地进行收容遣送工作，首都北京的收容遣送工作全部由公安部门负责。上海、天津、武汉、昆明、内蒙古、沈阳、黑龙江、安徽等省市的近百个收容遣送站内，均设立治安机构。这样做，既加强了社会行政管理，也缓解了收容管理和遣送上的困难，提高了工作效率与社会效益。卫生部门积极收治收容遣送站送去的患有严重传染病或生命垂危的流浪乞讨人员，还积极配合民政部门搞好收容遣送站内的防疫工作。铁道、交通部门为遣送工作提供购票、进站（码头）、上下车（船）等方面的便利条件；火车、轮船上的乘警还协助收遣工作人员加强对流浪乞讨人员遣送途中的管理。计划、商业、粮食和煤炭部门负责解决流浪乞讨人员在收容期间的粮、油、煤、副食等生活必需品的供应指标。总之，收容遣送工作得以顺利进行，并取得显著的成就，与各部门的大力支持和密切配合是分不开的。

三、收容遣送站的管理工作

收容遣送站也是流浪乞讨人员暂时停留的场所，是管教和遣送流浪乞讨人员的特殊性事业单位。他们管理城市流浪乞讨人员始终遵循救援与教育相结合的原则，实行区别对待、分类管理、分别处理的方针。各个收容遣送站，在管理方面主要做好以下工作：

（一）掌握政策、准确收容。及时、准确收容，是解决城市流浪乞讨问题的前提，各地在进行收容时，着重注意：

1. 严格掌握收容对象的范围。民政部门的收容对象是，城市或旅游区内有流浪乞讨行为的人。主要收容的人员是：走街串巷乞讨的；摆地状乞讨或骗讨的；裸露残疾肢体乞讨的；尾随他人或外宾乞讨的；利用其他方式方法乞讨的；主动投站恳求援助的。凡不属于上述范围的人员，不予收容。中共十一届三中全会以后，农村中一些有技术专长的“能工巧匠”纷纷进入城市，有的从事木工、缝纫、弹花等手工业、商业和服务业。这部分人在流动的过程中也有露宿街头的，但绝不能把他们作为收容的对象。

2. 做好宣传工作。在对流浪乞讨人员进行收容时，往往受到不明真相群众的围观和责难，遭到流浪乞讨人员的抗拒。因此，做好宣传工作十分重要。各地收容遣送站在遇到上述情况时，都利用现场宣传收容遣送工作政策，说明流浪乞讨行为对乞讨者本人和对社会的危害性，从而取得被收容对象的理解和群众的大力支持，达到收容的目的。

3. 灵活多样的收容方式。各地的收容工作，根据当地的实际情况决定。从全国来看，主要有四种形式：其一，收容以公安部门为主，民政部门协助；其二，收容以民政部门为主，公安部门协助；其三，由公安部门承担全部的收容工作；其四，由民政部门承担全部的收容工作。此外，还有的收容遣送站与车站、商店、宾馆等单位建立了联系网络，互通信息、互相支持、共同进行收容工作。另外，许多地方，根据流浪乞讨人员的活动规律，在有关部门的配合下，组织集中收容，也取得较好的效果。

中共十一届三中全会以后，各地收容遣送站在一般情况下，基本上做到了发现一个，收容一个，从而减少了城市街头，特别是主要公共场所的流浪乞讨现象，对社会风气的好转和社会主义精神文明建设起到了促进作用。

（二）严格审查，弄清情况。严格审查，弄清流浪乞讨人员的真实情况，是做好管理教育和遣送安置工作的基础。在进行这项工作时，应注意抓好以下几个重要环节：

1. 登记制度化。流浪乞讨人员被收容进站后，在一般情况下必须于二十四小时内进行登记、询问，并作询问笔录。通过登记询问，切实弄清每个流浪乞讨人员的真实住址和姓名，以及外流的主要原因。然后，分别情况及时处理：该遣送回原籍的，转交遣送科（股）；对不该收容的人，立即解除收容；对自报住址与口音不符、外流原因不明、携带物品与身份不相符合的，可暂时留站作进一步了解。

2. 做过细的审查工作。流浪乞讨人员的情况十分复杂，尤其是其中的一些儿童和老弱病残人员，往往说不清、道不明。为了做到正确处理，收容遣送站就本人所说情况，或者向当地政府发信查对，或者派人到所在地去查证。把真实情况完全弄清后才予处理。这方面的工作十分细致艰巨，也十分重要，很有价值。80 年代中期以后，大量的外出迷路致残人和走失的儿童通过收容遣送站的工作，重与家人团聚，在社会上引起了很好的反响。仅天津市收容遣送站近两年便为数千名精神病、痴呆傻人和少年儿童找到了家。

3. 审查与法制教育相结合。在流浪乞讨人员中，据不完全统计，有轻微违法行为的人占 15%；其中还混杂着少量的严重刑事犯罪分子。因此，收容遣送站在进行审查工作中，对发现有疑点的人，都积极地进行政治思想和法制教育工作，宣传党和政府的政策，从而使犯罪分子自首、坦白，争取得到政府的宽大处理。据上海、广州、天津、重庆、南京、沈阳、兰州、武汉、四平、哈尔滨等收容遣送站统计，近五年间，共审查出犯罪分子数千人，其中有杀人犯、抢劫犯、盗窃犯、强奸犯、流氓犯、诈骗犯、拐骗人口犯，以及劳改逃跑犯等等。这些人员一经发现，及时送有关部门处理，有力地配合政法部门打击犯罪分子，促进了社会的安定团结。

（三）搞好生活，保障健康。从社会主义的人道主义出发，每个收容遣送站都努力安排好被收容人员的生活，并保障他们的合法权益，做到热情、周到、文明服务。

1. 搞好伙食，保障生活。流浪乞讨人员流落街头，风餐露宿，生活没有保障。他们被收容进站后，各站根据被收容人员的不同性别、不同年龄和不同类型等情况，分开住宿、分别编组管理。认真搞好被收容人员的伙食，保证他们吃足定量、吃得卫生，对于老弱病幼者，还给予照顾。近几年来，各站都程度不同地提高了被收容人员的伙食标准，有的站还从劳动收入中支出一部分，进一步改善被收容人员的生活。

2. 搞好医疗卫生。许多流浪乞讨人员在流浪过程中挨饿受冻，受到疾病的侵袭，体质衰弱，有些还患有疾病。收容遣送站十分注意卫生工作，夏季防暑降温，冬季防寒御寒，春秋季节加强传染病的防治。还经常拆洗被收容人员的被褥，切实做好住室环境的清扫，保持整洁、卫生。对于患有疾病的被收容人员及时治疗，重病者还有专人护理。40 年间有成千上万患病的流浪乞讨人员得到及时治疗，数以万计的危重患者获得了第二次生命。仅哈尔滨收容遣送站在近几年内，就为 130 多名危重患者进行了治疗，其中 80 多人被治愈。有一位老人因受不了儿子的虐待而流落街头，乞讨要饭，被收进站时已奄奄一息。该站卫生所的工作人员昼夜治疗护理，自己花钱为老人买罐头、水果和点心，老人脱离危险后感激地说："要在旧社会早被冻死饿死了，是你们给了我第二次生命，你们才是我的亲人!"

（四）加强教育，救人育人。

1. 教人育人。流浪乞讨人员长年累月浪迹街头，不同程度地沾染了不良习气，有些还有轻微的违法行为。根据这种情况，收容遣送站对被收容人员采取了多种形式进行教育。向他们讲理想、讲前途、讲法制、讲道德以及讲无政府主义的危害性，并且根据不同对象因人施教，晓之以理，动之以情，导之以行，帮助他们树立正确的人生观，克服不良习气，走向新生活。通过教育，一些流浪乞讨人员思想认识提高后，说出了真心话。在 1987 年和 1988 年里，上海和武汉两个收容遣送站就有近 200 名混杂在流浪乞讨人员中的违法犯罪分子，交代了自己的违法犯罪行为。还有一批假报家庭地址和姓名或装聋作哑的人，也开了口，说了真话。

2. 组织生产，加强劳动教育。针对流浪乞讨人员存在好逸恶劳思想，收容遣送站组织有劳动能力的被收容人员参加生产劳动。参加劳动的主要是 4 种人：以乞讨作为生财之道的；好逸恶劳、流浪乞讨成性、屡遣屡返的；骗讨或强讨硬要的；既流浪乞讨又有轻微违法行为，但不够《治安管理处罚条例》处罚的。其他有劳动能力的被收容人员，在待遣期间也可以参加劳动，并以其劳动收入充抵在站期间的生活费和遣送费的开支。这样做，既有利于改造他们思想，又能使他们学会某种劳动技能，还可增加一定经济收入，改善生活。在开展劳动教育时，根据被收容对象生产技能低、流动性大和难管理的特点，一般均选择了投资少、见效快、经济效益好的生产项目。如糊纸盒、制砖、加工塑料袋、搞种植和养殖业等等。对参加生产劳动的被收容人员，按照多劳多得、奖勤罚懒的原则进行分配。劳动教育既有经济效益，如太原收容遣送站每年都有1万人次接受劳动教育，年产值31万元，实现利润11万余元；更有社会效益，参加劳动的被收容人员程度不同地改掉了好逸恶劳的思想，树立了劳动光荣的观点。其中有的人深有感触地说："劳动洗刷了头脑中好吃懒做的寄生思想，劳动使我学会了一门谋生的技能。"

（五）区别对待，分别处理。流浪乞讨人员被收容后，经过审查、教育，弄清他们的真实情况，应分别不同类型，及时进行处理。留站时间，除特殊情况者外，省内的一般不超过一个月，外省的不超过一个半月。对属于真正因灾或因生活困难而外流乞讨的，及时遣送回原籍家乡。对于无法查明地址的少年儿童、痴呆傻和精神病患者，分别送社会福利院和精神病福利院，或者留站继续查找。做到地址不明的不遣送，有重病的不遣送。对可以做遣送处理的被收容人员，都按规定送到目的地，并与接收单位办理交接手续。由于采取了上述措施，提高了遣送的正确率，使流浪乞讨人员各得其所。

（六）落实安置，防止屡遣屡返。流浪乞讨人员的屡遣屡返现象，是收容遣送工作中最为棘手的一个问题。这部分人具有习惯性、欺骗性和破坏性，是社会不安定的一个因素。对这部分人，单纯用收收送送的办法处理，既不能彻底消除他们继续外流的思想，又会造成人力、财力的极大的浪费。各地为解决这个老大难问题，采取多种形式协助流出地政府做好安置工作，并创造和积累了不少行之有效的办法。主要是：

1. 做好安置前的思想教育工作。一方面，做好被收容对象离站前的思想教育工作，使其对流浪乞讨的危害性有一定的认识，打消怕家人、乡亲歧视的心理障碍；另一方面，做好流浪乞讨人员的亲属和邻居的思想工作，使被收容对象返家后，思想上有人关心，生活上有人照顾，生产上有人帮助。

2. 签订安置协议，实行安置承包责任制。包括 3 个层次：一是收容遣送站工作人员与流出地乡镇的民政助理员签订安置协议；二是由乡镇民政助理员与村民委员会签订安置协议；三是由村民委员会与流浪乞讨人员家属签订安置协议。这样，层层落实、互相配合、互相制约，共同做好流浪乞讨人员的安置工作。

3. 根据流浪乞讨人员的不同情况，区别对待，因人安置。对于游手好闲、好逸恶劳的懒汉，既进行批评教育，又给其解决生活和生产上的困难，并责成其家属做好防止继续外流的工作。对于因生活困难而外流的，结合扶贫，重点扶持，帮助他们摆脱贫困。对流浪儿童和智力残疾者，有家的落实看管措施，加强监护；无家的送社会福利事业单位。对因家庭、升学、就业等问题而流浪的人员，主要是做好调解、疏导工作。对劳改劳教释放或解教后，生活无着而流浪的人员，帮助他们解决生产、工作问题，找到生活出路。

4. 做好回访工作，巩固安置成果。屡遣屡返的长期流浪人员，游惰习气严重，安置后一遇到困难和挫折易于“旧病”复发，重新外流。为此，许多收容遣送站开展了定期或不定期的回访工作，检查安置后的情况，发现问题，及时向当地政府反映，并协助解决。同时，在回访过程中，通过交谈，予以鼓励，进一步增强他们安居乐业的自信心。

由于采取了这些有效办法，屡遣屡返现象逐步减少，安置巩固率不断提高。辽宁省义县，通过层层签订安置承包合同，实行分片包人责任制的办法，全县 65 名长期外流人员已全部得到安置，并基本巩固下来。山东省乐陵县根据外流人员的不同情况，对“症”下“药”，已使 74 名屡遣屡返的“惯流”得到妥善安置，积极参加了农副业生产，走上自新之路。

为了切实做好收容遣送工作，80 年代中期以后，收容遣送站建立和健全了岗位责任制。从站长到一般工作人员均实行定岗、定人、定责，做到各司其职、各负其责。并且把岗位责任与经济利益挂钩，按照任务完成的情况，予以奖惩，做到赏罚分明。这样做，充分调动了工作人员的积极性，提高了安置工作的效率和质量。

四、安置农场

安置农场，是民政部门举办的教育和安置长期流浪人员的事业单位，实行企业管理。它的主要任务是：通过思想和劳动教育，帮助长期流浪人员改造世界观，改变游惰习气，学会生产技能，成为自食其力的劳动者。

安置农场既不同于劳动农场，也不同于一般国营农场，概括起来有以下特点：

安置性。安置农场是为长期流浪人员提供的一个安身之处，对无家可归的作长期安置；对屡遣屡返的作短期安置，使他们过上稳定生活，结束流浪生涯。

教育性。针对长期流浪人员的好逸恶劳、不劳而获的恶习，以及其他的不良思想和行为。加强进行法制、道德、理想、前途、纪律等方面的教育，帮助他们转变思想，改掉坏习气。

生产性。安置农场的重要任务是，把组织安置人员参加生产，作为对他们进行教育的一种手段，寓教育于劳动之中，有利于思想改造，帮助他们树立劳动光荣，不劳而获可耻的观念。同时，发展生产，创造物质财富，为他们的生活需要提供农副产品。

安置农场的这三个特征，是互为条件、相互促进的。安置是目的，又是做好教育工作的前提条件，教育能促进安置的巩固；安置教育工作保证完成生产任务，而生产搞上去了，又为完成安置和教育任务提供了物质基础。这种三位一体的安置农场，使它既区别于以生产农副产品为主的国营农场，又区别于以改造罪犯为目的的劳改农场。

（一）安置农场的由来和发展变化。安置农场大多数是由游民改造农场演变而来的。50 年代，改造游民的任务完成后，各地举办的生产教养院和游民改造农场，一部分承担了劳动教养任务，交由公安部门领导管理；

一部分转为社会福利生产或社会福利事业单位；还有一部分除继续做好游民改造工作外，开始接收安置城市中的长期流浪乞讨人员，直到1963年12月，内务部召开的安置农场工作会议上，才正式命名这部分农场为安置农场。

1. 初创时期。60年代初，随着全国经济形势的日益好转，盲目外流人口大大减少。但是，社会上有一些长期流浪人员，在全国各地到处游荡，乞讨偷摸，严重危害社会治安和社会主义建设，这部分人占流浪乞讨人员总数的百分之五。为了支持工农业生产，维护社会秩序，从根本上解决长期流浪人员问题，在内务部的指导下各地民政部门积极筹建安置农场。到1963年年底，全国共建立安置农场101个，拥有土地97万亩，其中耕地27万亩，园林8.7万亩。大多数农场在水利、交通、加工副业等方面具有一定的规模。

为了办好安置农场。当时着重抓了两方面的工作：一是取得有关部门的支持，搞好基础建设。经商得国家计划委员会同意，将民政系统安置农场的基本建设列入国家基本建设之内。内务部同公安、粮食、劳动、商业部发出了《关于解决民政部门领导的安置农场所收容人员的户口、物资供应问题的联合通知》，解决了安置收容人员的困难。例如，收容人员所需要的补贴粮食，由省、自治区、直辖市参照当地同类型国营农场口粮标准加以规定，纳入地方粮食统销指标之内。二是制定有关安置的方针政策。1963年3月在全国民政、人事厅局长会议上，确定了对长期流浪人员采取“就地收容、就地安置”的原则。同年12月，内务部召开了安置农场工作会议，制定了《安置农场工作暂行办法》。这一办法，明确规定了安置农场的性质、任务、经营方针和发展方向。

经过几年的努力工作，到1965年年底，全国101个安置农场共接收安置了3.7万多人，其中绝大多数人真正稳定下来，不再外流。此外，经过教育，有7000多名孤老残幼长期流浪人员，送到社会福利事业单位收养；还有一部分人送回原籍社队进行了妥善安置。这时，社会上的长期流浪人员明显减少，减轻了城市的压力。

2. 挫折时期。在“文化大革命”期间，安置农场同其他民政事业一样，也遭到了严重的破坏。撤的撤、交的交、散的散，原来的101个安置农场，到1978年民政部成立时只剩下44个；安置的收容人员也从3.7万人减少到1.6万人。安置农场被撤销后，有的地方把安置的收容人员送回原籍，因为不具备生活安置条件或安置不落实，不少人又倒流回城市，继续流浪乞讨；有的地方把安置收容人员长期放在收容遣送站里或社会福利事业单位养起来。总之，这一期间安置农场的生产和教育工作受到了很大的损失。

3. 恢复与发展时期。中共十一届三中全会以后，适应客观形势的需要，民政部加强了安置农场工作。1980年8月，召开全国安置农场工作会议，调整了工作方针、政策。进一步界定了长期流浪人员的概念，为流浪一年以上、屡遣屡返超过5次，游惰习气较重的人。会议制定了《安置农场管理试行办法》，使农场的管理工作逐步走上法制化、规范化的轨道。这个管理试行办法，依据财政体制实行地方包干的变革情况，将过去规定的“就地收容、就地安置”的原则，修改为“由流出地区包干负责安置”的原则；确定了“分散安置与集中安置相结合”的方针；将安置农场的性质由原来的“安置就业和教育改造的全民所有制农业企业”，修改为“教育安置长流人员的事业单位，实行企业管理”；并将“全额管理，收支分别核算，不足补助，多余上交”的财务管理体制，改为“财务经费包干，一年或三五年一定，节余留用，超亏不补”的办法。截至1988年年底，全国的安置农场已发展到59个；安置在场的长期流浪人员5894人；拥有固定资产6311.2万元；年产值达4760.3万元。随着改革的深入，安置农场取得了更好的社会效益和经济效益。

（二）安置农场的体制与管理工作。安置农场创建以后，在体制上始终遵循条块结合、以块为主的原则；在管理上始终根据安置对象的特点制定管理方针，采取相应的方法，以保证安置农场社会功能的发挥。

1. 安置农场的组织领导。它隶属于民政部门领导，目前已形成了一个比较完善的组织领导体系。民政部的职责：主要是业务领导，负责制定安置农场的方针政策和行政规章，以及发展战略；指导安置农场的经营管理工作；会同国家有关部门解决安置农场中带有普遍性的问题。地方民政部门的职责：组织实施上级民政部门制定的政策规章；负责下达教育安置人数，审批农场的经营方针、经济计划和财务收支计划，督促检查农场任务完成情况，商同有关部门解决农场的主要物资供应和基本建设等问题。安置农场一般设场部和生产队两级；规模大、驻地分散的，可以设场部、分场部、生产队三级。安置农场的主要职责是：场部负责收容人员、场员和农工的分配，编制和执行全场的教育安置、生产、财务、基本建设等计划，办理对外经济联系事宜，兴办集体福利事业，统一安排全场人员的生活物资供应。生产队负责全队人员的管理教育，按照场部批准的生产计划或承包内容，安排组织生产，安排好全队人员的生活。

2. 管理工作的原则和方法。长期以来，安置农场在管理长期流浪乞讨人员的过程中，不断总结经验，逐渐形成了一套完整的管理原则和方法。其一，管理工作有明确的指导思想，即：对教育安置对象进行管理外，坚持按照人民内部矛盾处理，切实保障宪法赋予他们的各项权利和义务。其二，建立健全学习和教育制度。学习时间每周一般不少于6小时，教育方法形式多样，既有统一集中进行教育，又有个别谈心；并主要从正面进行坚持四项基本原则，反对无政府主义和资产阶级自由化，社会主义法制、道德、前途和理想的教育。其三，建立健全场规。流浪乞讨人员入场后，根据他们的性别、年龄分组或编队，使他们生活在有纪律约束的环境中；对游惰习气严重，或者打架斗殴、或者经常逃跑的人，单独编队，加强管理教育。对遵纪守法、劳动积极、表现好的，给予精神和物质奖励；对违反场规和纪律的，进行批评教育，情节严重的给予警告、记过或适当的经济制裁。其四，切实做好安置处理工作。安置农场本着负责到底的精神，解决安置对象后顾之忧。对于经过教育改造而有家可归、原籍有条件安置的场员，与其原籍市、县民政局和街道、乡（镇）联系妥当，及时处理回原籍，并酌情发给路费和生活补助费，做到安置落实，不再外流。对于无家可归或原籍确无条件安置的场员，或属于管理、生产、技术骨干、身体健康，在场劳动三年以上，表现较好的，经群众评议，农场审查造册，报省、市、自治区民政厅（局）和劳动局共同审查批准后，可转为农工。转为农工后，其原籍有条件安置时，也可送回原籍安置。对于基本丧失劳动能力的场员，原籍确无条件安置的，经民政部门批准，可送回原籍社会福利院或留场安置。

（三）安置农场经营管理的改革。中共十一届三中全会以后，各地安置农场从实际出发，积极进行改革，采取了许多行之有效的做法。主要是：

1. 实行联产承包责任制。农村的家庭联产承包责任制，冲击了安置农场沿袭多年的经营管理模式。改变了过去“不足补助、多余上交”的经营管理办法。安置农场实行的承包责任制，是由民政厅（局）与安置农场签订承包合同，场部与分场（包括队、厂）签订承包合同，分场与生产组或个人签订承包合同，做到层层承包。在收入分配上，把生产经营成果作为计酬依据，本着按劳分配的原则，多劳多得、奖勤罚懒。联产承包责任制的实行，极大地调动了干部、职工和安置对象的积极性，各农场的经济效益逐年增长，社会效益也日益提高。安置人员不再把自己看成是“二等”公民，而是生产承包一方的主人。从思想上稳定下来积极搞好生产，从而使农场和干部、安置对象的收入增加，生活得到改善，文化生活也不断丰富，人心安定，生产、生活秩序良好。

2. 开展多种经营。“一业为主，多种经营”的经营方针，在1963年的安置农场会议上就已提出来了。但长期没有贯彻落实。中共十一届三中全会以后，各地安置农场认识到，要提高经济效益，必须发展多种经营。因此，他们从当地资源条件、市场需要等实际情况出发，因地制宜、有计划地调整生产布局，做到完成主要生产任务后，宜牧则牧，宜工则工、宜商则商；适宜开展几种、就经营几种。全国59个安置农场的经营项目，除农业、林业外，还有工业、商业、服务业、运输业、加工业等。有的农场在发展农业的同时，发展工业、商业、服务业，实现了生产、加工、销售一条龙，走上了农工商综合经营的道路。随着多种经营的开展，经济效益普遍提高。安徽省茅山茶场，在中共十一届三中全会以后，调整了生产布局，将茶场建设成以茶为主，种养结合，兼搞运输、加工业的综合经营的农场，取得了较好的经济效益。从1980年到1986年的7年，平均年产值43.5万元，相当于70年代年产值的3倍。湖南省福田茶场在1979年以前，片面强调抓粮食生产，吃够了“越搞越穷”的苦头。1980年以后，从实际出发，发展柑橘、茶叶，同时开辟了工业、商业的门路，平均年产值达125万元，比1979年前的平均年产值71万元，增长了75%。

3. 应用科学技术。安置农场实行承包责任制和多种经营以后，从干部到安置对象都十分关心生产经营的成果，普遍认识到科学技术对提高经济效益的重要。因此，想方设法引进并运用科学技术。他们的具体做法是：（1）与大专院校、科研机构搞项目协作或购买技术专利；（2）聘请专业技术人员来场指导，帮助解决生产上的技术难题；（3）选择有培养前途的青年职工，送到大专院校去学习深造；（4）农场举办专项技术培训班。科学技术的推广应用，对农场的生产经营卓有成效。福建省南靖草板农场，运用科学技术解决了荔枝20年不结果的问题，3年间增加收入10多万元。

（四）安置农场的主要成就。安置农场经过了一段曲折的道路之后，在开拓中前进，在改革中发展，取得了两个方面的显著成就。

1. 改造了人，促进了社会的安定。长期流浪人员游惰习气严重，对社会具有一定的破坏性。安置农场把他们收容起来，通过教育改造，挽救了一大批人，减少了社会上的不安定因素。据21个安置农场的统计，从60年代初到1986年，共接收安置9.32万人，其中有6.23万人，认识到流浪乞讨的危害，树立了劳动观念，学会了一定的技术，返回家乡后积极参加生产，安居乐业；有2842人思想进步，有相当的生产技术，经所在省民政厅局和劳动局批准，转为农场的正式农业工人。在后一部分人员中，有的当上了会计，有的参加了中国人民解放军，有的加入了中国共产党并担任了领导职务。

2. 改造了自然，为社会创造了物质财富。全国59个安置农场，经过广大干部、职工和安置对象的艰苦奋斗和辛勤劳动，使原来的荒山秃岭变成了花果山、米粮川，每年向社会提供大量的农副产品。59个安置农场，从1980年到1988年，共生产粮食1.58亿余斤，茶叶1254万余斤，水果6375万余斤，棉花34万余斤，总产值2.33亿余元。这些成果是流浪乞讨者的双手所创造，具有特殊的意义。

第十章
扶持农村贫困户工作

扶持农村贫困户工作（简称扶贫工作）是社会主义中国解决贫穷问题中的一个创造。这项工作，不是一般意义上对贫困户的帮助，而是以帮助贫困户与全国人民一起走共同富裕道路为宗旨；在这个特定的意义上，扶助贫困户通过发展生产和商品经济，从根本上摆脱贫穷，逐步走上富裕的道路。这项工作由个别地帮助贫困户，发展到团体扶贫和扶助贫困地区经济开发；从劳力、资金、供销、信息等方面的扶贫，发展到科技扶贫、教育扶贫、康复扶贫及其他多种形式的扶贫。显示出在社会主义条件下，随着经济建设的发展，中国解决贫穷问题的宽广途径。民政部门在全国扶贫工作所取得的巨大成就中，发挥了重要的职能作用。

第一节　农村扶贫工作的萌芽

农村扶贫工作是在农村社会救济和救灾工作的基础上发展而来的。所谓扶贫，就是国家和社会各方面，通过多种方法，帮助贫困户解决生产和生活困难，使他们增加收入，达到摆脱贫困的目的。

旧中国是一个十分贫穷落后的国家。新中国成立以后如何帮助农村贫困的群众从根本上摆脱贫困，是广大民政工作者在社会救济工作中长期探索的一个问题。

1951 年年初热河省民政厅首先提出，只有尽一切力量，帮助贫困群众发展生产，增加收入，才能从根本上摆脱贫困。他们根据本省因遭受日寇及国民党十多年的压榨、摧残，加之连年天灾，造成全省有 45 个贫困区，

993个贫困村，40.5万贫困人口的情况，制定出扶助贫困户发展生产的办法，通过扶助贫困户发展农副业生产，解决生活上的困难。省党政领导对此十分重视，派出了百余人的工作团，分赴承德、隆化、喀喇沁、宁城等县、旗的贫困区，组织与领导贫困户发展生产。各县、旗领导也重视这项工作，组织干部下乡领导和检查贫困户的春耕生产，帮助他们制定生产计划，解决春耕生产中的具体困难。该省将中央下拨的25万元寒衣贷金，用来购买了3000余头耕畜，分别贷给隆化、宁城、平泉等11个县的贫困户。帮助他们解决缺少畜力的困难。银行下拨了种子贷款、牲畜贷款74.8万元，重点贷给贫困户。合作贸易部门，尽量帮助贫困户调剂种籽和农具等物资。通过扶持，消除了贫困户的悲观失望情绪，使他们安心进行生产，逃荒现象大量减少，为后来夺取丰收打下了基础。该省民政厅为此在1951年5月向政务院、内务部写了《扶助困难户生产的报告》。黄炎培副总理在报告上批示："扶助困难户生产，是值得努力的一件事。希望热河积累经验，使困难村户逐渐减少，做出一个典型来。"从此，在中国的部分农村便出现了扶贫工作雏形。

1953年，青海省根据"解决生产资料为主，生活资料为辅，密切配合各方面力量，逐步扶助贫苦牧民从事生产"的方针，在建立政权较早的地区，给贫苦牧民救济牛羊，扶持其从事生产。据1954年的不完全统计，共发放救济款49.1万元，购买牛984头，羊1.2128万只，发给贫困户饲养。玉树自治州及同德等七个县，把救济款中的71%用于购买生产资料，扶持贫困牧民发展生产。1955年，全省需要救济的8万牧民中，已有2.8万人得到扶持。这种做法，在当时是对社会救济款使用的一个重大突破。

农业生产合作化以后，许多地方依靠合作社的力量，吸收贫困户入社，帮助他们解决生产和生活上的困难。一是根据劳动力、技术等条件，组织贫困户参加相适应的生产。许多贫困户具有参加轻微劳动的能力，合作社根据他们的具体条件，实行合理的分工，设法帮助他们寻找适宜的生产门路，使其发挥自己的能力。二是帮助贫困户寻找副业门路，增加收入，用以弥补农业生产上的不足。合作社内的各种副业生产都优先照顾贫困户参加。同时在合作社输出剩余劳动力时也优先照顾贫困户。三是给贫困烈军属代耕土地，帮助贫困户代耕自留地。烈军属入社后，除根据入股土地给予分红外，还按其家庭实际生活情况，由合作社补助一定的代耕工，作为“劳动日”分粮，对缺乏劳动力的贫困户代种自留地。四是合作社对贫困户补助或借贷。合作社对贫困户实行免缴或缓缴入社费，免交大耕畜投资等，在肥料投资等方面也给予照顾。同时，为了增加贫困户的收入，对个别劳动力弱的按全劳力顶工给工资。

随着合作化、人民公社化的发展，农村社会救济工作也相应发生了变化。国家主要集中力量对穷社穷队进行扶持，通过集体的经济力量来保障群众生活。但是，三年困难时期使人们认识到，光靠社队难以全部解决贫困户的各种困难，必须帮助他们发展生产，才能从根本上保证其生活。为此，根据《农村人民公社工作条例》的有关规定的精神，积极开展了扶助贫困户的工作。1964 年 2 月，中共内务部党组在给中央的《关于在社会主义教育运动中加强农村社会保险工作，帮助贫下中农困难户克服困难的报告》指出：在已经进行了社会主义教育运动的地方，一般都注意了解决五保户、困难户的生产困难。有些地方还制定了帮助困难户从经济上彻底翻身的具体规划。《报告》还提出，要给困难户中有劳动力的人安排适当的生产门路，使他们增加收入，这是帮助困难户解决生活困难的根本办法。从各地的情况来看，这样做，可以使他们的困难情况大为减轻，其中 40% 左右的户能够基本上解决问题。要对困难户全家的劳动力作一次全面排队，优先安排他们从事经常的、收入较多的生产劳动，并且要帮助他们搞好家庭副业生产，使他们依靠集体经济，通过生产自救，逐步走上共同富裕的道路。这个报告，第一次正式向中央提出扶贫的问题，具有重要的意义。

1964 年，四川省威远县两路公社制定了第一期扶贫规划。他们在调查摸底的基础上，把 350 户贫困户列为信用社贷款扶持对象。对 77 户严重贫困户，采取了有效的扶持措施：一是适当派工，帮助发展家庭副业。共安排了30户养猪、喂牛，6户搞副业生产，9户做轻工巧活，给34户解决仔猪、猪圈和农具短缺等困难；二是帮助26人治病，恢复健康；三是在两年内由生产队结合决算分配，为39户减免口粮倒补款；四是三年内，由社队帮工850个，帮木料280根，为20户修建住房47间。此外，对国家下拨的春夏荒口粮救济和冬令救济也给予重点照顾。为了保证规划的落实，两路公社民政委员会和大小队民政干部积极给党委当好参谋助手，加强了对扶贫工作的领导。规划制定后，公社和大队民政委员会的成员，按照分工分片包干负责，了解掌握情况，督促生产队落实规划措施。结合季节性救济工作，公社每年召开两次扶贫工作会议，开展思想教育，交流工作经验。抓好民政干部本身的政治思想教育，启发扶持贫困户的自觉性。通过5年扶持，77户严重贫困户有69户赶上了当地一般社员的生活水平，摆脱了贫困。两路公社在1969年和1973年又进行了第二期和第三期的扶贫，使贫困户在经济上得到了翻身，生活水平有了明显的提高。两路公社的扶贫经验，对全国扶贫工作起到了先导、启迪和推动作用，成为公社化时期扶贫工作的先进典型之一。

70年代初期。湖北、黑龙江、广东等省的一些地方，也相继开展了扶贫工作。湖北省罗田县从1975年开始，全面开展扶贫工作，重点扶持了4921户。经过三年多的扶持，使1970户脱贫，受到了各地的瞩目。1977年，广东省民政局在全省推广扶贫工作。1977年11月，省民政局召开了扶贫工作座谈会，学习和讨论了四川、湖北等省一些地方的扶贫工作经验，研究并部署了试点工作。1978年1月，民政局与有关部门联合派出工作组，到揭阳县渔湖公社进行扶贫试点。与此同时，兴宁、开平、文昌、新丰以及汕头地区各县也相继开展了试点工作。他们通过试点认识到，要搞好扶贫工作，必须在各级党委的统一领导下，各有关部门密切配合和支持。同年2月，广东省民政局会同银行、粮食、供销、农业等10个单位联合向中共广东省委写了《关于认真做好扶持贫下中农困难户的请示报告》，提出：第一，要大力宣传扶贫工作的意义，提高广大干部和群众对扶贫工作的认识；第二，要在各级党委领导下，建立专门机构，加强领导；第三，要深入调查研究，广泛听取群众意见，准确地确定扶贫对象，积极做好扶持工作；第四，各部门应密切配合，共同帮助贫困户解决各种困难；第五，要积极扶持穷社穷队，使其迅速改变落后面貌；第六，为了使规划扶贫工作卓有成效地开展起来，各级党委必须认真加强领导，在一段时间内，作为一个突出问题，集中各方面的力量突击加以解决。

广东省扶贫工作试点，取得了较好经验：（一）扶贫应按照治本为主，治本与治标相结合的原则，给贫困户创造自力更生的条件，从实际出发，因地制宜，因人制宜，合理排工，挖掘劳动潜力，使贫困户多出勤，多挣工分，并帮助他们搞好家庭副业，增加收入。（二）集体要对贫困户进行一定的补助，对贫困户的历年欠款，集体应给予减免。（三）加强贫困户的政治思想工作，教育他们树立自力更生，克服困难的勇气和信心，发扬艰苦奋斗，勤俭持家的精神。（四）各部门把扶贫工作作为自己应尽的职责，建立扶持户花名册和登记簿，民政、银行、信用社在发放救济款物和贷款时，重点照顾贫困户；粮食部门为扶持户提供猪饲料，畜牧部门解决良种猪苗，免收生猪诊疗费；卫生部门搞好合作医疗；教育部门减免学杂费；商业、供销、外贸部门，在农副产品收购、加工方面优先照顾；手工业部门登门帮助修理生产、生活用具，等等。同时，要注意做好扶持穷社穷队的工作，因为贫困户大部分是集中在集体经济力量薄弱的穷社穷队，要使贫困户迅速改变面貌，根本的办法是积极发展生产，增加集体分配，要加强对穷社穷队的领导，把领导班子整顿好、建设好。

中共广东省委很重视扶贫工作的经验，转发了民政局等单位的扶贫工作请示报告，并在批示中指出：认真地做好扶持贫下中农困难户的工作，是贯彻党在农村的阶级路线，巩固农村社会主义阵地，加强无产阶级专政的一项重要工作。各级党委一定要把这项工作列入党委的重要议事日程，认真抓紧抓好。省委文件下达后，受到了各地党委和有关部门的重视。各地相继成立了扶贫领导小组或办公室，并抽调干部组成工作组下乡搞试点。中共梅县地委六月中旬还在兴宁县召开全区扶贫工作经验交流会，研究部署全地区扶贫工作。据不完全统计，到1978年8月底全省已有1592个公社、1.24万个大队开展了扶贫工作，分别占全省公社、大队总数的81%和50.3%。

黑龙江、浙江、宁夏、陕西、湖南、四川、新疆等省也相继开展了扶贫试点工作。1977年黑龙江省委五号文件批转了省民政局《关于望奎县先锋公社解决困难户生产生活问题的调查报告》，要求各地学习推广望奎县先锋公社的扶贫工作经验，9月份，省民政局又在望奎县召开现场会，推广先锋公社扶贫工作经验。同时对全省近、中、远期扶贫工作，作了全面的规划和部署。

总的说，1978年以前的扶贫工作还处于萌芽状态，尚未在政策上加以认定。

第二节　全国农村扶贫工作的兴起

全国扶贫工作的开展，是在中共十一届三中全会以后，由民政部倡导推动的。程子华部长很重视扶贫工作，他指示农救司要系统地研究扶贫工作。1978年，农救司先后派出了13个工作组，分赴广东、辽宁等14个省（区）调查扶贫情况。总结扶贫工作经验。

1978年10月召开的第七次全国民政工作会议，充分肯定了扶贫工作。程子华在《报告》中指出：近几年来，一些地方在党委统一领导下，组织各有关部门的力量，有计划地开展了对贫困户，特别是常年贫困户的扶持工作，收到了良好的效果。实践证明，扶贫是帮助贫困户改变贫困面貌的正确途径，各级民政部门应积极会同有关单位做好这一工作。程子华还充分肯定了湖北省罗田县、四川省威远县两路公社和广东省扶贫工作的经验。

中共中央批转的《全国民政会议纪要》明确指出：对贫困户要在安排

生产的基础上搞好补助工作，要在党委统一领导下，做好常年贫困户的扶持工作，加强对他们的政治思想教育，充分激发他们自力更生的积极性。社队根据被扶持对象的不同情况，定出具体扶持规划，逐年实施，各有关部门采取有效措施，对贫困户进行帮助。实践证明，扶贫是帮助贫困户改变贫困面貌的正确途径，应当努力做好这一工作。通过试点，取得经验，逐步推广。

第七次全国民政工作会议的召开，标志着扶贫工作进入了一个崭新的历史阶段。扶贫工作引起了各级党政领导的重视，提到了国家和政府的工作日程，不少地方纷纷开展了规划和试点。民政部也从各个方面加强了对这项工作的指导。

1979 年 2 月，民政部转发了黑龙江省肇东县《关于太平公社扶贫工作的调查报告》，对新时期的扶贫工作起到了推动作用。太平公社的基本做法是：（一）逐户建立贫困户登记卡片，县、社统一掌握到户，随时督促检查扶持落实情况；（二）因户因人制宜，劳动分工给予照顾，帮助发展家庭副业；（三）集中经济力量重点扶持，同时动员群众互助；（四）建立干部包户和群众性包户小组，实行岗位责任制，包管、包教、包改变面貌，一包到底；（五）多方开展宣传教育工作，认真解决歧视贫困户的现象。

辽宁省绥中县高甸子公社的扶贫成绩是最为突出的。这个公社是一个多年生产靠贷款、生活靠救济、吃粮靠返销的“三靠社”，全公社 98 个生产队中 67 个是贫困队，1977 年全社人均收入仅 24.7 元，欠国家贷款 96 万元，每年吃返销粮 100 多万公斤。社员缺粮断顿，缺衣少被的相当普遍。通过扶贫，118 户困难户有 50 户当年脱贫，46 户严重贫困户人均收入比上年翻了一番，生活明显改善。人民日报发表了高甸子公社的扶贫工作经验，在全国各地引起了强烈的反响，对全国的扶贫工作起到了促进和推动作用。

1979 年，一些地方开始用救济款帮助贫困户养鸡、猪、兔、羊、牛等家庭副业。山东省莒南县壮岗公社1979年拿出5216元救济款，占全社救济款的36%，购买了160头小猪，扶持160户贫困户，经过一年的饲养，收入25600元，户均收入127元，相当于所发放救济款的4倍。河南省信阳地区民政部门1979年从社会救济款中拿出50万元，帮助贫困户发展家庭副业。黑龙江民政局在1981年，从事业费中拿出300万元，作为贫困户发展家庭副业生产专款。在杜尔伯特、拜泉、明水3县重点投放了95万元，并为这3个县安排春夏荒救济款100万元。省民政局还明确规定，各县（市）必须从农村正常救济款中提取40%，作为扶贫专款。

各地使用救济款扶贫以后，一些地方改无偿救济为有偿扶持。1980年，山西省清徐县吴村公社用1700元救济款帮助贫困户购买仔猪、羊羔、共扶持108户养仔猪105头，羊羔3只，家兔3只。公社与贫困户签订的协议规定：扶持购买的家畜出栏后，除交回"底垫款"外，其余归本人。饲养的家畜如属正常死亡，"底垫款"作为救济，不再回收。黑龙江省肇源县古龙公社为了解决贫困户养羊的困难，从救济款中拿出5000元，购买了母羊120只，采取"扶羊还羊"的办法，重点扶持了困难最大的63户。所谓"扶羊还羊"，就是把用救济款买来的羊扶持一部分贫困户，经过两三年的饲养，在保证被扶持户能有4只以上母羊的时候，收回原扶持的2只母羊，用来继续扶持其他贫困户。仅半年时间，就繁殖羊羔56只。黑龙江省民政厅在全省推广了他们的经验。

由于全国扶贫工作取得了一定成绩和经验，引起了中央领导人的重视。1980年3月1日胡耀邦总书记在《国内动态清样》第477期"河南省积极开展农村扶贫试点工作"一文中作了批示。民政部党组根据这个批示，向中央报告了全国当前扶贫工作的情况并提出：

第一，各级党委和政府加强领导，把各有关部门的力量统一组织起来。各省、自治区、直辖市要把这项工作列入议事日程，作出扶贫工作的规划。

第二，认真贯彻自力更生为主，社队和国家帮助为辅的方针。要大力帮助贫困户参加集体生产劳动，发展家庭副业，充分发挥自力更生的潜力。对于他们当前克服不了的困难，社队和国家要认真帮助解决。基本核算单位拿出一定比例的公益金，用于对贫困户的补助和减免其欠款。集体经济负担有困难的地区，政府给予必要的救济。

第三，把扶贫工作的重点放在革命老根据地及其他经济不发达地区。在这些地区进行扶贫工作，应当把扶持贫困户和扶持穷社穷队改变贫困面貌结合起来进行。把政府和各有关部门的经济力量组织起来，分工负责，统筹安排。

第四，从实际出发，注重实效。扶贫工作的做法，要因地制宜，不要强求一致。只要经过实践证明能够帮助扶持对象改变面貌，又不违背党的方针、政策，都可以推广。要有切实可行的扶贫规划，并加强督促检查，逐年落实，收到实效。还要根据条件的可能，有计划、有步骤分期分批地进行，搞好一批，巩固一批，扎扎实实、稳步前进。

中央领导在民政部党组的报告中批示：在农委刊物上转载，并加按语。4 月 29 日，《农委简报》第三十期加按语将报告全文作了转载。按语指出：农村扶贫是一项解民愁、得民心，合时宜、利四化的重要工作。望各级农业部门，在党委的统一领导下，积极配合民政等有关部门，切实把这项工作搞好。

农村实行联产承包责任制以后，扶贫工作更成了不可缺少的配套工程。农村实行多种形式的生产责任制，极大地调动了农民的生产积极性，大部分农民的生活水平有了明显的改善和提高，但是，少数贫困户由于家底薄、缺少劳力、生产资金等原因，生活还相当贫困。随着农村经济体制改革的深入发展，贫富悬殊的问题越来越突出。如不从根本上解决他们的困难，势必影响共同富裕目标的实现。因此，扶贫工作越来越受到各级党委和政府的重视。

安徽省是实行家庭联产承包责任制较早的地区之一，如何不断加强和完善农业生产责任制，是各级领导都十分重视的一个问题。来安县在完善农业生产责任制过程中，把帮助贫困户解决生活、生产上的问题，作为完善农业生产责任制的一个重要内容。通过扶贫工作，取得了良好的成效。他们对贫困户做到：政治上帮助，生产上互助，经济上支持，技术上指导。在生产上做到“四包”“五优先”，即包耕、包种、包管、包收，优先解决良种，优先安排用水，优先供应优质化肥，优先支持发展多种经营，优先解决生产资金。同时实行干部包干到户的岗位责任制。县、区、社、大队的领导干部和县各部、委、室、办、科、局、公司的负责人每人至少包一户，具体帮助贫困户安排生产，解决生产和生活上的各种困难。全县1924名干部都有自己的包户对象，县委书记王业美一人就包了三户。县委和县政府还规定把干部包户扶贫作为考核干部的一项重要内容。1981年7月，中共安徽省委转发了来安县委做好扶贫工作的经验，要求各地、市、县委都像来安县委一样，认真重视扶贫工作，采取措施，抓好这项工作。1982年1月，副省长孟富林到来安县调查，并向省委、省人民政府写了《关于来安县扶贫工作情况的调查报告》。省委转发了这个报告，要求各地进一步学习和推广来安县的经验，在完善生产责任制工作中继续抓好这项工作。3月，省政府还在来安县召开了全省农村扶贫工作会议，推广来安县的扶贫经验，扶贫工作很快在全省发展起来。

来安县扶贫工作的经验也受到中央有关部门的重视。1981年9月，国家农委和民政部联合转发安徽省委关于做好扶贫工作的通知和来安县的扶贫经验。同时提出：满腔热情地扶助贫困户，使其逐步富裕起来，以体现社会主义制度的优越性。这既是一项长期的任务，也是当前稳定和完善生产责任制，发展大好形势中一个不可忽视的问题。希望各地也像来安县那样，把扶贫工作列入议事日程，统筹安排，有关部门积极配合，因地制宜地采取多种有效办法，把这项工作切实做好。

1982年4月，民政部在安徽省滁县地区召开了农村社会救济工作座谈会，交流了扶贫工作的经验。会议邀请了中共来安县委书记王业美介绍了来安县扶贫工作的经验，还参观了来安县的扶贫展览，访问了扶贫户，讨论和研究了当前扶贫工作中亟待解决的问题。会议提出，要大力开展扶贫工作，要切实加强扶贫工作的领导，广泛宣传做好扶贫工作的重要意义。在扶贫工作中，民政部门要主动当好参谋、助手，深入基层调查了解情况，提出建议，向党政领导报告，使领导心中有数。扶贫工作要强调“扶志”“扶本”。“扶志”，就是要认真帮助贫困户分析困难的原因，启发教育他们正确对待困难，努力克服悲观情绪和依赖思想，树立自力更生，劳动致富的坚定信心。“扶本”，就是要大力帮助困难户搞好农、林、牧、副等多种经营，广开生财之道，使他们增加收入，从根本上摆脱贫困。会议对用救济款扶持贫困户发展家庭副业乃至帮助贫困户购买化肥、良种、农药、农具等发展农业生产的问题，作了肯定。

农村实行家庭联产承包责任制，也使扶贫形式发生了相应的变化。许多地方把帮助贫困户种好责任田，作为摆脱贫困的根本。一些地方在划分责任田时，对贫困户分给好地、近地，优先包给收入多，见效快的经济作物。为贫困户解决肥料、农具、农药等方面的困难。组织集体代耕、群众帮工、换工解决缺劳力的问题。在技术上给予指导，解决贫困户不会种田的问题。湖南省零陵县建设大队，针对 12 户贫困户缺少资金和劳动力，又不懂农活的情况，大队拿出 1500 元借给贫困户买化肥、农药、小农具，并组织生产互助，仅春耕、“双抢”两个阶段，就给贫困户帮工 53 人换工 100 多个，1981 年人均收入 190 元，生活有了明显的提高。

兴办扶贫场，吸收贫困户入场务工，这是江西省波阳县创造的扶贫形式。1980 年，他们从国家下拨的救济款中提取 1. 35 万元帮助社队兴办了 18 个扶贫场，吸收 178 户贫困户进场劳动，当年产值 16. 9 万元，用于分配的 6. 8 万元。到 1981 年，全县扶贫场发展到 35 个，进场 505 人，经营的项目有养牛、鱼、鸭，烧窑和加工农副产品等 76 项。

到 1982 年年底，全国开展扶贫工作的县有 1800 多个，公社有 3. 1 万个，分别占全国县数和公社数的 84% 和 59% 。累计扶持了 327 万多户，有 109 万户脱贫，部分贫困户开始富裕起来。几年间的扶贫工作取得了显著成绩和宝贵经验，为加快扶贫步伐创造了良好条件。

第三节　扶贫工作的广泛深入发展

一、政府有关部门合力扶贫

多年的扶贫实践表明，必须各有关部门共同努力，密切配合，才能使贫困户尽快摆脱贫困，走上富裕之路。1982 年 12 月，国家经委、民政部、财政部、中国农业银行、商业部、对外经济贸易部、农牧渔业部、国家物资局等 9 个部委联合发出了《关于认真做好扶助农村贫困户的通知》（简称《通知》）指出：扶助贫困户是党的一项重要政策，是完善农业生产责任制的一项重要内容，是社会主义制度优越性的具体体现。关心群众的疾苦，扶贫助难，是政府各部门和各级干部义不容辞的责任。帮助贫困户摆脱贫困是关系全局的、具有战略意义的一件大事。因此，要把扶贫工作列为我们工作的重要任务之一，加强领导。有计划、有组织地从人力、物力、财力上积极帮助贫困户发展生产和解决生活困难，尽快使他们从根本上摆脱贫困。《通知》强调，帮助贫困户摆脱贫困，要从各地的实际情况出发，采取多方面的措施，着重“扶志”和“扶本”。扶贫，是一项综合性的工作，涉及面广，任务繁重，必须在各级党委和政府的领导下，由有关部门互相配合，通力协作。为此，各有关部门要把扶贫工作作为己任，在各级党委和政府的领导下，明确分工，落实责任。《通知》对各有关部门在扶贫工作中的责任作了明确的规定：

财政部门——在安排使用支援贫穷地区的各项资金（如支援不发达地区资金、支援人民公社投资等）和农业税减免上，对贫困户给以适当照顾，并督促社队落实。

农村金融部门——对缺乏农副业生产资金的贫困户要积极给予贷款支持，并帮助他们安排好各项生产项目。

商业、粮食、供销部门——帮助贫困户开辟副业生产门路，及时收购产品；在规定各地粮食征购基数比例包干的范围内，适当减免贫困户粮食征购任务；优先供应化肥、良种、牲畜、饲料，以及其他生产、生活所需的物资。

外贸部门——安排出口产品的生产和收购时，在国外市场有销售可能和保证产品质量、规格符合出口标准的前提下，优先照顾贫困户。

农业、畜牧业部门——帮助社队搞好集体提留，落实对贫困户的补助，适当减免其提留任务、义务工和欠款；在生产技术上对贫困户给以指导；帮助做好家禽、家畜的疫病防治，并在收费上适当照顾。社队企业部门要尽可能多地安排一些贫困户参加生产劳动。

物资部门——在供应农具和修建房屋的物资时，优先照顾贫困户。

教育部门——为贫困户子女减免学杂费，并在助学金的使用上予以适当的照顾。

民政部门——协助党政领导制定扶贫规划，进行调查研究，交流工作经验；加强与有关部门的联系，组织集体帮助与群众互助；拨出适当数额的农村救济经费，用于扶贫。

《通知》对当时扶贫工作中的一些做法予以了肯定，如有些社队同贫困户签订农业经济合同时，规定了扶持项目（减免集体提留、集体用工，帮助贫困户解决生产资金、化肥等）；有些地方卫生部门积极帮助贫困户防病治病，并减免一定的费用；有些地方实行了党团员与贫困户建立经常联系的制度和干部包户的制度，组织帮助小组，开展互助活动；有些地方统一安排、合理使用扶贫资金，有的还建立了扶贫基金，既扶持重点贫困户，也照顾一般贫困户，使有限的基金发挥更大的经济效益，等等。《通知》要求，各地可结合自己的实际情况，逐步加以推广。

九部委联合《通知》的下达，引起了各地党政领导和有关部门的高度重视，各省、自治区、直辖市相继作了转发。不少地方的有关单位还联合向人民政府写了报告，根据本地的实际情况，提出具体的贯彻意见。各地纷纷成立扶贫工作领导机构，由党政主要负责人亲自挂帅，各有关部门的负责干部参加，下设办公室，定期召开会议，研究出现的情况和问题，检查和部署扶贫工作。

九部委联合《通知》和1983年中央一号文件、二号文件有关扶贫工作指示，对扶贫工作起了极大的促进作用，引起党政领导和有关部门的高度重视。从此，扶贫工作向全社会各部门共同配合，通力协作的方向发展。

1983年5月，民政部又与全国妇联联合转发了《辽宁省义县妇联动员妇女组织参加扶贫工作的经验》，号召全国各地的妇女组织向辽宁省义县妇联学习，在扶贫工作中做出应有的贡献。1985年3月，民政部、中国农业银行总行转发安徽省来安县和山西省曲沃县农业银行的扶贫经验。同年4月，商业部、民政部联合转发了山西省陵川县供销社扶助贫困户治穷致富的经验。这些经验的转发，使扶贫工作迅速扩展到全社会。

民政部多次与有关部门研究协商，制定扶贫工作的重要政策。1985年4月，国务院六十五号文件批转民政部、国家经委、财政部、中国农业银行、农牧渔业部、商业部、国家物资局、劳动人事部、教育部《关于扶持农村贫困户发展生产治穷致富的请示》指出：要动员和组织社会各方面的力量，帮助贫困户发展生产，增强其自身的活力，这是贫困户治穷致富的根本出路。要求各级人民政府加强领导，把扶贫工作纳入农村经济和社会发展总体规划中去，为贫困户发展生产、治穷致富积极创造条件，并注重研究新问题，总结新经验，深入扎实地把工作开展起来，切实做出成效。文件还提出对贫困户给予减轻负担的优惠照顾：

（一）贫困户缴纳农业税确有困难的，应酌情减免。贫困地区农业税减免问题，按中共中央、国务院《关于帮助贫困地区尽快改变贫困面貌的通知》规定和财政部有关规定执行。

（二）贫困户个人或集体兴办的工业、商业、运输业、建筑业和服务业，应按现行税法的有关规定减免税收。

（三）扶贫贷款单列科目。在同等条件下，对贫困户应予优先照顾，自有资金比例可以适当降低，贷款期限可以适当延长，付不起利息的，可用救济款或其他财力贴息补助。

（四）在收购农副产品和供应生产、生活资料方面，应照顾贫困户并提供信息和技术服务，指导他们搞好生产、提高经济效益，帮助他们做好家禽、家畜的疫病防治工作，吸收他们参加有关的经济联合体。

（五）根据国家计划和有关规定，国营企业在农村招工时，在同等条件下应优先录用符合招工条件的贫困户的青年，乡镇企业招工时应优先吸收他们就业。

（六）减免贫困户的义务工和各种公益事业的费用，减免贫困户子女入学的学杂费，并在助学金上给予照顾。

（七）要把扶贫与救灾结合起来。救灾款在保障灾民基本生活的前提下，可用于灾民生产自救，扶持贫困户发展生产。救灾款有偿收回的部分用于建立扶贫救灾基金，有灾救灾，无灾扶贫。

（八）要调动集体经济，群众团体和社会力量，提倡邻里相帮，亲友相助。

这个文件，体现了国家对扶贫工作的重视和对贫困户的关心，对调动贫困户生产积极性起到了很好的作用。

二、发挥科技在扶贫工作中的作用

造成农民贫富差异的一个重要因素，是他们科学文化素质的悬殊。许多贫困户因为不懂技术，不会经营，不善管理，造成治穷无门，致富无路。要使贫困户脱贫致富，必须开发他们的智力，提高其科学文化知识，多途径地给贫困户送技术，送信息，送管理知识，帮助他们更新观念，变革思维方式，开拓新的生产门路。这是从根本上治穷致富的一项重要措施。各地在扶贫工作中，创造出了许多科技扶贫的经验。

1985 年 8 月，民政部、中国科协发出《关于开展科技扶贫工作的通知》，要求各级民政部门和科协组织密切配合，积极采取可行的措施送科学技术上门，帮助贫困地区和贫困户摆脱贫困，富裕起来。通知提出：

（一）科技扶贫工作要在当地党委和政府领导下进行，各地民政部门和科协组织共同研究制定科技扶贫的规划和实施方案。

（二）把科学技术教给贫困户，依靠他们自己的力量，按照当地的特点和优势，利用当地的资源，因地制宜，发展商品生产。在方法上首先要组织各方面的专家进行实地考察，经过可行性技术论证和综合研究，提出扶持技术项目的咨询建议，切实为贫困户找出几条治穷的办法。

（三）努力抓好技术培训工作。培训的内容从贫困户的实际需要出发，以传授实用技术为重点，做到学以致用，速成有效，力求使每一个贫困户都能参加学习，掌握一两项致富技术。

（四）可以根据各地的需要和可能，建立和发展各种类型的专业科技群众组织和群众性的技术服务机构，把农村中的科技工作者、技术能人、能工巧匠组织起来，充分发挥他们在扶贫活动中的示范和指导作用。由他们向贫困户提供技术承包，技术咨询，技术培训等技术服务。

（五）认真总结先富裕户靠技术致富的经验，组织贫困户向他们学习。

黑龙江省海伦县乐业乡科协在扶贫工作中，发挥科技团体的优势和特点，帮助贫困户脱贫致富，做出了成绩。他们因地制宜、因户制宜，帮助贫困户调整产业结构。同时，发展“良种”型经济，搞“保护性”栽培，通过推广玉米育苗移栽，地膜覆盖西瓜等栽培技术，使贫困户获得重大经济效益。乡科协委员都参加了科技扶贫工作，与贫困户交朋友，定人定点建立联系。还发动专业户、科技示范户和贫困户自愿结合挂钩，结成对子，在物资上，技术上扶持贫困户，还开展了技术培训。乡科协在贫困户中优先免费开展各种形式的技术培训活动。主要有：①办农民技术夜校。他们专门为全乡549户贫困户办各种长短期对口技术培训班，按农时季节进行专门技术培训。②免费为贫困户提供各种技术资料、技术方案和技术措施。③按农时季节，到贫困户家中或田间进行实地技术指导。乐业乡通过科技扶贫，使471户贫困户脱贫，脱贫率达86%。其中人均年收入1000元以上的有80户，还有9户成了万元户。民政部和中国科协及时总结了他们的经验，向全国各地推广。

各地民政部门和科协组织密切配合开展科技扶贫工作，如采取举办展览、讲座、培训班、印发资料多种形式，普及科技知识，收效十分显著。许多地方充分发挥当地教师、干部、能工巧匠的智慧和力量，并积极从城市引进人才、技术和设备，帮助扶贫对象提高劳动生产率。有的地方组织专家，对扶贫项目进行可行性研究，把扶持工作建立在科学的基础上。有关部门还为贫困户传递科技、管理和产供销信息，提高了贫困户发展生产的专业化、商品化、社会化程度。有的地方还成立了科技承包组，对贫困户进行包户扶持。

民政部门与科协组织联合，把科学技术与扶贫结合起来，这是一个创举，大大加快了科技扶贫的步伐。黑龙江省科协与民政厅率先联合召开了科技扶贫大会，省财政、民政厅拨出300万元作为科技扶贫专款。省科协特聘22位科学家成立科技扶贫顾问处，负责制定科技扶贫工作规划，提出咨询建议，对扶贫项目进行可行性论证。省科协1985年组织27个省级学会的几百名科技人员，实施50多个定点、定项、定题、定人的“四定”技术项目，取得了2000多万元的经济效益。江西省上饶地区科协，发动科技人员到德兴县大茅山一带进行考察，发现当地猕猴桃资源非常丰富，便帮助当地政府发展猕猴桃经济。由科协出技术，帮助贫困户筹办猕猴桃综合加工厂，做果脯、罐头，吸收当地一大批贫困户参加生产。他们还深入到万年县，帮助当地贫困户发展养蜂事业，把该县老区164户贫困户组织起来，定期传授技术。蜂群发展到7000多箱，产值达80万元，使一大批贫困户走上了富裕的道路。

三、扶贫工作在改革中深化

1983年以后，随着救灾救济工作的改革，扶贫工作逐步深化，摸索出许多新的办法。

（一）建立救灾扶贫周转金。救灾扶贫周转金，是救灾救济款改革的产物。1983年第八次全国民政会议，肯定了各地利用救灾救济款开展生产自救和扶贫的做法。在扶贫时，这些资金可以采取“有借有还”的方式，周转使用，逐步建立周转基金，拓宽了扶贫资金的途径。江苏省 1983 年共筹集扶贫资金 2300 万元，资金来源于支穷款、支副款、低息农贷、社队企业筹集、集体筹集、救灾救济款等。吉林省 1983 年全省筹集扶贫资金 3016 万元，其中民政部门筹集资金占 17.7%，除农行低息农贷 1957 万元外，其余部分全部为无息有偿的资金。其他省也纷纷开展无息有偿的试点，在试点的基础上大面积、大范围推广，建立扶贫周转基金。有的地方还成立了扶贫基金会，负责扶贫资金的发放、管理和回收。

扶贫款采取“有借有还”的办法，使扶贫款死钱变活钱，有利于克服贫困户的依赖思想，树立自力更生、劳动致富的观念，精心管理和使用扶贫款物，注意生产的经济效益，加快脱贫的速度。同时，脱贫 1 户，偿还 1 户，还可以转扶 1 户，使有限的资金发挥出更大的社会效益和经济效益，减轻国家的经济负担，扩大了扶持面，有利于分期分批有计划地使贫困户得到扶持。又可以调动集体和群众监督管理使用扶贫款的积极性，促使配套扶持措施的落实，避免或减少优亲厚友，平均分配等问题的发生。

扶贫周转基金促进了救灾与扶贫结合在一起，救灾的对象多数是贫困户。在保证灾民基本生活的前提下，把生活救济后期的部分救灾款，用于扶持灾民发展家庭副业和恢复农业生产，既防止了灾民因灾致贫，又使灾区贫困户生产上的困难得到解决，为他们脱贫致富创造了条件。据不完全统计，仅 1983 年，全国用于扶持灾民生产的自然灾害救济款达 4000 多万元。救灾与扶贫相结合，特别是救灾扶贫周转金的建立，进一步扩大了扶贫资金的来源，加快了扶贫的步伐，也增强了贫困户防灾抗灾的能力，充分发挥了救灾款的效能。

扶贫款实行无息有偿，周转使用的办法，受到了各地的欢迎，各地在试点的基础上，1984 年全面铺开。各省均按一定的比例，拨出一部分救济款作为周转金，并在县、乡成立救灾扶贫周转金管理委员会。许多省、自治区、直辖市为了加强对这部分资金的管理，结合本省的实际情况，与财政厅（局）、农业银行制定周转金管理使用办法。管理办法规定：要建立扶贫周转金账户，加强发放、收回、核销等的管理，严格发放对象和资金的使用范围。并且与被扶户签订合同，合同包括：贫困户的基本情况，扶持项目，扶持金额，脱贫时间和偿还时间。

福建省民政厅会同省财政、农行部门制定了《扶贫周转金管理使用试行办法》，明确规定扶贫、资金一律实行有借有还、无息有偿的发放使用办法，各地、市也分别制定了回收细则。1984 年至 1985 年，全省各级民政部门共拨出扶贫资金 2200 万元，帮助各地建立扶贫资金会。到 1986 年年初，已建立地（市）级 6 个，乡级 122 个。扶贫周转金的建立，吸收了其他渠道的资金加入周转。到 1986 年年底，全省共吸收了地方财政、有关部门、集体、群众的资金共 2360 多万元，促进了扶贫工作的发展。

救灾扶贫资金实行有借有还、周转使用后，一方面为救灾扶贫事业积累了资金，使有限的资金发挥更大的效益；另一方面也减少了贫困户的依赖性，变“输血”为“造血”，充分发挥了内部潜力，启动了他们的活力，树立起自力更生脱贫致富的信心。各地在周转金的管理工作中，注意了资金的回收工作。在资金投放时，对投放对象、投放项目进行可行性论证，采取“公证”的办法，确定还款时间，并采取配套措施加以扶持。资金到期后，抓住有利时机，进行宣传教育，讲清资金回收的意义、目的，确保资金的回收。福建省古田县，1984 年后的 5 年间，共发放救灾扶贫周转金 62.96 万元。通过周转使用，累计投放 178.16 万元，累计回收 150.6 万元，加上回收后待投放的资金，为一次性投放的 3.5 倍，累计扶持贫困户 4777 户，使 70% 的户摆脱了贫困，效果显著。据统计，到 1989 年，全国已积累救灾扶贫周转金 15 亿元，累计投放 18 亿元，回收 5.7 亿元。这笔资金在扶贫工作中发挥了巨大的作用。

（二）兴办扶贫经济实体。在农村调整产业结构、加速发展商品经济的新形势下，扶贫工作也开始向工业、服务业等第二、第三产业发展，使贫困户联合起来，治穷致富，发挥更好的效益。山西省潞城县东邑乡在扶贫工作中率先闯出了一条新路子。1983 年，东邑乡民政助理员申海文根据附近正在兴建山西化肥厂，搞基建需要大批民工的情况，组建了扶贫服务中心。从农村招聘了 7 位会管理、懂业务、有一定工作能力的人组成班子。他们发挥当地优势，把支援建设山西化肥厂作为带领扶贫对象治穷致富的门道。运用经济手段，对贫困对象采取层层下达任务指标，多劳多得，按比例分成的办法进行经济管理。组织了 200 多名贫困对象承揽了山西化肥厂的土石方工程和运输，仅 3 个月收入 3.3 万元，人均收入 150 至 200 元，服务中心积累了 1800 元。1984 年全年总收入达 51 万元，使参加工作的贫困对象人均收入 800 多元，部分可达 1500 元，大大加快了脱贫致富的步伐。同时，服务中心增加了积累，到 1984 年年底积累达 8 万余元，相当于国家每年拨给这个乡的临时救济事业费的 8 倍。服务中心利用这些积累，为民政对象办了许多好事，受到了广大干部和群众的称赞。

东邑乡的扶贫工作经验，引起了民政部领导的重视。1984 年 8 月崔乃夫部长对东邑乡扶贫工作调查报告批示：随着形势的发展，光是治穷就不够了，还得抓致富。民政工作对象不仅应当从贫穷中解脱出来，而且应当和全国人民一道，奔向致富之路。要做到这一点，就必须解放思想，积极服务，开辟新的生产门路。山西省长治市潞城县东邑乡的民政工作，提供了这方面的经验。现将反映他们经验和做法的一个简单调查报告送你们一读，希望引起重视。

10 月，民政部在长治市召开了东邑乡现场经验交流会，推广他们的经验。会议对申海文在扶贫工作中所取得的成绩给予了表彰，并授予他“模范民政助理员”称号。东邑乡建立扶贫经济实体的做法，受到了各地的重视，相继办起了一大批各种形式的经济实体和经济联合体。据不完全统计，到 1986 年上半年，全国共兴办各种形式的经济实体 7 万多个，产值 40 亿元，利润 6.1 亿元，一大批贫困户进入经济实体务工，摆脱了贫困。

扶贫经济实体的出现和发展，改变了单一分散扶持的方式，出现了在自愿的基础上把贫困对象联合起来，进行集中扶持的形式。为贫困户，特别是缺乏独立生产经营能力的户，开辟了一条新的生产门路，使一大批单独扶持难以奏效的户有了较稳定的收入，从而加快了扶贫的步伐。经济实体的出现，也使扶持贫困户发展自给性生产同发展商品生产结合起来，使他们获得较高的经济效益，有力地促进了农村产业结构的调整和农村经济的振兴，它已成为贫困户脱贫致富的一个可靠基地，成为振兴农村经济的一支重要力量。

为了完善救灾扶贫经济实体的各种规章制度，理顺企业的所有权，经营管理权，监督权和各方面利益的关系，使之朝着正确的方向健康发展。1986 年年底召开的全国“双扶”大会和 1987 年的全国民政厅（局）长会议上，提出了对全国救灾扶贫经济实体进行清理整顿的要求。1987 年 8 月，民政部再次下发了《关于抓紧清理整顿救灾扶贫经济实体的通知》对清理整顿工作提出了具体的要求。主要内容是：端正为救灾扶贫事业服务的方向：认真确定实体的经营门类，生产产品和发展前途，将投资效益置于稳定可靠的基础上；搞好领导班子建设，改变软弱无力的现状；建立和健全各项生产经营管理制度；加强产供销和技术信息服务，建立健全财务管理制度；通过清理整顿，理顺关系，提高经济效益和社会效益，使其真正成为贫困户和灾民劳动就业的场所，摆脱贫困的基地。

到 1989 年年底，大部分省、自治区、直辖市的经济实体清理整顿任务已经完成，取得了良好的效果。

1. 明确了企业的性质，端正了办厂方向。通过清理整顿，各地重新强调了经济实体是扶持灾民和贫困户发展生产，摆脱贫困的特殊企业，清退了不符合政策要求的务工人员，充实了贫困户、残疾人务工，使就业贫困对象和残疾人的比例增大。据统计，企业的残疾人和贫困户由 1987 年年底的 68% 上升到 79%，达 90.48 万人。同时，他们的合法权益也得到了保障，清理整顿也使缴纳救灾扶贫发展基金形成了制度，救灾扶贫资金的积累有了保证。

2. 理顺了经济实体的外部关系，强化了民政部门的管理职能。由于经济实体为民政部门独资兴办，合资联办，扶助兴办和社会办4种类型，部分经济实体领导关系不顺，经常出现多头领导的现象，管理混乱。通过清理整顿，理顺了民政部门与乡镇企业主管部门和有关部门的关系，明确了民政部门在经济实体管理上的主导地位。吉林省通过清理整顿。现有的985个经济实体、所有权、管理权归民政部门的占75.7%，其余的也全部由民政部门归口管理。

3. 建立健全财务制度，加强财务、物资管理。各地针对一些经济实体财务管理制度不健全、家底不清、账目混乱的情况，认真清查了近几年经济实体的固定资产、流动资金和其他收支账目。配备了专、兼职会计、出纳和保管员，建立健全了总账和原材料、成品、产品销售、资金往来和固定资产等明细账目，摸清了家底，改变了财务混乱的状况。同时，各地还对经济实体作了进一步的论证。对效益好，产供销有保证的实体在资金上继续予以扶持；对生产经营项目前途广、潜力大、但尚有困难需要解决的实体，积极为其排忧解难，使其在整顿中发展提高；对供销渠道不畅，没有前途的实体，则分别情况，实行了关停并转，并采取措施，收回资金。

4. 调整、充实经济实体领导。加强领导班子建设，各地普遍对实体的领导班子进行了考核，调整，充实了懂生产技术、善经营管理的能人，改善了企业的领导，增强了实体活力。一些亏损企业更换领导后，面貌大为改观。河北省巨鹿县扶贫纸箱厂调换厂长后仅20天，就创产值2.5万元，获利2500元，改变了企业亏损局面。

5. 完善企业内部经营管理机制，提高劳动生产率。各地根据企业规模小，设备旧，职工素质低，内部经营管理不健全的情况，积极搞好内部管理，建立健全各项生产经营管理制度，推行各种形式的经营承包责任制，依靠技术进步发展生产。通过科学管理提高了效益，多数经济实体以挖掘内部潜力为核心，制定消耗定额、产品数量、质量、利润等经济指标，并把定额、指标与工资、奖金挂钩，调动了职工的生产积极性和创造性，降低了成本，提高了产品质量，增强了市场竞争力。

通过清理整顿，经济实体的各个方面都有了明显好转。据统计，到1989年年底，全国有经济实体3.7127万个，年产值为52.59亿元，纯利润为3.66亿元，分别比上年增长17.97%和12.65%，缴纳救灾扶贫发展基金3083.6万元，有80余万贫困户、残疾人在实体内就业，务工对象人均年收入达609元。

（三）大力发展救灾扶贫互助储金会。救灾扶贫互助储金会是1982年年底首先在江西省波阳县诞生的。它以国家给予的一部分救灾扶贫周转金垫底为基础，通过争取群众自愿缴纳会费和集体资助的形式筹集资金，为群众的生产、生活服务。储金会是以救灾扶贫为宗旨，有着多方面功能的民间互助合作组织，它以“民办、民管、民用”为原则，起到了灾前防、灾后救、无灾扶贫、有难相帮的作用。

储金会的产生，一开始就显示了它的优越性。1983年，波阳县遭受了特大洪水灾害。刚诞生的储金会就负担起救灾扶贫的重任，5个储金会共借出资金2.7万元，帮助423户农民购买了口粮、耕牛、化肥、农具，修复了住房等，为灾民生产生活正常秩序的恢复起到了重要的作用。

江西省各级民政部门和党政领导，为储金会的发展做了大量工作。储金会诞生后，江西省民政厅迅速在全省推广。他们大力宣传储金会的性质、作用和意义，并制定印发了互助储金会的章程，会计业务处理办法，明确储金会的所有权、经营权和管理权，开辟资金来源渠道，不断拓展储金会的功能。开展“社会效益和经济效益双优”活动，进行检查评比，并从理论上进行探索和研究。使储金会在江西省遍地开花，蓬勃发展起来。

1986年，民政部派工作组到波阳县调查，并转发了调查报告、波阳县互助储金会章程和资金管理使用试行办法，推广他们兴办储金会的经验。在江西省的带动下，各地出现了兴办储金会的热潮，并得到了党政领导的理解和支持。纷纷派人到江西参观学习。在试点的基础上，作出部署，全面推广。有的省还召开专门会议，进行宣传、发动、部署。总结储金会的工作。有的省党政领导到会讲话，以省政府的名义下发文件，要求各级人民政府积极投入力量，大力兴办储金会，把它列入工作日程。把这项工作抓紧抓好。

各地在兴办储金会的过程中，普遍从实际出发，结合自己的特点。云南省根据本省贫困户缺粮多的实际情况，办起了独具特色的救灾扶贫互助储金储粮会（简称“双储金”），在省政府的大力支持下，积极推广，发展很快。

1988 年 10 月，民政部在江西省召开了部分省（市）救灾扶贫互助储金会经验交流会，13 个单位介绍了经验。会议着重讨论了储金会的宗旨、性质、特点、作用、资金来源、存在的问题和今后如何发展巩固提高的问题。指出，储金会与现阶段社会经济发展的客观需要相适应，与农村经济体制改革的需要相适应，有利于生产力的发展，是农村群众互助互济的一种好形式，在农村扶贫济困和两个文明建设中发挥了积极的作用。实践证明，它具有强大的生命力，是一项具有重要意义的工作，不但在贫困地区要大力发展，在富裕地区也要大力发展。

经过几年的推动，储金会在全国各地迅速发展，一些原来发展较快的省在继续抓好普及的同时，注意抓好储金会的巩固、发展和提高；一些原来办会较少，甚至没有办会的地方，也在大力推广兴办。据统计，到 1989 年年底，全国已兴办储金会 12.78 多万个，入会农户 3200 多万户。储金总额 5.84 亿多元，储金投放总额 4.5 亿元，在救灾扶贫和应急解难方面发挥了重要的作用。发展较快的有江西、河南、湖南等省，其中江西省储金会达 2 万多个，占总村数的 99%；入会农户 448 万户，占总农户 78.7%；储金总额 1.56 亿元。从 1984 年起累计用于帮助灾民购买口粮、治病、修复住房的资金达 8079 万元，帮助农户达 161 万户次，累计扶持贫困户 119.85 万户，资金 1.2836 亿元。其中已有 102.3 万户解决了温饱，储金会成为救灾扶贫的一支重要力量。

（四）扶持多灾贫困县。民政部根据中共中央、国务院《关于帮助贫困地区尽快改变面貌的通知》的精神，在保障灾民基本生活的前提下，从救灾款中提取一部分，用于扶持多灾贫困县，扶持贫困灾民开展生产自救，发展商品生产。全国首批重点扶持了146县，其中安徽省重点扶持了9个县126个乡706个村，计4.4万户30万人。

为了使这项工作能扎扎实实地开展起来，民政部先后在四川省的蒲江县、湖北省监利县和河北省保定市，分别召开了重点扶持工作汇报会。会议总结了扶持多灾贫困县共同的做法和经验是：

1. 扶持“旱涝保收”的商品生产项目。多灾的贫困县，一般的都是十年九灾，甚至有的是十年十灾。这些地方的贫困户，遭了灾有困难，不遭灾也有困难。年年遭灾，年年救灾，年年贫困。改变这种状况的一个重要措施就是要因地制宜地扶持贫困户，逐步建立一些“旱涝保收”的商品生产项目，变单一经营为多种经营，贫困户可以凭借这些商品生产项目，有灾救灾，无灾治穷致富。一些地方的经验已经证明，贫困户有了“旱涝保收”的商品生产项目，不仅遭了灾不再需要国家的救济，而且为脱贫致富开辟了一条新路。

2. 重点扶持款要集中使用，重点使用，只有集中使用才能体现重点扶持。要坚决克服工作中的平均主义，切忌按乡、按村、按户平均分配，平均使用，以便把财力集中使用到最需要的地方去。另一方面，也要防止过分集中，起不到帮助贫困户依靠自己的劳动进行商品生产，增加收入的作用。要把扶持款用好用活，要有计划地、分期分批地、一个项目一个项目地办，一个村一个村地扶持，一个经济联合体一个经济联合体地扶持，视实际情况量力而行，扎扎实实地把工作搞好。

3. 把国家的扶持与贫困户兴办生产项目的积极性紧密结合起来。在兴办商品生产的资金上，既要有国家必要的扶助，也要有自筹资金。要采取自筹与扶持相结合的办法解决资金问题，也就是既要积极扶持，又要依靠群众力量，把两种积极性结合起来。自筹资金，可发动群众集资，也可发动社会各方面投资入股，也可引进外资（主要是外村外乡外县外省的资金，有条件的地方也可引进外国资金）。

4. 认真做好落实工作。有了具体规划，就要狠抓落实，一定要从实际出发，因地制宜，充分发挥当地的优势，扶持投资少、周期短，见效快，收益大的商品生产项目。对这些项目所需的原料、技术、资金、销路，以及经济实体承包人的经营能力等方面，都要逐项调查落实。无论扶持哪个项目，都要进行可行性研究，要积极而又稳妥，以经济效益体现社会效益。这样才有吸引力，才能巩固、发展，才能帮助贫困户脱贫致富。

5. 注意帮助贫困户联合起来发展商品生产，把贫困户组织起来，联合生产，特别是扶持他们与有技能、会经营的人联合生产，互相帮助，取长补短，充分发挥他们的特长。联合的办法，可以是贫困户之间的联合，也可以是村与村之间的联合，也可与专业户联合。要不拘一格，多种多样，大小结合，小型为主，由小到大，先易后难，因陋就简，逐步发展。多办一些技术简单，劳动密集型的商品生产项目。

扶持多灾贫困县取得了显著成绩。据 176 县统计，到 1989 年年底，累计投入扶贫资金 9. 25 亿元，建立周转金 3. 45 亿元，兴办经济实体 7760 个，务工的贫困户和残疾人 55. 6 万人。累计产值 1. 3 亿元，获利 1093. 9 万元；累计扶持贫困户 406. 2 万户，使 206. 1 万户摆脱了贫困。

（五）扶贫工作的主要成绩。经过各地区、各部门、社会各方面以及贫困户本身的努力，扶贫工作取得了良好的社会效果和明显的经济效益。据统计，到 1989 年年底，全国累计扶持贫困户 2518. 27 万户，其中有 1382. 95 万户摆脱了贫困，全国共兴办各种经济实体 3. 7127 万个，务工达 115. 4 万人，累计产值 145. 98 亿元，利税 14. 78 亿元，累计缴纳救灾扶贫发展基金 9715 万元，建立扶贫服务公司 2985 个，成立了 31559 个救灾扶贫周转金管理组织，有周转金 16. 2 亿元，建立了 12. 7822 万个群众互助储金会。入会农户 3200 多万户，拥有储金 5. 84 亿元。

第四节　扶贫工作的基本经验

（一）分散扶持与集中扶持相结合。

在扶贫工作中，各地从实际出发，采取分散扶持与集中扶持相结合的办法，取得了较好效果。

所谓分散扶持，就是对贫困户进行单家独户的扶持，帮助他们发展种植业、养殖业和加工业等生产。这样做适应了贫困户辅助劳力、弱劳力多的特点。扶持资金采取群众互助，集体帮助，部门资助，农行贷款和国家救济扶持等多种渠道加以解决。

随着农村经济体制改革的深入，大部分地区实行了家庭联产承包责任制，一些贫困户缺乏技术、资金和劳力等问题很突出。解决好这些问题是帮助贫困户摆脱贫困的关键。各地在帮助困难户种好责任田方面创造出了许多很好的办法，如对贫困户包给近地、好地，优先包给收入多、见效快的经济作物等。对于缺少农业生产技能、不会安排农活的贫困户，采取基层干部，中共党员，农业生产上的能人进行包户的办法，帮助他们定好生产计划，安排农活，在农业技术上给予指导，有的还组织农业技术员到贫困户家中、田里进行指导，甚至举办农业技术培训班，专门给贫困户讲课，从而提高他们的智能。对缺乏劳动力的困难户，采取群众帮工、换工，以及组织青年、共青团员、民兵、妇女组织成立“帮工助耕队”等多种办法，开展包户助耕活动。

集中扶持，就是根据自愿的原则，把贫困户相对集中起来，从资金、技术、信息等方面给予扶持。使他们通过生产，获得较为稳定的收入，从而达到脱贫的目的。其形式有：

1. 扶贫联合体。扶贫联合体有贫困户与贫困户之间的联合，有贫困户与一般群众之间的联合，也有贫困户与专业户、重点户之间的联合。贫困户与贫困户之间的联合，主要是在有智力而没劳动力与有体力而智力差的户之间进行，通过体力与智力的互为补充，取长补短，产生新的生产力。有的身体残疾的青年，虽然脑子灵活，但干重活，跑外有困难，因而缺乏独立经营能力，通过与其他户的联合，自己负责技术，对方出外购销，互为补充，互相得利。

贫困户与专业户之间的联合较为普遍。农村中的专业户，重点户大多数都是农村中的能人，他们脑子灵活，有技术，信息灵通。因此，他们在农村经济的改革中，率先站稳脚跟，富裕起来。贫困户除了缺少资金外，信息不灵，缺乏技术也是他们贫困的一个重要原因，与专业户、重点户联合，正好弥补了他们的不足。在与专业户、重点户联合时，主要采取民政部门投资，作为贫困户的股份入股分红或以资代劳、以劳代资等办法。在这方面涌现出了许多富裕户帮带贫困户脱贫致富的先进事迹。山西省壶关县烧瓦专业户侯天乐，1981 年承包了集体的小砖窑，成为烧砖瓦专业户。经过一年的辛勤劳动，全家收入 1.04 万元，一跃成为闻名全县的万元户。为了帮助其他贫困户，他联合 14 户一起办砖瓦厂。砖瓦厂实行“以户作业，按件计酬、年底结算”的办法。1982 年，这 14 户平均收入 3010 元，人均收入 878 元，一年摆脱贫困。

2. 扶贫经济实体。各地兴办扶贫经济实体，都本着从实际出发，注意发挥本地优势，因人因地制宜，力争做到投资少，容人多，效益高。并且都注意兴办一些“龙头”企业，一方面尽可能多吸收贫困对象进企业务工，另一方面也为其他不能进企业务工的贫困户提供劳动机会。

在兴办扶贫企业的过程中，各地为了使资金能发挥出效益，尽量做到兴办一个，成功一个，除了给予资金的扶持外，还进行其他方面的配套扶持，如在信息，技术方面的扶持与政策上的优惠照顾，以及提供其他有关的服务。同时，在企业内部，注意做好管理工作，理顺内部关系，防止因管理不善而造成企业亏损。

3. 福利厂和乡镇企业吸收贫困户务工。许多地区都有兴办福利厂的条件，福利厂一方面吸收残疾人到福利厂工作，另一方面也吸收困难户成员进福利厂工作，这样既为残疾人创造了劳动就业的场所，又为贫困户创造了脱贫条件。

安排贫困户进乡镇企业务工，可以加快贫困户脱贫的步伐。这种扶持方法，既减轻了国家的负担，也降低了风险，使贫困户能获得稳定的收入。一些地方在吸收贫困户进乡镇企业务工时，采取了多种优惠照顾，放宽进厂条件，如免考试，免带资、不受年龄限制，身体条件放宽，同等条件下优先录用贫困对象等。

（二）“输血”与“造血”相结合。

各地在扶贫实践中深切体会到国家单纯“输血”式的扶持，只能增强战胜“贫困病”的抵抗力，解临时之危。要彻底治愈“贫困病”，最根本的还是靠贫困户自身“造血”，恢复其生机与活力。脱贫致富的力量源泉在于贫困对象自身。贫困户由于长期生活贫困，家庭底子薄，缺乏战胜困难、脱贫致富的勇气和信心，悲观消极思想较多。还有一部分贫困户，存在着依赖情绪，习惯于向国家伸手要救济。因此，对贫困户要先扶志，使其树立起“自立、自强”，奋发向上的志气，同时从生产入手给以有效扶持。许多地区注意对贫困户“扶志”“扶本”。安徽省来安县西武公社新建大队唐郢生产队困难户黄国堂，由于家里劳力少，子女多，本人又爱赌博。穷得连一只鸡、一头猪甚至连一个像样的灶台也没有，妻子离婚出走，因此他失去了生活的信心。中共来安县委书记万德元多次登门与黄国堂促膝谈心，帮助他解决生产、生活上的困难，使黄国堂感动得直流泪，决心改邪归正，一心扑在生产上。由于勤奋劳动，他当年收粮食 3500 多公斤，皮棉 29 公斤，油料近 50 公斤。后来，黄国堂盖了新房，添置了家具，买了一头牛，养了两头猪，日子过得逐渐兴旺，靠自身的力量走上富裕之路。

国家的扶持是一种“催化剂”。没有国家在各个方面的支持，贫困户难以迅速摆脱贫困。几年来，民政部门用于扶贫的款项达 12 亿元。国家还放宽政策，减轻贫困户的负担，从各个方面给予优惠照顾，为贫困户创造一个脱贫致富的环境。地处鄂西北贫困山区的长阳县，有 4000 多名中共党员成了贫困户家庭的经济指导，为贫困户义务帮工 1.96 万多个，扶持资金 8.4 万元，做到了“致富政策送上门，扶持资金发到户，科学技术教到人”。1985 年，这个县有近 2000 户经过扶持人均收入在 250 元以上，有 300 多户人均收入达 500 元以上。许多地方对贫困户实行“五减免”

“四优先”等优惠措施，即减免农业税收，减免其他税收，减免义务工和各种提留，减免子女学杂费，减免技术培训费；优先贷款，优先收购农副产品，优先提供生产、生活资料，优先招收贫困户劳力进厂务工等。这些“输血”的优惠政策，对于增强贫困户自身的活力，鼓舞治穷致富的信心，调动积极性，产生了良好的作用。

（三）发挥地区优势与发挥各户优势相结合。

各地自然条件和经济基础不同，造成贫困的原因和改变贫困面貌的条件也各不相同。特别是每一个贫困户之间的劳力、技术、家庭状况乃至精神面貌等都有着差别，要使贫困面貌得到迅速的改变，就必须从实际出发，因地制宜，充分发挥当地优势，因户、因人制宜，充分发挥各户、各人的长处。

发挥地区优势，要与贫困户因人制宜结合起来，把扶持措施与扶持对象的生产能力与当地生产条件有机地结合起来。在这方面，各地创造出了许多具体而又富有成效的经验。河南省洛阳市利用工矿企业多的有利条件，充分发挥城市的辐射作用，采取城乡结合、厂乡挂钩、对口支援的办法进行扶贫，仅1985年就使6400户摆脱了贫困。江苏省根据全省“南高北低”的经济状况，实行分类指导。在苏北地区，切实加强对贫困地区的重点指导，采取重点扶持和一般扶持相结合，落实优惠政策和各种包扶措施相结合，种好责任田和发展商品经济相结合，改变生产条件与脱贫致富相结合。在苏中地区，依靠沿江交通发达，又紧靠上海、南京等大中城市的优势，在项目上大力扶持小型加工业、建筑业、运输业和第三产业，组织劳务输出。在形式上，抓好分散扶持的同时，着重组织联户生产，积极发展经济实体和联合体，使农村由原来的单一经营向多业、专业方向发展。并注意提供科技、信息的扶持和产前、产中、产后的服务。在苏南地区，一方面依靠乡、村企业发达的优势，安排贫困户进厂务工，另一方面大力发展福利企业，建立农村基层社会保障网络，取得了良好的成效。

（四）扶持科技与扶持智力相结合。

多途径地给贫困户送技术，送信息，送管理知识，培训人才，更新观念，提高智力水平，是各地扶贫工作的一条普遍经验。

科技扶贫最关键的一环是提高贫困对象的智力，增强其自身脱贫致富的能力。各地都注重开发贫困户的智力资源，采取多种形式，免费为贫困户送资料，搞技术培训，重点教会那些商品率高、周期短、见效快、收益大的适用技术。许多地方为了搞好科技扶贫工作，层层建立服务体系，实行科技扶贫责任制，开展科技扶贫竞赛。对科技人员实行定点、定人、定项目、定奖惩的“四定”服务责任制。并依靠“高产大王”科技示范户和农民专业研究会，开展科技示范活动。湖南省邵东县组织了有 458 户参加的科技示范协会，对全县 2000 多贫困户实行指门路，教技术，传信息，给良种，贷资金和代销产品等系列服务，仅 1985 年每户就增加收入 400 至 600 元。湖南省沅江县建立了科技扶贫体系，县建立了科技扶贫领导小组，乡成立了科技扶贫站，村成立了科协小组。他们通过落实科技扶贫责任制，举办各种技术培训班，组织科技巡回报告会和技术广播讲座，创办家庭图书室，开展科技扶贫示范活动等办法，对 1.04 万户实行科技扶贫，有 6400 多户摆脱了贫困，人均收入由扶持前的 143 元上升到 405 元，其中有 1400 户成为各类专业户，1950 人成为各类专业技术能手，充分显示了科技扶贫的威力。有些地方还成立了服务性机构，有的已经形成网络，纵向同城市的厂矿企业、乡村的一家一户挂钩，横向同科技、农业、商业等有关部门联系，多渠道为贫困户传递科技、管理和产供销信息，提高了扶贫对象发展生产的专业化、商品化、社会化程度。

（五）领导扶持与群众扶持相结合。

扶贫工作既需要强有力的领导班子和有关部门共同配合，又需要发动社会各方面的力量参加。各地都注意充实和加强对扶贫工作的领导，成立扶贫工作领导小组，吸收各有关部门的主要负责人参加。全国大部分省、自治区、直辖市以及地、市、县都成立了扶贫工作领导小组，负责组织协调扶贫工作。

建立健全干部包户责任制，是加强扶贫领导的重要方面。通过干部包户，可以随时了解贫困户的情况，及时解决贫困户的困难，保障各项扶持措施的落实。许多地方制定了考核制度，把扶贫作为考核干部实绩的内容，实行一包到底，不脱贫，不脱钩。如模范民政助理员钟宝祺，把全镇贫困户的情况摸的清清楚楚，对他们区别对待，有针对性地进行扶持。对缺乏信心，但有劳力的户，在扶志扶本上下功夫；对缺乏资金的户。在帮助贷款、发展多种经营上花气力；对缺乏劳力的户，在生活救济、发展家庭副业上用力量；对缺少门路，脱贫致富难度大的户，在依靠社会力量上使心劲。通过这样的扶持，使大部分贫困户摆脱了贫困，有的已富裕起来。

各地在加强领导的同时，还注意充分发动群众做好扶贫工作。安徽省滁县地区团委从 1980 年开始，就组织共青团员、青年开展助耕包户扶贫活动。到 1983 年，全区各级共青团组织共建立包户助耕队 9000 多个，参加的共青团员、青年达 10 多万人，包扶贫困户 1.1 万户，助耕土地 5.6 万多亩。从 1984 年以后，逐步向智力、信息和技术助耕转变。主要采取技术传授、技术承包和信息传递的办法，帮助贫困户发展生产，使贫困户迅速脱贫。包扶的 1.1 万户有近 8000 户摆脱了贫困，人均收入由不足 150 元上升到 400 多元。四川省忠县团委 1985 年以后，在全县农村青年中广泛开展了“帮贫扶优竞赛”活动，先后举办了“帮户助耕赛”“帮千户贫困户脱贫立功赛”“致富帮贫状元能手赛”等活动，有 2149 人参加了助耕队，帮助双扶对象播种 1.0027 万亩，收割 1.4 万亩，施肥 2.02 万多亩，解决化肥 101 吨，协助制定脱贫规划 4174 户，传授技术 4536 人次，免费提供各种农科资料 1.06 万册，使扶持的 4471 户中的 1490 户摆脱了贫困。

为了全面总结扶贫工作经验，表彰先进典型，推动扶贫工作的深入发展，1986 年 11 月在北京召开了扶贫工作经验交流暨表彰大会。民政部长崔乃夫作了报告，回顾了几年来扶贫工作取得的成绩，总结了扶贫工作的经验。乔石代表中共中央、国务院到会作了重要讲话，肯定了几年来扶贫工作所取得的成绩。乔石指出：扶贫工作是民政工作的一项重大改革，是一项具有重大政治意义和经济意义的工作，是社会主义物质文明和精神文明建设不可缺少的组成部分。鼓励一部分人先富起来与扶持贫困户治穷致富是党的富民政策的两个方面。只有在鼓励一部分人先富起来的同时，积极扶持贫困户和优抚对象发展生产，脱贫致富，才能促进农村经济的全面发展，才能实现共同富裕的伟大目标，充分显示社会主义制度的优越性。乔石要求，各级党委和政府一定要像中共中央和国务院那样，加强领导，把双扶工作纳入当地经济和社会发展规划中去，列为重要议事日程。各地都要从实际出发，充分发动和依靠群众，建立起双扶责任制，把双扶工作真正落到实处。要监督各有关部门认真贯彻落实中共中央、国务院规定的各项扶贫优惠政策，动员、组织各有关部门，根据自己的条件，积极地从资金、物资、人才、技术等方面给予支持和帮助。党政各部门特别是民政部门要同各方面社会力量配合工作，在双扶工作中继续发挥积极作用。会议期间，党和国家领导人乔石、余秋里、程子华、彭冲、杨静仁等接见了全体代表，党中央、国务院的 20 多个有关部门，解放军三总部的负责人出席了会议。

这次会议，共表彰了先进集体 466 个，先进个人 150 人。32 位代表在大会作了典型发言，从各方面介绍了双扶工作的开展情况和所取得的经验。会议对辽宁省辽阳县小屯镇民政助理员钟宝祺授予“模范民政助理员”称号和第一个“孺子牛”奖。会议期间，钟宝祺等 15 位民政助理员向全国的民政助理员发出了倡议书。湖南省临澧县副县长易湘诚也代表与会的 83 个县（市、旗）的负责人向全国发出倡议。这些对扶贫工作在全国普遍地蓬勃发展，起了有力的推动作用。

第十一章
城市社会福利事业

当代中国的城市社会福利事业，为适应国家在各个历史阶段的中心任务和社会情势的变迁，而不断地发展演化。新中国成立初期，社会福利和社会救济是结合在一起的，统称救济福利事业，主要解决旧社会遗留下来的大量流离失所，无依无靠，饥寒交迫的鳏寡孤独残疾者的收容安置问题。社会主义改造的任务基本完成以后，社会福利事业与社会救济逐步分流发展。到50年代末期，形成以无家可归、无依无靠、无生活来源的老人、儿童、残疾人（包括精神病患者）为主要对象的社会福利事业体系。中共十一届三中全会以后，伴随经济体制改革的逐步深入和城市社会生活的不断变迁，城市社会福利事业也在改革中出现了很大的变化：一方面是继续发展和完善国家办的社会福利机构，并以改革的精神，使之逐步向社会开放，不断提高其社会效益和经济效益；另一方面是本着社会福利社会办的方针，扶持和依靠城市街道和居委会组织，大力兴办民间社区型的社会福利、社会服务事业，即社区服务，以不断扩大城市社会福利事业的覆盖面。这样，现阶段的城市社会福利事业，就形成了以国家办的社会福利机构为骨干，以众多的社区服务项目为重要补充，具有多层次和网络化结构的综合体制。

第一节　城市社会福利事业的历史发展和成就

一、社会福利事业单位的产生和发展

（一）国民经济恢复时期的救济福利事业。旧中国，帝国主义、封建

主义和官僚资本主义的长期统治，给中国人民造成深重的灾难。给新生的人民政权留下了大量的社会问题，举办城市社会福利事业是解决这些问题肃清帝国主义、封建主义和官僚资本主义在社会救济福利中的影响的一个方面。为了尽快医治战争的创伤促进国家经济建设的恢复，民政部门一方面在全国各大中城市创办了一大批救济福利事业单位（包括一部分生产教养院）。另一方面接收、调整、改造了国民党办的“救济院”“慈善堂”，封建地域性的“慈善堂”“寡妇堂”“教养院”和接受外国津贴的救济机构。据统计，截至1953年年底，全国共有城市社会救济福利事业单位920个，先后收容了孤老、孤儿、精神病患者及其他人员37.4万余人。

经过短短几年的努力，各地肃清了帝国主义在城市福利事业中的残余影响，奠立了新中国社会福利事业的基石，促进了社会的安定团结，促进了城市经济文化事业的恢复和发展。正如董必武在《新中国救济福利事业》报告中说的“经过这番整理，中国人民的社会救济福利事业才能脚踏实地地向着完全符合于人民大众的利益前进！”

（二）社会主义改造时期的社会福利事业。在社会主义改造初期，城市救济福利事业单位，暴露出社会救济福利对象和改造对象未加区分的问题，特别是一些生产教养院存在着收容范围混乱，收养人员成分复杂的现象。其中既有地主恶霸、敌伪特务、反革命分子、惯匪、小偷，也有失业职工、流入城市的农民、烈军属、精神病患者等。这不仅造成了管理上的混乱，而且引起违法乱纪现象，造成不良影响。为了改变这种状况，第二次全国民政会议决议指出：“关于城市救济工作，对无依无靠、无法维持生活的残老孤幼和贫民以及游民等，应根据必要和可能按其有无劳动力分别予以教养、救济或劳动改造，对一切有劳动能力的人，应设法使其在城市或去农村参加劳动，使其能自食其力。必须纠正那些想把城市所有贫民、游民等一下子包下来，都施以救济的错误观点。”决议还指出：“继续整顿生产教养院，生产教养院应收养无依无靠、无法维持生活的残老孤幼，不应不分对象地乱收，对已收容者应进行审查清理。”各地民政部门在这个时期中认真落实第二次全国民政会议精神和第三次全国城市救济工作会议所规定的方针，对生产教养事业进行一系列的整顿，对生产教养院等救济福利机构进行调整合并，并通过遣送安置、帮助就业、领养转交有关部门处理和其他方式，对应该处理的人员大部分进行了处理。与此同时，各地依照规定的收容范围，结合当地实际情况，对孤老、孤儿等进行收容，基本上克服了乱收、错收的现象。

（三）社会主义建设时期的社会福利事业。随着社会主义改造的基本完成，中国进入大规模地建设社会主义时期。社会福利事业跟随工农业的发展，适应城市人民生活、生产的需要，根据第四、五、六次全国民政会议精神和全国残老儿童教养及精神病患者收容疗养工作湖北现场会议确定的方针和任务，业务上有很大的开展，取得了一系列的成绩。1958 年第四次全国民政会议，推广了兴办残疾人习艺所、精神病患者疗养院、退休人员公寓、贫民疗养院等福利事业的经验，这次会议后，从城市到县都兴办了许多孤老残幼的社会福利事业单位。1959 年湖北现场会议提出："各省、自治区、直辖市民政部门应根据当地实际情况和可能条件，以精神病患者较多的县、市或专区为单位或几个县联合建立新的或扩充原有的精神病患者疗养院，协同卫生部门把这项任务担当起来。""在市、专区所在地或较大的县重点设立儿童福利院，分片负责附近地区的收容工作"。随后召开的第六次全国民政会议进一步强调："要办好已有的社会福利事业，并且应该根据需要和可能适当地发展"。1963 年召开的全国民政厅局长会议，针对当时社会上孤儿、流浪儿童较多的情况，规定："省、专区和大中城市民政部门应该办好儿童教养院，作为收容教育流浪儿童的场所"。总之，这个时期各地民政部门新建和扩建了许多养老院、精神病患者疗养院、儿童福利院和残疾儿童福利院，城市社会救济福利事业有了较大的发展。据统计，1958 年全国有社会福利事业单位 379 个，收养 74954 人。其中老残院 236 个，收养老残人员 5. 4841 万人；婴幼儿童福利院 57 个，收养婴幼儿童 1. 2128 万人；精神病患者福利院 86 个，收养精神病患者 7965 人。到

1964年年底全国有城市社会福利事业单位1054个，收养人员达13.9994万人。其中老残院733个，收养老残人员7867人；婴幼院572个，收养婴幼儿童4.4788万人；精神病院199个，收养精神病患者1.6528万人。1964年与1958年相比较，社会福利事业单位增加219%，所收养的人员增加99%。增加较多的是两种单位：一是精神病患者疗养院，原来民政部门办得不多，后来适应社会需要而有所发展。二是建立了大批儿童福利院，收养因灾荒流入城市的流浪儿童，不少是县镇建立的。

依据对1964年的1528个福利事业单位所做的分析，在这一历史阶段中，社会福利事业有以下几个特点：第一，在领导隶属关系上看，县属单位多。全国1528个单位中，县属的960个，占62.7%。第二，从单位的分类看，收养孤儿、残疾儿童的单位多，综合性单位次之。全国有儿童福利院636个，占41.22%；综合性244个，占15.9%。第三，从单位的规模看，收养50人以下的小单位占40.6%，共621个。第四，从单位的布局上看，各地很不平衡。如北京、山西、吉林、上海、浙江等10个省、市福利事业单位在30个以下，而湖北、四川、河南等省福利事业单位达100个以上。

这一时期的社会福利事业，通过多次的整顿，改进了工作，提高了管理水平，不仅使收养人员吃饱穿暖，生活安定，而且使婴幼儿和儿童健康成长，先后有10万多名儿童长大成人，走上国家的建设岗位。4万多名婴儿被领养，重新得到家庭的温暖。对精神病患者给予了综合治疗，其中1万多人已逐步得到康复。这些工作都有力地促进了社会的安定，在配合国家社会主义建设中发挥了积极作用，充分体现出中国共产党和人民政府对广大孤老残幼及精神病患者的关怀。

（四）城市社会福利事业遭受严重挫折的时期。“文化大革命”期间，由于极“左”路线的干扰和破坏，特别是“批判福利主义”大棒的严重摧残，中国的社会福利事业遭受了极大的破坏，内务部和地方民政部门被撤销后，许多福利事业单位被强行合并和撤销。据1978年统计，全国社会福利院只有577个，工作人员3233人，收养老残等人员3.8457万人。其中儿童福利院49个，工作人员1055人，收养婴幼、残疾儿童3665人；精神病院102个，工作人员5729人，收养无家可归、无依无靠、无生活来源的精神病患者1.5279万人，以上数字与文化大革命前的1964年相比较，无论是事业单位数还是收养人数，都人为地减少了，不少盲、聋、哑、残人员和孤老残幼重新流落街头。但是，由于各地广大民政干部的积极努力，程度不同地抵制了林彪、“四人帮”的干扰破坏，而使社会福利事业减少了一部分损失。

（五）中共十一届三中全会以后，城市社会福利事业的恢复和发展。粉碎江青反革命集团，特别是中共十一届三中全会以来，随着全党工作重心的转移和指导思想上的拨乱反正，城市社会福利事业开始沿着正确的方向恢复和发展。这个时期，有两次全国性的专业会议，在城市社会福利事业的改革和发展中起到了历史性作用。

1.1979年11月召开的全国城市社会救济福利工作会议。黄庆熙副部长在会议上作了题为《在全党工作着重点转移的新形势下，努力做好城市社会救济福利工作》的报告。

这次会议的主要贡献是进一步明确了城市社会福利事业单位的福利性质，制定了恢复和发展社会福利事业的方针和政策，启动了全国社会福利事业单位的全面整顿和初步改革。

（1）拨乱反正，进一步明确社会福利事业的性质和宗旨。

由于城市社会福利事业较长时间受“以阶级斗争为纲”和“左”倾路线的影响，因而，曾对收养对象不加分别地强调“以教为主”。模糊了办院方向。这次会议针对这些问题，拨乱反正，在总结历史经验的基础上，明确指出福利事业单位是社会福利事业的一部分，“社会福利性质”是这些单位的本质属性，会议根据这一本质属性，确定了具体的收养对象，制定对各类对象实行的不同工作方针和政策，要求改进管理工作，端正服务态度，树立为孤老残幼服务的思想。实践证明，明确社会福利事业单位的性质，具有重大的指导意义，可以帮助干部、职工认清办院宗旨和方针，从根本上改进管理服务工作，有效地防止收养对象非正常死亡事故以及殴打、侵害收养对象等违法乱纪事件的发生，为开展社会福利事业单位的整顿、改革和干部、职工队伍建设奠立了思想基础。

（2）认真实行整顿，加强干部、职工队伍建设，改善管理和服务工作。

全国城市社会救济福利工作会议以后的两三年里，社会福利事业发展很快。1981 年同 1978 年相比，城市社会福利事业单位由 728 个发展到 866 个，增加 19%；收养人数由 5.7 万余人增至 6.1 万余人，增长 7%。为了办好这些社会福利事业单位，1982 年 4 月，民政部向全国民政厅局发出通知，要求各地参照民政部制定的《城市社会福利事业单位管理工作试行办法》对城市社会福利事业单位进行整顿。到 1984 年年底，据 12 个省、自治区、直辖市的统计，已有 573 个社会福利事业单位进行了整顿，占这些地区福利事业单位总数的 72%。到 1985 年年底，全国城市社会福利事业单位基本整顿一遍，并由省、市民政部门进行了验收。通过整顿，收到了突出的成绩：第一，各地普遍地按照干部“四化”的要求，把那些坚持四项基本原则，拥护中共十一届三中全会的路线、方针和政策，年轻有为，有文化、懂专业，有开拓精神的人选拔到领导岗位上来，初步改变了领导班子软、懒、散的状况。第二，抓住典型违法乱纪事件，进行组织纪律整顿。例如，针对一些孤儿学校、社会福利院等单位发生的严重违法乱纪问题，民政部派出工作组协助当地民政部门认真调查和严肃处理，并通报全国，借以对各地社会福利事业单位的干部、职工进行法纪教育和职业道德教育。第三，建立健全了以岗位责任制为中心的各项规章制度，提高了服务质量和管理水平，促进了职工队伍建设。有的单位实行服务承包责任制，建立百分考核奖惩办法，从职工素质、劳动纪律、团结互助、清洁卫生、优质服务等五个方面进行考核，奖优罚劣；有的建立以“五定”（定任务、定责任、定考核、定奖惩、定职权）为中心的岗位责任制，有的试行“三定一包”（定员、定额、定责、包质量）的护理责任制。上海市民政局统一制定了市属社会福利事业单位业务考核指标，如收养任务指标，工作质量指标和经费消耗指标等，提高了工作效率，改善了服务态度，达到收养人员多，服务质量高，经费消耗低的要求。各地在整顿中还特别注意加强干部、职工的思想政治工作和职业道德建设，引导他们树立全心全意为收养人员服务的思想。上海、湖北、广东、黑龙江、辽宁、北京等省、市部分福利事业单位，要求职工对收养人员的服务工作做到真心、耐心、热心、细心，对丧失生活自理能力的收养人员，做到勤换尿布、勤翻身、勤洗澡、勤换衣、勤整理床铺、剪指甲、理发、喂水、洗脚、勤巡回观察等，做到尊老爱幼，建立社会主义新型的人与人之间的关系。不少单位从治理脏、乱、差入手，美化、绿化、净化社会福利院，改变了院容院貌，为收养人员创造了一个舒适、温暖、和谐的生活环境。各地民政部门对于忠于职守、全心全意为收养人员服务的工作人员，给予表扬和奖励。对擅离职守的工作人员给予严肃批评和经济惩罚。对打骂、虐待收养人员的严重违法行为，分别给予纪律处分和法律制裁。通过这些措施，进一步加强了职工、干部队伍的建设。

（3）突破收养范围，初步开展自费收养业务。

社会福利院在收养范围上长期执行“三无对象”的规定。随着时间的推移，无家可归、无依无靠、无生活来源的对象愈来愈少，而社会上却愈来愈多地出现了一些虽然有家，但无人照顾，或亲属无力照料的老人、儿童、精神病患者和残疾人，需要提供社会福利服务。中共十一届三中全会以后，全国城市救济福利工作会议，以解放思想，实事求是的精神，突破“三无”的范围，提出了积极创造条件，有计划地开展自费收养双职工家庭中的残疾人和退休孤老的业务。这是一项有重要政治意义的工作，对解除职工的后顾之忧，支持他们专心致志搞四化建设，促进社会稳定，都有着重要的意义。这次会议要求各地民政部门充分利用现有的阵地，挖掘潜力，积极创造条件，逐步地发展自费收养工作，并指出：“目前限于条件，可以优先照顾劳动模范，对国家有贡献的科技人员，长期在边疆积极从事野外工作的人员、现役军人等家中无人照管，生活不能自理的残疾人员，以及党政机关、人民团体、事业单位的退休孤老人员。”自费收养业务，遂以这次会议为开端，初步开展起来。

2. 1984 年在漳州召开了全国城市社会福利事业单位改革整顿工作经验交流会议，章明副部长在会议上作了讲话。这次会议的重大收获，是在总结全国社会福利事业单位整顿和改革经验的基础上，进一步提出了“解放思想，勇于改革，因地制宜，依靠社会力量，积极发展城市社会福利事业，全心全意为孤老残幼服务”的业务指导思想，并制定了社会福利事业要进一步向国家、集体、个人一起办的体制转变，进一步由救济型向福利型转变，由供养型向供养康复型转变（简称“三个转变”）的发展战略和改革方向。

漳州会议以后，在党的改革、开放方针的指引下，经过各级民政部门和社会福利事业战线全体职工的积极努力，全国城市社会福利事业沿着“三个转变”的方向迅速发展。

（1）改革单纯救济和恩赐观点，确立全心全意为收养人员服务的思想。各地民政部门在社会福利事业单位的改革和整顿中，进一步加强了领导班子建设，不断提高职工队伍的素质，增强他们的事业心和责任感，抓紧制定“职业道德规范”，加强职业道德建设，并进一步提高管理水平和服务水平。不少城市社会福利事业单位一跃成为省、市、县的先进单位。

（2）改变了只重社会效益，忽视经济效益的观念，开辟自我积累、自我发展的新路子。各地社会福利事业单位一手抓社会效益，一手抓经济效益，积极开展生产经营活动，经济收入逐年增加。据 1983 年不完全统计，全国社会福利事业单位生产总值达 3000 多万元，纯收入达 1600 多万元，相当于年事业费的 10%。社会福利院中收入最高的 20 万元，精神病院中收入最高的达 60 万元。绝大部分生产经营收入用于改善收养人员生活和福利设施，在国家供给标准低，市场价格上涨的情况下，使收养人员的生活水平相应得到提高。福利院的生活福利设施在事业费不充裕的情况下，依靠自己的力量，得到一定程度的改善，取得了社会效益和经济效益双丰收。

（3）改变单纯收养的做法，实行供养与康复结合。各地社会福利事业单位认真贯彻供养与康复并重的方针，积极开展收养人员的康复活动，推动老年人、残疾儿童和精神病患者康复事业向前发展。表现在：第一，康复专业技术队伍已经初步形成。经过各级培训，残疾儿童康复专业技术人员从无到有，发展到1000多人。精神卫生专业队伍中，有不少是副主任医师以上的高级康复医务人才，老年人康复专业技术队伍也开始建立。第二，填补了中国残疾儿童康复事业的空白。康复训练活动普遍开展，残疾儿童参加各种康复训练的占全国收养残疾儿童总数的40%，有效率达80%以上。以药物治疗、心理治疗、劳动治疗、文娱治疗“四结合”疗法为主要内容的康复活动，在精神病院的精神病患者中普遍开展起来。老年人康复活动也已经起步，参加康复训练的占收养老人总数的24%。第三，社会化康复服务正在兴起。有些社会福利单位利用人员、技术、设备的有利条件，指导和帮助社区开展老年人、残疾儿童和精神病患者康复活动。不少城市以儿童福利院为基础，建立了残疾儿童康复中心，设立门诊和病床，为社会残疾儿童提供康复服务。

（4）改变封闭式的办院模式，开展社会服务活动。首先自费收养业务进一步开展起来。许多社会福利事业单位在做好“三无”对象收养工作的前提下，实行有偿服务，收养离退休孤老、家庭无力照顾的老年人、残疾儿童和精神病患者，解除了许多家庭的后顾之忧。据1988年统计，全国城市社会福利事业单位自费入院人员达1.7万多人，占全国收养人员总数的24%，比1984年增加33%，全国精神病院自费入院人员达1.1万多人，占全国精神病院收养人员总数的55%，比1984年增加22%，同时，扩大了服务领域。有不少社会福利事业单位已经突破院内的服务范围，开展院外的服务活动，发挥养老、育幼、安残、康复、教育、娱乐以及社区服务等多功能作用。武汉市武昌区社会福利院只有职工 36 人，几年来，在做好院内收养的 119 名老人服务工作的基础上，相继办起了“老人茶园”“老年教师之家”“老年康复部”“老人公寓”“老年大学”“康复巡回医疗组”“老年家庭病床”和“婚姻服务中心”。为社会上退休孤老、退休教师、身边无子女的老人以及婚龄青年提供生活、娱乐、医疗、康复和婚姻登记等系列化社会服务。直接服务对象达 400 人，间接服务对象达 1000 多人，已成为社会福利服务中心，为全国创造了一个开放式办院的新模式。

中共十一届三中全会以后，全国城市社会福利事业取得了显著成就。据不完全统计，截至 1989 年，全国城市社会福利事业单位总数为 1053 个，共收养和照顾 7. 4996 万人。其中社会福利院（综合性）870 个，收养老人和残疾成人 3. 8052 万人；精神病院 121 个，收养精神病患者 2. 7363 万人；儿童福利院 62 个，收养残儿、孤儿共 1. 1581 万人。实践证明，抓观念更新、促思想解放，是增强干部、职工改革意识的重要环节；抓改革整顿、焕发事业生机，是办好社会福利事业单位的根本出路；抓经济效益、促进社会效益，是增强社会福利事业单位活力的有效手段；抓领域开拓、扩大服务范围，是推动社会福利事业发展的重要途径。

二、城市社区服务的兴起和发展

（一）城市社会福利事业的改革和社区服务的兴起。中国的城市社区服务，是城市社会福利事业社会化的一个重要形式，它是在城市全面改革中蓬勃发展起来的民间社区型的社会福利和社会服务事业，已成为城市社会福利事业中的一个具有广阔发展前途的重要组成部分。

社区服务的内容早在 50 年代即已存在。从新中国成立初期到“文革”之前，中国许多城市都有民间社区型的社会服务组织，街道和居民委员会一直开展着尊老爱幼，扶困助残以及其他一些福利设施和便民服务活动。但是，限于当时的历史条件，这些社会福利和社会服务没有得到普遍的推广和应有的发展，有些曾被削弱以至于中断或停顿，未能形成体系纳入城市社会福利事业的范围。

中共十一届三中全会以后，面对城市综合体制改革形势下，日益增长的社会福利需求和广大群众举办福利的积极性不断高涨的宏观趋势，民政部门领导的观念也相应地转变，开始对现行城市社会福利工作进行再认识并对今后的发展道路进行新的构思。在1983年4月召开的全国第八次民政工作会议上，崔乃夫部长明确指出，社会福利事业“国家可以办，社会、团体可以办，工厂、机关可以办，街道可以办，家庭也可以办，逐步形成具有中国特色的社会福利事业。”根据这个指导思想，各地民政部门开始拓展依靠社会力量解决孤老残幼安置问题的途径。1984年11月民政部在漳州召开的全国城市社会福利事业单位改革整顿经验交流会提出，要坚持社会福利社会办的方向，面向社会，多渠道、多层次、多种形式地举办各种社会福利事业。这次会议还在总结实践经验的基础上，强调国家办的社会福利事业单位主要起示范作用，而安置孤老残幼主要靠社会、靠基层来解决。很明显，漳州会议的这些指导思想是第八次民政工作会议有关精神的具体化。中共中央把建立健全社会保障制度列入“七五”计划建议之后，民政系统更加坚定了依靠基层社区发展社会福利的决心。于是，被漳州会议所肯定的上海市创建“四个层次一条龙”福利服务网络的经验，便在全国得到迅速推广。

上海市创建的“四个层次一条龙”福利服务网络，强调“以街道为基础、以网络为重点”，并对网络化的标准提出了具体要求：一是要求每个街道办起一厂（福利工厂）、二站（孤老服务站、精神病患者工疗站）、二所（敬老所、伤残儿童寄托所）、二组（孤老包户组、精神病患者看护组）；二是要求重实效，要求街道通过举办上述服务项目使本社区的孤老残幼和精神病患者，都得到安置、收养和照顾。为了推动街道福利服务网络建设，该市民政部门深入各个区街，本着从实际出发、量力而行、因地制宜、形式多样的原则，对各街道的福利服务网络建设工作给以分类指导，同时为妥善解决街道的实际困难又拨付一定的开办费。这样，短短的两年中，街道福利网络在上海市迅速发展。截至1983年年底，全市4万左右社会福利对象已有90%在街道福利网络中得到照顾和安置，充分显示了城市基层社区在开展社区服务、解决社会问题方面所蕴藏的巨大潜力。

1986年7月，民政部，又以沙市作为中小城市的样板，召开了城市社会保障工作现场交流会。沙市民政部门广泛动员社会力量，以街道和居委会为依托，建立了老年人服务网络、安置残疾人就业网络、优抚对象特殊保障服务网络和智力障碍者康复网络。其中，单是为老人服务方面，就成立了家庭劳动服务中心54个，包户小组480个，并在居委会普遍开办了老年科普学校，讲授老年心理学、营养学和老年保健知识。这次现场会指出，包括中小城市在内的城市社会福利工作，一方面要立足传统民政业务范围，不断深化和完善各类民政对象的保障工作；另一方面要突破过去民政工作范围的束缚，逐步把触角伸向原来非民政保障对象之中，使基层的社会保障工作由狭窄的框架向更为广阔的天地发展。

（二）城市社区服务工作的普及和发展。经济体制改革的不断深化和国民经济的持续增长，对社会化服务提出了更加紧迫的要求。第一，为保证改革的顺利进行，需要发动社会各个方面努力做好社会工作，缓解人际关系，尽快解决已经显露出来的各种社会问题，建设一个良好的、和谐的社会环境。第二，城市经济体制改革的中心是增强企业活力，这就要求认真转变政府职能，承担起治理社会的任务，并把管理社会、解决社会问题的工作下放到区、街，以逐步改变“企业办社会”的不合理状况，减轻企业的社会负担。第三，由于城市居民广泛就业，家庭收入的增加，生活水平的提高，人们要求提供多样化的社会化服务。特别由于城市人口结构日趋老龄化，空巢家庭和核心家庭不断增加，家庭保障功能也随之逐步减弱，加上商品经济竞争导致生活节奏的加快和生活方式的改变，使人们不得不把养老育幼等家庭保障功能转移于社区。在这种形势下，单靠国家举办的社会福利事业，显然已无法满足城市居民的社会福利服务需求了。适应这一形势，民政部门领导认识到建立城市基层社会保障制度的雏形，不仅需要改革现行经济保障系统，而且应该建立和完善基层社区的服务保障系统。这是保证城市经济改革顺利进行的一个必要的配套工程。

1. 为了加速城市社区服务工作的进展，1987 年年初民政部召开了全国民政厅局长座谈会，在总结前一段城市社会福利改革的成绩和经验的基础上，第一次对街道福利网络赋予社区服务这一科学概念，并提出了建立和完善社区服务系统的发展目标。这次会议之后，全国社区服务工作，出现了新的发展。第一，加快了社区服务网络建设的步伐。北京、上海、天津、武汉、南京、大连、石家庄、常州等大中城市创建社区服务网络的工作都取得了迅速进展，均已初具规模。如北京市按原来制定的发展社会福利网络三年规划中对街道提出的“三年内办起一厂（福利工厂）一院（敬老院）一所（伤残儿童寄托所）三站（老年人活动站、老年人综合服务站、精神病患者工疗站）”的要求，至 1987 年 8 月，在全市 97 个街道中 61 个街道已基本实现，占 63%。全市街道和居委会共举办敬老院 44 个；伤残儿童寄托站 44 个；老年人活动站 112 个；老年人综合服务站 85 个；老年人、残疾人康复医疗站 30 个；精神病患者工疗站 31 个；残疾人、老年人婚姻介绍所 50 个；学龄前弱智儿童教育班 5 个；聋儿语言听力培训班 2 个；盲人按摩诊所 8 个，全市共 3117 个居委会普遍开展了对孤寡老人、身边无子女老人和精神病患者的包户服务活动，建立了各种便民服务网点 1.731 万个。第二，扩大了服务对象，拓宽了服务领域。在武汉、大连、常州、沙市等城市，相继举办了许多过去社会福利事业不曾有的新型服务项目，其中包括举办不同类型的心理咨询服务站，开设家庭科普学校、家家乐学校和婚前教育学校。上海、北京、哈尔滨、大连、长沙、天津等城市广泛开展了便民服务活动，株洲市民政局还在该市东城区建立了敬老助残协会，为社区内丧失劳动能力的残疾人举办了生活供养合作保险。第三，开展一些经营服务性的福利项目。很多城市在社区服务工作中依据服务项目的性质，实行合理收费，有偿服务。武汉市江岸区汉景居委会开办了老年服务公司，针对老年人多方面的需求，开展了老年婚姻介绍、老年智力开发、老年保健咨询、老年文娱活动、老年联谊旅游等服务。除孤寡老人、残疾人、军人、农村老人外，一般都收取一定的服务费，以此扩大资金，进一步增加老人福利。从上述情况看，各地的社区服务工作已经发展到一个新的水平，并呈现出向系列化服务方向发展的趋势。

2. 为了总结交流各地社区服务工作的经验，进一步提高各级民政部门领导的思想认识，把建立和完善城市社区服务系统的工作继续向前推进，民政部于 1987 年 9 月在武汉市召开了首届全国城市社区服务工作座谈会。民政部崔乃夫部长、张德江副部长出席了会议，并分别作了专题报告和总结讲话。他们在讲话中阐述了中国社区服务的性质、特点、内容、范围以及在城市社会保障体制中的地位；指出了开展社区服务工作对调节人际关系、解决社会问题、创造良好的社会环境、保证城市经济和政治体制改革顺利进行的巨大作用；强调社区服务工作要由政府领导，民政部门出面搭台，各有关部门参加协作。民政部门除要扮演好自己的角色外，还要积极做好协调工作，发挥倡导、宣传和参谋作用。通过这次会议，各地民政部门的领导普遍提高了对社区服务的认识，明确了今后工作的方向，学到了开展工作的方法，也找到了自身的差距，从而更进一步坚定了搞好社区服务工作的信心和决心。

武汉会议以后，各地民政部门主动向当地党政领导汇报、积极传达贯彻武汉会议精神、组织学习先进城市开展社区服务工作的实践经验。一些城市开展横向交流，召开街道一级的首次社区服务工作研讨会，提出要把社区服务工作纳入街政工作，不断创出新成绩。由于社区服务的深远意义广为各地党政领导、社会各界和民政系统所理解和接受，这项工作遂在全国大中城市广泛开展起来。一些起步较早的城市如武汉、北京、上海、天津、杭州、沈阳、大连、南京、广州和沙市、益阳、无锡、常州、柳州等，都在原来的起点上加快了步伐，实现社区服务系列化、网络化的街道不断增多，创办了一些新项目（如老人庇护所、残疾人老年保险），专业性较强的项目开始增多（如北京社会生活心理卫生咨询服务中心），在街道一级开始创建多功能的、层次较高的社区服务中心。一些起步较晚的城市，如兰州、昆明、银川、西宁等市，也积极认真地在开展试点的基础上，把工作逐步推开。

3. 1989 年 10 月，民政部在杭州召开了全国城市社区服务工作经验交流会。这次会议总结和推广了武汉会议以后城市社区服务工作的经验，根据第九次全国民政工作会议关于“大力开展社区服务”的精神，研究进一步开展社区服务的主要任务和具体措施，不断深化改革城市民政工作。会议明确提出，今后一个时期城市民政工作应以居委会建设和社区服务为重点，并指出今后发展社区服务的指导思想是：统筹规划，形成体系，讲求实效稳步发展。主要任务是：充分发挥民政部门的稳定机制作用，不失时机地在全国城市中全面推广和普及社区服务工作，并逐步向城镇延伸。具体地说：（1）在三五年内，全国 1/3 的大中城市要制定社区服务近期和中期发展规划，其中有 50% 以上的街道要实现服务网络化，并形成完整的社区服务工作体系。（2）充实、巩固、完善已有的服务项目和内容，积极开拓新领域，发展新项目，在普及的基础上重点抓好提高的工作。（3）有条件的大中城市都要选择一至两个郊区、县开展城镇社区服务，中小城市和边远城市也要根据各地实际情况，制定社区服务的近期发展规划，其中 30% 以上的街道要实现服务网络化。这次杭州会议，标志着城市社区服务工作进入了全面推广和普及的新阶段。

城市社区服务在民政部门倡导推动下，作为一项基层社会福利服务事业向全国推行，时间虽仅 3 年，但由于它符合城市改革的基本方向和城区人民群众的切身利益，很快就得到了城区政府领导的关注和支持，驻街企事业单位的热忱赞助，基层社区组织的广泛响应，因而在短短的时间里就取得了显著的成就。据不完全统计，截至 1989 年，全国各类社区服务设施已发展到 8.5 万多个，其中街道兴建的福利院、敬老院、老人公寓、托老所等共约1291所；老弱残活动站3.0908万个；精神病患者工疗站1096个；残疾儿童寄托所749个；街道社区康复中心等各类社区康复设施2300余个；家庭劳动服务站9000余个；老年人、残疾人婚姻介绍所6724个；其他各类服务设施共3.0589万个。此外还有5.4万多个老人包护组，照顾着8.8万多位老人；2.9万多个精神病患者看护组，看护着5万多名精神病患者。在3627个开展社区服务的街道办事处中约有940个街道为老年人、残疾人、烈军属等主要对象提供的服务已初步实现了网络化、系列化。方兴未艾的社区服务事业，已经成为城市民政工作中发展最快的一个重要部分，为城市社会福利工作展示了广阔的发展前景。

（三）城市社区服务工作的社会意义和作用。城市社区服务工作顺应改革、顺应民意，有着强大的生命力，其多方面的社会作用和深远的社会意义正在日益显示出来。

1. 开辟了扩大社会福利覆盖面的有效途径，加速了社会福利体制改革的步伐。中国处在社会主义初级阶段，经济发展水平不高，需要坚持贯彻“社会福利社会办”的方针，以满足人民群众日益增长、日益多样的社会福利需求。社区服务最大的优势就在于它落实了“国家、集体、个人一起办福利”的精神，在人员、场地、经费上能得到社会各方面的支持，再加上它有小型、分散、灵活多样的特点，便于见缝插针，投资小而见效快，能有效地满足人民群众多方面的福利需求。由于社区服务立足于基层社区，倡导互助互利，服务于全体居民，因而突破了社会福利对象的传统范围。

2. 消除了基层社区的一些不安定因素，起到了社会稳定机制的作用。由于社区服务的设施和项目一般采取就地办福利，就近办服务的原则，使老年人、残疾人、精神病患者都可以得到就地收养、就地看护、就地治疗，能在亲友的身边和熟悉的环境中得到妥善的照顾，达到家属放心，个人满意。同时，社区服务中的诸多便民利民设施，使居民群众许多福利需求能在本街本巷内得到满足，这样就极大地方便了群众，增强了人们对本社区的归宿感、亲切感和生活的安定感，使一个个社会问题融化于基层社区之中。

3. 有利于企业改革，为实现“公共福利事业社会化”的目标找到了可行的办法和较好的形式。通过开展社区服务，逐步把本社区的福利和服务承担起来，使一些企业和单位把他们的一部分负担转移给社会，从而开始改变延续了几十年的“企业办社会”“单位办福利”的封闭状态，解决了企业领导的后顾之忧，使他们能集中精力于经营管理。

4. 巩固了基层社区组织，加强了基层社区管理。中国同世界许多国家一样，在实现工业化和发展商品经济的途程中，在社会管理方面也面临着社区功能削弱和社区意识淡化的挑战。工作地与居民地的分离，多种途径就业政策的实施，人口流动趋势的加强，都在一步步减弱社区对居民的传统文化影响和道德约束力。巩固基层社区组织、强化基层社区管理、恢复和健全基层社区功能，就成了加固社会根基实现长治久安的重要因素。社区服务工作的开展，一方面极大地充实了基层社区组织的工作内容，把为社区群众的服务和对基层社会的管理紧密地结合起来，以服务促管理，从而密切了党群干群关系，提高了基层政权和群众自治组织在居民群众中的威信。另一方面，在开展社区服务中，由于广泛组织居民群众参与社会事务，实行自我服务和自我管理，也就培养了他们的自治感、整体感和社区意识，从而推进了基层民主建设，增强了社区的功能和凝聚力。

5. 促进了精神文明建设和社会教育的普及。社区服务本身弘扬了尊老爱幼、扶弱助残、互帮互助、社会主义人道主义精神，体现和传播了社会主义的行为规范，协调着亲际关系、邻里关系和人际关系，起到了增进社区内的团结，转变社会风气的作用，从而把精神文明建设落实到居民群众广泛多样的互助活动之中。

第二节　城市社会福利事业的管理

一、老年人社会福利事业

中国政府十分重视老年人的社会福利事业，新中国成立以来，在不同的历史时期，老年人的社会福利事业有不同的内容和特点。

（一）社会福利院孤老收养概况。新中国成立后，从1949年到1955年间，民政部门在接管改造旧社会慈善团体和救济机构的同时，成立了大批养老院和生产教养院，收养安置了数十万无家可归、无依无靠、无生活来源的孤寡老人。生产教养院对于孤老来说是救济性福利机构。1956年，内务部在关于改善城市残老儿童教养院工作的通知中，决定将老人和儿童从生产教养机构中划分出来，单设残老院和儿童教养院，并明确其性质属于社会福利机构。据统计，经过一系列整顿和调整合并后，当年收养安置的老人有5.3万多人。1959年，在湖北召开的现场会议上又进一步规定各福利事业单位的名称不要再提“教养”二字，以使其名称符合救济福利工作的性质。这时全国已有残老院379个，收养安置近6.5万老人，以后改称为社会福利院或养老院，到1964年，全国社会福利院、养老院发展到733个，收养老人近7.9万人。在收养对象范围上，这个时期的不同阶段虽也有所区别，但其中较稳定的收养对象主要是“三无”老人。

十年动乱时期，老年人社会福利事业遭到严重破坏，粉碎江青反革命集团以后，才得到恢复和发展。1979年，民政部在北京召开的全国城市救济福利工作会议提出，在做好无家可归、无依无靠、无生活来源老人收养工作的前提下，开展孤老职工的自费收养业务。1984年，在漳州召开的全国城市社会福利事业单位改革整顿经验交流会议提出，加快改革步伐，打破“三无对象”的局限，大力开展自费收养业务，使中国城市老人社会福利事业跨入一个新的历史阶段。

（二）社会福利院孤老收养的方针和管理。

1. 孤老收养的方针。民政部门对孤老进行收养的工作方针是：“以养老为主，通过适当劳动、思想教育和文娱活动，使老人身心健康，心情舒畅，幸福地度过晚年。”十一届三中全会以后，实行“以养为主”，妥善安排其生活的工作方针。1984年漳州会议又进一步确定的对老人实行“供养与康复并重”的方针，与过去相比，在内涵上有新的突破。老年人参加康复，参加文娱和生产活动，可保持身体健康，延年益寿。中国是社会主义国家，随着生产的发展，人民物质文化生活条件的改善，老年人的社会福利水平也相应地得到提高。国家通过预算支出，给予一定比例的福利事业拨款，城市老人社会福利事业也随经济发展得到相应的提高。

2. 福利院中对孤老的服务管理。

服务管理，是收养方针的具体化。早在1962年国家就规定："养老院的管理工作应该着重抓好生活，抓好思想。在生活上要着重抓五个方面：（1）办好老人食堂；（2）照顾好老人的日常生活；（3）搞好卫生，保障健康；（4）适当开展文娱活动；（5）组织老人参加轻微的生产劳动"。在生活上，根据收养人员的不同特点，认真办好食堂，制订科学食谱，使饭菜多样化，适合口胃，使老年人吃得好，吃得卫生，对患者和80岁以上高龄的老人另开营养灶，以保障健康。许多福利院为老人量体裁衣，做到整齐、干净、适体、美观大方。在医护、康复管理方面，一般社会福利院都设有治疗室、化验室、X光室、针灸按摩室和药房，免费为老年人服务。医护人员坚持每天到患者宿舍查问，送医送药上门。根据不同收养人员的病情、年龄、身体及生理状况等实行三级护理，开展康复活动，提高康复医疗水平。对生活自理有困难的残疾老年人，定时喂水、喂饭、洗脚、理发等，对卧床不起的老人，做到勤换、勤洗、勤翻身。此外，各地还认真开展孤老的文娱活动，组织他们看书、读报、打太极拳、练气功、舞剑、做操、打扑克、下棋等，同时还让他们从事一些轻微的力所能及的劳动，搞一些经营生产。有些地方结合本地实际，组织老年人春游、秋游、参观市容和游览，丰富老年人的精神生活。

各地老人福利单位普遍实行了岗位责任制，不断改善服务态度，提高服务质量。不少福利院对孤老的服务做到"四心"，真心、热心、细心、耐心，对生活上失去自理能力的鳏寡老人，在翻身、洗澡、换衣、整理床铺、理发、喂水、洗脚、剪指甲等服务项目上做到十勤。上海第四福利院的工作人员分工明确，任务到人，责任到人，使工作制度化，任务指标化，管理科学化。武汉市武昌区社会福利院，实行管理责任制，制定《福利院工作人员职业道德规范》《职工守则》《奖惩条例》，建立了学习、会议、考勤、请假、生活管理、卫生、仓库管理、门卫百分考评以及工作人员工作日志等制度。该院每周进行一次检查，每月对执行情况进行一次评比。在 1987 年的一次考核评比中，发动老人投票，满意率达 99%。

为了维护收养孤老的利益，各福利院在实行院长负责制的同时，还推行民主管理。在院长领导下，通过民主选举，成立有收养老人代表和工作人员参加的伙食管理委员会，对福利院的食堂进行监督和管理。院里还根据老年人意见，改进伙食，定期公布账目，实现经济民主。

（三）乐陶陶安度幸福晚年。80 年代中国城市的社会福利院，不仅在本质上不同于旧中国的“慈善堂”，比解放初期清苦简陋的教养院也有很大提高，真正成为一处处老人乐园。生活在这里的孤寡老人，时刻感到自己是国家和社会的主人，他们的社会地位和人格尊严得到了人们的承认和尊重。生活上受到无微不至的关怀，实现了老有所养、老有所医、老有所为、老有所乐，在这里乐陶陶地安度晚年。

随着国民经济的发展，社会福利院的设施有了很大改善，孤老们的物质待遇也逐年提高。全国福利院普遍开展了经营生产，其收入用于老人生活补贴，使老人伙食标准达到甚至超过当地一般居民的标准，老人居住条件也有所改善，一般都是两个老人住一个房间，床铺、被褥、蚊帐、桌椅等设备齐全，不少单位还有沙发。上海市第一福利院、沙市、厦门福利院、广州老人院等单位绿树成荫，花果满园，还增设了许多康复设施。武昌福利院发展第三产业后，实行老人就餐食堂制，还开辟了 6 间病房，设 20 张老年人康复床位，配备了紫红外线超短波等医疗设备，开展对老年人体疗、电疗、工疗等康复活动，一年多时间就为该院老人进行康复治疗 6000 多人次，院外老人 2000 多人次，90% 以上的老人经过治疗后，病情均有不同程度的好转。

福利院里寿星多。由于老年人生活水平提高，精神生活丰富康复和医疗水平逐步上升，他们的平均寿命也逐年延长。1986 年广州老人院收养的 280 位孤寡老人中，有清朝慈禧太后宫女那恒香，有原“广州明心瞽目院”教师，曾赴美留学的尤蒙恩老人，有参加过“二七”大罢工的余松辉老人。全院老人平均年龄 81 岁，最大的李木超为 105 岁。70 多岁的缅甸归侨黄雪卿，在外漂泊 60 年，回国投靠兄长，在广州的哥哥不幸病故，她孤苦伶仃，无依无靠。广州市荔湾区民政部门送她到广州市老人院养老，过上了幸福的晚年生活。澳大利亚侨眷关敬连老人，在游园中高兴地说：“祖国亲情暖如春，不仅老有所养，被照顾得好，而且逢年过节还畅游羊城，真是其乐陶陶”。据全国 26 个省、自治区、直辖市民政部门的统计（缺贵州省、云南省、陕西省），社会福利院中的老人年龄在 71 岁至 80 岁的占在院老人总数的 40%；81 岁至 90 岁的占 20%；91 岁至 99 岁的占 24%；100 岁以上的 15 人，占在院总人数的 0.1%（最高年龄 121 岁）。这是共产党和人民政府对福利院老人关怀的结果，真是“新风蔚然，尊老敬贤，共享盛世，欢度晚年”。

二、儿童福利事业

儿童福利事业，是中国社会福利事业的重要组成部分，新中国成立 40 年来，在党和国家以及全社会的重视和关怀下，中国的儿童福利事业得到较大的发展，取得了巨大的成就。

（一）儿童福利院收养对象的变化。新中国成立初期儿童福利院的收养对象，主要是旧社会留下来的大量弃婴孤儿和流浪儿童。据 1949 年至 1954 年统计，全国 666 个残老、儿童福利机构中，收养在院抚育教养的婴幼儿童达到 2.596 万人。

三年困难时期，社会上的孤儿和弃婴增多。据统计，1962 年，全国有儿童福利院 772 个，收养无依靠、无家可归的婴幼儿童 6.5182 万人，是 40 年以来儿童福利院数目最多，收养婴幼儿、孤儿和流浪儿童最多的一年。

随着国民经济的发展，人民生活的提高和社会文明的进步，也由于各地民政部门做了大量的收养、教育和安置工作，在社会上流浪的儿童，无家可归、无依靠、无人抚养的婴幼儿日益减少，80 年代以后，儿童福利院收养的绝大部分是各种残疾的婴幼儿童。例如，上海市儿童福利院 1985 年收养婴幼儿、孤儿共 570 名，有 97.4% 是残疾儿童。南京市儿童福利院收养 253 名婴幼儿中，只有 4 名是正常的，其余 249 名都是残疾婴幼儿。

全国城市儿童福利院普遍开展的自费收养工作，取得了良好的成绩。这项工作，对解除职工的后顾之忧，支持他们集中精力干四化，起到了重要的作用。如：上海儿童福利院 300 多名自费寄养儿童的家长中，科技人员占 14.8%；教师、医务人员占 12.7%；干部占 15.5%；工人占 37%。在这些家长中间，过去因为孩子牵扯不能出差的，现在都可以经常出差外地，还有十多位家长因消除了后顾之忧，实现了出国考察的夙愿。他们在儿童福利院召开的家长座谈会上，异口同声地赞扬民政部门为群众办了一件大好事。

（二）儿童福利院工作方针。由于收养对象复杂，儿童福利院根据不同的儿童对象，采取了不同的方针。

1. 对一般孤儿，民政部在不同历史阶段，提出不同的要求。如：1952 年规定："对一般的小偷、孤儿，可收容教育，并组织轻微劳动，对已收容的，应采取教、养并重的方针，一般的可培养到小学毕业，然后学习技艺，个别有发展前途的可助其升学。在教养期间，劳动时间不应过长，以免影响儿童的身心发育。"根据新中国成立初期的情况，这里所提的"教"主要是强调对孤儿进行文化教育、纪律教育和思想教育、劳动教育。1959 年民政部规定："认真贯彻'教育与生产劳动相结合'的方针，把儿童培养成为具有优良道德和一定文化水平的劳动者。对一般孤儿应进行正规的文化教育。"这里特别强调对一般孤儿要施行正规的文化教育，与一般小学的教育方针相吻合。

2. 对流浪儿童和顽劣儿童的工作方针。1951 年规定："对流浪儿童应教养兼施，而以造就劳动技能为主”。1953 年确定：“对染有恶习的流浪儿童，应加强思想教育、劳动技艺教育和纪律教育”。1959 年规定：“对顽劣儿童应以品德纪律教育和劳动教育为主，并要注意应有的文化教育”，“改造顽劣儿童和改造成年游民不同，顽劣儿童只要有悔改表现，就应允许其出院，以后的教育由家庭和学校负责进行，教育时间一般的以一年左右为宜”。1963 年规定，对流浪儿童“要以政治思想教育为主，结合进行文化教育和劳动教育，使他们成为对社会主义建设有用的劳动者”。从实际情况看，对他们突出劳动教育和纪律教育，有利于帮助他们通过劳动、技艺的训练，克服身上那种强讨恶要的不良习气，成为一个自食其力的劳动者。

3. 对婴幼儿工作方针是以保育为主，使他们身心健康，发育正常。1962 年规定：“应着重抓好保育工作，首先是把孩子养好，要调剂好生活，做好卫生保健工作，其次是教育好，要参照一般幼儿园的做法，进行学前教育。”

4. 对于残疾儿童的工作方针。1952 年规定：“残废或低能儿童应设法予以特殊教育。”1961 年决定：“对于残废儿童要做好抚养、治疗、教育等工作。首先应做好抚养工作，以促进他们的身体发育，使他们增强体质”。

中共十一届三中全会以后，中国儿童福利事业有了很大的发展。在方针、政策上也有了相应的变化：（1）对健全孤儿和学龄儿童的工作方针是“养与教”相结合，使他们在德智体三方面都得到全面发展，成为有社会主义觉悟有文化的劳动者。各地儿童福利院根据条件，或开班上课，或送附近学校走读，给予中等教育。他们毕业后列为统一招工对象。有培养前途的，继续培养深造。（2）对婴幼儿以保育为主，在养好的基础上，搞好学龄前的教育。使婴幼儿身心健康成长。（3）对残疾儿童实行“养、治、教”相结合的方针。具体地说：对智力健全而肢体残缺的婴幼儿，要养、治、教相结合，尽可能给予矫治和锻炼，施以适当的文化和职业技能教育，为将来参与社会、劳动就业创造条件。对智力发展不全的残疾儿童，尽可能地训练他们自理生活和从事简易劳动的能力；对智力严重缺损的，也要本着革命的人道主义精神，不仅要把他们养好，而且要积极开展多种形式的康复活动。1984 年在漳州召开的全国城市社会福利事业单位改革整顿工作经验交流会议上，进一步提出了对残疾儿童等收养对象实行供养与康复并重的方针，使全国各地儿童福利院的康复工作得到更为深入、更为广泛的开展。

（三）残疾儿童康复事业的发展。残疾儿童康复工作，在中国相当长的一段时间里是个空白。1961 年虽提出“养、治、教相结合”的方针，强调在养的基础上开展“治”和“教”，但当时并没有把残疾儿童康复工作提到现实日程上来。自 1982 年以来，民政部先后举办了 9 期全国儿童福利院康复专业训练班，许多省、市也举办了康复专业训练班，培养了大批康复专业医务人员。在漳州会议制定的“供养与康复并重”方针的指导和全国各级民政部门的支持下，各地儿童福利院依靠康复专业医务人员，积极开展残疾儿童功能训练和康复治疗活动，并取得了显著的成果，残疾儿童康复活动已在全国范围内普遍地开展起来，填补了中国残疾儿童康复工作的空白。这是中国儿童福利事业的新发展。

1. 积极开展残疾儿童康复活动，体现社会主义人道主义精神。漳州会议以后残疾儿童康复工作的意义越来越为民政干部和儿童福利事业工作者所认识，通过功能训练和康复治疗，不仅减轻残疾程度，而且能恢复生活自理能力和劳动能力，为残疾儿童参与社会创造了条件。残疾儿童康复活动几年的实践，也进一步加深了工作人员对残疾儿童“养、治、教”方针和“供养与康复并重”方针的理解，认识到“养”是基础，“治”和“教”是残疾儿童康复工作必不可少的两个方面：供养和康复并重，表现了儿童福利事业单位的福利性质的提高，这是一项生动体现社会主义人道主义精神、十分光荣而崇高的事业。

2. 残疾儿童康复工作成绩显著。中国残疾儿童的康复工作过去做出了一些成绩，在改革开放的形势下进一步取得了更大的成就，1982 年开始，民政部在对外经济贸易部的协助下，同联合国儿童基金会合作，推动了残疾儿童康复工作进一步的开展。先后参加联合国儿童基金会第一、第二周期合作的北京、上海、南京、福州、兰州、广州市儿童福利院和南宁市社会福利院，在开展残疾儿童康复工作上，起了带头作用。在这些儿童福利院里，有残疾儿童 1210 多人次接受肢体功能、智力、生活自理、职业等方面的康复训练，占这些单位收养残疾儿童总数 1457 人的 81%。有效率达到 85% 以上。其中有 500 名残疾儿童效果显著，从过去瘫在床上康复到现在能走、能跳、能说话，受到了社会和家长的好评。上海市儿童福利院对 204 名智力不足，无生活自理能力的残疾儿童，进行生活自理能力的培养。训练他们自己吃饭、穿衣、洗脸、刷牙、大小便等，训练后有效率达 92. 4%。对于脑性瘫痪或发育落后于年龄而需要运动功能锻炼的 30 名残疾儿童，采取点面结合的方法，积极开展训练，从婴幼儿抓起，效果好，好转率达 76. 6%。南京市儿童福利院挑选 66 名残疾儿童进行功能训练，收到较好的疗效。有 12 名从不会坐到能坐；有 12 名从不能站立，不能走路到能站立，能走路；有 8 名学会了自己吃饭；有 9 名能懂得自己大小便；有 8 名从不会说话到能说简单的话；有 8 名学会了唱简单的儿歌，跳简单的舞蹈。广州市儿童福利院由院长亲自领导，组织 12 名医护人员负责对 40 名残疾儿童进行训练，成果突出，获得外宾的赞扬。英国曼彻斯特大学研究中心库伦博士先后两次参观广州儿童福利院，对该院的变化感到吃惊，他赞扬说："你们在一年内成立了有院长参加的功能训练组，建立了残疾儿童功能训练厅和儿童乐园，制作这么多功能训练器械，开展了各种功能训练，使这么多的孩子恢复了自理生活能力。你们的训练是高水平的，可以与英国媲美，已达到你们国内的第一流水平。工作进展之快，变化之大，在英国是难以办到的。我们回英国后，要组织参观团来这里参观。"到 80 年代末期，全国儿童福利院和有残疾儿童的社会福利院都已比较普遍地开展了残疾儿童康复活动。

3. 特殊教育事业出现稳步发展的形势。特殊教育在社会福利事业单位中久已开展，但不够全面、稳定和正规。1988年全国特殊教育工作会议以后，民政部门为发展特殊教育，采取了积极措施，使这项工作有了一个良好的开端，主要表现在：（1）以社会福利事业单位为依托的特教班普遍成立。据初步统计，在全国900多所综合福利院（凡收养儿童的）和儿童福利院中，95%以上都办起了特教班，对1万多名残疾儿童开展了特殊教育，以恢复和补偿他们在感官、肢体、智力等方面遭受损害的功能，使他们之中的一部分人将来有可能在不同程度上接受正常教育和职业训练。为了满足社会需求，福利院还向社区辐射，招收社会上的残疾儿童入学，受到了社会和残疾儿童家长的赞誉。（2）因人施教，根据残疾儿童的残疾状况，分别建立聋儿语言训练班、盲童班和智力残疾班。其中对聋儿的教育，主要是通过各种手段，解决助听，进行语言训练；对盲童来说，在抓紧助视复明治疗的同时，辅以早期盲文教育；对于智力残疾儿童，则是根据他们智力障碍的不同程度，分轻、中、重度智力残疾班，以及早着手规范化训练和启智教育。（3）形成了特殊教育骨干队伍。上海、南京、广州、北京、成都、武汉、杭州、哈尔滨等城市的儿童福利机构是特殊教育开展较早的地区，经过几年的努力，这些地区在举办特教班的工作实践中形成了一支有事业心、有高度责任感的特教师资骨干队伍。

4. 推动社区康复服务事业的发展。在儿童福利院开展残疾儿童康复工作取得显著成绩的推动下，社区残疾儿童康复工作也逐渐开展起来。为了更好地发挥儿童福利院的示范作用、辐射作用和多功能的作用，许多地方政府、民政部门都很重视康复中心的建设。北京、上海、广州、南京、兰州、福州、南宁等城市的儿童福利院已建成了残疾儿童康复中心，有的已面向社会，开展社区康复服务活动。例如，上海市儿童福利院已训练了385名住在家里的残疾儿童，并取得了良好效果。成立了由康复专业人员组成的社区工作组，对上海市的37个街道残疾儿童日托站的康复工作进行业务巡回指导，已对37个儿童日托站的300多名残疾儿童进行了功能评定，为23名残疾儿童制定了康复训练计划，开展了免费咨询活动。他们还答复了来自全国24个省、市的450封咨询信件。广州市儿童福利院建立康复中心以后，一年门诊人数184人，咨询人数52人，咨询信58封，门诊康复治疗残疾儿童32人，有效人数29人，有效率90.6%。

5. 开展智力残疾人体育康复活动，拓宽了中国儿童康复福利事业的新领域。为了减轻残疾儿童残疾程度，启发和恢复他们的智力，增加他们与困难作斗争的勇气和服务于社会的信心，许多地方的儿童福利院开展了智力残疾儿童的体育运动。1987年在深圳成功地举办了首届中国特殊奥运会，来自全国13个省、市的300多名智力残疾运动员参加了田径、足球、乒乓球等十几个项目的角逐。通过参加比赛，大大地鼓舞了智力残疾儿童的生活勇气，丰富了他们的生活内容。在智力残疾儿童中开展体育运动是康复事业的高级形式，是残疾儿童康复工作的新突破，新发展。首届中国特殊奥运会的召开，标志着中国智力残疾儿童康复事业进入一个新阶段。1987年8月，中国第一次派出中国智力残疾人体育代表团一行35人赴美国印第安那州南本德市参加了第七届夏季国际特奥会比赛。在“勇敢尝试，争取胜利”“人人是胜利者”的精神鼓舞下，中国智力残疾运动员在参加的17项比赛中，获得51枚奖牌，其中金牌18枚，银牌29枚，铜牌13枚。中国智力残疾儿童用自己光辉的实践和业绩，为填补中国智力残疾人体育运动的空白做出了自己的贡献，也为战胜他们自身的缺陷做出了艰苦的努力。

6. 培训了一支残疾儿童康复工作的骨干队伍。1982年以后，民政部同联合国儿童基金会合作，举办了9期全国儿童康复专业训练班，聘请了英国、美国、澳大利亚、马耳他等国家的十多名专家和国内教授给学员讲课，讲授了残疾儿童的心理治疗、行为矫治、体疗、社会康复、语言矫治等内容。训练班直接培训了500多名第一线康复工作者。他们回去后都成为儿童福利院开展残疾儿童康复工作的技术骨干。许多地方还举办多种形式的二级培训班，请当地著名专家和参加过全国儿童康复专业训练班的学员讲授有关残疾儿童的康复知识。据不完全统计，陕西、四川、江苏、广东、浙江等省民政厅先后举办了15期训练班，培训医护人员达450名。上海市儿童福利院依靠本院医生办了多期训练班，为全上海市培训了一批康复专业人才，成为推动残疾儿童康复事业向前发展，向着社会、家庭康复延展的不可缺少的力量。

（四）一代代孤儿幸福成长。新中国成立后，中国的孤儿在共产党和政府的关怀下，健康地成长，过着愉快、幸福的生活。解放初期，国家把在死亡线上挣扎的20多万孤儿、弃婴、流浪儿童收养起来，使他们得到了抚育。这些在福利院长大的孤儿，陆续走上各条战线的工作岗位，在实践中得到锻炼，成为建设社会主义的有用人才。共产党和政府对于边疆少数民族的孤儿也同样十分重视。据1984年统计，35年间乌鲁木齐市儿童福利院共收养孤儿1000名，已先后分配就业的有800多名，其中有的当教师、医生、工人、营业员、会计员，有的担任基层领导工作。喀什市儿童福利院35年间共收养维吾尔族孤儿2867人，已安置就业的达2773人。有许多孤儿加入了中国共产党和共青团，有的参军、上了大学。孤儿出身的喀什市六中教员色都克里甫因教学成绩卓著，被评为新疆维吾尔自治区模范教师；公安干部色买权木沙由于政绩突出，被提拔为喀什市公安局副局长；孤儿出身的喀什市广播站干部则都里，钻研业务，成果显著，被评为助理工程师。他们在各条战线上辛勤劳动，发挥着重要作用。1984年以后，民政部先后派出六一慰问团对云南、新疆、吉林、黑龙江、内蒙古5省、自治区的孤儿和残疾儿童进行慰问。在乌鲁木齐市儿童福利院举行的慰问大会上，许多五六十年代从乌鲁木齐市儿童福利院毕业的校友都纷纷前来参加大会。他们一见到慰问团和院里的老师，都异口同声地说："我们回娘家了。我们孤儿永世不忘党的恩情。"广大孤儿表示："社会主义祖国大家庭抚养我们长大，我们要好好学习，以实际行动来报答党的关怀。"

一些省市的民政部门，积极兴办孤儿职业教育，为孤儿就业开辟了广阔前景。如吉林省孤儿职业学校，自1956年建校以来，培养各族孤儿达2500多名，毕业后他们走上了各种不同的岗位，其中18名孤儿还上了大学。1981年7月，吉林省民政厅、劳动厅、教育厅、人事局决定，该校由普通教育改为普通教育与职业教育相结合，办起了相当于中专的企业财会专业班和相当于中技的木工、缝纫技工班。由于该校毕业生政治素质好，专业水平高，在参加工作后表现突出，深受社会上的欢迎，因而许多用人单位提前向该校打招呼，要求录用该校的毕业生。该校教职员工十分热爱儿童福利事业，他们全面贯彻养、教结合的方针，既当学生的老师，又当学生的家长，从生活、学习、健康、品德等方面关怀孤儿，实现德、智、体、美全面发展。该校还结合自己办校的宗旨，从实际出发，成立书法组、美术组、文艺队、乐队、篮球队，开展了丰富多彩的文化体育活动。该校歌咏队在1984年长春市《歌唱红五月》的歌咏比赛中获一等奖，该校小学男子篮球队连续两年获全省《先锋杯》篮球比赛冠军；该校中学女子篮球队获全市中学生篮球比赛亚军。全校孤儿体育达标率达97%，大大超过了长春市中学平均达标率49%的水平。吉林省党政领导在视察该校时，对学校取得的成绩作了充分肯定。为表彰他们在抚养、培育孤儿方面取得的显著成绩，吉林省民政厅授予它为全省民政系统的先进集体。

三、精神病患者福利事业

民政部门举办的精神病患者福利机构，也是社会福利事业的一个组成部分，它同一般精神病院的区别，在于收治对象是以无依无靠、无家可归、无经济来源的“三无”精神病患者以及革命残废军人、复员转业军人的精神病患者为主。另一方面，从全局来说，精神病患者福利事业，又同全国精神卫生工作相互联结，是涉及人民健康和社会管理的一项重要工作。

（一）精神病院收养对象的变化。民政系统精神病院的收治对象始终以“三无”精神病患者为主，但四十年间，在不同的历史阶段，也有过一些变化：

1. 创建精神病院阶段（1950年至1957年）。在这阶段，政府部门在大中城市只设置少量的精神病患者收容所，主要是收治城市中流落街头的“三无”精神病患者，这对医治旧中国遗留下来的创伤，维护社会秩序，起了一定的作用。1954年政务院在《关于民政部门与各有关部门的业务范围划分问题的通知》中指出：“各革命残废军人学校、教养院以及生产教养院的精神病患者，凡需要治疗的，由卫生部门指定医院接收治疗。对一时不能接收治疗的精神病患者由当地卫生部门责成附近的医院协助院校予以经常治疗”。1956年，国务院批转《湖北省人民委员会对精神病患者的收容管理问题的请示》中规定：“精神病患者是一种病态。为了便于对精神病患者的治疗，精神病患者的收容管理工作应当由各级卫生部门负责，其他部门协助。各级卫生部门对精神病患者的治疗和收容管理工作，应当纳入整个工作规划之中，采取积极措施，适当增加现有精神病患者住院的床位，以便争取在一定的时间内，由卫生部门把精神病患者的收容管理工作全部接管过来。”当时民政部门的社会福利事业单位是不收精神病患者的，或者是根据国务院的批示精神，只收那些无家可归、无依靠、无生活来源的精神病患者，以配合卫生部等部门开展工作。据统计，1956年和1957年，全国民政部门收养“三无”精神病患者分别为6681人和5448人。

2. 加强和发展精神卫生工作的阶段（1958年至1965年）。根据1958年全国第一次精神卫生工作会议精神，民政部1959年在湖北省沙市市召开的现场会议上指出：民政部门的“精神病院应首先把革命残废军人、复员军人、退伍军人中的精神病患者收容起来，对无依无靠、无家可归，到处流窜，影响社会秩序的精神病患者也应及时收容起来，对那些病情严重，本人家属无力看管而没有条件进医院治疗的患者，也可以收容。”到1960年内务部规定：“对医院久治无效、无家可归或者家庭无力照管的精神病患者，可以继续收容”。1961年规定收容的对象是：“以收容无家可归到处流浪的精神病患者为主，有条件的也可以酌情收容家庭无力照管的精神病患者。”各地民政部门根据当地实际情况和湖北现场会议提出的

“以精神病患者较多的县、市或专区为单位，建立新的或扩充原有的精神病院，协同卫生部门积极把这项任务担当起来”的要求，兴办了大批精神病院。据统计，1958 年民政部门举办的精神病院有 86 所，收养精神病患者 7985 人；1963 年有 202 所精神病院，收养精神病患者 1.7138 万人；到 1964 年仍然有 199 所精神病院，收养精神病患者 1.6528 万人。这时期收容量比前期大大增加。

3. 遭受严重挫折的“文化大革命”时期（1966 年至 1976 年）。由于江青反革命集团的破坏和“左倾”路线的干扰，这一时期民政部门的精神病院减少了一半，而且精神病院的管理工作处于瘫痪状态，治疗和康复无法进行。

4. 恢复和重新发展精神卫生工作的历史时期（1977 年至 1987 年）。在中共十一届三中全会精神指引下，各地民政部门对精神病院进行了整顿，恢复并重建了一批精神病院。各地精神病院贯彻改革的精神，向社会开放，积极开展自费收养业务，自费住院的精神病患者占在院总数的比例已达一半左右。据统计，1986 年全国有 118 所精神病院，收养精神病患者 2.1347 万人，其中自费收养的人员 1.0583 万人。这时期的精神病院的康复工作也有了突破性进展，为精神卫生事业的发展做出了新的贡献。

（二）精神病院管理工作的改革。从历史的角度看，过去民政部门举办的精神病院，一部分是从社会救济的任务出发，收养久治不愈的“三无”精神病患者；一部分是从社会保障的需要出发，收养优抚对象中的精神病患者，并且主要是搞好供养和生活管理。多年的实践经验说明，单纯依赖国家各个有关部门办精神病院收管治疗为数众多的精神病患者，已无法满足现阶段精神卫生工作的需要，过去在管理方法上只重“供养”，不搞康复，也是落后于时代需要的。1984 年在漳州召开的全国城市社会福利事业单位整顿改革工作经验交流会议为精神病患者福利事业的改革指明了方向。

1. 坚持改革，突破“三无”观念束缚，面向社会，开展自费收养业务。随着经济的发展，社会的进步和人们物质生活的提高，“三无”精神病患者越来越少，民政部门精神病福利院的床位设备相对闲置，而闲散在城市社会上有家庭、有依靠的精神病患者则相对增多。针对这一情况，为适应社会的需要和患者亲属的迫切要求，民政部门进一步打破了只收“三无”对象的界限，面向社会，积极宣传和开展自费收养业务，为社会、为家庭、为企事业单位排忧解难。据1986年的统计，自费收养的精神病患者1.0583万人，占在院总数的45%。实践生动证明，实行自费收养工作，深受社会和患者所在单位及其家庭的欢迎，也给精神病院的工作增添了生机。

2. 大力开展康复工作。自彰州会议提出供养与康复相结合的方针后，各地精神病院都把康复工作摆到重要地位，广泛地开展起来。黑龙江省海伦精神病疗养院早在60年代就初步开展了康复工作，他们创造了药物、劳动、娱乐、教育“四结合”疗法，使患者身体素质、自理生活能力、精神面貌都发生了很好的变化，死亡率、外走率下降，临床治愈率不断上升。精神分裂症的治疗有效率达89%，1963年内务部就曾总结推广过该院的经验。漳州会议后，他们进一步完善“四结合”疗法，使精神分裂症的治疗有效率提高到95%。该院组织患者开展丰富多彩的文体活动，用以配合其他疗法，使患者在说说唱唱、跑跑跳跳中得到治疗。他们20多年一直坚持“每日两遍操，一日歌不断”，每年举行两次文艺会演，一次体育运动会。全院有85%的患者长年参加文体活动，学会做广播操；有45%的患者学会“五禽戏”；有35%的患者能唱几十首歌；有65%的患者能登台演出。由100名患者组成的合唱团参加了海伦地区第七届音乐节大合唱，有组织、听指挥，个个精神集中，唱得好，博得观众的赞扬。20多年的实践证明，“四结合”疗法是治疗慢性精神病患者的一种行之有效的方法，经过治疗，患者基本能自理生活，程度不同地掌握了一些劳动技能，使这些过去被认为是社会的“负担”、单位的“包袱”、家庭的“累赘”的人，变成了对社会有所贡献的劳动者。上海市第一精神病院积极贯彻供养与康复并重方针，在做好“三级护理”“四结合疗法”的基础上，以康复为重点，调整病房布局，将原有的四个病区按照康复的要求，划分为

"六个区、一个中心"，即分别设置了躯体功能训练区、综合治疗区、精神科治疗区、特别护理区、开放自理区、模拟社会生活区和康复活动中心，采取多种形式开展康复活动。特别是该院开展的模拟社会生活区形式，是慢性精神病患者重返社会的一种新的康复尝试，是精神病院管理工作改革的一个新突破。黑龙江省哈尔滨市精神病疗养院积极开展的医学康复工作，除用药物治疗兼用工疗、文娱、体育等方法进行康复外。还在临床应用和临床科研方面进行探索，施行环境康复、药物康复、心理康复、文娱康复、体育康复、生活规律训练的康复、家务劳动训练康复等。总之，一切以患者康复为中心来组织医疗护理工作。

自康复医学被引进福利事业单位，应用于临床后，"两扇铁门一把锁"的封闭管理状况被彻底打破。这标志着民政部门的精神病院管理工作的改革已进入了一个新的阶段。

3. 配合卫生部门做好群防群治工作。长期实践说明，在中国现阶段要解决好全国 1000 万精神病患者的治疗和社会管理问题，光靠卫生、民政、公安 3 个部门是难以办到的。社会问题要靠社会力量来解决。建立专门机构的专业管理同群防群治群管相结合的管理体制，是发展精神病患者福利事业的根本途径。因此，近几年民政部门积极配合卫生、公安部门，做好精神病患者的群防群治群管工作。上海市在市政府领导下，建立了由卫生、民政、公安 3 个部门组成的精神病患者防治领导小组，各区、街道也分别成立相应组织，形成了市、区街道、居委会 4 级防治网络，该市已有 90% 的居委会建立了群众性的精神病患者看护组，监护 2 万多名精神病患者。江苏常州市民政部门也积极协同卫生、公安部门做好群防群治工作，他们一面培训医护和管理工作人员，一面在全市范围内进行摸底，为做好群防群治工作提供了科学依据。目前，该市已初步建立起由市精神卫生领导小组办公室领导，以市精神病院为依托，以街道工疗站和居委会看护组为基础的精神病患者看护网络，负责全市精神病患者的收养、治疗和管理工作，并收到了显著的效果。

第三节　城市社区服务的内容

一、城市社区为老年人提供的服务

城市中最为紧迫的服务保障需求首先来自老年人，一方面，城市老龄化的速度明显快于全国老龄化的平均速度，另一方面，城市的家庭规模越来越小，双职工家庭、核心家庭和老年空巢家庭同向增加，这样不仅社会孤老需要得到照顾，有退休金保障的老年人也产生了服务需求。为老年人提供的服务，因而成为城市社区服务系统中最重要的一环。各城市由街道居委会举办的老年服务项目主要有：

（一）老年人包护服务。这是各城市基层社区开展得最早、最广泛的老年人服务项目，也是发展比较完善的项目。1986 年年底全国仅孤老包护组即已达 3.6 万多个，包护孤老 6.6 万多人。参加这项服务者有 11.7 万多人。实际上在社区服务中，被包护的老年人已不限于以上所说的社救孤老，还包括退休孤老和身边无子女以及生活中有各种困难的老人。以武汉为例，1987 年年初，全市有散居孤寡老人 3576 人，其中社救孤老 1332 人，离退休的 2244 人，已全部由社区实现了包护，全市共组成包护组 1100 多个，有 232 个单位，1.2 万多名志愿者参加了这项服务活动，目前该市包护对象已扩及到身边无子女的老人，包护工作的一般做法是，由街道办事处或民政助理员负责对全街包护工作的组织和检查，由居委会同参加服务的单位和个人签定包护协议，定服务人员、定服务内容、定服务时间、定服务要求。如粮店送粮、煤店送煤、菜场送菜、理发店派人到户理发、医院定期巡回体检、打针送药、学生们清扫环境搞卫生、老人原所在单位逢年过节探望慰问，解决某些生活难题并承担必要的责任。此外，居委会还广泛组织邻里包护，服务者给老人送药送水、代购物品、帮助安排生活和处理家务琐事。实践说明，这种服务效果很好，服务者与对象之间常常只有一板之隔，方便如同一家。

（二）街道和居委会举办的敬老院。这是各城市正在发展的项目，也有叫福利院、老人公寓、颐寿园等等，名称不一，收养对象多为社救孤老、退休孤老、身边无子女或有其他困难的老人。这类敬老院一般规模较小，地点就设在本社区之中。有的利用旧房屋改建而成，有的是通过换房，把分散在社区内的老人集中到一个院子或一幢楼房中办起来的，也有的是利用社区内空地兴建的。每所敬老院的落成，都是本社区公共生活中的一件大事，受到辖区内各方面、各单位的资助。所以，院内生活设施较完备，不仅有全新的床铺、被席、衣柜，一般还备有家用电器、娱乐用品、报刊书籍和应急药物等等。各院设有专人做护理工作，包护服务组也常到院内为老人服务，逢年过节，街道、居委会干部来院慰问，过生日为老人祝寿，春秋季节带老人旅游，散居在社区的老人和街道幼儿园的孩子常来敬老院和老人一起活动。敬老院和附近医院挂钩，医生定期上门检查，老人有病随请随到，解决了老有所医的问题。敬老院把有偿服务和无偿服务结合起来，对社救孤老实行义务服务、优先收养，对其他老人实行自费收养。不少敬老院实行了从院长到服务人员的岗位责任制，还成立了由院长、服务员和老人代表三方组成的民主管理小组，以加强对各项服务的监督和管理。

（三）老年人活动中心。随着人民群众生活水平的提高，城市老人的服务需求不仅表现在物质生活上，而且越来越多地表现在精神生活上。特别是 80 年代中期以后，城市老人的构成中退休职工和离退休干部逐年增加，他们离开了原来的单位、职业乃至领导岗位，返回到社区的居民中，往往会有一种失落感、孤独感、直至对自我价值的否定。如何为他们创造条件扩大社会联系，建立新的社交圈子，使他们继续参与社会生活，达到精神上新的平衡，遂成为社区老人服务的一个重要课题。为适应这种情况，各城市基层社区纷纷兴办老年人活动中心、老年茶社、老人之家、寿星乐园等等。上海市虹口区仅新港街就建立了各种老年活动室 24 个，游艺室内有象棋、扑克、麻将等娱乐用品，阅览室里有报纸、杂志和书籍供老人学习。清晨，这里是老人喝茶、谈心、消遣议论的好场所；中午和下午，这里又成了说书、演唱的小型剧场；到了晚上老人们在这里看录像、电视，有时还在这里举办老年人交谊舞会，收到了一场多用的效果。广州荔湾区金花街成立了由老干部、老职工、老基干、老街坊组成的“四老之家”，老人们定期在这儿聚会，开展各种文化娱乐活动。武汉市的老人茶社星罗棋布于大街小巷，把老人们从路灯下、马路边、摊亭前吸引到这里来品茶怡神、打牌下棋、欣赏戏曲，十分开心。有的老人一清早就来茶社等着开门，直到晚上带两瓶开水回家，一日三餐还可在这里享用。各茶社座无虚席，茶社吸引着老人，老人离不开茶社。

除了上述大众化的普及型的老人活动中心，在一些知识分子、领导干部比较集中的社区，还举办了一些适宜于文化、收入、职业层次较高的老人们活动的场所，以保证这些老人按照多年形成的意愿和习惯来度过自己的晚年。北京的阜外轩就在这方面进行了探索和尝试。轩内成立了书法、围棋、桥牌、台球等协会，组织老人们就某些学术问题、理论问题进行探讨，还举办诗词欣赏、楹联活动、老年交谊舞会等等。一些在科学、文化和领导岗位上工作了一辈子的老人，在这儿既是活动的组织者，又是参加者，既发挥了余热，又得到了享受。刚离休时那种消沉、苦闷甚至认为已被生活淘汰的心理压力得到了解脱，他们为自己创造了充实、富有朝气的晚年生活。

（四）老年人综合服务站。这是为满足老年人某些特殊生活需要而设立的服务机构。老年人综合服务站的项目可以分为两个方面：一是老年生活服务，包括老年人生活用品的供应和调剂，老年服装裁剪和制作，衣被拆洗和缝补，老年生活技术培训，如传授家用电器使用维修和花卉盆景栽培等知识，以及提供其他劳务性服务。二是老年人婚姻介绍，这是服务站所承担的涉及社区老年人保障的一项重要工作，有些街道还单独成立了老年人婚姻介绍所。中国素有“少年夫妻老来伴”之说，老年丧偶是人生的一大不幸。然而由于传统观念的束缚，老年再婚不仅会受到社会的歧视，而且会遭到儿女的反对，甚至老人自身也存在着很大的心理障碍。开展老年婚姻介绍这项服务，一方面可以为单身老人广搭鹊桥，密切他们之间的交往联谊；另一方面又可向社会和子女做好思想宣传工作，克服老年再婚的障碍。武汉市江岸区汉景老年服务公司自1985年3月开展老年婚姻介绍服务以来，已有82对老人喜结良缘，受到了老年人和社会舆论的广泛称赞。

二、城市社区为残疾人和精神病患者提供的服务

许多城市的基层社区组织，在力所能及的范围内为残疾人和精神病患者提供了多元性服务，其中，残疾人就业问题除主要靠社会福利企业来解决外，也有少量的没进福利厂的残疾人被安置在街办的小型场组或协助他们从事个体经营。一些街道、居委会举办的老人活动中心和服务站，也注意吸收残疾人参与各种社会活动，并为他们提供各种服务，包括残疾人婚姻介绍。对于散居在社区的精神病患者，各地也都组织了看护活动。1986年，全国城市社区组建的精神病患者看护组已达5000多个，护理精神病患者7000多人。参加这项服务的志愿者1.37万多人。

（一）残疾人康复中心。城市基层社区开展残疾人康复活动，标志着由过去的医院或疗养院办康复事业向社会办康复事业转变，目的是把散居在街道的残疾人的康复工作落到实处，使他们能就地得到治疗。这项工作的开展在中国虽然时间还不长，但已收到了明显的效果。以广州市荔湾区金花街为例，该街于1980年3月建立了残疾人康复中心，在街道办事处领导下由街道民政干部、卫生院代表、医师代表、街红十字会负责人、残疾人代表和中山医科大学康复专家组成领导小组，协调开展社区残疾人康复工作。他们举办了培训班培训参加康复工作的人员，并对全街344名盲、聋、哑、肢残、精神或智力残疾、瘫痪性残疾、老年心肺残疾等人员进行了普遍调查，制定出康复医疗计划方案。一是医疗康复。采取功能康复与针灸、按摩相结合的方法进行治疗。康复中心设有作业治疗器械，体疗器械、哑铃、握力器等康复器械。每天由医生和康复员指导残疾人进行功能

训练，配合以按摩、针灸与药物治疗。对于瘫痪的残疾人由康复员每周两次登门指导训练。二是社会康复。街道成立了伤残人协会，经常组织残疾人参加摄影、书法、美术、演唱和体育比赛等活动，使他们和健全人一起参与社会生活，交流思想，分享快乐、消除悲观消极心理，增强自尊、自强、自立的观念。三是积极配合福利厂和弱智车间对轻度精神病患者、智力残疾人进行职业康复和教育康复。

（二）精神病患者工疗站。各城市的街道里，都有一些精神病患者和智力残疾人，他们流浪于街头，常召来大群的围观者，甚至造成交通堵塞。他们一旦走失，会害得亲人、邻里及居委会干部四处寻找，不仅给家庭造成很大负担，而且严重地影响了社区的秩序。因而，为妥善解决这些问题而建立的精神病患者工疗站就逐渐成为各地社区服务规划的一个必建项目。工疗站的规模一般较小，有的作为工疗车间附设在街道福利厂中。做法是把社区内的精神病患者收管起来，让他们参加一些简单的劳动，同时辅以康复治疗。如沈阳市正阳街精神卫生康复站，就是以福利厂为康复基地，采取“以站带厂，以厂养站”的办法建立起来的。这个站把药物、心理、劳动和文体等治疗有机地结合起来，对精神病患者和智力残疾人进行精神康复、行为康复、智能康复和职业康复训练，以帮助他们树立生活的信心，养成良好的生活习惯，提高他们的智力水平、生活自理能力和劳动技能。建站12年来，他们共收治日间就诊的患者199人，外地患者70人，其中治愈165人；设家庭病床204张，治愈156人。总治愈率达70%，复发率控制在6.7%左右。先后为75名恢复劳动能力的精神病患者、智力残疾患者和其他残疾人安置了工作。

（三）伤残儿童寄托站、弱智儿童启智班。这也是许多城市社区服务规划中的一个必建项目，日益受到重视。就一个街道来说，伤残儿童和弱智儿童人数虽少，却对家庭拖累很大，普通托儿所对这类孩子，因怕一般家长反感而不愿意接收，残儿家长因怕孩子遭歧视受欺负也不愿意送。这样一来倘若家中没有老人照管，当母亲的就只好常年不上班，或者把孩子带到单位关在某间小屋子里，这对孩子的成长和家长的工作都极其不利，成为家庭生活中的一大难题。街道办起寄托站和启智班后，这些残儿和弱智儿童不仅在生活上得到了照料和护理，而且还能及时接受肢体、听力、语言功能早期训练和启智教育，这样能收到良好的康复效果。从而使这些孩子将来能实际享有受教育和参与生活的权利，也给家长解除了后顾之忧。这对孩子的一生，对家庭、对社会都有积极的意义。

一些工作较先进的城市社区，为残疾人和精神病患者提供的服务已向系列化目标发展。如沈阳市沈河区所属各街，已做到残疾婴幼儿有寄托站，弱智儿童有启智班，精神病患者有工疗站，残疾人有康复站和专门诊疗所，夫妻俱残或自理能力弱的残疾人都有看护组照料，凡有一定劳动能力的残疾人都可进福利厂，进了厂的残疾人都参加了养老保险。这样，残疾人从出生、入学、就医、就业、养老送终，都有了安全保障。

三、城市社区的心理咨询和家庭辅导服务

家庭的和睦与巩固，直接关系到社会的稳定。80 年代中期以后，有些基层社区领导从现实生活中开始认识到，由于家庭和成员中存在着各种心理障碍，或缺乏心理卫生常识、科普知识、道德和法纪观念等原因，常常导致家庭不和、不睦乃至破裂，造成社会问题，遂在地区中逐步开展起心理咨询和家庭辅导服务。1986 年 11 月，常州市依靠市精神病院，首先在街道开展了学习困难儿童咨询门诊，已接诊 985 人次，其中 60% 的儿童学习成绩有明显提高，也治好了家长的心病。接着又开展了成人心理卫生咨询。1987 年 6 月，湖北沙市成立了社区服务心理咨询中心，并以精神病院为依托，建立了基层心理咨询站。最初两个月的试办就接待了 112 人，其中涉及社会心理方面的有 8 人，心身疾患的有 16 人，病态心理的有 25 人，妇女卫生心理的有 46 人，老年精神卫生的有 13 人，性心理障碍的有 4 人，可见心理咨询所涉及范围之广泛，人民需求之迫切。考虑到由于世俗观念和文化水平的局限，人们对心理咨询、心理诊断、心理治疗都还比较陌

生，沙市社区服务心理咨询中心在 8 个居委会的科普学校举办了心理讲座，内容包括社会心理、儿童心理、老年心理等问题，听课人数有 605 人，收到了良好的社会效果。接着又通过报纸、广播、电视、板报和宣传画、广泛宣传心理卫生知识，开展普及教育，做到家喻户晓。一些街道干部深有感触地说，开展心理咨询，使各种精神障碍能早期发现、早期排除，维护了家庭，也减少了社会的不安定因素，实在是一件好事。

心理咨询和家庭辅导服务在其他城市也得到相应发展。大连市西岗区工人村街针对本社区由于夫妻矛盾、婆媳矛盾、姑嫂矛盾造成离婚率上升等情况，从 1985 年 1 月起办起了婚前教育学校，对申请婚姻登记的青年人和新婚夫妇，讲授婚姻法、家庭伦理、移风易俗、生理卫生、计划生育等知识。两年间，工人村街共有 2700 人次接受婚前教育，几乎都被评为五好家庭，其中 707 对新婚夫妇，只有一对因女方患有癔病而离婚。大连市已有 70% 的街道办了婚前教育学校，人们称赞它是“幸福家庭的摇篮”，武汉市各街道纷纷举办了“居民学校”“家政学校”和“家家乐学校”，为帮助不同年龄的人克服各种心理障碍提供心理辅导服务。针对不同年龄、层次的不同需求分别讲授老年保健、老年再婚、更年期心理卫生、儿童心理和独生子女教育、家庭伦理和亲际关系、法纪与时事等课程，这对提高家庭成员的素质，协调伦理关系，增加家庭的保障功能，倡导健康、文明、科学的生活方式，起到了很好的作用。

四、城市社区的便民服务

伴随城市改革的深入和人民生活节奏的加快，要求家务劳动社会化的呼声越来越高，因而形式多样的便民服务项目就成了城市社区服务工作中发展最快的一个方面。在开展便民服务方面，上海市因有历史传统而走在前列，一些新兴的工业城市也紧跟上来，如常州市已办起居民家庭服务站 80 个，本着“方便居民，收费低廉”的原则，代居民家庭买米、买煤、买菜、接送孩子入托、请医就诊、开办拆洗衣被、上门理发、搬运物品、出租洗衣机、缝纫机、担架车等服务项目。大连市仅金家街一个街道，就办起了17处便民服务设施和56个服务网点，做到“油盐酱醋出门就买，理发照相跟前就有，求医看病不用出街，一日三餐服务上门”。哈尔滨市工厂集中的动力区，建成了一个自上而下的便民服务组织系统。区里设服务总站，街道设服务中心，居委会设服务分站。总站和中心站均配有专职干部，负责对便民服务网点的监督与指导。为搞好网点建设，该区还把这项工作列入街道目标管理的考核指标和“十好居委会”的评比条件之中。区里还制定了一系列优惠政策，扶持网点建设。这个一向是“工厂企业多、商业网点少”的工业型社区，现在已做到每个居委会都有服务站，每个居民组都有代办点，每个服务项目都有服务员。全区定有统一收费价目表，从挂钥匙的小学生在小饭桌吃一顿午餐，双职工家庭寄托老人1天，到青年夫妇因上夜大学而临时寄托孩子2小时，都只需支付一点服务费即可如愿。居民们称赞这种细致入微的便民服务网为“十不出楼”“十不出街”。

社区的便民服务减轻了城市居民的家庭负担，解决了干部、职工的后顾之忧，体现了城市基层社区作为经济建设大后方的保障作用。

第四节　城市社会福利事业的深化改革和发展趋势

一、社会福利事业单位的深化改革

中共十一届三中全会以后，全国城市社会福利工作取得显著成绩，积累了许多宝贵的经验。但是，城市全面改革所引起的社会变迁对社会福利工作提出了新的要求，需要社会福利工作深化改革和进一步发展。为了把民政部门的社会福利事业单位办成高水平、高效益的社会福利机构，充分发挥其骨干、示范、指导作用，带动整个社会福利事业的发展，福利事业单位的改革方向，是以提高效益为中心，继续改革管理体制，增加服务内容，提高服务质量，增强自我发展能力。

（一）改革管理体制。这是使社会福利事业单位焕发生机和活力的最重要的一环。根据彰州会议以后，许多社会福利事业单位进行改革的经验，针对机构重叠，人浮于事，分配不合理，效益不高的弊端，把管理体制的改革作为重点。1. 试行院长负责制。民政部门向社会福利事业单位放权，确认院长的法人代表地位，使其真正享有行政、医疗、财务、人事等方面的权利。院里的事交给院长去管，上级主管部门主要管院长的任命、聘任、选举、考核和民主监督。2. 适度精简中层机构，改变科室林立、机构臃肿的状况。福州市社会福利院，只有一个院长，一个院长助理，没有中间层次，工作效率很高。这是一种值得推广的模式，提倡院长直接领导班组，引入竞争机制，实行劳动优化组合，打破铁饭碗，实行多劳多得。对富余人员要妥善安排。3. 进一步推广以岗位责任制为主要内容的承包责任制。根据任务和职能，科学设岗；根据岗位的职责，明确任务，在此基础上搞好承包责任制。

（二）增加服务内容。80 年代人民群众对社会福利服务的需求日益增加，因此国家办的一些社会福利单位在搞好内部深化改革的前提下，面向社会开展社会化服务，促进公共福利事业社会化，同时利用福利事业单位人员、技术、设施方面的优势，开展、各类适宜的服务项目，把福利院办成本社区、本地区多功能的福利服务中心。各地的福利事业单位都根据自己的条件，选择一些增辟的服务项目，包括自费收养和收费服务项目。例如位于城市的福利院，把各项服务同社区服务结合起来，发挥辐射作用；位于远郊或农村的福利院，则与农村扶贫、扶优、助残、敬老等工作相结合，成为乡村社区福利的中心。

（三）提高服务质量，进一步加强职业道德教育，更好地为收养人员服务。办好福利院必须有一种强烈的事业精神，千方百计地提高职工队伍的基本素质，提倡无私奉献精神和精益求精的工作作风，树立全心全意为孤老残幼服务和提高服务质量的思想。为此，各地福利院进一步完善职业道德规范，各项工作实行制度化、规范化，纠正一切违法乱纪现象，对造成严重后果者，严格查处。继续提倡工作人员和收养人员之间互相尊重、互相爱护，形成平等、团结、友爱、互助的社会主义人际关系。

（四）增加自我发展能力。实践证明，办社会福利事业单位不能只考虑花钱，还要重视聚财、理财。国家和地方财政有限，事业费不足，福利事业单位必须增强经济观点，想办法挖掘潜力，开辟门路，扩大经济收入，以增强自我发展能力。许多福利事业单位，因地制宜，兴办一些经济实体，包括部分收费服务，增加资金来源，扩大服务范围，走出了以实业养事业，以生产补福利的发展道路。各地福利院在开展生产经营活动中，应处理好4个问题：1. 明确发展生产经营的目的是为了发展社会福利事业，提高收养人员生活水平。抓经济收入，要以提高服务质量为前提，避免出现生产经营发展了，服务质量反而下降的现象。2. 明确经营原则。确定生产经营项目，要从实际出发，实事求是，进行可行性研究。坚持投资少、周期短、见效快、效益好的原则。3. 正确分配生产收入，在保证扩大再生产的前提下把生产收入主要用于改善收养人员生活和福利院福利设施，小部分用于职工奖励。4. 坚持生产劳动与康复活动相结合。因人制宜地组织收养人员参加力所能及又有益于康复的生产劳动，把参加生产劳动作为开展康复活动的手段之一。通过劳动，使他们精神有所寄托，肢体功能得到锻炼，智力得到开发，劳动技能有所提高。

二、城市社区服务工作的基本经验和发展趋势

（一）为建立和完善社区服务系统而努力。1987年召开的武汉会议，把建立和完善社区服务系统，作为发展社区服务事业的一个总体目标提了出来。随着社区服务工作的迅猛发展，人们的认识不断深化，眼界日益开阔。各地在实践和探索中，特别是在解决各种实际问题的过程中，又创造和积累了不少新鲜经验，正朝着建立和完善“社区服务系统”这一总体目标开拓前进。这一发展趋势，也正通过社区服务诸要素（服务设施、组织管理、资金运行、服务队伍、服务方式、政策环境）的不断完善展现出来。

1. 服务设施系统：向多层次、多系列、网络化的目标发展。兴办社区

服务实体，是建立社区服务系统的第一要素。各地在创建社区服务实体设施和服务项目方面，沿着3个方向开展工作：

（1）所在基层社区，普及社区服务的基础项目，使社区服务工作在面上迅速铺开。

（2）积极开辟新的服务领域和服务项目。一些大中城市，注意借鉴国外的经验，弥补社区服务项目系列中的空白，如北京市西城区在区政府的大力支持下，于1988年建立了“信任与安慰者协会”。该协会挑选了一批有丰富的生活阅历，个人政治素质好，长期从事教育、妇女、基层社区、医务等方面工作的老同志，组织咨询辅导专职队伍。为了在工作中不断提高辅导水平，还邀请了一些心理学专家兼任理论指导和技术顾问。协会里开设了社会行为、人际关系、家庭生活、妇女心理、老年人、青少年和儿童心理健康咨询几个服务项目。实践证明通过开展心理咨询辅导服务，能在一定程度上排除部分社会成员的心理障碍，防止某些矛盾的激化，调节各种关系，是开展思想政治工作的一种新尝试。目前，该协会在工作程序和工作方法上正逐渐实现规范化、制度化。再如天津市和平区建立了为那些在人身和基本生活权利方面受到严重侵害的老年人、残疾人、妇女、儿童提供临时紧急庇护服务的庇护所。这个庇护所，是在区政府的领导下，由民政局主持与司法、工青妇、宣传新闻部门密切配合下建立起来的。区政府领导亲自召集有关部门的领导和法律顾问对庇护所的章程进行了论证，并以区政府的名义批准了庇护所的章程，使其具有法律效力。章程明确了开展庇护服务的法律依据，界定了庇护的对象和范围，并就确认庇护对象身份、核实情况，决定并撤销庇护等有关程序做了明确的规定。显然“庇护所”这一服务形式，在一定程度上维护了部分老年人、残疾人、妇女、儿童的合法权益。

此外，各地已开始注意并积极发展社区康复事业，在基层社区的层次上采取康复措施，这些措施，是利用和依靠社区的人力资源而运行的。卫生、文教和残疾人联合会都在开展社区康复的试点工作。民政部门的社区康复工作主要是从社区服务网络化建设中逐步发展形成的。如武汉市江汉区在深化发展社区服务网络过程中，十分重视社区康复服务，在区一级兴建了精神卫生康复中心，在街道一级设立 4 个门诊部。在居委会建立了看护小组，形成了精神康复一条龙服务的新格局。据统计，1988 年全国城镇街道已兴办社区康复中心和各类社区康复机构 2300 多个，同时在众多的老人公寓、敬老院、托老所、残疾儿童寄托所、精神病患者工疗站、老人活动中心和残疾人活动中心里，普遍开展了各类康复活动。通过开展医疗康复、教育康复、职业康复提高了康复对象的身体素质和精神素质，解决了家庭的难题，深受群众欢迎，社区康复已成为社区服务系统的重要组成部分。

（3）不少城市如武汉、北京、上海、天津、沈阳、昆明、重庆等在初步实现了社区服务网络化的区街，着力建设街道一级乃至区一级的社区服务中心。这些较高层次的服务设施，集老人、残疾人、儿童以及社区居民服务于一体，从生活、康复、文化、娱乐等多方面为居民群众提供综合性服务。这类相对集中、具有一定规模和多种功能的社区服务中心，已成为城区社区服务的骨干设施，既可发挥辐射、指导作用，又可带动本社区的各项服务系列，标志着社区服务工作开始向规范化和专业化发展。

由于基础性服务设施在各居委会的普及，服务领域和服务项目的不断扩展并趋于系列化，以及区街两级社区服务中心的相继建立等等，因而在一区一街的范围内，形成了一个多层次、多系列的社区服务立体网络。在这个网络中，各种服务设施发挥着各自的作用，并联结成一个有机的整体。这就从实体设施这一要素上构成了社区服务系统的雏形。

2. 组织管理系统：以基层社区为依托，坚持分级管理和部门协调相结合。为了确保社区服务系统能正常工作和日臻完善，各地在开展社区服务工作过程中，对如何健全社区服务管理体制和协调机构的问题，进行了多种尝试。开始时机构的设置和名目不尽相同，到武汉会议以后，各地的做法才日趋一致。许多城市已经建立起市、区、街、委（居委会）4 级管理体制：

（1）在市和城区一级设立社区服务指导委员会。其成员包括本区的民政、规划、劳动、文化、卫生、工商、税务、财政、武装部、工青妇、老龄委、个体协会等部门和团体的负责人以及各街道办事处主任。该委员会一般由分管民政工作的副区长担任主任，区民政局长任副主任，委员会办公室设在区民政局。委员会的主要职责是，负责全区社区服务工作的宏观协调，制定社区服务工作规划，组织各部门密切协作，部署、指导、检查各街道的社区服务工作，定期向本区政府和人大报告社区服务工作开展的情况，以争得政府领导的关注和支持。

（2）在街道一级设立社区服务工作管理委员会，其成员大体与区级委员会相同，此外还吸收驻街的一些中央、省、市属企事业单位的有关人员参加。委员会的工作一般由办事处分管民政工作的副主任主持。其办事机构多由民政科长或民政助理员负责。委员会的职责是，筹建和管理本街的社区服务设施，制定有关规章制度，总结和交流工作经验。对街办服务设施和居委会举办的服务网点进行督促、检查和评比。

（3）在居委会一级设立社区服务管理小组。组长由居委会分管福利工作的副主任担任。管理小组本着发动和组织全体居民自我服务自我管理的原则，筹建小型的福利服务、便民服务网点，开展包户优抚等互助性活动，完成街道社区服务管理委员会部署的各项工作。

社区服务是直接关系到社区居民群众切身利益的事业，带有民间自治的色彩，其管理体制也就越来越体现出以街道和居委会为主体的趋势。

3. 资金运行机制：以外筹为辅，立足于自我生存、自我发展。资金的来源、管理和使用，是各地在开展社区服务工作中遇到的一大难题，也是社区服务研究探索的重要课题。各地在实践中普遍认识到，为使社区服务的资金运行机制逐步实现良性循环，必须注意两点：（1）社区服务的设施和项目既不能单靠政府投资来兴办，也不能长期靠街道补贴过日子，否则服务设施和项目越多，政府的负担就越重，街道承受的经济压力也就越大；（2）在社会主义商品经济条件下，开展社区服务不能不考虑价值规律的作用，既要重视社区服务的社会效益，也要重视其经济效益。基于这种认识，不少城市街道和居委会树立了“把社区服务当作一种行业来办”的思想，本着以服务养服务的精神加强管理，灵活经营，降低成本，讲求效益，实行“义务、有偿、经营”三者并重的方针，增强社区服务自我生存、自我发展的能力。

武汉市江汉区民族街，由于坚持“社区经济与社区服务同时抓，以社区经济养社区服务，以有偿服务补无偿服务”的方向，社区服务事业越办越兴旺，不仅做到自给自足，而且能形成一定积累用作发展基金。1987年，该街道社区服务收入达110万元，收支相抵后尚结余17.25万余元。为进一步发展社区服务事业需筹集经费38.5万元，其中来自社区服务和社区企业的收入共32万元，占83.1%，政府资助和社会捐助共6.5万元，仅占16.9%。

杭州市上城区清泰街，由于在社区服务工作中，巧于经营，精打细算，做到收支相抵略有结余。两年来，从社区服务结余中先后投资25万元，兴建了270平方米的敬老院，48平方米的精神卫生工疗站。120平方米的老人乐园，240平方米的青少年活动中心，还添置了相当数量的活动器械。

社区服务工作开展的初期大多数服务项目是免费的。一两年后享受无偿和优惠服务的对象逐步稳定在一定范围之内，主要包括三无孤老、精神病患者和优抚对象。社区组织的青少年校外活动服务，一般也免费或少量收费。除此之外社区服务中的许多项目实行了有偿服务，主要包括社会公益服务、家务劳动服务，以及某些社会福利服务，如老人公寓和敬老院对退休职工开展的自费收养；残疾儿童寄托所对残疾儿童开展的有偿寄托等等。实践证明，适度开展有偿服务和经营性服务，既有利于稳定和扩大服务队伍，促进其实现专业化，又有利于维持社区服务经费收支的平衡，减轻社区组织的经济负担，同时还有利于进一步扩大服务领域和项目，满足广大居民日益增长的福利需求。自开展经营性服务和有偿服务以后，社区服务工作发生了很大变化。如沈阳市沈河区惠工街敬老院，拥有18间房子，原来却只收两位社会孤老，而每年工作人员工资和各项费用却需要支出6000多元，成为街道的一个沉重负担。从1988年起，该院实行经营性管理，增设了老人自费收养，开办了老人间休所、托儿所、老少餐馆、弱智儿童寄托所等有偿服务项目，基本实现了自给自足。正阳敬老院办起福利企业后一年获利2万余元，不仅满足了本身的各项开支，还把老人的生活费由每月35元提高到50元。

倡导“无偿、有偿、经营”三者并重的方针，提高社区服务自我生存能力，是在政府的统一领导和指导下进行的，并不意味着不需要政府的必要财力支持，特别在兴办规模较大、档次较高的服务设施时，各地仍然按照社会福利社会办的方针，多渠道筹集资金，包括“政府投入一点，社会捐助一点、街道补助一点、受益单位提供一点”等等，用作服务设施的开办费和启动费。为了筹集和用好资金，有些城市街道的社区服务机构中，还设立了专门的基金会，负责资金的筹集、管理和运行。

4. 人力资源系统：组建一支由广大志愿者同专业骨干相结合的社区服务队伍。社区成员的自我管理和自我服务，是社区服务事业的一大特色。由于社区服务需求多样、对象广泛、内容丰富，单靠少数人参加是难以开展起来的。各地在实践中认识到，建立社区服务系统，不仅要兴办起一系列服务设施和项目，而且要组建起一支既能热心参与又能胜任工作，由广大志愿者和专业人员相结合的服务队伍。

湖北省沙市市从中小城市的特点出发，以居委会为基础单位开展社区服务，在每个居委会都兴办了一批服务实体和服务项目，其所需的众多管理人员和服务人员，由兼职、专职和义务服务人员组成。（1）兼职服务队伍的骨干是居委会干部。社区服务委员会的主任由居委会主任兼任，下设的7个专门委员会也分别由居委会其他干部主持，各居民小组长则负责本组的各项服务工作。全市由居委会干部充当的兼职服务人员共有4158人，占全市社区服务队伍人员总数的54.9%。（2）专职服务人员是社区服务队伍的骨干，是各个服务实体的管理者、组织者和服务工作的直接承担者，全市每个居委会的托儿园（所）、儿童食堂、老人茶社、文化室、自行车停车库、家庭科普学校及其他生活网点等服务实体，主要由专职服务人员管理。这些专职人员来源于离退休职工、街道的待业人员以及有劳动能力的残疾人。全市共有专职人员 1411 人，占整个服务队伍的 18.6%。（3）义务服务队伍来自群众又服务于群众，是社区服务事业兴旺发达的基础。这些义务服务人员大多在本区的工厂、商店、医院、学校、机关、团体里工作，他们之中有教师、工程师、医生、技术工人、文艺工作者等，组织办法一般是由街道、居委会与他们所在单位签订综合服务协议书，由单位派人定期到社区为居民义务服务。如：到科普学校讲授科普知识，为居民中的残疾人、烈军属送医送药、为生活不便的人修修补补及进行各种咨询服务等。全市义务服务人员经常保持在 1500—2000 人，约占整个服务队伍的 26.5%。他们不计较报酬，热心为居民服务，受到街道和居民的热忱欢迎。

为了建设好社区服务队伍，许多城市注意选配基层社区干部。如沙市市过去居委会干部老年人过多，文化水平偏低，他们在近三年间从企事业单位、街道选调了一批比较年轻、有一定文化和实际工作能力，热心于群众工作的同志，充实居委会干部队伍，改善了居委会干部队伍的年龄和文化结构，增强了居委会干部队伍的活力。全市 307 名居委会主任中，40 岁以下的占 49%；40 至 50 岁的占 24%；50 岁以上的占 27%。大专文化程度的占 1/4。为了稳定这支兼职服务队伍，该市还采取了相应措施：（1）在市政府关心支持下，将居委会干部列入集体事业编制，考虑到物价上涨因素，从 1988 年起，市政府又给每个居委会增拨了 1000 元，作为补贴，较好地落实了居委会干部的工资、奖金等福利待遇。（2）为居委会和服务设施创造必要的条件，改善服务队伍的工作环境。（3）关心服务队伍的社会地位和政治进步。该市有 30 个社区服务工作先进集体，116 名社区服务工作先进个人，17 个居委会先后获得市级或省级领导机关的表彰。中共街道组织很注意在服务队伍中发展党员，居委会主任中的中共党员占42%，人大代表占2.6%。

为适应社区服务专业化、规范化的要求，不少城市对从事社区服务工作的人员有计划地开展了政治训练和业务培训。沙市市民政局在两年中对全市居委会干部轮训了一遍，培训的主要内容是民政工作的方针政策，社区服务基本知识、法律常识，以及哲学、政治经济学常识。此外还介绍外地社区服务工作的先进经验，街道也建立了干部培训制度，定期培训干部。地处闹市区的中山路街道办事处1988年举办了7期培训班，培训社区服务人员600多人。武汉市民政局充分利用市、区两级社会福利事业单位在专业技术和器材装备上的优势，对周围社区服务实体发挥管理示范、技术指导和帮助开展业务培训的作用。市属福利院和有的区属福利院为街道和居委会举办培训班，系统传授福利事业单位的管理知识，提高他们的业务水平。市民政局举办的精神病院同全市数十条街道建立了精神康复指导关系，除了定期派人到基层社区开展巡诊和咨询外，还办了两期精神病患者康复看护培训班，有100多名从事精神病患者看护的义务人员参加了学习培训。市儿童福利院和全市20多所伤残儿童寄托站、育托所、弱智班建立了业务指导关系，定期召开会议，互通情报，还邀请弱智儿童教育专家开办了弱智儿童教师家长培训班，来自7个城区、21条街道、30多个社区服务实体的58名弱智儿童教师和社会工作者参加了培训，收到了良好的效果。

天津市和平区为了广泛组织起志愿服务者队伍，1988年对新兴街居民的服务需求和能为他人提供服务的人力资源进行了双向调查，在23个居委会发问卷9801份（占居民户数的77%），收回7602份（回收率达78%）。为了掌握变动着的群众需求，接着又搞了第二次调查，走访了1.225万户居民，有针对性地发放问卷1200份。调查分析表明，有服务需求的居民有561户，大多数集中在老年人料理、儿童的照管、残疾人的照顾、解决生活中诸多不便等方面，可为他人提供服务的居民有410户，项目主要有：短时间照看小孩，送患者就医，搞医疗护理，为邻居代买物品和提供各种家务劳动服务等等。通过调查还掌握了居民中在职人员里有各种专长的 1491 户，1751 人，他们虽然因本职工作忙，暂时还不能为社区提供系统的服务，但有临时特殊需要仍可利用业余时间提供一些服务。问卷调查说明居民中潜藏着雄厚的人力资源，通过开展互利性服务，完全有能力解决自己的困难。在完成双向调查和初步开展互助服务的基础上，该街朝阳居委会率先成立了社区服务志愿者协会，会员很快发展到 44 人，服务对象扩大到 203 户。志愿者协会以无私奉献的精神、热情服务的态度，解决了居民生活中的许多实际困难，改善了社会小环境，倡导了“我为人人，人人为我”的风尚，得到了广大群众的赞扬。在短短的几个月内，全街都成立了志愿者协会，个人会员已达 620 人，社区单位集体会员发展到 28 个，使 7238 人受益，占该街总人口的 32%。街道还搞了两次志愿者服务日，全街有 1600 多名社区群众参加了志愿服务活动，共开设了 59 个服务项目，办了 9000 多件实事。在新兴街带动下，和平区所辖 12 个街道都已建立了社区服务志愿者协会，全区会员达 4989 人。随着志愿者队伍的不断壮大，该区社区服务工作突破场地，设施不足的局限，提高到了新的水平。

5. 政策环境系统：制定出有利于社区服务事业生存发展的保护扶持性配套政策法规。社区服务，是具有广泛的群众性和社会性的工作，推进这项工作会在资金、场地、人员、组织领导、条块关系等方面遇到重重困难。不论在服务设施的兴建过程中，还是投入运行后，都需要克服一系列的障碍，需要以相应的政策法规给予保护扶持。所以，各地在开展社区服务工作中，已开始注意通过地方立法形式，加强社区服务的政策环境建设。尽管这项工作同其他要素相比还处在比较薄弱的状态，但有的地区在这方面已做了一些有益的尝试。总之，制定有利于社区服务事业生存发展的保护扶持性政策法规，改善社区服务事业的政策环境，已成为当前和今后一个阶段社区服务工作发展的一大趋势。

哈尔滨市动力区从开展社区服务工作，特别是兴办便民利民服务项目初期，就注意用政策开路，避免“事事请各部门会商”的手工业方式。早在1986年2月就以区政府名义发出了《关于居委会兴办生活、生产服务业的暂行规定》，为发展便民利民服务，制定了一些优惠政策，对工作的开展起了一定的推动作用。当暂行规定付诸执行、便民利民服务广泛开展起来后，很多街道和居委会干部在实践中感到现行政策还不够宽松，不适应形势发展的需要，于是采取了多宣传、多建议、多跑路的做法，积极与工商、税务、防疫、城建、公安、银行、粮食、市容等部门沟通情况，争取协助支持。区工商管理局在审批执照过程中主动转变工作作风，变坐等办公为登门现场办公，做到“三优先、三帮助、三主动”，给街委提供方便。如要乐街道提出办执照要求后，工商局长亲自带领科长、办事员到现场办公，一次办成4个。区防疫站对饮食服务项目的从业人员给予了体检优先，费用减半，3天内发卫生许可证等照顾。区民政局及时总结上述经验，于1986年7月会同有关部门草拟了进一步放宽政策的意见，经区长常务会讨论通过，正式发出了《关于给委办事业以优惠政策》的文件。在一系列优惠政策的推动下，动力区的便民利民服务项目迅猛发展。在短短的时间里，全区131个居委会共办起了170多个经营型的服务网点，开设了1000余个便民型的服务代办点，初步形成了便民服务网络。为推广动力区的经验，哈尔滨市政府各有关部门，包括民政、经委、建委、财政、工商、税务、卫生和银行等委局和单位，联合发出了《关于居民委员会生活生产服务业有关政策问题的通知》，进一步放宽政策，对便民利民生活生产服务业项目在申请发照、筹集资金、招聘人员、选择场地、收益分配、费税减免以及组织管理等方面，均给予政策优惠。在宽松的政策环境下，哈尔滨市的社区服务工作遂以便民利民服务项目为突破口在全市铺开。

大连市、区两级民政部门，把政府制定的社区服务工作发展规划，当作进一步争取政策配套，推动社区服务尽快走上法制化管理轨道的良机。市民政局根据规划中提出的“市直各有关部门，应就保护扶持社区服务事业，调查研究并尽快制定优惠政策”的精神和市政府第十五次常务会议提出的“民政部门要主动研究社区服务的发展政策”的要求，先后组织了8支调研队伍，深入基层社区调查研究。在此基础上，市民政局会同市计委、经委、财政、税务、工商、劳动、卫生、规划、城建、公安、银行等有关部门，先后就社区服务的事业性质、管理形式、资金筹集、税收减免、利益分配等重大问题，相继制定了《城镇居委会兴办社区服务业若干规定》《大连市社会福利事业收费办法》等政策性文件。区、街政府、办事机构也在管理权限范围内，积极研究和制定适合发展本地区社区服务的有关规定。据不完全统计，各级人民政府和街道办事处制定扶持保护社区服务发展的各类政策、规定30余个，初步改变了社区服务无章可循的局面，为落实政府规划，推动社区服务持续深入发展提供了调节手段和政策保障。

（二）城市社区服务工作的基本经验。经过三年的努力，社区服务工作已在全国普遍推开，一些先进城市建立和完善了社区服务系统的雏形并为今后进一步开展工作积累了宝贵的经验。

1. 提高认识，统一思想，争取当地党政领导和社会各界对社区服务工作的重视和支持。

城市社区服务，是城市民政工作特别是社会福利工作改革的产物，它每前进一步都伴随着观念的转变，克服相应的思想障碍。三年的实践说明，为顺利地开展工作，除了必须解决民政系统内部和基层社区干部的认识问题外，还必须下功夫争取当地党政领导对这项工作的重视。武汉会议后，北京市民政局为了加速完成第一个社区服务三年规划，并为制定和推行第二个社区服务三年规划创造条件，他们一方面针对一些基层民政干部认为搞社区服务是“种了别人的地，荒了自己的田”等模糊认识，认真组织他们学习领会民政部有关深化社会福利事业改革，大力开展社区服务的指示精神，引导大家认清了开展社区服务是民政部门在城市基层发挥社会稳定作用的重要工作，是政治体制改革、经济体制改革和城市综合体制改革的重要配套工程，从而统一了认识，坚定了决心。另一方面，又主动向市党政领导汇报武汉会议的情况和下一步工作打算，进一步引起了市领导对社区服务工作的重视。1988 年年底，北京市政府批转了第二个发展社区服务三年规划，同时还建立了以何鲁丽副市长为组长，各有关委、办、局领导同志参加的北京市社区服务工作领导小组，由市民政局主管领导抓常务工作。

大连市社区服务工作所以能取得较突出的成绩，是同民政部门善于争取市党政领导对这项工作的关心和支持分不开的。武汉会议后，经市政府讨论决定，成立了大连市社区服务领导委员会，市长魏富海担任主任，民政局长任副主任，委员会成员包括了市政府 20 多个有关部门的负责人，并将办公室设在市民政局。这个由市政府主要领导人挂帅的协调机构的建立，极有力地推动了该市社区服务三年发展规划的实施和各项优惠政策的制定，为全市社区服务工作的进一步发展铺平了道路。

武汉会议以后，北京、大连、沙市、武汉、益阳等城市，由于政府的主要领导和有关部门的负责人，对于社区服务工作的重要性有深刻理解，看清了发展社区服务同转变政府职能的一致性，因而切实地把社区服务工作摆上重要位置，分别纳入了城市社会经济发展总体规划、综合体制改革规划，或城市建设规划、小区建设规划和老区改造规划。

实践表明，只要民政部门积极倡导，主动汇报和介绍情况，社区服务工作便不难为城区一级政府领导所理解和接受，并发挥其重要的组织动员和领导作用。这是因为对于城区一级政府来说，开展社区服务工作的巨大社会作用同城区政府加强社会管理的职能之间，存在着直接的联系，把社会服务和社会管理结合起来，可以取得事半功倍的成效。北京市西城区主要领导同志基于上述认识，反复强调要把社区服务作为城区改革的配套项目列入区政府、街道办事处的重要议事日程。区政府办公会议定期研究社区服务工作，区政府的季度工作总结，总要包括社区服务这项内容，而在制定下季度工作计划时，也要把社区服务作为重要工作布置下去，并把具体任务分解到有关领导身上。为了使更多的人了解社区服务这项工作，他们不仅在民政工作会议上讲社区服务，而且在一些局、处、公司和街道办事处主任的会议上也经常讲解社区服务工作的重要性。他们还专门指派主管民政工作的副区长带领10个街道办事处主任到各地学习社区服务工作的经验，并要求他们把这项工作列为办事处的重点任务去抓，通过学习研究，转变领导观念，使各级领导从重经济轻民政的观念束缚中解放出来，强化社区服务意识。另外，在资金、干部配备和机构设置上，也逐步创造有利于这项事业发展的条件。在街道经济体制改革中，他们把社区服务列为经济体制改革项目之一，积极扶持和发展街道、居委会兴办的事业，充实社区资源，使社区服务有较充裕的物质基础。在城市政治体制改革中，他们给街道居委会以更多的自主权，使街道、居委会有条件在社区服务中起组织、指导、协调作用。由于区政府主要领导亲自抓部门协调，一项项落实重点服务设施的场地和资金问题，仅1988年就筹集了200多万元，保证了总面积达4000多平方米的10个重点服务设施如期落成。

2. 从制定和实施社区服务规划入手，使社区服务事业步入由政府统一规划，民政部门牵头实施，社会合力共同推进的轨道。

制定社区服务发展规划并由市政府统一发布实施，这是推动社区服务工作迅速发展的一项强有力措施，也是工作较先进的城市的一条共同经验。1986年，北京市民政局制定了全市发展社会福利网络的《三年规划》。其中对街道和居委会的社区服务工作提出了明确的目标并规定了达标的时限。这一规划的制定和实施，大大加速了全市社区服务工作的步伐，仅仅两年多的时间就基本实现了规划的要求。1989年7月又颁布了市政府批转的第二个三年发展规划，有步骤、有目标地把全市社区服务工作推向新水平。北京的这一经验引起了各地的重视。1988年以来，大连、吉林、沙市、武汉、杭州、兰州、南京、益阳等城市也相继制定了发展社区服务的中、短期规划。他们在借鉴北京经验的基础上，又有了新的创造。譬如在制定规划时，注意正确处理建立统管机构与形成社会合力的关系，统一要求与起点不同的关系，采取行政措施与引进竞争机制的关系，近期目标与远期发展的关系，建立设施与体现效益的关系等等。使规划更具有科学性和指导性，因而收到了更为显著的成效。

3. 从实际出发，因地制宜，讲求实效，依社区类型的不同实行分类指导。

各地民政部门在工作实践中认识到，在社区的城市化进程中，随着经济结构、社会结构和生态环境结构的变迁，各社区具有不同的类型特征，因而社区服务也应具有不同的结构和模式，不能无视社区之间的差别，强求划一，而必须因地制宜，坚持分类指导的原则，以求得实效。重庆市民政部门，为了积极而又审慎地指导全市社区服务工作的开展，于1987年年初组织力量深入到不同类型的基层社区进行调查剖析，并邀请有关专家学者共同进行考察论证，就现阶段城市社区的分类，以及如何根据不同社区的特点实现服务资源合理配置以开展好社区服务的问题作了探索研究。在调查研究的基础上，他们对全市67个基层社区作了统计分类，其中综合性社区约占28%，单一型社区占60%，边缘型社区约占12%。然后，针对不同类型社区的特点，在社区服务的结构模式、项目需求、层次标准以及服务形式等方面提出了不同的要求。

（1）综合性社区：这类社区一般城市化程度较高，社会单位复杂且层次较多，交通便利且人口流动性较大，居民服务需求复杂且高低不同，公共服务设施相当密集，但居民的福利服务需求却依人依事分别由单位、街道和公办福利部门对口解决，条块分割、各自为政的现象比较突出。因此，在这类综合性社区开展社区服务既要继续发挥分隔状态下部门性服务的作用，更要强化块块的一体化领导和综合服务能力，大力推进公共福利事业社会化的进程，并重点发展那些为部门和单位力所不及的“空白”和“缝隙”服务项目。例如，该市中区菜元坝街，地处交通枢纽，流动人口多，服务需求大，而对本街居民的服务设施项目也相对不足。根据这一情况，他们一方面大力兴办家庭旅社和饮食、理发、浴室、菜园等经营性服务项目，满足了社区成员和流动人口的服务需求；另一方面又利用上述经营性服务所积累的资金，兴建敬老室、文化站、残疾儿童幼儿园等社区福利服务设施。1988 年该街还筹集了 30 多万元资金，修建了四层一底较大规模的社区服务中心，初步形成了围绕老、弱、病、残、死、衣、食、住、行、乐、教育 11 个方面需要的社区服务网络。

（2）边缘型社区：这类地区地处城市边缘，城乡毗邻交错，农民大量介入城市生活，加之城市化程度较低，社区服务项目设施不足，主要由企业、农村、街道各管一头，形成“厂街分割”“城乡分割”的局面。因此，发展边缘社区的社区服务，应从城乡共同发展的战略高度着眼，利用国家的布点，企业的扩散，街道和居委会自办，个体服务的补充和农民的介入，形成 5 支力量协调发展的多轨共序服务体系，逐步解决社区服务项目设施不足的问题，促进社区城市化和城乡一体化的过程。该市南岸区大佛段街道是典型的边缘型社区，辖区内有企事业单位 58 个，居民总数 3.2279 万人，其中职工 2.6642 万人，纯居民 1137 人，农村暂住人口 4500 人。同时，与该社区接壤的 6 个农村村民组 1.097 万人也交叉居住在社区周围。他们在发展社区服务中，一是充分发挥了街道的综合服务功能，主动担当起领导和协调的重任。二是努力发展福利生产和大力兴办便民利民服务，广泛筹集社区服务资金。三是坚持以民政对象为服务重点，在此基础上延伸扩展，逐步形成为民政对象服务和为其他社区成员服务交织在一起的完善服务体系。四是通过军民、村民、厂街、村街共建，开展“五好家庭竞赛”、订立街规民约等活动，增大社区的凝聚力。据调查统计，该社区 1986 年以后，新增各类服务设施约 375 个，其中国家和企业单位办的各占 0.5%，街道办的占 23.8%，居委会办的占 44.8%，农民办的占 30.4%；国家投入社区服务的资金约占该街社区服务资金的 3.3%，企业资金约占 7.8%，街道筹集约占 39.2%，居委会筹集约占 21%，农民投入约占 28.4%。全社区已建有 1 所敬老室，2 个老年活动室，11 个老年文化茶园，20 张老年病床，8 个福利工厂，1 所残疾儿童幼儿园，1 个精神病患者工疗站，15 个优抚服务组，3 个孤老包护组，15 个妇幼教养组，32

个幼儿园，115 个护院小组，14 支夜间巡逻队，473 个便民利民服务网点，形成了 9 个系列上百个服务项目的社区服务体系，使民政对象的保障得以落实，社区成员不同方面的需求都得到了一定的满足。

（3）单一型社区：这类社区的主要特点是：大中型企业或事业单位相对集中，职工、职工家属和居民三者在同一社区内身份重合，社区成员的服务需求相当一部分通过“企业办社会”得到一定的满足，导致企业职能偏转。而街道和居委会则把服务重点放在职工以外的“纯居民”上。由于厂街分割，形成了“企业办社会包袱沉重，街道办社会力不从心”的局面，社区服务的发展因而受到制约。所以，发展单一型社区的社区服务，应加强街道居委会和厂矿企业及其家属委员会之间的紧密配合，形成以街道居委会为主体的，企业内部各职能服务组织与之交叉渗透的双轨共序管理体制，使“厂街分割”趋向“厂街结合”。一方面企事业单位现有的福利服务设施要逐步向社区开放，另一方面企事业单位需要新办的生活服务项目和设施将转变为提供资金、场地和物资，由街道、居委会出面兴办和管理。使社会服务由单位管理为主向单位管理和社会化管理相结合过渡。由于这类社区民政对象相对较少，其社区服务项目应在认真做好民政对象的收入保障和服务保障的同时，大力发展为社区职工和居民群众生产生活服务的项目和设施，努力为社区的经济发展创造一个和谐良好的社会生活环境。重庆市江北区猫儿石街道的社区服务在单一型社区中具有一定的代表性。他们在发展社区服务工作中，一是逐步把街道对居民的管理同企业对职工的管理紧密结合起来，在社区内形成了“八小时内以厂为家，八小时外以街为家”的统一行为规范和社区自我意识，增强了社区的内聚力和向心力。二是形成了一支专业与自愿相结合的社区服务队伍，这支队伍从成员、职责到服务范围都已打破了单位和街道的严格界限而面向社区的整体。三是形成了以街道、居委会为主体的“厂街结合”的管理体制（主要包括：街道、居委会与企业退休管理委员会相结合的退休老人管理体制；街道、居委会与企业工会相结合的青、少、幼管理教育和职工文化娱乐的管理体制；街道、居委会与企业总务科等部门相结合的社区福利服务管理体制；街道、居委会与企业保卫科等部门相结合的社区社会安全管理体制等等）。四是形成了一笔取之于民用之于民的社区服务基金。这样，就逐步打破了企业单位与社区之间自我封闭、各自为政的格局，企业虽然在发展社区服务方面仍然承担一部分责任，但大量具体工作则转由街道和居委会担负。由于选择了厂街结合、互助互利的发展模式，该街很快建起了包括十大服务系列的社区服务体系，使社区内的孤老残幼贫以及企业职工、家属的服务需求得到了妥善解决。

重庆市民政部门提供的坚持分类指导的经验，具有普遍的指导意义。石家庄、武汉等城市，在推行工厂与街道、院校与街道、机关与街道、驻军与街道"合办""共建"社区服务项目方面，也作了成功的探索。上海市为改变企业办社会的状况，一方面让街道组织大批退休工人进入驻街企事业单位承包食堂、托儿所、浴室、影院、环境卫生等项目，开展多方面服务，另一方面又倡导企业事业单位的福利服务设施积极向社区开放，为社区居民提供服务。这种组织企事业单位和基层社区之间"双向服务"的做法，在各类社区的相似地段都有推广价值。

许多城市的一条重要经验是，开展社区服务工作一定要从实际出发，从群众最需要而又可能办的事做起，由简到繁，由少到多，逐步完善。在一些经济实力较强，场地较宽敞的社区，可办些比较集中的综合性项目，而在那些人口密集、场地紧缺的旧城区或闹市区，则应化整为零，多办一些小型分散、遍地开花乃至服务到家的项目。在制订社区服务计划时，不要到处建设"窗口项目"，不要搞不切实际的"高标准"，一定要坚持因陋就简、俭朴办事业的原则，起步时标准要低一些，以符合社区的经济承受能力。要讲成本，重效益，每建成一个项目就要让它发挥作用，不摆花架子。

社区服务，已成为现阶段城市民政工作中一个活跃的富有生气的领域。这项深受基层干部和城区居民欢迎的新兴事业，必将伴随社会经济的增长和人民生活水平的提高，不断推出新的形式，开创新的局面。

第十二章
社会福利生产

新中国的社会福利企业是为安置具有一定劳动能力的残疾人员劳动就业而兴办的具有社会福利性质的特殊企业，国家、集体和社会为帮助残疾人就业而组织的各项生产经营活动统称为社会福利生产。根据中华人民共和国宪法的规定：“中华人民共和国公民有劳动的权利和义务。”“国家和社会帮助安排盲、聋、哑和其他有残疾公民的劳动、生活和教育。”中国大力组织和发展社会福利生产就是为了保障他们行使宪法赋予的劳动权利，帮助他们解决就业和生活出路问题，使他们能够参与社会主义建设，为社会创造财富和提供服务，并为基层社会保障提供积累，这充分体现了中国共产党和国家对残疾人的关怀。

第一节　残疾人走向社会的道路

一、社会福利生产概况

新中国成立以来，社会福利企业从无到有，从少到多，逐步走上健康发展的道路，是同中国共产党和国家一贯采取保护扶持的政策分不开的。尽管在发展过程中，由于“左”的干扰，使社会福利生产经历过波折，面临过困境，但在总结经验教训之后，中国共产党和国家总是更进一步地坚定保护扶持政策，使福利企业获得更大的发展。特别是中共十一届三中全会以后，国家为社会福利企业在减免税收、计划管理、产品调整、原材料供应、技术改造贷款等方面，都作出了相应的保护性政策规定，从而为社会福利生产在商品经济条件下的顺利发展创造了较为有利的政策环境。

1982年国务院发文，要求各级政府、各有关部门密切配合，根据本地区的实际情况，通过协调，切实解决社会福利生产中的问题，认真落实扶持保护措施，使其顺利地度过国民经济的调整时期，从而进一步向前发展。1983年，民政部、劳动人事部联合发出通知，要求各地进一步做好城镇待业的残疾青年就业安置工作。1984年，国家财政实行利改税后对福利企业的税收政策，在免征所得税的基础上，规定福利生产单位凡安置残疾人员占生产人员总数35%以上的，其从事劳务、修理、服务性业务所得收入，免征营业税；凡安置比例占50%以上的，其生产销售的产品所得收入，免征产品税或增值税；对民政部门所属工厂的供残疾人专用的产品，如轮椅、假肢等，免征产品税；福利企业自筹资金安排的生产性建设投资，免征建筑税；关于残疾人组织和个人所需的进出口货物和物品予以税收优惠照顾。“七五”计划期间，鉴于福利企业技术落后、设备陈旧，国家计委、国家经委、民政部、财政部、中国人民银行、国家物资局于1986年联合发出通知，要求各地和各有关部门对社会福利企业生产国家或地方指令性产品所需要的原材料，由各级计划和物资部门纳入计划，保证供应。福利生产技术改造项目按计划管理渠道，纳入国家和地方计划及行业规划；基本建设项目列入地方计划，进行统一安排；并将条件较好的福利企业，列入重点技术改造项目，给予贴息或半贴息贷款等优惠照顾，扶持其尽快发展。各地有关部门，在当地政府领导下，结合本地区实际情况，也都进一步制定了相应的具体措施落实保护扶持政策，及时帮助福利企业解决了实际困难，使中国社会福利生产在经济体制改革过程中不断得到巩固和发展。

据统计，截止到1989年年底，全国城乡共有社会福利生产和商业、服务业单位4.1611万个，职工总数约为163.4万人，其中残疾职工71.9万人，约占职工总数的44%，年总产值261.5亿元，实现利润17.3亿元。

全国县以上民政部门举办的社会福利工厂、商业、服务业单位共有4641个，基本上实现了一县一厂。其中：福利工厂3704个，商业服务业单位937个，职工总数约为31.5万人，其中残疾职工11.7万人，约占职工总数的37.3%，1989年总产值37.8亿元，实现利润3.7亿元，100元产值利润率为9.7%，人均创利1175元，全员劳动生产率为1.2万元。福利生产产值突破亿元的省、市有：北京、天津、辽宁、江苏、广东、四川、浙江、山东、上海、湖南等，利润超过1000万元的省、市有：北京、天津、上海、辽宁、江苏、浙江、山东等。

全国城镇街道、厂矿共有社会福利企业1.5904万个，职工总数为52.7万人，其中残疾职工20.8万人，约占职工总数的39.5%，1989年总产值为92.5亿元，利润为6.66亿元，城镇街道举办的福利企业多数从事着小型、分散的加工性生产，具有投资少、容人多、见效快的特点，除便于就地就近安置残疾人就业外，也便于残疾人的亲属和邻里对他们进行照料，具有良好的社会效益。厂矿企业，尤其是大型企业举办的福利工厂，在人、财、物、产、供、销等方面都有着独特的优势。这些企业举办的福利工厂，不仅安置了本企业职工的残疾子女，解除了职工的后顾之忧，而且减轻了社会的压力。

全国乡村办社会福利企业共有2.1066万个，职工总数为79.2万人，其中残疾职工39.4万人，约占职工总数的49.6%，1989年总产值为131.2亿元，利润为6.9亿元。许多农村为帮助残疾人劳动致富，大力发展乡镇福利企业。江苏省沙洲、江阴、无锡等县，乡乡都办起了社会福利工厂。乡镇福利生产的兴起，为解决农村残疾人的生产、生活问题开辟了新的途径。

通过发展多种形式的福利生产，开辟了多层次、多渠道安置残疾人劳动就业的广阔道路。中共十一届三中全会以后的八年中，平均每年有4.1万多名残疾人得到安置。仅1986年1年，全国城乡安置残疾人员就达8.1万多人。中国大中城市有一定劳动能力的残疾人员70%以上都已得到了安置，其中大连、石家庄、常州、沙市、佳木斯等城市，已全部解决了残疾人的就业问题。一些中小城市的安置工作进展也很迅速。

中国福利生产大致可分为三种形式：(1) 福利生产小组。这主要是指街道小厂，有一间厂房或作坊，三五个人或十来个人从事生产。(2) 比较正规的工厂。有厂房、有设备，有几十个或几百个工人，也有比较明确的生产分工，这是中国福利生产比较高级的一种形式。(3) 以供销为主的福利工厂。这种工厂没有厂房，或基本上没有厂房，工人们是分散在各家各户进行生产的，如编织竹器、花边等。工厂负责发原料、收产品，工人们在各自的家里按照一定规格和程序进行生产，然后由工厂统一出售。在目前的情况下，这种工厂很适合残疾人的特点。

中国的社会福利生产包括几十个行业，主要生产机械、电器、仪表、化工、建材、五金、矿产、纺织、服装、食品、家具、包装、印刷、工艺美术等几十大类近万种产品。有些福利企业已发展到一定规模。目前，全国有 35 家福利企业被国家机械委定为机械工业重点企业，有 4 家福利企业被列为国家机电产品扩大外贸自主权企业，还有 12 家福利企业进入国家二级企业的行列。截至 1990 年年底，全国福利企业的产品中已有 6 项获国家银质奖，56 项获部级优质产品奖，300 多项获省、市优质产品奖。出口产品已达 20 多个大类，1500 多个品种，远销世界几十个国家和地区，年创汇 3 亿美元。目前，从城市到农村，整个福利生产呈现出向前发展的趋势，经济效益和社会效益逐年提高，已经成为民政经济的重要组成部分。

二、组织社会福利生产的目的和意义

（一）组织社会福利生产的目的。残疾人就业问题，是各国普遍存在的一个社会问题。中国以组织社会福利生产作为解决这一问题的主要途径，这是依据中国国情，总结历史经验而逐步形成的。通过组织社会福利生产，广泛安置残疾人就业，使他们同健全人一样，享受劳动的权利，平等地参与社会生活，通过劳动，摆脱贫困走向富裕，成为自食其力的社会物质财富与精神财富的创造者，成为国家真正的主人，这是中国组织社会福利生产的目的。

中国是社会主义国家，社会主义制度从宪法的高度赋予了残疾人就业的权利。通过各种渠道帮助残疾人就业已成为国家和全社会的责任。中国又是发展中国家，经济比较落后，人口众多，残疾人数量相对也较多，从国家制度和现阶段国情出发，通过组织生产劳动来解决他们自身的生活问题，可以说是一条劳动福利型的残疾人就业之路。

安排残疾人参加生产劳动，解决他们的就业问题，这也是残疾人的自身要求所决定的。随着社会经济、文化的发展，残疾人要求更多地参与社会生活，并分享社会发展的成果，通过自己的劳动，为社会主义祖国创造财富。组织社会福利生产，不仅满足了残疾人的这种自身要求，解决了他们的生活问题，而且使他们在心理上、精神上获得了安慰，从内心深处感受到社会主义祖国的温暖，体会到作为一个平等的中国公民的自豪，在西方的福利国家里，有劳动能力的残疾人的就业面不过50%。而在中国，由于大力组织社会福利生产，城镇有劳动能力的残疾人就业面超过了70%，有些城市已达到95%以上。这对于一个经济还比较落后的发展中国家来说，不能不说是一个重大的成就。中国的做法，已经受到了国际社会的关注和好评。

（二）组织社会福利生产的现实意义。

1. 组织福利生产改善了残疾人的生活状况，提高了他们的社会地位。随着越来越多的残疾人在共产党和人民政府的亲切关怀下走上工作岗位，他们本人的经济条件、社会地位和精神生活都发生了深刻的变化。他们同健全人一样，成为自食其力的劳动者，有了固定的收入，再也不是家庭的累赘、社会的负担；他们同健全人一样，找到了理想的伴侣，用自己的双手孝敬父母、养育后代，充分享受人间的天伦之乐；他们同健全人一样，平等地参与国家的经济建设和社会的发展，有的被选为人民代表、政协委员，有的被评为劳动模范、生产标兵，有的成为光荣的共产党员和共青团员；他们同健全人一样，以自己的劳动赢得了全社会的尊重和赞扬。江西省宜春市蚊香厂盲人职工巫绍早，是1959年就业的老职工。进厂后随着生活的逐步改变，思想觉悟也不断提高。他除了积极超额完成生产任务外，从1972年起，一直坚持义务打扫厂里的公共厕所，不仅不要公家分文补贴，甚至连扫把、水桶都是自备的。当别人问他为什么这样做时，他说："党和人民为盲人办了福利工厂，才有幸福的今天。我多做点理所应当。"巫绍早年年被评为先进生产者，1984年还被选为宜春市精神文明标兵。

2. 组织福利生产，为残疾人提供了充分发挥聪明才智的广阔天地。广大残疾职工，身残志不残，他们有一分热发一分光，把对社会主义制度的热爱之情，倾注于福利企业中。江西省宜黄县社会福利厂青年工人李德旺自幼左腿和右臂肌肉完全萎缩，高中毕业后，进福利厂当了收音机修理工。他热爱自己的工厂，潜心钻研收音机、电视机修理技术，经常学习到深夜。为了弥补右手拿不住工具这一缺陷，他学着用牙咬住工具，用右手配合操作。从1979年到1984年的五年中，他和徒弟一起共修理收音机6000多台，收录机100多台，电视机30多台，为厂里获纯利润3000多元。被赞誉为刻苦好学、奋发有为的好青年。上海第一印染厂助理工程师金锡祥自幼聋哑，她自学美术设计，曾为"永久"牌自行车设计商标并被采用。她设计的花布图案获得了上海市的"畅销奖"、上海纺织局的"百花奖"。她荣获了上海市"三八红旗手"光荣称号。北京东风电视机厂工人钟胜利、乌鲁木齐天山机械厂工人陈志新、辽宁棉纺六厂工人宫兆德参加哥伦比亚国际残疾人职业技能比赛，分别荣获电视机修理银牌奖、车工优胜奖和铜牌奖。这些身残志坚的人，在他们的岗位上，用自己的行动向全社会证明，他们是生活和劳动的强者。

3. 组织福利生产，为国家创造了财富，在一定程度上促进了国家的经济建设和科技进步。中国的社会福利企业经过了几十年的艰苦奋斗，目前已具有一定规模。福利生产的年产值、利税额和创汇额都较为可观，企业的素质及管理也达到了一定水平。福利企业的产品已有近万种，一些产品不仅在产量、质量上居全国同行业之首，还在国际上为祖国争得了荣誉。例如：北京三露厂生产的“大宝牌”生发灵，1986 年参加第三十五届布鲁赛尔尤里卡世界发明博览会荣获银奖。1987 年又与大宝系列产品一起荣获第十五届日内瓦世界发明和新技术铜牌奖。沈阳二三工厂生产的聚氯乙烯爆破线产量居同行业之首，行销全国各地，曾荣获冶金部重要科技成果奖、辽宁省重大科技成果奖，并连续被评为市优、省优、部优，1985 年，荣获国家质量银牌奖。上海仪表元件厂生产的电子元件曾被中国发射人造卫星和军工生产所采用。1982 年、1984 年两次卫星发射成功后，中共中央、国务院、中央军委专门给这个厂发了贺电，祝贺他们为中国的国防科研事业做出了贡献。这些成绩说明，社会福利生产已经作为中国社会主义初级阶段商品经济的一部分，推动了社会生产力的发展。

4. 组织福利生产，减少国家救济经费的开支，为发展基层社会保障事业提供了一定的物质基础。随着生产的发展，社会的进步，社会保障事业越来越受到各方面的重视。但是由于国家财力的限制，在相当长的时期内，国家用于这方面的费用不可能很大。而福利生产的发展，却为发展基层社会保障事业提供了一定的物质基础。如 1957 年，全国福利生产总收入为 1.59 亿元，共发出工资 7300 万元，相当于当年救济款总额的 2.5 倍。同年，徐州市福利生产总值为 346 万元，共发出工资 143 万元，等于该市全年救济款总额的 10 倍。社会福利企业大部分都是白手起家，经过长期艰苦奋斗发展起来的，随着产值和利润的增加，它们开始发挥多功能的社会保障作用。早在 50 年代，吉林省汪清县烈军属服务社就已在这方面闻名遐迩。这个服务社是 1951 年由 5 名残废军人用 45 元残废金建立的。他们用这些钱买了 4 只母鸡和 1007 个蛋，待孵出的小鸡养大以后，把收入的钱用来买机器。经过几年的艰苦创业，到 1957 年已发展成轧棉、缝纫、食品、铁工厂等 13 个生产单位，拥有 13 万元资金，共吸收了贫困的烈属、军属、残疾军人等 407 人参加生产。不仅解决了参加生产人员的生活困难问题，并给予他们医疗和生活困难补助，还为 42 名残废、复员军人安了家，抚养了13名孤儿。进入80年代以来，福利生产已成为民政工作中最积极、最活跃的一部分，在社会保障事业中的地位日趋重要。许多福利企业投资兴建了敬老院、资助福利院。有的乡镇福利厂，不仅安置了残疾人，而且安置退伍军人、扶持贫困户、赡养“五保”老人。近年来，许多地区的福利企业在努力提高经济效益的同时，注重提高企业的社会效益，充分利用各种形式和手段，使福利企业在社会保障工作中发挥了越来越大的作用。仅1988年，社会福利生产资助城乡发展敬老事业和社会福利事业的资金就达1亿零600多元，为发展中国的社会保障事业做出了贡献。

5. 组织福利生产，为开展残疾人职业康复工作创造了必要条件。由于社会福利企业的残疾人相对集中，不仅便于对残疾人进行统一组织、统一培训和统一的生产管理，而且还可以根据残疾人的生理特点开发研制适合残疾人操作的专用工具和机械设备。因此，残疾人的职业康复训练易于展开并收到较好的效果。许多福利企业通过开展多种形式的职业康复培训，不仅使残疾人的技术水平和劳动生产率都有了很大提高，而且使他们的某些生理机能也得到了相应的恢复和补偿。

6. 组织福利生产，促进了社会的安定团结。残疾人在没有获得就业机会之前，普遍感到前途渺茫，悲观失望，甚至轻生。有的终日闭门不出，与世隔绝；有的流落街头，沿街乞讨，严重妨碍了社会秩序，在群众中造成不良影响，成为影响家庭和社会安定的一个因素。组织福利生产，是帮助他们迅速摆脱迷惘状态的最实际、最有效的方法。许多残疾人进入福利企业后，很快消除了悲观心理，树立起生活的勇气和信心，精神振奋，面貌一新。这些残疾职工比健全人更懂得就业的机会来之不易，因而生产的干劲也就特别大，他们正是用自己辛勤的汗水来报答党和政府的关怀。残疾人的亲属感动地说：福利生产不仅救了残疾人，也为我们全家分忧解难，我们要感谢党，感谢社会主义。

总之，大力发展社会福利生产是中国的国情，民情所需，于国家、人民有利。

第二节　社会福利生产的形成和发展

一、中国社会福利生产的形成

（一）社会福利生产的萌芽——城市贫民的“以工代赈”。新中国刚刚诞生的时候，城市充塞大批等待救济的贫民。为了从根本上解决他们的生活问题，党和政府提出了“生产自救”的方针。组织劳动生产的方式首先是“以工代赈”，即吸收大批失业贫困人员参加国家举办的市政建设一类的工程。例如：疏浚河道、修路、植树、整修下水道、修建公园等，以解他们的燃眉之急。这些工程范围广，又不需要专门技术，同时能够容纳大量的人员参加。通过这种方式，不仅解决了很大一部分人的生计问题，而且使许多市政建设工程得以迅速完成。例如：长沙市从 1950 年到 1952 年，共组织了 4.74 万多名失业贫困人员参加这种建设工程，共发放工资 100 余万元，解决了约 20 万人的生活问题。上海、南京、天津等城市采取这种方式，仅在一年多时间里就翻修马路 824.5 公里，整修下水道 243 公里。尽管当时这种生产大多是季节性、临时性的，参加生产的对象也主要是失业、无业贫困人员，但它开创了以生产自救方式解决某些救济对象生活出路问题的途径。

（二）福利生产的早期形式——烈军属和贫民生产单位。

1. 烈军属和贫民生产单位的产生及其特点。随着城市工业和手工业生产的恢复和发展，从 1952 年起，一些城市的政府本着“生产自救”的方针，开始组织由烈军属和城市贫民参加的手工业或小型工业生产，其中有缝纫、制鞋、刺绣、打麻绳等手工业，也有打石、采煤、饲养、园艺及围绕国营企业的加工生产。这些生产单位发展后，逐渐吸收了部分残疾人参加生产。以后，民政部门又对这些自救性生产单位进行了全面规划，统一安排，把相当一部分改变为专门安置残疾人的企业，也就是后来的社会福利企业。

1953 年，第二次全国民政会议从方针上肯定了这种组织烈、军属和贫民生产的自救作法。会议决议指出："必须大力组织革命烈士家属、革命军人家属、革命残废军人中有劳动力或其他生产条件的，积极参加各种生产，对无法维持生活的贫苦市民，应鼓励和帮助其自谋生路，必要时应扶助他们进行各种经常的或季节性的合作社性质的手工业及小型加工生产，或参加以工代赈。"1953 年 12 月 24 日《人民日报》发表了题为《民政工作应积极为国家总路线服务》的社论，指出："要采取合作社的形式，扶助他们从事有原料、有销路、用资金少、容劳力多的手工业，或简单易学的加工工业，由小到大，逐步发展"。在此之后的几年中，各城市民政部门以生产小组、工程队、合作社和小型工厂等形式，共组织了 50 多万烈、军属和贫民包括残疾人参加了各种不同类型的生产。参加生产的人员，1953 年为 20. 9 万人，1954 年为 47. 5 万人，1955 年为 40. 4 万人，1956 年为 34. 4 万人，1957 年为 58 万人。到 1957 年年底，全国共有烈、军属和贫民生产单位 8009 个，全年生产总收入为 1. 59 亿元。江苏省徐州市由于放手发动和依靠群众，坚持贯彻勤俭办事业的方针，在几年的时间里，就使全市生活困难的烈军属、残废军人、复员军人和其他老弱残疾者中有一定劳动能力的人，全部参加了生产，他们中许多人的生活达到了当时一般市民的水平。内务部长谢觉哉看了徐州市关于城市组织烈军属和贫民生产的报告后，写了名为《一支不平凡的生产队伍》，文中明确指出了这种生产的 7 个特点：

（1）因地制宜，能够把所有半劳动力或劳动力很弱的人都组织到生产里去，发挥他们的潜力，使他们的生活得到改善，身心也有所依托。

（2）不用多少基建资金，很多社和组只用了一部分救济款作资金，甚至是白手起家的。厂房是自己动手，茅盖板支，逐渐用自己的积累建筑砖瓦房子。工具是自己制造自己改良，有的已达到半机械化。他们是勤俭办企业的最好榜样。

（3）原料都来自废品、废物、垃圾、炉灰、废棉、废麻、破铜、烂铁……。一切无用的东西，到了他们手里，都变成有用的宝贝。比如用垃圾制成颗粒肥，炉灰制成很多种的建筑用料，废棉、废麻织出美丽适用的台毯或用布。破铜烂铁变成精美的用具或仪器。只要到他们的展览会一看，你就会惊奇贫苦人民的智慧，真是能化臭腐为神奇。

（4）集体感特别强。他们穷，除集体外一无所有，所以非常爱护集体。生产所得，常常是很大部分之用于扩大再生产，他们不依靠政府投资，而依靠自己积累。各个成员间、各个厂、社或组间，有困难互相支援也决不吝惜。

（5）他们中间已经出现或正在出现一些出色的、不带有旧的气息的技术人员和管理人员。

（6）他们搞的为工、农业服务的生产，为供给人民日用品的生产，都是社会的必需，也将是长期的社会所必需，许多城市已把它列入整个经济建设计划里面，加强对他们的领导，调整其原料供应与产品推销。

（7）许多成员原是救济对象，每月三几元的救济金，只能勉强维持生活。参加生产后每月可得十几元至几十元，他们不只是生活提高，主要还是自食其力，精神上成为解放了的人，为建设社会主义大厦贡献了一份力量，因而都心情畅快，身体也都比以前健康，他们大都退了救济。

2. 烈、军属和贫民生产单位的组织形式与管理体制的整顿。当时的烈、军属和贫民生产单位，在组织形式上可以分为 4 种类型：

（1）由政府以优抚救济事业费或社会捐献的地方优抚基金投资开办的工厂。这类生产单位是由民政部门直接领导和管理的，其中有些单位规模较大，并且完全使用机器生产，其业务经营和管理制度等已基本接近地方国营企业；有些单位规模较小，事实上是手工业或者半手工业作坊，主要承做大企业的加工订货。

（2）带有合作社性质的生产单位。这类生产单位一般是由烈、军属自己集资筹办的，政府只在资金、业务管理、原料供给和产品推销等方面给予帮助和指导。至于具体领导，则主要靠职工实行民主管理。其中有些单位已初步具有生产合作社的规模，并按照工业生产合作社的规章处理生产的利润，有些单位则还是低级形式的手工业生产小组。

（3）属于临时性或者副业性质的生产小组。这类生产小组的组织形式不固定，业务不经常，一般没有脱离生产的行政管理人员，没有固定资金，生产工具多为自备，参加生产的人员多为老、弱和有家务牵累的妇女。

（4）属于商业性质的单位。这类单位多是过去由政府投资，吸收部分烈、军属经营的商业，或由烈、军属集资经营的商业。

根据 1957 年的统计，全国福利生产单位共有资金 1777 万元，其中政府以优抚救济费投资 465 万元，占资金总额的 26. 15%，群众自筹资金 52 万元，占资金总额的 2. 94%，历年生产积累 1260 万元，占资金总额的 70. 91%。

关于对烈、军属和贫民生产单位的管理问题，内务部部长谢觉哉在第三次全国民政会议上指出："在城市组织烈属、军属、革命残废军人、复员军人生产和组织贫民生产，必须在领导上更好地统一起来，并且尽可能地统一组织，生产单位多的地方可以建立专门的指导机构。"为了进一步巩固和发展烈、军属和贫民生产，实行统一领导与计划，加强各有关部门的联系，更好地研究解决各生产单位的供、产、销问题，使之随同合作部门和地方工业部门的生产一同纳入国家计划，并帮助他们提高生产技术水平及健全内部的管理制度，1954 年，内务部、地方工业部、中华全国合作总社、中国人民救济总会联合发出《关于建立城市烈属、军属、贫民生产和教养机构生产的联合指导机构的通知》，要求各城市在党、政统一领导下，根据当地的具体情况，由民政、合作、地方工业和救济分会等有关部门共同组织生产联合指导机构——生产指导办公室或委员会。通知同时指出：组织烈、军属和贫民生产，应根据他们的具体情况和生产需要采取不同形式，不可强求划一。如：一般老、弱和家务较重的妇女可参加技术简单的生产，采取统一领导，分散生产的办法较好。技术性较高或需要统一产品规格，改进生产技术的生产，也可以适当地集中。对有条件的生产小组应加强领导，慎重挑选和培养骨干，建立领导核心，实行民主管理，建立各项规章制度，使之成为生产合作社。

由于各地有关部门加强了对烈、军属和贫民生产的领导。1955年，这种生产单位发展到全国所有的城镇，生产单位达到3300多个。

1956年1月，谢觉哉部长在给李富春副总理的信中，提出了关于处理城市烈属、军属、贫民生产单位问题的几点意见。要求各地承认民政部门领导的这些生产单位，在生产计划上纳入地方的经济计划，按社会福利性质的合作社待遇。民政部门要设立专门的管理机构，受当地计划部门、有关生产部门和民政部门的领导。谢觉哉在信中还提出了将这些生产单位逐步转为残废者合作社的设想。

1956年7月，内务部发出了《关于整顿和组织城市烈属、军属和贫民生产的通知》，决定对现有的生产单位进行适当整顿。通知指出："凡是主要由半劳力、辅助劳力、家庭妇女和老、弱、残废人员组成的加工服务性生产和简单的手工业生产，民政部门应当继续领导下去。但对主要由整劳力组成，而又适合国家经营的生产单位，则应当移交有关生产部门统筹安排。个别的生产单位，如果行业不符合国家和人民需要，或供、产、销存在严重困难，则应该加以收缩或转业。"在这次整顿中，共有1000多个成型的厂、社交了出去。从国家的整体利益出发，从整个国民经济的发展来考虑，那些全部由整劳动力组成的厂，是应当交的，但有些地方的民政部门为了甩"包袱"，图清闲，把一些残、老、半劳力组成的烈、军属和贫民生产单位一律交了出去。移交之后，由于这些生产单位无法符合一般工厂或合作社的经济核算要求，因而增加了工业、合作部门的负担，致使有关部门在对这些单位进行整顿时，辞退了大批人员，使这些本来在生活上有了保障的人，又不得不重新走上坐吃救济的老路。例如：南京市军属织布厂移交时有职工80多人，移交后，为了实行经济核算，辞退了30多人。随之而来的又是救济户上门要求救济，使民政部门的工作陷于被动，社会福利生产的发展进入了低潮。

经历了这一曲折之后，人们重新认识到，组织生产是解决烈、军属和贫民生活问题的一条正确道路。第二次全国民政会议提出的大力组织烈、军属、贫民生产的方针被进一步肯定下来。1957 年内务部、财政部、中国人民银行联合发出了《关于城市烈属、军属和贫民生产单位的税收减免和贷款扶助问题的通知》，同时内务部、国家经委、商业部、化工部、食品工业部、手工业管理局、供销合作总社联合发出了《关于解决烈属、军属、残废军人、贫民生产原料困难问题的通知》，这些文件从政策的高度规定了对烈、军属和贫民生产单位在税收、贷款及原料供应等方面应采取的保护性措施。社会福利生产又开始出现回升的形势。到 1957 年年底，全国的福利生产单位发展到 8000 多个，参加生产人员达 58 万之多。

二、社会福利生产的发展

（一）第四次全国民政会议以后的福利生产。1958 年召开的第四次全国民政会议，明确肯定了组织社会福利生产，是贯彻党和国家对只有一部分劳动能力的老、弱及残疾人实行“统筹兼顾，适当安排”方针的一种最好的形式，是使这些人从贫困到富裕的根本道路。同时指出：“组织社会保障性的福利生产，不是一时的权宜之计，而是一项长期的福利事业。”

从第四次全国民政会议开始，社会福利生产的概念及其所包含的内容、经营方针和分配原则等也逐步明确。当时，社会福利生产的经营方针可以概括为：依靠群众，勤俭创业，白手起家，由小到大，从手工劳动到机械操作逐步发展；因时、因地、因人制宜，多种经营，综合利用，人尽其才，物尽其用，小型为主，以小带大，以老带新，集中和分散相结合。在生产收入的分配上，从有利于发挥生产人员和地方的积极性出发，规定了 4 条原则：第一，保证生产人员的工资达到一定的水平；第二，扩大再生产，改良生产设备；第三，支援当地组织和扩大福利生产；第四，再有盈余时上缴。对那些刚刚组织起来的，规模很小的生产单位，则暂不提出上缴任务，而让他们着重解决生产人员的生活问题，改良设备，扩大生产。

第四次全国民政会议之后，全国的社会福利生产出现了一个新的发展高潮。如旅大、青岛、南京、徐州、郑州、安阳、张家口、唐山、南昌、沙市、黄石、宜昌、呼和浩特等城市，通过组织福利生产，达到了优抚补助费和社会救济费全部自给。沈阳、旅大、抚顺等市还用生产收益举办了养老院、精神病疗养院等，对整个社会福利事业起到了推动作用。同时，组织福利生产的热潮已由大、中城市发展到城镇，一些地区的农村也开始举办小型的福利生产。例如：辽宁省建平县39个乡镇，共建立起98个福利生产单位，其中一个是县办的，其他都是社、乡、镇办的。这些单位小型多样，就地取材，主要为农业生产服务，大部分参加生产的人员都达到了生活自给。安徽省芜湖县鲤鱼社组织了尚有一部分劳动能力的五保户共30人集体生产，一年后除归还农业社的投资外，还有了公共积累。芜湖县委在全县推广了他们的经验。一些地区还提出了组织福利生产的奋斗目标是“乡乡有工厂、社社有作坊”。这一时期，从城市到农村，整个福利生产的发展速度很快。

1958年，内务部在北京举办了“全国优抚救济社会福利事业生产展览会”。全国27个省、自治区、直辖市参加了展出。展览会以社会福利生产为主要内容，分：综合、废品利用、多种经营、经营方针、假肢工业、福利事业和游民改造7个馆，共介绍了87个单位，22个典型人物，展出实物品2000种，共6900多件。展览会预展和展出期间，苏联聋哑协会代表团、奥共代表团、奥地利《人民之声报》记者和各社会主义国家驻华使馆人员参观了展览。贺龙、林伯渠、萧华、习仲勋等领导人也参观了展览。贺龙元帅在参观了展览会之后兴奋地说：“这个展览会很好。这些事情是过去没有的，应该组织士兵们、将军们和军官们来参观；组织青年工人，青年学生来参观；也组织一些悲观失望的老人来参观。”这次展览会充分显示了解放后中国社会福利生产和社会福利事业取得的重大成绩。那一件件精美的展品，虽出自简陋的厂房，破旧的机床，却闪耀着劳动人民勤劳、智慧的光彩。凡是参观了这个展览会的人，无不为之惊叹、感动和振奋。它在社会上起到了深刻的教育作用。在国庆十周年大庆的时候，有 15 人作为福利生产工作的代表，光荣地出席了全国群英大会。

（二）社会福利生产的分类与管理。1959 年，在第五次全国民政工作会议上，根据社会福利生产单位所要解决问题的不同，把它们分为 4 类：1. 社会保障性的福利生产。主要是指盲人、聋哑人和其他残疾人参加的生产。2. 为福利事业服务的生产。主要是指假肢工厂、聋人助听器厂、火葬机制造厂、为残疾人生产单位制造特种机械设备的工厂、为盲人制造盲文印刷机、盲人写字板、盲人用纸等文化用品的工厂。3. 生产自救性的福利生产。主要是指以烈、军属、城镇贫民为主组织起来的生产自救性质的福利生产单位。4. 改造性的生产，即原来的游民改造农场或工厂。当时这种生产单位收容安排的多是不务正业或不适宜参加国营企业生产的机关开除的人员、不从事生产到处流浪及刑满释放人员。这一类生产单位既是改造这些人的地方，又是对其中无家可归人员进行劳动安置的场所。后来，随着改造任务的减少，这类生产单位中的一部分，逐步过渡成为安置性的福利生产单位。

从 1959 年第五次全国民政会议，把以安置残疾人就业为主的生产单位正式归为保障性的社会福利生产，到 1963 年 2 月全国民政、人事厅、局长会议确定民政部门举办社会福利生产，主要是安置盲聋哑残人员的生产单位。这是一个阶段性的变化，标志着中国的残疾人就业达到了一个新的水平。其间经历了一个逐步集中的发展过程。1960 年，随着城市实现人民公社化，街道上有劳动能力的优抚救济对象大部分都参加了公社的生产。因此，第六次全国民政会议以及内务部《关于民政部门积极参与城市人民公社化工作的意见》中决定：今后，民政部门在举办社会福利生产方面，除应继续办好改造性生产和一部分自救性生产外，主要应办好安置残疾者的生产和为残废者制造生产工具及生活、文化用品的生产。许多地方的民政部门根据这个精神，本着少花钱、多办事的原则，对原有的自救性生产单位进行了全面规划，把一些小五金厂、机械厂、塑料厂、橡胶厂等，改造成为安置残疾人和为残疾者服务的生产单位。三年经济困难时期，在国民经济调整中，由民政部门主办的大部分生产单位交给了工业部门，仅保留了一些盲、聋、哑、残职工较多的单位。从这以后，民政部门举办的福利工厂便以安置残疾人为主了。

对福利生产单位进行分类的目的是为了便于管理，便于对不同类型的生产单位提出不同的要求，制定不同的措施，对残疾人福利生产单位给予特殊的照顾。对残疾职工在工种的选择、劳动时间、劳动强度等方面的要求也与健全职工有所区别。

在残疾人生产单位中，贯彻了劳动、教育、治疗、福利相结合的原则，在生产发展的基础上，逐步改善职工的生活福利。在许多单位内，残疾人不仅从事生产劳动，还学习文化、盲文、手势语和生产技术，并且得到治疗，不断创造着自食其力的条件。例如：沈阳市盲人工厂实行了盲人职工“十不出厂”即：住宿、吃饭、治病、理发、洗澡、托儿、缝洗衣服、购买日用品、娱乐、储蓄等问题基本上都在厂内解决，充分地体现了党和政府对残疾职工无微不至的关怀，受到了社会的好评。由于残疾职工，特别是盲人职工，掌握一项生产技术要付出比常人更艰巨的努力，许多福利生产单位特别注意安排他们进行固定项目的加工生产，不轻易变更他们的生产任务。各地的经验证明：保障性的福利生产单位要搞好生产，劳动、教育、治疗、福利，缺一不可。

在为残疾者服务的福利生产单位内，贯彻了以专业产品为主，实行多种经营的原则。这样，既保证了专业产品的生产，又能使设备的潜力得到充分的发挥，原材料得到合理的综合利用，同时增加了一定的生产收入。

国家鼓励社会福利生产单位根据自己本身的特点开展技术革新和技术革命运动，特别是注意研究、创造适合于残疾人需要的生产工具、机械设备，改善残疾职工的劳动条件，减轻他们的劳动强度，提高福利企业的产品质量。厦门市盲人综合工厂根据盲人特点发明的脚踏打席机，不仅使工人们从笨重的体力劳动中解脱出来，生产效率提高了一倍，而且盲人职工还能独立操作。四平市盲人铁工厂试制的电铃仪表，解决了盲人职工独立进行电动机接线的困难，增强了他们参加生产劳动的信心。

为了逐步实现福利生产单位中残疾职工的科学分工，内务部提出了关于建立医务劳动鉴定工作的建议，即研究各种不同残疾程度的职工所适合的工作岗位和劳动强度，力求运用科学技术为他们安排更合理的生产任务，提供更好的参加生产的条件。

许多福利生产单位在生产、技术、财务等方面建立了一系列必要的规章制度，进行了清户核资、经济核算，制定了各种生产定额，并开展了一些经济活动分析，使福利生产单位的企业管理工作走向正规化。通过这些措施，使福利生产单位的产品成本、原材料消耗等明显降低，废品回收利用率上升，大大缩减了非生产人员和非生产性开支，提高了劳动生产率，有力地促进了生产的发展。

为了妥善解决福利生产单位的生产计划和原材料供应问题，1959 年，国家计委和内务部发出了《关于社会福利生产统一纳入地方计划的通知》，要求各省、市、自治区计委把社会福利生产统一纳入地方计划，福利生产单位所需的原材料，由各地计委统一分配和供应。某些特殊原材料，例如：制造火葬机需要的钢材，制造假肢需要的橡胶，塑料，制造盲人写字板需要的铜，制造盲人写字用的盲文纸，以及聋人助听器所需要的材料等，地方确实不能解决的，还可以汇总上报，由国家计委统一解决。这个通知发出后，大大缓解了福利生产单位在生产计划和原材料供应问题上的矛盾，为福利生产的发展开辟了更加平坦的道路。

第六次全国民政会议之后，各地民政部门加强了对福利生产的组织领导，所有福利生产单位均在地方党委领导之下，抽调了一批能够坚决执行党的政策的干部充实到福利生产单位中去。对于福利生产单位的工资标准、福利待遇和收益分配等问题，国家也作出了进一步的规定。例如：在工资标准方面，规定要坚决贯彻按劳分配的原则，一般不要高于同行业的地方国营和社办工厂的水平。对于工资收入不足维持生活的职工，要给予适当的救济补助。在福利待遇方面，规定要从实际出发，量力而行。在利润使用方面，规定要本着节约的原则，严格控制使用范围，主要应用于改进和维修生产设备，改善生产人员的集体福利，举办社会福利事业，开支救济福利费等等。使用时，要接受财政部门的监督，并要经过党委批准。如果所得利润用于这几方面后仍有剩余，应上缴国家。

三、社会福利生产发展中的曲折

中国的社会福利生产同整个经济战线一起走过了曲折、坎坷的道路。在福利生产的发展过程中，继 1956 年出现的局部性曲折后，又经历了反右倾运动、三年经济困难时期和“文化大革命”的风风雨雨，承受了政治运动带来的重大挫折，曾几起几落、屡遭磨难，直到中共十一届三中全会以后，才得以彻底复苏，迅速发展。

在 1959 年的反右倾运动中，社会福利生产也和其他事业一起，经历了新中国成立以后的一次重大挫折。那时，由于“左”的思想的影响，许多地方的街道办事处或街道人民公社，根本不考虑客观条件，搞“一大二公”，严重地挫伤了福利企业和职工的积极性。比如有些地区过多地从各福利生产单位中抽调资金，有的甚至多达生产收入的 40%—50%，还无偿调拨福利生产单位的物资、设备，用来开展街道福利事业，或支援其他单位，致使一些福利企业严重亏损或倒闭。有不少地方甚至把合作性福利生产单位无偿地改为地方国营。例如：河北省邯郸市福利缝纫厂共有 46 台缝纫机，其中 40 台是生产人员从自己家中带来的，6 台是用公积金购置的，无偿改为地方国营后，缝纫机全部变成了国家财产，生产人员对此很不满意，而厂方却认为他们思想落后，降低了他们的工资，因此许多生产人员找到民政部门和街道办事处，要求另行组织生产。这一类生产单位在组织和发展的过程中，虽然受到国家和社会各方面的支持，但基本上仍是依靠生产人员自筹资金，自带工具，由小到大逐步发展起来的，生产人员的80%—90%也都是没有条件在一般国营企业就业的残疾人员和家庭妇女。不顾客观条件，忽视不同所有制之间的区别，简单地把福利生产单位无偿地由集体所有制改为国营所有制，这种做法不仅违背了社会主义条件下发展生产的基本原则，侵害了集体和个人的利益，而且严重挫伤了基层干部和群众组织福利生产的积极性，影响了福利生产的发展。

在三年经济困难时期，全国民政系统刮起了一股“交厂”风。许多地方把该交的、不该交的福利生产单位统统交了出去。根据当时对北京、上海、天津、沈阳、西安等63个城市的统计，这些城市1959年共有福利生产单位7801个，生产人员35.8万人。然而，一阵“交厂”风刮过之后，到1960年年底，这些城市总共只剩下431个生产单位，7.3万名生产人员。其中西安市1959年有生产单位81个，生产人员5387人，到1960年只剩下1个生产单位，207名生产人员。石家庄、营口、开封、洛阳、南宁等市，每个市都只剩下一个生产单位，其中石家庄全市只剩下65名生产人员。即使是当时福利生产单位保留最多的武汉市，全市总共也只有35个，生产人员保留最多的沈阳市，全市总共剩下6144人。从当时福利生产单位的资金、产值、利润情况来看，沈阳市为最好，全市福利生产单位共有资金1612.6万元，1960年计划产值为4765万元，计划利润为1142.3万元。资金最少的辽宁省营口市，全市福利生产单位总共才有资金3.7万元，产值最少的河南省开封市，全市福利生产单位年计划产值只有12万元。利润最少的江西省吉安市，全市福利生产单位计划利润只有1400元。

这种局面发展到1961年年底，全国27个省、自治区、直辖市总共只剩下1364个福利生产单位，12.4万名职工。这些福利生产单位中，由省、自治区、直辖市民政部门领导的占3%左右；由市和市辖区民政部门领导的占55%左右；由县民政部门领导的占42%左右。其中福利生产单位保留最多的省份是黑龙江、福建等省，也各自只留下100多个生产单位，最少的是陕西、甘肃、宁夏、贵州等省、区各自只有10多个生产单位，一般情况每省、区约有五六十个生产单位。这些保留下来的生产单位中，还有许多供销没有保证、生产时断时续，或陷于停工、半停工状态。不少单位的设备闲置起来，大批人无所事事，靠吃企业的老本过日子。有的厂老本吃光了，职工们要靠民政部门的拨款来维持生活，福利生产的萎缩使盲、聋、哑、残人员的安置问题又变得突出起来，一些连带性的社会问题也接踵而至，使民政部门应接不暇，为了迅速、妥善地解决这些问题，从1963年开始，全国许多省、市又相继恢复和新建了一批社会福利企业，使矛盾有所缓解。1964年，国家计委、内务部发出了《关于民政部门领导的社会福利生产单位纳入地方计划的通知》。1965年，内务部、国家计委、劳动部、国家统计局发出了《关于民政部门管理的盲人、聋哑人工厂劳动工资计划和统计问题的联合通知》。这两个通知，进一步重申了党和国家对福利生产的扶持保护原则，对当时福利生产的发展给予了有力的推动。

中国人民刚从自然灾害所造成的困境中摆脱出来，不久，“文化大革命”又给中国带来了空前的灾难，在这个大的历史背景下，社会福利生产也遭受到巨大的摧残和破坏。“文化大革命”中，全国许多福利生产单位被迫合并、搬迁、代管、撤销，大批残疾职工重陷窘境，有的甚至走上绝路，整个社会福利生产遭到严重破坏。从1969年内务部撤销，一直到1978年民政部成立，虽然许多民政干部做了最大的努力，不同程度地抵制了“江青反革命集团”的干扰，但全国的社会福利生产仍然是停滞不前，甚至是倒退。到1977年，全国县以上民政部门办的生产单位已由1963年的1371个减少到766个，共减少了44.6%。大批盲、聋、哑、残人员长期得不到安置，不得不坐吃救济，给民政工作造成很大困难，加重了社会的负担，潜伏着极大的不安定因素。

四、中共十一届三中全会以来社会福利主产的恢复和新发展

（一）社会福利生产的恢复和巩固。中共十一届三中全会以后，中国的社会福利生产合着改革的步伐，在不算长的时间内得到了恢复和巩固。民政部成立之后，第七次全国民政会议明确提出：过去交出去的社会福利

工厂，如果由于安置盲、聋、哑、残人员的问题，工业部门继续领导有困难的，可经党委批准，由民政部门将这些单位收回来。从而结束了“文化大革命”造成的混乱局面。1979 年召开的全国城市救济福利工作会议，进一步明确了办好社会福利生产的方针。在此之后，民政部经同国家计委、财政部、国家劳动总局协商，先后就社会福利工厂的产供销纳入计划、减免所得税及劳动招工指标等问题发出了联合通知。1981 年，针对社会福利生产在国民经济调整中所面临的困难形势，国务院批转了民政部关于保护和扶持社会福利生产的请示报告，再一次重申了党和政府对社会福利生产一贯采取的扶持保护政策。国务院的通知中说：“举办社会福利工厂，使盲聋哑残人员各安其所，是中国社会主义制度优越性的具体表现，有利于促进安定团结。社会福利工厂为数不多，而具有特殊性，需要各有关部门的密切配合、协作与支持。各地在经济调整期间，望根据本地区的实际情况，切实解决社会福利生产中的问题，使之经过调整与整顿，获得巩固、提高和发展。”国务院的这一通知，对于在全国范围内进一步落实党和政府对福利生产的扶持保护政策，起到了巨大的推动作用，其意义和影响是深远的。

第七次全国民政会议之后，各地认真落实会议精神，收回和新办了一批福利企业。从 1979 年到 1981 年年底，全国县以上的社会福利生产单位共增加 444 个，职工增加近 4 万名，其中盲聋哑残人员 1. 3 万多人，占新增职工总数的 32. 5% 。根据 1981 年年底的统计，全国共有县以上社会福利生产单位 1466 个，职工总数为 17. 5 万多人。这些新增加的生产单位中，有相当一部分是从工业部门收回来的。这一时期，西北、西南等一些过去福利生产发展比较薄弱的地区，也有了新的进展。例如：四川省 1963 年共有 55 个福利生产单位，1977 年仅剩 25 个。到 1981 年年底，全省社会福利生产单位总数上升到 70 个。

从社会福利工厂的办厂方向来看，是逐步朝着正确的方向发展的。第七次全国民政会议之前，全国社会福利工厂中，残疾人的比例只占生产人员的31.6%。有些企业为了避免麻烦，甚至只让残疾人占个名额，并不给安排具体工作。第七次全国民政会议和全国城福会议之后，由于重视和强调了社会福利工厂的性质和办厂方向，全国社会福利工厂中残疾人员的比例有了较大幅度的提高，1979年达到40.8%。1980年为39.8%，1981年为40.1%。这一年，上海、四川、山东、福建、内蒙古、吉林、安徽、湖南、广东、贵州、陕西、宁夏、江西、北京14个省、市、自治区的全民所有制福利企业和上海、天津、山西、山东、湖南、广西、宁夏等地集体所有制福利企业，残疾人员比例达到了45%，大部分企业中的残疾职工都得到了较为合理的安排，做到了"各安其所"。

从社会福利企业的工业产值、利润收入和固定资产的情况来看，也都有了较大幅度的增长。1963年，全国1300多个社会福利工厂的全部资产（包括固定资产和流动资金）总共为1亿元左右，全年工业总产值约1亿元，利润收入只有1300多万元。中共十一届三中全会以后，由于福利生产的迅速恢复和发展，整个情况有了很大的改观。全国福利企业的工业总产值连年增长，1979年为7亿元，1980年为8.3亿元，1981年达到9亿元。利润收入：1979年为7900万元，1980年为8600万元，1981年略有下降，为7800万元。固定资产：1979年为2.9亿元，1980年为3.8亿元，1981年达到4.4亿元。另外，全国社会福利企业1981年共有流动资金3亿元，除去银行贷款部分，企业自有部分至少达2亿元。如果按产值的5%平均计算工商税率，每年至少给国家缴纳税金4000万—5000万元。而社会福利企业努力安置残疾人就业，为国家分忧，为群众解愁的巨大社会效益，是不可能用经济统计方法表示出来的。

（二）社会福利生产的整顿与发展。社会福利生产在中共十一届三中全会以后，经过大力恢复和巩固，虽然取得了很大成绩，但也存在着不少问题。一部分福利工厂的办厂方向仍不够明确，安置残疾人的比例也没有达到要求，有15%的工厂比例数没有达到20%，有些甚至在10%以下，一些厂没有按照残疾人的特点选择生产门路，没有给残疾人安排适当的劳动岗位，在生产设备、劳动保护、环境改造和生活福利设施方面，也没有很好地体现出福利企业的特色。一些企业的领导班子软弱涣散，不适应生产管理的需要。部分职工劳动纪律松懈，“吃大锅饭”的现象比较严重，有些人甚至进行违法活动。大部分福利企业的产供销问题仍然没有得到很好解决，以致生产任务严重不足，少数厂长期处于停工状态。还有不少福利企业管理水平低，制度不健全，职责不清，奖惩不明，企业占用流动资金过多，消耗高，浪费大，产品质量低，经济效益差，甚至连年亏损。

为了切实解决这些问题，民政部根据中共中央、国务院《关于国营工业企业进行全面整顿的决定》和全国工业交通工作会议精神，于 1982 年 4 月 26 日发出《关于整顿社会福利工厂的通知》，要求各地在当地党委和政府的统一部署下，对县以上民政部门直属的福利企业进行全国整顿和综合治理，包括进一步端正福利企业的办厂方向，整顿福利企业的领导班子，健全管理体制，广开生产门路，认真解决产供销问题，建立经济责任制，改进经营管理，整顿财经纪律，健全财务管理制度，加强思想政治工作，整顿劳动纪律，坚决打击经济领域中的犯罪活动。在整顿中，要一手抓整顿，一手抓生产，以整顿促进生产。

《通知》发出后，各地民政部门迅速行动起来。辽宁省率先在海城召开了全省整顿社会福利工厂座谈会，全面部署了福利工厂的整顿工作。许多地方把整顿社会福利工厂列入当地党委和政府的议事日程，并作为一项重要工作来抓。江苏省副省长亲自参加了省民政厅召开的社会福利工厂整顿工作座谈会，并经常和民政厅的干部一起研究、部署福利工厂的整顿工作。北京、江西等 18 个省、市民政厅（局）也都相继召开了整顿工作会议。有的领导人身体力行，亲自带领调查组深入基层，蹲点调查研究，切实帮助搞好整顿工作。辽宁省大部分城市成立了整顿领导小组或办公室，省厅和 9 个地、市先后抽调了 92 人组成 20 个调查组，由市局领导带队，到基层帮助开展整顿工作。

在整顿中，许多企业狠抓办厂方向，坚持经济效益与社会效益并重的原则，既搞好了生产，也解决了盲聋哑残人员的安置问题。重庆市低压阀门厂通过整顿，端正了办厂方向，积极做好残疾人的安置工作，只用了一年时间，就使全厂残疾职工的比例由20%提高到53%，并且给新吸收的89名残疾职工分别安排了适宜的劳动岗位。1982年与1981年同期相比，这个厂的经济效益也明显提高，阀门产量增长26.5%，利润增长18%，100元产值利润额由10.95元上升到33.07元。产品成本下降10.5%。江西省萍乡市电器开关厂在整顿中，先后给27名残疾职工调换了适宜的劳动岗位，在制定劳动定额时明确规定，同岗位残疾职工可比健全职工低15%至20%。这样，就使他们也能和健全职工一样，经过努力，完成或超额完成生产任务。甘肃省兰州市围巾厂在整顿中，对残疾职工实行了“三优先”，即：健、残职工都能干的工作，优先安排残疾职工；培养业务技术力量，优先考虑残疾职工；选拔管理人员，优先选拔残疾职工。辽宁省盖县纸箱厂，结合整顿为残疾职工办了12件好事，从安排生产到生活中的衣、食、住、行等多方面，都为他们提供了方便。不少地区的社会福利工厂还结合建设社会主义精神文明，开展了扶盲助哑帮残活动，把党的温暖送到残疾职工的心坎上。

各地在整顿中，普遍重视领导班子的建设，将一批具备革命化、年轻化、知识化、专业化条件和一心为残疾人员服务的干部选拔到领导班子中来。哈尔滨市民政局不拘一格荐贤举能，积极培养青年干部。该市标准件二厂大胆选拔了两名36岁以下，具有大中专文化水平、德才兼备的干部到领导岗位上来，使全厂面貌大为改观，产值、利润成倍增长。南昌市民政局采取果断措施，对市、区社会福利工厂的领导班子进行了全面调整，免去一部分不称职的干部，并先后提拔了27名年富力强，懂技术、会管理的专业人员担任领导干部，有力地促进了生产的发展。

各福利企业的具体情况不一，存在的问题也不尽相同，各地在整顿中注意了从主要矛盾入手，有针对性地解决问题，同时把整顿领导班子，整顿职工队伍与整顿思想紧密结合起来，收效甚好。例如：办厂方向不够明确的，从端正办厂方向入手；领导班子问题多，难以挑起整顿重担的，从整顿领导班子入手；生产任务不落实的，从开展市场调查，广开生产门路，寻求适销对路产品入手；浪费严重，产品质量低劣的，从坚持反对浪费，狠抓产品质量入手；劳动纪律松弛，厂风不正的，从整顿劳动纪律，建立规章制度入手；而对于那些管理基础较好的企业，则从完善经济责任制入手。湖南省长沙市前锋电器厂在蹲点调查组进厂时，全厂 150 名职工中只有 14 人上班。于是，调查组决定从整顿劳动纪律，打击歪风邪气抓起，建立健全各项规章制度，制定了厂规厂法，领导干部带头守法。仅用半年时间，就使工厂改变了面貌，全厂职工出勤率达到 92%，生产得到迅速恢复和发展，并且转亏为盈。

整顿的目的是为了促进生产。北京市橡胶五金厂针对产品销路不畅，原材料价格上涨，生产受到影响的情况，在整顿中改变经营方针。通过增加花色品种，提高产品质量，降低成本改善服务态度等措施，做到了薄利多销，促进了生产的发展，巩固了整顿的成果。重庆市红旗开关厂过去连年亏损，产品积压，生产处于停顿状态。在整顿中，他们一手抓恢复生产，一手抓企业整顿，广泛开展市场调查，改坐商为行商，并根据产品销售方向，制定了“以城市销售为主，以农村销售为辅；以长期用户为主，以临时用户为辅”和“以质量争市场，以薄利求多销”的经营方针，迅速打开了产品销路，扭转了亏损局面。

一些福利工厂较多的城市，还注意抓住骨干厂或问题较多的厂作为试点，用点上的经验指导面上的整顿工作。有些城市则采取了同时起步，抓住重点，点面结合的方法，并且对不同基础的厂提出不同的整顿要求，实行分类指导，收到良好的效果。

经过一年多的整顿，全国大部分福利企业的面貌发生了较大的变化，不仅进一步端正了办厂方向，企业素质也有明显提高，领导班子得到调整和充实，经营管理工作，特别是工厂管理的基础工作有所加强，企业的经济效益有了较大幅度的增长，广大职工的精神面貌也发生了可喜的变化。到1982年年底，全国县以上民政部门举办的社会福利工厂已达到1602个，职工总数为18万余人，其中盲聋哑残人员6.4万余人，占职工总数的35.6%，占生产人员总数的41.3%，分别比1981年提高0.5%和1.4%，工业总产值达到9.4亿元，比1981年增长4.4%，实现利润近9000万元，比1981年增长15%，利润增长幅度高于产值增长幅度，工厂亏损面下降，亏损额减少。

在整顿工作稳步开展的大好形势下，民政部于1983年6月18日至23日，在徐州召开了“全国社会福利工厂整顿工作经验交流会”，会上总结交流了各地整顿工作的经验，进一步研究了坚持正确的办厂方向、落实扶持保护政策、严格管理使用利润及建立必要的管理机构等一系列办好福利工厂的重要问题。同时，为开创社会福利生产的新局面，会议提出在全国的福利企业中开展全面整顿的意见。

第三节　社会福利生产在改革中前进

中国经济体制的改革，为社会福利生产带来了新的机遇。全国县（区）以上民政部门举办的福利企业，经过恢复和整顿，跨入改革的进程，得到稳定发展；依靠社会力量，在城镇街道和企事业单位兴办的福利生产厂、点迅速普及，使城镇残疾人员的安置面不断扩大。随着农村经济体制改革的深入，乡镇福利生产异军突起，短短两三年间，遍布全国各地，城乡社会福利生产开始进入一个蓬勃发展的新阶段。

一、社会福利生产走上企业化管理道路

经济体制改革之后，由计划经济转为有计划的商品经济，价格体系，原材料供应渠道的变化，市场调节的日趋加强，改变了福利生产的外部环境，使之面临着新的考验和机遇。福利企业是特殊企业，较之一般企业有其特殊的优势，政府在税收及供销、资金方面给予优惠照顾；社会各界给

予同情赞助和支持；残疾职工在党和政府的关怀下，在健全职工的帮助下，自强不息，表现着高昂的生产热情。但是，随着改革的深入，福利企业的潜在危机也暴露无遗，资金及物资渠道不畅、技术落后、设备简陋、人员素质差、管理水平低，这些都将对福利企业进入市场调节产生不利影响。特别是由于福利企业过去按事业单位对待，以安置残疾人就业为主要目的，没有把经济效益放到应有位置，因而，生产情况很不稳定。1983年、1984 年间，仍有 90% 的福利企业处于微利和亏损状态，随时都有被淘汰的可能。因此，在改革中提高福利企业的经济效益和应变能力，已成为当务之急。

1985 年年初，各地民政部门开始对所属福利企业实行政企分开，简政放权，沿着实行企业化管理的方向进行改革。辽宁、北京、天津、上海、四川等地开始厂长负责制试点工作和试行经营承包责任制，以及企业内部的各项改革工作。特别是推行技术改造和开展多种形式的内联外引活动，使企业的经济效益不断提高，企业素质明显增强，改革开始见到实效，不少企业成绩显著，为了总结上述经验，扩大改革成果，1985 年 9 月，民政部在大连召开了全国社会福利生产改革工作经验交流会议。大连会议指出，社会福利工厂虽有其特殊性，但从本质上属于“企业”范畴，而不属于“事业”范畴，企业是其基本属性，必须坚定不移地走企业化管理的道路，尽快实现从事业向企业的转变，把提高经济效益作为发展和巩固社会效益的前提，从根本上提高福利企业在市场竞争大环境中的生存发展能力。

围绕实现企业化管理，大连会议确定，福利生产改革的任务为：（一）改革不适应的管理体制。明确福利工厂的企业性质之后，民政部门不再直接经营和具体管理企业，而是实行政企分开，简政放权，加强宏观管理，发挥指导、监督、规划、协调的作用。福利工厂多的地方，可以成立企业性管理机构，加强经济管理手段，要对现有的行政性民政工业公司进行整顿，变行政管理型为经营服务型。（二）试行全民所有集体经营。即本着所有权和经营权可以适当分开的原则，对全民所有制的福利企业试行集体所有制经营方式。（三）逐步实行厂长负责制。福利企业的厂长要实行任期制。实行厂长负责制后，要正确处理好企业党政和职代会三者关系；要充分体现职工群众（特别是残疾人员）的主人翁地位。（四）推行和完善经营承包责任制。福利企业可以向主管部门承包，企业内部也可以逐级承包。经营承包，要保证安置残疾人员的比例，不能排挤和歧视残疾职工，在劳动定额上要适当照顾，对经过努力确实完不成任务的残疾职工，也应保证他们的基本收入和生活。（五）严格执行利润分配使用原则。上级主管部门对福利企业创造的利润要坚持多留少提的原则，使企业休养生息。福利企业减免的产品税、营业税、增值税等，原则上不参加分成，全部作为企业生产发展基金、新产品开发基金和福利基金。（六）狠抓技术改造，推动技术进步。一要广泛筹集资金，加快技术改造步伐，扩大生产发展基金的提成比例，争取把免税增加的利润全部用于技术改造；二要提高固定资产折旧率，折旧费全部留厂用于设备更新改造；三是技术开发费可以按规定分期摊入成本；四要积极向银行争取技术改造贷款，列入地方计划；五是民政部门也可以抽出一定数量的资金，以借贷形式给福利企业搞技术改造。六要开展多种形式的内联外引活动。七要有计划地调整产品、产业结构。八要加强智力投资，重视人才开发。九要发展多种形式的福利生产。

大连会议提出的改革措施，既符合新的经济形势的需要，又照顾到福利企业的特殊性，及时有力地促进了社会福利生产的各项改革。（一）改革管理体制扩大了企业的自主权，增强了企业活力。各地民政部门在大连会议以后，抓紧落实简政放权工作，坚持做到大的方面管住管好，小的方面放开放活，对企业松绑还权，把企业应有的经营管理权，逐步放还企业。民政部门改变了长期以来单纯以行政手段管理福利生产的作法，辅之以经济、法律手段，较好地解决了政企职责不分问题。大多数民政部门把生产经营权都放还了企业。人事管理方面，民政局只管民政工业公司经理、副经理的任免；公司只管企业厂长的任免。民政局或民政工业公司把企业承包指标与企业工资总额挂钩，不再具体插手企业的劳资调配等。财务方面，民政局或公司坚持多留少提，使其休养生息。江苏南通等地不少县市福利企业主管部门同企业三七开，大头向下。这些措施，调动了公司和企业的积极性。管理体制的改革，极大地刺激了经济效益的增长。（二）实行厂长负责制，强化了生产和行政的统一指挥，给企业增添了生机。大连会议后，福利企业逐步开始实行厂长负责制或厂长任期目标责任制。最早试行厂长负责制的是沈阳市二三工厂，其厂长由市民政工业公司提名，由企业民主选举产生，统管生产和行政。同时加强了党委的监督保证作用和职代会的民主管理作用，使党、政、职代会三者密切结合，有力地促进了生产经营。这是一个成功的试点。试行之初，厂长负责制就得到了企业党委的大力支持。厂长统一指挥生产行政的优势很快就发挥出来。这个厂以生产爆破线为主，市场需求良好。但他们不满足目前的优势，预测到现代爆破技术的不断发展，爆破线势必有被淘汰的可能，便着手与首钢、鞍钢联营，发展后继项目钢丝绳。由于厂长有生产经营权和决策权，时机抓得紧，很快就和两家钢铁公司成交。1985 年投入试生产，1986 年开始批量生产。这个厂 1985 年工业总产值比 1984 年增长了 27%，利润增长了 85%。1986 年产值达 2300 余万元，利润 500 万元。被列入国家重点机械工业企业。爆破线质量上乘，荣获国家银质奖。（三）实行以承包为主的各种形式的经济责任制，充分调动了企业干部和职工的积极性。承包是改革的龙头。福利企业在推行承包经营责任制的过程中，经历了一个不断完善的过程。开始不少地方实行产值指标承包，结果生产上去了，效益却甚微。有些短期承包项目，出现了拼设备、拼劳力的现象，只图眼前不顾长远。大连会议以后，各地创造了不少好经验，形成了多层次承包体系，出现了多项指标全面承包、单项利润承包、科研课题承包等多种形式。对残疾人员则实行上不封顶，下要保底即保证其基础工资收入的作法，体现了福利企业的特点。郑州市化纤厂原是一个亏损 129 万元的后进企业，经过调整领导班子，实行承包，当年扭亏为盈，三年三大步，年创利润52万元。沈阳市机床电器厂实行技术成果承包责任制后，在新产品开发、产品上质量、企业上效益等一系列环节上产生了联动效益。过去开发一个产品，从搜集资料到研制投产，耗资几万元都不能完成。实行从设计到销售一揽子承包后，出现了时间快、销路好、利润高的好局面。新产品、新品种、新规格层出不穷，有力地促进了产品结构的更新换代。在设计和技术上的不断改进，使企业原材料利用率和零部件合格率等项指标由原来的60%—70%提高到80%以上。当年该企业由此而增加的效益总计达130多万元。承包使机床电器这个长线微利产品，长年盛销不衰。（四）内联外引，开放搞活，增强了福利企业的应变能力。各地福利企业越来越认识到开展横向经济联合大有可为。联合的形式有专业大生产、工贸结合、组织联产联销，以及厂校挂钩、技术协作、扩散产品等等，效果很好。扩大对外联系，引进国际先进技术设备，并通过来料加工，补偿贸易等方式，吸引外资，增强了企业的自我发展能力。广州市东升无线电元件厂，原来连年亏损，濒于倒闭。经调整领导班子后，年轻厂长黄立行，坚持改革、对外开放，引进电子组装业务，使企业很快恢复生机，进而发展自己的产品，走电子产品国产化的道路。短短两三年时间，该厂由亏损转为年创利润300多万元，在广东福利企业中，首屈一指。该厂生产的737电子计算器，曾获质量行检第一名。佛山市电子元件厂，引进塑封二极管、三极管生产全套设备，两年两大步，获利100多万元，企业后劲大增。其生产的二极管曾被选为中国通讯卫星试验指定部件。丹东棉织六厂，引进国外生产线，生产靛蓝坚固呢，产品一度供不应求，企业效益与日俱增，一跃成为地方的骨干企业和带头企业。几年间，福利企业出口产品发展到1500多种，年创汇额2.4亿美元。（五）广泛筹集资金，狠抓技术改造，使福利企业技术落后的状况逐步得到改变。技术落后、设备陈旧，是福利企业的一个突出的弱点。有的企业至今还使用着1840年制造的机器设备，很不适应参与市场竞争的需要，亟待更新改造。技术改造的关键是资金。大连会议后各级民政部门和福利企业在广开财源和争取外汇上狠下功夫。民政部协同国家计、经委及各专业银行，1986 年至 1990 年连续五年为福利企业提供贴息技改贷款，不少地区计委把福利企业的技改项目列入地方计划，需用外汇的项目，地方政府力求平衡解决。政府支持、社会赞助、民政事业费周转、企业自筹，多种渠道一起上，取得了前所未有的进展。天津红音线材厂，为开发新产品，自筹资金，自力更生狠抓技术改造，先后购进 3 部大型捻股机、4 台钢丝拉丝机，自行改造九部“550”型拉丝机，自行设计安装了两条钢丝生产线。通过设备更新和技术改造，使该企业及时调整了产品结构，提高了生产能力和出口创汇能力，成为全国明星福利企业。“七五”期间各级民政部门，通过贴息信贷和引带资金、匹配投资，共筹集技改资金 22 亿元，对 3870 个项目进行重点扶持，新增产值 39. 6 亿元，利税 6. 6 亿元，出口创汇 4229 万美元，取得了显著的效益。（六）加强行政监督，促进企业管理。福利生产实行企业化管理后，民政部门对福利企业实行政企分开，工作重点和工作职能转移到管理、监督、协调和服务上来。鉴于福利企业几年间发展较快，新办厂多的情况，各级民政部门把加强行政监督，促进企业管理作为工作重点。1988 年开始了为期三年的福利企业清理整顿工作，通过清理整顿，不仅保证了福利企业的办厂方向，加强了利税分配和使用的管理，而且建立了一整套由建厂、投产、审批、验收、发放社会福利企业证书到年检认证等一系列的行政监督程序，健全了表、证手续，福利生产的行政管理制度逐步臻于完善。行政监督的加强，切实促进了福利企业的经营管理，各项基础工作都得到了发展。质量、计量、标准和企业上档升级工作进展很快。

改革的实践，证明了福利工厂坚定不移地实行企业化管理是非常正确的。随着不断深化各项改革工作，福利企业出现了持续稳定发展的好势头。到 1986 年，民政部门所属的福利企业发展到了 2551 个，职工扩大到 23. 6 万余人，安置残疾人员 8. 8 万名，固定资产净值拥有 9 亿元。年总产值实现 19. 2 亿元，创利润 1. 89 亿元。全员劳动生产率达到 8132 元，人均创利800余元。

二、依靠社会力量，多种渠道发展社会福利生产

中共十一届三中全会以后，尽管民政部门举办的福利企业有了很大发展，但数量毕竟有限，安置能力趋于饱和。后来虽然陆续新办了一些福利厂，但由于资金不足，物资缺乏及生产门路困难，仍然不能适应新形势下安置残疾人就业的需要。为更多更好地安置城镇残疾人员和救济对象，各地民政部门积极协调地方政府各部门，帮助城镇街道恢复和兴办街道福利生产。到1982年，全国已有8590多个街道社会福利生产单位，职工23.1万余人，安置残疾人员和救济对象6.77万余人。总安置人数超过了民政部门举办的社会福利企业。街道福利生产的形式多种多样，有街道办事处办，居民委员会办，街道与大的企事业单位挂钩合办，也有由街道办厂，一部分人集中在工厂劳动，一部分人分散在家加工，或抽调生产人员到大单位上门服务等等。街道福利企业，继承和发扬了艰苦奋斗，勤俭办厂的传统，符合就近办厂，方便群众的原则，显示出强大的生命力。第一，街道办的福利生产单位更能适应残疾人员的特点，不论是智残还是体残，特别是既具有一定劳动能力而残情又比较严重、行动不便的人，街道福利生产为他们提供了就地就近工作的方便条件。第二，便于残疾人员得到家庭的照顾和邻里的帮助，解决生活困难。第三，在街道福利企业里，智残和体残人员可以得到一定程度的职业康复。安置一个人，解放一家人，有益一条街，影响全社会。因而街道福利生产深受残疾人员欢迎，得到残疾人员家长们拥护，受到社会各界广大群众的赞扬。

为引导街道福利生产迅速健康地发展，1982年11月，民政部在重庆召开了全国城市街道社会福利生产经验交流会议。这次会议提出，对城市中有劳动能力的残疾人员参加生产劳动的问题，应当在地方党和政府的统一安排下，通过劳动部门、民政部门和街道等多条渠道来解决，其中依靠街道是一条重要渠道。明确并强调街道办福利企业要坚持群众性、集体

性、社会福利和生产自救性原则。群众性，指群众自己办厂，区别于“官办”；集体性，指集体所有制，包括小集体和大集体，但主要是小集体，区别于全民所有制；社会福利和生产自救性，指要安排有劳动能力的残疾人员和社会救济户。坚持这“三性”是街道举办福利生产的目的所在。

重庆会议强调，社会问题要靠社会来解决，办好街道福利厂，关键是依靠群众的力量和社会各界的通力合作。许多街道开始筹办福利生产单位时，一无厂房，二无资金，三无工具设备，四无技术力量。街道领导把残疾人员和他们的家长及街道积极分子召集在一起，动员大家出主意想办法，发动群众，有资金借资金，有工具借工具，有房子借房子，到一些工厂、单位找边角下料，想出种种办法，很快把街道社会福利生产单位办了起来。由于坚持了福利生产社会办的方针，重庆会议后，大中城市的街道福利生产得到了很快的发展。1983 年全国城镇街道办厂已有 4220 多个，职工发展到 10 万人。安置残疾人员 2. 97 万多人。

在辽宁、上海、山西等地区和武汉、西安等一些大城市，大型工矿企业相对集中，形成了大企业小社会的特点。这些工矿企业中残疾家属的生活、就业问题日益突出，直接影响着大型企业职工和家属的工作和生活，影响着国民经济中重点工程的建设。1981 年，武汉钢铁公司附属钉丝厂党支部书记受武钢总公司的派遣，创办了武钢附属服装福利厂，就近安排了 100 多名残疾家属就业，在武钢、在社会上产生了强烈反响，为工厂企业举办福利生产开了个好头。1984 年 10 月，民政部、财政部联合发出通知，规定对街道举办的福利生产单位的税收问题，可比照对民政部门举办的福利生产单位的征免税规定执行。这对发动社会力量，兴办福利生产是一个巨大的推动力，出现更多的厂矿企事业单位举办福利生产的新局面。太原钢铁公司拥有几万名职工，职工子弟中有劳动能力的残疾人约 400 名，公司党委充分认识到这一社会现象给职工带来的生活上的困难和工作上的影响，积极组织力量，由党委副书记亲自挂帅，离退休老干部搭成班子，筹集资金，新建厂房，购置设备，安排残疾人员为公司生产劳保用品和提供其他服务。残疾人员进厂后，自己有收入，家庭和社会都另眼相看，婚龄青年开始主动张罗婚事，组织自己的家庭，残疾人员的家属也减轻了负担，专心致力于本职工作。太钢福利厂一举轰动了整个太原市。继之，鞍山钢铁公司、大同煤矿、抚顺铝厂等大型企业，都办起了福利厂。北京、天津、辽宁、陕西等大、中城市的厂矿、院校，在组织待业青年筹建劳动服务公司的同时，也都办起了大大小小的福利厂、点。常州、长治等一些城市，把有劳动能力的残疾人员全部安排了劳动生产。1985 年年初，全国大、中城市有劳动能力的残疾人员已基本得到安置，不少城市出现了民政部门福利企业、街道福利厂、企事业单位办福利厂争相安置残疾人的局面。哈尔滨阿城继电器厂办了个 100% 由残疾人员参加生产的福利场所，不仅本厂的残疾人得到安置，附近阿城县街道的残疾人也都吸收进厂。企事业单位办厂，速度快，效益好，有许多优越性。大企业有雄厚的经济实力，有大量换代淘汰的工业设备，有工程技术人员就近就地指导帮助，便于协调资金、物资和产供销业务，帮助解决生产门路。如为大厂配件、配套加工或维修服务等，较容易为残疾人员找到合适的工作岗位。

鼓励残疾人员个体开业，调动残疾人自己解决自己的问题，也是一条安置途径。如在家庭成员的协助下，残疾人从事小型维修、加工、服务等项目。1984 年国家对残疾人员从事维修服务等个体开业，予以免税照顾，鼓励残疾青年自强自立，学一技之长，为自己创业。已有 1.66 万多人从事个体经营，成为自给自足者，为国家和集体做出了自己的贡献。

在城镇中，盲人的安置素来困难，为解决这一部分人的生活就业问题，各地开办了按摩学校和按摩诊所，培训盲残青年从事按摩医疗。现在已有盲人按摩诊所（医院）246 个，按摩人员 4000 多名，盲人按摩医师 2000 多名。1985 年，成立了中国盲人按摩学会。按摩治疗的适应症已涉及消化系统、呼吸系统、生殖系统、内分泌系统、运动系统和感觉器官等方面。盲人医师对按摩的手法和方法也不断有所创新，并涌现出一批在按摩实践和按摩理论中颇有造诣的专家，为推进中医按摩事业的普及和提高做出了卓越的贡献。盲人医师在长期的积累和广泛的交流中，表现了良好的医德和高超的医技，造福于千百万就诊的患者。

依靠社会力量，在城镇街道，企事业单位兴办福利生产，以及鼓励残疾人个体开业等方式，解决城镇残疾人员的安置问题，就地就近，安置面广，经营灵活，不拘形式，方便残疾人工作和生活，已经成为一条主要的安置途径。它已扎根于广大群众的土壤里，收到很好的社会效益和经济效益。这对促进基层社会保障事业的发展，促进社会安定团结和精神文明建设，都有重要的意义。

三、适应农村形势，开拓乡镇福利生产

中国农村人口众多，相对而言，残疾人员比例也比城镇高。农村经济体制改革前，广大农民以农为主，以大集体的作业形式从事生产。在“大锅饭”的体制中，有劳动能力的残疾人，从事一些辅助性的或是象征性的劳动，获得生活来源。经济体制改革后，残疾人员，特别是肢残人和盲人，从事个体农业生产劳动很困难。在从事商品经济的生产或流通中，就更暴露出生理缺陷的严重限制，这不仅使残疾人自身生活无着落，而且往往成为家庭致贫的一个主要因素。1984 年秋天，在乡镇企业繁荣的江苏、浙江等地的农村兴起了举办福利生产的热潮。辽宁的丹东、大连等市，发展也很快。1984 年 10 月，国家对福利企业税收政策放宽时，规定乡镇举办福利生产，也可以参照民政部门举办的福利企业，享受减免税收政策。1985 年 9 月，大连会议指出，今后福利生产发展的重点要放在农村。会议之后，各级民政部门充分利用发展农村商品经济和贫困地区开发以及农村基层社会保障事业的建设等一切有利时机，兴办福利企业安置残疾人员。

农村福利生产的形式，有乡办、村办等多种。乡办福利生产，一般具有多功能的特性。即福利工厂借敬老院的场地，前厂后院，吸收残疾人员、贫困户和优抚对象从事生产劳动，为敬老事业提供资金和服务。福利生产发展得快的地方，已经开始向村延伸。既方便残疾人工作，又方便残

疾人生活。

大连会议之后，乡镇福利生产发展很快。许多地区对这项事业十分重视，尤其在农村扶贫扶优工作中，乡镇福利生产得到了迅速发展。辽宁省1984年以前乡镇福利企业只有400多个，大连会议前后，仅两年时间，就发展到2400多个。北京通县，利用乡镇企业兴旺发达的优势，在乡镇企业中，划出效益最好的车间或项目，设为分厂独立核算，安置残疾人，他们通俗地称这种形式为“借窝下蛋”。

乡镇福利生产的发展，成为农村基层各项民政工作的生力军。凡是福利生产发展快的地方，扶贫、优抚、安置、敬老事业等各项民政工作也都有声有色。截至1987年，全国已有乡镇福利企业8500多个，从业人员已近33万人，安置残疾人进厂12.3万多名，安置救济优抚对象11.3万多人。农村福利生产已经成为农村基层社会保障工作的重要组成部分，为发展农村商品经济，调整农村产品产业结构，巩固农村安定团结的大好局面和促进精神文明建设，发挥着重要的作用。

四、坚持“三位一体”的办厂方针，帮助残疾人广泛参与社会活动

福利企业经济效益的提高，大力促进了社会效益的发展。过去福利企业亏损靠补贴，现在大部分福利企业不仅扭亏增盈，而且开始向劳动福利型的目标努力。坚持安排残疾人就业、培训和职业康复“三位一体”的办厂方针，在帮助残疾人获得较为稳定的职业和经济收入的前提下，使他们在职业素质、生活自理能力等方面不断得到提高，逐步解决他们家庭、婚姻、业余生活中遇到的困难并尽可能广泛地参与社会生活。长春市宽城区民政局从1984年开始，组织所属30多个福利企业办起残疾人康复站，对残疾职工的体能、智能进行康复训练，收到了良好的效果。残疾职工职业素质的提高和生活自理能力的加强，保证了企业正常的生产秩序，提高了劳动生产率，促进了节能、质量创优和整体效益。为不断提高残疾职工的职业技能，增强他们对职业或工艺转换的适应性，不少地区的民政部门组

织福利企业残疾职工进行业余文化补习和职业技能的培训。上海市民政企业公司办起聋哑残疾人培训班，北京市民政工业公司组织福利企业的残疾职工和健全职工一起参加全面质量管理的电化教育。1989 年 5 月，全国第一届残疾人职业技能竞赛大会在武汉举行，竞赛项目多达 10 几项。全国 25 个省、自治区、直辖市派出总计 350 多名选手参加比赛，充分展示了残疾职工的精湛技艺。在广告艺术、机械制图、电器修理、金属切削、计算机程序、中英文打字、木雕、缝纫、钟表修理等项目上创造的优异成绩，不亚于健全职工的水平。残疾人的职业训练和职业康复工作，为残疾职工职业的保持和发展创造了有利的条件。

社会福利企业不但开始注重残疾职工的职业教育和职业康复，还对残疾人全面回归社会也做了积极而卓有成效的努力。福利企业在坚持推行厂长负责制的同时，注意组织残疾职工参加工厂的民主管理。在城镇，具有一定规模的福利企业，基本上都有残疾职工协会或类似的组织；有条件的福利企业，积极选拔残疾人为科室、车间的负责人或班组长，参加生产管理，有些福利企业的厂长、经理、工会负责人或其他厂级领导岗位本身就是由残疾人担当。福利企业充分考虑残疾职工的生理特点，在为他们提供工作上的帮助的同时，热情关心他们的生活。北京市三露厂专门为盲人职工开盲人班车。南昌电焊机厂组织“红娘组”，厂长万仲华亲自为残疾职工牵线搭桥，组织家庭，并尽可能地帮助他们解决在婚姻、家庭生活中遇到的困难。福利企业经常开展特殊的文体活动，丰富残疾职工的业余生活。对刻苦训练，钻有所长的体育爱好者重点培养，参加国内外特殊运动会的项目比赛。随着福利企业经济效益的增长，残疾职工的劳保、福利也得到很快的发展。在城镇，大部分的福利企业残疾职工享受公费医疗或合作医疗。条件好的企业，基本上解决了残疾职工的住房问题。职工食堂、浴室、医务室、业余活动室更为普遍。在没有建立退休制度的街道和乡镇福利企业，民政部门和中国人民保险公司，积极组织福利企业为残疾职工开展储蓄养老保险或参加社会养老保险。

社会福利生产是解决中国残疾人就业的一条重要渠道，它已经成为中国残疾人社会福利事业的一个重要的组成部分。越来越多的残疾人从这里获得职业和收入，得到培训、教育和康复，参加国民经济和企业管理等各项社会生活。越来越多的残疾人家属，从精神上和物质上获得帮助，从家庭的困扰中解放出来，全身心地投入自己的工作和事业。福利企业在社会生活中发挥着积极的不可忽视的巨大作用。

第四节　假肢工作

一、假肢工作的意义和现状

（一）假肢工作的意义。假肢工作的服务对象是肢体残疾者，简称肢残者。肢残者是指因截肢、先天性缺肢或畸形、肢体外伤或麻痹等造成的肢体部分或全部功能丧失者。

假肢工作的主要内容是从人体工程学的角度为肢残者提供康复器具，即所谓假肢康复。假肢康复是指通过为体残者安装假肢和矫形器，以最大限度地代偿部分失去肢体的功能和矫治某些肢体的功能障碍，使肢残者恢复一定的生活自理和参加劳动的能力。它作为一项康复工程，是残疾人康复工作的重要组成部分。

假肢是用于截肢者、为代偿其原有四肢的形态和功能所装配的人工肢体。假肢包括上肢假肢（假手）和下肢假肢（假腿），又有临时假肢和正式假肢之分。临时假肢是一种截肢术后不久，残肢尚未定型时安装的早期训练用的假肢。通常情况下，截肢手术后要等三四个月以后才能装配正式假肢，这既空耗了有利的康复时机，又给截肢者带来种种不便和精神上的负担。为能早期恢复残肢的功能代偿作用，60年代初，国外首先出现以石膏制作接受腔的临时假肢。80年代中期以后，随着假肢康复工作的发展，中国部分假肢厂也开始了临时假肢的装配工作。实践证明，截肢者早期安装临时假肢，除了大大加快残肢定型，减少住院和等待装配正式假肢的时间外，还能早日训练残肢，减少术后残肢的水肿、血管堵塞、关节挛缩等并发症，并有助于改善截肢者的一般健康状况和精神状况，特别是对老年患者更有意义。正式假肢，也称永久性假肢，是在临时假肢的基础上，或当残肢定型后为截肢者装配的正式使用的假肢。正式假肢通常是采用铝板、木材、皮革和塑料制作的，其关节采用金属零部件。截肢者装配正式假肢后，经过一定的功能训练，如下肢假肢进行支撑、站立、行走及步态训练，上肢假肢进行开手、闭手及取物动作的训练，以充分发挥假肢的功能代偿作用，使截肢者最大限度地恢复生活自理、劳动和工作能力。

矫形器又称支具，是用于四肢、躯干功能障碍者，为矫治或减轻其功能障碍所装配的辅助器具。它作为一种矫治某种骨关节、肌肉、神经等器官疾病的器械，与假肢同为矫形外科中不可缺少的手段，也是肢残者康复的重要组成部分。矫形器分为上肢矫形器、下肢矫形器和脊柱矫形器，通常是采用金属支条，皮革和塑料制作的。矫形器利用其结构和力学原理，对病变部位进行固定、限制、免荷、牵引、矫正等，以达到矫正肢体挛缩，保持功能位置，防止关节畸形，支持体重，固定骨折部位，抑制不随意的运动，减轻疼痛，改善功能的目的。矫形器的制作和装配必须符合患者的病情要求，要在医生指导下进行。装配矫形器后，要辅以必要的体疗，并定期进行复查，及时加以调整或更换，以充分发挥矫形器的治疗效果和辅助作用。

根据1987年全国残疾人抽样调查的结果推算，全国约有5164万残疾人，其中肢残者755万，占全国人口的0.75%。这么多肢残者不同程度地丧失自理生活和参加劳动生产的能力，是个很现实的社会问题，积极开展对肢残者的康复工作，通过给他们安装假肢、矫形器，使他们残而不废，重返社会，获得为社会主义建设事业做出贡献和分享社会主义建设成果的权利，这既是一项社会主义制度下的福利保障事业，又是一项促进社会稳定的精神文明建设，因此，具有重要的意义。

（二）中国假肢业的现状。中华人民共和国成立以后，中国共产党和人民政府对假肢工业十分重视。假肢工业有了前所未有的发展。为肢残者安装假肢和矫形器，实施假肢康复的工作，绝大部分是在各地假肢工厂进行的。随着残疾人康复事业的发展，假肢工厂的服务范围越来越广泛，假肢产品的概念也在不断扩大。作为残疾人康复器具的假肢产品，除了假肢、矫形器外，还包括各种残疾人专用的行走工具、视听工具、辅助工具等。假肢产品具有因人而异，因残制宜的特点，因此品种很多，大致包括：上肢假肢、下肢假肢、上肢矫形器、下肢矫形器、脊柱矫形器、矫形鞋、专用三轮车、轮椅、拐杖、助行器、内脏托带（如胃托、肾托）、整形器官（如假眼、假耳、假乳房）、集尿器及助听器、导育器等辅助器具。由于它的服务对象来自各个地区，年龄、性别和职业都有差别，肢体伤残情况和手术或治疗后的条件更是各不相同，要使他们安装的假肢或矫形器发挥理想的功能代偿作用，除了结构设计合理，材料选择适当，制作工艺精良之外，更重要的是通过多样性的康复活动达到符合生理和病情的要求。为此，各假肢厂在抓产品质量的同时，从 80 年代中期起注意了努力提高服务质量，积极开展了肢残者的康复训练工作。假肢厂通过开设康复门诊和康复病房，对肢残者进行装肢前的残肢修理、理疗、体疗、残肢训练，进行装肢后的使用训练，从而更好地保证了假肢康复的效果。由于假肢康复是一项特定形式的康复工作，它需要工科和医学的密切配合，假肢厂采用请进来和走出去的办法与医务部门相结合，一方面主动在医生指导下装配假肢或矫形器，另一方面积极在医务部门和康复中心开设假肢制作室或开设假肢门诊。另外，为了解决广大农村或边远地区残肢者装肢难的问题，各省的假肢厂都配有假肢工程车，用于下乡巡回修理和开展农村普及安装。因此，假肢工厂兼备工业生产、安装修理和康复医疗，康复训练等多种职能。

假肢工业自新中国成立以后，即建立起统归民政部门管理的全国完整的假肢工作管理体系。民政部对全国假肢生产与科研进行宏观管理和指导。中国福利企业总公司设有假肢公司，专事假肢产品、假肢生产的原材料、零部件的供销；民政部建有直属的北京假肢科学研究所和武汉假肢技工学校，从事假肢产品的开发研究和假肢技术人才的培训；全国成立了中国假肢协会，积极协助政府部门开展横向联系和开展国内外的信息交流；受国家技术监督局的委托，民政部成立了全国残疾人康复和专用设备标准化技术委员会，对残疾人康复领域里的跨部门的标准化工作进行统一归口管理，对残疾人专用产品进行质量监督和生产评定。全国直属民政部门的假肢厂有46家，假肢装配站8家，另有属于医务部门、厂矿和其他部门的假肢装配车间10家，计64个假肢生产装配单位，分布在除西藏以外的各省、自治区、直辖市；从业人数约4500人。据民政部对本系统假肢厂的统计，1989年主要产品的年产量为：假肢3.3305万件，矫形器2.4831万件，矫形鞋7.0376万只，轮椅车17618辆。

新中国成立四十年间，假肢的生产与科研部门，为肢残人员研制、安装假肢、矫形器和装配各种辅助器具，使大量肢残者恢复了工作和生活自理能力，对支援革命战争和社会主义建设做出了重要贡献。但是，由于中国假肢业的基础差，底子薄，肢残者众多，目前假肢业的生产、科研、装配水平还远不能满足社会的需要。根据1987年的抽样调查，全国755万肢残者中，提出需要安装假肢的约有45万人，占5.9%；需要安装矫形器的约有14万人，占1.5%；需要配置轮椅车的约有26万人，占3.4%。这个需求量与上述假肢产品的年产量相比较，再考虑一般假肢产品的寿命仅为3至5年，现有的假肢生产能力是远远满足不了肢残者需要的。根据同一调查，目前已为肢残者配置假肢、矫形器、轮椅车的比例仅分别达到：假肢25%，矫形器26%，轮椅车27%，亦即尚有75%的肢残者的需求尚未解决。因此，从扩大假肢生产的布点，增加假肢产品的数量，提高假肢产品的质量诸方面讲，全国假肢工作者都面临着十分繁重而艰巨的任务。

二、中国假肢业的历史和发展

（一）中国假肢业的历史和新中国成立后经历的几个阶段。中国的假肢业历史较短，基础较差，基本上是新中国成立后发展起来的。在抗日战争期间，上海、北京、天津、沈阳等大城市有过几家私营的假肢作坊，也是从德、日、美、英等国传进来的，由外国人当技师。因其假肢产品售价高昂，劳动人民根本不敢问津，服务范围很窄。在解放区，为适应抗日战争的需要，1943 年，晋察冀军区卫生部成立了义肢装配组，1945 年日军投降后，该组由军区荣军管理局代管，并于同年 11 月在解放了的张家口市正式成立了晋察冀假肢工厂，后迁址阜平、灵寿、北京、石家庄，成为后来河北省假肢厂的前身。在解放战争期间，东北、华东、中原等解放区人民政府的民政部门，也先后成立了假肢厂。新中国成立以后，解放区的假肢厂先后迁入城市，内务部采取由老厂帮助支援的办法，有计划地安排各地分批建厂、布点，在全国逐步形成一个专门为革命荣残军人和社会肢体残疾者制作假肢、矫形器、轮椅车等用具的假肢行业。

新中国的假肢业大体经历了 4 个阶段。1. 在 1958 年以前是分批在各地建厂、出产品阶段。特别是 1956 年和 1958 年，大部分省、市都新建了假肢厂，并将原有的私营作坊合并起来，使假肢生产得以在全国范围内普遍开展，生产能力逐步提高。2. 1959 年到 1965 年，是发展提高阶段。内务部于 1959 年派出技术考察组对苏联的假肢生产技术和科研情况进行了考察，回国后，开办全国性的训练班，传播苏联的假肢技术，组织各假肢厂的技术人员进行调查研究，总结国内外的经验，制定了《假肢产品质量标准和分级管理办法》。1964 年，内务部在西安成立了假肢研究所，组织技术力量对 11 种假肢产品进行统一设计，于 1966 年定型投产。假肢工作的服务面，从革命伤残军人扩大到社会肢体伤残者。同时还承担了援助越南建立假肢厂的任务。3. 1966 年到 1978 年，是停滞、倒退阶段。由于十年动乱，干扰破坏了假肢生产的正常秩序。特别是内务部和假肢研究所撤销后，全国假肢业没有统一的组织领导，大部分假肢厂也随着民政厅（局）的撤并，移交给其他部门或下放基层，致使假肢厂的生产偏离了以假肢为主的方向，产品质量下降，与国际先进技术的差距越来越大。4. 1978 年民政部成立后，假肢业得到恢复和发展。特别是中共十一届三中全会以后，各级民政部门重新收管假肢厂，民政部重建了北京假肢科学研究所，经过恢复和整顿，使全国假肢业又出现了蒸蒸日上的局面。

1979 年民政部召开了首次全国假肢工作会议。这次会议是总结 30 年的经验教训，在新形势下研究假肢生产向现代化发展的起步。会议根据全党、全国工作重点的战略转移和调整国民经济的八字方针，确定了三年调整时期假肢业的主要任务，明确了 3 个方向性的问题：一是按照专业化协作原则，安排假肢标准零部件专业化生产，改组假肢工业；二是按照普及与提高相结合的方针，由假肢科研所与假肢厂、大专院校协作，开展假肢科研和新产品的研究工作；三是按照假肢生产的特点，有步骤地实行假肢厂经济管理的改革，改善经营管理，提高社会效益和经济效益。会后印发了《按照专业化协作原则，实行假肢标准零部件专业化生产的方案》《假肢科学研究和产品研制规则》和《关于加强假肢工厂经济管理的试行规定》。全国假肢工作会议精神的贯彻落实，使中国的假肢业进入一个迅速发展的时期。在改革开放的大好形势下，假肢的生产与科研取得了长足的进步。

（二）80 年代假肢工作的进展。中共十一届三中全会以后的 10 年，是中国假肢业发展的一个最好的历史时期，主要表现在：

1. 完成了假肢行业的改组，实行假肢标准件的专业化生产和统一供应，变多数厂为装配厂。为了改变中国假肢厂过去“小而全”的模式，解决假肢生产中长期存在的产品规格不一，劳动生产率低交货期长等问题，全国假肢工作会议后，首先抓了假肢的标准化工作，组织力量完成了主要假肢产品的统一设计。安排了假肢零部件的专业化生产和统一供应。每年召开一次假肢标准件生产和订货会议，标准件的质量逐步稳定和提高，订货量和金额逐年增加。自 1980 年开始，经过 3 年的努力，假肢标准件的生产、供应工作基本纳入正轨。1984 年的假肢标准件订货金额为 88 万元；1985 年达 116 万元；1988 年达 413 万元。这样，在民政部的统一安排下，全国各假肢厂在生产、装配、服务和科研上，形成了一个既有分工，又有协作的有机整体，而且使各地假肢产品的规格和技术标准日趋统一。

2. 对外开放。通过与国外假肢技术交流，引进假肢的新产品新技术，促进了中国假肢产品的更新。如通过外国假肢专家来华讲学、实技表演和派人到西德、日本、美国等假肢技术较先进的国家考察、学习，积极引进和推广了 PTB、PTK 小腿假肢、吸着式大腿假肢、全面接触式接受腔的抽真空成形工艺及装配中进行对线调整新技术，使中国下肢假肢的装配水平得到很大提高。其中上海假肢厂生产的双健牌 PTB 小腿假肢，1985 年被评为民政部优质产品，1986 年又获国家质量银牌奖。

3. 加强假肢科学研究，取得一批成果。民政部假肢科研所自 1979 年重建以来，边筹建边研制，努力为假肢生产服务；辽宁、上海、河南等地也在假肢厂科研室的基础上成立了地方假肢研究所积极开发新产品；一些技术力量较强的假肢厂，如湖北、北京、四川、山东、河北、江苏等，在科研方面都取得了一些可喜的成果。他们坚持普及与提高相结合，学习国外先进技术和总结国内经验相结合的方针，调动研究所和假肢厂两方面的积极性，并采取研究所与高等院校协作，与假肢厂联合开发等形式，先后研制出一些先进产品与新材料，主要有：（1）在吸收、消化国外 PTB 小腿假肢的基础上，研制出质优价廉的普及型小腿假肢，已在全国农村普及推广。其主要零部件也已作为假肢标准件，用于 PTB 假肢的装配。（2）研制成功单自由度，两自由度肌电控制电动手及开关控制电动手，并在通过鉴定、安排试生产的基础上，根据患者的需要逐步扩大其生产装配量。其中，由民政部假肢科研所与清华大学、北京假肢厂联合研制的两自由度肌电假手，其主要技术指标已接近或达到国际先进水平；由江苏省假肢厂与南京工学院共同开发的全臂电动手也已实用。（3）研制出制作假肢接受腔用的甲基丙烯酸树脂新配方及其弹性体改性新材料，试制成功制作矫形器用的聚烯烃热塑板材，填补了国内的空白，为推广生产假肢、矫形器新产品创造了条件。（4）在引进国外产品的基础上，试制成功的下肢对线调节器、小腿假肢换气阀和由民政部假肢科研所牵头，北京、山东、辽宁、四川、湖北等假肢厂参加的联合设计组设计的普及型骨骼式下肢假肢，都是追赶国际水平的换代产品。(5) 电动三轮车和电动轮椅、折叠式手动轮椅、集尿器、软性假眼、可调式胃托、充气颈托、超声导盲器、足下垂电刺激矫正器、多功能电动病床、凸点盲文打字机等康复器具、给各种残疾人带来福音，尤其是电动三轮车已在多家假肢厂生产，深受用户欢迎。

4. 为尽快改变假肢行业人才缺乏、技术和管理水平落后的局面，举办了包括厂长训练班在内的 23 期各种类型的训练班，既为各地假肢厂培训了人才，又为加强工厂管理，推广新产品和新技术创造了条件。

5. 大力开展了农村的普及安装工作。为解决农村中 80% 的肢残者尚未安装假肢或矫形器（据 1959 年的调查）的问题，各省假肢厂普遍配置了假肢工程车，定期下乡。自 1983 年开始，国家为在农村安装普及型小腿假肢拨出了补贴费。大多数假肢厂积极为农村生活困难的截肢者进行减免费安装。截至 1986 年，3 年间共安装普及型小腿假肢 5500 余件，按地区算，普及安装面已达 28%。这一工作的开展，不仅解决了农村截肢者的实际生活困难，而且解放了这部分生产力，使他们走上了脱贫致富之路，因此，深受农村截肢者的欢迎。他们称赞社会主义制度的优越性，说这是党和政府对农村中最困难的人给了最需要的帮助，是民政部门一项积极的扶贫措施。扩大农村普及安装面作为中国假肢工作的既定方针，正在继续推行，并将逐步解决大腿假肢、上肢假肢和矫形器的普及和安装。

6. 积极开展了截肢者的康复试点工作。全国已有 12 个假肢厂建立了康复门诊，配合假肢的装配，开展了残肢检查，残肢训练，安装临时假肢，装肢后的功能训练等工作。其中，辽宁、江苏、天津、上海、湖北等假肢厂，已建成或正在筹建假肢的生产、科研、康复三位一体的肢体伤残者康复中心。这一工作的开展，不仅有利于提高假肢的装配水平，而且将使假肢工作提高到全面为残肢者服务的新水平。

7. 编写了一批假肢技术培训班的讲义，正式出版了假肢技术期刊，并建立了以《假肢与矫形器》刊物通讯员为主的假肢行业通讯网。为举办各种类型的培训班，先后编写了上肢假肢、下肢假肢矫形器、矫形鞋、假肢概要、截肢者的康复等讲义九册，为武汉假肢技校编写教材九套。民政部假肢科研所成立了编委会；目前已出版了《假肢与矫形器》（原名为《假肢工作通讯》）11 期、《国外假肢与矫形器》（原名为《国外假肢情报》）32 期。

8. 假肢厂、站数和从业人数增加过半，产值增长近 4 倍，利润增长 8 倍。1989 年与 1979 年相比，假肢厂、站数由 42 家增加到 64 家，增加了 52%；从业人数由 2768 人增加到 4500 人，增加了 63%；年产值由 915 万元增加到 4375 万元，增加了 378%；年利润由 71 万元增加到 649 万元，增加了 814%。

9. 成立了中国假肢协会。为团结全国假肢工作者，协助政府部门研究和确定适合中国特点的假肢工作发展方向，组织国内外假肢技术和管理经验的交流，推动中国假肢事业的发展，经民政部批准，1986 年 11 月正式成立了中国假肢协会。至今，全国已有 60 个假肢生产、科研单位加入该协会，个人会员发展到 2000 来人。3 年来，假肢协会主要开展了以下活动：（1）积极开展国际间的友好交流。根据中国假肢协会与日本假肢协会签署的友好合作协议书，接待了日本假肢协会友好访华团的两次来访，召开了两次中日假肢技术研讨会。1987 年 10 月，接待了美国假肢协会代表团首次访华，进行了技术交流和讲学，并于 1988 年 10 月，首次以中国假肢协会的名义组团回访美国，进行了考察。根据中国假肢协会与美国华美医疗技术交流公司签署的备忘录，美国假肢专家李宽淑自 1988 年 11 月开始，到中国各地假肢厂做安装矫形器的技术指导，并提供材料援助，他计划在华工作 5 年。（2）选派青年假肢技工到国外实习。根据中日两国假肢协会的协议书，自 1986 年开始，中国每年选派两名，已有 8 名实习生到日本假肢工厂接受 3 至 4 个月的培训。（3）组织国内假肢行业的技术比赛、行业评比。1988 年 6 月在河北假肢厂举办了中国第一次 PTB 小腿假肢装配技术比武会，全国共有26个假肢厂参赛，通过比赛，评出了两个一等奖（湖北、上海），三个二等奖（北京、江苏、陕西），三个三等奖（河北、新疆、天津）。这次比武实际上是一次对中国PTB假肢装配技术水平的全面考核和行业评比。通过各厂之间的观摩、交流，引进了竞争机制，促进了中国假肢装配技术的提高。（4）参加了国际假肢矫形器协会。1986年，中国以国家会员的名义参加了国际假肢矫形器协会（ISPO）。ISPO中国国家会员协会设在中国假肢协会。同年组团出席了在哥本哈根召开的第五次ISPO世界大会，1989年又组团出席了在日本神户召开的第六次ISPO世界大会。现在，ISPO中国国家会员协会的成员已有25名。通过参加ISPO举办的活动，进一步扩大了中国假肢工作者同国际同行间的合作与交流。（5）创办了民政部武汉假肢技工学校。1987年3月，在湖北省假肢厂建立了中国第一所假肢技工学校。首届从各地假肢厂青工中择优录取了50名学员，经过两年半的理论学习和操作技能训练，于1989年6月全部毕业。同年9月又从各假肢厂招收了第二期31名学员入学。通过技校培养，改变了过去师傅带徒弟的培养青工方法。技校培养出的学生，有较扎实的理论基础，对现代假肢装配技术掌握得快，因此，毕业后成为各厂的技术骨干，又是派往国外进修人员的主要来源。随着假肢事业的发展，装配网点的增多和教学条件的完善，技校将面向社会招生，并发展成为一所假肢技术中等专业学校，列入国家教育计划。

三、假肢行业的改革

（一）改革的形势与假肢行业面临的问题。实行改革开放以后，随着国民经济的发展，人民生活水平的提高，尤其是残疾人康复工作的广泛开展，假肢工作越来越受到社会的重视和关注。各地陆续建立的一批康复中心以及中国康复医学研究会康复工程委员会和中国残疾人福利基金康复协会的成立，都把假肢工作列为重要的组成部分，社会上生产康复器械的厂家不断增多，而且出现了集体和个人兴办的假肢厂，开辟了跨行业、多渠道、多形式发展假肢工作的途径，残疾人对假肢产品的品种、质量要求愈来愈高，尤其是高档产品，如电动三轮车、肌电假手的需求愈来愈多。这一情况使假肢工作面临着如何加速产品的更新换代和更广泛地为残疾人服务的问题。以前，由民政系统独家经营，而且只着眼于假手、假腿的局面，已远远不能适应社会发展的需要。

另一方面，随着经济体制改革的深入进行，也给假肢生产带来许多新情况。由于计划体制和价格体制的改革，指令性计划不断减少，市场调节不断增大，主要原材料（如钢材、皮革）价格上涨，出现了两种渠道，两种价格。假肢生产由于规模小、分布散，产品杂，必须在很大程度上参加到地方市场调节中去，因而使假肢产品的成本提高。虽然近两年一些假肢厂对产品价格作了一定调整，但普遍尚未达到国家允许的利润率，造成一些假肢厂的生产无利可图。再者，随着各种形式的经济承包责任制的推行，职工利益和工厂效益紧密挂钩，多劳多得使得大多数企业的职工收入明显提高，这对假肢厂的职工也是很大冲击，他们不安于吃“事业”的大锅饭，干不干一个样地过穷日子。这样，假肢生产要发展，就必须打破生产无利可图，职工收入过少，工厂死气沉沉的局面，就必须按经济规律办事，加强企业化管理，树立商品经济的观念，走放开搞活的道路。

中国幅员辽阔，有众多的假肢康复对象，分布在全国各地。仅靠现有的60多个假肢厂、站显然是远远不够的。与国际比较，日本1亿人口，有600个假肢厂，从业人数和中国同为4000余人；西德6000万人口，有1300个假肢厂，从业人数达1万余人。因此，摆在中国假肢工作者面前的任务是十分艰巨的，既要尽快解决农村还有70%的肢残者尚未安装假肢和矫形器的问题，又要提高假肢生产的活力，不改革是没有出路的。

80年代中期以后，在改革浪潮的推动下，各地假肢厂都在探索改革之路。有的厂实行经济指标承包，车间进行独立核算，定额落实到人头，从而调动了职工的积极性，使经济效益明显提高；有的厂从企业内部挖潜，在坚持一业为主的前提下积极开展多种经营解决了“吃不饱”的问题，增强了工厂的活力；有的厂以新以优取胜，努力开发新产品，开展优质服务，既提高了服务质量，又使工厂有利可图，职工收入明显增加；更多的假肢厂从加强企业管理入手，大胆进行机构调整（有的实行招聘、任期制），严格控制材料消耗，认真考核工时定额，实行奖勤罚懒，多劳多得，使生产成本明显下降，产值产量稳步上升。1985 年在杭州召开的全国假肢生产、科研经验交流会上，湖北省假肢厂介绍了“以财务改革为突破口，以计划成本控制为目标”，实行车间承包、经济指标考核的改革方案和经过 9 个多月的探索实践以来取得的明显效益；河北省假肢厂介绍了该厂向省厅实行利润承包，厂内层层推行责任制和试行超额计件工资以后，工厂利润成倍增长的巨变；上海假肢厂介绍了他们如何发展优质新产品，及通过特约服务解决了长期以来交货期长这一难题的改革措施；四川省假肢厂以“企业的活力来自企业内部”为题介绍了他们深入挖潜，积极开拓新市场的经验；北京假肢厂介绍了“以假肢为主，狠抓开发，开展多种经营”的体会。他们从不同的角度介绍了本厂搞改革和加强企业管理的作法，通过互相交流，互相启发，提高了大家对假肢工厂努力提高经济效益的认识，进一步推动了假肢工厂的改革。

随着全国科技体制的改革，民政部假肢科研所在 1985 年年初重新配备了领导班子，选拔科技人员到领导岗位上来，并根据中央科技体制改革的精神，强调了科研为生产服务，科研人员深入假肢工厂找课题，实行厂所合作，有偿转让，从而推动了假肢科研工作。同时，为了加强假肢情报的交流，1985 年年底召开了全国假肢行业通讯员工作会议，建立了《假肢与矫形器》通讯员为主的信息网，确定了以出版物为主的假肢科技情报工作方针。

总之，全面改革和国民经济的高速发展，促使中国的假肢事业也得到很大发展，假肢的生产、科研和与国外交流方面都取得很大成绩。但由于中国假肢行业基础差，底子薄，发展不平衡，目前从整个假肢行业看，还存在许多问题：一是改革的步子不大，有些问题统得过死，假肢厂缺乏企业活力；二是人才缺乏，后继乏人，企业素质差；三是设备陈旧，技术落后，资金匮乏；四是有些主管部门对假肢工作重视不够，多头领导，扶持措施不力。

（二）第二次全国假肢工作会议。为了把全国假肢行业的改革推向前进，1986 年 11 月，民政部在青岛召开了第二次全国假肢工作会议。会议总结了各地假肢厂探索改革的经验，进一步明确了新形势下的业务指导思想，统一了对假肢工厂性质的认识，通过了《假肢行业“七五”科技发展规划》。确定了以下假肢行业的改革措施：

1. 实行企业化管理，增强假肢工厂活力。（1）明确了假肢工厂的性质要从事业向企业转变，必须依靠企业化管理，才能打破靠吃“事业”的大锅饭、工厂死气沉沉的局面。假肢工厂虽仍实行“事业单位、企业管理”，但应逐步向企业化发展。为此，各地假肢厂要努力提高企业素质，变压力为动力，积极创造条件，成熟一个转变一个，尽快实现向特殊企业的过渡。（2）从加强企业管理入手，对假肢工厂的产供销体系切实实行企业化管理，严格执行产值、产量、成本、利润、劳动生产率等主要企业指标的考核，实行全面质量管理；推行多种形式的、以承包为主的经济责任制，认真贯彻按劳分配的原则，使职工的工资、奖金收入同工厂的生产计划的完成、经济效益的提高挂起钩来；贯彻执行福利企业的利润分配使用原则，“多留少提”（或者不提），主要用于发展生产。（3）树立商品经济观念，合理调整假肢产品的价格。为了使假肢工厂有利可图，逐步扭转假肢产品的价格偏低现象，必须在加强成本核算的基础上，合理地进行价格调整。假肢产品价格的调整应遵循以下原则：产品分档次，价格有高低；高进高出，新产品、新价格，全国同类产品的价格基本统一，但因地区差价不同，允许售价有所差别。（4）放开假肢标准件的生产供应。在允许竞争、鼓励竞争的前提下，生产厂有权对标准件的价格进行合理调整，装配厂有选购或不订购的自由。同时，在加强对假肢标准件质量管理的基础上。有计划地扩大生产厂现有布点，逐步把各大区的重点厂建成生产厂，使全国通用的零部件能同时有两家以上生产，还可以专门生产适用于本地区的零部件。主要进行换代产品的生产布点。（5）加强对假肢工厂的领导，实行厂长负责制。在促进假肢工厂从行政管理向企业化管理转变的同时，主管部门要对假肢工厂统一归口管理，并要进一步简政放权。

2. 扩大服务范围，把假肢工作推向新水平。（1）从扩大假肢的范围出发，促使假肢工厂由单纯装配假肢向生产各种残疾人康复器具转变。在坚持为残疾人服务，适应社会需要的前提下，努力扩大假肢工厂的生产经营范围，把假肢产品的范围扩大到包括行走工具、视听工具、辅助工具等在内的各种康复器具，深挖工厂潜力，综合利用，开拓市场，积极发展多种经营。（2）使假肢工厂从单纯生产型向综合服务型转变。既要看到假肢工厂是个生产单位，又要看到它是为残疾人服务的福利单位和康复设施，必须想残疾人之所想，急残疾人之所急，一切从残疾人的需要出发。在努力提高产品质量，缩短交货期的同时，积极开展接待、检查、训练、维修一条龙服务；在开展康复门诊功能训练的基础上，积极创造条件，增加必要的康复器械和人员，从康复工程的角度逐步改进和完善截肢者的康复工作。（3）从独家办厂向多层次、多渠道办厂转变，逐步扩大假肢装配网点。为了发动社会各方面的力量，积极稳妥地兴办各种类型的假肢厂、站，一是走向医院，努力使假肢与医务结合，积极协助有条件的医院（骨科、康复科）开设假肢车间；二是走向农村，积极扶持地方市县多办、办好假肢修配站，为广大农村残疾人就近就地装修假肢提供方便。（4）加速和改进农村普及安装工作。从中国国情出发，开展农村普及安装是假肢工作的一项长期战略任务，也是农村社会保障工作的重要一环。为此，作为“七五”计划期间假肢工作的一项重要内容，应结合对农村残疾人的调查，努力扩大普及安装面，在首先完成普及型小腿假肢安装的基础上，逐步扩大到大腿假肢、上肢假肢和矫形器的普及安装。在开展普及安装中，除改革补贴费的使用办法外，应注意把假肢工程车下乡和扩建装配网点结合起来，充分发挥各地假肢站的作用。

3. 科技先行，促使假肢工作的现代化。（1）加强假肢科研工作，努力为生产服务。按照《假肢行业“七五”科技发展规划》的要求，假肢科研要面向假肢生产、康复工程，以假肢产品的更新换代为主攻课题，努力提高假肢科学装配水平。办法主要是引进，贯彻“拿来主义”，走引进、消化、创新的道路。在努力办好民政部北京假肢科学研究所，使其成为全国假肢工作的科研中心、检测中心、培训中心、信息中心的同时，重视和加强各地假肢厂的科研工作，逐步在有条件的省、市建立地方假肢科研所。（2）狠抓假肢工厂的技术改造和设备更新。重要的是解决技术改造的资金来源，可从以下几方面解决：其一是由地方民政部门有计划地扶持；二是工厂提取设备折旧费和利润中提取企业发展基金；三是民政部有重点地扶持；四是向银行争取技改贷款；五是鼓励与外商合作。同时，要制定技术改造的长远规划和近期目标，分期分批地逐步加以改造，把重点放在更新换代产品的生产设备上，优先解决对生产影响大的关键设备，有计划地引进一些必要的国外先进技术和设备，90 年代开始要有重点地改造和装备一些管理好的假肢工厂。（3）重视智力投资，加强假肢技术人才的培训。在办好武汉假肢技工学校的同时，继续举办各种类型的培训班，并创造条件，派员出国进修。另外，在“七五”期间要抓紧做好假肢专业技术人员的技术职务聘任工作。

（三）深化全国假肢行业管理改革，加快技术进步经验交流。1988 年 8 月，民政部在沈阳召开了全国假肢行业深化管理改革，加快技术进步经验交流会。会议以改革假肢行业体制为中心，交流了贯彻第二次全国假肢工作会议精神的经验，提出了深化改革的措施，讨论通过了《假肢企业发展计划（一九八九——一九九一年）》。这次会议明确了假肢生产单位的企业性质和发展方向，在假肢行业发展道路上迈出了关键性的一步。

会议指出，长期以来影响假肢生产发展的原因主要是体制问题，把假肢工厂限制在事业单位的管理体制内，一切由国家包下来，束缚了企业的手脚，没有用武之地。假肢行业必须勇敢地迈出走企业化道路这关键性的一步。迈出这一步总的指导思想是：简政放权，引进竞争机制，增强企业活力。这次会议就以下问题统一了认识：(1) 明确肯定了假肢是商品，要按价值规律组织生产经营活动。过去，假肢工厂在生产经营中基本上没有把假肢当成商品，而只是当成社会福利品，其结果带来很多弊端：产品不计成本，价格与价值严重背离，甚至出现亏本。生产越多，亏损越大。中国现在处于社会主义初级阶段，国家财力有限，不能包揽过多的社会福利，不可能把假肢作为福利品无偿或亏本地生产和供给所有需要的人，而只能按照商品生产的特点，组织假肢的生产经营活动。(2) 明确肯定了假肢生产单位是企业。假肢生产单位从本质上讲是属于企业的范畴，而不是事业范畴，企业是其基本属性，中国现有的假肢事业体制，严重地束缚了假肢生产的发展，已明显不适应今天社会主义商品经济的环境，到了非改不可的地步。因此，从现在起，必须打破原来的事业体制，按照企业的性质，全面进行各项改革。(3) 引进竞争机制，搞活企业。假肢企业要自强自主，企业的负责人和广大职工要树立竞争观念，增强振兴中国假肢事业的责任感和紧迫感，下决心加快企业的改革，包括实行厂长负责制，落实各种形式的生产责任制；积极推行劳动优化组合，精简科室和非生产人员，充实一线力量；改革劳动制度和分配制度，采取计件、定额包干、浮动工资等形式，使职工的工资、奖金与产值利润挂钩，奖勤罚懒，调动职工的积极性。(4) 加快技改步伐，开发新产品，面向全社会服务。假肢的技术改造问题，是解决假肢产品落后的关键性问题。为加快假肢技术改造步伐，民政部决定从1989年起3年内，每年投入专项技改贷款，从有奖募捐中解决贴息，重点扶持骨干企业进行设备更新和建立假肢标准件，更新换代产品的生产基地。要努力争取国际合作和国际援助，加速假肢产品的现代化。假肢厂要面向全社会。不断扩大假肢产品的范围，拓宽服务领域，更广泛地为残疾人服务。要合理进行生产布局，一是通过技术改造，形成一批重点骨干企业；二是发展装配站，扩大假肢服务网点。(5) 按商品经济规律办事，理顺假肢产品价格体系，价格问题是制约假肢企业发展的重要因素之一。要逐步理顺假肢产品的价格，使企业取得合理利润，以扩大再生产，同时要注意，假肢产品不能追求高额利润。要经过几年努力逐步形成全国假肢生产体系和市场体系，实现“国家控制市场，市场引导企业”的要求。(6) 要加强假肢科研和人才培训。假肢科研是假肢技术进步的先导。要认真抓好《民政部假肢行业“七五”科技发展计划》和《“七五”期间假肢标准化工作方案》的落实。近期内应突出抓好具有现代化水平的普及假肢的科研，使科研成果及时转入生产，满足市场需要，要开门搞科研，积极开展协作，以多出成果、快出成果为目的。假肢科研成果也要商品化，要引进竞争机制，讲究经济效益，增强科研的活力，激发科研人员的积极性。

解决假肢行业后继乏人的问题，已迫在眉睫。应从以下 5 个方面入手抓好假肢人才的培养：一是争取把西德援助的假肢技校项目搞成功，建立一个稳定的具有较高水平的假肢专业学校；二是委托清华大学创办假肢专业，培养高层次的假肢技术人员；三是举办各类短期培训班；四是从大学毕业生和其他行业引进人才；五是选派一部分人员到国外进修、学习。

第十三章
婚姻改革与管理

婚姻是男女两性之间的一种社会关系，是人类社会发展到一定阶段的产物。一定的婚姻形态，是同社会发展的一定阶段相适应的。婚姻制度产生并服务于经济基础，并随着经济基础的变化而变化。

新中国成立后，中国共产党和人民政府在政治、经济和法律等各方面保护新婚姻制度的建立，反对封建婚姻制度的残余，使众多的有情男女结为伴侣，组成幸福美满的家庭。特别是在中共十一届三中全会以后，强化了婚姻管理，加强了法制建设，处理并解决了存在于婚姻领域的许多实际问题，从而巩固了中国的社会主义婚姻制度。

第一节　革命根据地的婚姻制度变革

中国封建社会的历史很长，封建主义的婚姻制度流毒广、影响深。男尊女卑、包办买卖、一夫多妻、结婚铺张浪费等社会现象十分普遍。在民主革命时期，中国共产党所建立的新民主主义社会里，婚姻制度已经开始进行了改革。这种改革是和整个妇女解放运动分不开的。

一、妇女解放运动冲破旧婚姻制度束缚

早在五四运动时期，中国的马克思主义先驱者们，在传播革命理论的同时，阐明了无产阶级关于妇女解放和婚姻制度改革的根本观点。后来，在他们的革命实践中，指导了当时妇女运动和广大人民反对封建礼教、封建主义婚姻制度的斗争。

1927 年，在中国共产党领导下，建立了革命根据地。当时根据地的民主政权，结合中心任务，实行了一系列解放妇女、改革婚姻家庭制度的重大措施。不论是苏区还是后来的抗日根据地，解放战争时的解放区，在中国共产党领导下都成立了各种革命的妇女组织。革命根据地的妇女，打碎了旧世界的枷锁，获得了真正的翻身解放，以前所未有的革命积极性，参加生产建设，支援革命战争，做出了重大贡献。例如，冀中地区，在抗日战争中曾为人民军队服务的妇女，达全体妇女总数的 80%。1940 年，在当时各抗日根据地的 7000 万妇女中，参加自卫队的有 138 万余人。她们同时也摆脱了封建婚姻制度的束缚。

中国民主革命时期的妇女解放运动，是中国共产党领导的以工农劳动妇女为主体的革命群众运动，在妇女界形成了广泛的反帝反封建的革命统一战线。在国民党统治区，在中国共产党的领导和影响下，也成立了不少革命和进步的妇女团体。这些组织是中国共产党和妇女群众联系的桥梁，它们在团结、教育广大妇女参加革命斗争方面起了很大作用。宋庆龄、何香凝等妇女界的卓越代表，积极地参加革命事业，对中国的妇女解放做出了重要贡献。

二、变革旧的婚姻制度

革命根据地创建以后，首要任务是发动农民进行土地革命，改变封建的生产关系，使农民获得土地。同时，为了使广大群众获得彻底解放，必须打碎封建的婚姻家庭制度。为此，1931 年 12 月 1 日，毛泽东主席亲自签署公布了《中华苏维埃共和国婚姻条例》。毛泽东在这个条例的决议中指出："在封建统治之下，男女婚姻，野蛮到无人性，女子受的压迫与痛苦比男子更甚。只有工农革命胜利，男女从经济上得到了第一步解放，男女婚姻关系才随着变更而得到自由。目前在苏区，男女婚姻，已取得自由的基础，应确定婚姻以自由为原则，而废除一切封建的包办、强迫与买卖的婚姻制度"。这个条例的公布，标志着中国婚姻制度根本改革的开端，为新的婚姻制度奠定了原则基础。

《中华苏维埃共和国婚姻条例》的第一章规定："确定男女婚姻，以自由为原则"，"实行一夫一妻，禁止一夫多妻。"在以下各章中，对结婚和离婚问题，对离婚后子女抚养和财产的处理问题，都十分鲜明地贯穿着婚姻自由，男女平等，保护妇女和子女合法权益的精神。

《中华苏维埃共和国婚姻条例》，第一次明确作出了婚姻登记的规定。"男女结婚，须同到乡苏维埃或城市苏维埃举行登记，领取结婚证。""男女离婚，须向乡苏维埃或城市苏维埃登记。"这是中国婚姻史上实行婚姻登记的开始，是区别新旧婚姻制度的显著标志之一。旧中国的历代王朝直到国民党政府统治时期，从不要求人民结婚向政府机关进行登记，而苏维埃要求登记。这反映了不同性质的政权和人民群众关系的不同。人民政府实施婚姻登记，是为了人民婚姻的美满，家庭幸福，民族健康，以利于革命建设和社会进步。

《中华苏维埃共和国婚姻条例》，全面、系统地体现了中国共产党一贯主张的妇女解放、改革婚姻制度的思想和政策。后来各抗日根据地和解放区民主政权，根据条例的基本原则制定了具体的婚姻法规。这些法规，对当时根据地和解放区的婚姻制度改革发挥了重大作用。在新中国成立前获得解放的土地上，封建主义的婚姻制度已开始崩溃瓦解，各种不合理的旧式婚姻家庭关系不断得到改善，自由平等、民主和睦的新婚姻关系不断涌现。例如，河北省建屏县南村，1937 年，全村包办、买卖婚姻占 95% 以上，其中早婚占 82%。新中国成立后通过减租减息，土地改革等运动和婚姻制度的改革，情况有了很大变化。到 1948 年，包办、买卖婚姻已下降到 22%，其中早婚占 19%，自主婚姻已达 78%。

革命根据地的婚姻制度改革，为全国新中国成立后婚姻制度的大变革积累了丰富的经验。

第二节　新中国成立后婚姻制度的改革和发展

中华人民共和国成立后，广大的妇女得到了解放。国家消灭了剥削阶级和剥削制度，从而也消灭了封建婚姻制度赖以存在的经济基础，建立起新型的婚姻制度，婚姻登记管理工作进入了一个新的历史阶段。

一、第一部《婚姻法》的公布与实施

（一）公布《中华人民共和国婚姻法》。旧中国遗留下来的封建主义婚姻制度，不仅是广大人民尤其是妇女的沉重锁链，而且是阻碍社会进步、束缚生产力发展的桎梏。如果不从根本上加以改革，势必严重影响新中国的革命和建设事业。例如，根据山西省 50 个县的不完全统计，自 1949 年 1 月至 10 月，由于封建主义婚姻制度的迫害，发生妇女死亡的人命案 464 起。其中，直接迫害致死的占 25%，因要求离婚不能实现而自杀的占 40%，因受家庭虐待而自杀的占 20%，因其他家庭纠纷而自杀的占 12%。彻底摧毁封建主义婚姻制度，建立新的婚姻制度，在人民掌握了政权以后，已成为十分必要的、紧迫的、而又完全可能实现的任务。

早在 1948 年冬，中共中央妇女运动委员会和法律委员会就开始进行了《婚姻法》草案的准备工作。1949 年 9 月，《中国人民政治协商会议共同纲领》宣布："中华人民共和国废除束缚妇女的封建婚姻制度，妇女在政治的、经济的、文化教育的、社会的生活各方面，均有与男子平等的权力。实行男女婚姻自由。""注意保护母亲婴儿和儿童的健康。"后来，中国先后颁布的几部宪法，都进一步肯定了这些原则。

1950 年 4 月 13 日，毛泽东主席亲自主持的中央人民政府第七次会议，一致通过了《中华人民共和国婚姻法》，并决定自同年 5 月 1 日起公布施行。这是中国共产党为改革婚姻制度而采取的一个重大立法步骤。正如当时的人民日报社论所说："从此旧中国所遗留的封建主义的婚姻制度将彻底被废除，而新民主主义婚姻制度将普遍实行于全国。这是一项伟大的社会改革工作，它在全国范围开展起来，必将获得广大人民，特别是妇女群众的热烈拥护，使中国人民的社会生活前进与提高一步。"

《婚姻法》是新中国成立初期一项极为重要的立法。它是同封建主义婚姻制度作斗争，建立新婚姻制度的有力武器。这部《婚姻法》规定的重要原则是："废除包办强迫、男尊女卑、漠视子女利益的封建主义婚姻制度，实行男女婚姻自由、一夫一妻、男女平等、保护妇女和子女合法权益的新民主主义婚姻制度。"《婚姻法》对结婚、离婚和恢复结婚登记作了比较完整的规定：第一，结婚男女双方，应亲到所在地（区、乡）人民政府登记。凡合乎《婚姻法》规定的结婚，所在地人民政府应即发给结婚证；凡不符合《婚姻法》规定的结婚，不予登记。第二，男女双方自愿离婚的，双方应向区人民政府登记，领取离婚证。区人民政府查明确系双方自愿并对子女和财产问题确有适当处理时，应即发给离婚证。男女一方坚决要求离婚的，得由区人民政府进行调解，如调解无效时，应即转报县或市人民法院处理。第三，离婚后，如男女双方自愿恢复夫妻关系，应向区人民政府进行恢复结婚登记，区人民政府应予登记，并发给恢复结婚证。

（二）《婚姻法》的贯彻实施。《婚姻法》的贯彻执行经历了尖锐复杂的斗争。在《婚姻法》公布后的一段时间里，新解放区的土地改革和其他社会改革尚未完成，残余的封建势力还在进行垂死挣扎，在婚姻问题上的封建思想还在束缚着人们的头脑。部分地区包办买卖婚姻，干涉婚姻自由以及歧视、虐待妇女等现象还相当严重。妇女因婚姻家庭问题而自杀或被杀的事件不断发生。1950 年 9 月以前的一年多时间里，妇女因上述问题而致死的，中南区有 1 万余人，山东省有 1200 多人。这表明，在贯彻执行《婚姻法》工作中，阻力还相当大，必须采取有效措施，为中国新的婚姻制度的建立与发展扫清道路。

1. 开展贯彻《婚姻法》的活动。

中共中央非常关心《婚姻法》的贯彻执行。早在 1950 年 4 月 30 日，在《婚姻法》公布施行的前夕，就发出了《关于保证执行婚姻法给全党的通知》，要求"全党同志应认真研究婚姻法，保证予以正确执行"，并且要求"直接在人民政府婚姻登记机关和司法机关中工作的共产党员以及在妇女团体和青年团体中工作的共产党员，更应在宣传和执行《婚姻法》工作中起积极作用。”在1951年和1952年内，政务院和最高人民法院及内务部、司法部等有关部门，曾多次发出检查婚姻法执行情况和贯彻婚姻法的指示，正确指导了改革婚姻制度的斗争。

1952年年底到1953年年初，农村土地改革和厂矿企业的民主改革在全国绝大多数地方已经完成，中共中央和政务院于1952年11月26日和1953年2月1日，分别发出了关于贯彻《婚姻法》的指示，确定以1953年3月为贯彻婚姻法运动月，在全国范围内（除少数民族和土地改革尚未完成地区外）开展一个大规模的宣传《婚姻法》和检查《婚姻法》执行情况的群众运动。1953年2月18日，中共中央再一次发出《关于贯彻婚姻法运动月工作的补充指示》。这三个重要文件，对贯彻《婚姻法》运动的任务、方针、方法和各种具体政策界限，都作了明确规定，保证了运动的健康发展。

开展贯彻《婚姻法》运动，是意识形态领域中的一场严重斗争。中共中央在补充指示中说，婚姻和家庭的问题是牵涉到每个家庭每个人的问题，在这方面的封建思想和封建习惯，是几千年来根深蒂固地存在于人们思想意识之中的一种东西。这是绝不能在短期内采用粗暴的办法去加以“消灭”的。而必须是在很长时间内不断地进行宣传教育工作，才能逐步地加以清除。这次贯彻《婚姻法》运动月的目的，就是要普遍地进行宣传教育工作。在婚姻问题上系统地批驳旧思想、旧制度和旧习惯，并且树立新思想、新制度和新风气的阵地，使干部和人民群众在新旧婚姻制度问题上划清思想界限。

在中共中央和地方各级党委的领导下，全国各地都成立了县以上各级贯彻《婚姻法》运动委员会。在开展运动前和运动中，进行了几千个典型试验，训练了几百万干部和大批宣传员及积极分子，印发了几千万份宣传品。通过多种形式，全国70%左右地区的街道、农村、工厂、机关和学校，普遍进行了《婚姻法》的宣传工作，基本上做到了家喻户晓，深入人心。在运动中，表扬了执行《婚姻法》的模范事迹和人物，揭发批判了违反《婚姻法》的思想和行为。与此同时，还检查了县以上各级法院、民政部门以及基层干部执行《婚姻法》的情况，并且按照中共中央规定的政策界限，正确地处理了许多婚姻家庭的民事纠纷和刑事案件，有不少地方和家庭订立了保证执行《婚姻法》的公约和民主和睦、团结生产的家庭公约。

1953年的贯彻《婚姻法》运动，取得巨大成绩。它有力地批判了婚姻家庭问题上的封建思想和封建习惯，促进了自主婚姻的增加、民主和睦家庭的涌现，新思想、新道德的成长。据11个大城市1954年上半年统计，符合于《婚姻法》规定条件，准予登记结婚的占申请登记的97.6%，因包办强迫等原因未准登记的仅占2.4%。同时，随着《婚姻法》的深入人心，男女婚姻当事人掌握了自己的命运，许多不满意包办强迫的婚姻的人，纷纷向人民法院或婚姻登记机关提出了离婚申诉。据统计，1955年，全国批准离婚的达70.3972万对，占同年批准结婚登记总数的27%，是新中国成立以来最多的一年。这表明，经过新中国成立后的婚姻制度改革，两千多年的封建主义婚姻制度已从根本上被摧毁，新的婚姻制度已胜利地建立起来。

中国几千年男女不平等的社会根源，是生产资料的私有制和剥削阶级的压迫。作为上层建筑组成部分的婚姻家庭制度，归根结底是由社会的经济基础决定的。因而，生产资料所有制的社会主义改造的基本完成，对新的婚姻制度的巩固和妇女解放具有重大意义。1956年后，广大妇女在生产建设中发挥了越来越大的作用。据1957年统计，全国工业和其他建设部门的女职工已有3286万多人，比1949年增加了5倍以上。各地农村妇女参加生产的人数，约占当地妇女总数的60%—80%。丈夫和妻子，家长和家庭其他成员都参加劳动，成为平等成员，改变了过去那种妻子对丈夫、子女对家长的经济依赖关系，从而进一步破除了封建主义的夫权和家长制残余。

广大妇女参加生产以后，有了自己的劳动收入，并且较前为多地参加了社会活动，她们的精神面貌也发生了变化。这些经济的和思想的因素，促进了男女平等的实现，推动了新型婚姻家庭关系的发展。在广大人民群众的家庭生活中，夫妻、父母子女、兄弟姐妹、婆媳妯娌之间，出现了一派平等相待、和睦团结、互相帮助、共同进步的景象。许许多多的“五好家庭”在广大城乡不断涌现。与此同时，中国人民的婚姻家庭生活中也出现许多新人、新事、新风尚：结婚不要彩礼，婚礼不讲排场，为学习、建设而晚婚，男方到女家落户等等。

2. 积极开展婚姻登记工作。

婚姻登记是贯彻执行《婚姻法》的一项重要工作。新中国成立初期，由于当时土地改革尚未完成，婚姻登记只能在老解放区和新解放区的城市中实施，直到1953年开展贯彻《婚姻法》运动月之后，才在全国范围普遍实行。

为了推动婚姻登记全面展开，切实做好登记工作，1955年6月1日，经国务院批准，内务部根据《婚姻法》规定的基本原则，制定发布了《婚姻登记办法》。这个办法，对婚姻登记的目的，婚姻登记机关的设置、申请、审查和登记的具体程序，以及要求婚姻当事人和婚姻登记工作人员应注意的事项等，都作了明确的规定。如对申请结婚登记的，婚姻登记工作人员在审查时要掌握：(1) 男女双方是否达到法定的结婚年龄。(2) 是否是自主自愿的。(3) 有无配偶。(4) 是否是直系血亲或三代以内的旁系血亲。(5) 有无未治愈的性病、麻疯病，及其他医学上认为不应结婚的疾病。在审定婚姻当事人确系达到法定婚龄，自主结婚，亦无重婚、直系血亲和不宜结婚的疾病后，即可批准结婚登记，发给结婚证。

婚姻登记的实施，保证了《婚姻法》基本原则的实现。据统计，1955年，全国准予结婚登记的有252.4909万对，准予恢复结婚登记的为2.7677万对，两者共占申请结婚登记总数的95%，未准登记的12.8085万对，占5%（其中：包办强迫的2.3529万对，不够法定婚龄的7.0186万对，其他3.437万对）。经婚姻登记机关审查准予自愿离婚的有31.2667万对，经法院判处离婚的有39.1309万对，两者共为70.3976万对，占同年准予结婚登记总数的27%，是新中国成立后离婚最多的一年。

为推动婚姻登记工作的开展，注意了政策协调。开始实行婚姻登记办法时，有些地方特别是农村，因为不习惯而不进行结婚登记就同居的现象相当严重。由于不办理婚姻登记就同居是违法行为，婚姻当事人也不去申报户口，这就影响了户口管理的准确程度。为了解决这一问题，1958年3月，内务部与公安部发出《为纠正婚姻登记未达婚龄私自同居等问题的联合通知》，要求各地加强宣传婚姻法，增强群众的法制观念，使其自觉地遵守《婚姻法》的规定。同时确定，因结婚、离婚和恢复结婚引起的户口变动，婚姻当事人必须在十天之内，由户主或本人持结婚证或离婚证向当地户口登记机关申报办理户口登记。

随着《婚姻法》贯彻的步步深入，进行婚姻登记逐渐被群众所接受，并成为一种新的习惯。在整个50年代，每年准予登记结婚的均在200万对以上，而申请离婚登记的，因为《婚姻法》基本原则得到贯彻，自主婚姻增多，离婚者逐年减少。如1957年，经法院和婚姻登记机关准予离婚的为47.7296万对，占同年结婚登记总数的20%，比1955年下降了7%。到70年代末和80年代初，中国的离婚率进一步下降，一般只占同年结婚总数的2%或3%。但是，随着中国人口的增长，结婚的人数逐年增多。60年代，全国每年准予登记结婚的有400多万对，70年代达到600多万对，进入80年代后，每年结婚的已达800多万对。

“文化大革命”期间，婚姻登记工作遭到破坏，主管这项工作的内务部撤销了，省以下各级民政部门也被撤并或削弱，婚姻登记工作几乎处于无人过问的状态。在这种情况下，不进行结婚登记就以夫妻关系同居的现象比较普遍。1973年7月17日，国务院发布《关于取消结婚证收费的通知》后，婚姻登记工作进一步削弱。

1978年民政部恢复重建后，随着各地民政部门的恢复与加强，婚姻登记工作重新走上正轨。同年，经国务院批准，民政部和财政部发出恢复结

（离）婚证收费的联合通知，要求各地以省、市、自治区为单位统一印制结（离）婚证，并按成本收取费用。自此以后，各级民政部门加强了对婚姻登记工作的领导，并针对当地存在的问题采取措施加以解决。

二、第二部《婚姻法》的发布与实施

第一部《婚姻法》发布实施了30年，中国的婚姻家庭状况发生了很大变化。在婚姻关系中，自主婚姻已经占据很大比重，并出现了婚事新办等许多新风尚。但是，婚姻制度的改革并不是一帆风顺的，特别是经过“文化大革命”，社会上的婚姻习俗和家庭关系都出现了不少的新问题、新情况。

当时一方面问题是，“文化大革命”期间，婚姻领域和其他方面一样遭到了破坏。《婚姻法》得不到贯彻，封建主义的婚姻制度沉渣泛起，在婚姻领域中新旧思想的斗争突出起来：包办、买卖婚姻、变相买卖婚姻又重新抬头；借婚姻关系索取财物，铺张浪费办婚事等现象不断发生；歧视妇女、不赡养老人、不抚养子女的情况也时有发生。另一方面的问题是，由于长期对人口采取了无限制的政策，生育率高、人口过多，以致成为经济社会发展的沉重负担。这个问题“文化大革命”没有解决，“文化大革命”中被搞得更加混乱。粉碎江青反革命集团后，国家为了解决这个问题采取的办法之一是“提倡晚婚”。许多地方将结婚年龄提高到23岁、25岁，也有的提高到27岁、28岁。由于结婚年龄的提高，社会上随之出现了三个问题：（1）青年男女和家长以及社会舆论不满意。（2）不依照婚姻法的规定办理结婚登记，就自行同居的事实婚姻大量出现。（3）为取得合法婚姻的关系，在办理婚姻登记中出现拉关系、走后门的不正之风。婚姻领域出现的这些新情况，说明1950年发布的《婚姻法》已不适应情况的发展。为了进一步摆脱封建主义残余和资产阶级思想的影响，改善和巩固社会主义的婚姻家庭关系，制订新的《婚姻法》，加强法制建设已成为一项迫切任务。

（一）发布新的《婚姻法》。1980 年 9 月 10 日，第五届全国人民代表大会第三次会议，讨论通过了新的《中华人民共和国婚姻法》，并决定从 1981 年 1 月 1 日起正式施行。新《婚姻法》是 1950 年《婚姻法》的继续和发展，是新中国成立三十年来在婚姻家庭方面的经验总结。发布实施新的《婚姻法》，适应了形势发展和四个现代化建设的需要。新中国成立之初，封建主义的婚姻制度占据统治地位，所以 1950 年《婚姻法》以反对封建主义为任务，以建立新民主主义婚姻制度为目标。经过 30 年的斗争，虽然封建主义的残余和影响还存在，但作为一种婚姻制度，早已被废除。《婚姻法》的任务，相应地由建立新民主主义婚姻制度，过渡到建立、巩固和发展社会主义婚姻制度。它的主要任务是：在反对封建主义的同时，反对资产阶级思想的侵蚀，作为全国人民正确处理婚姻家庭关系的基本准则。

新《婚姻法》同 1950 年《婚姻法》相比，删去了一些与新情况不相适应的条款，增加了不少新的内容和规定。主要有：第一，突出了社会主义原则。新《婚姻法》从中国的实际情况出发，把新中国成立以来婚姻制度变革的成果，用国家法律的形式肯定下来。例如，总则部分，除保留了 1950 年《婚姻法》规定的婚姻自由、一夫一妻、男女平等、保护妇女和子女合法权益等原则外，增加了保护老人合法权益、计划生育等重要规定，使新《婚姻法》更加符合社会主义制度的现实需要。结婚部分，把法定结婚年龄由男 20 岁、女 18 岁提高到男 22 周岁、女 20 周岁，既照顾到青年的生理特点，又有利于实现四化建设，把广大青年的利益和社会整体利益统一起来。第二，明确了法律界限。在这方面，新《婚姻法》有很大发展。例如，关于结婚，1950 年《婚姻法》没有规定举行仪式是结婚的必经程序。但是，在实践中不少人认为，领了结婚证并不算结婚，只有在举行仪式后才算结婚。针对这种情况，新《婚姻法》明确规定，“取得结婚证，即确立夫妻关系。”关于离婚，1950 年《婚姻法》没有明确规定准予离婚和不准离婚的法律界限。新《婚姻法》把“感情确已破裂”明确规定为判决离婚的标准，以利于正确、及时地处理离婚案件。第三，加强了人们的法律责任。新《婚姻法》对婚姻家庭关系中的一些责任，用法律形式固定下来。例如，夫妻关系中，规定了“夫妻双方都有实行计划生育的义务”。在父母子女关系中，规定了“子女不履行赡养义务时，无劳动能力的或生活困难的父母，有要求子女付给赡养费的权利”。特别是明文规定了父母对未成年子女的责任：“父母有管教和保护未成年子女的权利和义务。在未成年子女对国家、集体或他人造成损害时，父母有赔偿经济损失的义务。”

（二）新《婚姻法》的贯彻实施。

1. 开展新《婚姻法》的宣传活动。为了贯彻落实新《婚姻法》，国务院于 1980 年 12 月 10 日发出《关于认真贯彻执行新婚姻法》的通知，要求各地人民政府和有关方面配合，统筹安排，在新《婚姻法》实施前后，集中一段时间广泛深入地开展一次宣传活动。同时，要求各地严格依法办事，各级政府的干部要模范地执行《婚姻法》。凡在婚龄、婚姻登记办法等方面，地方自行作出的暂行规定，从新《婚姻法》实施之日起，一律无效。

1981 年元旦、春节期间，根据国务院的部署，全国城乡普遍开展了一次新《婚姻法》的宣传活动，并收到很好效果。表现在：(1) 广大人民群众增强了法制观念，自觉地依照《婚姻法》办事。(2) 封建主义思想残余进一步被削弱，社会主义道德风尚不断发扬。(3) 冲击了旧习俗，巩固和发展了“五好家庭”。(4) 处理了大量积压的婚姻案件，维护了妇女的合法权益。

1990 年 4 月中旬，民政部、中宣部等十部委联合发出了《关于开展〈婚姻法〉宣传活动的通知》，并召开了两部《婚姻法》颁布 40 周年与 10 周年纪念大会，要求抓住第一部《婚姻法》颁布 40 周年和第二部《婚姻法》颁布 10 周年机会，积极开展《婚姻法》宣传活动。为配合搞好宣传活动，民政部、中宣部还联合印发了《婚姻法宣传提纲》。各地根据民政部、中宣部等十部委通知精神，迅速掀起了宣传活动的热潮。这次宣传活动的特点：（1）领导重视。各省、自治区、直辖市、计划单列市主管领导大都出席了当地召开的两部《婚姻法》颁布40周年和10周年纪念大会、座谈会、新闻发布会和电话会议，并发表讲话进行动员，要求各级党委和政府必须认真搞好这次《婚姻法》宣传活动，有针对性地解决一些实际问题。各地都作了具体安排，有些省市还成立临时领导机构，负责组织、协调这次宣传活动。（2）宣传形式多样。各地注意利用广播、电视、电影、报刊、征文、咨询等形式，配合《婚姻法》的宣传，有些城市还组织大型集体婚礼，扩大宣传效果。（3）重点突出。各地都针对本地区的突出问题，有目的、有重点地加强宣传。都把重点放在基层和广大农村，提出具体要求，并组织力量加以落实。（4）讲求实效。各地注意联系当地实际问题，开展《婚姻法》的宣传活动。把宣传过程变成一个发现问题、解决问题，加强婚姻管理的过程。有些地方在开展婚姻法宣传活动中，建立健全了婚姻管理机构，充实了婚姻管理人员，缓解了当时婚姻管理人力与任务不适应的矛盾。

2. 制定婚姻领域的法规政策。1980年9月，新的《婚姻法》发布后，民政部于9月18日发出《关于加强学习〈婚姻法〉的通知》。各地民政部门根据通知要求，组织婚姻登记工作人员认真学习婚姻法，总结改进了工作。同年11月11日，经国务院批准，民政部发布了根据新《婚姻法》而修改的《婚姻登记办法》。这个办法，除保留了1955年办法中的绝大部分条款外，增改了两点：一是申请结婚登记时，婚姻当事人需持有所在单位的证明文件；二是对婚姻登记机关作了弹性规定，“距离婚姻登记机关道路较远、交通不便的地方，县（旗）人民政府可以委托就近的基层单位办理婚姻登记工作”。

新《婚姻法》发布实施的第一年，结婚登记的人数猛然增加。1981年，全国批准结婚登记的为1037.0592万对，比实施新《婚姻法》前的1980年增长30%。结婚登记增多的原因：（1）过去由于地方规定的晚婚年龄过高未准登记，新《婚姻法》实施后，已达法定年龄，获准登记。(2) 有些人怕政策多变，担心地方再搞“土政策”，提高婚龄，而尽早结婚。(3) 一些地方作出的不合理规定，促使结婚增加，如买家具、分配住房等要结婚证。(4) 随着农村经济政策的改变，农民收入增加、生活改善，过去不能成亲的现在也办起了喜事。为了适应新形势发展的需要，民政部经国务院批准于1986年3月又重新修正发布了《婚姻登记办法》。这个办法比过去增加的内容是：(1) 明确婚姻登记机关的执法地位。婚姻登记是一项法律管理，依法办事，不受婚姻当事人所在单位或地方基层组织所左右；对违法婚姻，有权撤销其婚姻关系。(2) 规定了建立健全婚姻管理档案制度，对婚姻当事人及有关部门可出具婚姻关系证明。(3) 确定婚姻登记员是专职工作人员，需经业务培训、考试合格的方能任用。

从1980年第二部《婚姻法》发布后，民政等有关部门先后制定发布了《婚姻登记办法》《中国公民同外国人办理婚姻登记的几项规定》《关于解决被干涉婚姻自由的当事人户口、粮食关系问题的联合通知》《保护妇女儿童合法权益的若干规定》等十几个婚姻法规。许多地方还结合本地区的实际情况，制定了具体的实施细则和办法。上述法规的实施，对维护公民在婚姻家庭关系上的合法权益，巩固社会主义的婚姻制度，发挥了重要作用。

3. 加强婚姻管理。随着《婚姻法》的深入贯彻实施，婚姻管理工作逐步得到了加强。(1) 逐步建立健全婚姻管理组织体系。新中国婚姻管理的组织体系，是按照行政区划政权组织的设置，统一领导、分级管理的。民政部负责管理全国的婚姻工作，各省、自治区、直辖市民政厅、局和地、市、县民政局，负责管理本地区的婚姻工作。各地婚姻登记机关，虽然由于政权组织的设置有过变动，但一直设在基层。新中国成立初期，鉴于部分地区还设有区级政府的情况，同时为慎重处理离婚问题，当时的婚姻登记办法规定，结婚登记机关为乡和镇人民政府，离婚登记机关为区人民政府。自城市建立街道办事处后，结婚和离婚登记均由乡（镇）街道办事处办理。在没有设立街道办事处的市，由区人民政府或市人民政府办理。为了提高婚姻登记工作的质量，民政部于1984年规定，乡（镇）、街道办事处的婚姻登记员要经过培训，进行考核。对考核合格的发给婚姻登记员证书，准予办理婚姻登记工作。凡未取得婚姻登记员证书的，不得承办婚姻登记工作。1986年，经国务院批准、民政部发布的《婚姻登记办法》又明确规定："婚姻登记机关的登记员，应由经县级以上民政部门进行培训、考核合格并取得婚姻登记员证书的人员担任。"1986年还制定了婚姻登记员执法标志。在履行公务时，婚姻登记员必须佩戴胸章或出示台证。民政部门对婚姻的管理，在长时期内只负责婚姻登记及婚姻领域有关问题的处理。1988年机构改革中，民政部门担负了整个婚姻管理工作。民政部门不仅主管《婚姻法》的贯彻执行、婚姻管理政策制定，负责国内，涉外，涉港、澳、台、华侨和中国留学生的婚姻登记与管理工作，而且还担负着治理违法婚姻、婚俗改革和妇女儿童权益保护等工作。为适应这项工作的需要，民政部成立了专门的婚姻管理机构，地方上各级婚姻管理机构相应地建立和得到加强。基层的婚姻管理队伍也逐步充实。婚姻登记员都先后接受了县以上民政部门的培训、考核，取得了执法的合格证书。全国范围内，基本上形成了一支政治业务素质较好的婚姻管理队伍。

（2）积极协作，搞好综合治理。婚姻管理工作涉及面较宽，政策性、法制性较强，有些问题必须各有关部门通力合作，齐抓共管，搞好综合治理。民政部及各地民政部门除了充分发挥本身的职能作用外，积极与各有关部门通力协作，解决婚姻领域发生的问题。1971年，国家强调计划生育工作后，各地为控制人口的增长，自行规定了晚婚年龄。还有些地方，为了实现晚育指标，在进行结婚登记时，收取计划生育押金，由婚姻当事人出五六十元或一二百元。在这种情况下，不少男女青年怕批不准结婚登记，就自行同居，造成未婚先孕的人数大量增加。为解决这一问题，民政部于1980年9月发出《关于办理结婚登记不应收取押金的通知》。要求各地婚姻登记机关，只审查婚姻当事人是否符合婚姻法规定的结婚条件，不准收取计划生育押金。对于已经收取的，要及早退给本人。一些地方特别是农村和偏远山区，因受传统的、封建的婚姻陋习的影响，早婚早育、包办买卖婚姻及婚事大操大办、铺张浪费之风还相当严重。为了解决这些问题，1982 年 2 月，民政部、国家计划生育委员会、全国妇联和共青团中央联合召开了“全国破除婚姻陋习经验交流会议”。这次会议在既定分工、各司其职的基础上，统一了步调，统一了政策，对破除婚姻陋习实行齐抓共管、综合治理。1984 年和 1987 年，民政部又会同国家计划生育委员会、司法部、全国妇联和共青团中央等单位，先后两次发出关于禁止早婚的通知。要求各地和各有关部门采取有力措施，坚决刹住早婚、早育现象。根据通知的规定，各地在大力进行宣传教育的同时，普遍对早婚问题进行了一次清理，并分别情况作了处理。1988 年年初，这几个部门又联合召开了“全国破除婚姻陋习、促进社会主义精神文明建设经验交流会”，交流了清理违法婚姻、推动婚俗改革、开展婚前教育、促进优生、少生等方面的经验，并制定了检验工作的标准。由于父母干涉子女婚姻自由，或子女干涉父母再婚而卡住婚姻当事人的户口、粮食关系的问题屡有发生，影响了婚姻当事人的正常生活。民政部与公安部、司法部、商业部和全国妇联等单位于 1987 年 7 月发出《关于解决被干涉婚姻自由的当事人户口、粮食关系问题的联合通知》，规定凡已进行结婚登记的，准予分户和迁移户口，并办理粮食分立、转移手续，使破除婚姻陋习的综合治理工作做得更加完善。

在这期间，各级民政部门在当地党政统一领导和有关部门的配合下，对不登记就以夫妻关系同居、早婚、重婚、近亲结婚等违法婚姻进行了进一步的认真清理。仅山东、河南、江苏、云南、甘肃 5 个省就清理出各类违法婚姻约 160 多万对，并根据不同情况作了妥善处理。不少地方采取教育的、行政的、经济的、法律的手段进行综合治理，摸索出了综合治理违法婚姻的有效办法，为形成一个社会整体防范机制提供了经验。

（3）依靠群众自治组织，搞好婚姻管理。中共十二届六中全会《关于社会主义精神文明建设指导方针的决议》指出："在广大城乡积极开展移风易俗的活动，提倡文明健康科学的生活方式，克服社会风俗习惯中还存在的愚昧落后的东西。婚嫁丧葬中的陋习要改革，封建迷信要破除。"在贯彻这个决议中，有些地方的群众自己建立了"红白事理事会""移风易俗理事会""婚俗改革协会"等一类群众组织。这类组织，领导成员由群众民主选举产生，活动章程由群众民主讨论制定；贯彻自我教育、自我管理、自我服务的宗旨，深受群众欢迎。经过民政、宣传、计划生育、妇联等有关部门的支持和推广，已向全国广大城乡铺开。凡是已建立这类群众自治组织的地方，婚事新办已经成为新的社会风尚。河北省农村是建立"红白事理事会"最早也是最普及的省。该省的"红白事理事会"1987年为群众操办婚事13.8万起，节约开支达7100多万元。

全国已有60多万个"红白事理事会"等一类群众组织活跃在城乡基层。这些组织，通过群众自我教育、自我管理和自我服务，对于引导人们在婚姻问题上遵纪守法，破除愚昧落后、大操大办的旧婚俗，提倡喜事新办、文明节俭的新风尚发挥了积极作用。另外，有一些大中城市，婚姻管理机关积极开展婚前教育、婚礼服务等活动，受到群众欢迎，都有力地促进了婚姻管理工作的开展。

第三节 涉外和华侨、港、澳、台同胞婚姻管理工作

一、涉外婚姻管理

涉外婚姻即中外通婚，是指中国公民同临时来华的外国人、外籍华人和定居中国的外国侨民之间结婚、离婚和恢复结婚。中外通婚，关系到中国公民的权益和国家声誉，因此要加强管理。特别是中外通婚涉及许多国家的公民，情况比较复杂，因而需要统一领导、统一政策，同时也要讲区别对待。对外国人一方同中国人一方在正当交往中产生爱情而自愿结婚的，采取欢迎态度，待之以礼，讲究友好。对外国人一方别有用心，采取不正当手段，甚至违反中国法律，损害中国公民权益的，则予以抵制，有

的还要根据法律提起诉讼。

中国历史上，一般不禁止中国人同外国人结婚。到了近代，随着国际交往的扩大，中外通婚，屡见不鲜。但是，新中国成立以来，涉外婚姻经历了一段曲折的历程。从中华人民共和国成立初期到20世纪70年代，以美国为首的资本主义国家，长期敌视和封锁中国，不同中国交往，中国内地公民与这些国家基本上没有婚姻关系。从60年代起，苏联片面撕毁同中国的协定，使苏联和一些社会主义国家同中国的交往缩小，中国公民与这些国家的公民也很少发生婚姻关系。“文化大革命”期间，中国中断了同许多国家的交往，中外通婚者更是为数甚少。中共十一届三中全会以后，随着改革开放政策的实施，中国各项事业取得前所未有的巨大成就，国际地位提高，与各国的交往日益扩大。在这种新的形势下，中外通婚的数量逐步增多。据统计，1979年，中国公民与外国人（包括外籍华人）结婚的，全国有327对，而到1988年已达2366对，增长了6倍多。从结婚的外国人的国籍看，涉及亚、美、欧、非几大洲的几十个国家。其中，以日本、美国为数最多。

为了处理好日益增多的中外通婚问题，经国务院批准，民政部于1983年8月发布了《中国公民同外国人办理婚姻登记的几项规定》。这个规定的基本精神是，凡中国公民与外国人在中国境内结婚，必须以《中华人民共和国婚姻法》为准则，即完全按照中国的法律办事。同时，鉴于中外通婚不同于国内公民间结婚的情况，在婚姻登记机关、登记程序和结婚限制等方面作出了新的规定：第一，中外婚姻当事人申请结婚登记，必须到所在省、自治区、直辖市人民政府指定的婚姻登记机关。第二，中国的现役军人、外交人员、公安人员、机要人员和其他掌握重大机密的人员，以及正在接受劳动教养和服刑的人，不得和外国人结婚。第三，婚姻当事人到婚姻登记机关提出结婚申请时，必须持有必备的证明文件（包括本人身份、婚姻状况和身体健康检查等），并在提出申请一个月后办理登记手续。第四，中国公民与外国人之间的离婚问题一律由中国人民法院办理。这一文件下达后，京津沪三大城市均在民政局内设立了“涉外婚姻登记处”。其他省和自治区，分别在省（自治区）会所在地和其所辖的大中城市设立了涉外婚姻专管机构。由于法制比较健全，管理机构设置合理，涉外婚姻工作取得满意的成果。

二、华侨、港、澳、台同胞的婚姻管理

中国有华侨2000多万，遍布世界各地。港澳台同胞中大多数也心向祖国。他们是国内（内地）同胞的骨肉兄弟，在婚姻问题上应同国内（内地）公民一样享有《宪法》和《婚姻法》赋予的权利。中共十一届三中全会以后，随着改革、开放的发展，广大侨胞和港澳台同胞与祖国的联系日益密切。他们中的不少人，愿意寻找具有勤劳朴素美德的国内（内地）妇女作自己的终身伴侣。特别是有侨乡之称的广东、福建两省，华侨与国内公民结婚的为数最多，占这类婚姻的90%以上。据统计，1979年，华侨和港澳台同胞同国内（内地）公民结婚的有8178对，到1988年上升为1.7696万对，增长一倍多。

对于华侨和港澳台同胞与国内（内地）公民间的婚姻问题，早在新中国成立初期，有关部门就曾作过规定。1956年4月26日，内务部、外交部和华侨事务委员会发出《关于华侨眷属出国要求发给结婚证和华侨亲属证明书的通知》，对新中国成立前后结婚的华侨眷属，均应给予结婚证。各地贯彻执行了通知规定，使得广大华侨眷属得以出国和亲人团聚。

中共十一届三中全会以后，为做好华侨、港澳台同胞与国内（内地）公民间的婚姻工作，民政部于1983年3月10日发布了《关于华侨同国内公民、港澳同胞同内地公民之间办理婚姻登记的几项规定》。其主要内容是：第一，华侨和港澳同胞同国内（内地）公民结婚，必须遵守和依照《婚姻法》规定的原则和条款。第二，办理华侨和港澳同胞与国内（内地）公民婚姻登记的机关是县级民政部门。第三，婚姻当事人在申请结婚登记时，必须持有规定的必备证件（包括本人身份、婚姻状况和身体健康

检查等）。这些规定的贯彻实施，进一步促进了华侨、港澳台同胞与国内（内地）的联系和团结。

第四节　婚姻管理工作的基本做法和经验

新中国成立后 40 年，民政部门在婚姻管理工作方面做了大量工作，积累了一些好的做法和经验，概括起来主要有以下几方面：

第一，积极发挥职能部门的作用，主动争取党政领导的重视和支持，是做好婚姻管理工作的重要前提。一些地方民政部门都有这样体会，要取得党政领导的重视，就必须首先发挥职能部门的作用。正是由于许多民政部门的积极努力，把婚姻管理工作同中国共产党的中心任务紧密联系起来，自觉地服从于、服务于中心任务，才有效地争取领导的重视，摆上了当地政府的议事日程。如在清理违法婚姻中，河南省政府曾两次下文部署这项工作。有些地、市、县主要领导亲自挂帅，普遍做到在政府的统一协调下，由民政部门牵头组成领导小组，采取联合行动清查违法婚姻，使这项工作收到很好的效果。山西省民政厅领导重视婚姻管理工作，积极向政府汇报，积极争取政府领导支持，在省一级首先成立了婚姻管理机构，使这项工作的开展有了组织保证。湖北省民政厅不仅是主管厅长，而且是一把手，把清理违法婚姻工作放在心上，抓在手上。为切实加强婚姻管理工作，厅领导亲自向政府汇报反映情况，取得政府领导的支持，使湖北省初步建立起婚姻管理体制。全省 1962 个乡、镇、街道办事处，有 1313 个成立了婚姻管理所，配备专职婚姻登记员 2227 人，婚姻管理工作出现了前所未有的好形势。

第二，健全法制及各项工作制度，积极开展法制宣传，是做好婚姻管理工作的基本手段。为贯彻先后两部《婚姻法》，民政部先后制定了《婚姻登记办法》等许多法规政策，各省、自治区、直辖市围绕法规政策制定了一些实施细则及规定，基本保证了婚姻管理工作有法可依。河北省不少地方为治理违法婚姻，结合实际制定了一些切实可行的地方法规；西安市在区县制定了违法婚姻处罚暂行规定，从而遏制了违法婚姻的蔓延之风。各地还普遍制定了婚姻登记管理工作制度，对执法人员的思想、道德、行为规范提出要求。如山西省运城地区的“五年婚龄早知道”，就是在基层婚姻登记机关中建立的一种婚姻预测制度。这些制度的不断建立健全，有效地保证了婚姻登记质量的提高。各地都十分重视《婚姻法》的宣传教育，把它作为清理违法婚姻的必要舆论准备和思想准备，是做好婚姻管理的重要手段。有的地方利用电视、广播、板报、图书等文化阵地，有的举办宣讲、咨询、知识竞赛等，利用多种形式、多种渠道开展法制宣传教育，在群众中奠定了必要的思想基础。尤其在清理违法婚姻过程中，做到宣传先行，教育为主，使清查违法婚姻变成对群众进行婚姻法教育的有效形式。有些省市还注意把集中宣传与经常性宣传结合起来，做到《婚姻法》的宣传活动制度化、经常化。正由于婚姻法宣传教育形式多样，为群众喜闻乐见，又广泛深入，使广大干部群众了解了《婚姻法》的基本精神，懂得了结婚必须办理登记和自觉运用法律武器保护自己合法权益等法律知识、道理，增强了婚姻法制观念。

第三，加强婚姻管理队伍建设，充分发挥社会各方面的作用，是做好婚姻管理工作的重要保证。婚姻管理是一项政策性、法制性很强的行政管理工作，婚姻管理机关是执法的行政机关，必须有健全的机构和素质较高的队伍。各地在这方面采取了很多积极措施。积极向政府领导反映，同时采取多种办法调剂解决。如山西、湖北、上海、天津、武汉、哈尔滨等省、市争取政府领导重视先后建立了婚姻管理机构；山东省积极抓好基层婚姻登记室及队伍建设，开展评比达标活动，婚姻管理工作出现了新面貌。各地注意认真抓好队伍培训，坚持经县以上民政部门培训、考核合格后上岗，提高了登记员的素质，保证了登记工作质量。各地还在工作中积极探索改革婚姻管理体制，在城市实行了集中登记，如西安市莲湖区、长春市、武汉市、济南市、烟台市等市区在这方面都摸索了很多经验。这一改革不仅有利于人员稳定，政策统一，方便群众，而且有利于提高工作质量、加强婚姻管理。

婚姻问题是一个十分复杂的社会问题，涉及工作面较宽，做好这项工作必须发挥各方面的作用。各地在这方面都摸索了一些经验。如长春市在所属的农业人口中，探索了一套“五连环”的违法婚姻制约办法，把办理结婚登记与查处违法婚姻相结合，对不办理登记手续以夫妻名义同居的当事人，民政、公安、土地、计生等有关部门都采取一些处罚措施，形成了一套与农民切身利益密切挂钩的综合防治体系，防止政策疏漏和工作断档。河北、吉林、山西、安徽等省注意发挥红白事理事会群众自治组织作用，把治理违法婚姻的条款列入乡规民约，实行群众自我教育、自我监督、自我管理、自我服务，使婚姻法规政策在基层得到落实。还有些地方在农村成立了婚姻管理领导小组，都在推动婚俗改革、加强婚姻管理方面发挥了积极作用。

第十四章
殡葬改革与管理

丧葬，是人类对死者的遗体进行处理的文明形式。在社会发展的不同阶段上，由于政治制度、经济活动、自然环境和宗教信仰的不同，各个民族的丧葬活动都具有多样性和变异性的特征。在社会发达的今天，丧葬问题，已经成为一个国家文明程度的标志之一。

中国是世界文明古国，有悠久的历史和灿烂的文化，中华民族是世界上最早实行土葬的民族之一。但是，在长期封建制度下形成的丧葬陋俗，流传甚广、影响极深，对社会进步起着消极作用。在丧葬活动中，鬼魂迷信思想，成为人民群众的精神枷锁；崇坟头，崇厚葬，浪费了大批木材和耕地良田；大操大办，成了群众严重的经济负担；鸦片战争后兴起的殡葬事业和新的丧葬礼仪得不到发展，处于非常薄弱的地位，成为旧中国遗留下来的一个社会问题。

新中国在半殖民地、半封建的基础上起步。改革旧的丧葬陋习，成为改造旧中国的一个组成部分。所以，中国共产党和人民政府把殡葬作为社会主义精神文明建设的一项重要内容，大力倡导改革旧的殡葬方法和习俗，设置机构进行管理，投资兴建火葬场，开展殡仪服务，发展殡葬事业，经过四十年的努力，在这方面为移风易俗、建立科学文明健康的生活方式做出了巨大成绩。

第一节　殡葬管理的方针、任务与组织体系

殡葬管理，就是依据国家制定的殡葬法规管理殡葬社会事务。根据中

国的实际情况，包括两方面的内容：一是殡葬改革的行政管理，二是殡葬事业单位的建设和经营管理。这二者是相互依存的。前者是后者的前提，后者是前者的重要条件。

一、殡葬管理的方针和任务

国务院于1985年，发布的《关于殡葬管理的暂行规定》指出："殡葬管理的方针是，积极地、有步骤地推行火葬，改革土葬，破除封建迷信的丧葬习俗，提倡节俭、文明办丧事。"殡葬管理的任务是改变人们过时的丧葬观念，改革落后的丧葬方法，破除旧的丧葬习俗，代之以新的丧葬观念，采取新的丧葬方法，建立新的丧葬礼仪。殡葬管理的战略目标是，建立适合中国国情的新殡葬制度。

建立适合中国国情的丧葬制度是一项移风易俗的社会改革，因而具有艰巨性、长期性的特点。从中国的实际情况出发，实现这一战略目标，必须经过阶段性的发展才能达到。具体说来，殡葬改革大体要经历3个阶段：倡导阶段、法制阶段和制度阶段。殡葬事业单位的建设也要经过一个不断发展的过程，逐步转轨变型，成为一个独立核算的经营实体。殡葬管理这两个方面的阶段发展，既是一个完整的有机整体，又有着不同层次的含义，前一个阶段的工作做好了，才有条件转入下一个阶段。

二、殡葬管理的组织体系

殡葬管理是涉及全国人民的一项社会行政管理，是各级人民政府对本地区的社会行政事务实行管理的一部分。民政部门是殡葬工作的主管部门，它在当地政府的统一领导下对这一工作进行规划指导，监督检查，协调服务，充分发挥工作的整体功能，使之提高效能和效率。

中国殡葬管理的组织体系，是与国家政权结构和行政区划相适应、纳入民政工作管理机构的体系的。民政部门的职能之一，就是负责殡葬管理工作。

民政部门在殡葬管理方面的主要任务是：（一）对殡葬管理方针、政策和法规提出建议和方案，经政府批准发布后，负责贯彻执行。（二）当好政府的参谋，及时向领导反映工作情况和问题，提出建议，作出规划，拟制规章。（三）主动与有关部门联系，定期对话和交流情况，协调政策，齐抓共管。（四）督促、检查本地区各单位落实殡葬管理方针、政策的情况，加强社会行政管理。（五）管理殡葬事业单位，搞好殡葬服务工作。（六）指导红白事理事会一类群众自治组织的工作。（七）做好宣传教育工作，用社会舆论推动殡葬改革。

为了加强殡葬管理，中国共产党十一届三中全会以后，在推行火葬的市、县，相继建立了殡葬管理处（所）。它是当地民政部门直接领导的代表政府行使殡葬管理职能的社会行政管理机构。殡葬管理处（所）的设置，有两种情况：一种是和殡仪馆在一起，两块牌子、一套人马；另一种是单独建立的。

殡葬管理处（所）的任务，主要是：（一）宣传、贯彻执行殡葬管理的方针、政策和法规。（二）落实当地政府有关殡葬管理的规定。（三）监督、检查本地区各部门、各单位和个人执行殡葬法规的情况。（四）对生产、销售丧葬用品的单位和个人实行行业管理。（五）具体指导本地区殡葬事业单位的工作。（六）指导红白事理事会一类群众自治组织的工作。

三、依靠社会力量搞好殡葬管理

中国的每一个公民都处于一定的组织之中，因而殡葬管理工作必须依靠城乡各部门、各单位和全社会的力量来进行。各地在工作中，都把殡葬管理的方针、政策落实到基层组织，由他们按照规定负责解决有关殡葬事宜。

中国共产党十二届六中全会《关于社会主义精神文明建设指导方针的决议》指出："在广大城乡要积极开展移风易俗的活动，提倡文明健康的生活方式，克服社会风俗习惯中存在的愚昧落后的东西。婚嫁丧葬中的陋习要改革，封建迷信要破除。”在《决议》精神的指引下，1986 年，河北省沧州地区、山西省运城地区、河南省淮阳县、湖南省桃源县等地，按照基层群众实行社会自治的原则，在广大农村建立起一批“红白事理事会”。这一组织的基本特点是，实行自我管理、自我教育和自我服务。它的建立，解决了婚丧活动中长期不好解决的三大难题：（一）有效地促进了人民群众的观念更新，煞住了婚丧嫁娶中比排场、讲阔气，铺张浪费的歪风，喜事新办、丧事俭办形成新风。（二）在群众中扎下了除旧习、立新风的根基。（三）减轻了人民群众的精神和经济负担，促进了经济发展。山西省运城地区的 13 个县，1986 年由红白事理事会操办的 40 余万件红白事，共为群众节约开支 7000 多万元。

为了发挥红白事理事会一类群众自治组织在婚丧习俗改革中的作用，民政部于 1986 年 12 月，在河北省沧州地区召开了全国现场经验交流会。此后，各地通过典型试办，逐步推广开来，并从农村发展到城市。截至 1989 年，全国各地已建立红白事理事会一类群众自治组织 40 多万个。其中，以河北、河南、山东、四川、山西、湖北等省发展较快。这类组织的建立，充分地调动了社会力量，对移风易俗，树立新的社会风尚起到了积极作用。

第二节　殡葬改革

殡葬改革是新中国社会改革的一个组成部分，具有深刻的社会意义。殡葬改革的目的是保护中华民族的生存环境和生存条件，促进生产力的发展，提高广大人民群众的身心健康水平，建设社会主义精神文明，为社会主义现代化服务。

一、殡葬改革的提出

中国共产党领导的中国革命运动，是要彻底消灭一切剥削制度，在中国建立社会主义制度，最终实现共产主义。为了发展和巩固新的社会制度，不仅要有高度发达的经济基础，还必须有与之相适应的上层建筑。其中的一个重要方面，就是摒弃旧传统的影响，建立新的社会风尚。

早在新中国成立之前，毛泽东主席就曾经提出，要“移风易俗，改造国家”。在反对封建主义的斗争中，倡导打倒神权，不信鬼神。新中国成立后，中国共产党和人民政府进一步提出，不要搞封建迷信活动，要艰苦朴素、勤俭持家、勤俭办一切事业。1956年，在中共中央召开的有省、市以上领导干部参加的工作会议上，毛泽东主席在写有“所有的人身后都火化，只留骨灰，不留遗体，并且不建坟墓”的建议上签了名，与会的党政领导干部纷纷签名响应。从此，在中华大地上，拉开了改革旧的丧葬方式和习俗的帷幕。

二、殡葬改革的历程

1949年10月1日中华人民共和国成立后，殡葬改革一直是政府的一项行政管理工作。各级民政部门把“礼俗改革”作为主管业务之一，其主要内容是改革旧社会遗留下来的婚丧陋习。

新中国成立初期，各级政府即抓紧进行社会主义改造，殡葬改革也做了大量工作。各地民政部门接管了公墓，接收改造了旧社会的杠业（为丧葬活动服务的行业），与有关部门密切配合，取缔迷信职业、禁止封建迷信丧葬用品的生产与销售。同时，积极推行追悼会等新的丧葬礼仪。这些改革，深受人民特别是城市群众的欢迎，并逐步被人们所接受。

1956年，全国广大农村掀起了农业合作化运动高潮。适应形势发展的需要，内务部提出了“墓葬改革”，主要内容是，平毁坟墓，迁移坟墓，规划并建立公用墓地，有计划地建立火葬场。各地农村结合农田水利基本建设，平掉了大量坟墓，扩大了耕地面积。山西等省的部分农村，以村为单位，建立了集体公墓，克服了乱埋乱葬的现象。京津沪等大城市建立或增建扩建火葬场，积极倡导火葬。

1961年，根据墓葬改革的发展情况，内务部把殡葬改革作为一项重要议题进行了研究，并向各地民政部门作了部署。具体要求是：（一）先大城市、进而中小城市建立火葬场，推行火葬。（二）利用荒山、瘠地建立公墓，改革土葬。（三）破除旧的丧葬习俗，俭办丧事。（四）以行政区域为单位，对有关殡葬事宜实行统一管理。

当各地正在积极贯彻上述部署，努力开展工作时，发生了“十年动乱”。这一期间，在极“左”思潮的统治下，偏离了上述正确方向，影响了殡葬改革的正常发展。1976 年，粉碎江青反革命集团以后，受自由化思潮的影响，不少地方对殡葬改革放松了领导，任其自流，火化率急剧下降；丧事大操大办，封建迷信活动又死灰复燃，旧的丧葬习俗回潮。

中共十一届三中全会召开，中国进入一个新的历史时期后，殡葬改革和其他工作一样，重新走上健康发展的轨道。1981 年 12 月，民政部召开的第一次全国殡葬工作会议，是殡葬工作的转折点。国务院副总理杨静仁、民政部副部长张邦英在会议上讲了话。这次会议拨乱反正，总结了工作，统一了思想，制定了殡葬改革方针，部署了深入进行殡葬改革的任务。会后，国务院于 1982 年 2 月批转了《民政部关于进一步加强殡葬改革工作的报告》。从此，殡葬改革在全国广大地区继续展开，迅速扭转了火葬下降、旧丧葬习俗回潮的局面。从 1982 年到 1989 年，火化遗体的数量平均以每年增加 13% 的速度增长。1989 年，全国火化遗体 180 多万具，占全国死亡人口的 1/4 强。京津沪和沈阳、南京、武汉、哈尔滨等大城市的火化率，均达 95% 以上。黑龙江、山东、江苏、吉林、辽宁等省的火化率达 70% 以上。由于实行火葬，每年节省土地约三四万亩，节约木材 200 多万立方米，群众节省丧葬费用几亿元。这些事实充分证明，进行殡葬改革是一件利国利民的大好事。

中国地域辽阔，各地方的自然、社会条件存在着较大的差异。在不具备火葬条件的地方，为了改变占用耕地良田乱埋遗体的现象，进行了土葬改革。主要做法是，实行平地深埋，不留坟头，或者利用荒山荒地建立公墓。截至 1989 年，全国农村建立起公益性公墓（村的集体公墓，只埋葬本村死亡居民的遗体，不对外经营）4 万多个。其中，山西、宁夏等省、区发展较快，基本上做到了村村有公墓。与此同时，许多地方平毁了大量坟墓，扩大了耕地面积，仅据河北、山东、黑龙江 3 省的统计，平掉坟墓 6000 多万个，扩大耕地面积 200 多万亩。随着改革的深入发展，广大人民群众思想觉悟和科学文化水平的提高，许多人从重殓厚葬和封建迷信的束缚中解放出来。在一些地方，对老人生前厚养，死后薄葬已逐步成为一种新的社会风尚。

三、殡葬改革的基本特点

新中国的殡葬改革，是在中国共产党领导下的一项移风易俗的社会改革。它既是社会主义精神文明建设的重要内容，也是物质文明建设的一个方面，具有中国特色。其基本特点是：

（一）从实际出发，因地制宜。推行火葬还是改革土葬，是根据各地的实际情况决定的。凡是人口稠密、耕地较少、交通方便的地区，划为火葬区，推行火葬；除此而外的地区均为土葬改革区。这种根据实际情况，划分火葬区和土葬改革区的做法，是在习俗改革上的一大创举。

中国沿海地区，人口稠密、交通方便，而且集中了全国耕地的 90% 以上。根据这种情况，从 20 世纪 60 年代以后，首先在这些地区推行火葬。据统计，辽宁、河北、山东、江苏、浙江、福建、广东、广西和上海、天津 10 个沿海省、自治区、直辖市共建有火葬场 582 个，占全国火葬场总数的 48%。这些地区，随着火葬的推行，解决了人多地少，死人与活人争地的矛盾，深受广大人民群众的欢迎。而占全国耕地面积不到 10% 的西南、西北和内蒙地区，人口较少、荒山、沙漠较多，交通也不方便，主要进行土葬改革。宁夏回族自治区在全区进行了规划，以自然村为单位，共建立公益性公墓 4000 多处，有效地制止了乱埋遗体的现象。

在一个省、自治区、直辖市内，地区之间也存在着不同条件，因而同样从实际出发，划定火葬区和土葬改革区。西北、西南各省、自治区和内蒙古自治区，将其所辖的平原、交通方便地区划为火葬区，建立火葬场137个（占全国火葬场总数的11%），积极推行火葬，而大部分地区着重抓好公墓建设，进行土葬改革。

（二）从倡导到法制。殡葬改革的实质是文明与愚昧的对立。愚昧向文明转化首要的是转变更新观念。为了改变长期存在于人民群众中的旧思想、旧传统，中国共产党和人民政府，一方面在广大群众中积极提倡殡葬改革，另一方面从共产党内做起，由共产党员带头移风易俗，做出表率。新中国成立后40年，老一代无产阶级革命家，共产党的高级干部和市、县领导，绝大多数以身作则，走在改革的前列。在他们的带动和影响下，殡葬改革逐步成为人民群众的一种自觉行动。

为了推动殡葬改革的进行，共产党内曾多次下达文件，统一思想，提出要求，做出规定。绝大多数党政高级干部身体力行。1956年毛泽东主席亲自倡导的火葬。周恩来总理身后不仅实行了火葬，并且不保留骨灰，撒在了祖国的江河大地上。

中国共产党十一届三中全会后，随着各项改革的开展，对共产党内在殡葬改革问题上提出了更高的要求。1980年7月，中共中央在《关于坚持“少宣传个人”的几个问题的指示》中提出：“一般高级干部丧事应力求简化和节约。例如，向遗体告别的仪式一般可取消；追悼会规模要缩小，送花圈和出席追悼会的负责人要减少；悼词要缩短和避免溢美之词”。

1983年12月，中共中央办公厅在批转民政部党组《关于共产党员应简办丧事，带头实行火葬的报告》的通知中指出：“殡葬改革是我们党一贯倡导的一项社会改革，关系到群众的切身利益，是造福子孙后代的一件大事，也是整顿党风的一个方面。……只要党委重视，加强领导，统一全党的认识，党员、干部起模范带头作用，殡葬改革就一定能够取得显著成果。”这一通知的贯彻执行，取得了良好的效果：1. 在设有火葬场的地方，共产党员逝世后，实行了火葬。2. 除党和国家领导人以及在国内外有重大影响的人员外，共产党员逝世后，一般不再成立治丧机构。3. 个别共产党员为其亲属大办丧事，在群众中造成很坏影响的，受到了党纪处分。

根据殡葬改革从共产党内逐步发展到广大人民群众之中的情况，1985年2月，国务院发布了《关于殡葬管理的暂行规定》。这是中国殡葬工作的第一个行政法规，它的发布实施，标志着中国的殡葬改革由倡导阶段发展到法制阶段。《暂行规定》确定了殡葬管理的方针，规定了推行火葬或改革土葬的条件，以及对违法者的处理等。这一规定发布后，截至1989年，有27个省、自治区和直辖市，结合当地实际情况，制定了实施办法；全国有2/5的县、市人民政府发布了殡葬管理通告、布告或实施细则，从而使这项改革纳入法制化的轨道。与此同时，各地划定了火葬区和土葬改革区，拟定了殡葬改革的规划，有力地推动殡葬改革的深入发展。

（三）从城市到农村。中国的新社会脱胎于半殖民地、半封建的旧社会，城市和农村在社会、文化、科学知识和人的素质上都存在着一定的差别。基于城市的人文和地理条件，人民群众易于接受新事物的情况，殡葬改革一开始，首先就是在城市展开的。目的是通过城市来影响和带动农村的殡葬改革。在这种思想指导下，截至1965年，全国100万人口以上的16个大城市全部建立了火葬场；50万—100万人口的31个市中，有23个市建立起火葬场，占74%；20万—50万人口的75个市中，建立火葬场的只有26个市，占34%。20万人口以下的市和2000多个县，主要进行土葬、公墓的管理。“文化大革命”期间不分别城市和农村的不同情况，要求一律建立火葬场。由于殡葬改革工作没有跟上，群众不愿火化遗体，使有的火葬场几年未火化一具遗体，造成了浪费。中共十一届三中全会以后，各地坚持实事求是、从实际出发的原则，对火葬场的建设进行了适当调整，从而使殡葬改革有步骤地从城市逐步向广大农村推开。

四、对少数民族、华侨和港澳台同胞的丧葬实行特殊政策

中国是一个多民族的国家，除汉族外，其他少数民族因为居住的地理条件和宗教信仰的不同，对死者遗体的处理都有其世代相传的方法，如天

葬、水葬、火葬、树葬和土葬等。《中华人民共和国宪法》规定：各民族“都有保持或改革自己风俗习惯的自由”。根据这一规定，国务院在《关于殡葬管理的暂行规定》中确定：“尊重少数民族的丧葬习俗。实行土葬的，应在指定地点埋葬。对自愿实行改革的，他人不得干涉。”各地在进行殡葬改革中，对少数民族是按照他们自己的意愿做的，没有搬用汉族地区的做法。

中国有华侨2000多万人，散布在世界各地。为了满足广大侨胞“落叶归根”的愿望，加强祖国和华侨的联系，争取华侨第二代、第三代进一步心向祖国，民政部和国务院侨务办公室共同对华侨去世后回国安葬问题作了规定：（一）凡是华侨比较多的省、自治区和直辖市，可根据需要，在侨乡或接近侨乡的适当地点建立“华侨公墓”，作为安葬华侨骨灰的场所。（二）华侨公墓由民政部门和侨务部门共同管理，要做到热情服务，提供方便，尽量满足华侨亲属提出的合理要求。（三）华侨要求去世后回国安葬的，应由其亲属向原籍所在地的省、市、自治区侨务部门提出申请。根据华侨本人遗愿或其亲属要求，确定安葬的公墓；在有条件的地方，可以准许在故里安葬。（四）对于华侨祖墓明令规定予以保护，对盗掘华侨祖墓的盗墓分子依法予以严惩。

以上规定，同样适用于港澳台同胞和外籍华人。这些规定实施后，华侨较多的广东、福建、江苏和上海等地，相继建立起华侨公墓；北京、天津等城市的公墓内，专门开辟了华侨墓区。这样，较好地满足了华侨同胞的心愿。

第三节　殡葬事业单位的建设

随着殡葬改革的开展，从20世纪50年代以后，各地陆续建立起一批殡葬事业单位——殡仪馆（前身为火葬场，后统一更名为殡仪馆）、殡葬服务站、骨灰堂和公墓等。截至1989年年底，全国80%的城市和40%的县，共建有殡葬事业单位1500多个，共有职工2万多人，固定资产4亿多元，火化炉2700多台，运尸汽车3000多辆。这些单位，绝大多数设置在火葬地区。经过多年的努力，殡葬单位已经初具规模，为进一步发展奠定了基础。

殡葬事业单位是中国的一个新兴的特殊服务行业。它根据本身的特点组织经营管理，对殡葬改革和殡葬事业的发展具有重要意义。殡葬管理部门从长期的实践中逐渐认识到，只有按照这类单位的特点进行管理，殡葬单位才能办好，事业才能发展。

一、殡葬事业单位的特点

殡葬事业单位是一种社会服务性的事业单位。它不同于一般的事业单位，因为殡葬事业单位从事经营活动，有营业收入，是一个经济实体。但是，它又与一般企业不同，因为它是人民群众丧事活动的承担者，而人口的死亡每年都有一定的限度，从而决定了殡葬事业经营活动的限度，而不能像一般企业那样，可以扩大再生产或者转产。

殡葬事业单位的基本特点是，布局散、规模小、经营单一，涉及面广。这些单位是按照行政区域设置的，一个市或县仅有一个，至多两三个单位。这些单位，现有职工10人左右的占2/3；有职工100人以上的单位，仅在几个大城市，是极少数。但在一个地方来说，一个殡葬事业单位要为几十万、几百万群众办理丧事服务。特别是随着生活社会化进程的加快，居住条件的改变，人们已不能再像旧时代那样在自己的宅院里办理丧事，而必须到为公众服务的殡葬单位来办理。这样，殡葬单位日益成为现代社会生活中必不可少的一个组成部分。

殡葬职工整天和死人打交道，工作在悲伤的环境气氛之中，需要得到人们的理解。然而，受封建传统和世俗偏见的影响，社会上有些人鄙视殡葬行业，瞧不起殡葬职工。这不仅给殡葬职工造成精神压力，也使他们的一些实际困难不好解决。如，恋爱、结婚、住房、购买东西，甚至走亲访友有时也遭到意想不到的困难。中国是一个社会主义国家，任何职业都是社会主义事业的一部分。每个人所从事的职业，只是分工的不同，并无高低贵贱之分。为了扭转社会上的世俗偏见，中国共产党和人民政府在政治上、生活福利上给予了关怀照顾。许多地方的党政领导在节假日，亲自到殡葬单位看望职工，送去温暖，以他们的行动去影响人民群众。与此同时，殡葬事业单位注意加强自身建设，提高职工的思想境界，以优质服务去赢得信誉，受到社会的尊重。

殡葬事业单位在建立后的相当长的时间里，面临着火化数量少、服务项目少、经济收入少的局面。但是，为了改变旧的风俗习惯，建设社会主义精神文明，又必须办下去。因此，国家对殡葬事业单位采取了积极扶助的方针：基本建设由国家投资，经营允许亏损，实行差额补贴管理。这些，对殡葬事业单位的发展起了保证作用。

二、殡葬事业单位的任务

殡葬事业单位是人们办理丧事的场所，它的根本任务是为群众办理丧事服务。人们的丧葬活动是在一定观念支配下进行的。丧葬的形式和使用的物品，是为了满足人们的心理需要，是一种物化的精神消费。根据这种情况，殡仪服务工作，应本着尽最大努力来满足丧主的合理要求，做到“死者得到安息，生者得到安慰”。

根据人民群众的丧葬需要和消费水平，中国殡仪馆的服务工作主要有四大项：(1) 死者遗体的处理，包括运尸、整容、火化、悼念活动、骨灰寄存或安葬。(2) 丧葬用品，包括寿衣、花圈、骨灰盒和各种悼念品等。(3) 生活消费品，包括饮料、小食品和烟酒等。(4) 消遣性消费品，包括画报、图书、音乐、录像等。

中国的殡葬事业单位，也是一个社会主义精神文明的窗口。它在做好丧葬服务工作的同时，还担负着移风易俗、改革旧的丧葬习俗，树立新风尚的任务。传统的丧葬习俗，虽然愚昧、落后，但却包含有能满足人们某些合理需要的职能，如妥善处理死者的后事，对死者进行悼念活动等。对于这些旧礼仪不能简单地去否定，而是要用新的形式去实现原有的功能。

为了做到这一点，许多殡仪馆按照文明简办丧事的精神，创造了一系列新的服务项目，寓改革于服务之中。通过殡仪服务，引导群众树立新观念，转变旧思想。所以，中国的殡葬事业单位负有殡仪服务和倡导文明办丧事的双重使命，既要满足丧葬的需要，又起着管理的作用，提倡文明节俭办丧事。

三、殡葬事业单位管理工作的历程

新中国成立后40年，殡葬事业单位的管理工作，是在探索中逐步前进的。

新中国成立初期，土葬和旧的丧葬习俗占据着统治地位，为其服务的杠房、纸扎、棺材铺等属于个体经济，由独立劳动者或有少量雇工的店主经营。在城市，为埋葬死者遗体的公墓，除宗教、社团所有的仍由其管理外，其他的公墓均由当地民政部门管理。

1956年，在对于工业和资本主义工商业的社会主义改造中，许多城市对杠业和棺材铺等进行了改造。这些地方在民政部门领导下，设立了殡葬机构（殡仪馆、火葬场、殡葬服务公司等）。他们根据工作需要，从杠业人员中吸收了一部分转为殡葬事业单位的职工，原有的棺材铺，多数成为当地殡葬事业单位的服务网点。

从20世纪50年代中期到60年代初，火葬事业开始兴起。有些城市，根据需要建立了新的公墓。如上海市，原有公墓97处，在这一期间统一规划，保留和新建公墓19处。在有火葬场的地方，由于火葬事业刚兴起，实行了火葬、土葬并存，进行统一管理经营；但在工作上体现了提倡火葬、限制土葬的精神；火葬的收费标准低，并对烈军属和社会贫困户实行减免；对土葬的收费，随着火葬的开展而逐步提高。与此同时，不少城市把殡葬事宜统一管理起来，除管火葬、土葬公墓外，统一经营丧葬用品；对杠业散工进行整顿，帮助他们改行就业；对纸扎、吹鼓手和迷信职业者，协同有关部门予以取缔；根据城市的大小，从便利群众出发，设置了若干殡葬服务站，并采用从接运尸体到火葬、骨灰安葬的“一条龙”服务。

“文化大革命”期间，在“左”的思想控制下，殡葬事业单位遭到严重破坏。火葬场除办理火化遗体和骨灰寄存外，其他服务项目统统被取消。原来为方便群众而设置的服务站和网点也被撤销了。所有公墓全部封闭停业，有的改作其他建设使用，有的被夷为平地，还把殡葬事业单位变成了纯行政性的机构。

中共十一届三中全会以后，殡葬事业单位重新走上正轨，恢复了生机。1981 年召开的第一次全国殡葬工作会议，根据国民经济进行调整的方针，部署了殡葬事业单位的整顿工作。通过整顿，许多单位有了一个好的领导班子，建立健全了各项规章制度，提高了职工的工作热情，改进了服务态度，提高了服务质量。1983 年 6 月，民政部发布《殡葬事业单位管理暂行办法》后，各地民政部门，结合当地的实际情况制定了实施办法。这样，有力地促进了殡葬事业的发展，更好地为殡葬改革和人民群众服务。

四、推行承包经营责任制

殡葬事业单位在新中国成立后的相当长的时间里，人财物和经营活动的权力，几乎全部集中在上级主管部门手中。殡葬单位的经营活动，基本上靠上级对下级的行政命令和下级对上级的行政责任来推动。在这样的管理体制下，殡葬单位内无利益的动力，外无竞争的压力，因而缺乏改善经营管理、革新技术、提高服务质量的主动性和积极性。

（一）管理体制的改革进程。为了增强殡葬事业单位的活力，进入 80 年代以后，在殡葬事业单位的管理体制上进行了重大改革。大体走了三步：

1. 从 1981 年第一次全国殡葬工作会议到 1983 年。这是探索时期。民政部和各地民政部门，都在为改变殡葬事业单位的状况寻找解决的办法。通过实验，肯定了承包经营责任制。崔乃夫部长在 1983 年 4 月召开的第八次全国民政会议上，部署了殡葬事业单位实行经济责任制的做法。为了落实这一部署，同年 12 月，在山东省潍坊市召开了承包经营责任制现场经验交流会。这次会议，对殡葬事业单位实行承包经营的内容、分成原则和实施步骤等作了规定。

2. 1984 年到 1985 年，是殡葬事业单位实行承包经营的重大改革时期，同时也是受到不同程度阻力的时期。虽然民政部对殡葬事业单位实施承包经营作了部署，但是有些地方的有关部门，不同意这些单位实行承包经营，以致这些地方的殡葬事业单位仍停留在行政管理型的状态。

3. 从 1986 年以后，是殡葬事业单位由行政管理型转变为经营服务型的大步前进时期。根据在殡葬事业单位实行承包经营的受阻情况，民政部与财政部进行了磋商，并且在取得一致意见后，共同发出了《关于殡葬事业单位实行经营承包，职工个人分成免征奖金税的联合通知》。这一通知，协调了政策，化阻力为动力，从而使承包经营在殡葬事业单位迅速推开。截至 1989 年，除少数亏损严重的单位外，绝大多数单位实行了承包经营责任制，并取得了比较好的效果。

（二）管理工作的基本原则。殡葬事业单位管理工作的任务是，根据殡葬改革情况和群众办理丧事的需要，调整和完善内部的组织结构，建立健全规章制度，科学地组织劳动，安排工作，高效率、高质量地完成各项服务。管理工作的核心是正确处理人、财、物的关系和经济活动与服务工作的各种矛盾，协调和消除各种不利因素，从而促进殡葬事业单位的发展。殡葬事业单位在管理工作中，掌握的主要原则是：

1. 社会效益和经济效益的统一。这两者在殡葬事业单位是互为因果，相辅相成的。这些单位的中心任务是为殡葬改革和为人民群众文明、简办丧事服务。改革和服务的好坏就是衡量一个单位社会效益高低的标准。因此，要把社会效益贯穿于整个殡仪服务的各个环节之中。实践证明，社会效益高了，经济效益自然也随着提高，并推动着殡葬事业单位的发展。为了保证两个效益的稳定增长，许多殡葬单位因地制宜地开展了多项服务，发展多种经营。同时，严格控制劳动消耗和劳动占用，消除浪费现象和非生产性的负担，从而达到增加收入，自给有余。

2. 贯彻物质利益的原则，把国家、集体和职工个人的物质利益结合起来。在实践中，主要是处理好三个关系：（1）正确处理国家和殡葬事业单位之间的物质利益关系。按照承包合同的规定，殡葬单位有权自主经营，实行独立核算。日常的经营活动和人财物以及设备更新、自有资金的使用等，在国家统一规定的范围内，由单位自主决策。经营好、效益大的，获得较多的物质利益。（2）正确处理国家和职工个人间的物质利益。在办好事业，增加收入的基础上，改善职工的生活福利。依照按劳分配的原则，使职工按其贡献大小不同，得到相应的报酬，并保持必要的差别，反对平均主义和高低过分悬殊。（3）正确处理单位和个人间的关系，正确规定更新改造基金和集体福利、个人分成收入的比例关系。这三者分成比例处理好，就会发挥激发职工积极性的作用。

3. 实行馆长（主任）责任制。每个殡葬事业单位根据经营的要求，按内在联系建立管理机构。在单位内部，馆长全权负责单位的日常经营管理事务。馆长要由会经营，精管理，善用人的干部担任。他们上对国家负责，执行规定的政策、法令；下对职工负责，在搞好殡仪服务、提高效益的前提下，逐步提高职工的物质、文化水平；横对社会负责，向群众提供优质服务。

（三）承包经营责任制实施后的显著变化。承包经营责任制在殡葬事业单位的实施，使这些单位走上了一个新的发展阶段，出现了前所未有的欣欣向荣的局面。主要是：

1. 社会效益和经济效益普遍提高。承担了全国死亡人口 1/4 以上的火化任务，并以优质的服务满足了不同层次的合理需要。在经济效益上，1989 年全国殡葬事业单位的营业总收入近 3 亿元，比实行承包前的 1983 年翻了两番多，盈余额达 4000 多万元。

2. 服务工作向高质量发展。广大殡葬职工越来越认识到，“服务好”

是自己的根本任务。因此坚持“丧主至上、服务第一”的原则，尽最大努力去满足丧主的合理要求。为了做好服务工作，各个单位普遍增加了服务项目，不少地方还增设服务网点，开展便民、利民服务。在服务方式上，有些单位打破了“小窗口”变为柜台式或圆桌洽谈式，变一事一办，为一条龙服务。与此同时，一些地方积极开拓殡葬服务的新领域。大中城市已兴办200多处骨灰公墓；广大农村建立起数以万计的骨灰堂。北京、珠海、厦门等地，建筑了别具一格的骨灰墙、廊、塔；广州市组织群众将骨灰撒向大海，试行以树代墓，实现了骨灰处理的多样化，更好地满足了群众的不同需要。

3. 馆容馆貌建设向公园化迈进。改善经营服务环境日益受到殡葬事业单位的重视。特别是一些收大于支的单位，每年都从盈余中安排一部分资金用于绿化美化建设。因而，涌现出一大批公园化的殡葬事业单位，其中不少被评为当地的“文明单位”“绿化美化先进单位”。这些单位整洁肃穆，典雅优美，四季不凋之树郁郁葱葱，常年盛开之花芬芳争艳。新的面貌改变了殡葬事业单位的形象，为群众办丧事和职工提供了一个良好的环境。

4. 殡葬职工队伍趋于稳定。过去受世俗偏见和工作条件差、待遇低等影响，有相当一部分职工不安心工作，一度出现了殡葬职工队伍后继无人的严重局面。现在，通过改善经营管理，用思想教育与物质利益相结合的办法，使职工队伍改变了面貌。他们克服重重困难，努力工作，为殡葬事业做出了重大贡献，涌现出一大批先进模范人物。有的被选为人大代表、政协委员，有的被评为优秀党员，“三八红旗手”，还有的获得“五一劳动奖章”、劳动模范等光荣称号。绝大多数职工安心本职工作，树立了自尊、自爱、自强的奉献精神。

5. 殡葬服务逐步走上现代化道路。火化炉和殡仪车是进行火葬的两个重要设备条件。在较长的时间里，许多殡葬单位没有殡葬运尸专用汽车，既不卫生，也不方便群众。为改变这种状况，从70年代初开始，先后由常州交通车辆厂和北京北方汽车改装厂负责生产殡仪车，年产量已基本满足了需要。对于火化炉生产，民政部设置了专门的科研所进行研制。1984年通过国家鉴定的火化炉、在火化时间、节能等方面都优于过去使用的火化炉。殡仪车和火化炉的科研、生产，使火化条件进一步完善，为殡葬服务提供了现代化的基础。

第十五章
民政队伍的建设与教育、科技工作

新中国成立后民政工作所取得的巨大成就，是与民政队伍的建设以及教育、科技的发展分不开的。老一辈无产阶级革命家在指导民政工作开展和发展的同时，历来强调民政干部队伍素质的提高。民政队伍建设与教育、科技工作正是从民政工作的实际出发，自觉服务于党和国家的路线、方针、政策。按照干部“四化”的要求，为培养造就一支又红又专的有足够数量和质量的民政队伍而努力开拓进取的。

第一节 民政队伍的建设

新中国成立后40年的民政队伍建设出现过两个兴盛时期，一是50年代，一是80年代。中间一段时期，着重抓政治运动，民政干部队伍的建设进展不大。根据1986年的统计：全国民政系统的干部有10.2万多人。其中大专以上文化程度的约5300人，中专文化程度的约1.2万人，高中文化程度的约2.19万人，初中以下文化程度的约6.19万人；全国民政系统专业技术干部约有2万名，具有中级以上职称655人，初级技术人员1400多人，这支队伍具有较高的政治思想素质，但业务素质较低，年龄结构不合理。它一方面反映出新中国民政队伍建设的成就，一方面也反映了民政队伍建设与新的历史时期民政事业发展不相适应的状况。

一、重视民政队伍的建设

新中国成立初期，由于革命的形势发展很快，民政工作承担的任务十分繁重。加之民政干部所做的很多是前人从来没有做过的事业，干部来源相对短缺，而且调动比较频繁。这个问题引起了内务部的重视。1955 年 2 月，内务部部长谢觉哉向周恩来总理呈送了《关于民政部门干部流动情况的报告》，反映当时民政部门普遍存在着干部流动过多、部分地区编制过少，致使有些地区民政部门的业务没有很好地开展起来的现象。为了改变这种状况，《报告》提出：（1）对民政骨干尽量少调动；（2）调动厅、局、科长时，要先征求一下上级民政部门的意见。同时民政部门本身也要注意培养干部；（3）撤销了区民政助理员的地区，民政工作由谁负责要明确规定，或仍将民政助理员恢复；（4）建立逐级登记了解民政干部的制度，并有计划地培训民政干部。同年 3 月，国务院批转了内务部《关于民政干部流动情况的报告》。这对于各地重视民政队伍建设起到了积极的作用，推动了五十年代民政队伍的各项建设。

“文化大革命”之后，为恢复和重建已被撤销或合并的民政机构，恢复和充实、加强民政队伍。1978 年 9 月在北京召开的第七次全国民政工作会议上，民政部部长程子华在报告中着重谈了加强民政部门建设的问题。同年十月中共中央批转了这次会议的纪要，要求各级党委切实加强对民政工作的领导，尽快地恢复和健全各地方民政部门的组织机构（特别是基层组织机构），充实和加强干部力量，做好民政工作，为实现新时期的总任务做出重大贡献。

为了进一步引起对加强民政队伍的重视和落实这一措施，1985 年 12 月，中共中央组织部、国家计划委员会、国家教育委员会、民政部、财政部、劳动人事部、国家物资局向全国各省、自治区、直辖市党委组织部，各省、自治区、直辖市人民政府计委、教育厅（局）、民政厅（局）、财政厅（局）、劳动人事厅（人事局）、物资局联合发出了《关于加强民政干部队伍建设的几点意见》，指出：做好民政工作，对于巩固国防，支援经济建设，增进人民福利，促进社会的安定团结，都具有重要意义。随着经济体制改革的全面进行和整个社会的发展，民政工作越来越重要，对民政干部的要求更高了。但是，目前民政干部队伍的状况和工作条件很不适应这种要求。主要表现在：年龄偏高，文化偏低，人员少，兼职多，调动频繁，工作条件差，待遇低等方面。为此，七部委提出了四条意见，请各地认真贯彻执行。一是各级党委要按照中央对领导班子建设的要求和干部"四化"标准，配备好各级民政部门的领导班子。二是要按编制配齐各级民政部门的干部。三是要努力办好民政学校，从根本上解决干部来源和提高队伍素质问题。四是要改善基层民政机关和干部职工的工作、生活条件。七部委关于加强民政干部队伍建设的几点意见，在民政干部队伍建设的历史上具有重要的意义。

1987 年 6 月为贯彻中央关于实现干部队伍革命化、年轻化、知识化、专业化的要求，落实民政部领导关于机关干部要向知识型、专家型过渡的指示精神，加强部机关干部队伍建设，适应中国民政事业发展的需要。民政部人事教育局制定了《民政部机关干部队伍建设规划》（1987 年至 1992 年）。这个《规划》在分析部机关干部队伍现状的基础上，从实际情况出发，提出了达到干部"四化"要求和向"两型"（知识型、专家型）干部目标过渡的具体要求与措施。民政部领导要求各司、局、厅、室切实负起具体组织者、执行者的责任，努力做到：把好进人关，把好提拔关，搞好干部交流和下派锻炼，搞好岗位培训，坚持能上能下、能官能民。每年年终，对干部进行全面考核，实现干部队伍动态管理，保持各工作岗位的最佳人选。还要求部机关的每个干部，结合自身的实际情况，定出今后的努力方向。

经过大量艰苦细致的工作，部机关干部队伍建设有了新的起色：在干部的使用上，变传统的论资排辈为平等竞争，择优任用；在干部的管理上，变单一的组织管理为群众监督与组织管理相结合，处以上干部每年年终都要接受群众评议，增加了干部工作的透明度和任用干部的准确性；在干部的考核上，变传统的任职前考核为平时考核与定期考核相结合的多种考核方式，以全面掌握干部情况。此外，还积极引进优秀人才，建立部、司、处三级后备干部选拔、培养制度。几年间，部机关干部在年龄结构、文化知识结构及政治、业务素质方面均发生了可喜的变化。

在指导系统干部队伍建设方面，民政部主要抓了3件事：除了会同中组部、国家计委等部门发出上述《关于加强民政干部队伍建设的几点意见》外，一是积极主动地指导和支持各地为民政系统专业技术人员评定技术职务。二是大力开展职业道德教育和表彰先进活动。经过几年努力，使系统干部队伍建设的工作中有所突破。一大批年富力强的干部走上各级领导岗位，一大批专业技术骨干在各自的岗位上大显身手，民政系统有了一批本行业的专家。整个民政干部队伍的文化素质、业务素质和政治素质都有了明显的提高。

二、尊重知识，尊重人才

民政队伍建设的基本原则之一是尊重知识、尊重人才。谢觉哉部长在领导民政工作期间，常要求干部“以虚带实，逢实抽虚”，“实事求是”；以政治、思想、理论指导具体业务；从实际工作中找出规律，找出理论来。谢部长十分重视对知识、理论的学习。他认为内务部有不少工作做出了成绩，大都是以虚带实取得的，做得不好的就是没有以虚带实。他把一天忙到晚埋头在具体事务里却一点也不下功夫务虚的情况，比做有了人的血肉却没有灵魂。他曾风趣地说，我们要在忙忙碌碌中间清醒过来，把魂招回来，就是招回政治、思想、理论这个魂。谢觉哉部长的这种思想指导了许许多多的民政部门在工作中做出了优异的成绩。

进入新的历史时期以后，民政部领导十分重视对民政理论的探讨和研究。1983年1月民政部政策研究室在北京召开了15个省、市民政工作理论讨论会。同年2月，民政部发出了《关于开展民政工作理论研究的通知》，要求各地民政部门充分认识开展民政工作理论研究的重要性和迫切性，坚持理论联系实际，坚持四项基本原则，贯彻百家争鸣的方针，切实加强领导，有计划、有步骤地把民政工作理论研究积极开展起来，并逐步建立起一支民政理论研究队伍。

1985 年 5 月 11 日，民政系统第一次全国性的民政理论讨论会在北京召开。在会议上，著名社会学家、全国政协副主席雷洁琼讲了话，25 位同志宣读了论文，并成立了中国民政理论和社会福利研究会，崔乃夫部长担任研究会会长。崔乃夫部长在工作中，一贯重视理论研究和对实际工作的探索。他在结合政务勤奋笔耕的同时，还多次勉励民政干部要加强学习，重视调查，更新知识，改进方法，成为理论和实践相结合、熟悉本职工作的专家。

80 年代民政系统科技干部队伍的发展出现了好趋势。一是民政部门的各级领导重视开发智力和引进人才，知识分子政策逐步得到落实。他们生活、工作、学习条件也在逐年改善，许多单位已经培养出或引进一批热爱民政事业的专业技术干部。二是民政系统许多专业技术干部在条件差、待遇低的艰苦环境中，不计名利，不讲价钱，无私奉献。许多人已在民政系统工作了二三十年，取得了引人注目的成绩。三是民政部增设了专业技术干部管理机构，并着手制订有利于巩固和发展专业技术干部队伍的制度和措施。但是，改变长期以来民政系统科技干部工作基础薄弱，科技干部人数少、素质不高、来源贫乏的情况仍然是一个较长期的过程。

为了巩固、提高和发展民政专业技术干部队伍，充分发挥他们的积极性、创造性。为振兴民政事业服务，1985 年 4 月，民政部人事教育局在广西桂林召开了全国民政系统高级专业技术干部代表座谈会。章明副部长出席并讲了话。座谈会建议：（1）广泛开展“尊重知识、尊重人才”的教育，形成尊重人才、爱惜人才、重用人才的良好风气。（2）要充分发挥知识分子的“智囊”作用。（3）要进一步落实党的知识分子政策。（4）要加强对科技工作的管理和领导。（5）增加智力投资。（6）开展学术交流，搞好职称评定。（7）进一步做好宣传工作。与会代表还联名致信全国民政系统专业技术干部，为振兴民政事业贡献力量。

会议结束后，民政部将座谈会纪要和章明副部长的讲话印发给各省、自治区、直辖市民政厅（局）。要求他们认真检查本单位落实知识分子政策的情况，真正从思想上、行动上解决“尊重知识、尊重人才”的问题，把各方面的积极因素调动起来，加快民政工作的前进步伐，更好地为实现党的总任务、总目标服务。这一工作很好地促进了民政系统科技干部队伍的建设。据不完全统计，至1988年年底，民政系统已有高级专业技术人员近500名，中级专业技术人员近4000名，在1985年的基础上又有了很大的发展。

桂林会议之后，1985年11月，成立了全国民政系统康复医学研究会，章明副部长担任名誉理事长。这是民政部门领导下的一个群众性医学学术团体，下设精神病、肢体伤残、护理、儿童弱智研究4个专业学科组。按照团结和动员民政系统的广大医务人员开展民政康复医学的研究，推动民政康复医学事业发展的宗旨，研究会积极开展各项学术活动和专业培训。做了许多有益的工作。

为了给广大民政卫生技术人员开辟学术争鸣、发表科研成果的园地，研究会还创办了《中国民政医学》杂志。该杂志试刊两年后，经国家科委和新闻出版署批准，从1989年起正式公开发行。到1989年年底，全国已有17个省、市成立了全国民政康复医学研究会分会，共有集体会员单位202个，会员人数2.6万人。这些分会开展了各种学术交流活动，几年间共举办学术交流会27个，开办学习班、培训班300余个，培训医护及管理人员达1万人次以上。1989年研究会两次派团赴瑞典和印度进行了访问和学术交流。

1989年民政部机构改革后，先后成立了15个全国性的社会团体。它们是：中国SOS儿童村协会、中国智残人体育协会、中国民政福利企业协会、中国社会福利协会、中国假肢协会、中国抗灾救灾协会、中国社会工作者协会、中国殡葬协会、中国民政系统康复医学研究会、中国民政理论和社会福利研究会、中国行政区划研究会、中国地名学研究会、中国基层政权建设研究会、中国婚姻管理研究会、中国社会团体研究会。这些团体的成立和各项活动的开展，对于动员社会力量，团结知识界各方面人士为民政事业的发展献计献策，参谋咨询，发挥了很大作用。

三、深化人事制度改革

为了巩固民政队伍的改革成果，进一步深化改革。民政部党组于1986年11月通过了《民政部副处长以上干部考核办法》。决定当年年底对部机关及直属事业单位副处长以上干部进行一次全面考核，并对考核内容、办法、评定等次、升降奖惩和建立干部考绩档案等问题作了明确规定。并确定以后每年年终都进行一次干部考核，从部长到一般职工通过个人述职、群众评议、民意测验、组织鉴定、制定下一年目标管理规划等几个环节，对每一个干部的德、能、勤、绩进行全面考核。根据考核情况，实行能上能下，奖优罚劣，并选拔产生各级后备干部。这种做法体现了《中共中央关于严格按照党的原则选拔任用干部的通知》精神，为干部创造了平等竞争，脱颖而出的良好环境，激发了干部的工作积极性，发挥了民主监督作用，加强了干部队伍的管理。

1988年7月，国家机构编制委员会在审议民政部机构改革“三定”方案时指出：民政部职能得到加强后，人员要精干、素质要好。新增人员可向社会公开招考。民政部积极贯彻这一指示，1988年11月通过中央电视台和《北京日报》播出和刊登了民政部机关招考干部的消息启事。采用这种方式选调干部，在国家机关尚属首次。启事上“平等竞争、择优录用”8个大字，仿佛像一朵火花燃起了许多人对民政部的信任与希望之情。“我就是看见这8个字才来试试的”。一位应考干部的话，道出了许多人的心声。民政部人事制度的改革受到了人们的拥护，仅几天时间，就有892名来自北京各行各业的干部前来应试。通过五个程序（初试、笔试、口试、体检、审核），最后录取了30名。这是一项有意义的实验。此后，民政部又搞了第二次招考干部工作，选拔录用了12人。民政部公开招考机关干部工作，引起了中央领导及有关方面的重视。在人事部组织的两次各部委人事工作会议上，介绍了招考干部的做法和招考干部跟踪分析的情况。这一做法很快为一些国家机关所采纳。

民政部机关于1987年开始，对拟提拔的副司、处长，实行半年至一年的见习、试用制度。见习期满经考核合格者方正式任命，不合格者按见习试用前职务另行安排工作。为了加强对部机关和部直属单位干部的管理，制定了《民政部干部管理暂行办法》和《民政部直属单位干部管理暂行办法》，在干部管理工作规范化、制度化方面，进行了许多有益的探索。所有这些，深化了人事干部制度的改革。促进了民政队伍的建设。

四、做好职工福利工作

关心职工福利是民政队伍建设中不可缺少的一项基本原则。民政部门的职工福利始于20世纪50年代，以后遭到“文化大革命”的破坏。80年代得到恢复，有些根据历史情况的变化，而有所发展。1984年11月10日，民政部、财政部、劳动人事部和中国盲人聋哑人协会联合发出《关于发给聋哑人手语教师和翻译干部15%特教津贴的联合通知》。《通知》提出：各级盲人聋哑人协会和聋哑人事业单位的手语教师和翻译干部，所从事的是一项体力和脑力并用的复杂劳动，是各级协会和聋哑人较集中的福利工厂必不可少的工作。因此，凡专门训练或自学成才，经考试合格，能胜任教学和翻译者，报主管部门批准后，可发给相当本人标准工资15%的特教津贴，以提高这部分人为民政对象服务的积极性，促进民政事业的发展。

1985年12月10日，民政部向各省、自治区、直辖市民政厅（局）转发了《关于提高优抚和社会福利事业单位职工工资福利待遇问题的复函的通知》。《通知》指出：“鉴于民政部门举办的优抚和社会福利事业单位的工作人员工作任务重，劳动强度大，而工资福利待遇普遍低的实际情况。经国务院工资制度改革小组的同意，在这次工资制度改革中，可以适当提高从事特殊教育工作的教师、优抚和社会福利事业单位职工的工资福利待遇”；对从事孤儿、伤残儿童（包括盲童、聋童）特殊教育工作的教师发给教龄津贴；1980 年 10 月 6 日，民政部和原国家劳动总局发出的《关于城市社会福利事业单位岗位津贴的试行办法》，在这次工资改革后仍可继续执行；优抚事业单位的职工，如与社会福利事业单位享受岗位津贴的职工同等条件者，也可以按上述办法发给岗位津贴。

经民政部和国家教委研究同意，中国残疾人福利基金会从 1985 年起设立了《特殊教育工作者奖励基金》，对优秀特教工作者进行奖励。凡是在教育部门、民政部门、社会团体及个体办的盲、聋哑、弱智学校（班），肢残者职业培训学校，儿童福利院，社会福利院及其他残疾儿童教育单位工作的教师、干部、职工都可以参加评选，并规定从 1986 年起每逢教师节前颁发奖金、证书，以资鼓励。1982 年民政部投资 900 多万元修建“大连军队离退休干部休养院”，共设床位 250 张。1984 年民政部又投资 500 多万元，修建“威海民政职工休养院”，共设床位 150 张，受到民政系统广大干部职工的欢迎，许多人还给民政部写来感谢信。内蒙古自治区的一位干部在感谢信中说：民政部为广大民政职工修建了令人神往的家园，热情的服务，使人感到就像回到了家里一样。西安市的一位“老民政”在信中说：我参加工作 40 年从未请过一天病假。这次组织上安排我来休养，使我第一次体会到部里办的休养院，服务热情，亲如家人，给我留下了难忘的印象。这是部里的关怀，今后，我要更好地发挥余热，站好最后一班岗。

五、开展职业道德教育和表彰先进活动

民政工作具有多元性、群众性、社会性的特点，需要大批实实在在、忠心耿耿为群众办事，不图名利，无私奉献，上为中央分忧，下为群众解愁，对党和人民怀有深厚的感情和热心的无名英雄。从民政工作的实际需要出发，民政部门重视开展职业道德的教育，并把这项工作作为加强民政队伍思想建设的重要方面。从 50 年代开始，老一辈无产阶级革命家毛泽东、周恩来、朱德、陈毅、谢觉哉、曾山等在这方面有过较重要的教导，

内务部曾经长期注重了这方面的教育。80年代，为了对广大民政职工加强共产主义理想的教育，民政部于1985年11月，发出了《关于组织全国民政战线理想汇报团的通知》。决定在民政系统和民政工作对象中推选先进个人和先进单位，组织“理想汇报团”，用现实生活中的共产主义来教育和鼓舞民政战线的广大职工，使他们全心全意地为人民服务。同时也通过一定方式向社会宣传民政工作，使更多的人了解、支持民政工作，更好地促进民政事业的发展。1986年3月，由全系统16名模范人物组成的“理想汇报团”。到17个省市的28个城市巡回报告，受到社会各界的热烈欢迎。也使广大民政职工受到巨大鼓舞。1991年，民政部教材建设领导小组组织编写了《中国民政职业道德通论》一书，作为对全国民政系统职工进行职业道德教育的教材。

为了表彰民政战线的杰出职工和对中国民政事业做出重大贡献的其他人士，1986年11月民政部作出“关于设立中华人民共和国民政部最高荣誉奖——‘孺子牛奖’的决定。”“孺子牛”取自鲁迅先生“俯首甘为孺子牛”的名句，具有踏实苦干，不图名利，勇于献身的品质。而这正是民政队伍职业道德教育的重要内容，是中国广大民政职工精神风貌的真实写照。“孺子牛奖”由民政部部长颁发。第一个获此荣誉的是辽宁省辽阳县小屯镇民政助理员钟宝祺。

1987年6月5日，民政部向各省、自治区、直辖市民政厅（局）、各计划单列市（区）民政局发出了关于评选民政系统先进集体和模范个人的通知。表彰会议于1988年1月12日以新闻发布会形式举行。福建省晋江县第二福利厂厂长蔡建设、黑龙江省双鸭山市殡葬管理所所长赵俭、河南省新野县城郊乡民政助理员钮国山、湖北省竹溪县社会福利院院长童秀清、江西省民政厅副厅长吴日生5人被授予民政部最高荣誉奖——孺子牛奖，并授予全国民政系统劳动模范称号；河北省邯郸市民政局等104个单位被授予全国民政系统先进集体称号；授予张德宽等295人为全国民政系统劳动模范称号。这是新中国民政史上第一次大规模、大范围的表彰活动，其目的是将职业道德教育不断引向深入。

职业道德教育和表彰先进活动是紧密联系在一起的。榜样的力量是无穷的，可以促进社会主义精神文明的建设，可以激发广大民政职工奋发的意志和不断进取的革命精神，增强队伍的凝聚力。促进队伍的团结与稳定，推动民政事业各项工作的发展。80 年代中期以后，民政系统许多单位结合各自的工作实际，制定出殡葬、社会福利院、五保工作者等方面的职业道德规范，涌现出许许多多优秀模范人物。在平凡的岗位上，做出不平凡的业绩。

第二节 民政教育事业的发展

中华人民共和国成立初期，从事民政工作的人员，相当一部分是从长期在农村工作的积极分子中选调和从部队转业复员人员中补充的。他们政治热情高、工作勤奋、吃苦耐劳、与群众打成一片，但文化和业务理论素质相对不足。从当时实际情况出发，民政教育事业的侧重点是加强在职培训，主要依托中央政法干部学校、政法院校以及各省（市）行政院校或干部学校来进行。至“文化大革命”前，民政系统的干部职工培训工作取得很大成绩。

“文化大革命”中内务部被撤销后，各地民政部门也被撤销、合并，不少民政企、事业单位交由其他部门管理，许多老职工、老民政改做其他工作，各省、市的民政干部培训工作基本上处于停顿、半停顿状态。

1978 年 3 月民政部成立以后，在中共十一届三中全会路线方针的指引下，民政部十分重视干部职工队伍的建设。1983 年召开的第八次全国民政工作会议提出了建立民政教育、培训体系的战略任务，经过几年的努力，从中央到地方初步形成了民政教育与培训的体系。在“围绕民政办教育。办好教育促民政”的思想指导下，为民政战线培养了大批又红又专的人才。

一、“文化大革命”以前的民政教育

1949 年 11 月中央人民政府内务部正式成立后，在谢觉哉部长领导下，针对当时民政队伍人员情况并从民政实际工作需要出发重点抓了各级行政机构的民政干部的培训工作。起初的主要培训形式是层层举办培训班，组织干部学习党的方针、政策及民政业务知识，以中国共产党和人民政府当时工作的中心任务和内容作为培训的中心内容，以使民政工作人员尽快适应工作的需要。随着革命和建设事业的迅速发展。民政工作的内容及人员的数量均有了很大的发展，又向培训工作提出了新的要求。

1953 年 11 月 13 日《第二次全国民政会议决议》指出：“为了胜利完成民政部门的各项任务，必须加强民政干部的理论政策学习”，“应加强训练在职的民政工作人员，1954 年应在各大区的政法干校、政法学院与省的行政干校内附设民政班，以短期轮训方式训练县级民政部门的领导骨干，有条件的省并应开始轮训民政科员。”尔后，许多省市拟定了干部训练计划，开始了培训工作。

为推动和指导民政系统培训工作的不断发展，中央内务部于 1954 年 7 月 3 日发出《关于加强民政干部培养训练工作的指示》。要求各地根据国家的要求以及各级民政干部由于调动频繁，许多都是新从事民政工作的，以致理论、政策水平和业务能力都赶不上工作需要的实际情况，提高对加强民政干部培养与训练重要意义的认识，重视与加强这一工作。内务部指示：“各级民政干部的短期训练工作，在中央人民政府政务院政治法律委员会统一计划和领导下，由中央政法干部学校和各政法学院（校）负责训练县级以上民政部门的领导骨干。各省（市）民政厅（局）亦应在各级政法委员会统一计划和领导下，由省（市）行政学院（校）或干部学校，增设民政班次，负责训练一般民政干部和部分县、市辖区的民政科长。”区以下的民政干部培训，主要由县民政科负责采用专业性会议的形式，通过学习政策、总结工作去进行。对各级民政干部凡文化程度在初中以下的，要求他们积极参加本机关或所在地区的业余文化学习。要求各省（市）的民政部门都指定专人负责办理干部训练工作。各级民政部门必须重视加强对广大在职民政干部在实际工作中的经常教育和培养工作，有计划地加强对机关干部的政策业务学习的组织领导，把此项工作列为日常的工作之一。此外，内务部还对培训的内容、课程的设置、教员的配备等作了明确的规定，以保证培训工作的落实。到 1954 年年底，在省级行政干部学校和政法干校设立民政班的已有 22 个省市，单独举办民政干部培训班的有 4 个省。其他省、市也相继开辟了培训民政干部的场所。中央及各大区的政法干校每年仍然为民政部门培训 1000 余人。各专区、县的短训班也照常举办。民政干部的培训工作逐步走上轨道，至 1955 年为止的前几年间，受过专门培训的民政干部达 1 万余人，极大地提高了民政干部队伍的理论、政策水平及业务能力。

为了从长远考虑，培养和造就一支又红又专的民政干部队伍。内务部于 1956 年制定了《关于民政系统干部训练工作的七年规划》。根据规划要求，从 1956 年到 1962 年的 7 年间，采取了更加明确的分级负责，分层训练的培训制度。厅、局级以上及相当职务的党员干部，每年平均抽调 10% 到高级党校学习。处长级及相当职务的党员干部，每年平均抽调 10% 参加省、市的中级党校学习。还要求每年抽调 6% 的县科长级干部、10% 的省、专区科长级及相当职务干部参加中央的政法干部学校学习，学制为一年。省、市民政干部培训班负责培训省以下各级民政部门及事业单位中除中央调训的干部以外的一部分县科长级干部和全部一般干部，每年一般轮训 2 期，时间 3—6 个月，每年平均培训数为县科长级干部的 4% 左右，一般干部的 20% 左右。

为适应大规模培训干部的需要，1959 年 5 月 4 日经罗瑞卿副总理批准，在原监察干部训练班的校址上，将中央政法干校民政系分出，成立了内务部民政干部学校，承担培训县级以上民政、人事部门或相当县民政、人事部门科长级干部的任务。每期轮训 500 至 1000 人，时间为 6 个月。这对加强民政、人事工作起到了很好的作用，到 1961 年 12 月底，已将需要进行培训的干部基本轮训了一遍以后，由于精简机构，该校被宣布撤销。

在这期间，其他职工的培训也受到内务部的重视，有了一定的发展。培训形式主要是办短训班以及借助社会办学力量，组织他们学习文化科学知识、共产党和国家的有关方针政策及具体技术、业务知识。

二、民政教育与培训体系的形成

中共十一届三中全会以后，中国的教育事业出现了蓬勃发展的生机。邓小平提出的“教育要面向现代化、面向世界、面向未来”，“要培养德、智、体全面发展的有理想、有道德、有文化、有纪律的一代新人”以及“教育必须为社会主义建设服务，社会主义建设必须依靠教育”成为中国在新的历史时期的教育方针。党和政府确立了把教育放在优先发展的战略地位。

民政部坚决贯彻党和政府的教育方针，十分重视民政教育事业的建设。1979 年 9 月 10 日向国务院上报了《关于恢复民政部干部学校有关问题的请示报告》，提出以提高民政、人事干部（当时民政部负责全国人事工作）的马列主义、毛泽东思想理论水平和政策业务水平，培养一支又红又专的干部队伍为民政干部学校的培训宗旨；并且提出该校的培训对象和规模，是先培训县民政、人事局副局长以上干部，以后根据情况逐步扩大范围，五六个月一期，每期 300 人。这个请示报告于 1979 年 10 月经国务院批准后开始实施。

在第八次全国民政会议上，针对民政事业发展迅速而民政干部数量少、年龄偏大、文化偏低、调动频繁、理论研究、法制建设远远落后于实际需要的状况，崔乃夫部长进一步强调造就民政工作专门人才，加强对现有干部的培训，不断提高民政干部的政治、业务素质、科学文化水平，对做好民政工作的重要意义。会议决定：“要加强在职干部的轮训和培养工作，各省、市、自治区都要积极举办民政干校，争取在三五年内把民政系统的干部轮训一遍。民政部准备在全国范围内筹办几所民政干部专业学校，定向招生，定向分配，以提高民政干部队伍的政治素质和业务素质，逐步解决民政干部的来源问题。”这就提出了建立民政教育与培训体系的战略任务。

1983 年 12 月 3 日，民政部决定将民政干部学校改为民政管理干部学院。这是民政系统唯一的一所培养在职干部的成人高等学校。它的主要任务是设干部专修科，为全国民政系统培养具有大专文化程度的干部，同时，有计划地举办各种短期培训班、进修班。干部专修科招收的学员是政治、身体条件合格，具有高中文化程度，40 岁以下，从事民政工作五年以上的在职民政干部。学员由县以上民政部门推荐，参加全国成人高等学校统一招生考试，择优录取。学制二年。毕业后回原单位分配工作。干部专修科的课程大致分为 3 类：一是政治理论课，二是专业基础课，三是民政专业课，共约 20 几门课程，总学时 1600 左右。民政管理干部学院于 1984 年开始招专修科学员，到 1989 年止已有 4 届毕业生，毕业人数共 619 人。

按照第八次全国民政工作会议提出的要求，一些省、自治区、直辖市及计划单列市先后办起了一批干部学校、职工学校。例如：北京市民政干部学校、北京市民政工业公司职工学校、天津市民政干部学校、黑龙江省民政职工中等专业学校和干部学校、哈尔滨市民政局职工中等专业学校、上海市民政干部学校、南京市职工中专民政分校、山东省民政干部学校、河南省民政干部学校、湖南省民政干校、广州市民政局职工文化技校，四川省民政干校等。各地还建立了一些不同形式的培训中心。例如：沈阳市民政工业公司教育培训中心、江苏省民政干部培训中心、安徽省民政干部培训中心、广东省残疾人职业培训中心及民政部在湖北沙市成立的全国民政系统精神医学培训中心等。分布在全国各地的这些民政干校、职工学校及培训中心，每年都要培训大批在职干部、职工和有关专业技术人员，为民政事业的发展贡献了力量。

1989 年 4 月，按照国家教委、人事部有关文件的精神，民政部发出《关于民政系统试行〈专业证书〉教育的几点意见》。《专业证书》教育在民政系统是有领导有计划地开展的。开展《专业证书》教育，可以激发广大民政干部钻研业务、学习专业技能的积极性，提高民政干部的专业素质，又有利于稳定民政干部队伍。因此，《专业证书》制度开展以来受到普遍的欢迎。国家教委一再强调，《专业证书》教育一定要按有关文件的精神办理，确保教育质量，严格办学机制和审批程序，以保证这一新生事物健康地向前发展。

在干部、职工培训的分工层次方面，民政部负责省级民政厅（局）长及部分地、县民政局长的培训，并集中力量抓好各专业人员培训工作；各省、自治区、直辖市民政厅（局）和各民政工业公司负责绝大多数的地、县级民政局长、企事业单位领导干部的培训；地、县民政局则负责培训所属干部及企、事业单位有关人员；各企、事业单位培训有关专业人员，形成一个明确的分级负责，分层培训的制度。

民政管理干部学院、干校、职工学校、培训中心及《专业证书》教育制度，属于成人教育。今后十年，国家发展成人教育的基本方针是："要本着学用结合、按需施教的原则。把开展岗位培训和职业技术培训作为重点，并逐步作到规范化、制度化。成人学历教育的规模要根据学用一致、保证质量的原则加以控制。"民政系统的成人教育，将接着这一发展方针，力争在今后十年为民政事业做出应有的贡献。

第八次全国民政工作会议之后，民政部在华北、华东、中南、西南投资兴建了民政部天津民政学校、民政部济南民政学校、民政部长沙民政学校、民政部重庆民政学校（民政部哈尔滨民政学校、民政部无锡民政学校亦在筹建过程中）。上述民政学校，均由民政部投资兴建，并作为所属事业单位进行领导和管理，招收参加全国普通高校统一招生考试的高中毕业生，学制二年，开设民政、企业管理、财会、行政管理、社会保障 5 个专业，截至 1989 年年底共毕业中专学生 1790 人。

一些有条件的省、市也先后兴建了民政普通中等专业学校。例如：广东省民政学校、江西省民政学校、湖北省民政学校、武汉市民政学校、辽宁省民政学校、福建省民政学校、四川省民政学校等，其办学体制与部属中专相同。

民政系统普通中专学校的兴办，填补了民政教育事业的空白，有利于从根本上解决民政系统干部的来源，为一切有志于中国民政事业的优秀青年创造了献身民政事业的机会，具有很大的意义。这项工作是在从无到有的基础上起步的。专业设置、教材建设、师资队伍各方面均需探讨研究从头做起，各级民政部门结合实践探索出了一条办学的道路。来自一些大学、中学及其他系统单位的教师、干部在民政普通教育这块处女地上开始了新的耕耘，他们是民政普通教育事业的开拓者，经过几年的努力，一支热爱民政教育、勇于探索进取的民政师资队伍已初步建立起来。

一些为残疾人和民政对象服务的职业技术教育的发展受到民政部门的重视。进入80年代后，民政企事业发展较快，一大批新职工（包括残疾人职工）走上了工作岗位，这就需要抓紧对他们进行培训。1983年5月9日民政部发出《关于贯彻中共中央、国务院〈关于加强职工教育工作的决定〉、切实抓好盲人聋哑人职工文化技术教育的通知》。《通知》指出：各级民政部门必须领导和督促民政工业公司及福利工厂，把盲人、聋哑人职工的文化技术学习列入议事日程，指定一名负责干部，切实抓好这项工作。1983年9月2日，中国盲人聋哑人协会在上海召开全国盲聋哑职工教育经验交流会。出席这次会议的有各省、市、自治区协会的领导和协会干部以及福利工厂、盲聋哑学校等单位的代表共140多人。

80年代中期以后，民政系统各精神病患者福利院、社会福利院、儿童福利院等大力举办业务培训班，培训青年护理人员，有的还自己办了护士学校，对所参加工作的护理人员进行正规培训，文秘、按摩、护理、假肢等专业的培训也有很大的发展。

民政系统的山西省盲人中级卫校、大连民政工业公司技校、河南省盲人按摩学校、河南省新乡荣军医院护校、陕西省聋哑人技工学校、陕西省盲人按摩学校、黑龙江省海沦凯勃按摩学校、广东省残疾人职业培训中心及民政部在湖北沙市成立的全国民政系统精神医学培训中心、武汉中国假肢中等专业学校等，这些特殊教育以及直接与民政对象服务的职业技术教育为发展中国民政事业做出了贡献，受到广大残疾人、民政工作对象的欢迎。

同时，为了借助社会力量发展民政教育事业，民政部还与国内一些著名大学联合办学，聘请一些著名专家、学者巡回讲学以及开展派团出访等活动。1987 年，民政部教材建设领导小组成立，促进了民政系统教材建设的发展。

总之，第八次全国民政会议以后，经过几年的努力，民政教育事业有了很大的发展，初步形成了多层次、多渠道的办学体系，对于改变干部素质，加快人才培养，起到了促进作用。

三、推动社会工作教育事业的发展

社会工作教育，是 20 世纪在世界各国普遍兴起的一种应用性较强的专业教育。它的任务是培养从事社会保障、社会福利、社会救济及其他社会工作等方面的专门人才。社会工作和社会学有联系也有区别，中国民政工作担任的任务，大多属于社会工作。因此，民政部门重视对社会工作理论与方法的研究，提倡民政系统的各级领导与广大干部，在马克思主义领导下，结合中国的实际，探索和研究社会工作的理论，并注意吸取国外这方面好的管理经验及技术方法，以适应现代化建设的要求。

第二次世界大战以后，社会工作教育在世界各国有了普遍的发展。中国是一个具有 5000 年文明历史的古国，勤劳智慧的中国人民创造了灿烂的文化和光荣的传统，在社会工作方面也积累了丰富的经验，发展了国际社会工作的概念。这些实践经验，一部分已初步形成理论，一部分正在形成理论，一部分有待于发掘整理、推陈出新、创造开拓。特别是在中国共产党的领导下，在新民主主义革命时期和社会主义建设时期所积累起来的丰富的社会工作经验和理论，指导着中国社会工作的实践。但是，由于较长时期对社会工作专业教育认识不够，社会工作专业教育落后社会工作实践的现象比较严重。

在中国1952年高等学校的院系调整中，社会工作教育曾和社会学系一同被取消。但是，民政等政府有关部门和群众团体中属于社会工作的业务不仅继续开展而且有很大发展，从事这项工作的人员，大多没有或很少受过专业理论和方法的训练，处于“经验型”层次，因而与现代化建设对社会工作提出的要求不相适应。

1982年以后，北京大学社会学系先后开设了“老年人社会问题”“社会福利”“个案工作”“民政概论”“社会保障”等课程。中共中央党校、中山大学、上海大学及其他一些院校也相继开设了社会工作课程，目的是使学生毕业后能适应实际工作部门的需要。这些课程的开设，和民政部门的工作有密切的联系。

1987年，由于国家教委已经确定在高等学校的专业体系中设置社会工作与管理专业，民政部与北京大学签订了联合办学的协定，经国家教委批准在北大社会学系成立了社会工作与管理专业，民政部给予100万元的资助，用以扶持专业的发展。1989年开始招本科生和研究生。其他一些大学也相继办起了社会工作与管理专业。这就使中断了的社会工作专业得以重建，新的社会主义社会工作专业，作为社会科学领域中一门独立的学科已成为促进民政等部门的社会工作日益专业化的重要力量。

为借助社会力量发展中国社会工作教育事业，提高民政干部社会工作专业技术素质，1987年11月成立了“民政部社会工作教育研究中心”。聘请了人大常委会副委员长雷洁琼任“中心”顾问，民政部副部长张德江为“中心”主任，袁方、何肇发、孔令智3位教授和民政部人教司司长李宝库为“中心”副主任，聘请了国内外一些知名专家、学者为“中心”成员，并划拨了“中心”活动经费。“中心”成立后，到民政部所属院校及一些省的民政学校巡回讲学；为全国培训社会工作教育的师资力量；主持编写了一些社会工作有关教材；为社会工作教育提供咨询、承担研究课题等大量活动。此外，还通过与海外社会工作学院建立的联系，派人到这些国家和地区去考察、留学、为创立和提高国内社会工作专业教育的师资队伍做出贡献。

为了借鉴国外经验，开展对外合作交流，促进中国社会工作教育的发展。1987 年 5 月，民政部派出教育工作代表团对挪威、瑞典社会工作教育部门进行了访问。与其他一些国家也建立起联系。到 1988 年年底，与民政部有合作交流关系的有：挪威奥斯陆社会工作学院，瑞典高教总署，斯德哥尔摩大学社会工作学院，美国哥伦比亚大学社会工作学院，马里兰州大学社会工作学院，加拿大加尔加里大学社会工作学院等。

1988 年 12 月，经国家教委同意，北京大学召开了“亚洲及太平洋地区社会工作教育研讨会”，民政部支持并参与了这次会议。这是在中国首次举办的研究社会工作教育的国际会议。这次会议对推动中国社会工作教育的发展，加强国际交流与合作产生了积极的作用。

第三节　民政科技工作

新中国成立之后，科学技术事业出现了蓬勃发展的形势。民政系统所属的福利生产、康复医疗、殡葬、假肢等部门的科学技术活动，在各级党和政府的重视与领导下，取得了一定的成就。

为发展中国的假肢事业，1959 年 5 月 28 日应俄罗斯苏维埃联邦社会主义共和国社会保障部的邀请，中国假肢和矫形工作者考察组赴苏联进行了考察学习。1965 年 1 月 12 日内务部在北京召开了假肢工作座谈会。参加这次座谈会的有北京、上海、河北、山东、江苏、辽宁、四川等 7 个假肢厂的厂长和技术员，座谈会听取了各设计组汇报前一段的假肢设计工作，对所设计的产品进行检查、验收，并且讨论了下一步的工作安排。曾山部长到会讲了话。2 月 22 日，内务部批转了这次假肢工作座谈会的纪要。1966 年 2 月 3 日至 17 日，内务部在北京再一次召开假肢工作座谈会。参加会议的有辽宁、山东、陕西、四川、上海、北京等省、市的民政厅

（局）主管假肢工作的处长和假肢厂的厂长、技术员、医生等共 17 人。曾山部长在会上作了重要指示。会议着重研究了假肢生产如何搞好技术革新和经营管理方面的问题。

从新中国成立后到“文化大革命”前一时期，民政系统的科技工作在内务部的重视和领导下，取得了一定成绩，为民政工作做出了贡献。但是，总的看，这一时期的民政科技工作处于分散管理的状态，整个民政系统的科技管理制度、措施、机构还没有建立、健全起来。

中共十一届三中全会以后，中国迎来了科学技术的春天，民政系统的科技工作也进入了新的发展阶段。民政部增设了专业技术干部管理机构，并着手制订有利于巩固和发展专业技术干部队伍的制度和措施，提高了对科学技术在社会发展中巨大作用的认识，确立了“尊重知识、尊重人才”的指导思想。社会福利与社会进步研究所、北京假肢科学研究所、民政部一〇一研究所、中国民政系统康复医学研究会等相继成立。整个民政系统的专业技术人员（包括工程技术、经济财会、医疗卫生、新闻、教育、图书、档案、外语、农艺、科研等各个门类的专业技术人员）队伍有了很大的发展，科研经费也有了很大的增加。在中共十一届三中全会方针指引下，民政科技工作开始走上了正规化的轨道。

一、加强科学技术人才管理

由于“文化大革命”的干扰破坏，造成民政系统科技干部人数偏少、素质偏低、来源缺乏，很不适应民政事业发展需要。加之有的地区和单位知识分子政策落实得不够好，存在评定职称遇到困难等等问题。因此，加强科学技术人员的管理，最大限度地调动他们的积极性和创造性，具有十分迫切的重要性。

第八次全国民政会议以后，民政系统的各级领导，重视开发智力和引进人才的工作。民政系统的知识分子政策逐步得到落实，不少单位培养出或引进了一批热爱民政事业、适应民政工作的专业技术干部，促进了民政事业的发展。

获北京市伯乐奖的市民政局副局长李乐兰引进有开拓性的技术人才，研制出“大宝生发灵”，1986年获北京市新产品发明一等奖后，又荣获第三十五届尤里卡世界发明博览会银质奖，填补了中国化妆品获国际奖的空白，使这个福利工厂头两年里就盈利1400多万元。被引进的科技工作者赵章光，研制出“101毛发再生精”系列产品，1987年9月，在第三十六届布鲁塞尔尤里卡世界发明博览会上获个人发明一级骑士勋章；1988年5月，在第十六届日内瓦国际科技发明博览会上，获奥斯卡发明大奖和产品金牌奖；1989年4月，在巴黎国际发明博览会上，获法国总统大奖及工商业金杯奖。该产品为国家出口创汇做出了很大的贡献。

经过几年的努力，民政系统的专业技术人员队伍有了很大发展。1983年，民政系统企事业单位职工总数27.7307万人。专业技术人员1.9595万人（其中有高级职务者12人，中级职务者645人）。1988年，民政系统企、事业单位职工总数为39.2937万人，专业技术人员约4万人（其中有高级职务者500人，中级职务者6042人）。这支队伍在学历水平、文化结构等方面均有很大的提高。

加强对专业技术人员的继续教育，是开发智力的重要方面。民政部在湖北沙市精神病院建立的“全国民政系统精神医学培训中心”，从1985年成立到1989年年底，共举办9期培训班，培训人员720余人。这些学员通过学习，技术水平有了明显的提高，不少人已成为这个专业的技术骨干。

民政部在河南新乡开办的河南新乡卫生学校荣康医院分校，从1987年9月起已有75名学员完成学业，走向工作岗位。各医疗单位纷纷来信来电，要求派学员参加学习。

1989年7月，经湖北省教委批准，民政部在湖北沙市的“全国民政系统精神医学培训中心”与湖北省卫生职工医学院联合开办了精神卫生专业大专班，学制3年，计划每年定向为民政系统培养精神卫生医护专业人才。第一批37人通过了成人高考，已在校学习。

1985年以后，民政部共派遣出国培训人员15批45名。派往的国家有：挪威、美国、日本、加拿大、泰国、荷兰、法国等。这些派往国外的人员，认真学习所在国的先进科学技术和社会工作管理经验，开阔了视野，提高了水平，还收集了大量业务资料。他们回国后积极向部领导提出建议，有的建议受到部领导的重视并被采纳。

为进一步做好部机关及直属企事业单位技术人员的管理工作，民政部于1986年11月建立了"科技人员信息管理系统"（即：民政部人才数据库）。"数据库"对现有科技人员有关情况进行统计分析，掌握并研究科技队伍分布、结构、使用、培训等情况及变化趋势，为制定有关科技人员的政策，为人才需求、预测和制定人才规划提供可靠的数据；为选拔和推荐科技人才，合理组织人才流动和培训提供信息。"数据库"存贮的范围按国家有关规定统一设置。随着民政事业的发展，专业技术人员不断变化，1989年6月民政部发出了《关于进一步完善民政部科技人员信息管理系统的通知》，对变化了的情况，及时记载、修改和补充。

根据中央关于开展专业技术职务聘任制工作的部署。1986年成立了民政部职称改革工作领导小组。部职称改革工作领导小组根据中央专业技术职务聘任制试行条例的有关规定，于同年成立了教师、卫生技术、工程技术、按摩专业高级职务评审委员会，负责上述4项专业技术高级职务的评审工作。

从1986年起，民政部职称改革工作领导小组在民政管理干部学院，民政部北京假肢科学研究所、中国残疾人福利基金会、中国盲人聋哑人协会等几个部属卫生、科研、高教范围的单位开展了专业技术职务聘任制试点工作。通过试点取得了经验。

从1987年年初起，社会保障报社、社会福利和社会进步研究所、民政部计算中心、中国社会福利募捐委员会和民政部所属民政学校等14个部直属事业单位开展了首次专业技术聘任制工作。1989年，部属企业单位"中国社会福利企业总公司"也完成了这项工作。

民政部直属企事业单位首次专业技术职务聘任制度的实施工作，涉及专业技术人员782人。通过评审，有98人获高级专业技术职务任职资格，212人获中级专业技术职务任职资格，472人获初级专业技术职务任职资格。这些人员的95%以上已被所在单位聘（任）用。

实行专业技术职务聘任制度是中国专业技术人员管理制度的一项重大改革，是关系到社会主义现代化事业的一项基础建设。民政部职称改革工作领导小组认真加强对这项工作的领导，严格掌握政策，充分尊重专家的意见，把住质量关，并要求各单位积极配合，做深入细致的思想工作，使这项工作得以健康发展，取得了积极的效果。

为加强民政系统企、事业单位工人技术队伍的建设，进一步促进民政事业和国家经济建设的发展，1989年10月21日，民政部和劳动部联合下发了《民政系统实行技师聘任制的实施意见》。就民政系统企、事业单位中实行技师聘任制的技师名称、工种范围、比例限额、考核条件、聘任期限、待遇等问题做了具体规定，使技术工人的评聘工作纳入了正轨，从而稳定了技术工人队伍。

二、科研项目与经费管理

为加强民政系统科研项目的宏观管理，确保科技项目的实施，根据国家科委的有关文件精神，民政部科技管理单位对科研项目的申报和审批程序、技术合同的签订、核拨经费、验收、鉴定等环节都作了具体的规定。

民政部科技管理单位与国内数十个行业主管部门、科研院所、高等院校的上百名专家学者建立了业务联系，组成了一个多学科、跨行业的科技网络，以使现有的科技经费发挥更大的作用，为科研项目的管理工作提供了可靠的技术保障。自1985年以来，有64个科研项目立项，民政部资助科研经费158.7万余元。

民政部管理的科技经费分为两部分，即科技三项经费和科研事业经费。为管好、用好科技三项经费，根据国家有关规定，1987 年 8 月 4 日发布了《民政部科学技术三项经费管理使用办法》，对三项经费的使用范围、使用方式、审批程序等均做了明确的规定。以后，又对该《办法》进行了修订、补充，于 1990 年 1 月 8 日印发了修订后的《民政部科学技术三项经费管理暂行办法》，使科技三项经费的管理和使用更加完善、科学、适用。科研事业经费的管理办法也在制定之中。

80 年代末，科研立项与经费的使用，已逐步转移到假肢、火化、康复医疗方面，以充分体现民政工作的特色，为发展民政事业服务。民政部在科研项目管理与科技经费管理方面基础还较薄弱，需要不断完善，以提高管理水平。

三、科技成果管理工作的开展

民政系统的科技成果管理工作，包括成果鉴定、奖励、推广应用、登记造册等等方面曾经有一段时期主要是分散进行的。部有关司局主持过假肢、火化方面的成果鉴定；地方民政部门在科技成果管理中也做了一些工作。1986 年 3 月，才逐渐由民政部将这项工作统一管理起来。

为准确评价科学技术成果的水平，完善科技成果鉴定制度，民政部于 1990 年 1 月 12 日印发了《民政部科技成果鉴定工作暂行规定》。这个规定根据《中华人民共和国国家科学技术委员会科学技术成果鉴定办法》，结合本部门的具体情况，就鉴定的范围、有关程序、形式、鉴定组织机构、鉴定证颁发等方面作了明确的规定。

根据《中华人民共和国科学技术进步奖励条例》及有关规定，结合民政系统的特点，1987 年 8 月《民政部科学技术进步奖励试行办法》正式发布试行。《试行办法》就奖励的范围、奖励等级、标准及奖金分配、申报、审批程序、项目争议处理等方面做出了规定，有效地调动了民政系统科技人员的积极性。

民政部为做好奖励工作，先后共聘请了 100 多位专家参加评奖工作，初步形成了一个科技咨询网络。1987 年、1988 年两次开展了科技进步奖评审工作，共评出获奖项目 60 个。其中二等奖 11 个，三等奖 31 个，四等奖 18 个。有 20 个获奖项目属于假肢、殡葬、康复医疗等方面，体现了民政科技工作的特点，促进了民政科技的发展。民政系统福利企业生产的有些产品还多次在国际上获奖。1988 年经专家鉴定的“精神疾病计算机诊断系统”，在国内同行中属领先地位。

民政部科技管理单位重视对科技成果的推广工作。例如：举办了“精神疾病计算机诊断系统”推广学习班 2 期共 60 人左右。天津市听力障碍康复中心与中国医科院共同研制的“电子耳蜗”通过部级鉴定后，为推广应用这项新产品，已举办了 9 期学习班，共培训了 200 多人。为更多的患者回到“有声世界”服务，取得了较好的效果。1988 年 11 月，民政部还组织了近 70 项民政科技产品参加了由中华人民共和国专利局、中国专利技术开发公司同香港港中行联合举办的“首届国际专利及新技术设备展览会”，获 2 块金牌、3 块银牌、15 个优秀奖，为民政系统的科技新产品开拓了国际市场。

经过几年的努力，民政科技工作有了很大的发展，取得了可喜的成绩。但是，与民政事业发展的需要相比仍然存在很大的差距，需要继续努力开拓前进。

第四节　树立“孺子牛”精神，献身于民政事业

民政部门的直接工作对象有两亿多人：一类是最可爱的人（烈属、军属、伤残军人及其他优抚对象）；一类是最困难的人（鳏寡孤独、残疾人、困难户和灾民）。中国人民在历史上曾经长期追求一个文明的理想的社会。早在春秋战国时代的《礼记·大同篇》中就有过老幼寡残皆有所养的描述。这个理想，只有在社会主义制度下才能实现。民政部门通过帮助残疾人、扶助贫困户、兴办敬老院、收养孤儿、救济灾民、优待抚恤烈军属等大量工作，为社会主义物质文明和社会主义精神文明的建设，为中国人民

长期追求的文明理想社会做出贡献。做民政工作没有很大的权力。民政工作不是威风凛凛、逍遥自在的工作，而是艰苦复杂、实实在在的工作。它需要对群众有特殊感情，忠心耿耿、热心为群众办事的人，需要树立“孺子牛”精神、为民政事业勇于献身的人。下面介绍几位比较有代表性的典型：

湖北省南漳县社会福利院副院长万继珍，19 岁参加福利院工作。她把远大的理想、崇高的精神，落实到为孤老残幼服务之中。她几十年如一日，把鳏寡老人当父母，把孤儿当骨肉，把残疾青年当弟妹，关心他们胜过关心自己。无论是倒痰盂、拎便壶还是为患者揩屎尿、换脏衣、洗尿布，都不怕脏、不嫌臭。老人病了她护守床前。孤儿病了，她背上背下，还自己掏钱为他们买营养品。老人称她为“亲女儿”，孤儿称她为“万妈妈”。1985 年、1986 年，她承包旅社，取得了较好的经济效益，按规定可提取奖金 1000 多元，但她分文不要，全部用做福利院开支。1969 年春，儿子患病发烧，为不影响工作，她把儿子送到外婆家，后失去了爱子。她结婚 20 多年一直夫妇两地分居。组织上曾两次准备把她调到爱人所在地工作，她却因舍不得离开福利院而谢绝了。1986 年，她丈夫患病卧床不起，她没有因此而耽误一天工作。人们说：她对福利院无私奉献，而对自己的家庭欠债太多。她 30 年如一日，把温暖送给民政对象，她爱民政事业胜过爱自己的家。

广东省伤残军人疗养院护士长郑丽君。从 16 岁就进院工作，至今已 30 多个春秋了。进入这个疗养院的都是一等和特等革命伤残军人。80% 以上是瘫痪患者，需要特别护理，吃饭、喝水、擦汗、洗澡、翻身及大、小便等都需照料。瘫痪卧床者最常见的症状是严重便秘，在药物难以奏效的情况下，她总是戴上胶手套，把手指伸进病者肛门，一点一点地把大便掏出来。有些大小便失禁的患者，无论护理人员怎样照料，也难免屎尿满床，她总是抢先给他们换洗。对重残者，她常常亲自守护床前，还总是自己花钱为他们买一些可口的食品。郑丽君就是这样三十年如一日，勤勤恳恳、兢兢业业为伤残军人服务，表现了民政职工对“最可爱的人”的无限深情。

辽宁省辽阳县小屯镇民政助理员钟宝棋，1959年从鞍山农业学校毕业后，任拖拉机站机械教员，1960年被错误处理，开除公职，回乡务农。1980年得到纠正，先后在公社任农机站技术员、工业助理。1982年改任民政助理员。他一上任，就跑遍了全镇27个村、86个屯，对91户的实际情况作了详细调查，制定了扶贫计划。当年确定的16个特困户，年底都脱了贫。他上任不足一年，对全镇民政工作情况就能“一口清”，1982年年底，他被评为镇先进工作者。1983年，全镇普遍实行了家庭联产承包责任制，贫困户的生活有了改善。但一些因“家底”太薄，又缺少致富门路的户，仍处于贫困状态，他就一户户地帮他们制定脱贫计划，帮他们解决实际困难。一年间，他为29户当家理财，户户受益，户户脱贫。钟宝棋上任的第13天，就带领着十几名瓦工，把敬老院的险房扒掉，新盖了18间大瓦房。同时，加强了敬老院的管理，把老人的铺盖、衣服洗得干干净净。他还领着管理人员开了20亩菜地，办了一个小型钢窗厂，每年盈利8000元，用于安排、丰富老人的生活。大年初一，他亲自动手烧菜做饭，守在老人身边。老人们劝他说：“钟助理，你也有家，你也得回家过年哪！”钟宝棋回答道：“镇政府派我给你们当儿子，这也是我的家，我得跟你们一块过年。”有一次，他累病住院，亲朋好友给他送了40多瓶罐头和10几瓶好酒。他舍不得吃，让妻子把这些东西都送到了敬老院。钟宝棋是一个会开汽车、机械修理、建筑设计、瓦工的“大能人”。辽阳县组织参加全省汽车修理工考试，只考上3名五级修理工，他是其中之一。他是六级瓦工，能勘测设计，会组织施工。人们都说，钟宝棋要是为自己，只要拿出一半能耐，早就成了超万元户了，可他却把自己的聪明才智全部献给了集体，献给了民政工作对象。小屯镇上拥有几十万资产的傅家兄弟说：“论本事，钟宝棋比我们哥俩强，但他比我们富有，他是精神上的超万元户呀！”钟宝棋在扶贫工作中做出了突出成绩，受到表彰后，他对自己要求更高了。他想到全镇有200多名残疾人，他们经济上无来源，生活上不方便，是最困难的一部分人，他们的生活不改善，民政工作就没有做到家。1984年，民政部推广了山西省潞城县东邑乡创办“双扶”经济实体的经验，使他受到启发，他向镇政府提出创办“玻璃制瓶厂”的建议。这一年10月，镇政府确定筹建制瓶厂，钟宝棋担任了总指挥。建厂首先遇到的是资金困难，经一再争取，辽阳市、县两级民政部门决定各资助10万元，县农行贷款25万元。可是，全部资金需要90多万元。他便走村串户，苦口婆心地动员个人和集体入股，他自己首先拿出全家辛苦几年积攒的5000元。在他们带动下终于凑足了建厂资金。经过千辛万苦，1985年9月，1170平方米的厂房建成了，197名民政对象当了工人，其中残疾人153名，全镇有劳动能力的“四残”人员都有了生活出路。钟宝棋用他的实际行动，实现了自己要把党和政府的温暖送到民政对象的心上的诺言，赢得了群众的爱戴和称赞，先后受到省、市、县的表彰，被辽宁省委授予“优秀共产党员”的称号，被民政部授予“模范民政助理员”称号，并第一个被授予民政部最高荣誉奖“孺子牛奖”。1990年1月6日他被小屯镇人民群众选为副镇长，他说：“仍要拿出民政助理员的思想感情做好镇的工作，让父老兄弟看出共产党的干部是真心为人民的。不思索取，继续奉献，‘孺子牛’就倒不了”。

辽宁省金县殡仪馆馆长刘学和大家一道，在宣传破旧俗、立新风、丧事新办、不搞封建迷信活动方面做了大量出色的工作。该县火化率连续几年保持在100%，跨入了全国殡葬改革先进行列。在移风易俗的思想指导下，经刘学劝阻，没随尸烧掉的手表达100多块，金耳环30付，金戒指3个，呢料大衣30件，新被子近200床，新毛毯80余条，高档衣服1900余件。他热忱为丧主服务，受到赞扬，但谢绝各种馈赠。仅1985年他就拒收人民币1800余元、香烟1230盒、酒840余瓶。他还把自己在商店工作的独生子动员到火化场当了火化工。该馆被评为“全国殡葬事业单位先进集体”，刘学本人也获得辽宁省劳动模范、全国民政系统劳动模范和全国劳动模范的光荣称号，两次获全国及省授予的“五一”劳动奖章。

黑龙江省鸡西市殡葬管理所女火化工衣紫云17岁时，由饭店工作人员自愿申请当了火化工。社会上一些人的冷嘲、热讽、歧视，亲友的劝阻、反对，朋友的疏远、恋人的离去，也未使她动摇，她仍然勤奋工作，努力钻研业务。在这特殊的岗位上顽强地奋斗，终以高尚的情操、出色的成绩赢得了社会的尊重和人们的赞誉。先后被评为市“优秀共青团员”、“三八红旗手”，并记大功一次。1985年，在全国开展为边陲优秀儿女挂奖章活动中，获银质奖章。1986年，她参加了“全国民政战线理想汇报团”。1987年获全国民政系统劳动模范称号。

这些人物仅是中国民政园地万花丛中的几束花朵。在中国共产党和人民政府的领导下，广大民政工作者在各自工作实践中所形成的这种孺子牛精神，为中国的民政事业做出了前所未有的巨大贡献。孺子牛精神，是共产主义精神。它是各项民政工作获得巨大成就的重要精神支柱。随着民政事业的向前发展和千百万民政工作者的伟大实践，这种精神将不断发扬光大，为中国社会主义精神文明建设增添更加绚丽的光彩！

第十六章
民政事业计划财务管理和统计

民政工作在新中国成立后40年所取得的成就同民政事业计划管理、财务管理、基本建设工作与统计工作是分不开的。它们分别从各自方面保证了民政工作适应社会和人民需要的发展，以及方针政策的贯彻执行。

第一节　民政事业计划管理

民政事业计划管理就是通过制定和执行统一计划来组织领导和监督整个民政事业的发展。新中国成立后，民政工作为适应社会形势发展的需要，运用计划管理手段对民政事业发展进行宏观调控和指导。逐步建立了民政事业计划管理体制和计划管理体系，对当代民政事业的发展起了积极的作用。

一、民政事业计划管理的历史背景及其性质特点

（一）适应人民民主专政的政治基础和以生产资料公有制为主体的经济基础的要求。

1. 民政事业发展计划是国家社会发展计划的重要组成部分。新中国成立了人民民主专政的社会主义国家政权，实现了生产资料社会主义公有制的改造，为国民经济和社会发展实行计划管理创造了条件。民政事业单位是以全民、集体所有制为主体构成的。在中国人民民主专政的政治基础和生产资料公有制为主体的经济基础上，民政事业作为国民经济社会发展的重要组成部分，必须纳入整个经济社会发展计划的轨道。民政部门社会分

工的特点是面对人，以做人的工作为主，属社会工作部门。这决定了民政事业发展计划在国民经济发展计划和社会发展计划两大门类中，属于社会发展计划的一个重要组成部分。必须依据社会发展计划来考虑民政事业的发展，通过计划管理，进行有计划按比例的宏观调控，才能避免民政事业发展的盲目性和分散性，促使民政事业的健康持续发展，从而促进社会的稳定协调的发展。

2. 民政事业发展计划是发展民政事业的重要经济杠杆。发展民政事业的杠杆有经济杠杆、行政手段、法律手段三种。随着国家政治制度的改革，行政手段的效能相对缩小，经济杠杆和法律手段的效能相对增大。对民政事业发展能产生作用的经济杠杆有计划杠杆、财政杠杆、价格杠杆等多种，其中计划杠杆是最直接的，影响也比较大，是发展民政事业的重要经济杠杆。

3. 民政事业发展计划也是促进民政事业发展的行政手段和法律依据。计划不仅是经济杠杆，并且是社会主义国家管理国民经济和社会发展的重要行政手段，用以促进国民经济和社会有计划、按比例地协调发展。而国民经济和社会发展计划是由全国人民代表大会讨论通过的，具有法律地位。因而民政事业发展计划也就是促进民政事业发展的行政手段和法律依据。

（二）适应生产力发展过程中，生产部门、服务部门、各地区之间互相依赖的需要。四十年间，随着生产力的发展，社会分工日益深化。新的生产部门和服务部门层出不穷，各生产部门、服务部门之间的依赖性随之加强，各地区之间的经济联系、社会联系日趋频繁，劳动协作和生产集中程度极大地发展了，从而形成各生产单位、服务单位、各地区之间劳动社会化的加深。民政部门作为国民经济社会发展的一个重要服务部门，在社会化过程中，需要对民政事业实行计划管理，使其与国民经济和其他社会事业共同协调地发展。

中共十一届三中全会以后，国家计划体制进行了重要改革，将国家计划分为指令性计划和指导性计划，次要的产品转为市场调节。社会事业各部门的计划，包括民政事业发展计划在内，都被确定为指导性计划。因此民政部门可以在政策的指导下，根据各生产服务部门、各地区劳动社会化的需要和本部门的实际制定计划指导民政事业的发展，使之与各生产、服务部门和各地区的实际需要相适应。

（三）民政事业本身矛盾发展的结果。在社会主义新中国，人们对民政事业发展的期望值高，而国家所能提供给民政事业的财力毕竟有限，因此供求矛盾是长期存在的。如何最大限度地满足各类社会成员日益增长的福利需要，协调社会矛盾，解决社会问题，保证民政部门最大限度的发挥社会稳定机制的作用，这就需要依赖计划管理。以区分民政事业发展过程中的重点和一般，保证重点，兼顾一般，统筹安排，最大限度地解决问题，使民政事业有良好的整体效益。

民政事业发展计划包括业务计划和专业性计划两大类：民政业务计划，也称民政事业发展计划，包括优抚、救济对象生活水平计划、城乡各种福利院发展计划、社区服务设施发展计划、军队离退休干部和退伍军人安置计划、城乡各种福利企业生产计划、火化计划等。基层政权建设、行政区划和地名、社团管理等方面的规划，只是作为方向性指导，很难用计划指标来衡量和考核。专业性计划包括优抚和社会福利救济事业费支出计划、民政部门的基本建设计划、技改计划、物资计划、进出口计划、综合外汇收支计划、科技进步计划、科技攻关计划、技术引进计划、教育计划、劳动工资计划等。这些专业计划都是民政事业计划实施的物质基础保障。

二、民政事业计划管理的沿革与发展

（一）民政事业计划管理的沿革。40 年的民政事业计划工作经历了两个阶段，即内务部的民政工作计划阶段和民政部的民政事业发展计划阶段。

1. 民政工作计划阶段。

1950 年，内务部开始根据中央的方针、政策制定民政工作计划，内容是对基层民政工作的年度部署，一般只是对当年的民政工作提出重点和方向性的要求，时效性、临时性较强。它随着民政工作重点的转移而改变，一般不做年度的考核，连续性不易直接体现出来，因而很难进行科学的考评工作。

（1）国民经济恢复时期。

新中国成立初期，国民党统治时期遗留下来的社会问题极其严重。内务部作为国家政权的一个重要职能部门，开始协助各级中共党组织和人民政府着手解决社会问题的工作。

1950 年内务部制定的年度工作计划，确定的工作重点是：在灾区为生产救灾，在新区为减租反霸，逐步过渡到土地改革；无论新区或老区，都要着手于召开各界人民代表大会，以加强政府与人民的联系，为尽快恢复和发展生产服务。这一计划的贯彻执行，对当时医治战争创伤，巩固人民民主专政，恢复生产力都起了积极作用。但是，从整个国民经济恢复时期来说，民政工作的计划管理还是处于创始的不健全的阶段。有时对工作缺乏总体安排，或者虽然通过了年度工作计划，但未下达加强管理。

（2）第一个五年计划时期。

“一五”计划时期，国家行政体制和财政体制以“条条”为主，民政工作计划被提到了相当的高度。整个时期，民政部门围绕着中国共产党的总任务、总方针逐年部署安排中心工作：

1953 年，内务部部务会议通过了内务部 1953 年工作计划，确定工作计划的重点是选举和修改优抚条例问题。

1954 年，政务院第二一八次会议通过了内务部 1954 年工作计划要点。主要内容是：督促各省市民政部门召开民政会议，讨论第二次全国民政会议决议，根据当地情况制定执行决议的具体计划；加强民主建政工作；进一步推动优抚工作；做好农村救灾和城市救济工作；做好人口普查工作；

以及加强政策理论学习六个方面。

1955 年，国务院第六次全体会议批准内务部 1955 年全国民政工作计划。民政部门的工作重点转移到以优抚、复员、救灾、社会救济为主要任务上来，并相应地做好其他各项民政工作。

1956 年，国务院批转了内务部 1956 年全国民政工作规划，对整个民政工作作了详细安排。包括：争取做到烈属、军属全部入社，进一步做好复员军人的安置工作，做好革命残废军人学校的整顿工作，完成现役军人牺牲、病故、残废抚恤优待条例和国家机关工作人员牺牲、病故后家庭补助问题的办法，做好防灾、救灾工作，加强贫瘠山区和革命老根据地的建设工作，做好对移民的动员、遣送和安置工作，有计划地进行城市游民安置改造工作，整顿和继续组织城市和小城镇的贫苦烈属、军属、贫民生产，做好社会救济工作，适当开展城市社会福利事业，积极承办选举事务，做好婚姻登记工作，修改国家建设征用土地办法，加强民政干部的训练工作，召开全国烈属、军属、革命残废军人和复员军人社会主义建设积极分子大会，加强财务工作和统计工作等 18 项内容。同年，民政部门专业性计划也多方面开展起来，涉及优抚、安置、救灾、移民、游民安置等内容。为适应民政事业发展的需要，内务部根据国家计委的要求，编制了优抚支出和社会救济及福利支出第二个五年计划（草案），5 年共需支出 29.6 亿元。

1957 年，国务院批准内务部 1957 年全国民政工作计划要点，指出：全国民政部门必须根据动员一切力量积极进行社会主义建设的总任务，进一步做好复员、安置、优抚、救灾、社会救济工作，从解决烈属、军属、残废军人、复员军人和灾民、贫民当前的实际生产、生活困难着手，发动和支持他们积极参加社会主义建设。

（3）第二个五年计划至内务部被撤销时期。

1957 年 9 月 20 日中共中央召开扩大的八届三中全会，确定了国家行政管理体制和财政体制的转变。由于民政部门大量工作都是在基层，地方性强，内务部决定从 1958 年开始不再下达全国民政工作计划，由地方因地制宜，发挥地方的积极性和主动性，自行制定计划，报当地领导批准。民政事业计划工作的重点由编制工作计划转为解决计划的政策措施上来。到 1964 年，内务部恢复了“内务部工作计划”的制定工作，但仅作为地方民政部门制定规划时参考，无约束力。此项工作到 1966 年又告中止。

1958 年 4 月内务部召开了全国民政财务工作座谈会，会上确立了财务工作必须服务于民政工作计划的指导思想，推动各地贯彻执行。1959 年国家计委、内务部联合发出《关于社会福利生产统一纳入地方计划的通知》。这是民政部门第一项纳入地方国民经济计划的内容，为社会福利生产开拓了供、产、销的渠道。

民政事业长期存在基本建设投资无正当渠道的问题。1962 年国家计委和财政部发出《关于一九六二年基本建设投资和建设项目划分的规定的通知》，将民政部门大部分事业建设内容排斥在基本建设之外。随后，财政部以事业费与基建投资中央已划分明确，不同意从民政事业费中支付基本建设经费；而国家计委则以过去基本建设投资没有民政事业这一项为理由，不同意从基本建设投资中划出一部分用于民政事业，使一直挤用民政事业费支付基本建设经费的民政事业建设陷于困境。1964 年国家计委、财政部、内务部发出《关于安排民政部门一九六四年基本建设问题的通知》指出：关于 1964 年民政部门的安置农场、烈士纪念碑塔以及优抚、社会福利生产、事业单位的基建工程和设施所需的经费，从已下达的抚恤、救济费预算中开支。基建所需的物资，由各省、自治区、直辖市计委纳入计划。财政部党组并提出，从 1965 年开始，民政部门所需的基建投资如何纳入国家基本建设计划，由国家计委、内务部、财政部共同研究。1964 年 10 月，内务部转发国家计委《关于民政系统安置农场基本建设列入国家基本建设计划的复函》，内务部划出 1000 万元事业费改列为国家基建投资，安置农场的基本建设，从 1965 年开始列入国家基本建设计划。

“文化大革命”期间，内务部被撤销，民政工作计划随之中断，民政部门企事业单位的基本建设投资纳入国家基本建设计划问题一直未得解决（安置农场除外）。因而民政部成立后，对民政事业的建设步履维艰。

2. 民政事业发展计划阶段。

民政部从 1985 年开始正式下达民政事业发展计划。它是国家对未来时期各项民政事业发展所作的设想和安排，是民政部门根据中国共产党和政府的总方针、总政策，按照国家下达的计划控制数字，结合本部门的特点和经济、社会方面的要求，制定的本部门的计划。依据民政事业计划指标来指导民政事业的发展，可以从数量方面来衡量、监督和考核，也促进了民政事业发展管理工作的科学化。

（1）编制民政事业发展计划的法律依据。

1982 年 12 月 10 日第五届全国人民代表大会第五次会议批准的《中华人民共和国国民经济和社会发展第六个五年计划》，在增设的社会发展计划部分中，首次将民政事业纳入国家社会发展计划序列。“六五”计划第五编社会发展计划的第四节社会福利事业中提出：“充分挖掘各方面可利用的潜力，采取多种形式，积极兴办各项社会福利事业，妥善照顾农村五保户和烈军属的生活，适当发展一批疗养院、休养所，分期分批地安排工人、干部疗养和休息。国家用于抚恤和社会救济的经费五年合计 126.7 亿元。”这成为编制民政事业发展计划的法律依据，指导和促进了民政事业的发展。

（2）民政事业发展计划编制的范围、方法、程序和管理体制。

1983 年《第八次全国民政会议纪要》提出：“各级民政部门应加强计划财务工作，抓紧制定民政事业发展计划，将其纳入各级地方国民经济和社会发展计划，使民政事业同国民经济和其他社会事业协调发展。”据此，民政部门开始了编制民政事业发展计划的准备和研究工作。同年，民政部发布了《关于制定民政事业发展规划工作的安排意见的通知》确定了计划编制的范围、方法、程序和管理体制。

民政事业发展计划编制的范围包括：民政事业发展计划、抚恤和社会救济福利费支出计划、民政事业的基本建设计划、劳动工资计划。

民政事业发展计划编制的方法，首先，要对规划中的主要问题加强调查研究。其次，要搞好综合平衡。不但要研究民政事业与整个国民经济的比例关系，要研究抚恤救济标准与人民生活水平提高的关系，还要研究民政部门承担的任务与现有财力、物力、人力之间的平衡关系。最后，要坚持“全国一盘棋”的思想，正确处理局部与全局的关系。从挖掘潜力入手，采取国家和社会相结合的方法，共同搞好优抚、安置、救灾救济、社会福利等工作，充分发挥民政事业、企业单位的社会效益和经济效益。

民政事业发展计划编制程序，由各级民政部门将民政事业计划（草案）报送当地政府、同级计委和有关部门，并抄报上级民政部门。上级民政部门对下级民政部门编制的民政事业发展计划（草案），进行汇总，分析研究，综合平衡，再下达下级民政部门参照执行。

民政事业发展计划管理体制，按照计划管理体制，民政事业发展计划实行“统一计划，分级管理”。民政部管全国民政事业发展计划的编制和部直属单位专项计划的编制。各省、自治区、直辖市民政厅（局）管所辖行政区域民政事业发展计划的编制和厅局直属单位专项计划的编制。

（二）民政事业计划工作的发展。

进入80年代以后，民政事业计划工作逐步深入开展，它的作用的发挥，促进了民政事业计划管理的加强和发展。与内务部时期的民政工作计划相比较，是一个质的飞跃。

1. 民政事业发展计划正式纳入全国国民经济和社会发展计划的序列，这就促进了民政事业发展计划工作的发展。过去民政部门有些问题迟迟不得解决，同民政事业计划工作薄弱，民政事业发展项目未能列入国家计划是有关系的。1982年在“六五”计划中首次将民政事业纳入社会发展计划部分，对民政事业发展的方向、范围和方法作了明确的安排，解决了民政工作中的一系列问题。1987年中共中央关于制定国民经济和社会发展“七五”计划的建议中，特别提出社会保障问题，用大量篇幅阐述社会保障的政策和措施。随之在全国国民经济和社会发展第七个五年计划中，对社会保障工作给予了应有的重视，以一章的篇幅阐述国家对社会保障工作的安排和设想，成为民政事业发展计划工作的一个重要法律依据，有力地支持和促进了民政事业计划工作的发展。

2. 进一步确立了民政事业发展计划工作的地位，直接促进了民政事业的发展。1983 年 11 月民政部在河南洛阳召开了全国民政计划财务工作座谈会，会议着重指出：民政事业计划工作要适应社会主义现代化建设和开创民政工作新局面的要求，必须加强，使民政事业同国民经济和其他社会事业协调发展。民政事业发展计划是社会发展计划的一个重要组成部分，制定民政事业发展计划，是加强民政工作促进民政事业发展的重要措施之一。这就使民政事业发展计划在民政工作中的地位得到了确认和加强，从而促进了民政事业的发展，开拓了民政工作的新领域。

3. 民政事业发展计划指标的选定日趋科学化，范围也日趋明确。刚开始确定民政事业发展计划宏观调控指标时，由于缺乏经验，有的计划指标不合理，不科学，例如：将城乡各种福利院床位分割为 3 大块，不够合理，后经研究将计划指标予以合并，统称城乡各种福利院，指标概括而简明，具有科学性。另外，有的计划指标概念模糊，有的计划指标所包含的范围不全面、不科学等等。这些问题在实际工作中逐个得到解决。在追求计划指标科学化的过程中，专业性计划如进出口计划，综合外汇收支计划、技术引进计划、技改计划，科技攻关计划等不断被开拓出来，对民政事业起了促进作用。

4. 第一次编制了民政事业发展五年计划，即《民政事业发展第七个五年计划》。并提出了“七五”期间民政事业发展的指导思想、主要任务、基本目标以及实现计划的政策措施，民政事业发展从此有了蓝图规划。《民政事业发展第七个五年计划》的编制工作，为后来编制民政事业中长期规划提供了实践经验。

5. 固定资产投资争取工作取得了突破。1979 年，国家计委下发了

《国家计委关于解决民政事业、企业基本建设投资来源问题的通知》，为地方民政部门基本建设投资纳入地方基本建设投资基本理顺了投资渠道。“七五”期间与“六五”期间比较，民政部门固定资产计划投资规模有了质的变化，仅中央安排的固定资产计划投资额就达3.8亿元。其中：民政部直属的预算内基本建设投资0.76亿元，比“六五”期间增长1.23倍，建设了4所民政中专学校、2个研究所、3个休养院以及一批生活设施，总面积达13万多平方米；技改投资从无到有，中央安排的各种技术改造贷款2.7亿元，完成了社会福利企业技改项目700多个。这一切，为民政事业的发展提供了经济物质保障。

此外，其他专项计划的争取工作也有了收获，从“七五”开始实现了零的突破。部直属物资（专用车改造材料、假肢生产材料、基建三材），民政专用汽车计划分配指标，纳入国家计委和物资部计划。“七五”期间，民政部为基层民政部门装备了1000多辆汽车，在一定程度上改善了基层民政部门装备落后状况。向国家计委、物资部争取了近300万美元中央外汇额度，为假肢行业、部分福利企业进口一部分专用先进设备，为这些企业实现技术进步创造了条件。还争取了民政部科技三项费用200万元，推进了民政部门的科技攻关工作。

三、民政事业计划管理的效用和存在问题

在各级党和政府的领导和有关部门的大力支持下，民政部门积极开拓，努力进取，民政事业发展计划管理取得了一定的效用，但在改革与发展中也面临一些问题。

（一）民政事业计划管理的成效。最基本的成效是促使民政事业发展计划纳入了全国国民经济和社会发展计划，部分省、自治区、直辖市的民政事业发展计划也分别纳入了当地国民经济和社会发展计划。这使民政事业发展计划得以在国民经济和社会发展计划中占据应有的地位，从而使民政事业发展计划的实施有了法律的依据和保障。在这个基本成效的基础上

产生出如下三方面的成效：

1. 促进了民政事业的发展。从1985年民政部开始正式下达民政事业发展计划以来，民政事业得到了协调、稳定、持续的发展。1989年，城乡各种福利院床位达73.78万张，比1984年增加31.25万张，平均每年增长11.65%。军队离退休干部干休所达1401个，比1985年增加1394个。城乡社会福利企业社会总产值达261.5亿元，比1984年增加240.7亿元，平均每年增长66.07%。全国总火化率达30.11%，比1984年提高了10.01个百分点，平均每年上升2个百分点。

2. 促进了民政事业发展资金的落实。如1989年，抚恤和社会福利救济事业费支出达45.28亿元，比1984年增加21.04亿元，平均每年增加13.60%。固定资产投资为4.0亿元，比1984年增加3.3亿元。

3. 促进了民政工作管理的科学化。由于民政事业实行计划指标进行宏观调控，有利于促进民政工作目标管理的实现，对民政事业衡量与考核有所依据。

（二）编制民政事业发展计划的作用。

1. 运用民政事业计划杠杆，可以调节民政事业的主要比例关系，从而使民政事业按比例持续稳定的发展。民政工作的特点具有多元性，但民政业务之间的联系是存在的，有比例可寻的。编制民政事业发展计划的目的在于寻找合宜的比例，提高民政事业的整体效益。

2. 编制民政事业发展计划，能够使民政部门合理利用发展民政事业的人、财、物，避免浪费。计划的科学性在于避免人们工作的盲目性。运用计划手段，对人、财、物进行合理配置，使发展民政事业达到少投入、多产出的效果。

3. 编制民政事业发展计划，能够在一定时期内，集中力量解决发展民政事业的重大问题。任何一个时期的民政事业发展过程中，都有一些急需解决的问题，特别是在供求矛盾突出，求大于供的情况下，编制民政事业发展计划就可以发挥人的主观能动性，重点地、最大限度地解决一些问题。

4. 编制民政事业发展计划，有助于自觉地正确处理人际关系，特别是不同对象的利益关系。民政工作对象种类繁多，而他们之间对社会所做的贡献不同，所处的地位不同，计划工作可以发挥出正确协调人际关系的作用。

5. 编制民政事业发展计划，可以监督、考核民政事业发展状况。例如，城乡各种福利院床位计划，是经过全国人大通过的。具有法律效力，是监督民政事业发展状况的法律依据。

（三）民政事业计划管理存在的问题。

1. 民政部门固定资产投资纳入地方计划的问题，1979 年，国家计委《关于解决民政事业、企业基本建设投资来源问题的通知》虽然明确要求地方计委将民政部门的固定资产投资纳入地方计划。但由于历史的原因，一直未能得到妥善解决。1989 年民政部门国家基本建设拨款仅为 0.8 亿元，与民政事业的地位和发展是不相适应的。

2. 民政事业发展计划管理起步不久，计划管理的制度建设和法制建设还很不完善。

3. 引导地方民政部门实行民政事业计划管理还不够有力，有些地方民政事业计划管理没有开展起来，也未纳入地方国民经济和社会发展计划。

以上问题，有待于在民政事业计划管理的实践中进行调查研究，逐步加以解决。

第二节　民政事业财务

民政事业财务作为国家财政工作的重要组成部分，是民政部门及其事业单位在开展民政事业业务工作中有关资金的筹集、调拨、使用、分配、偿还等财务管理方面的经济业务活动。根据《中华人民共和国宪法》有关规定，国家把保障部分退休者、优抚救济对象等社会成员生活的大部分社会保障工作交给民政部门，为这些社会成员支付退休金、抚恤金、救济金等。支持民政事业的发展，并加强对这部分资金的管理，是民政事业财务工作的一项重要任务。民政事业财务必须按照中国共产党和国家的方针政策，为民政事业贯彻执行优抚安置、救灾救济、社会福利等工作的具体方针政策组织财力保证，为广大优抚、救济、福利事业对象和军队离休、退休人员服务，保障其对象的生活水平随着社会主义生产的发展而不断提高。使民政事业得以延续和发展，从而促进部队建设、社会安定，促进物质文明和精神文明建设，体现社会主义优越性。

一、民政事业财务管理体系的建立和发展

（一）民政事业财务管理的历史沿革。在新中国成立以前的农村革命根据地，民政工作对保障革命战争的胜利具有重要意义。民、财、建、教，被称为苏维埃政府四大职能部门，民政部门除担负支前等任务外，并承担优抚、救济款物的支付，采用实物发放、凭票发放和货币发放等多种形式，建立了民政事业财务管理的雏形。

新中国成立以后，逐步建立和健全了民政事业财务管理体系。1949 年在国家实行集中财力、统收统支阶段，民政事业经费由财政部门直接管理。随着内务部和各大行政区民政部的建立，民政事业经费，在国家预算支出项目中设置为“社会事业费”科目，交由民政部门管理。内务部、财政部专门制定了《社会事业费管理使用的几项规定》。省、自治区、直辖市民政部门开始建立事业财务机构，配备专职会计人员，县级民政部门也逐步配置主管事业经费的会计。部分省还召开了民政事业财务工作会议。从此，民政事业财务工作的资金保证和总体反映各项政策执行情况的职能作用逐渐被认识。1954 年内务部、财政部共同制定了《优抚救济事业费管理使用暂行办法》。1957 年内务部专门召开民政财务工作座谈会，总结七年来的财务管理经验，布置了开展厉行节约反对浪费的活动。1962 年内务部、财政部根据中共中央和国务院关于加强财务管理，严格财政制度，严肃财经纪律的要求，重新修订《抚恤和社会救济费管理使用办法》，对民政事业经费的使用

原则和范围、发放方法、预决算制度、管理机构和人员的配备等作了更为明确的规定，并于1963年年初召开全国民政财务工作会议专门布置贯彻。1964年和1965年内务部同中国农业银行先后商定，将用于农村的抚恤费和救济费交由农业银行监督拨付。

1968年年底内务部撤销后，地方各级民政部门连同民政事业财务机构也相继撤销，民政事业费改由各级财政部门直接管理。从此，开始了粗线条的管理方式，延续到1975年。其间，有部分地方在1971年以后陆续恢复民政机构和民政事业财务管理部门。这一时期内民政事业财务工作被削弱，民政事业费使用混乱，资料短缺。

1978年民政部成立后，十分重视民政事业财务工作，专设了民政事业财务机构，并会同财政部重新印发了1962年的《抚恤和社会救济费管理使用办法》，又指派专人着手起草新的办法，以适应新时期民政工作的需要。各地民政事业财务机构也相继恢复，逐步配备了专职财会人员。1979年即已有22个省级民政部门设置了财务机构。据1984年统计，已配备专职财会人员的各级民政机关达2747个，占民政机关总数的91.32%，专职财会人员达4002人，占民政机关干部总人数的10.55%。

1984年民政部、财政部在广泛征求意见的基础上，修订发布了《民政事业费使用管理办法》。新办法总结了新中国成立以来民政事业费使用管理的经验，集中反映了新时期民政财务工作的职责和任务，明确了民政事业费的资金性质及管好用好的重要意义，划分了民政、财政部门各自不同的职责和权限，同时，对使用原则和使用范围，在新财政体制下与新民政工作任务下，赋予了新的内容。从而使民政事业财务管理有章可循，依法理财，逐步走上正轨。

（二）民政事业经费预算管理体制的演变。民政事业经费预算管理体制是随国家预算体制的建立、变动和改革而相应改变的。新中国成立初期，国家实行高度集中统收统支的预算管理体制下，民政事业经费支出预算也相应集中到中央和大行政区两级，由中央将地方支出预算的指标下达到各大区，地方和单位逐级向各大行政区申报。1954 年随着大区的撤销和各级地方财政的建立，民政事业经费的预算指标则由内务部、财政部确定后，逐级下达到县级民政、财政部门。1969 年至 1978 年内务部撤销期间，民政事业经费支出预算指标由财政部直接安排下达，经费管理使用也由各级财政部门直接办理。

1980 年国家预算管理体制实行重大改革，建立“划分收支分级包干”一定五年不变的体制。按照包干办法规定，国家用于抚恤和社会福利救济费属于地方财政包干范围。财政包干第一年由财政部根据 1979 年中央下达到地方的民政事业经费支出指标数额，扣除一次性拨款数额，作为地方财政包干的民政事业经费支出基数。1980 年财政计划安排为 18.7 亿元，列入地方包干基数的为 10.8 亿元（附各省、自治区、直辖市列入财政包干的民政事业费基数表）。此后，根据省级以下采用何种包干形式由各省自定的原则，省级以下民政事业费，有的仍由省级民政、财政逐级下达支出指标，不列入县级财政包干范围。当时黑龙江、新疆等 6 省、自治区均采用这一形式。大多数地方则实行将民政事业费包干基数逐级下达到县级，列入各级财政包干范围。但是根据包干办法的规定，特大自然灾害救济费是作为中央专案拨款，不列入地方财政包干支出范围的。1980 年核定特大自然灾害救济费支出指标为 6 亿元，当遭受特大自然灾害地方财力确实无力全部解决时，由省级人民政府向国务院申拨此项专款，经民政部、财政部商定后，共同办理拨款指标下达事项。1983 年开始，民政部、财政部又先后对甘肃、宁夏、贵州、青海、西藏、新疆等 6 省、自治区的特大自然灾害救济预算管理试行改革，实行核定包干数额，3 年不变，包干期间中央不再拨专款的办法。

1982 年财政部、民政部明确规定民政部门接收安置的军队退休干部和军队无军籍退休职工的退休费用逐级编列预算汇总上报，由中央财政拨款。1983 年中共中央、国务院决定军队离休干部也移交民政部门管理后，其离休费用也由中央财政拨款。另外，中央财政根据财力，每年适当安排一部分支出指标，以专项拨款方式下达给地方。如提高50余万烈士和牺牲病故军人遗属定期抚恤金标准，80余万伤残人员的伤残抚恤金标准及200余万复员军人定期补助标准，给予15万红军失散人员以定期补助待遇和补办60年代17万精减退职老弱病残职工享受原工资40%救济等等所需经费。

1984年民政部，财政部发布的《民政事业费使用管理办法》中正式确定：民政事业费地方民政部门使用的属地方财政支出，列入地方预算。中央下达的拨款也列入地方财政支出，地方视同追加预算。民政部及其直属单位使用的属中央财政支出，列入中央级预算。预算安排的原则，首先是要保证国家规定的定期定量发放和据实报销的支出，其次是妥善安排临时发放的非定量补助和救济的支出，以保障优抚救济对象的生活；对扶持灾民、贫困户生产自救和社会福利生产的资金，应在优抚救济对象生活切实得到保障之后，量力而行；民政事业经费公用部分和其他民政事业费，则应严格按规定的列支范围精打细算，节约使用。

1983年中共中央、国务院决定建立乡级财政的通知下达后，随着各地乡级财政的逐步建立，民政事业费支出预算，不少地方列入了乡财政支出包干范围。由于经费安排的可调范围越来越小，不少地方保证不了贫困乡承担的优抚、救济对象的生活保障需要。因此，1985年财政部在制定的《乡（镇）财政管理试行办法》中接受民政部的意见，未将民政事业费列入乡（镇）财政支出范围，仅规定了具体收支范围由各省、自治区、直辖市人民政府根据实际情况作出决定。在这以后，大部分地方将民政事业费列入乡（镇）财政支出范围，有一部分地方的民政事业费仍然包干到县级财政，乡（镇）使用部分则由民政部门拨款，使用后向民政部门报销。也有一部分地方只将固定性支出部分列入乡（镇）财政支出范围。

（三）民政事业财务管理的改革。中共十一届三中全会以来，在改革开放方针指引下，国家对财政、税收和财务管理制度进行了一系列重大改革，民政事业财务在国家财政改革总设计下，也进行了多项改革：

1. 改革各项优抚、救济、生活补贴标准的制定方法。1985 年民政部、财政部联合下达通知，正式确定对制定调整各项抚恤、救济标准的方法进行改革，划分由中央统一制定和地方自行制定标准的范围和原则。提出今后调整标准：(1) 应与地区经济发展水平挂钩，改变以往一刀切的习惯做法。(2) 与职工工资挂钩，对烈士和牺牲病故一次抚恤金和伤残抚恤金、保健金标准实行与职工工资挂钩的办法，即抚恤金随工资增加而增加，以使他们的生活费能随人民生活水平提高而相应增加。(3) 实行生活补贴的办法，以保证优抚、救济对象生活水平不因物价改革中提高部分商品价格而有所降低。由于实行上述一系列改革，1985 年中央和地方财政各安排 1 亿元资金用于调整标准，1989 年发放给由民政部门供养的优抚救济对象的生活费已达 30 亿元，比 1984 年增长 87%，使他们的生活得到保障，对社会安定起到积极作用。

2. 充分调动中央和地方民政部门共同争取经费的积极性。将过去按谁出主意谁出钱，中央出主意由中央拨专款的办法，改为由中央协助，地方财力安排，保证了民政政策的落实和民政事业任务的完成。如 1986 年和 1989 年为提高老复员军人定期定量补助标准，先后由中央拨补助款 5000 万元和 1 亿元；从地方争取到经费 7000 万元和 8000 万元。

3. 改革民政事业单位财务管理。1980 年实行财政包干后，天津等部分地区民政部门开始对所属事业单位经费实行全额或部分包干办法。1983 年殡葬事业单位率先采用定额补助，超收分成的办法，从而调动了广大殡葬事业职工增收节支的积极性，1984 年全国殡葬单位业务收入比 1983 年增加 25.72%。随后各类民政事业单位的财务改革相继展开，改革内容主要为：适当扩大各单位财务管理权限，积极鼓励民政事业单位在完成民政事业任务前提下，打破地区、部门限制，综合利用，向社会开放，努力开拓服务项目，增加收入，从而提高经费自给水平，增强自我发展能力。在经费预算方面试行任务与经费挂钩，按完成工作量和费用定额核定经费预算的办法，改变了干多干少、干好干坏，全部由民政事业费包下来的习惯做法。民政事业费只承担民政部门下达任务的部分，面向社会所消耗的费用由创收中予以弥补。同时各民政事业单位在经费包干后，节余的部分可按规定比例提取一定数额建立基金，在主要用于事业的原则下，自主使用，开拓了单位发展和更新改造的资金来源，改善和提高了职工福利及个人待遇，发给个人奖金按与完成工作量和取得经济效益挂钩的办法分配。民政事业单位财务改革，自 1982 年以来，已实现创收 12. 74 亿元，1989 年达 3. 9 亿元，比 1979 年增加 10. 8 倍，占单位经费支出的 20. 3% 。

4. 重新修订《民政事业费使用管理办法》，按照民政事业承担的任务，确定了新的使用范围。其中将民政事业业务工作所需经费首次列入事业经费支出，促进了民政工作条件的改善，支持了民政教育事业、干部培训等工作的开展。从 1984 年起用于民政业务的支出 15. 1 亿元，约占事业经费总支出的 7. 23% 。根据民政事业费主要用于优抚、救济对象生活保障的专款性质确定安排经费的顺序和原则，进一步保证各项抚恤、救济、补助费按时按量地发放到各类对象手中。

5. 实行有偿使用与无偿发放相结合和创建民政事业周转金制度，有力地促进了扶贫、生产自救、扶持福利生产等政策的落实和资金使用效益的提高。1983 年第八次全国民政会议提出“在扶贫资金的使用上，可以研究采取有借有还的方式，逐步建立扶贫周转基金”以后，民政事业费用于灾民生活救济和贫困户生活救济的部分，一改过去全部无偿发放的方法，实行有借有还和无偿发放相结合，将扶持生产自救，获得经济效益的部分采用按项目借用到期回收，并将回收的资金建立扶贫周转金，周转使用，缓解了民政部门扶贫工作资金不足的困难。改革开放十年间由民政事业费拨出扶持灾民和贫困户生产自救的资金已有 18 亿元，截至 1990 年年底，拥有扶贫周转金 13 亿元。

1984 年辽宁等省首先改革扶持社会福利生产资金的无偿供给方法，试行按项目借用，取得效益后归还，已有不少地方采用有借有还使用扶持社会福利生产资金的方法。10 年间民政事业费用于扶持福利生产的支出已有 4 亿元，其中相当一部分是回收后周转使用的。

6. 开辟民政事业新的资金渠道，革新单一依靠国家财政资金的局面。民政事业长期因资金短缺，发展缓慢，远远满足不了社会发展需要。改革开放以后，民政事业财务部门对解决资金不足的难题积极探索，提出从多渠道筹集资金的办法，即通过多渠道、多层次的捐赠、募集、援助等方式向国内外社会团体或个人筹集事业资金。这一办法得到各级民政部门的重视，并且取得了一定经济效果。1985 到 1989 年的 5 年中。已从社会筹集资金 9. 1 亿元，其中社会福利有奖募捐券的发售更增添民政事业筹集资金的活力，在 1987 年至 1989 年的 3 年中已发售 7. 5 亿元。其中为社会福利基金提供资金 2. 6 亿元。

为了加强这部分资金的使用管理，民政部门对社会筹集的资金，坚持取之于社会，用之于社会的原则。坚持向社会公布，取信于民的作法。从社会筹集的 9. 1 亿元资金中，26% 用于民政事业单位条件的改善；13% 用于补充事业经费的不足；41% 用于补充扶贫周转金；其余用于补充社会福利基金等。

7. 民政事业基本建设投资列入国家基本建设投资范围，改变了该项投资长期挤占民政事业经费的状况。1979 年民政部上报国务院反映民政部门基建经费长期以来无正当渠道，造成设备简陋，房屋破败的现状，要求列入国家基本建设投资序列。后由国家计委正式下达通知明确民政部及直属单位基本建设投资列入中央基本建设投资计划，地方民政部门基本建设投资列入地方基本建设投资计划。1980 年至 1989 年，全国民政系统基本建设投资已达 12. 3 亿元，其中国家财政安排的基本建设投资为 6. 08 亿元，有力地保证了民政事业的发展。

二、民政事业财务的性质、特点和基本任务

（一）民政事业财务的性质和特点。

1. 政策性强。民政事业财务主要是为民政事业提供财力保证，支出大量的民政事业费以满足广大民政工作对象的需要。这些支出都是严格按照中国共产党和人民政府的方针政策办理的。充分体现了党和国家对广大优抚、救济对象和军队离休退休人员的关怀，调动了这部分人的社会主义建设积极性，直接涉及国防的巩固和社会的长治久安。

2. 涉及面广。全国各级政府都没有民政部门，广大优抚、救济对象和军队离休退休人员遍布全国城乡各个角落。民政部门要按照政策规定，将各种抚恤、补助、救济金和离休、退休、退职金发放到他们手里。各级民政部门举办的各类事业单位，收养的供养人员，管理的烈士纪念建筑物等也分布在全国各个地区。所以民政事业财务工作势必涉及全国广大地区和广大的人民群众，做好这项工作，才能保证民政事业任务在全国各个角落的落实。

3. 类型复杂。由于国家现行财政管理体制实行中央和地方两级管理，中央对省、自治区、直辖市实行包干办法，省级以下采用何种形式由省级自行确定。因此，民政事业财务也必须根据民政事业经费是采用层层包干，还是只包干到省，是全部包干，还是部分包干，而采用不同类型的管理形式，在管理上有一定的复杂性。乡镇财政建立后，民政事业经费有的属于乡镇财政包干范围。有的虽属乡镇财政包干范围，但仍采用由县级民政、财政部门共同下达支出指标，有的仍实行向县级民政部门报帐的制度。因而乡、镇民政事业财务的管理类型也有很大的复杂性。另外，民政事业单位任务不同，类型也不同，各行各业都有，有事业型，也有企业型，有全民所有制，也有集体所有制。从收支状况看，有的有支有收，有的有支无收，有的收大于支，有的支大于收。因此，在预算编制及指标下达，资金供给使用等财务管理形式上都不尽相同。民政事业财务必须制定适用各种类型的具体管理办法。

（二）民政事业财务的基本任务。民政事业财务的基本任务主要是正确贯彻执行中国共产党和人民政府的有关民政工作的方针、政策，积极组织民政事业资金，保证需要，准确使用，正确处理在财务收支活动中的各种经济关系，特别是国家、集体和个人的经济关系。

1. 积极组织资金来源，保证事业需要。民政事业的正常开展要与国家经济、社会协调发展，需要大量资金才能保证顺利完成。中国民政事业经费主要来自国家预算，95%是国家拨入的预算经费。国家预算通过对国民收入的分配和再分配，把国家集中起来的一部分社会纯收入，以无偿的形式拨付给民政部门，即用作消费基金的部分支出中安排的民政事业经费和用作积累基金的一部分支出中安排的民政事业基本建设投资。此外，民政部门还通过多渠道、多层次向社会筹集事业资金，以保证事业发展的需要。

2. 合理安排和使用资金，确保用项正确。国家财力供给和社会可动员的财力都是有限的，民政部门从国家预算得到的资金和从社会筹措的资金也是有限的。安排和使用好这部分有限的资金，成为民政事业财务的职责之一。民政事业经费主要用于保障由国家抚恤的人员及各类优抚补助、社会救济对象和事业单位收养人员生活的经费，有特定的用向和规定的范围、标准，使用时必须遵循和合理安排，把有限的资金使用好。

3. 尽可能地组织收入，以减轻国家和社会负担，弥补经费之不足。民政事业虽然主要是支出经费的一项社会必不可少的事业，但是民政部门所从事的事业范围和单位的性质类型表明，不少单位在开展业务活动，开拓服务项目或生产经营中，都能取得一定收入，用来自我发展事业和弥补经费不足。

4. 建立和健全民政事业的财务管理制度，实行有效管理，使民政事业财务工作有章可循，财务活动具有成效。

5. 监督民政事业财务活动，并透过财务活动对业务活动实行检查和监督，从而反映民政部门对民政工作的方针政策和财经制度的贯彻执行状况。

三、民政事业费的使用及其效果

（一）民政事业费使用原则。为了最大限度地发挥民政事业费应有的作用，必须严格遵循以下几条民政事业费的使用原则：

1. 专款专用。民政事业费是国家用于民政事业的专款，必须按照规定的范围，实行专款专用。例如，中央专项拨款的特大自然灾害救济费，只用于遭受特大自然灾害地区有困难的灾民救济，不得调作他用。

2. 重点使用。各项补助、救济款应当重点使用于经济不发达，群众生活贫困，集体经济优待和经济补助有困难的地区，用于生活最贫困的优抚救济对象；救灾款应重点用于灾情严重地区自力无法克服生活困难的灾民，不得平均分配和发放。

3. 厉行节约。民政事业单位经费和其他民政事业费必须贯彻勤俭办事业的方针，厉行节约，反对浪费，提高使用效果。逐步改革事业单位经费使用办法，实行经费包干。

4. 民主理财。民政事业费预算安排、指标分配以及数额大的开支，须经领导集体讨论决定。发放临时补助、救济费和救灾款，要贯彻群众路线，实行群众评议与领导审批相结合的办法。

（二）民政事业费使用范围。

1. 抚恤事业费主要用于：（1）牺牲病故抚恤费用；（2）伤残抚恤费用；（3）烈军属、复员退伍军人生活补助费用；（4）退伍军人安置费用；（5）优抚事业单位经费；（6）烈士纪念建筑物管理、维修费用。

2. 离休、退休、退职费主要用于：（1）离休金（指规定由民政部门管理的军队离休干部的工资、生活补贴、公勤费、交通费、服装费、副食品价格补贴、粮价补贴、洗理费、房租水电补助费、宿舍取暖补贴、荣誉金等，也包括仍由民政部门管理的地方离休干部离休金）；离休干部其他费用（指随军队家属生活补助费、生活不能自理的护理费及死亡后丧葬补助费、遗属生活困难补助费、按标准提取的或开支的福利费、探亲路费、特需经费、公杂费、差旅费、政治工作费等)；(2) 退休金 (指规定由民政部门管理的军队退休干部、无军籍退休职工的退休金、生活补贴、粮价补贴、副食品价格补贴、房租水电补助费、宿舍取暖补贴等，及仍由民政部门管理的地方退休人员退休金)；退休人员其他费用 (指按标准提取或开支的福利费、生活不能自理的护理费及死亡后的丧葬补助费、遗属生活困难补助费，企事业单位退休人员死亡之后一次抚恤金)；(3) 退职金 (指按规定由民政部门管理的军队无军籍退职人员的生活费)；(4) 离退休干部事业单位经费 (指由县级民政部门管理的军队离退休干部管理服务机构的工作人员工资、福利费、办公费、车辆购置、维修和油料费、房屋修缮补助费以及开办费等)。

3. 社会救济和福利事业费主要用于：(1) 农村社会救济费；(2) 城镇社会救济费；(3) 精减退职老弱残职工救济费；(4) 其他专项生活救济费 (指按政策专项规定发给无依无靠、无生活来源的散居归侨、外侨、原国民党投诚起义和宽大释放人员等生活困难救济费)；(5) 社会福利事业单位经费；(6) 收容遣送费；(7) 社会残疾人福利事业费；(8) 殡葬事业费。

4. 自然灾害救济费主要用于：(1) 生活救济费；(2) 扶持灾民生产自救支出；(3) 安置、抢救、转移灾民支出。

5. 其他民政事业费主要用于：(1) 来访费 (指县级和县级以上民政部门接待优抚、救济对象来访处理费用)；(2) 慰问费 (指民政部门组织拥军优属活动的费用)；(3) 专业会议费 (指县级和县级以上民政部门召开优抚对象或民政事业单位职工先进代表会议及其他民政事业专业会议费用)；(4) 大宗印刷费 (指民政部门印刷优抚、救济和离休、退休金领取证件，及民政事业计划、财务、统计、人事、法规等业务资料的费用)；(5) 事业档案费 (指民政部门保存婚姻登记、行政区划、地名、烈士英名录、社团管理、基层政权建设和计划、财务、统计等事业档案资料的费用)；(6) 中等专业学校经费 (指民政部门举办中等专业学校经费)；

(7) 职工训练费（指县级和县级以上民政部门训练民政机关、事业单位干部职工的费用）；(8) 其他费用（指民政事业其他必要开支及民政部门出版刊物、报纸等的补贴）。

（三）民政事业费的使用情况。新中国成立后40年，国家财政共支出民政事业费537.42亿元，占财政总支出的1.57%，年平均增长9.4%。尤其是民政部成立以后的11年间，民政事业费支出307.16亿元，占四十年总支出的57.15%，年平均增长8.3%。国家财力对民政事业经费的保证，使民政部门能够在各个时期根据党的总方针、总政策贯彻落实各项民政工作的具体方针、政策，对促进社会安定、巩固国防、促进物质文明和精神文明建设发挥了应有的作用。

民政部门历年将国家财政安排的民政事业费首先用于保证优抚、救济对象和离休、退休人员的生活；其次是适当兴办民政事业单位；第三是扶持贫困户、灾民生产自救；第四是量力改善民政事业业务工作条件。以1989年民政事业费使用情况为例，这一年国家预算支出民政事业费45.28亿元，比上年增长14.43%，其中属于中央专项拨款占35%，地方财力自行安排占65%。按照国家预算科目分类，计支出：抚恤事业费14.01亿元，占30.93%；离休、退休、退职费7.45亿元，占16.46%，社会救济福利费9.97亿元，占22.02%；自然灾害救济费10.90亿元，占24.08%；其他民政事业费2.95亿元，占6.51%，其具体用项如下：

1. 用作定期发放生活费支出18.29亿元，以及其他费用1.75亿元，共占总支出的44.3%，比1979年增加3.05倍。供养各类优抚、救济对象和离休、退休、退职人员534万余人，其中供养 (1) 离休、退休、退职人员31.8万人。(2) 在乡革命伤残军人、革命工作人员、人民警察和因战致残的民兵、民工48.5万人；另外民政部门还支出3201万元经费为伤残人员安装、维修假肢和其他辅助器械。(3) 在乡退伍红军老战士6480人。(4) 复员退伍军人253.6万人。(5) 烈属和牺牲病故革命军人、工作人员、人民警察遗属以及离休、退休人员遗属57.9万人。(6) 社会孤老残幼和其他各类救济对象 141.8 万人。（7）60 年代精减退职享受原工资 40% 救济的老弱残职工 53 万人。（8）对生活不能自理的 1.7 万名在乡特等、一等伤残人员和离休、退休干部还发给相当于一个机械行业新工资标准 5 级工工资的护理费。

2. 用作发给 3.6 万烈属和牺牲病故的军人、工作人员、人民警察和离休、退休人员家属的一次抚恤金及丧葬支出 4389 万元，占总支出的 0.9%，比 1979 年增加 114%。

3. 用作解决临时性生活困难的补助、救济支出 9.51 亿元，占总支出 21%，比 1979 年减少 6.94%。使广大优抚、救济对象和灾民得到数额不同的一次性补助和救济，解决了由于意外事故或遇自然灾害造成的生活困难。其中发给 4.9 万名当年退伍义务兵建房补助 1187 万元；发给 6499 万名灾民生活救济费 6.97 亿元。

4. 用作扶持生产自救支出 3.62 亿元，占总支出 8%，其中扶持 453 万户灾民生产自救支出 1.1 亿元；扶持 191 万贫困户生产自救支出 2.52 亿元，比 1984 年增加 84.5%。

5. 用作民政事业单位经费和企业资金 7.35 亿元，占总支出 15.8%，比 1979 年增加 3.58 倍。其中：（1）民政部门举办收养福利事业单位 1853 个，收养优抚、救济对象 8.5 万人，支出 3.35 亿元。（2）举办为军队离退休干部服务的机构 1307 个，支出经费 1.04 亿元。（3）设置烈士纪念建筑物（陵园、墓、祠堂、碑、塔、亭）管理机构 678 个，支出经费 3196 万元。比 1979 年增加 1.15 倍。（4）设置殡葬事业单位 1410 个，经费补贴 8464 万元，比 1979 年增加 1.59 倍。（5）设置收容安置流浪乞讨人员的机构 704 个的经费 8142 万元，比 1979 年增加 1.45 倍。（6）20 所中等专业学校经费 1037 万元。（7）扶持社会福利企业和假肢企业拨款 4238 万元，比 1979 年增加 4.4 倍。（8）补助 11068 个社会办的民政事业单位经费 4568 万元，比 1979 年增加 5.74 倍。

6. 用于资助社会福利资金和残疾人活动费 2946 万元，占总支出

0.7%，比1979年增加14倍。

7. 用于民政机关事业性业务支出3.66亿元，占总支出8.1%，比1979年增加5.17倍。其中慰问活动支出6214万元，比1979年增加3.7倍；会议支出3026元，比1979年增加2.7倍。

8. 用于紧急抢救灾民支出3648万元，比1979年增加11%。

四、民政事业财务监督

民政事业财务监督对保证共产党和人民政府有关民政事业的方针、政策、财经法令和各项规章制度的贯彻执行，对保证民政事业资金的正确使用，讲求实效，完成民政事业担负的各项任务，起着十分重要的作用。民政事业财务监督的主要工作是对经费支出的监督，例如1953年至1956年，民政事业财务监督民政事业费的使用，查出贪污民政事业费的人员2510人，贪污金额26万余元，其中贪污1000元以上的23人；查出挪用、滥支的民政事业费78万余元。1963年内务部召开全国民政事业财务会议，针对当时不少地方存在的救灾款、社会救济费和抚恤补助费使用不当、挪用、私分、多占和贪污不断发生，平均分配现象比较严重等问题，要求各地严肃财经纪律，充分发挥财务会计工作的监督作用，对使用情况进行了一次普遍检查清理。取得了较好的效果。

为了克服“文化大革命”期间民政事业资金管理存在的严重混乱现象，根据1978年第七次全国民政会议决定，在全国范围内开展民政事业费使用情况大检查。1981年四月民政部又根据中共中央办公厅的通知，决定继续检查民政事业费的使用和管理，并列为1981年民政工作主要任务之一。在各级民政部门的努力和财政、银行、纪检、检察等部门的协同配合下，两次全国性大检查取得很大成效。民政部于1983年将检查结果专题报告中共中央办公厅。上述新中国成立以后规模最大的民政事业费使用情况检查，动员了13万名工作人员参加，其中有民政干部4万余人，被检查单位达33.7万多个，占应检查单位的78.4%。民政部曾派出检查组赴广西、安徽等地进行专题检查。全国大检查取得的效果主要是密切了中国共产党和人民政府同人民群众的联系，充分体现了它们对人民群众的关怀，挽回了不正之风在群众中造成的不良影响；对广大干部、职工进行了一次实际而深刻的思想政治和遵纪守法的教育，推动了社会主义精神文明建设。基本掌握了近几年民政事业费的使用情况和存在的问题。检查中发现四年中支出的民政事业费有3.64%不属民政事业费使用范围。积极配合了打击经济领域中严重犯罪活动的斗争，查出贪污民政事业费的1.37万余人，其中贪污1000元以上的109起，1万元以上的8起，陕西省山阳县民政局查出中村区公所会计谢家富贪污公款4.4万余元，其中民政事业费达2.6万余元，被依法处决。通过检查初步加强了民政财会队伍建设，整顿了民政事业财务，使多年乱账、错账得到清理和纠正，扭转了民政事业费管理混乱的局面。

民政事业财务监督的另一重要渠道是将民政事业费交由银行监督拨付。1964年和1965年内务部、中国农业银行先后共同商定，用于农村的抚恤金、复员退伍军人补助费和社会救济、救灾费的发放由农业银行监督拨付。“文化大革命”期间，农业银行撤销，监督拨付被停止执行。1981年民政部、财政部、中国人民银行、中国农业银行联合发出通知，将国家用于县级及县级以下的民政事业费统一交由中国农业银行营业所或信用社逐笔监督拨付。规定由银行直接向受款人发放的办法，得到广大优抚救济对象的拥护，保证了民政事业费按时按额发放到各类领款人手中。

此后，民政部为了加强民政事业财务监督工作，配备了专职财政监察人员，并在1984年发布的《民政事业费使用管理办法》中，增加了财务监督的具体条文。明确规定了民政事业费使用的6个不许：即不许救济或补助有工资收入的职工及其供养的家属；不许个人或单位私自借占民政事业费；不许各级民政机关直接向个人发放临时性救济或补助款物；不许机关工作人员向下属民政部门或基层组织，为自己或指名给亲友索要救济、补助款物；不许基层组织不经群众评议，直接给不脱产干部特殊救济或补助；不许任何单位和部门用不正当方式，索取民政事业费，用作民政事业以外的开支。从而保证了民政事业费按指定用项合理使用。

五、民政事业财务工作存在的问题

纵观新中国成立后的40年，尤其是中共十一届三中全会以后，国家按照财力可能和民政部门承担任务的财力要求，对民政事业资金给予了基本的保障，使民政事业得到合理的发展，为实现和完成各项具有中国特色的民政工作任务创造了条件。但民政事业在发展中还存在经费供给与社会需要不相适应的矛盾。主要问题如下：

（一）由于中国的社会保障基金制度还没有完整的建立起来，从社会筹集资金才刚刚起步，民政部门所需的事业经费主要还是依靠国家预算拨款。因此，国家收入的多寡，直接决定了民政事业的发展速度和供养人员的生活保障程度。例如遭灾严重的或经济调整的年份，国家财政比较困难，民政事业经费也相应安排较少。实际上，这些年份恰恰更需要增加较多的民政事业费，用于保障优抚、救济对象和灾民的生活。社会对民政事业的需要更为迫切。

（二）1980年以后，中国实行分灶吃饭的财政体制，本意是根据地区之间经济发展不平衡而造成的财政收入的差距。来决定各自的财政支出的盘子，财政收入多的可以多安排支出，反之收入少的少安排支出，从而提高了各级地方的理财积极性。但存在的问题是：需要由民政部门供养的优抚、救济对象大多集中在经济比较落后，财政收入增长缓慢，连年出现赤字的贫困县，而许多贫困县正是对革命做出无私贡献的老革命根据地。那里为革命输送了大批子弟兵，优抚、救济对象最多，需由财政提供民政事业费也最多，但这些贫困县受财力限制，不可能安排较多的民政事业费，造成民政事业发展缓慢，使许多需由民政事业单位收养治疗的优抚、救济对象不能全部得到收养和治疗。

（三）1983 年乡财政建立后，相当一部分地方把民政事业经费列入乡财政支出包干范围，使有限的民政事业财力过于分散，削弱了民政部门根据需要统一调剂使用的能力。贫困地区的乡民政事业经费与社会实际需要更得不到同步增长。

（四）各类抚恤、救济和补助标准虽经数次调整仍然偏低，与人民生活提高和物价上涨不相协调，使民政部门无法落实优抚对象生活略高于当地群众一般生活水平；救济对象生活相当于当地群众基本生活的政策。民政部门承担的任务繁多，有一些工作没有正当资金渠道。民政事业业务工作条件艰苦，设施简陋等问题也有待进一步解决。

历年民政事业费支出

表 19　　单位：亿元

年　份	民政事业费支出	占财政支出%	年　份	民政事业费支出	占财政支出%
1950	1. 32	1. 94	1971	6. 83	0. 93
1951	1. 37	1. 12	1972	8. 15	1. 06
1952	2. 83	1. 61	1973	9. 97	1. 23
1953	3. 55	1. 61	1974	9. 04	1. 14
1954	6. 04	2. 45	1975	12. 71	1. 55
1955	4. 98	1. 85	1976	16. 17	2. 01
1956	5. 69	1. 86	1977	18. 53	2. 20
1957	5. 31	1. 75	1978	13. 92	1. 25
1958	3. 27	0. 80	1979	18. 80	1. 48
1959	4. 48	0. 81	1980	17. 48	1. 44
1960	7. 24	1. 11	1981	19. 23	1. 72
1961	9. 89	2. 69	1982	19. 60	1. 70
1962	7. 45	2. 44	1983	21. 81	1. 69
1963	8. 75	2. 58	1984	24. 24	1. 59
1964	16. 15	4. 05	1985	30. 01	1. 64
1965	10. 79	2. 31	1986	34. 57	1. 51
1966	8. 81	1. 63	1987	36. 20	1. 49
1967	8. 21	1. 86	1988	40. 13	1. 50
1968	5. 61	1. 56	1989	45. 28	1. 50
1969	6. 67	1. 27	累计	537. 61	1. 57
1970	6. 53	1. 01			

民政事业费财政包干基数和增长

表 20　　单位：万元

地　区	1980 年财政包干时基数	1989 年地方财政安排数	增长%
全国总计	108214.5	285315.1	163.7
中央	53.5	1541.0	2780.4
地方	108161	283774.1	162.4
北京市	2160	10650.9	393.1
天津市	1211.8	4585.0	278.4
河北省	7593.2	18811.8	147.7
山西省	4785	9869.3	106.3
内蒙古自治区	3976.2	7140.7	79.6
辽宁省	5027.7	15676.8	211.8
吉林省	2631.7	7480.1	184.2
黑龙江省	4102.8	9452.6	130.4
上海市	2880	3992.1	38.6
江苏省	6394	21744.5	240.1
浙江省	3060	12886.8	321.1
安徽省	4299	11081.8	157.8
福建省	2871	8084.9	181.6
江西省	4234	9475.0	123.8
山东省	11331	25631.7	126.2
河南省	5663	13315.3	135.1
湖北省	5350	11375.4	112.6
湖南省	3854	13667.2	254.6
广东省	4544	14858.1	226.9
海南省	—	1501.0	—
广西壮族自治区	2375	5449.9	129.5
四川省	8277	18707.1	126.0
贵州省	2132	4939.3	131.7
云南省	2271	7757.7	241.6
西藏自治区	256	965.7	277.2
陕西省	2789	6204.0	122.4
甘肃省	1595.6	3083.7	93.3
青海省	600	993.8	65.6
宁夏回族自治区	531	997.5	87.9
新疆维吾尔自治区	1366	3394.4	148.5

历年民政事业单位创收情况

表 21　　单位：万元

年　份	全部收入	其　中					
		优抚事业单位	社会福利事业单位	收容遣送单位	殡葬事业单位	干休所	其他
1979	3307. 1	155. 2	339. 9	128. 0	2684	—	—
1982	3793. 7	312. 3	581. 3	147	2753. 1	—	—
1983	5244. 4	442. 2	837. 5	221. 9	3742. 8	—	—
1984	7015. 1	673. 4	1290. 6	296. 8	4754. 3	—	—
1985	10872. 1	757. 8	1781. 4	777. 7	7199. 0	19. 0	337. 2
1986	14760. 4	997. 5	2360. 0	826. 8	9219. 3	719. 7	637. 1
1987	19458. 4	1305. 8	3165. 8	816. 9	12278. 0	1031. 6	860. 3
1988	27423. 0	1898. 3	3849. 2	1311. 5	17283. 6	727. 9	2352. 5
1989	38901. 2	2437. 8	4740. 4	1410. 2	22695. 3	2929. 9	4687. 6

历年民政事业费扶持贫困户、灾民生产自救情况

表 22　　单位：千元

年　份	扶持贫困户生产			扶持灾民生产	
	扶贫基金支出金额	其中：救灾款支出金额	扶持贫困户户数	救灾款支出金额	扶持灾民户数
1982 年以前	20929	8493	—	1518	—
1983	102638	35634	1684737	7197	197112
1984	111194	30057	1032690	142564	1440399
1985	393566	320261	3920833	111544	3288092
1986	350041	286796	3694863	116875	3047940
1987	269795	222857	2924127	106394	3001884
1988	295731	252898	2653147	121122	2407218
1989	252658	210486	1516082	110481	4526222
累计	1796552	1367482	17426479	717695	17908867

历年民政事业费扶持社会福利企业情况

表 23　　单位：千元

年　份	扶持金额	扶持企业当年安置四残人员数累计*
1978	6150	—
1979	7780	—
1980	21155	—
1981	24091	—
1982	31570	17428
1983	30498	6054

续表

年　份	扶 持 金 额	扶持企业当年安置四残人员数累计*
1984	49792	9498
1985	38980	44925
1986	64043	49200
1987	46841	45731
1988	41061	46145
1989	37779	44235
累计	399740	263216

* 四残：指盲、聋、哑和肢体残疾。

解决这一系列问题，需要加强调查研究，从政策上、行政上采取措施，并且从立法上加以保障。

第三节　民政事业统计工作

民政事业统计是民政部门调查研究的重要组成部分和认识民政事业发展的有力武器，是国家管理民政事业和对民政事业实行社会主义全民监督的重要工具。它属于社会经济统计中的一个部门统计，也是民政计划财务工作的一项重要内容。新中国成立后 40 年，民政事业统计得到很大提高，在为领导和业务部门进行决策服务以及监督、检查和推动民政事业发展等方面，都起到了积极的作用。

一、民政事业统计管理工作的沿革

（一）新中国民政事业统计的建立。新中国成立伊始，内务部便针对国家遭受特大水灾的情况，召开各重灾省、区救灾汇报会，首次对自然灾害的情况，包括成灾面积、成灾人口等进行了调查统计，为新中国民政事业统计的建立做出了良好的开端。此后，其他民政业务统计也逐步开展起来。

（二）民政事业统计管理的发展。新中国民政事业统计管理是随着国家统计管理制度、民政部门的变迁和业务发展的需要而发展变化的。从内务部的组建、撤销到民政部的成立，按民政事业统计工作的管理形式和科学水平的差异，可以划分为以下几个时期：

1. 内务部管理时期。

1949 年至 1952 年，内务部未设专门的统计部门，民政事业统计由内务部各业务司局分散管理，采取的形式是：先由各业务主管部门分别拟订各项统计项目和统计报表，再以部的名义陆续下达，如 1950 年内务部向各大行政区和省、自治区、直辖市发出的报送行政区划基础数字的通知，1951 年、1952 年先后发出的关于报送人口统计数字、农村救济事业等基础数字的通知，等等。这一时期由于没有统一的综合统计部门做协调工作，民政事业统计存在着重复混乱现象，报表满天飞，给基层带来不少困难。

1953 年至 1956 年时期。1952 年 12 月，国家统计局召开全国统计工作会议，提出为适应大规模的经济建设的需要，必须学习苏联先进经验，在集中统一的原则下，建立科学的统计制度。1953 年 1 月政务院发布了《关于充实统计机构，加强统计工作的决定》，指出：为解决统计机构不健全，统计制度未建立，统计工作缺乏统一集中的领导，存在着比较严重的混乱现象，政务院决定：各业务部门均应按照需要，在第一季度内建立和充实统计机构，加强统计工作，并按照国家统计局的统一规定贯彻执行。不经批准乱发统计报表，不按规定填送报表的视为违反纪律，应予纠正，谎报统计资料的视为对国家不忠实，应予严厉处分。据此，内务部设置了统计科，开始建立统一管理各业务司局统计报表的制度。1955 年《内务部关于颁发民政业务统计报表的通知》下达执行后，民政事业统计由原来各业务司、局分别制定、下达、管理报表的作法改为由部集中制定一套综合业务统计报表，统一下达各地执行，使民政事业统计工作前进了一步。但民政事业统计还没有完全的集中统一管理起来，因为各种报表的审核汇总工作，仍分别由各业务部门主管，综合统计部门只是在业务部门汇总的基础上统一编印统计资料。

随着民政工作向纵深发展，对民政事业统计数字的需求量也相应增大。为了提高数字的准确性，纠正填报中存在的错误和问题，需要充实民政统计力量，内务部于1958年发布了《关于加强统计工作的规定》，到1963年，民政事业统计的力量和工作都得到充实与加强，共有优抚、社会救济、福利事业和政权建设、行政区划等9种业务统计报表，民政事业统计报表制度进一步完善健全。由于民政统计部门重视整理汇编统计资料，对当时民政业务的改进和开展以及考察民政工作的历史状况都起到了积极作用。

2. 内务部撤销时期。

1966年至1977年“文革”动乱期间，民政统计工作和其他工作一样受到严重的干扰破坏，特别是1968年年底内务部撤销后，地方各级民政部门相继撤销或合并到其他部门，民政统计工作中断了十余年。

3. 民政部管理时期。

民政部成立后，很快于1979年1月底发出了《关于恢复统计报表的通知》，并专门设立了包括统计工作在内的计划财务管理部门，对民政事业统计报表实行全面地统一地管理，使这一工作得到恢复并逐步走向正轨。中国共产党十一届三中全会以后，各级民政部门对民政事业统计工作进行了一系列改革和探索，民政事业统计得到空前的发展。

二、民政事业统计范围、内容和作用

（一）民政事业统计范围、内容的演变。民政事业统计是社会发展的一个重要部门统计，它的统计范围和内容是随着民政部门的职能范围的发展变化和业务开拓的广度、深度的不同而演变。

1. 1949年至1987年民政事业统计范围和内容的演变。

内务部创建初期，民政事业统计范围包括政权建设、行政区划、优抚、救济、地政、户政、国籍、民工动员、婚姻登记、社团登记等内容。以后随内务部职能范围的变化有所增减，如：

1956年1月，国务院决定将户政、国籍工作移交公安部后，减少了这两项统计内容。

1956年4月，国务院决定将原由劳动部主管的失业工人和失业知识分子的救济移交民政部门管理后，随之增加了失业救济统计。

同年，国务院交办了移民任务，又增加了移民统计，但为时不久，随移民工作移交农垦部而取消了这项统计内容。

1958年民政部门开展了大量的社会福利业务，发展了假肢事业、殡葬改革和土地征用业务，这几项业务相应地成为新的民政事业统计项目。

1959年，全国人民代表大会批准撤销国务院人事局，将其业务合并于内务部后，随之增加了人事干部统计。

1962年又新增了精减退职职工救济统计。

1978年民政部恢复后，民政事业统计沿袭了内务部时期的统计范围（土地征用统计除外）。1980年《国务院关于成立国家人事局的通知》颁发执行后，人事干部统计也随之划出了民政事业的统计范围。

2. 现行的民政事业统计范围和内容。

民政事业统计包括民政统计工作、民政事业统计资料、民政统计理论3部分。民政统计工作由民政统计调查、民政统计整理、民政统计分析三个过程组成。民政统计调查包括民政部门颁发的综合报表制度和专业报表制度，以及专项的统计调查，如优抚对象普查、残疾人抽样调查等。民政统计整理包括民政统计台账建设和报表、调查的汇审汇总等内容。民政统计分析包括民政事业统计公报和不定期分析报告等。

按照1988年确定的民政部新的职能范围，民政事业统计的范围和具体内容包括以下22项业务统计：

（1）基层政权建设统计，包括乡（镇、街道）、居民（村民）委员会机构设置和干部人员统计，基层政权工作统计等。

（2）行政区划统计，包括现行各级行政区划统计和各级行政区域单位的设立、撤销、更名、治所迁移、界线变更统计，以及边界争议统计等。

（3）地名统计包括地名条目统计、地名变更统计、地名普查统计等。

（4）优抚统计，包括优抚对象统计，抚恤、补助、优待统计，优抚事业单位统计，烈士褒扬统计等。

（5）安置统计，包括军队离、退休干部、退伍志愿兵、义务兵、军队职工退休、退职安置统计，民政部门管理的地方退休、退职人员统计，军地“两用人才”开发使用统计，军队离、退休干部休养所、军供站统计等。

（6）社会福利事业统计，包括社会福利事业单位统计和社区服务设施统计等。

（7）社会福利企业统计，包括社会福利工业统计，社会福利商业、服务业统计，假肢厂统计等。

（8）农村社会保险统计，包括参加社会保险、享受社会保险人员统计，社会保险收支统计等。

（9）农村救灾合作保险统计，包括投保统计、赔付统计等。

（10）社会救济统计，包括社会救济对象统计，补助、救济统计等。

（11）自然灾害统计，包括农作物受灾、成灾、减产统计，畜牧业损失统计，自然灾害财产损失统计，成灾人口、救灾、救济统计等。

（12）扶贫统计，包括扶贫工作统计，扶贫基金统计，扶贫企业，经济联合体统计，扶贫效益统计等。

（13）社团管理统计，包括社团登记统计、社团注销统计等。

（14）婚姻登记统计，包括结婚、离婚、再婚统计，违法婚姻处理统计，涉外、华侨、港澳台胞婚姻登记统计等。

（15）收遣安置统计，包括收容遣送站统计，不设站收遣工作统计，安置农场统计等。

（16）殡葬事业统计，主要是殡葬事业单位统计。

（17）民政事业财务统计，包括抚恤和社会救济福利事业费决算及使用效果统计，其他民政事业资金财务统计，民政企事业单位财务统计等。

（18）民政事业固定资产投资统计，包括建设项目统计、投资额和新增固定资产统计、新增生产能力和效益统计、房屋建筑面积统计、投资效益统计等。

（19）民政部门进出口统计，包括民政部门技术引进统计、福利企业产品出口统计、国外对中国民政事业的援助和捐赠统计等。

（20）民政部门科技统计，包括科研项目统计、科技人员统计等。

（21）民政部门人事教育统计，包括民政部门行政、事业单位人员统计，干部培训统计等。

（22）有奖募捐统计，包括有奖募捐发行统计、销售统计、成本统计、筹集资金统计、资金效益统计等。

（二）民政事业统计的主要作用。

1. 民政事业统计是认识和衡量民政事业的一个重要手段。认识和衡量民政事业，可以通过社会调查、统计调查、工作调查等，而统计调查是所有调查中最能反映民政事业发展程度的一种科学的调查，是认识和衡量民政事业必不可少的重要手段。

2. 民政事业统计能够监督检查民政事业发展状况，为领导和业务部门的决策提供科学依据。因为它主要是通过数量来表现民政事业发展状况，把它们的“度”反映出来，所以，民政事业统计成果——统计资料就成为监督检查民政事业发展状况的检测表，成为领导和业务部门进行科学决策不可缺少的依据。

3. 民政事业统计能够从不同方面体现社会主义优越性，具体表现出社会主义民主程度，反映出社会主义精神文明建设成果。例如对基层政权建设、群众自治性组织建设和社团管理等的统计，可以反映出中国的社会主义民主建设状况。对婚姻、殡葬改革的统计，可以反映出在这方面移风易俗，树立社会主义新风尚的精神文明建设状况。在社会主义制度下劳动者的劳动取酬实行按劳分配，但是贫困的消灭是一个较长期的过程，社会弱者存在是不可避免的，例如劳动者都有发病的可能；也有一些对象，为着国家利益需要特殊照顾和优待等，通过民政事业各项有关统计，可以明显看出：只有在社会主义制度下，他们的正常生活、医疗、就业、再学习等问题，才能真正得到关心，众多的社会问题才能得到妥善解决，从而使劳动力再生产能够顺利进行，各阶层的利益得以协调，按劳分配原则得以完善，社会主义人道主义得以体现。也正是由于这些工作，使社会环境更加稳定，人民生活更有保障。因此，民政工作的统计表现结果，实际上也是社会主义制度优越性，社会主义精神文明建设一个方面的反映。

4. 民政事业统计体现出国民收入再分配的一部分去向，丰富了马克思社会总产品分配的理论。抚恤和社会救济福利事业费、优待和五保统筹等，都属于国民收入再分配的范畴。对研究个人所得、研究国民收入的初级分配与再分配的关系，有重要意义。其中有很多内容是马克思主义创始人的著作中所没有提到过，在中国社会主义建设的实践中，充实和发展了马克思主义关于这方面的基本理论。

5. 民政事业统计有助于在工作中进行中外对比和历史对比。世界各国大都有类似中国民政部门的管理机构，和类似民政工作的社会行政工作。只有通过统计，才能更准确地分辨出中外的差距和特点，才能对本国民政工作的历史状况进行对比。通过中外对比和历史对比，使中国民政工作者更加明确工作方向，更好地履行自己的职责，为民政工作对象服务。

三、民政事业统计的改革与发展

中国共产党十一届三中全会后，民政事业统计为适应新形势的需要，进行了一些探索，特别是 1983 年《中华人民共和国统计法》的颁发和 1984 年《国务院关于加强统计工作的决定》的发布，提出统计工作要实现“六化”的要求，为民政事业统计的改革指明了方向。民政部结合本部门工作的实际，于 1986 年提出，争取用 5 年或更长的时间，实现五个转变：即统计以为本部门服务为主，和为社会服务相结合；既统计过去，也预测未来；定期统计报表和多种调查方式相结合；建立科学的统计台帐；依靠电子计算机操作和电讯传输等。经过几年努力，民政事业统计工作在改革中得到了改进、提高和发展。

（一）民政统计台账初步实现了规范化。民政工作项目繁多，种类复杂，统计工作创建时基础比较薄弱，特别是十年动乱期间，内务部被撤销，民政统计工作长期中断，统计资料散失严重，基层民政工作干部调动频繁，填报数字缺乏科学依据，存在“统计加估计”的现象，为了从根本上解决这些问题，必须进行统计台帐的规范化建设。民政统计台账是基层民政统计单位系统地、科学地初级收集、整理、积累统计资料的一种统计表册。规范化的民政统计台账，就是在一定区域范围内（县级以上）统计台帐采取统一形式和统一的科学管理制度。

1983 年，民政部在洛阳召开了全国计划财务工作座谈会。推广了辽宁省在全省范围内建立统计台账的经验，指出统计台账是实用的、科学的，有良好的通用性和科学性，是个基础信息库。为保证统计质量，要求县以上民政机关要帮助和指导基层单位建立统计台账等基础资料。从此，民政统计台账的规范化建设迈出了可喜的一步。经过各级民政部门的共同努力，截至 1989 年，全国已有 70% 的乡（镇、街道）建立了规范化的统计台账，保证了基层民政统计数字的准确性和科学性。民政统计台账初步实现了规范化。

（二）确立民政事业统计服务优质化。统计工作的主要作用之一是为领导和业务部门提供科学的决策依据，服务优质化至关重要。实现服务优质化有赖于统计的准确性、及时性和搞好统计分析，为此，各级民政部门的统计人员努力开拓信息资源，进行资料筛选，开展统计分析，逐步改变了以往单纯汇编统计资料，统计数字得不到开发利用的状况，建立了民政事业发展统计公报和半年报表制度，缩短了统计信息的反馈周期，提高了统计服务的质量。

1. 建立民政事业发展统计公报制度。为了改变原存“密闭式”的民政事业统计，使之面向社会，加强民政部门的对外宣传，让外界了解民政事业发展状况，关心、支持民政事业的发展，民政部于 1986 年开始建立定期的民政事业发展统计公报制度，省民政部门也相继开展了民政事业发展统计公报的发布工作，从而为民政部门与社会联系，沟通了一条新渠道，扩大了民政部门的对外影响。

2. 建立了民政事业统计半年报表制度。为了缩短民政事业统计信息的反馈周期，以适应新时期的需要，民政部 1988 年建立了民政事业统计半年报表制度。这不仅适应了国家统计局发布国民经济和社会发展统计公报的需要，也满足了民政部门及时掌握民政事业发展信息，编制民政事业发展规划的需要。

3. 编印了《民政计划财务统计资料》。为更好地开展民政事业统计分析，以应有关方面的需要，从 1984 年开始，民政部计财部门先后编印了 50 多期《民政计划财务统计资料》。分析反映了民政事业发展成就和存在问题，得到有关部门和领导的重视，发挥了应有的作用。

（三）进行了计算手段现代化建设。民政统计人员要实现高效优质服务，就必须从繁重的手工计算中摆脱出来，进行计算手段现代化建设。否则，在新形势下无法开拓新领域，统计工作的作用发挥必然受到限制。1986 年，民政部及省级民政部门开始运用电子计算机进行统计汇总，并已逐步开拓到地、市级民政部门，逐渐运用电子计算机开展统计分析，改变了以往民政部门长期单纯依靠手工统计管理的状况。

（四）民政事业统计报表制度趋向科学化。1984 年以前民政部颁发的民政统计报表，其内容仅有报表格式和填报说明两部分，缺乏完整的统计指标解释和科学的统计分类。因此，统计数字口径不一致，缺乏科学性。1985 年，民政部改进了民政事业统计报表内容，首次全面解释了民政事业统计主要指标，建立了民政事业统计的分类，使填报民政事业统计报表有了科学依据。

（五）民政事业统计管理走向法制化。1983 年、1984 年先后颁布了《中华人民共和国统计法》和《国务院关于加强统计工作的决定》后，民政部在依次发出宣传贯彻的通知的同时，开始进行民政事业统计的法制建设。1987 年 11 月，民政部发布了《民政事业统计工作暂行规定》，内容包括：民政事业统计工作的任务、范围，统计的管理机构、人员的配备和职责，统计调查的管理，民政事业统计基础建设，统计资料的提供、管理和密级，对统计人员或机构的奖励和惩罚等，共 20 条。从此，民政部门统计工作走上有法可依的轨道。

四、民政事业统计工作发展的经验

（一）找准民政事业统计的改革方向。各级民政部门针对过去民政事业统计工作基础薄弱、统计无法可依，统计手段落后、服务方向单一、服务内容单调等状况，采取以《统计法》为指针，一手抓统计基础建设，一手抓统计手段现代化建设，端正改革方向。由于问题摸清了，改革方向找准了，使民政事业统计工作水平得到迅速提高。

（二）明确民政事业统计的服务方向。民政事业统计要多方面地适应民政事业发展的需要，充分发挥服务和监督作用，就必须端正和明确民政事业统计的服务方向。各级民政部门统计人员要努力开拓服务领域，既为本部门服务，又为社会服务，开展多种形式的统计分析，努力缩短统计的信息反馈周期，提高服务质量，得到有关方面的支持和欢迎，这就更能促进民政事业及其统计工作的提高与发展。

（三）各级领导对民政事业统计工作的重视。民政事业统计是制订民政工作方针、政策和研究处理有关问题的重要依据，是对方针、政策的执行和民政事业发展情况进行检查监督的重要手段。民政部成立后，对统计工作十分重视，很快于 1979 年发出了《关于加强民政统计工作的通知》，对各级民政部门的统计工作起了推动作用。各级民政部门领导对民政统计工作的成果、改革的成效，给予了应有的重视，从而促进了民政事业统计工作的迅速发展。

（四）各级民政统计人员的辛勤耕耘。各级民政统计人员不计名不计利，为民政事业统计工作的开展做出了无私的奉献。民政统计大量工作在基层，依靠民政助理员完成。为了搞清一个民政对象的生活状况，他们常常是冒严寒，顶酷暑，往返十几里，几十里下乡调查。四十年间，民政助理员为统计工作走过的路程是难以计数的。各级民政统计人员为完成统计报表的填报汇总工作，兢兢业业，一丝不苟，认真对待，把家事置于身后，加班加点是常事。有的甚至以身殉职。对此，人民是不会忘记的，共和国是不会忘记的。

结束语

当代中国的民政在社会主义道路上已经走过了40年的历程，并将坚持在这条道路上继续前进。

40年的民政工作，是不平凡的，贡献巨大的；但又是艰巨的，曲折的。它解决了大量半殖民地半封建社会和资本主义社会所不能解决的问题，写下了光辉的历史篇章。同时也不可避免地出现了一些差错和失误，有丰富的经验，也有深刻的教训；集中地给人们留下了几条基本的历史经验。

一、在中国共产党的领导下，围绕国家的中心任务开展工作，为总路线和总任务服务，这是民政工作的出发点和归宿点。坚持这一点，就为民政工作的开展从根本上创造了有利的条件和环境，使民政工作获得正确良好的功能与效益。当民政工作与国家的中心任务结合得最密切的时候，也是民政工作最有生机和最有活力的时候。民政工作为总路线总任务服务，在不同时期有多方面的内容。其中最本质的归根到底是对社会的发展起稳定调节的作用。从新中国成立初期的安定社会秩序，到3年暂时困难时期的维护社会稳定，到中共十一届三中全会以后的促进安定团结，到第九次全国民政会议突出地强调发挥社会稳定机制作用。民政部门的领导和干部的思想认识与自觉程度愈来愈提高，工作内容和形式也在逐步向现代化的方向发展。40年间，正是由于在社会稳定发展中具有重要的作用。一个时期或一部分民政工作被直接纳入了党和国家的中心工作之内，而另一个时期或另一部分民政工作则以配合保证的地位或方式，把工作的功能和作用溶入于中心工作之中。历史表明，这样做不是一个简单的过程，需要民政干部敢于并善于把党和国家的中心工作和民政工作的具体情况很好地结合起来，从实际出发办事，推广发扬与国家和人民利益相符合的做法，避免和摒弃与国家和人民利益相违背的做法。这是民政干部在“大跃进”、“文化大革命”中，是否坚持了岗位做好工作的根本原因之一，也是在所有顺利的历史时期，特别是中国共产党十一届三中全会以后是否在正确路线指引下，创造出丰富的工作方法，开创出工作新局面的根本原因之一。它是民政工作四十年的一条基本的经验。

二、发动和依靠社会力量，开展各项民政事业。以公有制为基础的社会主义中国，有为全体社会成员提供基本生活保证的职责。国民经济和社会发展的目的就是要不断地满足人民日益增长的物质文化需要。但是任何时候国家不可能也不应该承担全部的社会服务，减弱社会的功能，而应该充分依靠和发动社会力量，发挥社会功能，开展各项民政事业，解决多种多样的社会问题，做好各项社会行政管理工作。这条基本经验所体现群众路线、人民民主的传统精神和社会主义时代的社会思潮，在当代中国的民政工作中，是逐步深化、逐步丰富的。50 年代提倡群众互助，群众捐献，群众性的宣传教育运动等。后来发展为国家、集体、个人力量相结合的原则。进入 80 年代后发展到政府有关部门、有关社会团体、企业事业单位、基层政权组织、群众自治组织共同组成的网络体系。80 年代末 90 年代初高度概括为民政工作社会化，使这条经验得以更加完善。在这个发展过程中，民政工作依靠社会力量举办社会事业，解决社会问题的领域日益广泛，发挥社会功能的机遇层出不穷。最典型的是 80 年代后期兴起的社区服务。当人们的社会福利服务在改革开放的形势下日益增长，而国家处于社会主义初级阶段，生产力落后的矛盾情况下，社会主义有可能启动社会力量，挖掘社会资源的优越性得到良好的发挥，社会各方面和基层社会组织纷纷开展各项社会福利服务。民政部门因势利导，加以支持推广，使全国规模的社区服务活动因而水到渠成，迅速推开。民政工作中出现的志愿者和志愿协会，也是提倡依靠社会力量所结出的硕果。发动和依靠社会力量这条基本经验，将在民政工作长期地发展下去，并且不断得到发扬光大。它的意义远远不只是弥补政府财力不足或力所不及，而且充分发挥人民群众的社会主义积极性与首创精神，是发扬社会主义社会文明的一种表现。

三、在经济发展基础上，结合生产开展工作。民政工作和国家经济建设的关系至为密切。首先，民政工作是在经济发展的基础上相应地发展的。不能超越，也不能滞后，要有一个协调发展的机制。同时，民政工作是为经济建设服务的，各项业务要从有利于经济的发展，并且努力为经济建设创造团结和谐稳定的社会环境。尤为直接的是，民政工作中的社会救济、社会福利、社会保障事业，不是单纯的救济福利保障。它在一个方面的重要特征，就是结合劳动生产。这个特征也是一条方针，它在40年的民政工作中是一以贯之而逐步发展提高的。新中国成立之初确定救灾和社会救济的方针中包括生产自救，后来在民政工作中明确提出必须树立生产的观点，并且大力发展社会福利生产。80年代把扶贫工作提到重要的地位，在社会福利生产和社会福利事业以及其他许多民政事业中，提出以社会效益为主，社会效益和经济效益相结合。通过经济效益促社会效益，把经济效益落实在社会效益上。所有这些都显示结合生产是一条基本的经验，在民政工作中具有重要的地位和作用。它是中国的民政工作在社会主义制度下的一个特色，说明新中国的民政工作不是剥削制度下消极的民政工作，而是具有自力更生、艰苦奋斗的革命传统精神的民政工作；新中国的救济福利保障事业也不是剥削阶级的点缀和怜悯，而是彻底摆脱了恩赐性和施舍性的救济福利保障事业，体现出真正关心人、尊重人的社会主义人道主义精神。

四、物质和精神相结合，加强社会主义精神文明建设。民政工作之所以是一项具有十分积极意义的建设性工作，社会救济福利保障事业之所以不是单纯的经济福利保障，更因为它不仅具有社会主义物质文明的特征而且具有社会主义精神文明的重要特征。民政工作是做人的工作，始终把思想政治工作放在第一位。这是每个时期民政工作获得成就的重要保证。人的需要有物质和精神两方面，在民政业务的一系列方针政策中，都包含着或体现出物资照顾、经济援助和精神鼓励、思想教育相结合的原则。这就使民政工作能够全面地、深刻地发挥它的作用。民政工作作为社会行政管理的工作，是运用行政的、社会的手段调节社会关系、社会行为，解决并预防一部分社会问题的社会工作，与思想建设、理想建设、道德建设都有密切的联系。因此，民政工作在开展各项业务的过程中，都要大力培养民政工作者应有的职业道德，从思想上充分重视在业务中认真履行对建设社会主义精神文明所负的职责，努力提高在物质文明中所具有的精神文明的作用，充分发挥为建设精神文明服务的功能。如果忽视这一点，民政工作就有可能成为片面的社会行政管理，单纯的救济福利保障，出现工作简单化、行政命令和官僚主义的倾向，而忽视对人民群众的引导、组织、教育工作，从而失去民政工作应有的作用。80年代以后，民政工作要十分重视精神文明建设已成为民政部门领导和干部的共识。这条基本经验将长期地指导民政工作的发展进程。

五、面向基层，为基层服务。这条基本经验，始提于50年代。它是中国共产党和人民政府全心全意为人民服务的宗旨的体现，也是民政工作走群众路线的表现。60年代初特别是在国家和人民遭受到暂时困难的时期，把这条经验提到更高的角度加以总结推广，对实现民政工作的各项任务，适应党和人民对民政工作的要求；有迫切重要的意义。80年代在改革开放的形势下，从现代化建设的新高度提出这条经验，进一步继承和发扬了它的历史传统内容，并具有社会主义时代特征的意义。基层是民政工作一切方针政策的落脚点，民政工作的对象绝大部分在基层，只有面向基层，为基层服务，才能使各项民政工作落到实处，真正使人民群众感受到党和政府的关怀，体会到社会主义具体的优越性。民政部门在改革中转变职能，改进工作作风，着眼于为基层服务，深入基层，调查研究，防止和减少决策的失误。同时倾听基层干部和群众的呼声，关心他们的疾苦，切实帮助他们克服实际困难。这样才能够做到把问题解决在基层，民政工作才能有效地发挥出促进社会稳定发展的作用。基层是各项民政工作的依托，各项民政工作在这个依托上生长、延伸、发展，并且编织出多项业务的网络、体系，形成点、面的联系。这种特色在80年代愈来愈有明显的表现。因此，面向基层，为基层服务也是一种具有方向性的基本经验。

六、教育与科研并重，建立政策与法制相结合的行政运行机制。民政工作40年取得巨大成就，有两个密切联系的基本条件，一个是正确的方针政策，一个是执行方针政策的干部。工作中的一些挫折失误，除了难以逆转的形势原因之外，也在于这两个方面的削弱。而这两个条件的加强，还可在不同程度上预防或挽回一定形势原因造成的损失。历史发展情况表明：方针政策的正确性要保持持续与提高，就要广泛地、经常地开展科学理论研究，加强决策的民主化与科学化，并且通过立法的形式加以巩固、提高。执行方针政策的干部要持续地保持贯彻的正确性，就要经常地加强教育培训，不断提高干部的政治素质和业务素质。干部的教育培训工作在50年代曾经受到重视，保证了民政工作完成前人所不能完成的任务；60年代以后干部的业务培养几近中断停顿。50年代的民政工作对法规建设是重视并做出成就的。但是在以后的历史条件下，主要是按政策办事的多，法规建设没有得到经常的坚持发展。这些都不同程度地影响到工作的开展，并使之出现一些问题。中共十一届三中全会以后，民政工作逐步实现专业化，干部教育培训和民政理论研究出现了蓬勃发展的景象。民政工作的法制建设有了较大的新进展，逐步走上了既按政策办事又是依法办事的轨道，民政工作作为政府的社会行政管理的职能部门的工作，正是通过教育与科研的力量，运用了政策和法制相结合的行政运行机制，在各项业务中连续地创造出新的局面，并将继续运用这个机制不断把工作推向新的阶段。